国家自然科学基金重点项目
"城市交通治理现代化理论研究"(71734004)资助

城市交通交叉学科系列丛书

未来城市交通预判

2035年愿景

汪光焘 等 编著

中国建筑工业出版社

图书在版编目（CIP）数据

未来城市交通预判：2035年愿景/汪光焘等编著.—北京：中国建筑工业出版社，2020.10
（城市交通交叉学科系列丛书）
国家自然科学基金重点项目"城市交通治理现代化理论研究"（71734004）资助
ISBN 978-7-112-25437-8

Ⅰ.①未… Ⅱ.①汪… Ⅲ.①城市交通运输－交通运输发展－研究－中国 Ⅳ.①F512.3

中国版本图书馆CIP数据核字（2020）第170290号

责任编辑：李玲洁 杜 洁 张文胜
版式设计：锋尚设计
责任校对：赵 菲

城市交通交叉学科系列丛书
未来城市交通预判——2035年愿景
汪光焘 等 编著

*

中国建筑工业出版社出版、发行（北京海淀三里河路9号）
各地新华书店、建筑书店经销
北京锋尚制版有限公司制版
北京富诚彩色印刷有限公司印刷

*

开本：880毫米×1230毫米 1/16 印张：29½ 字数：750千字
2020年10月第一版 2020年10月第一次印刷
定价：128.00元
ISBN 978-7-112-25437-8
（36418）

版权所有 翻印必究
如有印装质量问题，可寄本社图书出版中心退换
（邮政编码100037）

编委会

主　编： 汪光焘

副主编： 陈小鸿　郭继孚　殷广涛

统稿人： 林航飞　高渝斐

编委会成员： 葛　昱　吴娇蓉　高渝斐　叶建红
　　　　　　　骆　晓　安　健　魏　贺

协调人： 高渝斐

编写组（按姓氏拼音排列）：

安　健	白家豪	蔡　静	陈佳琪	陈明垟	陈小鸿	刁晶晶
董杨慧	段苏湉	高楠楠	高渝斐	葛　昱	龚天华	顾　涛
郭继孚	郭一凡	郭英杰	胡　杨	胡乃文	惠　英	贾　明
蹇楠毅	李　芬	李　涛	李良艺	林　琳	林航飞	刘　冉
刘　翔	刘安娜	刘梦瑶	刘天豪	刘新田	骆　晓	屈　锴
沈智勇	苏　杭	孙　昊	谭丝杨	田　野	汪光焘	汪娅琼
王　倩	王　婷	王天佐	蔚　丹	魏　贺	吴娇蓉	綟　凯
谢金宏	熊　文	熊子曰	徐　韬	徐　弈	杨　军	杨雅淇
姚雅慧	叶浩楠	叶建红	殷广涛	殷若晨	余　婷	张　华
张　珂	张　磊	张诗洁	张舒翔	张懿木	张盈盈	赵浩哲
周　凌	周瑜芳	朱启政				

主要编写单位： 同济大学　北京交通发展研究院等

致　谢： 国家自然科学基金重点项目"城市交通治理现代化理论研究"（71734004）资助

编写组织具体分工

篇章		作者及审稿人
前言		汪光焘
绪论		汪光焘　王　婷
第1篇	信息化发展新阶段的未来城市交通	殷广涛　审稿
	导读	殷广涛
	第1章　城市之辩和城市交通目标分析	高渝斐
	第2章　新型智慧城市内涵的辨析	高楠楠
	第3章　信息化对城市现代化的预期影响	汪光焘　李　芬　高楠楠
	第4章　面向5G时代，城市交通内涵的再认识	熊　文　郭一凡　赵浩哲
第2篇	国内外科技研究与未来城市交通	郭继孚　审稿
	导读	郭继孚
	第5章　汽车的新能源化和智能化趋势及其影响	陈小鸿　张　华　田　野　刘　翔
	第6章　城市智能交通系统发展	葛　昱　张盈盈
	第7章　MaaS（出行即服务）的展望与思考	杨　军　蔡　静　周瑜芳　陈佳琪
	第8章　预约出行的研究与实践	缐　凯　刁晶晶　王　倩　张　磊
	第9章　交通战略与政策	王　婷　顾　涛　周　凌　董杨慧　胡乃文
第3篇	坚持城市公共交通优先发展战略创新发展	殷广涛　审稿
	导读	殷广涛
	第10章　未来交通框架下公共交通优先发展模式	安　健　朱启政　徐　韬
	第11章　公共交通智能化建设和发展	吴娇蓉　刘安娜　刘梦瑶　谢金宏
	第12章　城市中运量客运交通适应性和新技术	安　健　朱启政　徐　韬
第4篇	新业态与城市交通发展	陈小鸿　审稿
	导读	陈小鸿
	第13章　共享（电动）自行车	白家豪　郭英杰　徐　弈　余　婷　姚雅慧　苏　杭　陈明烊　张诗洁　叶建红
	第14章　汽车共享	张懿木　李　涛　刘新田　张　珂　王天佐　刘　冉　蹇楠毅　林　琳　孙　昊　熊子曰　张舒翔　叶建红
	第15章　定制公交	惠　英　叶建红
	第16章　共享停车	谭丝杨　李良艺　杨雅淇　叶建红
第5篇	城市交通与环境	陈小鸿　审稿
	导读	骆　晓
	第17章　大尺度的交通环境分析	刘天豪　龚天华
	第18章　全生命周期视角下的交通排放	胡　杨　林　琳　段苏湉　汪娅琼
	第19章　新型交通工具对环境的影响	屈　锴　张　珂　殷若晨　陈明烊
	第20章　新技术在交通环境中的应用	叶浩楠　蔚　丹　张懿木　熊子曰　贾　明　沈智勇
	第21章　经济手段在交通减排中的应用	余　婷　苏　杭
第6篇	未来城市交通洞见	林航飞　审稿
	导读	林航飞
	第22章　可持续发展主导的未来	魏　贺
	第23章　回到过去的洞察	魏　贺
	第24章　走向未来的远见	魏　贺

前　言

党的十九大报告指出，中国特色社会主义进入新时代，提出到2020年要全面建成小康社会，到2035年要基本实现社会主义现代化。2020年是全面建成小康社会和"十三五"规划的收官之年，全国上下都在紧锣密鼓地编制"十四五"规划，各地方、各行业都积极思考未来5年、15年的发展目标定位、发展策略和实施路径。在这样一个承前启后、继往开来的历史时刻，着眼于解决人民日益增长的美好生活需要和不平衡不充分的发展之间矛盾，定位于2035年我国基本实现现代化的目标，包涵着城市基本现代化、基本建成交通强国、基本实现交通治理体系和治理能力现代化，我们的路线图就显得格外引人注目。

创新是引领发展的第一动力，在实现社会主义现代化过程中，要坚持新发展理念，创新驱动，特别要关注信息化在"四化"同步发展的突出作用。大数据是信息化发展的新阶段，这是科技发展的新时代特征，是第三次科技革命的关键和基础。党中央决定实施国家大数据战略，吹响了发展数字经济、建设数字中国的号角。英国和美国成功抓住了前两次科技革命的机遇，实现了社会经济的全面发展，成为全球性大国。5G的迅猛发展将加快新科技浪潮的到来，为我们加快实现中华民族伟大复兴的中国梦带来新的机遇，给未来解决城市交通问题、实现交通治理能力现代化提供了新的思路和可能。

编写本书的目的，不仅为了表达我们关于未来城市交通发展趋势的认知，更重要的是希望通过对现代交通科技热点问题进行分析，对未来城市交通发展趋势进行思考，将其融入国家和省、市、区编制国民经济和社会发展规划的工作中去，为"十四五"规划提供参考，为城市发展规划、城市交通政策的制定提供思路。本书对国内外与交通相关的重要科学领域，尤其是与信息化相关的研究现状和进展进行归纳、梳理和展望，作为未来城市交通发展预判的基础。

我们对于未来城市交通发展预判——2035年愿景的基本观点是：

一、现代生态保护理念和现代科学技术发展决定了人们思维方式和生活需求的变革；实现路径的变化，是影响未来城市与城市交通发展的核心因素。不了解相关科技发展的状况和方向，不掌握近期科研成果和产业化水平，就无法对今后15年及以后的城市和城市交通进行准确谋划。

二、我们正处在全面建成小康社会的发展阶段。2019年9月中共中央和国务院印发了《交通强国建设纲要》，是立足国情、着眼全局、面向未来做出的重大决策，是全面建成社会主义强国的重要支撑，是新时代做好交通工作的总抓手。本书选择发表在《城市规划》（2020年第3期）的《贯彻〈交通强国建设纲要〉，推进城市交通高质量发展》一文为绪论，是编写本书的背景、阅读本书的总纲。

三、新型城镇化的特点是人的城镇化。研究城市交通要坚持以人为中心，离不开城市运行和更新。信息化、大数据时代，智慧城市建设是世界的大趋势，建设新型智慧城市是我国国家战略部署。本书综合分析了世界智慧城市，定义了新型智慧城市的内涵，论述了现代化城市与现代化城市交通的新要求。书中各篇始终围绕着这一主题展开，介绍国内外已有的实践和探索。这是本书的基本脉络。

四、国家现代化过程中，城镇化进入下半场，城市形态由城市建成区逐步向都市圈发展，进而形成城镇密集地区和城市群，这是世界文明的客观规律。城市交通问题研究服务于人的需求，组织城市高效、安全、可持续运行的基本内涵不会变化，丰富了城市交通内涵的认识。在本书中，第2篇的内容，尤其如MaaS、预约出行等章节，展示了新业态的发展趋势，充分体现了城市交通服务于这一内涵的方式变革。城市交通规划制定和日常管理工作，需要进一步思考如何带动都市圈和城镇密集地区发展。特别是区域中心城市的城市交通以及服务区域性交通枢纽，将影响到城市群区域发展，需发挥其功能，提高中心城市带动区域经济社会发展的影响力。我们注意到，这些观点是国际城市交通学者们的共识[1]。

五、"坚持城市公共交通优先发展战略创新发展[2]"专列为第3篇是经过慎重考虑的。目前公交优先战略实施中反映出来的问题，特别是新冠肺炎疫情期间，从公共卫生和疫情防控要求，又对公交优先战略提出了异议。我们的观点是，经济社会生活正常化、防疫工作常态化是疫情时代的特征，仍然应当坚持公交优先战略和推进绿色出行引领，提升公共交通服务能力和服务水平，实现让居民得到实惠、优先选择的目标。创新规划理念，借助信息化的优势，发挥市场配置资源作用，探索建立政府—企业—个人的合作机制。本书第3篇收集和介绍了国内外公共交通新情况、智能化建设和发展新探索等。

六、本书介绍各项经验和成果，是为了更有效地借鉴和创新，同时也应当注意到国内外行政建制的差异，社会资本进入城市交通各项经营性活动带来的影响。这些内容本书没有涉及，将在"城市交通交叉学科系列丛书"之中，即正在组织编写的《城市交通与法制》里系统讲述。还要说明的是，这本书的资料是开放性的，撰稿人根据自己收集的文献资料引证和介绍，不免在不同章节有重复出现，甚至于同一资料还可能得到不完全一致的结论。我们认为是体现活跃学术思想的表现，也请读者理解和认同。

在这里要十分感谢编委会成员和所有撰稿人。我们是在一个非常特殊的时期——新冠肺炎疫情期间策划和组织编写了本书。参与人汇集了大量国内外资料，希望弥补特殊时期带来的时间损失，向正在筹划制定"2035年规划目标"的城市和城市交通工作者，提供一本好的战略思维工具书。要特别感谢中国建筑工业出版社的领导和责任编辑，在初稿雏形时介入编辑工作，保障本书在国庆节后发行。

值得再次提到国家自然科学基金委员会给予的支持。管理学科重点基金项目"城市交通治理现代化理论研究"（71734004）将我们凝聚起来，这是团队精神给予我们的力量，在短时间内能够将这本书与读者见面，实现管理学科基金项目的基本要求。同时，为办好教育部批准的"城市交通交叉学科建设"提供参考。

由于时间仓促，本书难免有不严谨、不完善的地方，不当之处，请大家批评指正。

2020年7月30日

---

[1] 《未来城市交通》P72-74。
[2] 城市公共交通优先发展的内涵："在城市行政区域里，通过优先配置资源，构建适应市场机制、政府调控监管的、符合当地经济社会发展阶段、由多种类型企业等经营机构提供均等和高效公共服务的公共交通体系，引导出行者优先选择，引导城市集约利用土地和节约能源、保护和改善人居环境"。

目 录

绪论 贯彻《交通强国建设纲要》，推进城市交通高质量发展

1 对交通问题和《交通强国建设纲要》的基本认识 ... 17
    1.1 综合运输与城市交通的本质与核心特征辨识 ... 17
    1.2 《交通强国建设纲要》的"四个板块"建设 ... 18

2 推动创新建设现代化城市与《交通强国建设纲要》实施融合 ... 19
    2.1 城市交通是提升城市竞争力和国家竞争力的重要支撑 ... 19
    2.2 人民美好生活向往、满足不同人群需求是城市与城市交通的目标 ... 20
    2.3 城市交通的综合性和运行方式的互补性 ... 21

3 新时代对城市和城市交通发展的新要求 ... 21
    3.1 现阶段我国城市交通需求的主要特征 ... 21
    3.2 城市社会是现代化的重要标志 ... 22
    3.3 数据驱动城市交通体系重构 ... 24

4 推进城市交通高质量发展关注的重点问题 ... 25
    4.1 对城市交通基础理论（城市交通学）的再认识 ... 25
    4.2 坚持城市公共交通优先发展的国家城市发展战略 ... 26
    4.3 推进城市交通治理现代化 ... 27

5 结语 ... 28
    本章参考文献 ... 29

第1篇 信息化发展新阶段的未来城市交通

第1章 城市之辩和城市交通目标分析	33
1.1 正确认识城市概念是科学研究城市问题的基础	33
1.2 城市交通的内涵研究	39
本章参考文献	56

第2章 新型智慧城市内涵的辨析	58
2.1 新型智慧城市的内涵解读	58
2.2 国内外智慧城市的实践案例和发展路径	62
2.3 新型智慧城市建设发展的展望	67
本章参考文献	69

第3章 信息化对城市现代化的预期影响	70
3.1 城市现代化是世界潮流和社会选择	70
3.2 我国城市发展进入了新阶段	73
3.3 信息化具有显著的时代特征	76
3.4 数据驱动建设新型智慧城市，让城市社会人们生活更美好	77
3.5 结论	80
本章参考文献	81

第4章 面向5G时代，城市交通内涵的再认识	82
4.1 历史回顾与未来城市交通畅想	82
4.2 全球出行需求调研及未来变化	83
4.3 城市交通预判及未来变革	87
4.4 世界级城市未来交通谋划	103
4.5 5G时代的城市交通内涵再认识	111
本章参考文献	112

第2篇 国内外科技研究与未来城市交通

第5章 汽车的新能源化和智能化趋势及其影响 117
    5.1 能源科技趋势 117
    5.2 新能源汽车发展进程 121
    5.3 新能源汽车发展展望 128
    5.4 智能汽车与无人驾驶汽车技术概述 136
    5.5 智能汽车和无人驾驶汽车关键技术 139
    5.6 智能驾驶技术对交通系统的影响 144
    本章参考文献 150

第6章 城市智能交通系统发展 155
    6.1 概述 155
    6.2 国外智能交通系统发展状况与启示 156
    6.3 我国智能交通发展总体状况与展望 163
    本章参考文献 182

第7章 MaaS（出行即服务）的展望与思考 184
    7.1 MaaS 的起源 184
    7.2 国内外 MaaS 发展现状 188
    7.3 MaaS 未来发展愿景 198
    7.4 MaaS 未来应重点关注的方向 200
    本章参考文献 203

第8章 预约出行的研究及实践 205
    8.1 预约出行的概念及背景 205
    8.2 预约出行相关理论研究 207
    8.3 预约出行在城市交通系统中的相关实践 209
    8.4 预约：未来出行的主导方向 213
    8.5 小结 215
    本章参考文献 215

第9章 交通战略与政策 217
    9.1 可持续城市出行规划 217
    9.2 国际城市远景交通规划编制情况 224
    本章参考文献 233

第3篇　坚持城市公共交通优先发展战略创新发展

第10章　未来交通框架下公共交通优先发展模式 237
 10.1　城市交通未来发展趋势对公交服务提出新要求 237
 10.2　公共交通优先发展战略内涵的再认识 243
 10.3　实现公共交通优先发展战略的新探索 245
 10.4　未来交通框架下城市公共交通优先战略创新发展 255
 本章参考文献 258

第11章　公共交通智能化建设和发展 260
 11.1　智慧公交建设发展历程 260
 11.2　智能公交综合调度管理 267
 11.3　公交综合信息服务 271
 11.4　新型公交系统/新型公交服务模式 281
 11.5　车路协同 284
 11.6　分析决策与可视化 287
 本章参考文献 293

第12章　城市中运量客运交通适应性和新技术 295
 12.1　发展中运量客运系统的必要性 295
 12.2　中运量公交系统发展评述 297
 12.3　关于"中运量"内涵与发展的思考 300
 12.4　总结与思考 304
 本章参考文献 305

第4篇　新业态与城市交通发展

第13章　共享（电动）自行车 309
  13.1　共享单车发展概况 309
  13.2　共享单车对城市及交通出行的影响 310
  13.3　共享单车发展的基本趋势 315
  13.4　共享电动自行车发展概况 315
  13.5　共享电动自行车的交通影响 316
  本章参考文献 319

第14章　汽车共享 321
  14.1　网约车对城市与交通发展的影响 321
  14.2　分时租赁对城市与交通发展的影响 325
  14.3　拼车合乘对城市与交通发展的影响 328
  本章参考文献 331

第15章　定制公交 334
  15.1　发展回顾 334
  15.2　服务特征 335
  15.3　交通与社会效益 336
  15.4　问题与发展趋势 339
  本章参考文献 340

第16章　共享停车 342
  16.1　基本概念与发展现状 342
  16.2　交通与社会效益 343
  16.3　挑战与发展趋势 348
  本章参考文献 350

第5篇 城市交通与环境

第17章 大尺度的交通环境分析......357
 17.1 交通碳排放现状分析......357
 17.2 交通减排政策分析......360
 本章参考文献......363

第18章 全生命周期视角下的交通排放......365
 18.1 全生命周期分析法概述......365
 18.2 相关研究内容......367
 18.3 小结......370
 本章参考文献......371

第19章 新型交通工具对环境的影响......372
 19.1 电动自行车与共享机动性对交通环境的影响......372
 19.2 电动汽车的减排效果......376
 19.3 小结......386
 本章参考文献......387

第20章 新技术在交通环境中的应用......389
 20.1 新技术在交通流量预测的应用......389
 20.2 交通环境分析中的新技术......392
 20.3 新技术对城市道路热环境的改善......396
 20.4 小结......400
 本章参考文献......401

第21章 经济手段在交通减排中的应用......403
 21.1 研究背景......403
 21.2 交通拥挤概述......403
 21.3 拥挤收费......405
 21.4 小结......410
 本章参考文献......410

第6篇 未来城市交通洞见

第22章 可持续发展主导的未来 ... 415
22.1 国际咨询机构解决方案 ... 415
22.2 英、美、日三国产业政策 ... 424
22.3 社会—技术系统动态变迁 ... 428
22.4 可持续性与智慧性 ... 431
本章参考文献 ... 433

第23章 回到过去的洞察 ... 435
23.1 新型城镇化的中国路径 ... 435
23.2 近中期审视以日本为鉴 ... 436
23.3 中长期审视以英国为鉴 ... 441
23.4 城市与交通的使命 ... 447
本章参考文献 ... 451

第24章 走向未来的远见 ... 452
24.1 应对未来发展不确定性 ... 452
24.2 未来洞见方法体系框架 ... 457
24.3 可持续未来城市交通 ... 464
本章参考文献 ... 468

绪论

贯彻《交通强国建设纲要》，推进城市交通高质量发展

十八大以来，党中央、国务院对城市和城市交通的发展提出了新要求，先后颁发《国家新型城镇化规划（2014~2020年）》《中共中央 国务院关于进一步加强城市规划建设管理工作的若干意见》《中共中央 国务院关于建立国土空间规划体系并监督实施的若干意见》等一系列文件，2019年9月中共中央、国务院印发了《交通强国建设纲要》（以下简称《纲要》）。在面对基本实现现代化、建设现代化强国发展的新时代，推进城市交通高质量发展，需要综合思考落实新型城镇化、创新建设现代化城市以及交通强国建设的各项改革要求和措施，迫切需要复合人才队伍建设，完善基础理论"城市交通学"，实现城市交通治理能力现代化。

1 对交通问题和《交通强国建设纲要》的基本认识

1.1 综合运输与城市交通的本质与核心特征辨识

中华人民共和国成立71年来，我国综合交通运输取得长足发展，基础设施规模、客货运输量等均已位居世界前列。对比世界交通强国，综合交通运输业在装备、质量、安全、服务、效率、竞争力方面还存在不小差距。与此同时，伴随着中国城镇化和机动化进程，城市居民出行需求和交通基础设施规模增长十分迅速。然而，城市交通服务品质不高，道路堵、污染高、地铁挤、公交慢、停车乱等问题日益凸显，社会议论广泛，已成为影响城市运行效率和发展活力、影响人居环境和生活质量的突出问题（图1）。

无论是综合运输体系还是城市交通，都涉及载体（基础设施网络）、运载工具、运行组织三个方面的综合。不同目的就需要有不同的载体、运载工具、运行组织方案，有着不同财政体制和法律制度等的支撑（表1）。综合交通运输体系一般包括铁路、航空、汽车公路、内陆水运和海运、管道运输以及邮政电信业务等，事关国家全局，组织全国或区域的经济

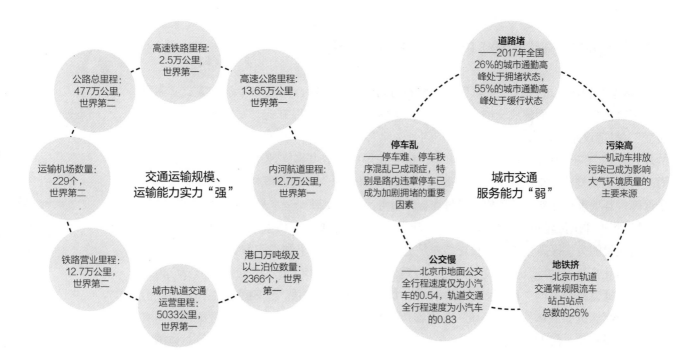

图1 我国城市交通与综合交通运输的特征

社会运行,是支撑城市发展运行的外部要素。其主体来讲是中央事权,由国家规划和立法并实施建设和运行监督。城市交通是城市行政区域范围的综合交通体系,包括城市道路、快速路系统、公共交通系统(公共电汽车、轨道交通、出租车、市内轮渡等)、停车系统、交通管理系统、物(货)流系统,以及自行车、行人出行的组织,形成了互补性强的复合交通网络。其主要是地方事权,依据城市发展和建成区域有机更新要求,由地方组织实施。

城市交通与综合交通运输的区别　　　表1

项目	城市交通	综合交通运输
法规	《道路交通安全法》	
	《城乡规划法》	《公路法》《公路管理条例》《收费公路管理条例》
	《城市道路管理条例》	《铁路法》《铁路安全管理条例》《铁路运输安全保护条例》
	《城市公共汽电车客运管理办法》	《海上交通安全法》《国内水路运输管理条例》
		《民用航空法》《中国民用航空货物国际运输条例》
建设资金	城市建设维护税、城市政府财政、地方政府融资平台筹资	贷款建设收费偿还、汽油税(原养路费)
票价政策	公共交通票价政策——政府财政(补贴)和企业财务结合	公路运输票价政策——企业成本核算为主

资料来源:汪光焘. 论城市交通学[J]. 前沿科学,2015,4:7-18.

城市交通研究多聚焦于城市建成区的交通问题,当前突出关心交通拥堵。我国城市行政区划具有地域范围大的基本特点,城市政府在重点关注核心建成区的同时,应当强调市域城镇体系建设和统筹城乡协调发展的交通通道规划和建设,重视都市圈交通和推动以城市群为主体的大、中、小城市协调发展的交通问题,关注支撑中心城市服务于促进区域发展的枢纽站周边交通设施建设。

推进城市交通高质量发展,需要综合思考《交通强国建设纲要》与新型城镇化、创新建设现代化城市等各项改革要求和措施。

1.2 《交通强国建设纲要》的"四个板块"建设

《纲要》提出人民满意、保障有力、世界前列的建设目标,到2035年基本建成交通强国,到21世纪中叶全面建成交通强国。提出推动发展要求、发展方式、发展动力的"三个转变",打造设施、技术、管理、服务"四个一流",构建安全、便捷、高效、绿色、经济的现代化综合交通体系。《纲要》要求坚持绿色发展、开放共赢、改革创新,提升治理能力。科技创新是建设交通强国的关键要素,以科技为引领,实施设备制造、服务品质、安全保障等各项重点任务,信息化发展将在提升服务品质、保障安全水平方面发挥重要作用。《纲要》将人才队伍建设放在突出的位置。建设交通强国需要高素质人才队伍保障,加强交叉学科建设能力、提高复合人才教育培养是交通强国建设的要求和现实需要。《纲要》提出建设现代化高质量的综合立体交通网络、构建便捷顺畅的城市(群)交通网、形成广覆盖的农村交通基础设施网、构筑多层级一体化的综合交通枢纽体系。这四个网络体系可称为"四个板块",既是载体,又是场景,各有特色,融合互动,体现了交通基础设施建设具有很强的先导作用。《纲要》针对"四个板块",提出了相关交通设施和服务质量等总体的完善要求，并且要求分工合作，齐心协力推动实施。城市是组织综合交通运输的目的地，城市交通是支撑综合立体交通网络运行和城市群交通网运行的终端环节。交通基础设施"四个板块"在城市行政区范围内相互融合，综合运输组织均离不开城市交通的支撑（图2），体现了城市交通在交通强国建设中的特殊地位。它们的建设和运行由城市支撑着，同时又对重塑城市空间结构、引导产业集聚、带动区域发展发挥着重要影响作用。强调以交通一体化推动城乡一体化，完善农村交通基础设施网，是推动城市反哺农村、实现城乡融合发展的新时代要求。

2 推动创新建设现代化城市与《交通强国建设纲要》实施融合

2.1 城市交通是提升城市竞争力和国家竞争力的重要支撑

从城镇化进程看，我国已进入城市社会。人在城市中的活动最为复杂，是研究城市和城市交通最应关注的基本要素。研究城市交通问题要从城市发展、城镇化进程出发，立足于以城市群为主体形态，站在国家参与全球分工合作竞争的高度，在城市发展层面上识别、解决问题，从而支撑城市高效、安全、低耗的可持续运行。

国内外相关研究显示，城市竞争力评价大致有9个方面的基本要素，可分为3个层次（图3）。在集聚和扩散的核心动力下，城市竞争力带动区域发展，形态是由城市建成区、都市圈、城市（镇）密集地区向城市群发展的过程（图4）。国家竞争力反映国家经济社会发展水平，依靠具有国际竞争力的世界级城市群形态来支撑。从全球来看，城市群已成为支撑世界各主要经济体发展的核心区和增长极。2018年，京津冀、长江三角洲、珠江三角洲三大城市群集聚了29%的人口，贡献了42%的GDP，成为带动我国经济快速增长和参与国际经济合作与竞争的重要平台[①]。

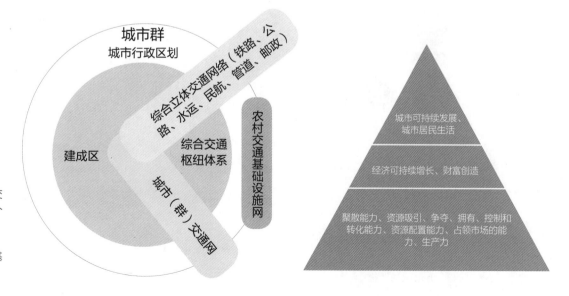

图2 城市(群)范围内交通基础设施建设"四个板块"示意

图3 竞争力评价的基本要素

---

① 据牛津经济院2017年预测，中国GDP总量将在2033年超过美国，2050年中国占世界GDP的比重将超过20%。

城市交通是城市要素集聚与扩散的重要渠道与载体，高质量的城市交通是推进城市群发展的重要支撑，主要体现如下：一是支撑经济运行，降低城市群空间组织的成本。城市交通是城市群交通的终端环节，将出行和物流的起终点与对外交通枢纽紧密连接在一起，其质量高低直接关系整个城市群的发展效益和综合水平。二是服务人的流动，支持人口流动与人才集聚。未来城市群之间的竞争，不仅仅关注资本、技术、投资环境或者劳动力成本，更强调对人才的吸引。便捷高效的城市交通支撑下的人力资本集聚，有助于重塑未来经济发展的空间格局。三是推动枢纽经济，优化城市群发展格局。交通枢纽是各种流的空间汇合体，支撑着聚流、引流、驻流和扩散辐射，优化区域经济要素时空配置，重塑产业空间分工体系，推动枢纽与周边地区融合发展，实现从"城市门户"向"城市客厅"的转变，带动城市群运行效率的提升。

2.2 人民美好生活向往、满足不同人群需求是城市与城市交通的目标

城市是满足人民群众美好生活的家园①，这是城市最本质的属性。现代化城市的公共服务规划与配置，应充分考虑市政基础、公共服务设施、生活配套等的空间分布与功能优化，为人口流动、产业重构等创造条件，以优质公共服务打造特色磁极（图5）。因此，城市交通的本质要求不仅仅是车辆的移动，而是服务于人的需求和组织支持城市的可持续运行，研究城市交通要从道路和交通工具的发展导向，转为更注重城市宜居、宜业的高质量发展。

人口向城市的集聚必然产生人的多样化需求，其中就业需求和生活需求最为核心。城市交通是保障居民获得就业机会和生活服务的支撑，是影响人民生活质量的重要方面。根据马尔凯蒂定律，无论交通系统变得如何四通八达，大约1小时平均通勤时间保持基本稳定。北京市2011~2017年的地铁刷卡数据也呈现出类似的"45分钟定律"，即45分钟的地铁内通勤时间（进站点到出站点的时间）已逼近北京居民可忍受通勤时间的极限。将通勤时间控制在合理的范围内，是保证生活质量的重要前提。生活类弹性出行的时长关系到居民

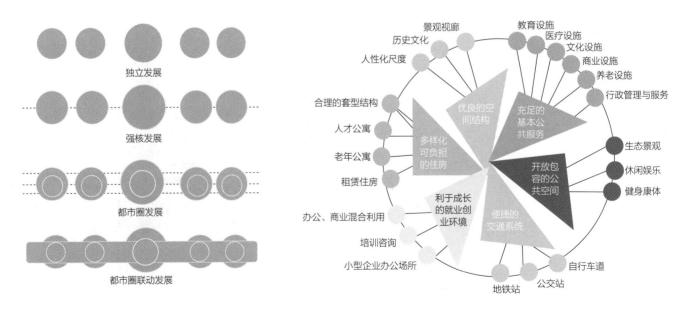

图4　城市群发展的四个阶段
资料来源：北京交通发展研究院. 国外城市群（都市圈）交通一体化经验与借鉴研究 [R], 2016.

图5　"以人为本"的城市空间建设需求
资料来源：汪光焘，叶青，李芬，高渝斐. 培育现代化都市圈的若干思考 [J]. 城市规划学刊, 2019（05）: 14-23.

---

① 《中共中央　国务院关于进一步加强城市规划建设管理工作的若干意见》提出了城市规划建设管理的总体目标是"实现城市有序建设、适度开发、高效运行，努力打造和谐宜居、富有活力、各具特色的现代化城市，让人民生活更美好"。

生活质量的改善。技术创新和社会进步释放出更多闲暇时间，与通勤交通、生活交通相比，闲暇时间的交通需求更加重视舒适性、安全性、个性化、可达性和体验性等方面交通服务的品质高低。

2.3 城市交通的综合性和运行方式的互补性

城市交通与城市间综合运输同为支持人与物的活动，有一定的共同点，但组织方式有明显差别。城市交通更加随机和综合，交通工具运行方式的互补性更强。通勤交通是基本要素，出行密度高，组织运行难度高，强调点、线、面密切结合，地面与地下结合，且不同类型城市间的差异性大。城市交通是城市复杂有机体的重要子系统，其面临的问题不是某一种交通工具或某一类基础设施产生的问题，也不是规划、建设、管理某一个环节导致的，涉及城市发展模式。尽管交通工程学已经将人、车、路、环境等综合为一体进行研究，但工程学解决问题的逻辑往往基于抽象要素、建立确定性影响关系而给出解决方案，但对与之密切相关的人的理念、价值观、行为，城市发展政策与制度设计、城市的文化传统等，存在诸多未能准确描述的要素。如目前城市交通的理论基础与工作方法仍停留在工程技术领域，难以从根本上解决城市交通拥堵、交通事故频发、机动车尾气污染等"城市病"。城市交通学科是一个综合性交叉学科，是城市科学最基础的重要组成部分，不仅涉及交通工程，更多是涉及社会学、经济学，涉及法律制度和公共政策，需要多专业支持和跨学科整合的研究思路。因此，需推动创新建设现代化城市与《纲要》实施融合，完善和丰富基础理论"城市交通学"，加快实现城市交通治理体系和治理能力现代化。

3 新时代对城市和城市交通发展的新要求

3.1 现阶段我国城市交通需求的主要特征

城市交通出行需求结构、内涵等特征正在发生深刻变革。人民生活水平的显著提升使得交通出行消费领域逐步呈现出"马斯洛层次"和市场细分。我国中等收入群体人口已经超过4亿人，中等收入群体规模持续扩大。随着生活水平从生存型、温饱型向发展型、美好型的转变，城市交通要从满足基本出行、快捷出行转换到交通出行品质的提升上来（图6），由单一的、固定的、有限的交通供给，转向多元的、定制的、弹性的供给模式，注重品质提升。大城市居民出行次数增多、出行距离显著增长，出行方式呈现多样化态势（图7）。出行目的多样化带来通勤、通学等基本需求所占比例减少，购物、休闲出行等生活需求日益上升。

信息技术改变人的出行需求和行为。信息化、"互联网+"深刻改变了人的思维模式，使得人们更加强调即时性、开放性、利他

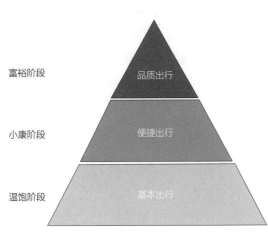

图6 生活水平与出行需求分层结构

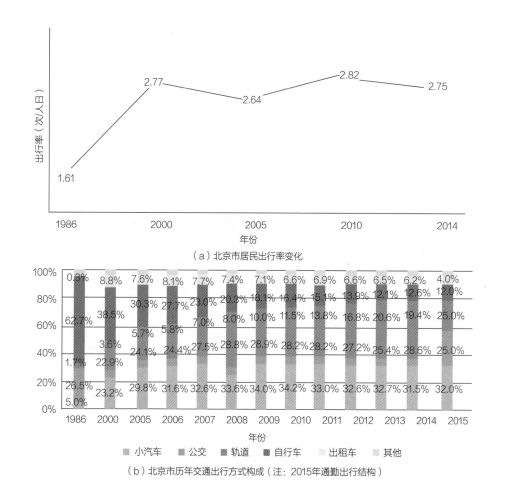

图7 北京市居民出行率和出行方式构成变化

资料来源：北京交通发展研究院. 第五次北京城市交通综合调查总报告 [R]. 2016；北京交通发展研究院. 北京市交通运行分析报告 [R]. 2015.

性和体验性等，提高了人们对交通信息的需求和交通方式的要求。信息技术改变人的生产生活方式，培养了人们全新的工作、生活、出行习惯等，进而影响了出行需求特征（图8）。信息技术将带来超越距离的新工作场景，例如虚拟视觉的办公及会议系统催生新的自由职业，使工作和生活的边界逐渐模糊；同时也改变交通供给方式和物理设施空间需求，例如自动驾驶汽车的高效性能，省下来的空间可以用作卸客车道、人行道或自行车道，对道路空间、停车空间的需求大幅下降。

跨行政区划的特大城市都市圈交通正在快速形成和发展。区域中心城市带动城镇群发展的交通需求快速增长，跨行政区划的特大城市都市圈交通正在形成和发展，这是中心城市发展壮大、功能外溢的必然结果。由于不同都市圈内产业结构及布局的差异，跨行政区域的出行分布又呈现不同的特点。一类是以中心城区向心通勤为主导。以北京为例，2018年工作日周边城镇到中心城区的就业人数为14.2万人，以北三县居多。另一类是以边界跨城通勤为主导。以上海为例，上海周边城市与上海之间的跨城通勤者数量达5.7万余人，其中上海中心城区跨城通勤者仅为1.4万人，大多数为市界边缘的跨城通勤，且存在双向联系特征。各城市流入上海通勤人员在外围城区主要分布在相邻郊区的工业园区内。

3.2 城市社会是现代化的重要标志

我国已进入以城市群为主体形态的发展阶段。新型城镇化整体格局具有三个方面特征：

图8 信息化对出行需求的影响

信息化下的场景	需求分析	出行的产生	目的地选择	出行阶段的角度时间选择	路径选择	方式选择
网上购物	AB	★				
网络医疗	CB	★				
线上教育	CB	★				
网上购票	AB	★		★		
居家办公	CB	★				
网络会议	CB	★				
出行信息服务	DB		★	★	★	★
预约出租车	D			★	★	★
预约快车	D			★	★	★
定制公交	D			★	★	★
顺风车	D			★	★	★
代驾	D			★		
分时租赁	D			★		
网约车位	D	★	★	★		

注：A—客货运的转化；B—出行需求降低；C—出行结构变化；D—影响交通时空均衡；★—有影响。

一是中心城市与周边地区协同发展（都市圈）；二是大中小城市协调发展；三是带动小城镇发展。城市交通发展应置于城市群、都市圈发展背景，确定城市交通的功能定位、发展目标、建设方式、交通结构和管理政策等，以高质量的城市交通充分支撑城市群经济运行、推动枢纽经济、服务人口流动。应加强城市交通与都市圈、城市群交通的衔接，要注重区域经济社会融合，注重跨行政区域协调协同，注重服务于区域的货运物流系统建设，注重客运枢纽站周边土地利用有利于人文和科技交流。

城市空间与交通逐步进入了以存量为主的发展阶段。我国城市交通已进入存量优化阶段，交通研究的基本对象已经从交通流、交通设施转向交通服务和复合交通网络，核心在于解决城市交通发展当中的（供需、资源配置）不平衡、（资源利用）不充分、（土地与交通之间、多交通方式之间、跨行政区交通系统之间）不协同，迫切需要理论需求和研究手段的变革和创新（表2）。

新的研究范式要点　　表2

要素	既有理论范式	新的研究范式
时代背景	交通设施大规模建设	由增量为主转向存量优化，有序建设，适度开发
关注点	满足交通工具的移动	满足交通出行者的需求
理论对象	交通流—交通设施	交通服务—交通网络
基本逻辑	被动适应需求：增加交通设施满足交通流运行要求	适应并主动引导需求：构建、组织、调控交通网络满足一体化出行服务要求
核心内容	交通基础设施：分方式交通物理设施网络独立构建（如道路网、地面公交网、轨道网等）	交通服务体系：多方式复合交通网络（物理设施网络、运输组织网络、信息诱导网络）整体构建与运行调控
应用场景	面向中长期设施建设	既面向中长期设施建设，又面向短期甚至实时管理调控

续表

要素		既有理论范式	新的研究范式
理论需求	需求理论	基于出行统计的需求预测	基于个体行为决策的需求分析
	供给理论	单一设施网络的交通承载力	多方式复合网络的交通服务能力
	交通流理论	机动车交通流	混合异质交通流
研究手段	数据来源	小规模抽样调查	现代信息技术和移动互联网支撑下的多源大数据
	分析方法	数学解析，仿真模拟	人工智能、计算实验、平行控制
	模型支撑	宏观、中观、微观模型独立构建	宏观—中观—微观一体化模型
	学科交叉	以工程学为核心	综合运用工程、经济、法律、社会等多学科交叉手段

资料来源：本章参考文献[5]。

以城市生态系统理念审视城市和城市交通发展。在生态文明建设背景下，应以城市生态系统理念重新审视城市和城市交通发展，从"效率至上模式"向"生态与绿色及低冲击模式"转变，从关注自身顺畅运行向高质量组织国土空间保护和发展转变。城市交通规划不应作为城市规划的从属和配套，应组织城市日常运行，强化城市交通的作用，使其真正融入城市运行各环节，实现城市可持续发展，并促进以区域中心城市带动城市群经济社会协同发展。

特别指出应当重视全球性城市的气候脆弱性、自然脆弱性、社会脆弱性和不确定性，其是当前研究的关键与重点。我国的情况比国外更突出，城市交通研究要树立"韧性城市"理念，制定政策和对策，增强应对各种风险与不确定性的能力。

3.3 数据驱动城市交通体系重构

城市交通系统的复杂性以及各类矛盾的严峻性全面升级。在"出行即服务"（MaaS）快速发展背景下，各交通方式之间的规划、建设、监管、运营服务壁垒将全面打通，传统城市交通体系面临"洗牌"。新业态可能具有"技术先进性"和"应用负外部性"双重特征，现行的政府管理架构、职能分工、管理机制、标准规范都将面临严峻挑战，城市交通系统的复杂性以及各类矛盾的严峻性将全面升级。交通可持续发展战略将迎来更加多元的选择。自动驾驶、共享交通、电气化三大技术融合将为交通组织模式变革带来更多可能，包括更加灵活的空间资源配置和运营组织模式、网络化和一站式的出行服务等，小汽车运行服务效能和成本效益大幅提升，公交优先等各项城市交通战略的实施路径将迎来更加多元的选择。交通复杂巨系统认知突破正面临最佳历史时机。随着数据采集逐步实现空间全覆盖、传输带宽提升、计算性能突破，城市交通需求的引导和治理模式将产生深刻变革。信息技术为持续动态地挖掘城市活动和交通行为的特性及其演化机理提供了重要的观察手段与研究保障。认知、评估、推演和治理交通复杂巨系统的能力将显著提升，城市交通治理将加速迈入"协同联动+动态优化+精准调控"时代。

4 推进城市交通高质量发展关注的重点问题

4.1 对城市交通基础理论（城市交通学）的再认识

我国已进入城镇化进程的下半程，中心城市和城市群发展是当今和今后一段时间的发展趋势，以建成区为重点，直接反映出城市经济水平、城市管理能力、城市文明程度。城市交通基础理论建设坚持创新建设现代化城市和交通强国建设相融合，应当突出建设宜居、宜业城市和区域生态保护和修复。城市交通服务于该城市行政区域内的全体居民和来城市活动的人员，把通勤交通放在突出位置，关注核心城区就业岗位和职住关系的分析。都市圈交通是以大城市或者特大城市的核心建成区为核心的跨城市行政区域的交通，主要体现在通勤交通的关联性。根据空间的职住关联，以跨越行政区划均衡和高效配置各类公共资源为目标，确定空间层级结构。城市群交通是以中心城市都市圈为依托，带动周边城市和城镇化密集地区，融合协同发展的区域交通，是形成国家重点经济发展区域，对国家经济实力甚至对世界经济有影响力地区的交通问题，应以交通—空间—产业协同为目标推动区域经济发展。加强信息化建设，城市交通学科应更加注重解决城市、都市圈、城市群等多维空间尺度下人的职住特征、出行/活动特征，以及上述特征的演化规律观测、发展趋势推演，创新建设现代化城市。

城市交通学科建设研究行政区划（建制）是应有内容，要探索和创新城市交通，推动都市圈和城市群发展的新机制。依据我国《宪法》，行政区域划分直辖市、市的地域概念，设区城市法律赋予其立法权、公民保障和行政权力的行使，包括财政体制、公共服务责任等[①]，相关法律制度的设计与行政级别相关。我国行政边界在功能上是地方政府公共权利行使的绝对空间边界，在传统的城市考核体系及财税体制下，跨行政区的交通设施建设和服务对接协调难度极大。都市圈、城市群交通具有多利益主体、差异化诉求、多模式竞争—合作的特征，需要基于跨区划、跨系统的协调机制来应对利益诉求差异。应发挥市场逻辑，打破行政分割和方式界限，综合运用政府力量和市场力量推动交通共联、市场共构，实现城市群、都市圈范围内生产要素的高效运转和资源的合理配置。

城市交通学科要补好城市物流货运的短板。现代城市的物流货运体系，是城市交通学科的基本内容。城市货运物流体系的高效一体化和综合竞争力，已经成为促进城市区域地位提高和社会经济更好健康发展的关键因素。城市交通关注的城市货运有两类：一类是生活性物流，为生活用品提供配送；另一类是生产性货运，其特征是以企业为主体、原材料分散、成品可集中输出。涉及货运集散地的布局，物流货运的配送方式和正确处理与客运组织的时间空间矛盾。货物运输量与车船交通流量是两个不同视角的概念。就当前实际情况看，城市货运物流体系发展还存在着基础数据不全、设施布局不优、资源整合不够、运营效率不高等诸多问题。如何促进城市货运物流设施的资源整合、形成合力，实现客运与货运的健康协调发展，已经成为大家共同关注的重要话题。互联网、大数据等智能信息技术将给城市的货运物流体系发展带来更多的可能性和新的发展特征及趋势。适应这些货运物流新技术的创新发展，应做好科学谋划和积极应对。谋划好城市交通支撑新型枢纽发展

---

① 《国务院关于推进中央与地方财政事权和支出责任划分改革的指导意见》提出要逐步将市政交通等受益范围地域性强、信息较为复杂且主要与当地居民密切相关的基本公共服务确定为地方的财政事权。

模式，带动城市转型发展，推动城市群空间优化。目前枢纽有两类：一类是组织城市功能运转的城市公交枢纽、支持居民基本需求的物流配送场站，另一类是服务城市群以及更大范围的区域性交通枢纽。区域性交通枢纽建设包括空港城市的航空港人才技术服务区规划建设、海港城市的物流公路—水运—铁路转运枢纽建设、内陆城市区域货运枢纽与中欧铁路发展。围绕超（特）大城市对外交通枢纽与空港、海港区发展的城市交通问题，研究城市发展带动区域发展；围绕城市交通客运枢纽和物流配送的城市交通问题，研究如何组织城市高效、安全、可持续运行，是城市交通学科建设面对的重要内容。

特别提出，"一带一路"倡议和长江经济带等国家战略，要求我国城市，特别是超大、特大城市和区域中心城市要不断优化提升自身综合功能和内力。中欧铁路的开通和今后的"中孟缅走廊"等，对内陆区域货运物流体系的发展提出更多创新和变革的要求，将极大地促进内陆城市群发展。如何提前谋划好新型的货运物流枢纽发展模式，推进多式联运，也是城市交通应当研究的问题。

4.2 坚持城市公共交通优先发展的国家城市发展战略

（1）新时代的城市公共交通优先发展与汽车工业发展。我国城市的基本特征和社会经济的发展阶段决定了实施公交优先是一项重要的国家发展战略，落实城市公共交通优先发展战略是城市交通建设的重要任务。要深入理解公交优先发展的内涵：在城市行政区域里，通过优先配置资源，构建适应市场机制、政府调控监管的，符合当地经济社会发展阶段，由多种类型企业等经营机构提供均等和高效的公共服务的公共交通体系，引导出行者优先选择，引导城市集约利用土地和节约能源、保护和改善人居环境。公交优先应以回归城市发展的支撑作用的本源为标准，来评价公共交通的发展成效。

（2）推进城市公共交通可持续发展。当前，轨道建设投资和公共交通运营补贴逐年增长，已经给城市财政带来了沉重负担（图9），应该避免追求单一指标的最大化而导致其他资源的萎缩和浪费，公共交通可持续发展必须考虑财务可持续性。公交系统内部也要根据转移客流和诱增客流的特点，不仅要考虑交通模式与城市发展模式的协调关系，也要考虑公共交通内部及与其他交通方式之间的协调关系，进行不断调整和优化[①]。

（3）当前我国汽车产业市场尚未饱和[②]，随着我国富裕程度不断提高，汽车市场仍有很大发展空间。国务院办公厅《关于加快发展流通促进商业消费的意见》提出要探索推行逐步放宽或取消限购的具体措施、对购置新能源汽车给予积极支持等释放汽车消费潜力的意见[③]。应合理定位小汽车在城市交通结构中的作用，根据城市特点和交通承载能力，综合运用经济、法律、科技和必要的行政手段完善小汽车需求管理，引导小汽车合理保有和使用，这不只是技术问题，更是社会工程。

---

① 例如近年来，北京市公共交通分担率虽有所提高，然而小汽车出行比例也持续增长，自行车出行比例反而不断萎缩，这不符合公交优先的核心理念。
② 根据世界银行公布的2019年全球20个主要国家千人汽车拥有量数据，中国每千人的汽车拥有量为173辆，远低于美国（837辆/千人）、日本（591辆/千人）等发达国家水平。
③ 近年来，各地区根据实际情况给予新能源车不限行、不限购、免停车费、免通行费等优惠措施，新能源车辆增长迅速。

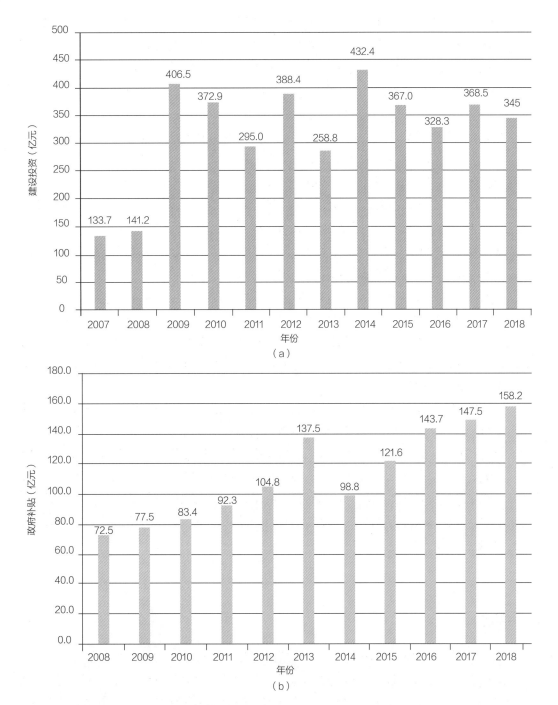

图9 北京市轨道交通建设投资和地面公交政府补贴情况
(a)北京市轨道交通建设投资;(b)北京市历年地面公交政府补贴
资料来源:北京市交通委员会.北京市交通委员会 2018 年统计资料汇编[R]. 2018。

4.3 推进城市交通治理现代化

(1)2035年、2050年的城市交通愿景。可持续城市交通战略的核心思想是更加关注可达性与生活品质,同时注重交通对经济活力、社会公平、环境质量的影响。应改变当前片面围绕机动车"拥堵指数"开展工作,回归城市交通组织城市可持续运行及满足人民美好生活需要的定位,重塑城市交通发展愿景。一是关注可达性/出行时间对生活品质的影响。出行时间是交通可达性的重要量度。将通勤时间控制在合理的限度,是保证生活质量的重要体现,打造高质量的15分钟社区生活圈是提升居民基本生活服务便利性的需要。国际城市交通发展指标均强调了就业岗位和生活服务设施的可达性，将出行时间作为关键指标[①]。二是关注交通公平、包容性发展。城市交通要通过合理配置各类资源，满足城市社会不同群体的活动需要和由此产生的交通出行需求。公平的交通服务是支撑城市社会包容性发展的重要方面。新市民、老年人、残疾人、低收入者等弱势群体有同等权利享受可达、可靠、可支付的城市交通服务，获得满足自身生存、生活和发展的机会。

（2）从关注行业管理向社会治理转变。新业态发展普遍面临管理模式滞后于变革创新的共性问题，传统的行业管理思路难以适应新形势的需要。城市交通治理是工程技术与社会问题的综合，城市交通问题应研究政府、市场与社会的基本关系，坚持政府主导下的合作协商、共建共享，推动政府职能转变：建立价值导向的城市及城市群交通治理顶层框架设计理论；建立政府—企业—社会组织—公众的利益诉求差异与协作机制；建立政府主导的交通服务提供与市场机制下交通服务生产的合作机制，以及保障服务质量的反馈机制；建立多元价值导向下交通治理绩效评估与公共利益调控、补偿机制。

（3）关注共享出行服务的创新和个体交通治理模式的转型。互联网、车联网等信息化的发展对人的理念的影响，直接影响未来城市交通发展模式。应关注和研究金融、资本参与设施建设，以及各种信息平台的建立和网上支付等多种形式的应用，对人们出行交通方式的选择、对交通工具拥有和使用共享的影响；关注无人驾驶环境下人的出行行为以及交通组织模式可能产生的变化等。

（4）采用信息技术提升城市交通治理能力。交通信息化的发展目标不能停留在智能交通技术自身的先进性，而应与城市发展及城市交通的定位和发展目标相融合，以服务人的需求为目的，支撑城市高效、安全、低耗的可持续运行。信息化条件下的大数据分析、人工智能、大规模仿真等为观测微观个体行为、挖掘出行需求特征与演变规律提供了工具手段，是实现城市交通治理现代化的技术支撑。在居民出行机理挖掘的基础上，对不同区域或类别的出行者给予差异化的交通设施配给和供应政策，可实现需求的主动引导，实现公共资源精细化、精准化配置。

5 结语

我国已进入了城市社会的新时代。城市交通是提升城市竞争力和国家竞争力、满足人民美好生活向往的重要支撑。城市交通问题是工程技术与社会问题的综合，推进城市交通高质量发展，需要实现创新建设现代化城市与实施交通强国相融合。城市交通规划不应作为城市规划的从属和配套，应围绕服务于人的需求，组织城市高效、安全、低耗可持续运行这一总体目标，使城市交通真正融入城市运行各环节。推进城市交通高质量发展，应重点关注完善城市交通基础理论（城市交通学），关注城市公共交通优先发展战略实施，关注城市交通治理能力现代化。信息化、大数据将会成为城市交通治理现代化的新支撑点。

注：该文章首发于《城市规划》2020年第3期。

[①] 如伦敦提出了"45分钟出行时间内，公共交通所能达到的就业岗位数量"；纽约提出"居民乘坐公共交通工具平均45分钟通勤距离以内的就业岗位数""45分钟通勤距离内的居民占全部居民比例"；新加坡提出"20分钟市镇、45分钟城市"的目标。

本章参考文献

［1］汪光焘，叶青，李芬等. 培育现代化都市圈的若干思考［J］. 城市规划学刊，2019（5）：14-23.

［2］汪光焘. 城市交通与信息化［J］. 城市交通，2015，13（3）：1-4.

［3］HUANG Jie, LEVINSON David, WANG Jiaoe, et al. Tracking Job and Housing Dynamics with Smartcard Data［J］. Proceedings of the National Academy of Sciences of the United States of America，2018，115(50):12710-12715.

［4］汪光焘，陈小鸿，殷广涛等. 新常态下城市交通理论创新与发展对策研究——成果概要［J］. 城市交通，2019，17（5）：1-12.

［5］北京交通发展研究院. 北京交通年报系列发布——北京市居民出行特征［EB/OL］.2019［2019-09-11］. https://mp.weixin.qq.com/s/9S4-vyCJvu2NF9mCAuj4Vw.

［6］同济大学建筑与城市规划学院. 2019长三角城市跨城通勤年度报告［R］. 上海：同济大学建筑与城市规划学院，2019.

［7］汪光焘."多规合一"与城市交通规划变革［J］. 城市规划学刊，2018（5）：19-28.

［8］汪光焘. 城市：40年回顾与新时代愿景［J］. 城市规划学刊，2018（6）：7-19.

［9］杨涛，胡跃平，王忠强等. 城市货运与城市健康发展——中国城市交通发展论坛2018年第4次研讨会［J］. 城市交通，2019，17（1）：109-120.

［10］汪光焘. 中国城市交通问题、对策与理论需求［J］. 城市交通，2016，14（6）：1-9.

第1篇

信息化发展新阶段的未来城市交通

导读

未来交通是一个充满期盼、充满想象、充满激情的话题，属于一个关于时代的话题。时代话题的观点往往呈现出多层次、多角度、多力度的碰撞和冲突，例如：信息化时代对城市交通带来的是否是颠覆性的变革？变革中有哪些内容需要传承？智慧交通本身是发展的目的还是手段？创新技术应用中如何处理突破和融合的关系？城市交通的规则和秩序将发生什么样的变化？等等。所有这些问题的深度思考都带来关于未来交通梦想的不同场景的憧憬。本篇的4章针对这些问题进行了深度的思考和论辩。

第1章"城市之辩和城市交通目标分析"。本章抛开未来交通表层的问题，直指城市交通的本原，从城市的内涵、城市交通的基本特征入手，明确地提出关于未来交通的一切观点都不能离开对城市交通根本目标的认识，即城市交通需要服务于人的需求和组织城市可持续的高效、安全、低耗（低能耗低污染）运行，这是一切问题的根本点和出发点；然后针对资源环境约束下的绿色出行对城市发展的影响、基于供给侧结构性改革的总体要求思考城市交通、信息化发展和大数据技术对城市交通的双重影响、推动城市交通治理理论创新以支撑城市交通改善关系到未来交通前景的四大关键问题进行了深入的阐述。本章既回答了未来交通的本原问题，又展望了未来交通的愿景，可以视为关于未来交通的整体框架性的研究。

第2章"新型智慧城市内涵的辨析"。本章从新型智慧城市的发展综述入手，介绍了关于智慧城市的多种定义、国内外智慧城市的实践案例和发展路径探索，最后在智慧城市的展望中提出需要关注顶层设计、数字科技、城市可持续性、智慧交通场景等关键问题。

第3章"信息化对城市现代化的预期影响"。本章从更高的视角，围绕城市现代化水平这一核心问题，论述了我国城市发展新阶段和信息化时代的特征，从数据驱动建设新型智慧城市、提高城市治理水平、增强应对公共安全突发事件的能力等方面探讨了我国城市突破瓶颈、提高现代化水平的路径。

第4章"面向5G时代，城市交通内涵的再认识"。本章系统介绍了国际代表性机构对于未来交通的研判和变革模式的探讨，聚焦5G网络与智慧交通的融合创新发展，提出韧性交通发展、个性交通定制、交通数据多源化、交通安全、弱势群体关怀、出行时间节约、停车空间节约等需要重点关注的话题。

关于未来交通的展望离不开对于技术变革和城市交通内涵的认识，这是一个时代性的话题，是一个综合性、系统性的话题。技术并非天生就有目的，而是其服务的城市赋予其目标。规划未来的交通不仅需要对技术变革的趋势进行预测和响应，同时也必须积极思考社会目标，思考人的需求，推动技术创新和交通服务的融合发展。

第1章
城市之辩和城市交通目标分析

1.1 正确认识城市概念是科学研究城市问题的基础

城市概念的研究虽然是最简单、最基本的问题，但给城市下个准确的定义并非易事，很难将其概括为个简明扼要的抽象定义。而正确、统一的认识有利于城市问题的科学研究，是研究城市问题中最基础、最重要的问题。同时，随着现代化进程以及城镇化的发展，城市的边界也在动态发展、不断向外扩张，城市发展形态的变化，又导致了目前对城市相关概念的理解也比较混乱，不同学者对城市、城市群、城市圈、城市带、城市密集地区、城市密集地带、都市区、都市圈都会区、都市发展区、都市连绵区等概念众说纷纭。由于地理环境、自然资源、经济发展、交通区位等因素，不同城市之间差别较大。综合起来讲，研究城市治理体系和治理能力现代化，建立"政府—社会法人—自然人"和谐的城市社会，必须以时代的理念，从我国行政体制出发来讨论。

1.1.1 城市是指国家按行政建制设立的直辖市、市、镇

《中华人民共和国宪法》是我国的根本大法，拥有最高法律效力。《中华人民共和国宪法》第三十条规定："中华人民共和国的行政区域划分如下：全国分为省、自治区、直辖市；省、自治区分为自治州、县、自治县、市；县、自治县分为乡、民族乡、镇。直辖市和较大的市分为区、县。自治州分为县、自治县、市。自治区、自治州、自治县都是民族自治地方。"

我国城市空间的形态随着城镇化过程不断变化，其发展与治理高度倚重行政区划的因素，相关法律制度的设计与行政级别相关。法律赋予"设区的市"（一般是地级以上城市）享有立法权，行使行政权力包括财政体制、公共服务责任等，来保障公民的合法权益。我国行政边界在功能上是各级政府行使公共权利的绝对空间边界，在结构上层级分明，各行政区之间形成严格的主从管辖关系。我国城市配置资源力量强大，行政市域主要由我国的政治制度、财税制度和法律等因素综合决定的。

1. 城市是以非农业产业和非农业人口集聚为主要特征的居民点

《城市规划基本术语标准》GB/T 60280—1998定义城市是以非农业产业和非农业人口集聚为主要特征的居民点，包括按国家行政建制设立的市、镇。市是经国家批准设市建制的行政地域，镇是经国家批准设镇建制的行政地域，市域是城市行政管辖的全部地域，城市群是一定地域内城市分布较为密集的地区。

《城乡用地分类与规划建设用地标准》GB 50137—2011将市（县、镇）域范围内所有土地称为城乡用地，分为建设用地与非建设用地，建设用地包括城乡居民点建设用地、区域交通设施用地、区域公用设施用地、特殊用地、采矿用地、盐田以及其他建设用地，非建设用地包括水域、农林用地以及其他非建设用地。

从上述两项技术标准可以说明我国城市的特点：在市域范围内是城乡并存的社会形态。

2. 城市工作是一个系统工程

中央城市工作会议（2015年12月）指出，城市工作是一个系统工程。做好城市工作，要顺应城市工作新形势、改革发展新要求、人民群众新期待，坚持以人民为中心的发展思想，坚持人民城市为人民。尊重城市发展规律，人口和用地要匹配，城市规模要同资源环境承载能力相适应；统筹空间、规模、产业三大结构，提高城市工作全局性；统筹规划、建设、管理三大环节，提高城市工作的系统性；统筹改革、科技、文化三大动力，提高城市发展持续性；统筹生产、生活、生态三大布局，提高城市发展的宜居性。

3. 城市规模的政策规定

《国务院关于调整城市规模划分标准的通知》（国发〔2014〕51号），提出城区是指在市辖区和不设区的市，区、市政府驻地的实际建设连接到的居民委员会所辖区域和其他区域。以城区常住人口为统计口径，将城市划分为五类七档：Ⅰ型小城市、Ⅱ型小城市、中等城市、Ⅰ型大城市、Ⅱ型大城市、特大城市、超大城市（图1.1-1）。

4. 城市与《全国主体功能区规划》

《全国主体功能区规划》是我国国土空间开发的战略性、基础性和约束性规划，将我国国土空间分为以下主体功能区（图1.1-2）：按开发方式，基于不同区域的资源环境承载能力、现有开发强度和未来发展潜力，以是否适宜或如何进行大规模高强度工业化城镇化开发为基准，分为优化开发区域、重点开发区域、限制开发区域和禁止开发区域；按开发内容，以提供主体产品的类型为基准，分为城市化地区、农产品主产区和重点生态功能区；按各类主体功能区，要处理好与其他功能的关系，对城市化地区主要支持其集聚人口和经济，对农产品主产区主要支持其增强农业综合生产能力，对重点生态功能区主要支持其保护和修复生态环境。

5. 建立国土空间规划体系的改革要求

《中共中央 国务院关于建立国土空间规划体系并监督实施的若干意见》（中发〔2019〕18号）提出将主体功能区规划、土地利用规划、城乡规划等空间规划融合为统一的国土空间规划，建立全国统一、责权清晰、科学高效的国土空间规划体系，综合考虑人口分布、

图1.1-1 城市规模等级划分

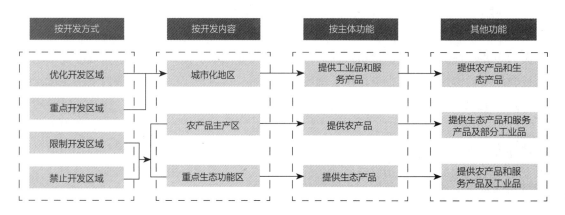

图1.1-2 主题功能区划分类及其功能

经济布局、国土利用、生态环境保护等因素，科学布局生产空间、生活空间、生态空间，发挥国土空间规划在国家规划体系中的基础性作用。体现战略性，优化城镇化格局、农业生产格局、生态保护格局；提高科学性，科学划定生态保护红线、永久基本农田、城镇开发边界等空间管控边界以及各类海域保护线；加强协调性，统筹和综合平衡各相关专项领域的空间需求；注重操作性，按照谁组织编制、谁负责实施的原则。

1.1.2 城市在城镇化发展历程中空间组织有不同的演化特征

回顾我国城镇化发展历程，在城市发展初期是单核的中心城市；当单核城市集聚发展达到一定阶段，城市人口及功能超越出了初期的城市范围，中心城区有向外疏解的需求，这一需求表现为在周边形成多个卫星城市，形成围绕核心城市布局的都市区；卫星城市的功能进一步增强，城市用地进一步拓展，二代、三代卫星城逐步出现，进而都市区之间连绵成片，形成大规模的城市群。城市空间尺度与人的活动范围的演变存在互动关系，城市的发展形态大致可分为四个阶段：

第一阶段，独立发展阶段：城市开始形成，但各自处于孤立发展的无序状态，地域空间结构松散。

第二阶段，强核发展阶段：人口和产业不断向中心城市聚集，城市不断发展壮大。

第三阶段，都市圈发展阶段：随着私人小汽车以及铁路网络的进一步发展，人口从中心城市向周边扩散，中心城市与周边毗邻地区开始形成具有密切通勤联系的都市圈。

第四阶段，城市群发展阶段：后工业化阶段的中心城市产业不断转型与升级，城市之间的分工和协作加强，同时随着城际快速交通运输工具的快速发展，都市圈之间沿着发展轴相连形成一个密切社会经济联系城市群整体。

1. 都市圈

（1）都市圈的形成是城市化水平达到一定高度的产物，是城市功能区域化组织、职住分离诱发通勤的跨行政区划分布的结果，其核心在于通勤功能的区域化。

都市圈是有别于城市、城市群的有形实体空间。受到核心城市功能外溢、产业转移以及区域交通时空改变等因素的影响，核心城市与外围居住新城、产业新城，以及两个相邻中心城市间，均可能形成都市圈。相较于城市群，都市圈内部一体化发展态势更为明显，通勤交通比例是区分都市圈和城市群的重要指标。

都市圈与城市的对比关系则可以描述为"功能同构、空间差异"。功能同构：都市圈的功能本质上属于城市功能。都市圈是城市功能在集聚力和扩散力共同作用下，在更大的空间范围内进行再组织的产物。都市圈范围内的经济活动和要素集聚与城市没有本质差别。空间差异：中心城区与及外围地区、相邻城市在土地价格、公共服务等方面存在巨大差异，促使城市功能打破原有团状集聚发展、相对均质扩张的既有趋势，而是呈现空间上的跳跃发展，形成中心城市的功能外溢，并体现为居住和就业大尺度的空间分离和通勤交通的区域化组织。

《国家发展改革委关于培育发展现代化都市圈的指导意见》(发改规划〔2019〕328号)提出，城市群是新型城镇化主体形态，是支撑全国经济增长、促进区域协调发展、参与国际竞争合作的重要平台。都市圈是城市群内部以超大、特大城市或辐射带动功能强的大城市为中心、以1小时通勤圈为基本范围的城镇化空间形态。

国际上都市圈是进行城市数据统计、规划、研究的基本地域单元。美国早在1950年采用了"城市化地区"（Urban Area，UA）的地域统计概念，1970年采用改造后的标准都市统计区（Standard Metropolitan Statistic Area，SMSA），2000年定义了基于中央核的统计区域（Core Based Statistic Area，CBSA）。英国、日本、意大利等国家也相继提出了类似的地域划分的概念。

国内学者也对都市区的概念界定和指标体系进行了研究，普遍认为都市圈由一定规模以上的中心城市及与其保持密切社会经济联系、非农业活动发达的外围地区共同组成的具有城乡一体化倾向的城市功能地域。都市圈的功能本质上属于城市功能，城市功能在都市圈中从中心城区向外围地区的延伸，中心城区与郊区实现城市功能组织的一体化，因此通勤圈、生活圈成为都市圈功能组织的关键要素。

（2）都市圈作为一种跨行政区划且不受行政边界限制的经济社会协同发展区域，需要更好地发挥辐射功能强的中心城市在发展中的主导作用，在管理机制上国际与国内有非常明显的不同。

我国都市圈在发展过程中，由于受到行政区划分割的影响，资源要素自由流动差，产业重复布局，基础设施和公共服务分散建设和使用，公共资源在空间上配置不合理，呈现圈层化递减特征，在时间序列上滞后于人口集聚，内外圈层间差别明显，难以适应新时代实施区域协调发展战略需要，已严重制约都市圈的高质量发展。现行的城市发展与治理仍旧倚重单一的行政区划，各级政府具有强烈的属地经济观念，往往视行政边界为"经济边界"，有意识地限制地方财政投入行政边界地区，城市间的各类规划缺乏协调，目前还未形成一个完善的城市群发展机制。

国际城市的空间演进几乎不受行政约束，主要受人口聚集程度和产业发展程度影响，以单个或几个城市为核心向超过行政边界的范围辐射，从而自发形成发达的现代化都市圈。

1）案例一：日本东京大都市圈。

日本把都市圈作为国民经济的地域统计单元，同时作为指导城市化发展和区域资源配置的一种规划管理理念。地方政府对于城市内资源配置的影响较强，基于行政命令界定的东京都市圈范围（首都圈）编制了多轮次的发展规划，规划引导下的中心城区具备优质的市政基础设施和公共服务资源，吸引企业和人口集聚，以实现城镇化进程中的空间结构优化和经济持续发展。因此，日本都市圈中心城区—外围城区间的经济圈层特征比较明显。

东京大都市圈是日本最大的城市聚集体，在就业密度、地均产出、人口密度、主导产业、功能划分、地理位置等方面，呈现出明显的以东京都为中心的层次结构。打破城市行政边界，实现城市之间的连通，围绕东京中心区的环状布局，新干线、城际铁路、城市地铁构建起无缝衔接的轨道交通网络，缓解地面交通的压力以及由此带来的环境负荷。

20世纪初至20世纪50年代为形成时期，这一阶段东京都市圈规模初现，东京成为中心城市，人口增速极快。

20世纪50年代末至90年代为壮大时期，这一阶段为内部分化期，腹地范围扩大，中心城市能量加强。人口密度达到5000人/平方公里，东京都市圈呈现出由东京都向外圈扩展的"三二一"布局。

21世纪初至今为成熟发展阶段，这一阶段东京大都市圈形成"分散型网络结构"，不同地位城市各司其职，联动发展，都市圈进入了一个相对稳定成熟的阶段。

2）案例二：英国大伦敦区。

英国的城市规划体系分为结构规划和地区规划两级，分别由大伦敦政府和伦敦自治市组织编制。大伦敦政府主要负责战略层面的结构规划，重点是战略性和协调性，通常不直接决定土地使用的方式和强度；伦敦自治市全面负责地区规划，制定能够详细指导地区发展的土地利用政策。

伦敦都市圈形成于20世纪70年代，共由33个相对独立的行政区划单元构成，在空间结构上依然可以按照4个圈层来划分：中心区域称为内伦敦，包括12个区；第二个层次为伦敦市，包括20个市辖区；第三圈层为伦敦大都市区，包括伦敦市及附近区的11个郡；最终的区域划分为伦敦都市圈，即包括上述相邻大都市在内的大都市圈。

大伦敦区早期规划阶段，为解决伦敦人口过于密集的问题，成立"巴罗委员会"，并于1940年提出"巴罗报告"，指出伦敦地区工业与人口不断聚集是由于工业所引起的吸引作用，从而提出疏散伦敦中心区工业和人口的建议。现代规划阶段，伦敦战略规划委员会于1992年提出了《伦敦战略规划白皮书》，突出体现重视经济的重新振兴，强化交通与开发方向的关联性，重视构筑更有活力的都市结构，重视环境、经济和社会可持续发展能力建设的指导思想。

2. 城市群

（1）城市群是在城镇化过程中，在特定的城镇化水平较高的地域空间里，以区域网络化组织为纽带，由若干个密集分布的不同等级的城市及其腹地通过空间相互作用而形成的城市—区域系统。

城市群的出现是生产力发展、生产要素逐步优化组合的产物，每个城市群一般以一个或两个（有少数的城市群是多核心的例外）经济比较发达、具有较强辐射带动功能的中心城市为核心，由若干个空间距离较近、经济联系密切、功能互补、等级有序的周边城市共同组成。发展城市群可在更大范围内实现资源的优化配置，增强辐射带动作用，同时促进城市群内部各城市自身的发展。

由于极化效应的影响，城市规模不断扩大，实力不断增强，对周边区域产生辐射带动效应，形成一个又一个城市圈或都市圈。伴随着城市规模的扩大和城际之间交通条件的改善，相邻城市辐射的区域不断接近并有部分重合，城市之间的经济联系越来越密切，相互影响越来越大，产生人口高度聚集、经济功能与设施高度密集、城乡功能高度一体的大城市聚集区（Megalopolis），这就可以认为是城市群。国际上一般把人口规模达到2500万人作为城市圈的基本门槛，是城镇化发展高级阶段的地域空间形态。

国内关于城市群或城市带的概念，不同的学科有不同的理解。城市地理学家常常采用"大都市连绵区或城镇密集地带"，城市规划学家则喜欢采用"城镇高度密集地区"。经济学家与地理学家喜欢的是"城市化地区"的城市分布概念；社会学家则常常用"都市社群网"的人际关系的概念；经济地理学家则比较喜欢用"城市空间分布"的网络节点（nodalregion）的概念；还有城市生态学家则称之为"城市化生态地区"等，各有千秋。

戈特曼首次以"Megalopolis"为城市群命名，这一概念揭示出当今城市从传统的单体城市向城市共同体转型发展的新模式与新形态。国际上公认的具有代表意义的城市群包括日本太平洋西海岸城市群、伦敦城市群、美国东北部大西洋沿岸城市群、欧洲西北部城市群等。

（2）城市群成为国家参与全球竞争与国际分工的全新地域单元。

城市群成为我国城镇化未来的主体形态，其区域空间结构是各个城市的经济结构、社会结构、规模结构、职能结构等在空间地域上的投影。影响城市空间布局的4个因素为自然因素、可达性、建设发展和动态作用。其中可达性和动态作用与交通发展有直接关系。交通对城市群空间发展的引导作用主要体现在两个方面：一方面促进了城市用地空间扩展，并对扩展方向具有指向性的作用；另一方面直接改变了城市的区域条件和辐射范围，出现新的交通区位优势，产生卫星城和新的城市功能区，进而改变城市群的空间结构。

1）案例一：美国纽约城市群。

美国为联邦制国家，地方政府享有高度自治权。美国城市的空间发展演变，通常并非在政府规划和引导下集聚于中心城区，而是取决于人口和企业的自主迁移。出于国情调查统计城市化区域人口和经济活动的目的，美国行政管理与预算办公室将都市区定义为："包括一个可识别的人口核心和围绕核心的高度一体化的邻近地域组成的地区"，大都市统计区包括至少一个5万人以上的城市核及用通勤率测度的与其有着密切社会经济联系的邻近区域。

纽约城市群北起缅因州，南至弗吉尼亚州，跨越了10个州，面积约占美国国土总面积的1/5，其中包括波士顿、纽约、费城、巴尔的摩和华盛顿5个大城市，以及40个10万人以上的中小城市。在这个区域中，人口达到6500万人，占美国总人口的20%，城市化水平达到75%以上。

1870年以前各城市孤立分散，这一阶段人口和经济活动不断向城市集中，城市规模不断扩大，但各城市均独立发展，城市之间联系相对薄弱，众多小城市呈松散分布状态，地域空间结构十分松散。

1870~1920年初的单中心城市体系形成，这一阶段随着美国产业结构的变化，城市规模急剧扩大，数量显著增加，以纽约、费城两个特大城市为核心的区域城市发展轴线形成，区域城市化水平提高。

1920~1950年的多中心都市圈雏形，城市建成区基本成型，中心城市规模继续扩大，在单个城市中的人口和经济活动向心集聚达到顶点的同时，城市发展超越了建成区的地域界线，向周边郊区扩展，逐渐形成城市群。

1950年以后的纽约城市群发展成熟，城市郊区化的出现，导致都市区空间范围扩大，并沿着发展轴紧密相连，城市群带自身的形态演化和枢纽功能逐渐走向成熟，波士顿、纽约、费城和华盛顿4大都市群横向蔓延，相互连接，最后发展为跨越数州的纽约城市群。

2）案例二：法国巴黎大城市群。

法国行政区划按级别大小可分为大区—省—市镇，在土地利用规划领域，由大区制定引导性的总体战略规划，专注于为整个区域提供一致的战略，并具有法律约束力。巴黎大城市群以法国巴黎为中心，沿塞纳河、莱茵河延伸，覆盖法国巴黎、荷兰阿姆斯特丹、鹿特丹、比利时安特卫普、布鲁塞尔和德国的科隆等西北欧的广大地区，包括4个国家的40个10万人以上的城市，总面积14.5万平方公里，总人口4600万人，是世界上最大的跨国城市群。

从19世纪末开始，随着工业革命的发展，巴黎城市建设如火如荼，工业企业在近郊自发聚集。1932年，法国颁布法律打破行政区域的壁垒，对城市发展实行统一的区域规划。1994年《巴黎大区总体规划》强调"保持城市之间的合理竞争，在大区内各中心城市之间保持协调发展，在各大区之间保持协调发展"，引导巴黎大区的建设。目前，大巴黎都市圈由内而外分成核心集聚区（1~11区）、中央集聚区（12~20区）、近郊的卫星城，围绕自然地貌螺旋状拓展，形成同心圆和放射状的格局。

1.2 城市交通的内涵研究

1.2.1 城市交通目标的内涵解析

城市交通的研究目标是服务于人的需求，组织城市可持续的高效、安全、低耗（低能耗低污染）运行，并提出具有战略思维的交通政策、因地制宜的工程技术措施，推动城市群和都市圈的发展，创新驱动、激发培育新型服务业态模式。

城市交通的研究范围包括城市行政区域内部交通、城市对外交通的衔接点、以城市建成区为核心的跨区域交通。城市内部交通研究的重点是服务于人的需求和出行效率的快速路交通、地面道路交通、公共交通、停车、交通管理、物流6个系统及其相互协调。城市对外交通研究的重点是公路、铁路、民航、内河航运、海运、管道运输等交通运输系统与城市内部交通的衔接，即场站、交通枢纽等。城际交通系统的研究重点是适应城镇密集地区中心城市与周边地区紧密联系的都市圈交通。都市圈交通是超越行政边界的，要注重中心城市与周边中小城镇之间的衔接，其特点是以同城化的通勤交通为主。

1. 服务人的多元需求，组织城市高效可持续运行

研究城市交通要从城市发展、城镇化进程来研究，既要注重工程技术，又要注重与法律、经济、财税等之间的关系，应当体现社会公平和可持续发展。简而言之，城镇化就是人的就业地和居住地的变化，有城市发展就会有城市交通，其根本是人的活动。应当分析不同社会阶段的城市发展和人的需求。不同的阶段由于环境、文化、科技水平的变化，人们的生活方式也在发生着变化，同样对城市交通的诉求也产生了相应的变化。

基于城市空间理论，结合以人为核心的新型城镇化的人口转移趋势，城市人口集中根源于人的需求，人的需求是就业需求和生活需求。就业需求本质是产业发展和就业岗位，包括相应的物流；生活需求是指基本生活需求和教育、医疗、休憩等社会服务需求，通勤交通和保障生活基本物流是城市活动的基本需求。所谓服务于人的需求，就是要提供一个能让人们得以在城市更好地生活、工作、休憩的交通网络。

城市可持续的运行要在高效、安全、低耗三个层面整合统一："高效"是指人流、物流的通达、有序，是基本要求；"安全"是保障流通过程中人、财、物的完好无损；"低耗"是从城市环境质量的角度要求降低交通的物耗能耗和排放，保护和改善人居环境。

城市是人类经济与社会活动、人们生活高度集中的地区，人流、物流、信息流、货币流是城市发展的永恒主题，是社会生活最基本的要素。城市交通矛盾是社会经济发展的必然结果，会促进交通工具、运输方式、交通方式以及信息存储方式等变化。未来城市发展要通过交通规划与建设来影响和带动城市布局的调整，而不是先确定城市布局，然后通过制定若干交通规划方案来确定。

2. 顺应城镇化发展的新阶段

城镇化与机动化快速发展影响城市交通人的需求。近年来，我国的人口增长速度有所放缓，但城镇化速度正处于加速发展阶段。大量人口仍将继续向城市地区迁移，特别是向大型和特大城市迁移。这些城镇的发展与城市交通密切相关。人口的迁移已导致城市居民的就业和居住发生了巨大变化，相应人群的出行时间和空间特征也在不断改变。在供需的重新适应和匹配过程中，不可避免地出现城市交通问题。

经济发展是机动化加速的最主要驱动力。随着人民生活水平的提高，住房价格的继续上涨，居民出行活动更加多样化，出行量也在持续增加，使得人们愈加依赖机动化出行，对机动化出行的需求不断增加。据公安部交通管理局统计，截至2019年6月，全国汽车保有量达2.5亿辆，私家车达1.98亿辆。全国66个城市汽车保有量超过100万辆，北京、成都等11个城市超过300万辆。载货汽车保有量达2694万辆，新能源汽车保有量达344万辆。

城市历史学家L·芒福德认为，城市的形成离不开它的动态部分，脱离开这个动态部分，城市就不可能继续增加它的规模、范围和生产力。这里所提及的"动态部分"，就是指城市交通。城市交通的发展能够有效推动城市群和都市圈的发展，对促进经济转型发展和新型城镇化具有重要意义。

3. 顺应信息化时代的发展

我国改革开放以来40多年的高速发展，随之经济与社会形态的变化，城市已经从封闭、分散、独享转向联系、聚集和共享的发展趋势，城市的聚集动力也从早期的生产规模效应、效率提升更多转向服务职能和满足消费多样化、信息交流的需求。人们的生产、生活空间状态发生了深刻的变化，无形产品和服务、虚拟交往等成为人类活动的主要内容，使得城市的内涵、功能、规模和形态也发生了重要的变化，激发培育出更多新型服务业态模式，从而对城市交通提出更高的要求。

近几年，国内交通新技术和新业态迅速发展。移动互联网、GPS、云计算、大数据等新技术的突飞猛进，已经全面渗透到汽车和交通领域，基于"出行即服务（Mobility as a Service，MaaS）"的理念，以数据衔接出行需求与服务资源，传统城市交通体系面临"洗牌"，催生了定制公交、智能停车、智能公交、汽车维修、网络预约出租车、互联网租赁自行车、小微型客车分时租赁等城市出行服务新业态，形成数字化出行助手，为人们提供全新的出行体验。

信息技术的不断发展为城市运行效益的提高和改善带来新的契机，其对城市交通的作用和影响将完全有可能超越基础设施建设。信息化的发展对人们出行需求的影响，主要体现在通勤、购物、休闲、医疗以及教育等，这将深刻影响城市运行效率，甚至会带来革命性变革。首先，网购代替了部分到商业中心的购物模式，使得原有的客流出行被物流运输所代替；其次，视频会议的推广应用，大幅度减少了商务出行交通量，节约时间，提高效率，逐渐对出行结构、方式、路径发生调整，远期甚至会影响服务业布局和城市布局。这些改变都对城市可持续运行产生直接影响。

随着新一代信息通信技术的普及与应用，数字化、网络化、信息化、大数据、区块链、云计算、智能化等新技术与越来越多的传统行业融合，已快速渗透至客运、货运、铁路、停车、维修、公共交通、出租汽车、航空等各个交通领域，推动了技术进步、效率提升和组织变革，提升实体经济创新力和生产力，形成更广泛的以互联网为基础设施和创新要素的经济社会发展新形态，使得社会各方面发生了许多颠覆性变化，对人们的生活方式、生产方式、社会交往方式、社会关系、社会结构和思维方式等产生了革命性变化。

信息化的变革改变了人的生活与就业方式，促使人们产生全新的就餐、购物、出行、通勤习惯等，进而影响到人们的生活、就业习惯改变，也会改变人们的交通行为。信息化的广泛应用使得人们更加强调即时性、开放性、利他性、体验性，一定程度提高了人们对交通信息的需求和交通方式要求，这些都会对城市交通产生影响。比如，到商务中心购物的人被在线购物所取代，原来的乘客外流被物流运输所取代；工作模式无需通勤即可切换为远程办公室，进一步调整了出行时间，出行路径和出行结构。

在各种新兴业态快速发展的背景下，各类信息充分开放共享、融合发展，各种交通方式之间的规划、建设、监管、运营服务壁垒将会全面打通，推动城市交通规划、设计、建造、养护、运行管理等全要素、全周期的建设，城市交通系统的复杂性以及各类矛盾的严峻性将全面升级。城市出行服务新业态在满足人们多元化出行需求的同时，对认知、评估、推演和治理城市交通复杂系统的能力显著提升。

城市交通与汽车、电子、软件、通信、互联网服务等产业深度融合，并与电子、软件、通信、卫星、装备制造、信息服务等领域的发展密切联系，城市交通发展愈加复杂。如何应对"互联网+交通"、无人驾驶等新技术和新业态对传统交通行业带来的冲击，亟需转变原有交通组织模式，探索创新的监管模式，完善国家综合交通运输信息平台，推动建立跨行业、跨领域、跨部门数字交通标准协同发展机制，积极开展产业化应用示范，这是当前面临的突出问题。

新兴业态可能具有"技术先进性"和"应用负外部性"双重特征，以开放包容的态度，适应技术发展趋势，积极拥抱新业态、融入全球移动性变革，充分发挥统筹规划、协同推进的制度优势，发挥市场主体作用，科学配置各类资源要素，构建跨界融合、共创共享的城市交通出行服务。我国企业在全球无人驾驶技术的发展热潮中积极布局、探索、研发和产业化应用。以无人驾驶、车联网为代表的智能汽车，在减少交通事故、改善拥堵、提高道路及车辆利用率等方面意义深远，并可直接带动智能汽车市场等产业的快速发展，是汽车产业未来发展的方向。但是，相比技术的节节推进，我国相关法律法规却对于无人驾驶汽车的发展还有很大调整空间：一方面，现有汽车行业的相关行业标准、技术标准、法律法规及保险等都不适用于无人驾驶汽车；另一方面，无人驾驶相关的地图内容、测绘资质等规定也阻碍了无人驾驶汽车的发展。

1.2.2 城市交通的基本特征

我国进入城市群为主体形态的城镇化新阶段，形成了"城市群—都市圈—中心城市—大中小城市协同发展—特色小镇—乡村振兴"统筹发展的总体格局和全尺度空间组合链条。区别清楚处于都市圈还是城市群发展阶段、选择合理的都市圈和城市群结构及其交通系统，对于我国城镇化的健康发展意义深远。

城市交通延伸而产生都市圈交通，城市间运输内聚而形成城市群交通。从行政区域的关系来讲，城市群交通是城际之间的联系，属于城市协同管理；都市圈交通可以跨行政区域，具有城市协同的特点；城市交通是行政区域内，属于地方政府管理。从服务对象的特点来讲，城市群交通的特点是城际之间、以经济活动联系为主体的交通；都市圈交通的特点是核心城市和外围城市之间、以城市活动联系为主体的交通，往往以通勤活动为代表；城市交通的特点是城市内的服务城市活动为主。从建设管理的角度来讲，城市群交通规划建设取决于各个城市间的利益协调；都市圈可能覆盖多个行政管辖区，都市圈交通的规划建设与管理机制需要跨部门、跨地域的协同；城市交通由当地政府规划建设与管理。

城市交通满足新常态发展下的各种要求，必须在功能定位、发展目标、建设方式、交通结构和管理政策等方面进行反思、转变和突破。新常态下城市交通结构更加注重多方式的协同发展，加强不同交通方式、各种交通设施的有机融合途径，达到优化城镇体系结构，控制大城市规模，增强中心城市辐射带动功能，加快发展中小城市，有重点地发展小城镇，形成合理功能布局，促进大中小城市和小城镇协调发展的目标。

1. 城市群交通的基本特征

中共中央、国务院于2014年印发的《国家新型城镇化规划（2014—2020年）》提出，我国城镇化快速发展，已经形成以城市群为主要发展形态，以轴线上城市群和节点城市为依托、其他城镇化地区为重要组成部分，大中小城市和小城镇协调发展的"两横三纵"城镇化战略格局。京津冀、长江三角洲、珠江三角洲三大城市群，以2.8%的国土面积集聚了18%的人口，创造了36%的国内生产总值，成为带动我国经济快速增长和参与国际经济合作与竞争的主要平台。

城市群是城市发展到成熟阶段的最高空间组织形式，是指在特定地域范围内，以1个以上特大城市为核心，由至少3个以上大城市为构成单元，依托发达的交通通信等基础设施网络所形成的空间组织紧凑、经济联系紧密、并最终实现高度同城化和高度一体化的城市群体。城市群的交通联系尺度是利用大众化运输工具单日往返并具有有效的停留时间，各个城市之间呈现网络化联系，城市功能有一定的互补性，如重要交通枢纽的共享、产业集群、共用金融中心及口岸等，而使得城市之间的交通联系增强。交通网络服务不仅便利可达、能力充裕，而且多样、可靠、高质量。城市群交通系统的典型特征是网络化、多模式、多线路，对于调节城市功能以形成规模经济体具有支撑能力。

城市群交通是以中心城市都市圈为核心、城市和城镇密集地区的各类交通的综合，是形成国家重点经济发展区域，对国家经济实力甚至对世界经济有影响力地区的交通问题。其交通特征总结如下：

城市群是经济圈、相互之间有较强的产业关联、资源一体化优化配置的区域，城市群长距离的交通需求主要是商务出行和货物运输。提升国家竞争力是城市群发展的使命，率先发展起来的部分核心城市和城市群，已经成为国家参与全球竞争的战略性节点和重点地区，未来仍然是我国人口和产业高度集聚区域，也是经济转型和科技创新的前沿，承载着引领国土开发的职能。这要求加强国家运输网络对城镇密集地区发展的支撑，依托国家网络，强化城镇密集地区交通枢纽地位，提升核心城市面向区域的通达能力和服务功能。积极推进"海铁联运""陆空联运""江海联运"等多式联运系统建设，促进港口、机场与国家干线运输通道的无缝衔接，扩大其在国土层面的辐射带动范围。

现阶段，区域发展不均衡，城际、城乡差距大的问题仍然较为突出，需要基于一体化发展视角，推动城市群区域相对均衡发展。通过完善区域交通网络，引导空间和产业组织。支撑核心地区的功能优化，提升外围地区发展动力，促进潜力地区加快发展。

不同交通方式引导形成不同的城市群结构、形成不同的交通需求特性。道路系统支撑的城市群容易形成低密度连片开发的结构形态，而轨道交通能够引导形成网络化、葡萄串式的高强度开发、集约化利用土地、环保节能的城市群结构。

城市群综合交通系统具有不同于国家层面的空间尺度，在这个尺度上不是讨论"城"与"城"之间的交通，而是讨论小于城市整体规模的"出发地区域"与"目的地区域"之间的交通。随着宏观环境的变迁，区域格局的迅速变动，一体化发展的诉求日渐高涨，区域空间格局面临结构性重组。城市综合交通体系的构建，将迎来以"融入区域"为导向的新的发展阶段。这要求在调整城市交通发展战略、加快区域与城市一体化、多模式的综合交通体系建设中，构筑与功能中心耦合布局、面向区域的多层次枢纽体系，引领中心城功能疏解，促成新城功能发育，引导开放性、多中心空间体系形成。

2. 都市圈交通的基本特征

都市圈是城市群的一种特殊形态，由一定规模以上的中心城市及与其保持密切社会经济联系、非农业活动发达的外围地区共同组成的具有城乡一体化倾向的城市功能地域，主要特点是跨城市行政区域和以通勤交通为主。都市圈由多个"功能城市"组成，与核心城市分工明确相互支持衔接，是具有强核心而尺度可支撑通勤交通的空间结构。都市圈交通不仅具有典型的辐射/向心特征（空间），还具有一定比例的通勤交通（时间），使得都市圈交通的强度/密度远大于一般城市间的交通运输。都市圈交通与大城市、特大城市集中建设地区（集建区）直接相关，但并不受行政区划的限定。例如，上海中心城与嘉定、青浦、松江，并延续至昆山、太仓；南京与马鞍山。

都市圈交通是与大城市或者特大城市的核心建成区发展直接有关的，跨城市行政区域的交通，主要体现在通勤交通的关联性。由于城市财政制度、行政管理等原因，关键是交通设施建设和运行的机制如何适应。其交通特征总结如下：

都市圈交通需求主要是通勤交通，核心在于通勤功能的区域化。都市圈交通分为不同圈层，最根本的是中心和外围的关系，中心和外围构成完整的城市功能。

都市圈交通难点在于中心辐射通道通行能力的提供以及辐射通道和中心地区的客流换乘组织，不应简单采取地铁外延的方式，也不是简单的大铁路进城的方式。15~30公里圈层是调整交通组织模式、优化出行结构的核心圈层，各都市区均以这一圈层的功能调整和交通建设为重点，诱导主体向心通勤圈范围的适度可控。

轨道交通系统与都市区空间之间有着良好的互动关系。一方面，综合交通枢纽与城市功能中心的耦合布局，强化了重要功能中心面向区域的辐射带动作用；另一方面，轨道交通系统引导城市沿轴向发展，避免了城市无序蔓延，促进用地的高效开发。

决定都市圈交通组织模式和运行状态的关键因素，是土地利用和功能布局。东京由于都心三区和区部就业岗位过度集聚，职住功能严重分离，通勤圈过大，形成大量超长时间的向心性交通。巴黎则在不同圈层实现了相对的职住平衡，交通负荷分布相对均衡。问题的关键并非通勤圈的扩大，而是保持30公里外各城镇、功能区发展的相对独立性，避免大规模、长距离通勤出行。

3. 城市交通的基本特征

城市交通是城市行政区划范围各种交通方式的综合，其任务是满足城市内人们出行和货物运输的需求。我国对于城市功能的划分可以通过城市用地分类得到反映，《城市用地分类与规划建设用地标准》将城市建设用地划分为8大类，其中居住用地、公共管理与公共服务设施用地、商业服务业设施用地、工业用地、物流仓储用地这5类反映了交通发生吸引量的源头。

城市交通是以城市行政区划为基础的各类机动交通方式和行人自行车的总称，服务于该城市行政区域内的全体居民和来城市活动的人员，以建成区为重点，直接反映出城市经济水平、城市管理能力和城市文明程度。城市交通发展应置于城市群、都市圈发展环境，大城市和中小城市在城市功能的组织和空间组织上呈现比较大的差异。其交通特征总结如下：

大城市城镇化整体水平高，集聚态势明显；大城市经济发展整体水平已达到高收入标准；大城市机动车总量与机动化水平处于发展上升期；大城市中等收入群体快速增长；具有规模大、密度高、中心性强、功能综合、强度高等特点。其交通需求特征：首先是具有高强度的对外交通联系，第二是比较高的机动化水平，第三是高集聚的交通流量，第四是长距离的通勤出行。

中小城市与大城市、特大城市相比，在城市功能组织和空间布局上具有以下共性特征：较小的人口规模、较小的空间尺度、单中心的城区空间结构、直接面向城乡腹地的作用突出。这决定了中小城市的交通特征：一是较高的非机动化出行比例，二是较低的公交出行比例，三是快速的私人机动化和准机动化进程，四是较小的出行时耗和出行距离，五是基础薄弱但进入快速完善阶段的区域交通设施，六是快速增长的城乡需求联系和相对薄弱的公共客运供给。

1.2.3 城市交通重点研究的问题

1. 资源环境约束下的绿色出行对城市发展的影响

我国近三十年的快速城镇化，机动车保有量快速增长，引发交通拥堵、空气污染等城市病问题。我国已进入城市群、都市圈与城市发展阶段，应当注重资源节约和环境保护，转变城市发展模式，以节能减排为重点，大力发展低碳、高效、大容量的城市交通。

（1）绿色出行的内涵

《中华人民共和国国民经济和社会发展第十三个五年规划纲要》明确提出，实行公共交通优先，加快发展城市轨道交通、快速公交等大容量公共交通，鼓励绿色出行。绿色出行是指采取相对环保的出行方式，通过碳减排和碳中和，实现环境资源的可持续利用和交通的可持续发展。如乘坐公共汽车、地铁等公共交通工具，合乘车、新能源车，以及步行、骑自行车等方式。绿色出行方式节约能源、提高能效、减少污染，满足城市可持续发展要求、符合城市发展理念。

（2）坚持城市公共交通优先发展

城市公交优先发展是经济社会发展的重要理念，是经济社会发展整体效益最大化的要求，也是运用科学发展观指导城市交通发展和城市周围交通发展的必然选择。城市公交优先发展是指在城市行政区域里，通过优先配置资源，构建适应市场机制、政府调控监管、符合当地经济社会发展阶段、由多种类型企业等经营机构提供均等和高效的公共服务的公共交通体系，引导出行者优先选择，引导城市集约利用土地和节约能源，保护和改善人居环境。

城市公交优先发展的核心是提高公共交通的竞争力，引导出行者优先选择；它的目标是保障均等机会出行，引导城市集约利用土地和节约能源，保护和改善人居环境，建设可持续发展城市；它的性质是提供均等和高效的公共服务，满足大众的多样化需求；它的手段是以市场配置资源为主，发挥政府的调控监管作用。

（3）我国汽车工业的发展进入新常态

从市场看，我国汽车行业已经从2001～2010年的每年20%以上的增速，转变为2010～2014年连续10%左右的增速，未来我国汽车行业将维持5% ～10%的增速。并且我国的新能源汽车发展已经从过渡期进入发展期。国家层面明确出台了关于鼓励新能源交通工具的意见。2014年7月，国务院办公厅发布了《关于加快新能源汽车推广应用的指导意见》，部署了进一步加快新能源汽车推广应用，缓解能源和环境压力，促进汽车产业转型升级。2015年3月18日，交通运输部发布了《关于加快推进新能源汽车在交通运输行业推广应用的实施意见》，该意见提出，至2020年，新能源汽车在交通运输行业的应用初具规模，在城市公交、出租汽车和城市物流配送等领域的总量达到30万辆；新能源汽车配套服务设施基本完备，新能源汽车运营效率和安全水平明显提升。新能源交通工具无论在运行性能、对设施供给条件的要求方面都具有与传统交通工具不同的特征，使得城市交通从规划、设计、运营、管理等各个方面都需要进行新的研究和探索。

（4）倡导慢行交通

以步行和自行车为代表的慢行交通出行特性的研究一直是城市交通领域极其重要的内容。"步行+公交"或"自行车+公交"的换乘模式，缓解了市民最后一公里的出行矛盾，逐渐被被认为是交通一体化、绿色交通出行的最佳范例。

共享单车的遍布，开始对城市的交通格局产生显著的影响。据北京市交通委员会统计，共享自行车自2016年9月进入北京以来快速增长，截至2018年年底，共享单车企业数量为9个，运营车辆数为191万辆，骑行订单量6.1亿单，自行车周转率0.87次/车，平均行驶里程为1.2公里。共享单车这种移动互联网时代的共享经济产物，不单为出行者提供了一种出行方式，而是以超乎想象的速度使得这种出行方式改变了城市交通的出行结构，从而对城市规划、城市管理等提出了新的要求。

高德地图联合多家科研机构共同发布了《2019年Q2中国主要城市交通分析报告》，首次发布"绿色出行意愿指数"，该指数选取全国50个城市依据高德地图公交和地铁、骑行、步行路线规划总次数占比，分析处理后得出各城市的"绿色出行意愿指数"，指数越高表明城市绿色出行需求强度越大，反之绿色出行需求强度越小。在各类绿色出行方式中，北京"公交和地铁出行意愿指数"排名第一，南宁"骑行出行意愿指数"排名第一，兰州"步行出行意愿指数"排名第一。

2. 基于供给侧结构性改革的总体要求思考城市交通

我国经济呈现出新常态，给我国带来新的发展机遇，也伴随着新问题、新矛盾。城市交通应该以供给侧结构性改革为主线，从侧重单要素方式向多要素协同的综合改革转变，打破既得利益掣肘推动错配资源的再优化；尊重城市发展规律，建设包容、繁荣、可持续的城市交通。

供给侧与经济增长关系方面的理论最早追溯到亚当·斯密，他认为增加国民财富和促进经济增长的主要途径是增加劳动者的数目、增加资本投入、加强分工和改良机器以提高生产率，还特别强调自由的制度对推动经济增长十分重要。从我国的发展历程来看，"供给侧结构性改革"的提法经历了"经济新常态"—"供给侧改革"—"供给侧结构性改革"这三个认识阶段，拥有更加丰富的内容和独特的历史背景。要实现社会经济健康可持续发展，必须从长期入手，立足于结构调整，把政策重心转向供给侧。

长期以来，地方政府主要通过"土地城镇化"来推进城镇化，导致建设用地粗放低效。目前，我国的城市发展已按照管住总量、严控增量、盘活存量的原则，创新土地管理制度，从增量为主转向实现有序建设、适度开发、高效运行、和谐宜居的现代化城市。土地的集约化利用是应对这种城市发展模式转变的关键，土地利用影响了城市空间、城市活动，集约化的土地利用对城市交通提出了新的要求，因此新常态下必须研究城市交通如何应对供给侧结构性改革的要求，以及如何与土地利用的集约化相协调，重视城市交通设施存量的更新利用，关注公共交通优先发展在城市交通发展中的决定性作用。

供给侧结构性改革推进新型城镇化，要求看清城市发展模式的转变以及在此过程中出现的矛盾和问题，具体体现在以下几个方面：

（1）去产能与农民进城就业安居的矛盾。

农民进城的首要原因是寻求就业并获得更高的收入，有稳定的就业才能实现长远安居。经济新常态下，去产能必然会导致就业岗位大幅削减，而首当其冲被削减就业岗位的一定是进城务工人员群体，导致大量农业转移人口难以融入城市社会，市民化进程滞后（图1.2-1）。另外，被统计为城镇人口的2.34亿进城务工人员及其随迁家属，未能在教育、就业、医疗、养老、保障性住房等方面享受城镇居民的基本公共服务，然而城市交通必须满足这部分人的生活、工作所产生的交通需求，并且关注他们的出行特点以及在出行方式、出行服务方面的需求特点。这部分人群机动化程度不高、可接受的出行成本不高，并且以中短距离出行为主，因此提供良好的公共交通服务是满足他们出行需求的有效途径。

（2）城市建设用地粗放低效。

过去土地城镇化中"见物不见人"引发最大的问题是：人—地—财的错配/失配。一些城市"摊大饼"式扩张，过分追求宽马路、大广场，新城新区、开发区和工业园区占地过大，建成区人口密度偏低；一些地方过度依赖土地出让收入和土地抵押融资推进城镇建设。根据国家发展改革委公布的数据显示，2010~2014年我国城镇人口年均增长2.84个百分点，城市建设用地面积年均增长5.89个百分点，两者相差超过3.05个百分点（图1.2-2）。

（3）城镇化结构与国土资源环境承载能力不匹配。

随着我国工业化、城镇化的快速推进，资源短缺、环境恶化、生态退化等问题日益严重，国土空间开发利用与资源环境瓶颈约束的矛盾日益突出，国土资源环境承载能力已成为制约经济社会发展的主要基础因而备受关注。我国东西部发展不平衡，城市群布局不尽合理，中小城市集聚产业和人口不足，小城镇数量多、规模小、服务功能弱，增加了经济社会和生态环境成本。

2017年1月，国务院印发的《全国国土规划纲要（2016—2030年）》成为我国首个全

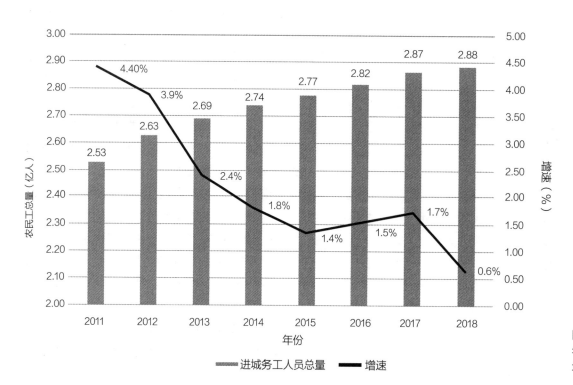

图1.2-1 2011~2018年进城务工人员总量及增速变化情况

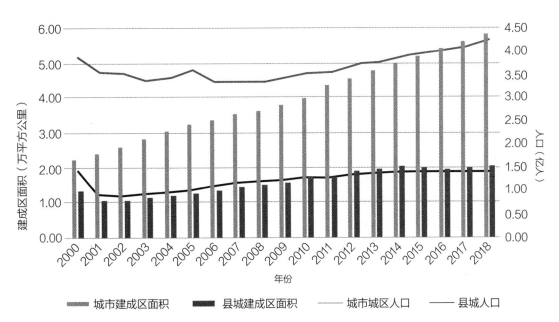

图1.2-2 2000~2018年城市和县城建成区面积和人口情况

国性国土开发与保护的战略性、综合性、基础性规划。作为国土规划的基础支撑依据，国土资源环境承载能力在确定国土空间开发适宜性、限制性，为"生态空间、农业空间、城镇空间"三区和"生态保护红线、基本农田保护红线、城镇开发边界"三线的划定，以及规划引导性和约束性指标的制定等方面有着重要的意义。国土资源环境承载能力研究对象由单一要素逐渐转向复合系统，城市交通在促进城市群发展、合理配置资源方面应发挥其引导作用。

（4）城市化过程职住关系变化与功能分区形成。

我国正处于制度创新与空间重构的大背景下，居住和就业作为城市的两大基本功能，二者之间的关系变化明显。因城市职住关系变化所带来的通勤格局变化以及对城市功能区发展的影响是城市规划、城市交通领域的重要议题，这对探讨城市发展和城市交通的规划、建设和管理具有重要意义。

从国外文献资料来看，对职住关系的研究始于20世纪上半叶，早期研究主要是基于古典经济学假设，认为人们会随着财富的增加和交通工具的进步愿意付出更多的通勤成本以换取更好的居住条件，即城市的郊区化。在社会发展初期，空间结构呈现原始的均衡状态，衣食住行在相对较小的空间范围都可大部分得以满足，人的生产活动范围较小，职住关系相对均衡；进入工业化初期，产品从物物交换到加工产品转变，原始均衡被打破，城市核心区就业机会增多，人口和产业向区域的核心区集中，城市呈现出核心边缘结构；进入工业化中期，社会化分工更加明确及城市基础设施良好等各类集聚因素作用不断加强，空间结构非均衡成都不断增加。进入后工业化阶段，受大城市核心区土地价格上涨、污染企业向城市外迁移等因素影响，集聚因素作用逐渐减弱，扩散作用日益增强，区域副中心、新城镇等不断涌现，形成城市密集区，区域空间结构走向更加高层次的均衡。在城市蔓延、郊区化等空间重构过程中，伴之私人汽车和高速便捷的公共交通工具的发展，已形成比较广阔、复杂的就业空间，然而公共服务基础设施的区位往往出现空间错位的问题。

国内学者是从我国大城市的职住分离现象开始关注的，通过研究人们居住与就业空间关系变化前后通勤时间、距离的变化，进而分析城市功能区的发展与扩张。与国外城市发展所不同的，是我国政府在其中扮演着相当重要的角色，以及特色的土地市场化政策、住房市场化、就业制度改革、城镇化建设等因素，深度影响着我国城市的扩张形态。在计划经济时期，我国大城市内部就业—居住的空间关系多以单位大院为特色，整体呈现"职住合一"的态势。20世纪八九十年代开始，以城市土地有偿使用制度的建立为开端，推动了以地价为基础的城市土地功能分区，使得居住、商业、工业等不同性质用地相互分离，由于地租竞标模型的作用，大城市产业实施退二进三，工业企业迁往远郊，城市不断扩张，职住分离现象越来越严重，就业者通勤距离和通勤时间不断延长；随着单位住房福利制度结束和就业制度改革，使得居民就业与居住的流动性不断增加，导致城市居民的居住迁移率和住房消费的市场化率不断提高。进入21世纪以来，随着经济全球化的加快和调整经济结构，服务业成为城市的核心职能，信息、金融、办公等服务功能向中心区集聚，推动了城市CBD的快速崛起。各城市经历了激烈的制度转型与空间重构，从而直接导致城市职住分离现象的发生。然而，由于郊区化过程中居住与就业的不同步性、郊区新建居住区职能过于单一等原因，职住分离现象凸显，导致居民通勤距离和时间不断增加。

纵观城市职住关系及城市空间结构的变化，其空间演化基本遵循"均衡→非均衡→更高层次的均衡"的发展规律。在城市职住关系及空间结构演变的过程中，城市交通出行结构及交通方式都会随之改变，有效地识别城市居民的居住地和职业地可为城市管理、交通管理、交通规划提供基础数据、评价参考和决策依据；同时可以与居民主要出行模式及职住空间相结合，不断优化城市的交通结构以及交通布局，提高城市居民的出行效率，提升交通空间的利用率，城市职住空间关系研究也因此是城市交通理论研究的基本问题之一。

3. 信息化发展和大数据技术对城市交通的双重影响

信息化发展和大数据技术的发展，一方面提高了人们通过交通信息获得更高品质交通服务和交通方式多样化选择的能力，从而影响了人们的就业方式和生活理念的变化；另一方面为进行深入、全方位分析人的需求提供了可能，能够捕捉个体短时行为信息，通过数据挖掘等分析技术，将破碎的、片段化的位置数据提炼成连续完整的交通信息，从而实现更为精准的供需匹配。

（1）就业方式和生活理念变化。

信息化、"互联网+"对城市交通供给和需求带来的影响非常深远，而不局限于一种获取信息手段。中国移动互联网大数据公司2019年4月发布的《中国移动互联网2019春季报告》显示，截至2019年一季度，中国移动互联网月活用户规模达11.38亿人次，人们每天花在移动互联网的时间为349.6分钟，同比增长36.8分钟。互联网使社会各个领域发生了许多颠覆性变化，改变了人类世界的空间轴、时间轴和思想维度，更加强调即时性、开放性、利他性和体验性等，并在一定程度上提高了人们对交通信息的需求和交通方式的要求；同时也改变了人的生产生活方式，更进一步引发人们时间分配的变化，产生新的需求。因此，把"互联网+"看成一种重新组织生产和生活的方式，可能会加速人类社会从工业社会迈入信息社会。

互联网对人们出行需求的影响，主要体现在通勤、购物、休闲、医疗以及教育。大数据时代下，人们对互联网的依赖程度更为突出。根据当前主要的智能手机应用软件平台统计数据，与交通相关的热门手机应用约60余款，累计下载量超过50亿人次。移动互联网已经是交通信息的重要来源，交通以移动为基本属性，互联网的快速发展突破了传统的交通信息采集瓶颈，必然推动城市交通信息化的高质量发展。

城市交通基础设施建设信息化、运行管理智能化、设施材料新型化是发展趋势，交通基础设施管理系统将朝着多系统一体化、云平台化、实时控制—反馈优化发展，系统运行效率、安全保障将得到大幅提升。移动互联网时代已给传统的交通出行带来了一系列的变化：互联网在打破供给和需求之间障碍的同时，将进一步提高城市基础设施的利用效率。例如，导航软件的利用在帮助小汽车躲避拥堵路段的同时也提高了其他可选道路的利用率，有助于交通基础设施资源的再分配。停车诱导系统有助于优化城市停车空间布局和提高停车场使用效率。

（2）交通研究技术方法的变革。

大数据、5G通信、云服务、人工智能等新一代信息技术构成了城市交通智慧发展的技术基石，改变了"人"作为城市交通的使用者这一单一角色，促使传统城市交通网络的构建与运行发生变革。如何提升智慧交通体系中的感知和信息采集的能力、数据处理和计算的能力、协同与决策的能力成为业内讨论重点。

随着大数据的推广与应用，人的行为的、个体的、即时的信息可以被捕捉，在加密个人信息的前提下，可对与人的活动密切相关的位置、习惯等信息进行分析。通过数据挖掘等分析技术，则可将破碎的、片段化的位置数据提炼成连续的、完整的交通信息。这种基本信息数据条件的变革，使得在研究城市交通网络构建和运行的过程中对交通需求的分析能更加精准，使得探索四阶段的分析方法改善和探索建立数学模型成为可能。

信息化发展及大数据技术与城市交通领域的深度融合，将推动城市交通行业技术进步、效率提升和组织变革，提升交通领域的创新力和生产力，是交通行业提质增效、转型升级、惠民服务的重要支撑。依托信息化技术，通过物联网全面动态感知所有交通基础设施状态信息、公众出行信息、交通运行信息和交通环境信息，全面掌握涵盖各种交通方式的城市交通网络运行、用户出行需求及特征；通过大数据、云计算平台提供支撑优化城市交通网络构建和运行所需的信息服务，涵盖行业决策支持、交通网络建设和管理优化、公众出行信息服务等，对交通网络的构建和运行全生命周期提供信息服务。目前城市交通领域主要采用的信息化技术及获取的交通信息，以及国内主要大城市对这些信息的采集程度，见图1.2-3。随着近年我国智慧城市的建设、城市数据大脑的构建设想，城市交通实时动态全覆盖物联感知指日可待，必将全面支撑和实现城市交通网络的构建和运行。

（3）适应经济和社会的发展，重视以技术促进城市交通设施、管理等方面的提升。

新一轮科技革命聚焦生命科学、信息技术、智能技术、能源技术和材料技术突破等领域的发展，催生城市交通组织模式变革，引领未来交通运输系统朝着智能化、高速化、绿色化和共享化发展。科学技术的进步及其成果的应用，不断转化驱动交通生产力的提升，推动交通基础设施（包括交通通道，如道路、航道、管道，以及通信、信号、导航设施等）的发展、交通工具性能（如速度、安全性、体质和重量等）的提高和增强，促进交通方式的发展与完善、交通运输布局的合理化、交通运输管理效率的提高和管理体制的变革，交通运输人员素质的提高，现代科学技术的发展对城市交通运输的发展有着重大影响。

科技进步能够有效促进城市交通工具的革新。交通工具是现代人生活中不可缺少的一个部分，随着时代的变化和科学技术的进步，城市交通工具的升级换代，提升了人们的生活品质和社会效率。在6000多年前，人类进入滚木时代；在5000多年前，人类进入手推

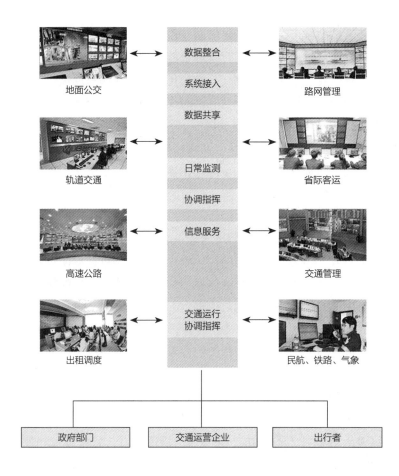

图1.2-3 城市交通信息服务体系架构示意图

车、马车时代；400多年前，人类进入四轮马车时代；1769年，法国古诺制造出第一辆蒸汽机驱动的汽车；1885年，德国工程师卡尔本茨和戴姆勒二人以汽油机为动力分别独立制成了最早的汽车，人类进入了蒸汽机车和汽车时代。未来5~10年，现代轨道交通、新能源汽车以及无人驾驶汽车等交通工具将不断发展壮大，持续为城市交通带来更大的改变。5G技术发展将促使高级辅助驾驶或准自动驾驶在特定场景交通中率先得以广泛应用，以自动驾驶为特征的智能车辆和智能船舶将成为新增市场的主导产品；时速600公里/小时的高速磁浮系统将达到工程化应用水平，京津冀、长三角、珠三角三大核心城市群陆地3小时交通圈具备技术实施条件；时速超过1000公里/小时的管道磁浮导向系统预计将完成工程化试验，为远期陆地交通达到1000公里/小时的工程应用提供基础。

科技进步能够有效提升城市交通服务供给和治理能力。服务供给方面：以需求响应和共享为特征的出行模式不断创新，将对现有私人交通工具的拥有、使用模式带来变革。基于大数据和移动互联的一体化交通运输服务供给（出行即服务，Mobility as a Service，Maas）模式是发展趋势，基础设施、交通运行、运输服务的整合发展将重塑政府、企业与公众的权责关系，催生交通治理体系和治理模式变革。治理能力方面：计算机的应用从系统工程角度对各类道路交通流向进行系统合理的规划与设计，针对不同道路的实际交通负荷水平，因地制宜地实施有效控制，提高通行能力，使交通流向更加优化；视频监控系统的使用，使交通信息的获取更快捷，管理更直观、方便；模拟技术在交通管理中的运用，有利于提高交通规划、组织和管理研究的效益；利用交通仿真模型能动态逼真的模拟各种交通现象，从而有效地进行交通规划、交通组织和管理；智能交通系统（ITS）将信息、通信、控制和计算机技术及其他现代技术集成应用于交通运输领域，使人、运输工具、运输线路密切结合，建立起全方位发挥作用的实时、准确、高效的运输管理系统，实现对运输网络的现代化管理和对运输工具的服务；通信技术进一步完善，运输的安全性得到根本的提高；卫星导航技术的出现，为城市交通导航与路径规划提供了巨大便利；物联网技术的进步，涌现出手持终端与共享单车等末端绿色出行模式，有利于缓解城市"最后一公里"问题。

科技进步将持续推动城市交通更安全、更绿色、更高效的发展。首先，通过新一代信息技术和人工智能技术将减少交通运行中的人为影响，可以有效提升安全效益；交通基础设施和系统运行状态可监测、可预警，交通安全保障和应急处置能力将有望改善。其次，新能源技术将促进能源结构的清洁化调整，交通工具驱动的电动化和氢燃料发展，使得核能、太阳能等清洁能源在交通运输中利用成为可能，实现城市低碳可持续发展。三是智能技术可以改善交通系统运行秩序，提高短时交通效率，缓解城市交通拥堵。

城市交通是新一轮科技革命的重点应用领域，科技进步是城市交通发展的生命和未来。城市交通要适应经济和社会的发展，就必须重视科技进步在交通运输中的作用，关注科学技术的发展，促进城市交通从硬件、软件、管理等多方面的提升。

4. 改善城市交通状况，城市交通治理需要理论创新支撑

城市交通治理的内涵是构建政府、企业、社会、公众等多元主体间价值—信任—合作新型权责关系，既要面向国家战略，又要解决现实困境，更要谋划未来发展。未来城市交通问题的发展，是工程技术与社会问题的综合，涉及的是城市发展模式。城市交通出行需求个性化、差异化，服务模式多元化、融合化，公民意识理性化、法治化，都迫切要求变革当前城市交通治理结构。

（1）推进城市交通治理现代化也是战略需求。

党的十八届三中全会提出推进国家治理体系和治理能力现代化是社会主义现代化的应有之意，中央城市工作会议也要求完善城市治理体系，提高城市治理能力，着力解决"城市病"等突出问题。城市交通问题是"城市病"的突出体现，是世界性难题。作为实现人流、物流空间移动的载体，城市交通与就业机会获取、生活质量提升等民生问题息息相关，成为体现出行权益与社会公平、公正、共享的焦点领域。城市交通的社会治理必须从科学的角度认识城市交通问题、研究城市交通科学问题。

建立城市交通治理现代化理论和方法是全面深化改革总目标的重要内容，城市交通的社会治理是新常态下城市和城市交通发展的客观要求。城市交通治理的根本目的是优化资源配置，提高交通服务公平高效。城市交通已经由城市发展的配套设施转变为调控城市发展模式、引导城镇群健康发展的重要手段。城市交通状况关系到城市形象，是城市治理能力的体现，城市交通治理是城市公共治理的核心内容。

城市交通治理理论实际上是研究居民出行交通方式和货物运输组织在个体和集约方式之间的矛盾与平衡，研究动态交通与静态交通之间的相互关联与影响。实质是从博弈的角度出发，研究两者间的协调性、互补性和相融性，实现城市交通的通达、安全、少污染，以及城市的高效可持续运行。涉及每位公众的切身利益，社会普遍关注，是资本、技术的关注热点。近年随着移动互联网与智能手机等新技术普及应用，网约车、共享单车、共享汽车等新型交通服务模式与业态不断涌现，在改善公众出行便利性的同时，也引发了一系列新的交通与社会矛盾。如网约车不仅冲击了传统出租车行业，也模糊了拥有与使用、营运与共享的界限；共享单车不仅引发对国民素质与社会公德大讨论，也提出了公共空间使

用规则、企业与用户的信任困境、政府与企业责任分担等新问题。

面对新服务、新技术、新业态，城市交通治理中的问题、理念、技术、方法都需要创新，需要城市交通理论（城市交通学）提供科学的指导和先进的技术手段，以城市交通服务的均等化引导城市发展，构建全民共建共享的治理格局。

（2）基本民生生活保障与城市交通治理。

宜居型城市建设已成为全国各大城市发展的目标之一，城市交通的发展作为城市的有机组成部分，对城市居民的影响甚广。如何创建一个舒适、公平、便捷、高效的城市交通环境服务并保障民生，使城市交通促进城市的高效运行、可持续发展，促使人们获得更高幸福感、归属感，是当前迫切要解决的问题。

城市交通研究的主要目的是服务于人的出行需求，而城市居民出行需求包括上班、上学、购物、娱乐、就医、旅游、出差等各种出行目的，而工作和上学是占据城市出行的最主要部分，也可统称为"通勤"出行。通勤交通是指定期往返于居住地与工作地或学习地之间并超出人们的居住社区边界的出行，反映了城市中的居住区位与就业地区位、住房市场和劳动力市场等之间的相互关系，与经济学、规划学、社会学和地理学等学科密切相关，是城市交通最重要的内容之一。随着城市和交通的发展，城市通勤出行时耗和出行时间逐步增加，也是工业化社会的必然现象。在19世纪以前，市民主要靠步行上下班，随着交通技术的进步，汽车、火车和公共汽车等交通工具的发展，居民可以选择离工作地较远的地方出行，城市居民就业范围的扩大，通勤出行距离不断增加，通勤时间逐渐延长，使得通勤出行日益复杂。

通勤交通是城市最基本和最重要的出行，在城市交通出行目的中占比较高。2020年5月，住房和城乡建设部城市交通基础设施监测与治理实验室、中国城市规划设计研究院、百度地图慧眼联合发布了《2020年度全国主要城市通勤监测报告》。该报告选取了36个主要城市，从通勤范围、空间匹配、通勤距离、幸福通勤、公交服务、轨道覆盖6个方面，描绘了城市通勤的基本特征。数据标明，北京市的通勤空间半径约40公里，职住分离度约为6.6公里，平均通勤距离约为11.1公里，通勤距离中位数约为7.6公里，5公里通勤比重约为38%，45分钟公交服务能力占比约为32%，轨道站点1公里半径覆盖通勤比重约为27%（图1.2-4）。

通勤交通与人们的居住地和就业地的空间分布存在密切关系，而居住地和就业地的空

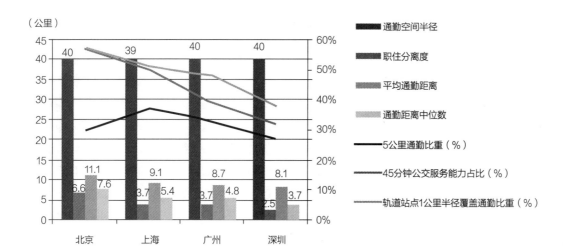

图1.2-4 2020年我国超大城市核心通勤指标对比

间分布又是城市发展形态、产业结构、空间结构的重要组成部分。理应加强我国都市圈背景下不同地区、不同规模城市的通勤问题研究，揭示居住、就业和通勤三者相互作用的内在机制，从而形成理论体系指导城市的可持续发展与建设。通勤交通在时间和空间上的出行特征具有较大的稳定性和确定性，其特征会直接影响城市居民其他活动和出行的选择。它是城市交通应当重点研究的基本问题之一，以确保居民基本的民生生活活动。

在居民通勤出行之外，还有诸多人际交往和社会生活活动，如娱乐、就医、旅游、休闲等非通勤出行需求。城市交通研究的重点问题除通勤交通外，还应服务于人们的非通勤交通需求，以保障社会经济的高质量发展、满足人们美好生活的向往。

随着城市化的发展以及居民收入提高的背景下，居民文化休闲娱乐活动明显增加，出行活动日趋多样化，居民非通勤出行需求占比逐渐增加（图1.2-5）。2019年北京交通发展年报中显示，中心城区生活类占出行总量的48.6%，其中购物及休闲、娱乐健身、接送他人等在生活类出行中占比较高。2015年上海市第五次综合交通调查成果显示，上海非通勤出行次数首次超过通勤出行次数，非通勤目的人均出行次数上升到1.12次。

非通勤出行需求弹性较大，其出行目的、出行时间选择、交通方式选择上与通勤交通的特征截然不同，主要受到个体的性别、年龄、收入以及其他社会经济属性的影响。非通勤出行呈现多样化需求特征的发展趋势，生活、娱乐等非通勤出行方式除要求交通方式安全、便捷、准时外，对舒适性也有较高要求，而通勤交通更多地关注交通方式的方便性、快捷性、费用等因素，二者的考虑因素存在较大差异，多样化需求特征明显。

随着经济社会的持续发展，高峰时段非通勤出行活动逐步增多，非通勤出行对城市交通运行的影响日益增大，人际交往及社会生活丰富等活动带来非通勤出行需求对城市交通的影响日益重要。研究非通勤出行行为，缓解高峰时段交通拥堵具有重要的现实意义，尤其值得城市交通重点研究。

（3）市场规律、资源配置与城市交通治理。

我国市场发展规律导致人口和产业向城市单向聚集，促进城市经济高速发展。以国家的经济自由度来衡量国家市场水平，以城市化率来衡量人口聚集，我国城市的市场化程度和城市化均在逐年稳定上升，这表明随着经济自由度的加强，即市场自由度的升高，越来越多的人向城市聚集。

跳出传统单一的交通分析体系，从经济学角度分析市场规律对城市交通的影响，不难

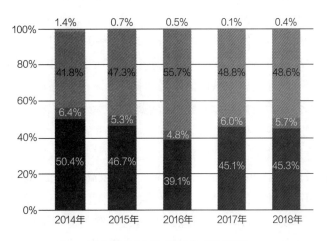

图1.2-5 北京历年居民出行目的构成图

发现，市场经济是通过市场竞争的方式优化配置资源，以利益最大化为原则，交通发展与之背后的经济体制、资源配置等市场因素存在复杂关系。

一是探讨劳动力流动走向。实施以人为核心的新型城镇化，分析人力资源和劳动力市场是关键内容。国家统计局发布的调查报告显示，近年来农村劳动力总量继续增加，但增速自2011年以来整体呈下降趋势，并且进城务工人员增速继续回落，跨省流动进城务工人员继续减少（表1.2-1）。未来进城务工人员回到中小城市和县城，回到家乡及附近就地就业将成为一种趋势。在此背景下，城市交通规划和建设应当适应不同性质、不同规模的城镇发展需要，不仅要为大城市服务，也应当加倍注意中小城市和小城镇的发展。

2018年进城务工人员地区分布及构成　　　　表1.2-1

按输出地分	进城务工人员总量（万人）			进城务工人员构成（%）		
	总计	跨省流动	省内流动	总计	跨省流动	省内流动
合计	17266	7594	9672	100.0	44.0	56.0
东部地区	4718	812	3906	100.0	17.2	82.8
中部地区	6418	3889	2529	100.0	60.6	39.4
西部地区	5502	2727	2775	100.0	49.6	50.4
东北地区	628	166	462	100.0	26.4	73.6

二是探讨房地产问题。城市交通与房地产建设有着非常复杂的关系，特别是近年来，随着我国城市化进程的加快，房价的高低直接影响居民的生活水平，并能影响经济的发展。交通对于房地产本身增值，或者说房价本身的攀升起到了巨大的推进作用，同时交通对于改变城市之间的交流与互通，促进空间的缩短、城市的繁荣，有着非常巨大的作用。

以职住分离问题为例分析市场机制对于城市交通的影响。在我国市场经济体制下，城市职住关系需要城市发展政策、土地开发政策和城市空间规划、城市交通规划之间的紧密配合，其形成机制是就业机会、通勤成本、住房机会和城市公共服务可达性等多方面共同作用下形成的结果，因此，传统将"职住平衡"作为城市规划理论和实践中应对交通拥堵和长距离通勤的手段是一个伪命题。尽管在空间上无法实现城市居民居住和就业的分布均衡，但是交通可以通过提供不同时效性、出行成本要求的交通方式选择，从而使得城市就业和居住选址在时间上大致平衡。

首先城市职住分离是城市发展政策的结果。20世纪90年代以前，城市发展一直采取控制大城市规模、大中小城市协调发展的政策；到国家"十五"计划开始，城市发展政策在集约使用土地和培育有国际竞争力城市的发展前提下，从土地指标倾斜到各种特定的政策区设立，各种发展机会开始向大城市和城镇密集地区发展倾斜，在此政策的主导下，大城市空间和人口高速膨胀。在发展的供需关系下，大城市的土地价格迅速被推高。

其次是城市土地开发政策。一方面，各城市土地收入在城市财政收入中的比例居高不下，这反映了地方政府对土地财政的极度依赖，希望以高地价支撑城市发展的财政平衡；另一方面，城市之间产业地价的竞争也空前激烈，产业用地严重背离市场。而很多地方招商引资时以低价甚至零地价出让工业用地，不同的开发用地价格使居住与就业在产业用地、中心区的融合上更加困难。此外，以房地产和园区开发为导向的发展模式也导致职住不均衡问题加剧，通勤距离增加，潮汐交通问题突出。

最后，城市交通系统通过网络建设和交通服务调整城市中不同地区土地使用的可达性，进而影响土地价格。正是由于交通设施的高强度投入，城市在可开发范围内的交通可达性大幅度提升，城市职住选址的自由度越来越大，新移民可以居住得越来越远，这些都加剧了职住分离。

城市按照市场机制配置就业居住、基本公共服务等资源是客观规律，交通的规划和设计需要充分尊重市场规律，在交通、住房和公共服务等方面为居民提供更多的选择机会。

（4）法律与政策导向的治理。

城市交通政策是指导、约束和协调城市交通活动的总纲，是由政府部门基于城市交通战略而制定的，是引导城市交通发展的关键因素。城市交通政策具有权威性、综合性、可操作性和理论性等特征。与交通规划强调前瞻性的特点相比，交通政策更注重实施的可操作性和对解决现实问题的指导作用，因此交通规划是交通政策的理论依据，而交通政策则是交通规划的实施途径。由于城市交通政策提出的措施将付诸行动，因而要具有很强的可操作性，便于政府职能部门贯彻和实施。

从交通政策产生的历史背景分析，在交通经济发展的初期，交通需求的主要矛盾表现为交通设施供给欠缺之间的矛盾，交通政策通常不被重视，交通市场以自发形态为主。20世纪20年代随着汽车的出现，加上经济不景气对铁路的影响，交通政策的概念开始出现。西方国家真正重视交通政策问题是从第二次世界大战后开始的，那时西方国家正由初步运输化向完善运输化转变。汽车的大量出现使得铁路的地位受到了空前的挑战，公路运输带来的交通事故、环境破坏、资源消耗等社会问题日益突出。多元化交通格局下自发性的交通市场不能解决交通发展面临的问题，交通政策作为政府调控交通市场的工具开始被广泛应用。法律和政府对交通的政策导向有利于规范交通市场秩序，保证城市交通合理运行。在我国交通经济转型时期，交通政策对策解决我国交通经济发展中的矛盾和问题具有重要的意义。由于各种交通方式的发展，我国交通市场的竞争日益激烈，但交通市场的发育水平较低，常出现交通违规、恶性竞争等现象，这需要交通政策明确市场边界，规范市场秩序。城市交通发展相对完善后，交通的合理有序发展，交通秩序的保持，需要交通政策加以规范和调控，从而使城市交通市场和秩序得以正常运行。以英国20世纪90年代后期的交通政策为例，20世纪90年代，英国交通政策经历了最为激烈的变化，即所谓的"范式改变"。可以肯定地说，20世纪90年代中期以后，由于财政状况不好和环境保护的原因，道路建设费用剧减，再加上铁路私有化的经验教训，使人们认为政府并不是出于发展公共交通的原因去推行公共汽车交通私有化的。1997年，工党政府并没有受到这些混乱信息的干扰，继续推行交通需求管理的政策，并在交通白皮书中阐明了一系列新措施。后来，多交通模式的研究和评价模型被认为是解决交通问题的新方法。

另一方面，不合理的交通政策会对城市交通运行产生影响，甚至造成严重交通拥堵。以我国历史上一次自行车交通政策为例，20世纪八九十年代我国曾经是著名的"自行车王国"，从20世纪80年代中期至90年代中期，城市采用公交出行的比例很低，使用自行车的比例很高，由于缺少必要的基础设施，自行车和公交混行，公交车辆的行驶速度受到自行车的严重干扰。所以部分城市开始采取限制自行车使用的措施和政策，希望对自行车使用收税，并鼓励公共交通的发展，从而促使自行车向公交转移。然而限制自行车发展的政策未能提高城市交通的效率，许多城市小汽车增长的速度远高于城市道路面积的增长，带来了日益严重的交通拥堵和污染问题。此时政府认识到城市交通发展过度依赖小汽车必然会面临日益严重的环境和资源的制约，提出"资源节约型和环境友好型"的发展模式，2005年以来许多城市又开始重视自行车交通的发展。由此可见，正确合理的交通政策对于城市发展的重要性。

政府的发展战略和交通政策，极大地左右着城市交通发展的方向。城市交通发展中面临的问题、采取的相应对策以及在此过程中各方关系的协调，集中地通过政府的交通政策反映出来，不同类型的城市在区域协同发展背景下对于综合交通系统有不同功能定位与服务需求。城市交通政策包括的内容很多，包括公共交通发展、小汽车管理、停车管理、关于交通的土地、财税、金融等政策，以及社会公德教育和行为规范等。合理的交通政策组合对于促进交通规范化，引导交通健康发展具有十分重要的作用。城市交通理论在研究过程中，制定城市交通政策是解决复杂的交通问题所必须采取的综合手段，应重视城市交通政策及相关交通法律法规的研究，引导社会舆论和政府政策导向，保障城市交通高效运行和有序发展。

本章参考文献

[1] 汪光焘. 中国城市规划理念——继承·发展·创新[M]. 北京：中国建筑工业出版社，2008.
[2] 新华社. 中共中央 国务院关于建立国土空间规划体系并监督实施的若干意见[EB/OL]. 中国政府网，2019-5-23[2020-6-21]. http://www.gov.cn/zhengce/2019-05/23/content_5394187.htm.
[3] 汪光焘，陈小鸿，殷广涛等. 新常态下城市交通理论创新与发展对策研究——成果概要[J]. 城市交通，2019，17（05）：1-12.
[4] 吴春华，董春，宋伟东. 全国地级及以上城市空间分布规律研究[J]. 测绘科学，2009，34（01）：217-219.
[5] 国务院. 国务院关于印发全国主体功能区规划的通知[EB/OL]. 中国政府网，2010-12-21[2020-6-21]. http://www.gov.cn/zwgk/2011-06/08/content_1879180.htm.
[6] 国务院. 国务院关于调整城市规模划分标准的通知[EB/OL]. 中国政府网，2014-10-29[2020-6-21]. http://www.gov.cn/zhengce/content/2014-11/20/content_9225.htm.
[7] 中国城市规划设计研究院. 城市规划基本术语标准[S]. GB/T 50280—1998. 北京：中国标准出版社，1999.
[8] 汪光焘，叶青，李芬等. 培育现代化都市圈的若干思考[J]. 城市规划学刊，2019（05）：14-23.
[9] 段汉明，武廷海，白云帆. 钱学森的科学思想与吴良镛的人居科学[J]. 人类居住，2017（04）：50-54.
[10] 中国城市规划设计研究院. 城乡用地分类与规划建设用地标准[S]. GB 50137—2011. 北京：中国计划出版社，2012.
[11] 汪光焘. 城市交通学导论[M]. 上海：同济大学出版社，2018.
[12] 北京交通发展研究院. 历年北京市交通发展年度报告[EB/OL]. 北京交通发展研究院网站，2001-01-01[2020-6-21]. http://www.bjtrc.org.cn/List/index/cid/7.html.
[13] 汪光焘. 城市：40年回顾与新时代愿景[J]. 城市规划学刊，2018（06）：7-19.
[14] 住房和城乡建设部城市交通基础设施监测与治理实验室，中国城市规划设计研究院，百度地图慧眼. 2020年度全国主要城市通勤监测报告[EB/OL]. 搜狐网，2020-5-20[2020-6-21]. https://www.sohu.com/a/396458727_732956.
[15] 王颖，顾朝林，李晓江. 中外城市增长边界研究进展[J]. 国际城市规划，2014，29（04）：1-11.
[16] 汪光焘. "多规合一"与城市交通规划变革[J]. 城市规划学刊，2018（05）：19-28.
[17] 国家发展改革委. 国家发展改革委关于培育发展现代化都市圈的指导意见[EB/OL]. 中国政府网，2019-02-21[2020-6-21]. http://www.gov.cn/xinwen/2019-02/21/content_5367465.htm.

[18] 王宇，许定源，石琳. 从新冠肺炎疫情影响反思城市交通若干问题[J]. 城市交通, 2020, 18（03）: 88-92.
[19] 汪光焘. 城市交通治理的内涵和目标研究[J]. 城市交通, 2018, 16（01）: 1-6.
[20] 张兵，林永新，刘宛等. "城市开发边界"政策与国家的空间治理[J]. 城市规划学刊, 2014（03）: 20-27.
[21] 陆化普，毛其智，李政等. 城市可持续交通：问题、挑战和研究方向[J]. 城市发展研究, 2006（05）: 91-96.
[22] 郭继孚，刘莹，余柳. 对中国大城市交通拥堵问题的认识[J]. 城市交通, 2011, 9（02）: 8-14+6.
[23] 住房和城乡建设部. 2018年城市建设统计年鉴[EB/OL]. 住房和城乡建设部网站, 2020-3-27 [2020-6-21]. http://www.mohurd.gov.cn/xytj/tjzljsxytjgb/.
[24] 汪光焘. 城市交通与信息化[J]. 城市交通, 2015, 13（03）: 1-4.
[25] 孙施文，周宇. 城市规划实施评价的理论与方法[J]. 城市规划汇刊, 2003（02）: 15-20+27-95.
[26] 百度地图. 2019年Q2中国主要城市交通分析报告[EB/OL]. 百度, 2020-5-20 [2020-6-21]. https://jiaotong.baidu.com/landings/2019Q2.html.
[27] 马毅林.《预测城市出行：过去、现在和未来》解读[J]. 城市交通, 2020, 18（01）: 131-134.
[28] QuestMobil. 中国移动互联网2019春季报告[EB/OL]. 腾讯网, 2019-4-23 [2020-6-21]. https://new.qq.com/omn/20190423/20190423A07O99.html.
[29] 国家统计局. 2018年农民工监测调查报告[EB/OL]. 国家统计局网站, 2019-4-29 [2020-6-21]. http://www.stats.gov.cn/tjsj/zxfb/201904/t20190429_1662268.html.
[30] 刘淑妍，张斌. 中国城市交通治理现代化转型的思考[J]. 城市交通, 2020, 18（01）: 59-64.

第2章
新型智慧城市内涵的辨析

从2008年提出"智慧地球"概念至今，短短12年时间，智慧城市已经遍地开花。根据麦肯锡研究报告，中国已成为全球最大的智慧城市"试验场"，预计到2021年将成为智慧城市技术第二大消费国。

新型智慧城市作为城市发展的一种全新范式，不仅改变着城市的面貌，也改变着新时代人类的思维方式、行为模式和社会组织体系，引领我国城市突破发展瓶颈、支撑城市可持续发展和提高城市应急响应速度。随着城镇化的深入，新型智慧城市的内涵也随之丰富，理解新型智慧城市内涵演变，是认识城市现代化进程，科学预判未来城市交通的基础。

2016年以来，我国智慧城市建设探索演变到智慧城市的高级形态——新型智慧城市，标志着智慧城市产业迈入2.0时代，即从人与城市的真正需求出发，通过科技赋能的手段，使数字信息技术进一步嵌入城市的生产、生活和生态场景，让技术更好地为人服务，真正做到"惠泽于民"。从"智慧城市"到"智惠城市"，是城市信息化建设理念的进步。要推动区块链底层技术服务和新型智慧城市建设相结合，探索在信息基础设施、智慧交通、能源电力等领域的推广应用，提升城市管理的智能化、精准化水平。将互联网、大数据、人工智能、区块链、5G为代表的新一代数字科技作为完善国家治理体系的重要支撑，以数字科技驱动新型智慧城市治理水平提升。

2.1 新型智慧城市的内涵解读

2.1.1 新型智慧城市的定义

新型智慧城市是落实国家创新驱动发展战略、践行发展新理念，坚持以人民为中心的发展思想，通过智慧生活、智慧民生、智慧出行、智慧环境、智慧经济和智慧政务等系统，全面建设富有中国特色和时代特征的智慧城市。它是城市发展的全新范式。新型智慧城市建设，将改变新时代人类的思维方式、行为模式和社会组织体系，支撑城市可持续发展的全新动能，推动城市治理体系与治理能力现代化。

对于智慧城市的定义存在多种角度解读，有的强调利用信息和通信技术在智慧城市中的重要性，有的注重城市的人文和教育环境建设等软实力提升，有的强调市民在智慧城市建设过程中的参与行为。

国际上，英国、美国、加拿大等国在1990~2007年间开启智慧城市研究，是启动建设智慧城市最早的国家。2012年，美国国家情报委员会在《全球趋势2030：可选择的世界》中的智慧城市概念强调利用信息和通信技术提高城市效率和生活品质（表2.1-1）。2014年，英国标准协会的智慧城市定义强调环境中实体、数字和人类系统的整合。核心理念是智能的、绿色生态的、可持续发展的、创新融合的城市是人类理想状态的城市。2019年智慧城市指标ISO 37122是可持续城市和社区系列指标，强调智慧城市加快改善城市服务和生活质量。

2012年我国住房和城乡建设部发布的《国家智慧城市试点暂行管理办法》首次正式提出智慧城市，该定义强调智慧城市技术为城市规划、建设和政府管理带来的新的可能性。在这一轮智慧城市的建设热潮中，展现出技术主导倾向，将智慧城市建设目标等同于信息化建设，暴露出"盲目建设、信息孤岛林立、标准和接口各异、信息安全不受控"等现象。为突破以上问题，我国及时对智慧城市内涵做出调整，2015年新型智慧城市被首次写入政府工作报告。和传统智慧城市相比，新型智慧城市虽然仍然需要以各类信息基础设施的建设为基础，但更为注重的是城市治理能力的现代化、生态环境保护和突出社区治理。新型智慧城市建设实现三个转变：①从以政府主导的城市管理，向"政府—社会法人—公众"协同治理能力建设转变，实现城市治理能力现代化；②从注重城市拓展性发展，向依靠科技转变城市发展模式，更加注重生态环境保护；③从注重城市经济发展，向增强社区建设转变，更加突出社区治理、惠民服务。

十九大报告中提出的智慧社会，是对"新型智慧城市"的理念深化和范围拓展，强调基于智慧城市使市民拥有更多的获得感、幸福感，强调市民在智慧城市建设过程中的参与行为。

国内外智慧城市的定义解读　　　　　　　　　　　　　　　　　　　　　　　　　　　表2.1-1

时间	发布单位	文件/报告名称	"智慧城市"定义
2009年	IBM	智慧城市在中国	充分利用新一代信息技术，以整合化、系统化的方式管理城市运行，让城市的各个功能彼此协调运作，为企业提供优质的服务和无限创新的空间，为市民提供更高的生活品质
2012年	思科Cisco	智能城市框架：智能+互联网社区的系统设计与实现	利用信息和通信技术（ICT）来提高效率，降低成本并提高生活质量的可扩展解决方案
2012年	美国国家情报委员会	全球趋势2030：可选择的世界	利用先进的信息技术，以最小的资源消耗和环境退化为代价，实现最大化的城市效率和最美好的生活品质而建立的城市环境
2014年	英国标准协会	智能城市框架：智慧城市和社区战略制定指南	通过有效整合在建成环境中的实体、数字和人类系统，以为其公民提供可持续、繁荣和包容的未来
2019年	ISO	ISO 37122:2019可持续城市和社区——智能城市指标	极大地提高了城市可持续性和弹性；从根本上改善其与社会的互动方式、协作领导方法、跨学科和城市系统运作方式、使用数据和集成技术方式；为城市人员（居民，企业，游客）提供更好的服务和生活质量
2012年	住房和城乡建设部	国家智慧城市试点暂行管理办法；国家智慧城市（区、镇）试点指标体系（试行）	智慧城市是通过综合运用现代科学技术、整合信息资源、统筹业务应用系统，加强城市规划、建设和管理的新模式
2014年	国家发展改革委、工业和信息化部、科技部、公安部、财政部、国土资源部、住房和城乡建设部、交通部	关于促进智慧城市健康发展的指导意见	智慧城市是运用物联网、云计算、大数据、空间地理信息集成等新一代信息技术，促进城市规划、建设、管理和服务智慧化的新理念和新模式
2016年	中共中央 国务院	国民经济和社会发展"十三五"规划纲要	以基础设施智能化、公共服务便利化、社会治理精细化为重点，充分运用现代信息技术和大数据，建设一批新型示范性智慧城市
2020年	新型智慧城市建设部级协调工作组	2018年新型智慧城市评价指标体系	以市民评价满意度和基础评价指标自评价为依据，从惠民服务、精准治理、生态宜居、智能设施、信息资源、信息安全、创新发展和市民体验8个维度评价新型智慧城市
2020年	国家发展改革委	2020年新型城镇化建设和城乡融合发展重点任务	完善城市数字化管理平台和感知系统，打通社区末端、织密数据网格，整合卫生健康、公共安全、应急管理、交通运输等领域信息系统和数据资源，深化政务服务"一网通办"、城市运行"一网统管"，支撑城市健康高效运行和突发事件快速智能响应

2.1.2 新型智慧城市的发展在探索中前进

1999年，出版物中第一次提到"智慧城市（Smart City）"概念。2008年11月，IBM公司提出"智慧地球（Smarter Planet）"理念。此后智慧城市研究和项目落地在全球开启以中国、美国、意大利、西班牙和英国为主导的指数式增长（图2.1-1）。在起步阶段的智慧城市1.0和2.0时代，无论是学术研究还是实践行为，都将重点放在信息技术建设上。如1994年美国纽约提出无线城市，2000年英国赫尔提出数字城市，2011年西班牙巴塞罗那提出城市智慧创新平台。可以说，这一阶段的智慧城市概念，大多是技术导向型的，注重的是城市建设的硬实力。此外，有两种驱动力使得智慧城市的雏形逐步形成：一是以互联网为首的信息技术，二是城市的区域创新系统。后来，智慧城市的概念逐步发展，发展到创新共享的3.0时代，关注的焦点不再局限于硬件设施的建设，更注重城市的人文和教育环境建设，即重视城市建设的软实力。如2012年韩国提出共享城市，2014年新加坡提出智慧国家，2017年加拿大多伦多提出Sidewalk Labs发展计划。把城市发展主导者从政府拓展到政府、市民和企业，呈现出高度互动性，迈向真正意义上的智慧城市，即智慧的、可持续发展的城市。

我国对智慧城市研究起始时间晚于英国、美国、加拿大等发达国家，在智慧城市的建设经验上还有需要向这些国家学习的地方，但是在1999年之后，我国成为"智慧城市"领域主要成果出版国，出版物数量远远高于位于第二的国家意大利（图2.1-2）。主要研究机构有中国科学院、北京大学、清华大学、武汉大学、上海交通大学等。目前我国已在智能城市核心技术（人工智能摄像头，面部识别）、大数据分析、5G网络等领域取得领先地位，享有作为智慧城市提供商的比较优势，智慧城市建设目光也不仅局限于国内，结合"一带一路"倡议等在国外推广智慧城市，为非洲国家和其他国家提供智慧城市建设经验和技术等。

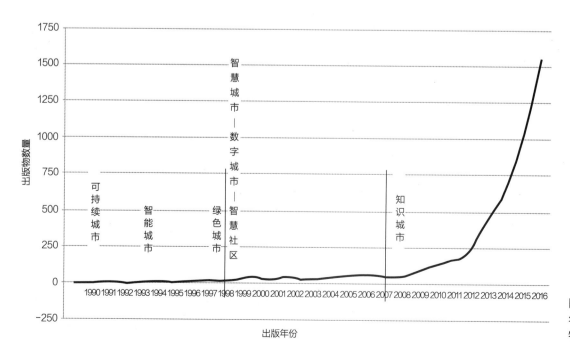

图2.1-1 1990~2016年"智慧城市"的出版物数量（n=4725）

1990~1998年（n=67）		1999~2007年（n=375）		2008~2016年（n=4283）	
国家/地区	数量	国家/地区	数量	国家/地区	数量
英格兰	15	中国	75	中国	643
美国	8	日本	44	意大利	538
荷兰	6	美国	43	美国	467
德国	5	英格兰	35	西班牙	358
意大利	4	澳大利亚	19	英格兰	244
加拿大	2	荷兰	16	德国	194
丹麦	2	葡萄牙	15	印度	178
肯尼亚	2	意大利	14	法国	176
苏格兰	2	加拿大	13	日本	168
瑞士	2	德国	7	澳大利亚	161
		希腊	7	加拿大	126
		印度	6	希腊	124
		苏格兰	6	荷兰	113
		西班牙	6	巴西	108
		芬兰	5	瑞典	96
		新加坡	5	韩国	86
		南非	5	葡萄牙	85
		比利时	4	罗马尼亚	82
		马来西亚	4	爱尔兰	67
		瑞典	4	新加坡	65
		奥地利	3	奥地利	64
		智利	3	瑞士	61
		法国	3	波兰	59
		立陶宛	3	捷克	58
				芬兰	57

图2.1-2 1990~2016年三个时期内"智慧城市"排名前25位出版国/地区的排位情况

2.1.3 新型智慧城市的技术渗透存在多种场景的应用

新型智慧城市为城市发展模式带来变革，包括低成本的信息流通和互动模式、动态实时的全局信息和响应能力、新的基础设施投资模式与建设模式、新经济与新产业的崛起等。有研究表明，智慧城市的应用能够使城市中的袭击、抢劫和偷窃率降低30%~40%。使温室气体排放和不可回收垃圾减少10%~20%，居民通勤时间减少15%~20%，城市就业数量提升1%~3%，使城市GDP增长率提升0.7%。杭州市通过推行智慧城市技术，使智慧交通试点区域的通勤时间减少15.3%，"120"救护车到达现场的时间缩短一半，实现拥堵和事故自动报警，准确率达92%。深圳市推出政务服务"秒批"新模式，实现落地300个"不见面审批"服务事项。智慧城市新技术为城市社会带来的价值提升空间仍然巨大。

新型智慧城市建设转变以往政府主导建设和运营的局面，注重发挥市场和社会的力量。传统的智慧城市建设侧重于技术和管理，忽视了"技术"与"人"的互动、"信息化"与"城市有机整体"的协调，导致了"信息烟囱""数据孤岛"，重技术轻应用、重投入轻实效，公共数据难以互联互通，市民感知度较差等问题。新型智慧城市充分发挥数据资源和数字技术的促进带动作用，核心是采用信息化手段更好地满足人的物质和文化需求，使市民拥有更高的生活品质和幸福感。

新型智慧城市是落实国家创新驱动发展战略、践行新发展理念、富有中国特色和时代特征的智慧城市。新型智慧城市建设目前已进入全面落地阶段，逐渐深入到社区。可以预计的是"智慧"的理念将内化到未来城市发展的方方面面，最终使"智慧城市"="城市"（图2.1-3）。而智慧社会是对新型智慧城市的理念深化和范围拓展，强调市民在智慧城市建设过程中的参与行为，最终指向"以人民为中心"的中国特色社会主义建设目标。

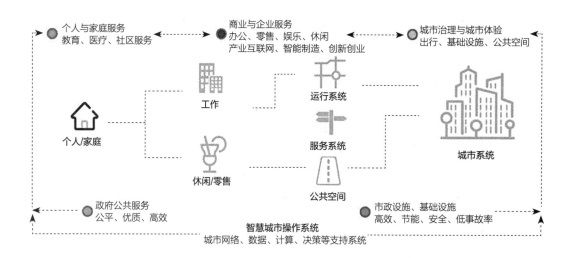

图2.1-3 智慧城市技术渗透路径与领域
图片来源：亿欧智库. 2019年中国智慧城市发展研究报告[R], 2019.

2.2 国内外智慧城市的实践案例和发展路径

2.2.1 国际城市智慧城市案例

近年来，在发达国家，智慧城市的概念在城市发展战略与规划中扮演了越来越重要的角色。在美国，圣地亚哥投入巨资，以期利用信息通信技术打造"未来之城"；在加拿大，渥太华积极开展"智慧首都"，以期提升政府、企业和其他组织对网络资源的使用率；在英国，南安普顿凭借其智能卡在全市普及的优势，欲成为英国第一个智慧城市；在新加坡，"智慧岛"的概念于1992年提出，如今正迈向"智慧国家"。

1. 国际案例一：巴塞罗那

在2015年Juniper Research的全球智慧城市排名中，巴塞罗那位列全球第一。巴塞罗那全球智慧城市大会（Smart City Expo World Congress，简称SCEWC）被业界称为"智慧城市领域的奥斯卡"。早在2009年巴塞罗那便提出"智慧城市"模式的设想（图2.2-1），希望以此提高公民的福利和生活质量。到2012年，巴塞罗那已经完成了一系列卓有成效的智慧城市项目，并据此被评为欧洲智慧城市标杆。之后，又根据"欧洲2020战略"制定了MESSI战略，旨在协调经济、环境和社会可持续发展，提高公民福利和生活质量，促进经济进步。同时，重视对旧城区进行改造和再生。

2. 国际案例二：维也纳

2019年罗兰贝格管理咨询公司发布了最新全球智慧城市排名，维也纳凭在全球153个智慧城市中获得第一名。维也纳2014年发布《维也纳智慧城市战略框架（2014—2050年）》的战略框架，并于2019年进行了优化调整，希望继续保持在智慧城市规划建设领域的全球领先地位，实现维也纳2050年可持续发展目标。

维也纳智慧城市提出为每个人提供高质量的生活；最大限度地节约利用资源；在各个领域进行社会和技术创新三大策略。在三大策略指导下，提出了7个主要目标，与联合国可持续发展目标紧密结合（图2.2-2）。

为有序实现2050年战略框架目标，维也纳建立了"伞状"实施路径（图2.2-3），指导维也纳市所有政府部门、专业技术机构和企业进行协同行动，还组织科学界、商业界以及

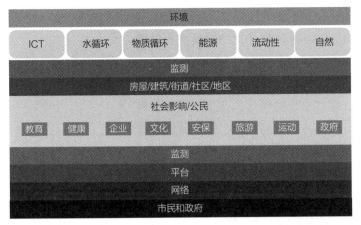

生活质量	资源保护	创新
维也纳是世界上生活质量和生活满意度最高的城市	到2030年，维也纳本地的人均温室气体排放量减少50%，到2050年减少85%（与2005年的基准年相比）	到2030年，维也纳将成为创新领导者
维也纳在其政策设计和行政活动中注重社会包容	到2030年，维也纳当地人均最终能源消费量减少30%，到2050年减少50%（与2005年基准年相比）	维也纳成为欧洲的数字化之都
	到2030年，维也纳人均消费的物质足迹减少30%，到2050年减少50%	

图2.2-1 巴塞罗那"智慧城市"模式

图2.2-2 维也纳智慧城市战略框架三大策略和7个主要目标
图片来源：维也纳智慧城市战略框架（2019~2050年）

图2.2-3 维也纳智慧城市战略框架
图片来源：维也纳智慧城市战略框架（2019~2050年）

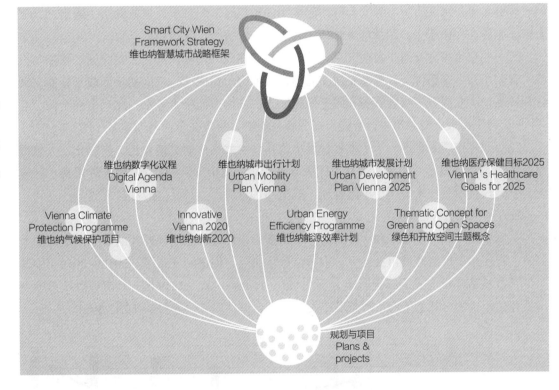

市民作为伙伴参与实施，确保采取高效的行动，以达到预期的效果。

2.2.2 国内城市智慧城市案例

由25个部委在2016年5月份联合成立的新型智慧城市建设部级协调工作组在2017年和2020年分别发布了2016年和2018~2019年新型智慧城市发展报告，对全国新型智慧城市建设过程进行顶层指导、监督和协调。经工作组评估，2018~2019年全国新型智慧城市建设推进情况总体良好，市民对新型智慧城市发展总体较为满意。经过初期的爆发式增长，我国智慧城市建设进入深化认识和理性实践阶段，华东、华中地区成为智慧城市的主要市场，智慧城市建设需求上，规划和顶层设计仍然是数量最多的需求，城市运营管理、政府政务、城市大数据、交通出行、应急管理的需求保持持续快速增长，智慧市政、智慧安防等领域逐渐进入成熟状态。智慧城市建设呈现聚集发展态势，长江三角洲城市集群建设成效较高，在惠民服务、信息资源、创新发展和市民体验4个领域得分率最高，三大城市群的平均智慧城市评价得分率都高于全国平均水平（图2.2-4）。较2016年，全国新型智慧城市建设各领域均有不同程度提升，特别是信息资源领域平均得分率提升31.72%。

1. 国内案例一：北京

北京智慧城市建设主要采取政府主导、市场参与、多方合作的模式，在顶层设计的基础上，重点进行智慧政务、智慧交通、智慧社区建设，并逐步向智慧医疗、智慧文娱、智慧环境、智慧教育等领域建设推进。

2011年《智慧北京行动纲要（2011—2015年）》以专项规划的形式对智慧城市建设进行专项部署，百度、阿里巴巴、腾讯、京东等公司积极参与，同时清华大学、北京大学、中国人民大学等高校也与企业、政府有较强的合作关系，形成多方合作模式。

（1）北京市智慧政务。2016年以来，北京市加快"智慧政府"建设，2017年1月，一站式政务APP"北京通"上线试运行，截至2019年年底，北京累计发放北京一通卡2570万余张，服务在便民服务、智慧信息管理、智慧法务、智慧工程等领域。

（2）北京市智慧交通。目前北京智慧交通建设在无人驾驶汽车、公共交通、道路与设施、智慧平台、智慧停车、智慧交通安防等领域取得不错成绩。目前初步形成了智能交通管理体系，有效提升了交通管理和服务保障能力。高德研究报告显示，北京市在全国"互联网+交通"指数中排名第一，智能出行和政务影响力指数在全国名列前茅（图2.2-5）。

（3）北京市智慧社区。为了加强智慧小区建设，北京市通过信息化、物联化、大数据等前沿科技，开发了"北京市智慧小区服务平台"。自2017年北京市开始推进智慧小区建设、把高科技信息技术应用于小区管理，截至2019年5月，累计已经建成12个智慧小区。

2. 国内案例二：上海

上海市以"一网统管"和"一网通办"为核心，推进智慧治理模式的探索。成绩深受关注，在2019全球智慧城市大会上，中国信息化研究与促进网发布了"2018~2019年中国新型智慧城市建设与发展综合影响力"，上海位列第一。从《2019年上海市智慧城市发展水平评估报告》可知，上海市智慧城市发展水平自评估以来逐年提高（图2.2-6）。

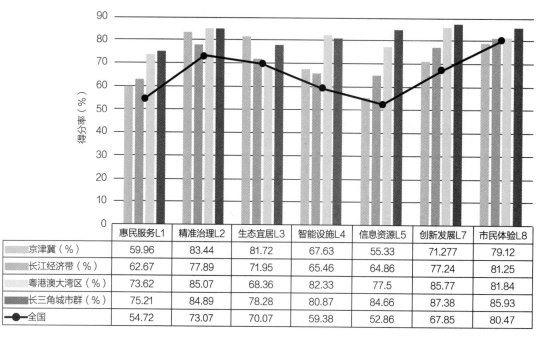

图2.2-4 各城市群在2018新型智慧城市评价中一级指标得分率

数据来源：新型智慧城市发展报告（2018~2019年）

	惠民服务L1	精准治理L2	生态宜居L3	智能设施L4	信息资源L5	创新发展L7	市民体验L8
京津冀（%）	59.96	83.44	81.72	67.63	55.33	71.277	79.12
长江经济带（%）	62.67	77.89	71.95	65.46	64.86	77.24	81.25
粤港澳大湾区（%）	73.62	85.07	68.36	82.33	77.5	85.77	81.84
长三角城市群（%）	75.21	84.89	78.28	80.87	84.66	87.38	85.93
全国	54.72	73.07	70.07	59.38	52.86	67.85	80.47

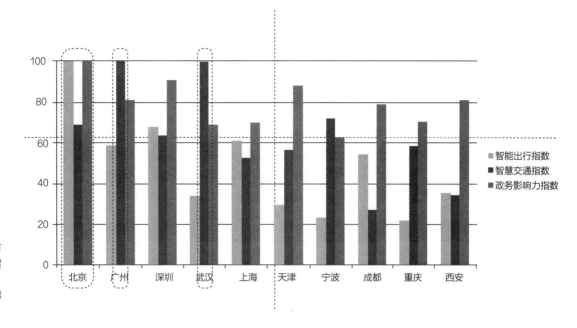

图2.2-5 TOP10城市"互联网+交通"三大指数对比
图片来源:"互联网+交通"城市指数报告

上海市智慧城市建设取得的成效主要体现在:新一代信息基础设施建设全面加速。智慧治理模式全面推广,带动城市管理走向"一网统管"。智慧政府建设稳步推进,打响"一网通办"服务品牌。生活垃圾分类全程智能化精细管理,卫生信息互联、互通、互认等信息化举措服务民生,助力上海建设有温度的宜居城市。"互联网+监管"有效支撑"放管服"改革,数字经济发展进入快车道;全网切换完成,高速公路实现"一张网";建立健全网络安全应急管理体系;上海智慧城市建设"智慧工匠"选树、"领军先锋"评选活动品牌效应显现。

3. 国内案例三:深圳

深圳在龙岗区立足于营造共建、共治、共享社会治理格局,在平台建设上取得了成效(图2.2-7)。为全面达到"智慧龙岗"建设目标,龙岗区搭建了时空大数据云平台(即"龙岗一张图"),通过物联网、云计算等技术创新与各行业的智慧应用,使龙岗的运行具备感知和自适应能力,促进信息资源(硬件、软件和数据)的集约化和基础设施化,带动信息资源的整合与共享,推动"服务型政府"的建设。有力支撑各部门在智慧应急、智慧查违、智慧安监、重点项目管理、边坡管理等方面的智慧应用。其主要做法:编制数据生产、应用接入、平台运维等一整套标准规范;构建可关联、可感知、可扩展的时空大数据

图2.2-6 2014~2019年上海市智慧城市发展水平指数
图片来源:上海市经济和信息化委员会

图2.2-7 龙岗区时空信息管理服务平台
图片来源:华为https://e.huawei.com

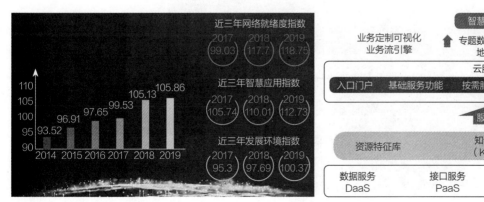

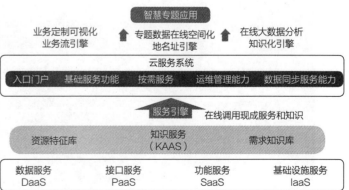

中心；搭建二维、三维及实景一体化的时空信息服务门户；支撑跨层级、跨区域、跨部门数据共享和业务协同。

2.2.3 国内以企业为主体推进新型智慧城市建设的实践

企业基于自身在信息基础设施、交通、社交、商务等领域资源优势，具备提供差异化解决方案的优势，智慧城市内涵的深化离不开企业的创新。建设新型智慧城市过程中，企业和政府都是非常重要的角色。在城市治理顶层设计上，政府起主导作用；但是在提供差异化解决方案上，企业有很大的优势。华为的"智慧城市神经系统"、阿里巴巴的"ET城市大脑"、腾讯的"数字城市"、中电科的"城市运行管理中心"、百度的"AI CITY"、科大讯飞的"讯飞超脑"、浪潮的"城市智慧大脑"、京东的"城市计算"等，都积极参与我国智慧城市建设，极大地丰富了智慧城市的实践。结合我国9亿网民规模产生的庞大基础数据，5G、区块链等信息技术和数字经济的政策支持，企业可以不断优化解决方案，促进政府服务、产业生态、金融科技"政产融"三者之间有机协同、相互促进。

1. 案例一：阿里巴巴的"ET城市大脑"

对于智慧城市，阿里巴巴的解决方案是阿里云的"ET城市大脑"。2017年11月，科技部公布首批4个国家新一代人工智能开放创新平台名单，其中就有依托阿里云建设的"城市大脑国家人工智能开放创新平台"。目前，阿里云协助杭州、重庆、苏州、雄安新区等多地区建设"城市大脑"，打造智慧城市。为解决城市交通治理难题，阿里巴巴携手杭州以交通为切入点奋力打造"城市大脑"（图2.2-8），积极探索"用数据研判、用数据决策、用数据治理"的城市交通治理新模式。据高德地图统计的数据显示，2017年杭州的拥堵排名由2016年第8位下降到第48位，拥堵缓解趋势为全国第一，而且交通拥堵下拐态势已经形成。

2. 案例二：腾讯的"数字城市"

从腾讯的智慧城市相关解决方案来看，其所掌握的"连接一切"的优势十分明显。致力于打造智慧社区开放平台的"腾讯海纳"，赋能社区服务，形成"互联网+社区"一站式解决方案，打造智慧社区健康生态。同时，"腾讯海纳"所搭建的智慧社区开放平台，

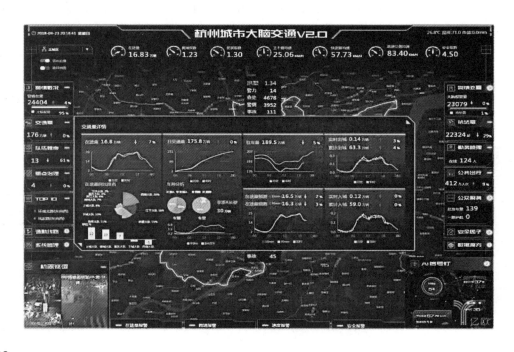

图2.2-8 杭州城市大脑交通V2.0

也让物业管理公司、政府、社区服务提供方等不同的合作伙伴参与进来，携手为用户打造创新的智慧社区应用场景。目前"腾讯海纳"已在河南、四川、广东、浙江、辽宁等省的500多个小区上线内测。

3. 案例三：华为的"智慧城市神经系统"

华为的"智慧城市神经系统"搭建了以资源统筹为理念的"沃土"数字平台。在智慧城市中，华为构建了"物联网统筹""大数据统筹""GIS一张图统筹""视频云统筹""融合通信统筹"这5大基础资源统筹数字平台。通过"沃土"数字平台的建设，可以提供智慧城市建设所需要的顶层设计、集成、运营和业务应用等各个方面的能力，全方位地满足智慧城市的建设需求。目前华为智慧城市解决方案已服务全球40多个国家的120多个城市。

4. 案例四：平安的"智理"全行业智慧城市解决方案

平安的"智理"全行业智慧城市解决方案可分为三大系列：面向政府的智慧治理系列、面向市民的智慧生活系列、面向产业的智慧经济系列三大板块。平安智慧城市以协助政府打造"城市即服务"的治理新模式为目标，推出面向政府的智慧治理系列方案，包括助力提升地方政府"顶层规划、执政管理、智能决策"水平的智慧政务；打造完善"事前预警、事中处置、事后查处"财政管理体系的智慧财政；推进通关执法高效化、贸易服务便捷化的智能口岸；促进经济、社会与环境协调发展和可持续发展的智慧环保。

2.3 新型智慧城市建设发展的展望

当今世界，以物联网、云计算、大数据、人工智能、空间地理信息集成为代表的新一代信息技术，与城市治理紧密融合，智慧城市加速发展，成为全世界城市治理的新范式和全球合作的焦点。

我国新型智慧城市建设推进情况总体良好，但总体仍处于起步期水平。存在智慧城市顶层设计需加强，多元协同共治机制待健全，线上线下管理联动需强化，系统整合共享和信息化支撑作用有待提升的问题。基于此，我们对未来智慧城市的展望如下。

2.3.1 智慧城市建设更注重顶层设计

总结国内外智慧城市建设的经验，虽然目前我国累计超过700个城市建设智慧城市，但是到现在为止，我国大部分的城市处于成长期和起步期。现在虽然能在一个城市看到各种各样的智慧系统，比如智慧医疗、智能电网、智慧交通等，但这些系统之间却又是相互割裂的，制定智慧城市建设标准和政府进行顶层设计是必要的。目前我国智能城市建设标准制定工作刚刚起步，指导实践的具体标准尚不充足，处在规划建设阶段的雄安新区主动研究制定适合新区定位的雄安新区智能城市标准体系框架（1.0版本），为未来城市建设的规划管理树立了一个样板。智慧城市战略框架可以借鉴巴塞罗那智慧城市战略和维也纳"伞状"实施路径经验，明确全市集中规划战略目标，制定各方主体共识的分项实施计划，对决策层、执行层、协调层与民间社会等各方面的人力、物力、财力等资源进行统筹协调，定期开展监测与评估，确保长远战略目标与近期行动计划的一致性。

2.3.2 数字科技驱动我国智慧城市深入发展

信息基础建设是一切信息化、智慧化的前提。目前智慧城市建设面临的最大问题仍然是数据，数字化仍是智慧城市信息化的必由之路。数字经济已经成为全球经济发展的新动能，是驱动城市智慧化发展的核心引擎。运用数字科技，有助于全面获取高质量、标准化的公众需求、人口流动、人员结构、企业状态、社情民意等城市数据，更好地感知社会势态，统筹社会力量，加强城市精细化治理，提高城市综合承载力，驱动城市智力水平全方位多维度持续提升。

（1）利用互联网共享驱动城市治理中各环节、各要素互联互通，打破信息壁垒。使得服务便捷化、资源均等化。如重庆市的"渝快办"、福建省的"一号式"、广东省的"一窗式"等创新典型引领政务服务创新改革。

（2）将大数据引入城市治理，充分挖掘大数据价值，形成"用数据说话、用数据决策、用数据管理、用数据创新"的管理机制。

（3）人工智能技术及其应用正在改变人们的生活方式，推动城市治理向纵深发展。在教育、医疗、家政等领域实现深度应用，为满足公共服务精准化提供抓手。

（4）5G实现"万物皆可联"，为城市治理提供了更多可能。

（5）区块链构建了数据共享新模式和协同互信新机制，优化城市治理结构。

利用数字科技解决信息基础建设，是解决我国当前最主要的城市智慧化问题的关键抓手，势必会推动我国智慧城市加速发展。

2.3.3 智慧城市建设更强调城市可持续性和韧性

目前我国智慧城市建设依然比较注重信息化技术的应用，与可持续发展城市的顶层设计有所割裂。然而以"新技术设备"为导向，把建设智慧城市简单地视同于智慧设施建设，容易成为脱离空间管控的无序设施建设，脱离为人服务的核心本质的无用场景应用。新型智慧城市从"智慧"到"智惠"，其核心是以人为本，智慧城市建设需要满足人方方面面的需求。我国快速城镇化建设过程中积累的环境恶化、交通拥堵等问题，需要与更多领域融合解决，走可持续发展道路，随着新型智慧城市建设的不断深入，其发展重点势必由信息化技术的应用转变为提升城市可持续性和韧性。在国际标准上，ISO 37120从城市服务和生活品质两个维度，在经济、教育、能源、环境等维度衡量城市可持续发展状态（图2.3-1）。ISO 37122提供可以迅速显著改善社会、经济和环境可持续性的智慧城市指标。由此可见智慧城市的长期目标是加快改善城市服务和生活质量，建设可持续的智慧城市和社区。

2.3.4 智慧交通是智慧城市建设中的重要场景

城市建设，交通先行。交通是城市经济发展的动脉，智慧交通是智慧城市建设的重要构成部分。智慧交通提高城市的宜居性，是智慧城市建设的基础性工程。近年来，随着我国城市化率的逐年提升和城市居民生活水平的提高，小汽车已成为家庭必需品，"拥堵"正在成为大中城市的"标配"，为避免降低城市运行效率，作为组织城市运行的城市交通需要优化出行，降低城市拥堵指数。随着人工智能、大数据时代的来临，智慧交通能缓解交通拥堵，改善城市交通状况，实现城市交通系统的整体运行效率提高，在智慧城市建设浪潮中发挥着非常重要的作用。从杭州市的"城市大脑"缓解交通拥堵的结果来看，智慧交通的优势显而易见。另外在本次疫情中，交通运输对是城市运转和应对危机的重要保障手段，智慧交通加速交通资源的高效配置。未来智慧交通必然加速并优先在其他城市智慧城市建设中落地，成为城市交通发展的首要方向。城市交通的本质是服务于人的需求、促进城市可持续

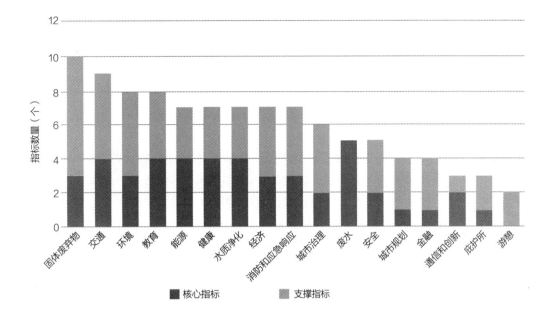

图2.3-1 ISO 37120中的核心和支撑指标数量

数据来源：ISO 37120：2014 可持续城市和社区城市服务和生活品质的指标。

发展，带动都市圈、城市群的区域协同发展。智慧交通的发展眼光不能局限在出行方式、交通工具、建设工程的现代化，要与智慧城市的各行业如智慧医疗、智慧安防、智慧环保等做到相互服务，更加关注城市宜居、宜业的高质量发展，避免信息孤岛或重复建设。

本章参考文献

［1］ IBM. 智慧的城市在中国［EB/OL］.（2009-09-10）［2020-10-9］. http://www.ibm.com/smarterplanet/cn/zh/smarter_cities/overview/.

［2］ 辜胜阻，王敏. 智慧城市建设的理论思考与战略选择［J］. 中国人口·资源与环境，2012，022（005）：74-80.

［3］ 麦肯锡. 从"智慧"到"智惠"：迎接城市信息化建设的2.0时代［EB/OL］.（2020-05-11）［2020-10-9］. https://www.mckinsey.com.cn/insights/mckinsey-global-institute/.

［4］ 中国平安. 平安智慧城市白皮书［R］. 深圳："2018（第四届）中国智慧城市国际博览会"，2018.

［5］ 紫光集团. 中国城市数字经济指数白皮书2019［R］. 重庆："2019 Navigate领航者峰会"，2019.

［6］ 亿欧智库. 2019年中国智慧城市发展研究报告［EB/OL］.（2019-05-23）［2020-10-9］. https://www.iyiou.com/intelligence/report630.html.

［7］ 汪光焘，李芬，高楠楠. 信息化对城市现代化的预期影响［J］. 城市规划学刊，2020.

［8］ Ferrer J R.Barcelona's Smart City vision：an opportunity for transformation［J］. The journal of field actions - Field Actions Science Reports, 2017, (61): 70-75.

［9］ Ingwersen P, Serrano-López A E. Smart city research 1990-2016［J］. Scientometrics, 2018, 117: 1205–1236.

［10］罗兰贝格管理咨询公司. 智慧城市战略指数2019［EB/OL］.（2019-04-02）［2020-10-9］. https://www.rolandberger.com/zh/?country=CN

［11］赛迪顾问. 2018中国新型智慧城市企业百强榜单［EB/OL］.（2018-05-06）［2020-10-9］. http://www.ccidnet.com/

［12］新型智慧城市建设部际协调工作组. 新型智慧城市发展报告（2018—2019）［M］. 北京：中国发展出版社，2020.

［13］高德地图. "互联网+交通"城市指数报告［R］. 北京："互联网+交通出行服务论坛"，2016.

［14］ISO.ISO 37120：2018 Sustainable development of communities — Indicators for city services and quality of life［S］. International Organization for Standardization, 2018.

第3章
信息化对城市现代化的预期影响

我国过去40年城市的聚集、联系和共享发生显著变化,并导致世界进程发生重要转折。当今世界面临百年未有之大变局,新冠肺炎疫情已经并将继续对世界格局产生影响。城市现代化水平与城市竞争力和专项指标排名有着密切联系,是影响国家竞争力的关键,代表着城市参与国际竞争的能力。因此,要科学分析和准确判断影响我国城市竞争力的主要因素,建立城市竞争力和现代化的关系,全面综合评价城市现代化水平,评估城市发展存在的瓶颈,预测重点突破方向具有迫切性和现实指导意义,牢牢把握我国发展的重要战略机遇期,实现我国社会主义现代化战略目标。

信息化具有显著的时代特征。以智能化与信息化为核心的第四次工业革命正在兴起,当今全球研发投入集中、创新活跃、应用广泛、辐射带动作用大的科技创新领域,是全球技术创新的竞争高地,全球竞争格局面临重大调整。世界经济加速向以网络信息技术产业为重要内容的经济活动转变。新冠肺炎疫情既是一场考验,又是一次机遇。以信息化为代表的现代科技创新是影响城市竞争力的关键因素。

本章的研究重点是:如何评估我国城市现代化水平;探讨信息化和新型智慧城市建设提升我国城市现代化水平和城市交通现代化的路径。

3.1 城市现代化是世界潮流和社会选择

3.1.1 衡量城市现代化水平评价方法的建立

我国正处于基本实现社会主义现代化的发展阶段。自20世纪80年代以来,学术界广泛开展研究现代化两步走的目标和评价方法研究。现在,我国面临2035年基本实现现代化,城市现代化水平是国家竞争力的关键,城市现代化水平在国际社会里是什么位置和作用,要正面回应。

现代化是一个"集大成"的过程。现代化的基础是工业化过程,核心是高度发达的工业化和人与自然和谐相处。现代化渗透到社会的政治、文化、思想各个领域,表现为多层次、多阶段的历史过程。国际知名现代化理论家、美国哈佛大学教授塞缪尔·亨廷顿认为,现代化是指社会有能力发展起一种制度结构,它能适应不断变化的挑战和需求。城市现代化是城市文明的世界前沿以及达到和保持世界前沿的过程和行为,通过城市社会状况变化来判断现代化进程。本章认为可以通过综合同一时期,不同视角的对全球城市竞争力报告中指标、城市排名和专题评价的结果,来衡量城市现代化水平,反映国家现代化程度。该方法基于以下基本认识:一是人们向城市集聚是国家现代化的一般性规律,城市化进程包含着带动影响乡村社会变革;二是技术进步和工业化的承载体——城市社会的文明、文化、财富和创新,国家现代化的核心是某个国家中具有国际竞争力的核心城市为中心的城市群的发展状态和竞争力;三是现代化过程必然包括对自然资源的利用,减少对自然环境自我修复能力的干扰,防止造成自然环境破坏,城市宜居宜业,人和自然和谐相处是现代化应有内涵。

城市现代化是动态的过程，并且与各个城市的发展历史、区位和资源禀赋相关，因此，评价指标具有差异性。国内外学术机构和咨询机构开展年度全球城市竞争力或者专项指标排名，分别提交了年度研究报告（表3.1-1）。回顾以往，国内外学者从不同视角开展城市现代化评价的讨论，但都有共同的点：一是既考虑能够具备对经济、社会、科技等方面综合考量的能力，也注重可操作性，要容易理解和便于比较；二是选用若干项指标为基础，采用排名的方法评论城市间的相对水平；三是不同历史时期，提出不同时代特征指标评价。比如，1970年，世界最著名现代化研究专家英格尔斯最终选择出人均GDP、城乡收入差距、人均预期寿命、城市化水平等11个指标，其中人均GDP作为进一步简化衡量的常用指标。又比如，我国进入新时代，有的学者提出主要反映评论对象的现代化水平与世界先进水平相对差距的综合现代化水平指数，包括人均GNP、服务业增加值比重、城镇人口比例等12项指标。以上选取指标表明，现代化水平与城市竞争力排名或者专项评价指标排名的年度报告具有直接关联性。

简要归纳，评价方法通常是采用单独为此建立指标体系，形成年度报告的评价方法。经过研究系统比较，我们提出借助国内国际现有城市竞争力报告的指标、城市排名和专题评价结果，再综合建立新的评价方法，提出建立后一种思路的新评价方法的指标，即，现代化水平（UML或$\overline{UML}$）。它更为简便和有效。因为现代化的很重要特征是具有时效性和相对性，衡量和评判应当注意其时间节点，指标选择上应当更加综合全面。这种评价方法借助不同视角的研究成果，又可以从国家层面或者城市层面对应研究报告中的各项指标，去判断自身的优势和劣势，目标明确。

城市现代化水平方法衡量指标如下：

$$UML = \frac{\sum_{ij}^{n}\left(\mu C_i \cdot H_j\right)}{n} \quad (3.1\text{-}1)$$

式中　UML（Urban Modernization Level）——城市现代化水平；

　　μC_i——全球城市竞争力评价体系中通用指标i的权重；

　　H_j——评价指标j的排名/得分，该值经过归一化处理，每个评级体系中排名第一的城市H=1；

　　n——国际或国内具有较高认可度的全球城市竞争力评价体系数量。

当评价指标j的总权重$H<1/n$时，认为该评价指标不通用，不予考虑。

鉴于公式（3.1-1）中存在的μC_i数据获取难度，本章给出简化计算方式公式（3.1-2）。

$$\overline{UML} = \frac{\sum_{i}^{n}\left(1-r_i/R\right)}{n} \quad (3.1\text{-}2)$$

式中　$\overline{UML}$（equivalent Urban Modernization Level）——等价城市现代化水平；

　　r_i——全球城市竞争力评价体系中城市i的排名；

　　R——该报告中总城市样本数。

依照表3.1-1所示的全球排名年度报告为案例，分析结果是：2018～2019年具有较高认可度的全球城市竞争力评价体系中，通用评价指标为商业（经济）活动、人力资本、信息交流、文化体验和政策参与，共5个，以此计算UML，我国城市在经济和商业活动的优势较为明显,但国际和高层次人才、信息交流和政策支持等方面有待加强。因此,本章认为应该从这五个方面出发,综合评价现阶段我国城市现代化水平。应用于两个案例城市,计算等价城市现代化水平,北京0.78,略高于上海0.76,两座城市现代化水平与世界前沿城市存在一定差距,均处于中上等。

城市竞争力相关报告及城市现代化水平 表3.1-1

序号	报告名称	来源	指标	城市现代化水平分析结果			
				排名	$\overline{UML_i}$	优势	劣势
1	2019全球竞争力报告	WEF,2019	机构、ICT普及率、宏观经济稳定性、健康、技能、劳动力市场、金融市场、市场规模、商业活力、创新能力	中国28		市场规模、创新能力和技术通信领域	教育、产品市场、劳动力市场
2	全球城市竞争力报告2018~2019年	中国社会科学院与联合国人居署,2019	经济活力、环境质量、社会包容、科技创新、全球联系、政府管理、人力资本潜力和基础设施	深圳4 中国香港11 上海13 北京19	北京0.98 上海0.99	科技创新	国际人才和高层次人才
3	全球城市实力指数报告2019	MMF,2019	经济、研发、文化、宜居、环境、交通	中国香港9 北京24 上海30	北京0.50 上海0.38	经济	研究、文化和环境
4	全球城市指数2019	Kearney,2019	经济活动、人力资本、信息交流、文化体验和政策参与	中国香港5 北京9 上海19	北京0.85 上海0.68	经济活动	人力资本和信息交流、政策参与
5	世界城市名册2018	GaWC,2019	先进性生产服务业机构	中国香港3 北京4 上海6	北京0.97 上海0.95		
6	世界最佳全球城市	Global Sherpa,2011	商业活动,人力资本,信息交流,文化体验和政策参与	北京15	北京0.77	商业活动	人力资本和信息交流、政策参与文化体验
7	全球城市发展指数2019	上海全球城市研究院,2019	全球网络连通性、要素流量连通性、发展成长性	上海3 北京7	北京0.75 上海0.89	网络连通性指数和成长发展指数	包括贸易流、资本流、科技流、文化流、人员流、信息流等要素流量指数
8	《全球城市30指数》	Schroders,2016	15岁及以上的人口,家庭收入中位数,大学排名,零售销售,国内生产总值	上海10 北京11	北京0.63 上海0.67		
城市现代化水平$\overline{UML}$					北京0.78 上海0.76	经济和商业活动	国际高端人才、政策支持和信息交流

3.1.2 中国城市的崛起,正在影响和改变发达经济体主导的世界发展格局

中国的城市化和城市现代化已经取得阶段性成就。在2019年,城市化水平已达到60.6%。GDP总量已达到美国的67%,人均GDP突破1万美元,已成为全球第一贸易大国、全球第二大消费市场,信息通信产业技术创新能力快速追赶美国等国家,中国城市崛起正

在改变发达经济体主导的世界发展格局。

城市已经成为我国经济增长所需的生产要素和现代化因素最密集的地区，城市GDP占全国总量的比重在2/3以上，税收占4/5以上，因此提升国家竞争力应从城市着手。联合国人居署发布的《全球城市竞争力报告2018~2019年》对全球1007个城市竞争力进行分析，表明2008年金融危机以来全球城市经济竞争力总体显著改善，整体差距逐步缩小。2018年，深圳进入全球城市经济竞争力前10强，香港、上海、广州和北京4个城市进入前20强。牛津经济研究院（Oxford Economics）发布的《全球城市》报告中提到，2035年全球城市权力将转向东方，届时上海将取代巴黎，成为全球GDP第五高的城市，以及世界最重要的经济增长中心之一。

3.1.3 提升城市经济和可持续竞争力，打造各具特色的现代化城市

就竞争力的可持续性来说，国际上一些传统的中心城市，如纽约、伦敦、巴黎和东京等，同时具备强经济竞争力和可持续竞争力。与此相比，国内的新兴国际城市，如北京、上海、深圳、广州等城市的可持续竞争力较弱，主要表现在国际人才数量和当地需求短板上。因此，我国在现代化过程中，应注重引进国际和高层次人才、信息化、国际交流、改善环境、增强居民幸福感和满足当地需求等方面，在增强经济竞争力的同时，逐步提高可持续竞争力。城市现代化需要根据我国城市所处的不同发展阶段和科技创新、当地需求、基础设施和全球联系等资源禀赋差异，打造各具特色的现代化城市。

3.1.4 新冠肺炎疫情期间信息技术应用，对未来城市治理的启示

世界正处于经历动态变革的时代，人才竞争、互联世界、人类时代及技术变革这4种力量将对城市发展方式产生巨大影响。未来城市的成功，城市领导者必须优先考虑居民的福祉、可持续性和其他基本需求。居民的健康安全不完全取决于医疗硬件环境，还与超大城市不断涌现、城市功能高度密集和混合、国内外人口流动性等有关。从疫情扩散机理看，城市空间规划的中心化理念，是疫情传播、影响放大的客观条件。辩证处理城市空间聚集形态与突发事件下城市功能保障的关系，完善城市规划与管理体系，就显得格外重要。

在应对此次新冠肺炎疫情过程中，我国制度和信息化技术普及在应急响应的比较优势得到充分显现，对未来城市治理带来了新的启示。一是城市管理对城市应对突发公共事件的十分重要。未来需要增强地方政府快速应急能力，完善高效勤政的防控突发公共卫生事件国家治理体制；二是要运用信息化技术为新型智慧城市建设提速。疫情的爆发也显示出高效的、基于大数据的城市管理的必要性和重要性，疫情期间信息化技术的应用，改变了人们工作方式和生活方式的体验，支撑城市现代化建设发展；三是城市间的交通运输和城市交通是城市运转和应对危机的重要保障手段。在疫情期间，救援人员、救援物资和居民基本生活物资的本地和跨区域运输加速消除疫情。

3.2 我国城市发展进入了新阶段

3.2.1 科技创新引领我国新型城镇化发展

（1）发展的新态势。在过去的40年里，工业经济已经发展成为知识经济，经济中心已经从"生产"转向"发现、发明和创新"。以信息化为代表的科技创新能力成为目前决定

国家竞争力的关键因素。北京、上海、广州、深圳等城市正在成为全球资源和经济要素的支配和控制中心、国际交往和文化交流的中心，正推动着我国以都市圈和城市群为主要特征的新型城镇化浪潮（图3.2-1）。在如今竞争空间由地方向全球转变的时代，坚持科技创新支撑城市发展比历史任何时期都更加重要。

（2）面临的新问题。中国特色社会主义进入新时代，我国社会主要矛盾已经转化为人民日益增长的美好生活需要和不平衡不充分的发展之间的矛盾。主要体现在地域、农村和城市、社会生活各领域的三大不平衡不充分。我国正处于向服务经济转变的转型发展期，虽然城市化率有了很大提高，工业增加值和制造业增加值分别位居世界第一，但生活质量、健康、服务业、工业生产率和制造业生产率、城市化率和农业现代化方面仍然和发达国家有较大差距（表3.2-1）。

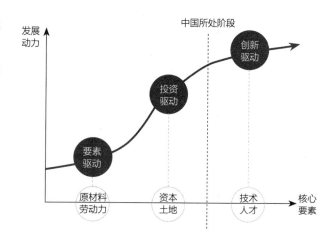

图3.2-1 城市发展动力和核心要素关系

我国现阶段现代化的基本情况　　　　表3.2-1

中国现代化基本情况	关键词	来源
2016年中国生活质量指数排名第54位	生活质量	中国现代化报告2019
中国正处于开始向服务经济转变的转型期	产业结构	中国现代化报告2018
2014年中国健康现代化指数排名第59位	健康	中国现代化报告2017
中国服务业现代化排名第59位	服务业	中国现代化报告2016
工业增加值和制造业增加值分别位居世界第一。但中国工业生产率和制造业生产率分别排第61位和第47位	工业	中国现代化报告2014~2015年
虽然中国的城市化率有很大提高，但明显落后达国家；未来将面临人口、资源环境和自然灾害等的巨大挑战	城市	中国现代化报告2013
中国综合农业现代化指数排世界第65位		中国现代化报告2012

3.2.2 城市空间形态发展具有的一般性规律

（1）区域产业结构调整与人口流动变化是新阶段的特征。产业结构升级是促进经济结构转型的关键因素，调整城市建成区域的空间形态是支持产业结构变化的重要任务。一方面深圳、广州等经济实力强的城市在吸引人才；另一方面，竞争力薄弱的城市开始出现"收缩城市"，如结构性危机收缩城市、大都市周边收缩城市、边境偏远城市等。随着人口红利逐渐消失，我国经济结构转型迫在眉睫。对大城市而言，人口向大城市集聚，既带来活力和财富，也带来种种社会和经济问题。应考虑人口密度超高的城市，如何布局城市、疏导功能，实现自我优化。对小城市而言，应考虑如何提升人才吸引力、提高城市竞争力。

（2）以生产要素在城市空间合理积聚，促进区域协调发展。在新经济地理学中，产业聚集存在规模报酬递增、制造业产品跨地区销售有运输成本这两个基本假设。为了形成产业集聚，并避免生产要素拥挤现象，一般需要在城市空间形成合理积聚。这就是超大城市随着经济发展与密度提升，需要产业转移，腾出空间发展相对高端产业的经济学解释。如疏解非首都功能与推进京津冀协同发展可以使北京在大力发展高新技术产业的同时，加快转移不再适合首都比较优势的传统产业和部分新兴产业，有利于促进各种生产要素在京津冀范围的合理聚集，促进区域协调发展。

3.2.3 我国现代化的实践路径

（1）解决现阶段三大不平衡，把我国建成社会主义现代化强国。找出解决现阶段三大不平衡的路径，完成2035年把我国建成社会主义现代化强国的目标需要以下几个方面：一是以空间—都市圈作为载体，共享优质资源实现区域合作；二是考虑不同都市圈现有基础和发展潜力的差异性，实现区域产业分工与互补；三是把握区域发展不平衡和差异性，因地制宜推动都市圈建设；四是关注各个产业包括传统产业的发展空间，警惕过早去工业化；五是以供给侧结构性改革为主线，加快产业体系建设，实现更平衡、更充分的发展。另外，还需要强化区域生态环境治理，大力推进城乡融合，形成可持续发展的城市群。

（2）城市实现基本现代化，成为当下最重要的城市议题。随着我国城镇化建设进入中后期，坚持科技创新推动新型城镇化进程，越来越多的城市参与到国际城市竞争行列。未来城市的发展应当注意以下几个方面：一是我国仍然有剩余的农业人口，需要靠工业化来进一步消化；二是信息化提高我国的传统工业效率，推动中国制造向中国创造转变、中国速度向中国质量转变，才能与国际同行处于同样的竞争平台上；三是城市必须容纳日益增加的参与工业化的农村人口，加强新型智慧城市建设，提高城镇化建设水平；四是农业产出转向"强调质量、满足品味"，适应消费者从小康走向富裕的需要。

（3）着力提高信息化水平，实现可持续发展。现阶段，我国经济快速增长带来的环境污染、资源短缺、劳动生产效率低下、经济结构失衡等问题，发达国家的经验表明可通过信息化水平的提高明显改善。下一步，我国应着力加大信息技术研究开发力度，优先发展信息产业；提高整体信息化水平，以信息化带动工业化，以工业化促进信息化；优化环境，降低能耗，提高劳动生产率；调整经济结构，转变经济增长方式，实现可持续发展（图3.2-2）。

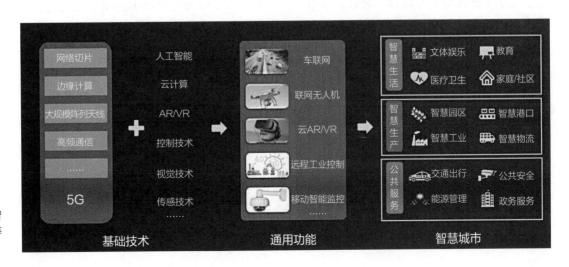

图3.2-2 5G与人工智能、云计算、物联网等技术结合引领智慧社区

3.3 信息化具有显著的时代特征

3.3.1 信息化已经成为新生的生产力和发展方向

（1）信息化时代是技术进步现代化新阶段。以数字技术、人工智能、量子技术、新能源、5G通信、航天航空等诸多技术为代表的新兴科技正在引领全球包括中国在内的第四次工业革命。信息化和经济全球化相互促进，信息在经济活动中的作用愈加明显，数据成为城市发展的关键资源，世界经济数字化转型成为大势所趋。从人工智能专利申请数与相关论文数量看，人工智能目前中美两国领先世界。由于信息和通信技术使用率（ICT adoption）的提高，2019年全球竞争力同比增长了1.3个百分点。信息革命正从技术产业革命向经济社会变革加速演进，信息革命增强了人类脑力，带来生产力又一次质的飞跃。

（2）信息化已经成为引领创新和驱动转型的先导力量。目前我国已有38个城市迈入信息社会（2017年），处于从工业社会向信息社会的加速转型期，预计2020年整体上进入信息社会初级阶段（图3.3-1）。以透彻感知、互联互通、智能应用为主要特征的新型智慧城市成为城市信息化高级形态，体现现代城市发展的新趋势，以信息的视角揭示城市信息化遵循数据—信息—知识—智慧转化逻辑演进规律。逐渐渗透到城市规划、市政、交通、医疗、教育、环保等各个领域，促进各领域转型升级，影响并改变着城市的生产生活方式，成为引领创新和驱动转型的先导力量。

（3）信息化已成为衡量国家综合国力和国际竞争力的重要标志。在美国、日本等发达国家的经济总量中，已有50%以上的增加值是由信息化产业创造的，信息产业中的劳动力已占全社会劳动力的50%以上，信息产业已成为发达国家国民经济的支柱产业和经济发展的强大动力。在后疫情时代，我国出台首份市场化配置文件，数据正式被纳入生产要素范围，结合5G、人工智能等"新基建"的支持，数字技术、数字经济作为中央的一个长期战略考虑，将迎来新一轮发力和新的增长空间。信息化事业践行新发展理念上先行一步，围绕建设现代化新经济体系，实现高质量发展。这对国际竞争力提升等有显著正向影响。

3.3.2 城市治理能力现代化必然选择信息化为基础

（1）着力提高信息化水平，实现可持续发展。现阶段，我国经济快速增长带来的环境污染、资源短缺、劳动生产效率低下、经济结构失衡等问题，发达国家的经验表明可通过信息化水平的提高明显改善。通过大数据、云计算、人工智能等手段推进城市现代化，大城市可以变得"更聪明"。信息化能够形成高质量的发展动力系统，在城市之间的功能节

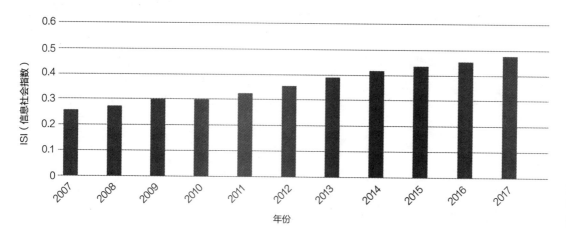

图3.3-1 全国信息社会指数发展趋势（2007~2017年）

点，促进节点之间的物流、资源流、人流等顺畅流动；在城市人口密集的同时，让交通、就业等公共服务和环境资源配置优化提高，给予城市空间和要素更大的灵活性，提升其城市综合承载能力。因此，从信息化到智能化再到智慧化，是建设新型智慧城市，实现可持续发展的必由之路。

（2）推进大数据在公共事业领域的应用创新。大数据在全民健康领域的应用创新，包括建立全民健康大数据统一框架，经过新冠肺炎疫情，将出现"新型医疗"对"传统医疗"的加速替代。大数据在就业和劳动用工、社会保障领域的应用创新，整合数据资源，综合分析社会群体生产生活发展变化趋势。大数据在养老服务领域的应用创新，建设养老服务综合平台，综合分析老年人养老服务需求。大数据在教育、文化领域的应用创新，推动教育文化领域内容、方法和手段的变革，此次疫情后，将出现"线上教育"对"传统教育"的加速替代。

（3）动态监测等信息化手段，为现代化管理监督能力提供技术支撑。信息化的发展，为现代化管理监督体系和监督能力提供了重要的技术支撑，是实现科技兴邦的重要环节。动态监测包括民生、环保、公共安全、城市服务、工商业服务活动在内的城市活动，实现城市智慧管理和运行，进而促进城市和谐、可持续发展。如新冠肺炎疫情分布系统，汇集各个地区疫情数据，实现对疫情的定期监测，运用健康码、云服务等手段推进疫情防控和指导复工等，数字技术在抗疫中发挥重要作用。

3.4　数据驱动建设新型智慧城市，让城市社会人们生活更美好

3.4.1　技术革命是城市现代化基本推动力量

（1）城市现代化具有双重任务。城市现代化在国家整个现代化进程中扮演的角色举足轻重，城市现代化既要扩展和提升城市文明的积极效应，如在文明、文化、财富和创新方面取得的长足发展；同时要抑制和消除城市文明长期面对的客观顽疾，如污染、交通拥堵、贫富差距等，即"城市病"。自20世纪下半叶以来，我国城镇化过程中，城市快速发展，但是道路交通拥堵、公共交通发展滞后、行人和非机动车空间被迅速"蚕食"、停车难、交通产生的污染物和碳排放对环境造成难以修复的损害等问题迄今为止，没有得到根本性解决。城市现代化有利于城市生产力和生活质量的提高，有利于城市社会的公平和进步，有利于城市居民的全面发展，有利于城市生态的平衡和安全。

（2）发展人工智能，推动产业创新。信息技术中人工智能产业在医疗、金融、机器人、交通、零售、教育、安防和制造业等多个领域广泛的应用（图3.4-1），正在重塑城市形态和功能格局，另外有可能改变城市目前的运作方式，进入共享、智能的生活方式。但现阶段人工智能产业仍面临着人工智能能力、总体行业实践、技术研发、生态支持不足等多个维度的挑战。需要全面推进城市数字化，推进大数据和信息基础设施标准化，鼓励跨行业以城市为核心的跨越性服务创新，提高智能大数据的应用效益，驱动智能智慧的城市治理模式。

（3）运用现代信息化技术手段提高执行效率，精细化管理城市。城市治理本质上是提供公共服务的过程，直接面向人民群众。因此，引入"整体性治理"理论，即以居民需求为治理业务核心导向，以信息技术为治理手段，为居民提供无缝隙且非分离的整体性服务的政府治理模式。如基于人口迁徙的空间大数据，提供智慧足迹的人口大数据，从人口的

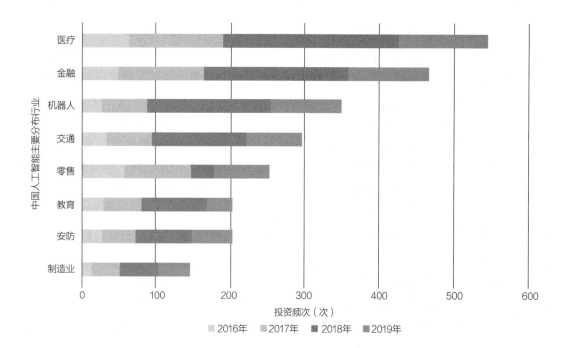

图3.4-1 我国人工智能各行业投融资频次分布

长期迁徙和短期流动两个维度分析人口流动趋势，为精细化城市管理提供基础支撑数据。

（4）建设新型智慧城市，提升城市治理水平。建设智慧城市已成为全社会的共识，智慧城市的内涵也随着信息化技术发展愈加丰富，不仅是技术的应用，更重要的是已经在改变人的传统理念和生活方式。笔者认为新型智慧城市作为城市发展的一种全新范式，将变成了一个信息化、智能化、智慧化的宏大系统。它不仅改变着城市的面貌，也改变着新时代人类的思维方式、行为模式和社会组织体系。新型智慧城市建设正在成为支撑城市可持续发展的全新动能，通过智慧生活、智慧民生、智慧交通、智慧环境、智慧经济和智慧政务等系统的全面建设，推动城市治理体系与治理能力的现代化（图3.4-2）。

近年来，我国新型智慧城市建设取得了积极进展，但也暴露出顶层设计和统筹规划缺乏、体制机制创新滞后、网络安全隐患和风险突出等问题。应分类施策，加快推进新型智慧城市建设：一是加强顶层设计，针对各地区发展水平和信息化程度的差异性，建立差异化的新型智慧城市建设标准及评估体系；二是瞄准全球智慧城市前沿领域和方向，加强关键技术研发应用；三是打造多元化、多层次的人才支撑格局；四是保障新型智慧城市建设和维护资金，引进社会资本参与建设。

3.4.2 从信息化角度思考城市和城市交通互动发展

（1）信息化有望破解世界城市共同面对的城市交通难题。通过研究世界主要城市2035年或者2040年规划（表3.4-1），城市现代化和城市交通现代化是相互交融、互为支撑，城市现代化转型发展和城市交通现代化过程是同步的，与机动化、技术革命和人们新理念、新需求伴生，正如同中国科学院《中国现代化报告》提到的，城市交通现代化是一个世界性难题。城市交通的本质是服务于人的需求、促进城市可持续发展，带动都市圈、城市群的区域协同发展，同时城市又是新技术实践与先行示范的主要载体。城市交通现代化的眼光不能局限在出行方式、交通工具、建设工程的现代化，城市交通与信息化的研究，要从道路和交通工具的发展导向，转变为更加关注城市宜居、宜业的高质量发展。信息化的发展，新型智慧城市建设的提出，信息技术的应用在工业生产、节能减排、环境防治、智能

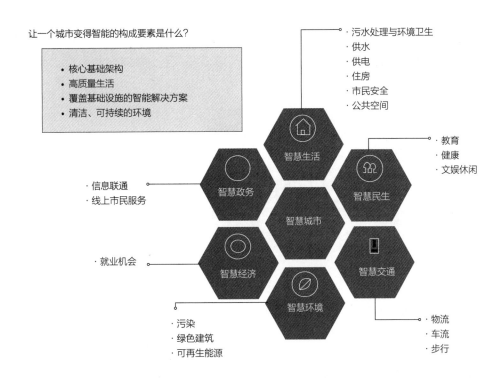

图3.4-2 智慧城市2.0

交通等领域展开，人们更多地关注城市交通问题，最终目的都是为了创造宜居宜业的美好生活环境，提升人民的获得感与幸福感，进而提升城市竞争力。把握第四次技术革命和产业革命机遇，聚焦数字化、自动化、电气化等交通变革，城市交通与信息化的融合，城市现代化为上述问题的破解带来希望。

综合分析汇总表　　　　　　　　　　　　　　　　　　　　表3.4-1

任务	指标	代表城市
交通结构	绿色交通分担率、自行车出行比例、步行比例、公共交通分担率、减少机动车出行	纽约、伦敦、东京、首尔、新加坡、旧金山、斯德哥尔摩、柏林、苏黎世
出行效率	交通延误、拥堵指数、通勤时间、公交通勤时间、公交车速	纽约、东京、旧金山、新加坡、首尔、斯德哥尔摩、柏林、苏黎世
能耗排放	温室气体排放、能耗	纽约、旧金山、巴黎、柏林、苏黎世
交通安全	交通事故数量、交通事故伤亡率	纽约、旧金山、伦敦、斯德哥尔摩、柏林、苏黎世
交通公平	中低收入居民交通总支出比例、平等的出行机会	旧金山、柏林
城市发展	公共交通覆盖率、生活设施可达性、公园覆盖率、城市空间质量	纽约、东京、新加坡、伦敦、苏黎世

（2）按照阶段特征要求重新审视现行的城市交通基本假设和分析方法。近年来，我国越来越多城市的交通发展迈入以存量优化为主的阶段。随着移动互联甚至智能互联的全面普及，反映城市运行的基础数据来源日益多元化、数据类型日益完备化。"数据驱动"将推动城市交通体系重构，传统城市交通体系面临"洗牌"，传统公交、分时租赁、网约车、出租车等交通方式或将殊途同归。组合出行（MaaS）快速生长背景下，各交通方式之间的规划、建设、监管、运营服务壁垒将全面打通，城市交通复杂性升级，亟须探索更加智慧的评估手段，引导城市高质量"生长"。随着信息化建设，深入研究"社会空间—物理

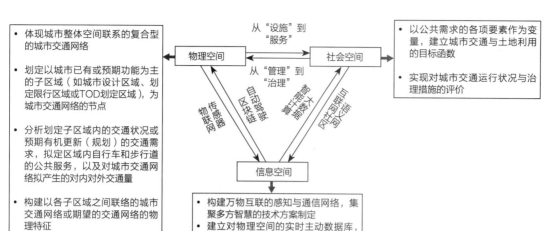

图3.4-3 信息化与城市、城市交通研究对象：三元空间——物理空间、信息空间、社会空间

空间—信息空间"三者融合（图3.4-3），对城市交通治理现代化尤为重要。5G等科技进步渗透到城市建设的各方面，新型智慧城市建设带来城市交通管理和运行方式的现代化，是突破这一难题的更优路径。

（3）信息化时代城市交通发展愿景需要关注的内容。在基本实现现代化的关键历史时期，需要从创新融合的视角来思考城市交通发展愿景。城市交通发展，要实现从服务出行的单一目标，向空间融合、公共政策、社会治理以及服务城市生活与空间品质的多元目标实现认知转变与价值升华；要更加有利于人才聚集和流动，促进现代服务业和新型制造业发展，推动实现城市转型发展，提升城市自身的创新能力，带动产业链的延伸和新技术的应用，协调周边地区发展，促进提升城市和城市群的综合竞争力；要更加适应时代发展的人们理念变化，服务不同人群生活的新需求，推动从交通信息到城市生活信息的融合共享，关注不同群体空间活动需求，体现公平性、包容性、多元价值；要坚持新型技术、新业态发展创新应用，发挥技术创新的新动力，从交通设施增量规划转向可持续移动性规划，更加关注交通服务增效、空间品质提升，关注共享出行发展潜力，关注人居环境、出行品质和可持续发展。特别要强调，韧性城市建设的交通问题，增强公共安全突发事件的应对能力，应当是城市基本实现现代化必须回答的课题。

3.5 结论

在整个世界深度调整、演化和我国处于迈向现代化的关键阶段，国家现代化水平取决于城市现代化水平，我们提出了城市现代化水平的评价方法和衡量指标，去判断自身的优势和劣势，目标明确。这对评估城市发展存在的瓶颈和预测重点突破方向具有迫切性和现实指导意义。

信息化具有显著的时代特征，成为衡量国家综合国力和国际竞争力的重要标志，也是影响城市现代化水平的关键因素，在经济社会活动中作用愈加重要。运用大数据、移动互联、云计算和人工智能等信息化技术，可提升城市治理水平，疫情期间信息化技术的应用带来了重要的启示。

我国城镇化已经进入城市经济占支配地位、城市生活方式占主导地位、城乡一体化发展，新型智慧城市作为城市发展的一种全新范式，不仅改变着城市的面貌，也改变着新时代人类的思维方式、行为模式和社会组织体系。同时，以信息化为引领，必将推动以万物感知、万物互联、万物智能的供给链为特征的城市交通网络构建和运行，正在成为支撑新型智慧城市建设和城市可持续发展的全新动能，将让城市社会人们生活更美好。

注：该文章首发于《城市规划学刊》2020年第3期。

本章参考文献

［1］Aigner D, Lovell C, Schmidt P. Formulation and estimation of empirical application function models［J］. Journal of Econometrics, 1977(6)：21-37.

［2］德勤. 全球人工智能发展白皮书[EB/OL].（2019-9-19）［2020-10-9］. https://www2.deloitte.com/cn/zh.html.

［3］GaWC. The world according to GaWC 2018［EB/OL］.（2018-11-13）［2020-10-9］. https://www.lboro.ac.uk/gawc/world2018t.html.

［4］Global Sherpa. Global cities index［EB/OL］.（2011-1-21）［2020-10-9］.http://globalsherpa.org/world-rankings/global-cities-index/.

［5］国家信息中心. 2017年全球和中国信息社会发展报告［EB/OL］.（2017-12-27）［2020-10-9］.http://www.sic.gov.cn/News/566/8728.htm.

［6］何传启. 中国现代化报告［M］. 北京：北京大学出版社，2012-2019.

［7］Inglehart R, Welzel C. A revised theory of modernization in modernization, cultural change, and democracy：the human development sequence［M］. Cambridge：Cambridge University Press, 2005.

［8］Kearney. 2019 Global cities report［EB/OL］.（2019-6-14）［2020-10-9］.https://www.kearney.com/global-cities/2019.

［9］李碧莹. 春运返城高峰将至，大数据分析北京人口流入来自哪里［N］. 新京报，2020-1-29.

［10］李飞云. 信息化驱动创新提升全效率——吴敬琏解读供给侧结构性改革［J］. 信息化建设，2016（2）：6-7.

［11］McKinsey. Thriving amid turbulence：imagining the cities of the future［R］. 2018.

［12］MMF. Global power city index 2019［EB/OL］.（2019-6-14）［2020-10-9］http://www.mori-m-foundation.or.jp/english/aboutus2/index.shtml.

［13］摩根士丹利. 中国城市化2.0：智慧都市群［EB/OL］.（2019-11-15）［2020-10-9］.https://www.morganstanleychina.com/.

［14］倪鹏飞. 中国城市竞争力报告［M］. 北京：社会科学文献出版社，2004.

［15］Oxford Economics. Global cities-the changing urban hierarchy［EB/OL］.（2017-12-19）［2020-10-9］. https://www.oxfordeconomics.com/cities/report.

［16］Schroders. Global cities 30 index［EB/OL］.（2020-1-13）［2020-10-9］.https://www.schroders.com/en/schrodersglobalcities/blog/global-cities-index/.

［17］Stanford Institute for Human-Centered Artificial Intelligence. Artificial intelligence index 2019 annual report［M］. Stanford University，2019.

［18］THOMSON M. Great cities and their traffic［M］. England：Harmondsworth, 1977.

［19］WEF. The global competitiveness report 2019［EB/OL］.（2019-10-09）［2020-10-9］.http://reports.weforum.org/global-competitiveness-report-2019/.

［20］WIPO. Technology trends 2019 artificial intelligence［EB/OL］.（2019-1-31）［2020-10-9］. https://www.wipo.int/edocs/pubdocs/en/wipo_pub_1055.pdf.

［21］中国社会科学院财经战略研究院，联合国人居署. 全球城市竞争力报告2018—2019［R］. 纽约：第74届联合国大会"全球城市竞争力报告发布会"，2019.

［22］中国社会科学院. 2017年中国城市综合经济竞争力排行榜［R］. 北京"《中国城市竞争力报告No.16：40年：城市星火已燎原》"，2017.

［23］周振华. 全球城市发展指数［M］. 上海：格致出版社，2019.

［24］朱常波. 5G新时代，引领智慧社区新未来［R］. 北京："智慧规划·未来社区"论坛，2019.

第4章
面向5G时代，城市交通内涵的再认识

4.1 历史回顾与未来城市交通畅想

2016年伦敦市交通局与NLA联合举办了"伦敦道路的未来（the future of London's roads）"展览，探索伦敦道路和街道如何在历史上演变，以及未来需要如何适应，以创造更好交通，满足人口需求不断增长，并应对不断的技术变化。展览展示了一系列短期和长期建议，包括一些可在伦敦实施的创新想法，例如通过剖析伦敦隧道对城市基础设施和生活方式产业戏剧性变化、无人驾驶汽车蜿蜒穿过首都街道、取代交付服务无人驾驶飞机、将高速公路改造成公园和公共空间等。

19世纪末、20世纪初，工业革命和城镇化为城市带来巨大的交通量，伦敦街道上马车和手推车盛行，尽管小汽车尚未产生，但随着人口大量涌入城市及交通需求的增长，交通拥堵问题、环境问题已经产生，只不过堵的是马车，环境问题可能反映为马粪堆满了街道，小汽车在此环境下进入了历史舞台，进而产生了统治地位并对道路工程和城市规划产生了重大影响（图4.1-1a）。

1926年，伦敦交通局委托艺术家蒙塔格·比雷尔·布莱克绘制了未来城市交通的场景，他描绘了一个充满希望的未来伦敦，1926年的伦敦地铁坚固舒适，2026年的伦敦城市交通向天空发展，飞机、飞艇、飞船在空中穿梭不停（图4.1-1b）。

1963年，布坎南在《城镇交通》报告中预警了汽车对城市造成的潜在损害，同时提供

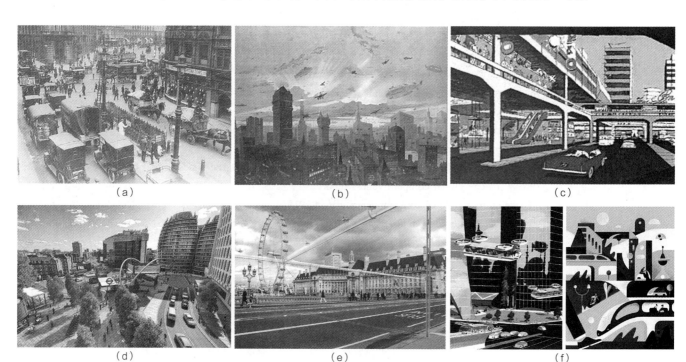

图4.1-1 不同历史阶段世界发达都市对未来城市交通的畅想
（a）1912年伦敦街头的交通拥堵与小汽车初现；（b）1926年伦敦艺术家对2026年城市交通的畅想；（c）1963年英国《城镇交通》对伦敦街道未来展望；（d）2016年伦敦对未来城市道路设计构想；（e）2016年伦敦对未来城市无人机物流构想；（f）2020年巴黎艺术家对未来城市交通的构想
资料来源：Murray,P. Streets Ahead The Future Of London's Roads [R]. New London Architecture, 2016: 6-27.

了减轻其影响的方法，明确指出一个由地下通道和环形交叉路口控制的城市将陷入僵局且不宜居住，结合交通政策蓝图构想了未来城市交通愿景（图4.1-1c），简·雅各布斯同时提出，一个城市或者限制小汽车，或者被小汽车蚕食殆尽。

2010年，伦敦市交通局相继提出自行车高速路、共享街道、健康街道等理念并实施落地，由开发商提供并通过商业支持提供资金，并做了大量交通设计创新与公共空间重建，包括道路现代化计划等（图4.1-1d），编制了大批面向未来城市交通与物流的战略咨询报告，百年前天空出行畅想部分转化为无人机货运（图4.1-1e）。

2020年在巴黎的同类讨论中，设计师清水正孝认为，2050年大部分汽车仍在地面行驶，不太可能飞上天空以避免拥堵。受益于无人机技术，未来公交会向空中拓展，出现大型飞行巴士。蒂莫奎尔德认为，2050年的公共交通一定是电动和可持续的。许多人将在家工作，通勤时间会更短，城市空间更加绿色有趣。汽车全为自动驾驶，采用太阳能、风能等可再生能源的超级巴士其宽度与现在的火车相仿，车窗外风景如画，其场景如图4.1-1f所示。

2019年，麦肯锡季刊上发表了一篇名为《即将到来的交通革命是否会使城市交通变得更好或更糟》的文章。现代城市交通时代始于1863年伦敦市第一条地下铁路运行。为了更好地预测未来，我们应充分了解历史。城市交通拥堵、环境问题不能狭义地理解为小汽车问题，未来城市交通应更多服务于人而非车的需求。

展望2030年的城市交通，麦肯锡公司认为：借助新技术，电动滑板车、共享自行车、电动汽车、自动驾驶汽车和共享车辆与现有地铁和火车，将会形成城市综合交通网络，如图4.1-2所示。无人驾驶尤为重要，同一线路乘客共享无人驾驶出租车，费用相当或低于私家车。自动驾驶出租车和班车可解决35%出行、会减轻10%拥堵。而这些新技术潜力仍有待发掘，自动驾驶技术需要信号系统与基础设施同步升级，需要公共和私营部门共同努力，如果能引入新的商业模式、创新和技术，未来交通将更加清洁、快捷、便宜、方便、无缝衔接。如果没有政策支持或基础设施升级，自动驾驶有可能会倒吸走公交出行，反而带来更严重拥堵。

4.2 全球出行需求调研及未来变化

2018年夏，法国凯奥雷斯（KEOLIS）公司组织了全球出行需求调研，对全球15个国家37个城市进行了近6600次采访，可初步反映未来机动性趋势。

受访者中89%拥有智能手机，在中国是98%，但在蒙特利尔和鹿特丹只有79%。70%的智能手机用户每月至少使用一次出行应用程序，每周使用功能包括地图（61%）、行程计划（53%）和下趟公交出发时间（46%）。中国受访者每天在屏幕前花费的时间平均为2小时12分钟（全球平均为2小时48分钟）。

59%的受访者表示更喜欢步行，而不是乘坐公共交通工具，几乎所有城市都是这样，除了洛杉矶（53%）和阿姆斯特丹（59%）。在洛杉矶，人们最喜欢汽车，只有1/4的人表示对行人设施感到满意。步行设计、规划、信息均需要改善。

42%的受访者说有时在周日工作，特别是在新奥尔良（56%）和武汉（54%）。26%的人每周至少在家工作一次，特别是在孟买（43%）、新德里（42%）和波士顿（39%）。在周日和晚上，交通服务需考虑到这些灵活工作时间。工作习惯会改变高峰期。

44%的人每周至少去购物一次，尤其是在澳大利亚（62%）。22%的人每周至少有一次

图4.1-2 麦肯锡2030年城市交通无缝出行与无人交通展望

资料来源：Will the coming mobility revolution maker urban traffic better? [R]. McKinsey, 2019

探亲，尤其是在挪威卑尔根（32%）。17%的人出行参加体育或文化活动，特别是在巴黎（40%）。46%的人每周至少去一次公园散步，特别是在奥斯陆（60%）。

38%的受访者每月至少使用一次新的移动解决方案。美国（47%）、阿根廷（57%）和中国（77%）的消费率更高。65%的人说他们是新移动解决方案的"潜在用户"（在中国为90%）。在波士顿、洛杉矶和新奥尔良等美国城市，超过三分之一的受访者经常共享汽车，50%的人表示，他们每周至少用一次私人租赁汽车。

电动自行车、共享单车、自助踏板车等解决方案有效补充了公共交通服务，64%的全球受访者至少每月使用一次公共交通服务。公共交通+新交通=完美匹配。中国受访者的公共交通满意度明显高于其他受访者：68%的受访者对城市地铁系统满意（全球平均调查率为41%）和公交车满意（全球平均调查率为36%）。

对中国受访者来说，步行是一种非常受欢迎的出行方式，是乘坐公共交通之前最常用的出行方式（56%）。受访者对鼓励城市步行基础设施看法高于平均水平，41%受访者会给出8～10分。另一方面，中国的电动车用户在这方面表现出更显著的期望：25%的人希望看到购买电动自行车的拨款，27%的人希望为拼车的人保留车道和简化停车位，42%的人希望获得数字解决方案，帮助他们优化行程。

生活类出行调查中，中国受访者最可能去散步（51%）。较之全球，中国出行者更倾向于陪同家庭成员出行（31%对全球14%），去餐厅或喝酒（29%对全球17%），带孩子或孙子参加课外活动（25%对全球17%）。最不可能探亲访友（11%对全球22%）。

有三种交通改善方向位居全球需求榜首：一是更加频繁的公共交通服务，尤其是晚上和周末（45%）。二是提高公共交通舒适度标准（座椅、空调等，40%）。三是改善步行基础设施（如人行道、长凳、照明、标牌等，43%）。

83%的全球受访者认为，科技让出行更简单：得益于科技让人们可以在正确时间选择正确的交通和换乘方式，一定能够更快、更舒适地出行。96%的中国受访者认为，技术在简化出行方面起着至关重要的作用（比全球高13%），公共交通用户和新的移动用户尤其热衷于技术。

凯奥雷斯全球出行调研分析了市民出行习惯及其对公共和私人交通解决方案的态度，其有益于理解当下众多社会变革，如工作模式改变、数字服务增加、预期寿命提高、地区差异发展，特别提出规划师应"像乘客一样思考"。

结合全球移动性调查，凯奥雷斯公司揭示了全球未来交通的乘客三大期望（图4.2-1）——无论哪个国家出行者，从开始到结束移动性（Mobility）体验都有三大期望：

（1）实时更新（Real-time update）：无论是寻找时刻表、量身定制的路线，还是服务中断的替代路径，乘客都希望获得最有针对性信息和交通解决方案。

（2）个性化出行体验（A Personalisation travel experience）：不再需要通用时刻表和地图。希望获得适合的个性化信息，随时响应出行需求和个人情况。反映了从以大众运输为重点向关注个性化移动性方式的一种转变。

（3）循序渐进的指示（Step-by-step directions）：寻找门到门指南、口袋数字指南，覆盖旅程的每一步。

从以上三点期望出发，可归纳10个基本要素，构成未来交通乘客体验的三大支柱：

支柱一：规划行程。导航、信息、多方式联运和数字化票务。

支柱二：轻松出行。安全保护、提供帮助、高效的出行时间。

支柱三：人本体验。多通道、个性化、合作，提供更人性化体验。

不同时代背景下，不同地区的市民出行需求会发生巨大变化。20世纪80年代，中国大城市通勤高峰期间就已经出现了严重的交通拥堵，但是为自行车拥堵。北京2/3的交通工具为自行车，是名副其实的"自行车王国"。北京城市总体规划中明确规定在一般干路上每侧布置5～8米宽的自行车道。人行道在主干路上一般要求每侧10～15米，次干路和支路每侧7～10米。直至20世纪90年代，自行车、助动车等非机动车载城市交通结构中占据重要位置。很少有人会想到，30年后小汽车会如此普遍的进入家庭，并带带如此大的环境、

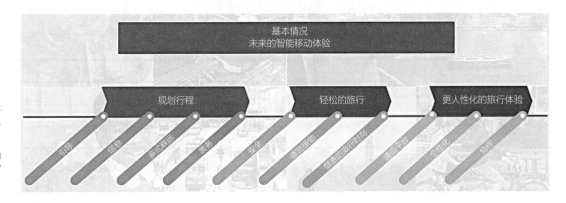

图4.2-1 未来智慧移动的三大需求支柱与十项核心要素

资料来源：The International Digital Mobility Observatory [R]. Keolis & Netexplo, 2017: 9-11.

安全、健康问题。

以美国千禧一代（20世纪80年代至20世纪90年代中期出生者）为例，尽管美国文化以个人所有权和驾驶自由为中心，但年轻一代对于小汽车态度已发生重大变化，他们比父母更愿意乘坐交通工具。43%的30岁以下的人每周至少乘坐一次公交，而60岁以上的人只有9%。千禧一代拥有汽车兴趣比之前一代人降低了23%，开车上班可能性降低了16%，使用公共交通机会增加了3倍。在德国，18～29岁的年轻人汽车拥有率急剧下降，从2000年每千人420辆下降到2010年的每千人240辆。

美国千禧一代不拘泥于任何一种交通方式，调查研究发现，69%的人每周使用多种模式出行。他们从开车、公交、骑车或步行中选择最好出行方式。能提供多种出行方式选择的社区往往更受吸引——其选择居住区最常提及原因是出行方便（42%）、接近工作地点（38%）、城市文化（37%）和有公共交通选择（36%）。

46%的美国千禧一代将获得更多社交时间（在线或移动）作为选择公交的好处之一。54%的人希望在任何地方实现Wi-Fi或4G网络连接，希望看到公交车次实时更新。成本和便利是千禧一代选择交通工具的主要动机（46%提到）。展望未来，超过3/5的千禧一代希望选择交通工具更可靠（61%）和更实惠（62%）。一位受访者说"因为我们这一代人经济更加拮据"。

再以新冠肺炎等突发事件影响为例。麦肯锡2020年《COVID-19将如何影响英国的机动性》报告显示，新冠疫情间距要求或许会永久改变工作与出行习惯，如表4.2-1所示。从短期来看，将导致通勤者减少，交通需求减少，尤其是传统上班次数最多时段，步行和骑自行车可能成为潜在的"赢家"。英国最大的自行车零售商Halfords在禁车开始时，一些自行车设备的销量增长了500%。而根据麦肯锡2020年《COVID-19对未来移动解决方案的影响》研究报告，全球主要城市公共交通乘车率已下降了70%～90%，许多微型出行公司和拼车公司都暂停了服务。预计危机后电动汽车在中国的销售将强劲反弹。疫情后，拥有私家车的人会越来越依赖它，而以前依靠公共交通的人可能会改用骑车或步行。中国从疫情影响中复苏最快。传统私家车拥有量可能受到限制，而电动汽车和共享出行解决方案很可能加速。

新冠肺炎疫情可能在长期产生某些永久性影响。例如，如果自动驾驶汽车被批准用于道路使用，则其需求可能会超出预期。如果公司意识到它的力量，那么远程工作与教育（现在在大流行中很普遍）可能成为常态。如果有更多的人在家里永久性地工作，那么通勤的减少可能会导致车辆行驶里程的长期减少。

人类工作习惯及职业构成的变化一定会极大影响未来交通模式。根据兰德公司2020年发布的报告《COVID-19 大流行与工作性质变化研究》，目前仍有大量工作不允许远程办公，未来越来越多的工作可以远程办公或仅偶尔要求离家办公。

新冠肺炎疫情时代不同职业远程办公的比例（%）　　　表4.2-1

职业	无远程办公	一些远程办公	独家远程办公
保护性服务职业	96	2	2
生产职业	96	1	3
建筑和开采职业	94	3	3
食品准备和服务相关职业	92	8	0
运输和材料运输职业	90	7	3

续表

职业	无远程办公	一些远程办公	独家远程办公
建筑和场地清洁和维护职业	87	0	13
安装、维护和维修职业	81	17	2
保健从业人员和技术职业	73	8	19
个人护理和服务职业	69	5	26
销售及相关职业	58	10	33
社区和社会服务职业	51	26	24
保健支助职业	50	7	43
管理职业	37	36	27
办公室和行政支助职业	30	28	42
艺术、设计、娱乐、体育和媒体职业	21	11	68
生活、物理和社会科学职业	12	41	46
商业和金融业务职业	12	11	77
教育教学和图书馆职业	11	18	72
建筑和工程专业	6	9	84
计算机和数学职业	6	11	83
法律职业	3	26	71
整体	46	14	40

资料来源：兰德公司. COVID-19大流行与工作性质的变化 [R]. 2020: 2-4.

信息化、互联网+、千禧一代、大流行病都将对未来出行需求产生巨大影响，信息化深刻改变了人的思维模式，同时改变了人的生活与就业方式，培养了人们全新的就餐、购物、出行、通勤习惯。人们生活、就业习惯的改变会改变交通行为。更多工作方式转变为无需通勤的远程办公，更多出行转向非必要性的生活出行，出行时间、出行路径、出行结构进一步调整。这些都会对城市交通产生影响。这深刻影响了城市运行效率，会带来革命性的变革，城市交通发展面临着新的机遇。

4.3 城市交通预判及未来变革

展望2035年，人们出行需求、工作方式、购物习惯、生活追求均将发生巨大变化。电动化、物联化、自动驾驶技术加之新的商业模式将改变传统交通方式，城市化将使城市密度平均增加30%，人口过千万的特大城市及地区将大量涌现。近几年麦肯锡、兰德、德勤等咨询公司相继对未来城市交通做出了革命性的预判。

4.3.1 麦肯锡2030年城市交通预测

2019年麦肯锡提出了未来无缝交通构想，认为随着乘车共享的发展，数字汽车连接日益加深，电动汽车（EV）成为主流，无人驾驶汽车（AV）占据主导。私人、共享和公共交通之间的界限将会变得模糊。而早在2016年，麦肯锡发布了《关于未来城市机动性的综合考察》报告，结合新技术与全球城市发展差异，提出了未来城市交通三类典型发展模式。

1. 未来交通模式一：高密度发展中大城市的清洁和共享交通模式

以人类驾驶小汽车、两轮车和日益电气化小型公共汽车为中心的多式联运。其快速城市化和严峻拥堵污染问题增加了向清洁交通转变和结合公交的紧迫性，中产阶级可能倾向于乘坐空调接驳车辆换乘大容量轨道交通。较之昂贵的地铁，专用道上快速公交和地上轻轨可提供更多运力。

由于政府对较差道路设施、复杂交通状况、失业问题的担忧，自动驾驶汽车吸引力低、运营难度大。自动驾驶汽车或会出现于私人豪华车，但不会普及。核心仍是人类驾驶。

许多发展中城市中央电网运行已接近最大容量，无法完全实现交通系统电气化。分散可再生能源发电（如太阳能光伏）及存储技术进步对实现该模式至关重要。货运和代驾车队运营商发现使用分散式能源更容易保护自己的充电基础设施。

此类模式可能出现一系列量身定制的共享出行模式，从按需乘坐两轮和三轮车辆，到共享小客车和基于现代应用程序的乘车服务和出行者信息系统。随着电池成本的下降，此类城市可能出现越来越多为市中心非快速路设计的低速电动车。

在此类清洁共享城市，2030年人口或增长50%，国内生产总值可能增长90%。乘客和车辆里程增加将被高度共享和更多公共交通抵消。到2030年，共享轻型车辆可能占车辆行驶里程的1/3。迅速电气化可能使40%在途车辆是电动的。

对于北京、墨西哥城和孟买等新兴城市，未来最可能向清洁和共享交通模式过渡（图4.3-1）。同时与人口数、人均GDP、公共项目执行力、污染和拥堵紧迫性有关。

2. 未来交通模式二：高密度发达大都市的无缝移动模式

主要提供门到门的服务及按需求多式联运，私人交通、共享交通和公共交通的界限模糊化。自动驾驶、电动化、共享交通等技术先进、发展迅速。

自动驾驶与共享交通的交集会引发一种全新交通模式：共享的、自动驾驶的电动车队，提供按需的、门到门的流动性。为了满足不同用户群体的不同需求，车辆在尺寸和规格上会有很大差异——从基本型到豪华型，从2名到20名乘客。共享自驾电动车队以远低

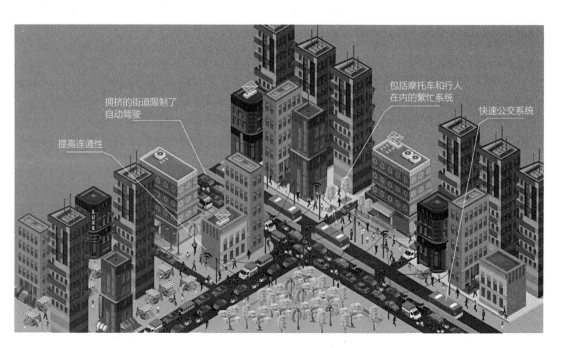

图4.3-1 发展中高密度城市的清洁和共享交通模式

资料来源：McKerracher, C.&Orlandi, I.& Wilshire, M.&Tryggestad, C.& Mohr D.&Hannon, E.&Morden, E.&Nijssen, J.T.&Bouton, S.&Knupfer, S.&Ramkumar, S.&Ramanathan, S.&Moeller, T. An Integrated Perspective On The Future Of Mobility [R]. Bloomberg New Energy Finance, McKinsey & Company, 2016: 28-47.

于私家车的成本提供机动能力，可进一步激励共享出行。

为了避免因无人私家车漫游泊车造成拥堵。可能引入拥挤收费和需求管理，根据时段、占用率和区位的不同费率。未来停车设施可能减少，停车空间会恢复为城市绿地或公共空间。同时应看到，自动驾驶汽车下车和接送也需要额外空间。

私人车辆的电气化可能加快，以应对日益严格的燃油法规和城市低排放区。在某些大都市区，所有新车电气化可能成为强制要求。到2030年，车辆电气化率可能高达60%。公共和半公共充电基础设施迅速建成，基于时间的充电支付、智能充电和差别化电价会减轻对电力市场和电网的负面影响。

共享自驾车队可能部分取代公共汽车，提供更多第一公里和最后一公里的选择，特别是在大都市圈外围。轨道交通的速度和容量仍无与伦比，并与步行和自行车结合。

移动性成为一种服务。消费者可依赖一个综合软件平台比较出行方式和价格，运营商提供智能路线和调度算法，出行者为公共交通或私人交通买单。城市补贴代驾服务最后一公里出行，也可建设一个中央调度平台平滑交通流。交通基础设施大幅改进，通过车辆到基础设施（V2I）智能交通系统实现最佳交通流。

因行驶里程增加，仍可能导致持续不断甚至更多的瓶颈路段拥堵。电动汽车和自动驾驶汽车普及率将远超全球水平。60%汽车保有量可能是电动车，2030年的无缝交通城市，汽车自动驾驶的汽车在汽车保有量中的渗透率可能超过40%。

无缝机动模式（图4.3-2）最有可能发生在高收入、人口密集的大都市地区，例如伦敦、上海及一些欧洲和北美郊区蔓延地区。全世界有15个大都会区最有可能率先加入。这些地区结合了公共项目和国内生产总值历史上的高执行率，在速度和规模上投资公共基础设施的意愿和能力。通常拥有高质量公共交通，可构成多式联运系统支柱。

3. 未来交通模式三：发达城市郊区化的私人机动交通模式

私人机动车仍是核心。自动驾驶和电气化使出行更加方便、安全、干净、愉快，并降低成本。高度个性化的汽车（通常是电动的）出现，会保持消费者对私家车的兴趣。展望未来，消费者可能既要重视旅行隐私，也要看重拥有自己的汽车。共享汽车、顺风车和拼

图4.3-2 发达高密度大都市的无缝机动交通模式

资料来源：McKerracher, C.&Orlandi, I.& Wilshire, M.&Tryggestad, C.& Mohr, D.&Hannon, E.&Morden, E.&Nijssen, J.T.&Bouton, S.&Knupfer, S.&Ramkumar, S.&Ramanathan, S.&Moeller, T. An Integrated Perspective On The Future Of Mobility [R]. Bloomberg New Energy Finance, McKinsey & Company, 2016: 28-47.

车仅仅是备选项，不会大规模取代私人机动通勤。

自动驾驶为人们提供了驾车时欣赏电影或查看电子邮件机会。以前的非汽车消费者可能购买或使用自动驾驶汽车，包括老年人和青少年，他们可以在不使用其他家庭成员的车辆时"召唤"他们的车辆，用于学校或社会旅行。

随着电动汽车边际成本较低，且不需要驾驶员操作，市民移动需求可能增加。可能导致更拥堵。人们为了避免停车高收费会让车辆自动漫游或远程停车。自动空驶汽车占用道路空间可能成为普遍现象，并出现冲突。

消费者可能更喜欢电动汽车，家庭与工作场所充电相结合是一个方便选择，分散式太阳能电池板和电池储存系统的车辆可降低价格。城市干线网可能会增长，但主要是在城市边缘扩张。由于自动驾驶汽车智能化及更高效、舒适的出行体验，更好的道路利用率和更高的平均速度，人们更愿意长途通勤。最初既有道路通行能力可能足够，然而随着成本降低和更多汽车出行总量增加，基础设施最终仍需要投资，以解决运力瓶颈。为确保提高道路通行能力，城市会进一步将自动驾驶车道与非自动驾驶汽车和行人分开，为自动驾驶车辆开辟专用道路空间，可辅之更复杂的需求管理措施或拥堵地区道路优先通行付费，尽管存在隐私问题。郊区或高速公路上，自动驾驶车辆专用车道可最大限度提高道路通行能力（图4.3-3）。

不断增长的郊区扩张可能使公共交通系统最后一公里难于竞争，即使动态路线和按需接送显著提高服务水平。相反，家庭用车使用频率可能会越来越高，为那些不能开车的人提供移动性——例如可以派遣自动驾驶汽车接送老人购物，或开车送学生参加课后活动，或者运送残疾人，模糊了私人专用车辆和共享车辆的界限。已建成的快速公共交通可能会保持其地位。

该模式下，尽管私家车继续占据主导地位，但对于低收入群体，创新的共享车辆可能成为传统汽车的替代方案。在美国，公共交通平均通勤时间为53分钟，而私家车平均通勤时间为22分钟，对那些没有私家车的人，转变意味着更公平。因此共享交通服务的自动化，可承担较小出行比例，并改善低收入群体出行机会。

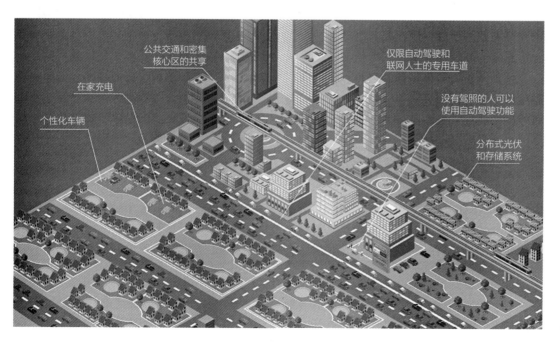

图4.3-3 发达城市郊区化的个体机动交通模式

资料来源：McKerracher, C.&Orlandi, I.& Wilshire, M.&Tryggestad, C.& Mohr, D.&Hannon, E.&Morden, E.&Nijssen, J.T.&Bouton, S.&Knupfer, S.&Ramkumar, S.&Ramanathan, S.&Moeller, T. An Integrated Perspective On The Future Of Mobility [R]. Bloomberg New Energy Finance, McKinsey & Company, 2016: 28-47.

在欧洲或北美地区的郊区，2030年的客运里程可能比2015年增长25%。私人自动驾驶汽车行驶里程将会增加，额外行程和零占用率乘坐将变得司空见惯。家庭平均需要车辆数量将减少，而车辆数将进一步增加35%。电动汽车和自动驾驶市场渗透率可能达到汽车保有量的30%～35%，远高于全球平均水平。

此类模式最有可能出现在发达城市的郊区扩展地区，包括悉尼、休斯敦和德国鲁尔地区等，在那里汽车仍是出行必备，居民有足够的财富购买自动驾驶和电动汽车。在发达的郊区地区，其人均国内生产总值（GDP）较高，公共项目历史性实施较好，更重要的是对新技术的开放性亦较好。

4. 未来交通模式四：高密度发达城市全系统配送物流模式

2017年9月，麦肯锡公司延续发布了《关于未来城市机动性的综合考察2：城市配送转型》报告，构想了未来城市物流模式，创造了强大的配送解决方案。

高密度发达城市可能成为物流变革前沿，它们既有手段，也有动力，将自动驾驶、电气化和道路提升及卡车结合起来。城市集散中心（UCC）和电动汽车（EV）结合使用可提高效益、降低成本。若和夜间送货、交付结合，将提高UCC车队效率，将货运转移至非高峰时段效率更快，可使用更大电动卡车提高财务回报率。

B2B交货中每个包裹交货成本降低45%，卡车数量可减少60%，并消除排放，卡车平均利用率从50%提高到80%；定期B2C投递，24小时包裹暂存框模式更可行，因为许多消费者可步行到达。这是最具成本效益的方式来取代传统的送货上门。从长远看，城市高劳动力成本推动产生了自动地面车辆（AGV）储物柜，支持即时和当日B2C交付增长。电动汽车可能扮演重要角色。商用车（CV）日均行驶不到50公里，适于电动车范围。电力基础设施发达可靠，会实施更严格的排放标准。未来综合方案可将包裹运送成本降低35%，减少车辆近70%排放及三分之一需求。

在发达城市郊区，当无人驾驶技术成熟时，电动直达门式AGV储物柜将在B2C交付中占较大份额。对当日和即时服务，无人机会在小体积的、低重量包裹配送方面发挥重要作用。综合起来，这些解决方案可以将每个包裹的平均配送成本降低到25%，同时将排气管NO_x排放量降低65%。

综上，未来城市物流没有单一解决方案，需因地制宜地部署一系列解决方案。即使是最好的解决方案也不会一直有效。在未来，无人机可能会成为一种常见景象，但由于公共安全问题或着陆空间不足，在城市高层地区可能就不那么容易实现了（图4.3-4）。

麦肯锡2019年《通往城市无缝交通之路》报告中的文章《即将到来的交通革命是否会使城市交通变得更好或更糟》提出，未来城市交通变革并非都是正向的，存在停滞、过度、健康三种趋势。

可能一：城市交通无实质性改革。有人口持续增长的大城市，因为交通价格或政策缺乏创新、复杂的交通模式，技术发展挫折及消费者的抵制，阻碍了AV大规模部署，车辆未能得到大量通电。城市居民出行方式几乎与现在相同，私家车出行将继续占乘客公里数的1/3以上。由于运力紧张，平均旅行时间甚至可能增加15%。如果没有重大政策变化与技术革命，美国很多城市可能遭此停滞困境。其拥堵、高耗能、大量占用土地资源的情景如图4.3-5a所示。

可能二：城市自动驾驶过度发展。想想共享单车与网约车发展速度有多么迅猛但其政策出台有多么迟滞吧，如果自动驾驶紧随其后，而上路速度比指导他们的政策出台更快该

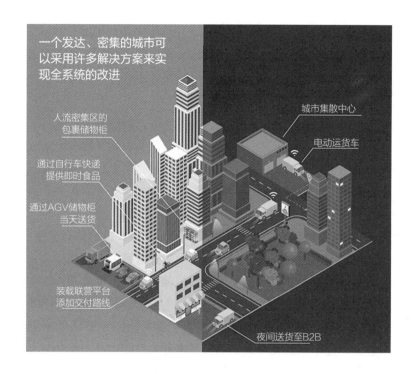

图4.3-4 发达城市未来物流交通模式

资料来源: Bouton, S.&Hannon, E.&Haydamous, L.&Heid, B.&Knupfer, S.& Naucler, T.& Neuhaus, F.&Nijssen, J.T.&Ramanathan, S. An integrated perspective on the future of mobility part 2: Transforming urban delivery[R]. McKinsey & Company, 2017: 24-29.

怎么办？到2030年，无人出租车可能会成为比拥有私人车辆更有吸引力的替代方案，每公里的出行成本与拥有中等价位私人车辆的成本相同，旅行者可将它们单独或共享使用，约占出行总数的35%。无人驾驶巴士会有灵活路线安排并增加点对点服务。但是拥堵仍可能没有改善、甚至更糟。因为随着自动出行便利性的增加会导致更多的出行，出行耗时可能比现在高出15%，其场景如图4.3-5b所示。

可能三：无缝交通方式健康发展。既有监管"大棒"，又有激励的"胡萝卜"策略。到2030年，自动穿梭巴士可占领25%的市场。健康的无缝交通系统共有5个指标：可用性、可负担性、效率、便利性和可持续性。预期可容纳30%的乘客公里数（可用性），同时将每次出行平均时间减少10%（效率）。可使每次出行成本降低25%～35%（可负担性），将点对点旅行的次数增加50%（便利性），使用电动汽车将温室气体排放降低多达85%（可持续性）。其可持续交通场景如图4.3-5c所示。

4.3.2 兰德2030年中国城市交通预测

2016年兰德公司也曾预测中国2030年机动化不同发展情景。除了资源与环境状况、气候变化及汽车限购、限行外，经济增长速度是这几种情景的主要驱动力（图4.3-6）。

1. 中国城市交通情景一：重整旗鼓

2030年，经济增长年均6%～7%，每千人拥有240辆汽车。油价达到每桶150美元。为解决日益严重的停车和拥堵问题，40%～65%的城市居民其所在地实行了某种类型限购或限行。中国继续保持全球最大汽车生产国的地位，得益于新能源汽车的普及和出口份额增加。而无人驾驶汽车在国内尚未得到大量普及，主要推向国外。公共交通和非机动车出行旺盛尤其是在规划了大型公交项目的二、三线城市。中国市民日益认识到，应对环境和气候问题的主要途径是改变生活方式而不是仅仅依赖监管。对城市而言，生活质量问题对于政策走向的作用显得更加突出，那些能够靠生活设施（而不仅是就业）吸引新居民的城市将成为竞争力最强的城市。

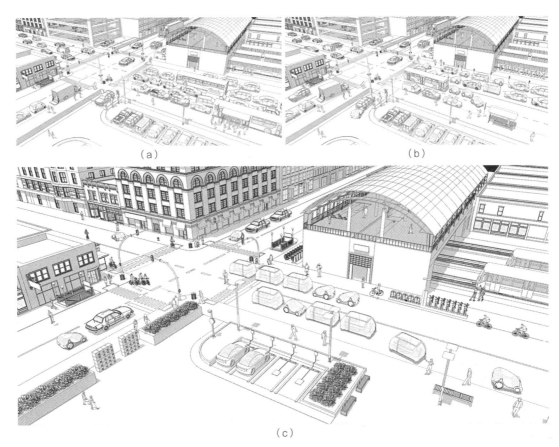

图4.3-5 2030年城市交叉口三类场景预测
(a) 维持现状发展的情景；
(b) 放任自动驾驶发展的场景；
(c) 无缝交通发展愿景
资料来源：Eric Hannon, Stefan Knupfer, Sebastian Stern, and Jan Tijs Nijssen. The road to seamless urban mobility [J]. The McKinsey Quarterly, 2019.1.16.

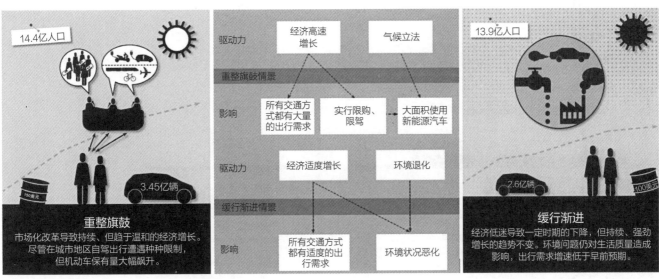

图4.3-6 兰德公司对中国城市交通2030两类情景预期及主要驱动力和影响
资料来源：兰德公司. 未来机动性展望——2030年的中国情景[R]. 2015.

2. 中国城市交通情景二：缓行渐进

2030年，经济进入年均约4%的低速增长期。汽车保有量达每千人185辆。环境问题仍影响生活质量。油价保持在每桶100美元，汽车制造业随着出行需求的增加持续增长，但低于预期，环境问题未完全解决。高昂的价格和缺乏充电基础设施阻碍了新能源汽车扩产计划，汽车产量中新能源比例仅占20%，与2030年达到30%比例目标差距较大。一些城市推进TOD、在新轨道站点步行范围内兴建公寓楼和写字楼，一些城市加大对非机动交通基础设施投资，均有利于改善空气质量，但交通拥堵问题还是没有解决。在一些城市，由于经济增长减速和地方财政危机,大型交通项目在2010年后期停滞,到2030年才完工。一些城市交通投资项目效果很差,例如居民区离轨道系统较远、因停车执法懈怠几乎不能通行的自行车道,这些城市的居民一旦有了经济实力仍会购车、驾车,不会选择其他出行方式。

4.3.3 德勤数字时代未来城市交通预测

2016年,德勤公司发布《数字时代运输的未来城市交通》,揭示了交通领域最令人震惊的不是人们被迫改变自己的行为,而是人们对"改变"的热情成倍增长。城市交通新的可能性和机遇正在改变城市交通行业格局。如图4.3-7所示,未来解决城市交通拥堵没有"灵丹妙药",唯有以创新方式将交通模式、服务与技术结合在一起,考虑到创新步伐和系统复杂性,想要对未来几年城市交通做出准确预测是不明智的。与其预测,毋宁结合当前做出推论。充分利用新兴技术、考虑到更广泛社会变化和新商业模式,重构未来城市交

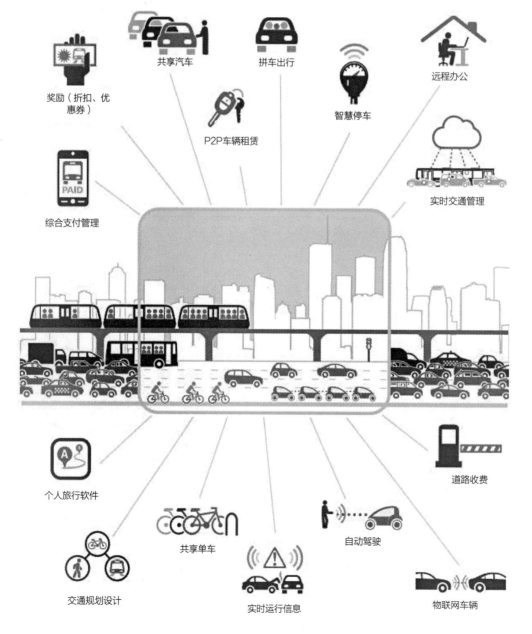

图4.3-7 数字时代解决城市交通拥堵的服务整合与技术创新

资料来源:Tiffany Dovey Fishman. Digital-Age Transportation: The Future of Urban Mobility[R].Deloitte, 2012.

通。如图4.3-8所示,它可能具有5个关键特征:以人为中心、大规模物联、无缝联运、动态定价、公私机构合作。

汽车进步正在重塑驾驶体验,也许最终是将全部驾驶员转变为实际的乘客,但随着移动技术,尤其是智能手机的迅猛发展,城市交通变革机遇已经来临。当人与机器交互及使用信息无处不在时,以前人与机器之间、所有权与非所有权之间、商品与服务之间的清晰界限会日益模糊,重点介绍三项重要内涵。

1. 数字城市交通内涵———汽车互联

汽车互联包含三个要素:广泛连接的车辆或"汽车互联网",使供应与需求保持一致的定价,社交网络在交通运输决策中的普及。这最终取决于一系列参与者,如公共部门、

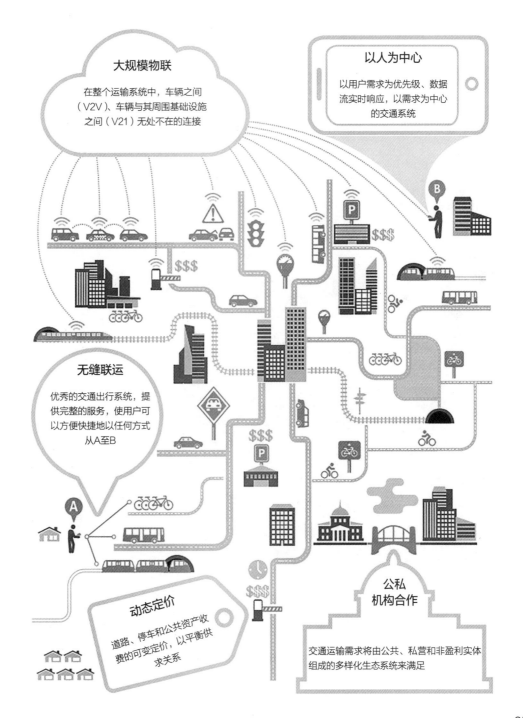

图4.3-8 数字城市交通五项关键内涵

资料来源:Tiffany Dovey Fishman. Digital-Age Transportation: The Future of Urban Mobility[R].Deloitte, 2012.

制造商、企业家及许多参与者之间复杂的相互作用，以及为了解决每种"方案"提出的问题。如图4.3-9所示。

2. 数字城市交通内涵二——动态定价

世界正朝着商品尤其是服务不需要静态定价的观念前进。航空公司和酒店多年来也一直为座位和客房制定动态定价，电力公司一直在安装智能电表，希望能够通过改变价格来应对不断变化的需求，新移动支付技术使得基于位置的服务和通过非接触式支付系统实现。动态定价中需要嵌入两个关键价值：（1）用户支付他们使用服务实际成本中更直接的部分；（2）价格响应需求以提高交通系统的整体效率。

驾驶员和乘客将清楚地掌握给定选择的费用，从而能够在考虑自己需求和整个系统供应的情况下，决定出行时间、路线和方式。交通提供者将能够根据可用性、成本、拥堵、需求、吸引客户的愿望及其因素来确定价格。理想情况下，动态定价将优化整个交通系统效率，从优化使用街道，到减少公交车座位，再到最受欢迎购物区、娱乐区停车的收费高峰和低谷时段设定。其动态定价示意如图4.3-10所示。

图4.3-9 数字城市交通内涵———汽车互联

资料来源：Tiffany Dovey Fishman. Digital-Age Transportation: The Future of Urban Mobility[R].Deloitte, 2012.

图4.3-10 数字城市交通内涵二——动态定价

资料来源：Tiffany Dovey Fishman. Digital-Age Transportation: The Future of Urban Mobility[R].Deloitte, 2012.

3. 数字城市交通内涵三——社会协作

目前城市交通系统各部分不会直接相互通信。但随着联网汽车、基础设施、位置感知和社交网络出现，未来交通系统将建立在邻居、社区、政府与交通管理人之间的协作基础上，从交通规划到信号配时再到通勤规划的各个方面（图4.3-11）。

4.3.4　欧盟未来城市交通发展预判

未来30年，1/3欧洲城市的人口增长将超过10%。欧洲33个国家上千个城市已经或正在实施可持续城市移动性规划（图4.3-12），典型特征包括：（1）倡导绿色交通发展，打造高品质慢行体验；（2）关注提升设施可达性，让所有市民，无论性别、年龄、残障与否，都能便利到达城市任何地点；（3）践行安全出行，安全是交通重要评判标准；（4）破除行政界限，协同区域规划，鼓励不同城市共同编制移动性规划。

2019年欧盟发布了《可持续城市移动性规划编制与实施指南（第二版）》（简称SUMP2.0）。SUMP强调市民和利益相关方主动参与，同政府部门和个体间广泛开展合作，基于实际政策，以城市功能和公众出行需求为导向，强化数据驱动的交通规划决策与监测评估，推动政府、企业与公众等利益相关方协同参与，MAAS是SUMP的重要内容。其编制和实施过程的主要特点包括：（1）通过政治决策开启规划、确定方向；（2）进行不同场景分析、支持决策的制定；（3）制定共同目标和愿景；（4）基于措施方案库制定一揽子计划；（5）将规划分解为不同行动计划实施；（6）确保各项措施协同；（7）系统开展监管，引导实施过程中采取更有效的措施；（8）实施中总结经验，为公众提供未来城市交通规划经验。

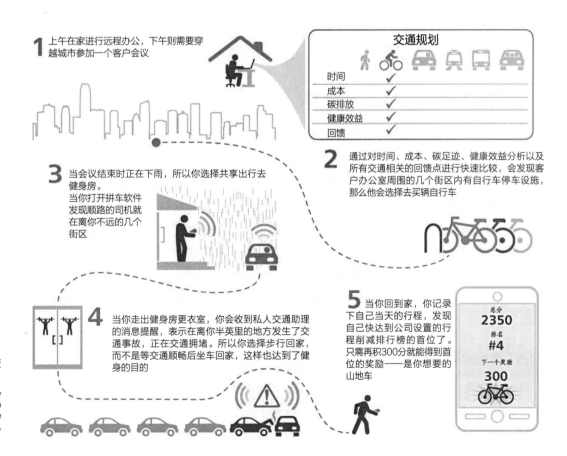

图4.3-11　数字城市交通内涵三——社会协作

资料来源：Tiffany Dovey Fishman. Digital-Age Transportation: The Future of Urban Mobility[R].Deloitte, 2012.

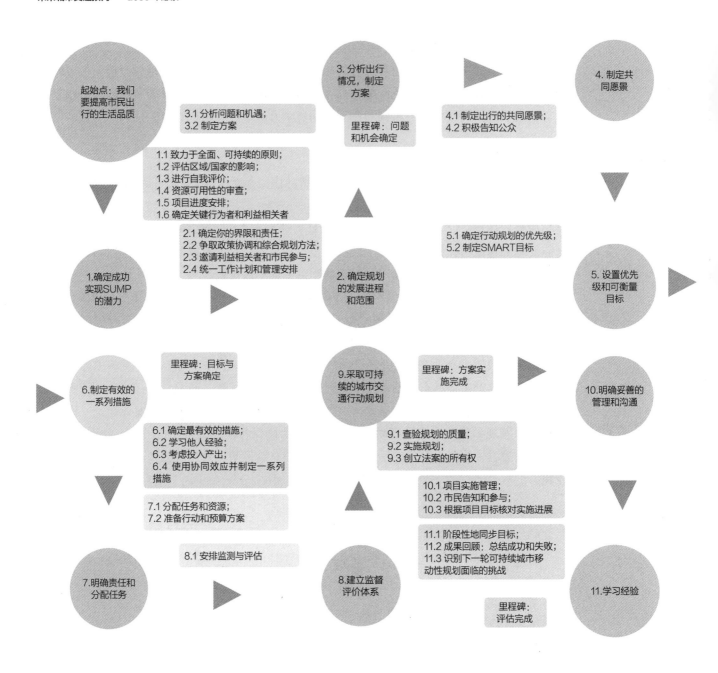

图4.3-12 欧盟可持续城市移动性规划编制和实施流程
资料来源：欧盟委员会. 可持续城市移动性规划编制与实施指南（第2版）[R]. 2019.

MAAS应考虑用户的出行偏好，如速度、便利性、舒适性和成本，还可考虑特定出行需求，如随身携带大件行李、越野车或无障碍需求等。对于暂时或永久性行动不便的用户而言，尤其重要。2013版的SUMP1.0包含10项原则：（1）监测需求提供多样服务、建设功能性城市；（2）制定长期愿景和实施计划；（3）评估当前需求和未来表现；（4）综合方式开发交通网络；（5）公共和私人机构合作；（6）公民和利益相关者参与；（7）数据共享政策与法规；（8）公民认知意愿及小汽车拥有水平；（9）ICT基础设施；（10）运输服务和基础设施。

4.3.5 未来城市交通试验畅想

1. 谷歌Sidewalks试验室——多伦多Quayside智慧街区项目交通设计

2017年10月，谷歌子公司Sidewalk Labs宣布其激进的街区更新计划，与加拿大多伦多市合作，在12英亩（约4.86公顷）海滨物业内使城市生活更加简化、经济和节能。旨在利用科技创新解决常见的城市问题，例如交通拥堵和经济适用房短缺。谷歌投入了5000万美元的启动资金，在当地组建了一个30人的开发团队。该处高科技社区将成为新技术和新创意试验场，计划建造一个"先进的微电网"来为电动汽车供电，设计"混合用途空间"以降低住房成本，采用"基于传感器的垃圾分类"以促进回收利用，并使用IOT数据来改善公共服务。甚至会通过引入自动管理刮风、日照、降雨等天气影响的系统使居住和出行环境变得更好，甚至包括加热街道融雪的想法。Sidewalk Labs计划开发一种自适应交通信号灯系统，可检测行人、骑自行车的人、小汽车和公交车辆，以提高拥挤城市交叉口的安全性。承诺将温室气体排放减少80%，街区优先开发慢行交通。

2025年其皇后码头（Queens Quay）街道设计如图4.3-13所示。借鉴了欧洲共享街道

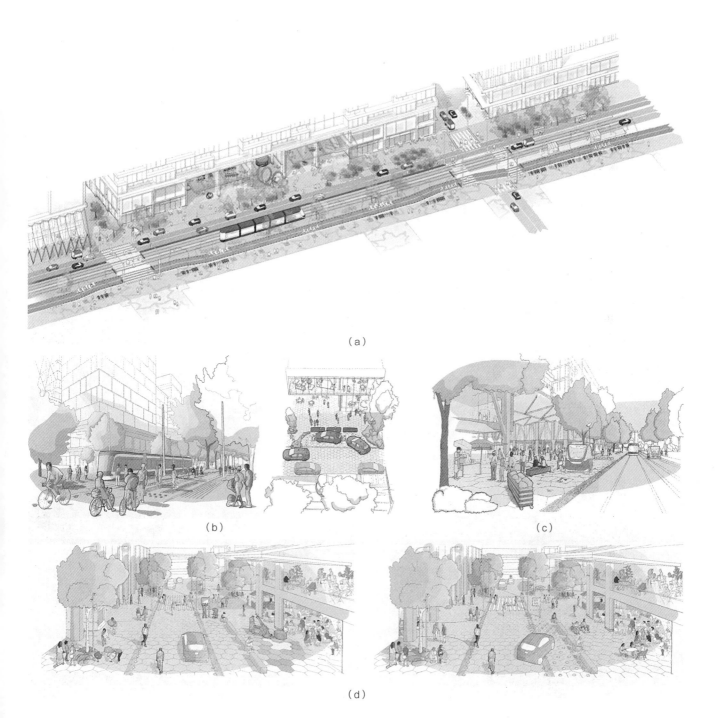

图4.3-13 多伦多皇后码头2025年主要大街和次要街道设计
(a) 2025年皇后码头主要大街设计；(b) 自行车绿波和为行人友好交叉口；(c) 路侧动态区域日常乘客上落拥堵时行人专用；(d) 取消路缘石后的路侧动态区域临时落客实用
资料来源：Side walk labs. sidewalk [EB/OL]. (2017.10) https://www.sidewalklabs.com/.

（Sharing Street）和交通宁静化技术，提出了动态设施带的设计，取消凸起路缘石，人车同面共板使得轮椅更容易越过、迫使驾驶员礼让行人。其人行道宽度足以让两个轮椅并排行驶。汽车仍然占有一席之地、但空间优先供慢行者使用。铺装设计采用了六角形铺路石供行人优先使用，地面灯光指示汽车行驶的指定区域。所有穿越交通，无论是自行车、轻轨车辆还是汽车，最高时速均限制为10~20公里/小时，引进了"互联"汽车而非自动驾驶汽车，使用数据链"与街道对话"。

2020年5月，官方宣布由于新冠病毒大流行带来未来经济发展的不确定性，项目不得不终结。除了上述因素，该智慧项目的失败与大数据收集涉及个人隐私进而引发信任危机、商业开发模式无法复制进而在经济上难以负担均不无关系。

2. 丹麦SPACE10试验室——探索无人驾驶的未来

丹麦SPACE10实验室探索了自动驾驶汽车与未来生活空间融合（图4.3-14），可视化预演更充实的日常生活。通过应用程序体验预订增强现实（AR）版车轮上的空间。当未来自动驾驶普及，车辆将被赋予更多使用功能，而非仅是移动工具，城市交通时间会更加

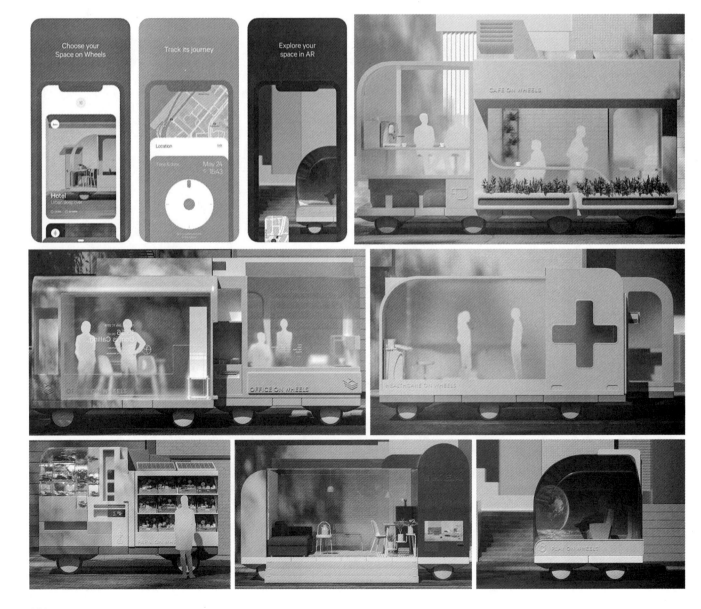

图4.3-14 无人驾驶时代车辆空间与工作生活空间融合试验

资料来源：Space10 lab. Spaces on Wheels: Self-Driving Cars and the Future of Urban Mobility[EB/OL], (2018.11.29) https://space10.com/project/spaces-on-wheels/.

充分利用。

车辆即办公室。普通人开车上班要花75分钟。这些时间内约有30分钟因拥堵而浪费。这意味在30年的工作生涯中，驾驶员将在交通上浪费2年的时间。

车辆即咖啡馆。人际关系质量直接影响他们的幸福感。但在繁忙生活中，人们往往只有有限的时间去社交。同时还发现年纪越大，与朋友相处时间越少。

车辆即诊室。医疗保健出行困难是阻碍人们获得医疗保健的三大障碍之一，特别是对于低收入社区而言。这就是所谓的"最后一公里"问题。健康解决方案倾向于使其到达医疗诊所，但不会覆盖最终用户。

车辆即农场。尤其是对于低收入社区的人们来说，到达销售新鲜健康食品的商店或市场的困难是获取当地食物的重大障碍。

车辆即娱乐。增强现实将彻底改变游戏行业，并成为下一个大型教育平台。随着技术的进步，它将为乘客提供与汽车周围环境紧密相关的实时内容，在自动驾驶汽车中发挥越来越重要的作用。

车辆即商店。虽然实体店可以使零售商与许多人建立联系，但有些人居住的地点与零售店的距离较远，因此无法经常去那里。尽管在线购物通常允许人们购买，但实际上并没有让他们购物。Wheel on Shops会吸引无论身在何处的人们，让他们按照自己的需求进行尝试、购买和探索。

3. 法国NAVLY试验——世界首个无人驾驶电动巴士服务试验

法国里昂，无人驾驶电动巴士NAVLY试验自2016年推出以来试运行一年多之后，宣告成功。继续推出此类创新的公共交通模式，以应对未来交通挑战。

2016年9月，凯奥雷斯和纳维亚公司在里昂启动了世界上第一个无人驾驶电动公共交通服务试验，被称为NAVLY，免费服务范围沿着里昂半岛南部商务区1.35公里展开。沿途有许多公司、商店及文化休闲设施。周一至周六，2辆班车每15~30分钟交替运行，推出13个月后NAVLY已安全运送了2.2万名乘客，NAVLY与T1有轨电车线路连接，完美融入城市公共交通网络（图4.3-15）。

NAVLY试验获得法国相关部委批准，在市议会、市交通管理局、法国环境与能源管理局的积极支持下进行，初步展示了这种新型交通方式的可靠性，车辆行驶1.4万公里内未发生重大事件。这归功于NAVLY的智能学习能力，随着对周围环境了解得越多，运行得越多，导航技能越可提高。NAVLY试验已延伸至2018年年底。第二阶段目标是继续展示系统可靠性、改善服务。一个移动应用程序已可在苹果和谷歌下载，以提供乘客信息、简化班车乘坐流程。

NAVLY引入新的功能和技术，以优化乘客舒适度和运营效率（如新的供暖系统、绕过固定物体能力、改进传感器、车辆与周围基础设施间的通信、离站后车辆的自主同步等）。后续已在巴黎拉德芳斯与其他多个城市运行。NAVLY实验的成功之处在于首次将自动驾驶电动汽车整合到城市多式联运中，提供更广泛的选择。

NAVLY的特色一是在特定区域内自学习人工智能，实时传感器将所见情况与车载地图进行比较，还能探测并避开行进中的障碍物；特色二在于提升乘客出行体验，即未来交通出行的三大关键词：便利、舒适、安全。乘客可以阅读、聊天、工作，或只是放松和享受旅程。环保技术将空气污染和交通噪声控制在最低限度。

凯奥雷斯提出的NAVLY未来交通解决方案的最大特色是"像乘客一样思考"的承诺，

图4.3-15 法国里昂无人驾驶巴士NAVLY试运行场景

资料来源：Navya Driver[EB/OL].https://navya.tech/en/technology/software/

提出要考虑到未来出行的多样性，以最好地满足每个人的需求和期望。

出行者可能是年轻人或老年人，也可能是居民或游客，还可能是对技术很精通或不熟悉的乘客，其预设了3位乘客代表，服务需求因个人、时段和旅行条件而异。

乘客1是一位叫亚历克斯的大学生。早上7：30，一个移动应用程序帮助他根据需要选择最佳出行选项、去往目的地。上午9：00前NAVLY将他和其他用户送到车站、坐火车去大学。10：00诺大的大学校园内，NAVLY带亚历克斯去演讲厅，然后送他去自助餐厅吃午餐。下午17：30上完课后的亚历克斯可能会和他在城里的朋友一起去打工、图书馆或健身房。无论是通过地铁、公共汽车、电车、自行车还是共享无人驾驶电动汽车，灵活选择交通方式是此类出行群体的最关键需求。

乘客2是一位叫安娜的退休女士。退休了但依然日程繁忙，她不习惯用智能手机，通过在线门户网站对自己的乘客资料进行了个性化设置，将她最喜欢的出行方式保存在系统之中。上午10：00安娜预约了今天的出行和休闲娱乐服务。下午14：00NAVLY把她送到医生的手术室检查。15：30NAVLY带她去超市。她买完东西后被送回家。

乘客3是一位叫弗雷德的中年白领。在繁忙的工作和社交生活中，他需要交通方案帮助他快速而舒适地出行。他最关键的需求是有适合他繁忙日程的出行选择。早上7：00弗雷德起床的第一件事就是发短信给他的交通运营商，要求预订一辆自动驾驶汽车，带他和邻居去最近的地铁站接驳上班。上午8：30弗雷德在NAVLY上和邻居一起喝咖啡。中午

12：30NAVLY把弗雷德和他同事带到另一个地点的员工餐厅。晚上23：00弗雷德和朋友们在城里喝完酒，因太晚没有公交车，所以预订了NAVLY回家。

4.4 世界级城市未来交通谋划

4.4.1 纽约市未来城市交通谋划

《纽约2030规划：更绿色更美好的纽约》提出改善和扩展可持续交通基础设施，增加客运能力，来提升居民、游客、工作者的出行效率。力求全面实现道路、地铁和铁路等公共交通的良好运行状态，来应对人口和就业增长的需求。修改停车政策，鼓励定价管理提高周转率，减少路边停车需求。包括：（1）改善和扩展整个城市的公交服务；（2）改善和扩大地铁和通勤铁路；（3）在社区中扩展车辆租赁服务；（4）促进汽车共享；（5）扩大和改善轮渡服务；（6）使骑自行车更安全，更方便；（7）加强行人通道和安全，减少道路、桥梁和机场的拥堵；（8）试点技术和基于定价的机制可减少交通拥堵；（9）修改停车法规以平衡社区需求；（10）减少城市街道上的货车拥堵；（11）改善货运流动；（12）改善主要交通枢纽设施，使城市道路及运输系统保持良好的运行状态；（13）寻求资金来维护和改善公交网络；（14）维护和改善道路和桥梁。

《一个纽约2050：建立一个强大且公平的城市》提出纽约需要一个可靠、安全和可持续的交通运输系统，不断增长的人口和蓬勃发展的经济需要世界一流的运输系统。优先考虑可持续发展模式，消除交通事故，减少交通拥堵，具体措施包括：

（1）增加街道和人行道的通达性，并实施行人导航技术，使所有人包括行动不便和有视力障碍的人，都可以安全地使用街道。

（2）继续实施道路安全"零死亡"行动计划。根据行人遇难或重伤（KSI）数据和社区意见，指定优先改造的交叉路口、走廊和区域。近五年美国交通部DOT已设计解决了90%交叉口问题，新建了86%优先走廊，使这些地点的行人死亡率下降了36%。

（3）实施全市范围内公交优先来提高公交性能：2019年纽约五区都将实施公交优先项目，每天有60万名公交乘客受益。2020年底公交速度将提高25%。将继续倡导快速公交服务（SBS）计划，全面提高全市范围内的公交出行速度。

4.4.2 洛杉矶未来绿色交通新政

世界上最典型"小汽车"之城洛杉矶在2015年可持续城市规划基础上提出了新版本的标准和目标，加希蒂市长将重点放在发展绿色出行和车辆零排放上。

到2021年，确保该市新购买的轻型汽车和送餐车辆100%是电动汽车。2025年洛杉矶的电动汽车比例将提高到25%、2035年提高到80%、2050年实现100%；（1）到2028年，若技术可行100%城市车辆、校车、中型垃圾卡车实现零排放；（2）到2022年，安装1万个公共电动汽车充电桩，到2028年提升到2.8万个；（3）到2022年，10%的出租车实现电气化、2028年达到100%；（4）到2030年，100%实现地铁和洛杉矶交通局LADOT公交电动化；（5）到2034年，100%的运输车辆为零排放；（6）2025年，实施拥堵收费试点计划；（7）到2050年，在可再生能源和碳中和转变过程中创造约40万个就业岗位，包括安装太阳能电池板和建造节能住宅。2025年之前，仅电动汽车充电基础设施就有望支撑1500个就业岗位。

4.4.3 东京未来城市交通谋划

《东京2040》提出重建街道活力交往空间目标。(1)推广使用自行车和小型交通工具,引入自动驾驶型燃料电池公交车辆,释放道路空间,营造公共空间。(2)实现安全、舒适的行人空间。清除电线杆,为路边文娱活动和开放式咖啡馆提供场地。创造行人可享受的美丽城市空间,将滨水空间与道路绿化空间有机联系。(3)重建车站活力交往空间。更新大型始发车站周边空间,为行人提供安全、舒适的环境。集约利用车站周边停车设施,取消地面停车。在车站周边空间设置下沉式花园、绿化、公共自行车停靠点、育儿、防灾等多种公共服务设施。整合道路上的行人通行平台、广场等设施,形成以行人为中心的空间。(4)保障全龄人群顺畅出行。在儿童、老人、育儿人群活动需求增加的趋势下,为全龄人群提供公平、安全的交通出行环境,是创造安全城市的关键。

《东京2040》指出要基于智慧技术创造信息化城市。结合不断发展的IOT(物联网)、ICT(信息通信)技术,开放数据,实现城市活动便利性和安全性的本质提升。(1)利用基础设施收集整合信息数据。建设信息技术驱动的基础设施。推进多部门合作,在羽田机场周边地区设置自动驾驶的实验区;(2)推出面向出行服务的智慧交通。为定制化需求提供出行信息,完善换乘向导和车站周边信息,向驾驶员提供避免拥堵和安全驾驶的线路,向外国游客提供多语言向导,展示城市魅力;(3)推出面向设施管理的智慧交通。采用信号控制与探测器等技术缓解拥堵,采取拥堵差异化收费模式。采用自动驾驶技术,提高交通的速达性与安全性,采用货源远程传感技术提升物流基础设施管理效率;(4)推出面向灾害应对的智慧交通。采取先进技术应对地震等突发情况,分析灾害预警与需求响应,探索发生大规模灾害时的紧急运输路线。

4.4.4 新加坡未来城市交通谋划

新加坡是严格控制小汽车发展的城市,即便如此,麻省理工学院城市实验室"取消新加坡停车行动"研究仍表明:目前状态下,城市车辆95%的时间都处于停放状态,1辆车需要2个停车位即工作地和居住地各1个,占用了大量土地空间。取消停车行动使用新加坡数据提出系统停车需求量化方法,作为出行需求波动的函数。麻省理工学院研究了4种情况:当前状况即每辆私家车至少占据2个停车位、共享车位、共享出行+共享车位、无人驾驶+共享车位。根据最乐观模拟,若新加坡未来大部分交通需求可由自动驾驶车辆解决,由现在状态向共享模式过渡,可显著减少停车基础设施,道路上汽车数量及停车位需求减少多达70%(137万个减少至41万个),新加坡城市景观将从减少多达70%~85%停车位需求中受益。实际减少量取决于所使用的调度策略。同时应看到,车辆总行驶公里数只能减少5%左右。

《新加坡未来总体规划(2019)》谋划了利用新的移动技术和业务模型未来。货物交付将更加高效,居民可以期待更多的通勤选择。如出行即服务(MaaS),将各种形式的运输选项和服务集成到一个平台中,通勤者可以通过其移动设备上的应用程序进行访问,从而计划行程。通勤者可以享受:根据个人喜好定制行程、更加无缝的旅程、更加快速便捷的旅行付款。再比如自动驾驶汽车(AV)等。

《关于城市交通的前瞻性研究:2040年的新加坡》谋划了长期的土地使用和运输计划。提出了多项技术:(1)自动驾驶汽车;(2)电动和替代燃料汽车;(3)联网汽车(V2X)和物联网;(4)大数据分析;(5)自行车和电动踏板车等个人移动设备(PMD);(6)人工现实(包括虚拟和增强现实技术);(7)无人机和货运机器人技术;(8)移动技术(包括共享出行应用）；（9）共享城市汽车等。每种技术都有望解决新加坡交通领域的重大挑战。例如，自动驾驶汽车可以为老年人和残障人士提供出行便利，PMD可以补充第一公里和最后一公里旅行的接驳巴士服务，而V2X技术和数据分析可通过更有效驾驶来减少交通拥堵。

2040年新加坡城市交通将向共享生活方式转变，包括各种形式的汽车、自行车和乘车共享。多区域地区全面改革土地使用计划从根本上改变出行方式，如图4.4-1所示，每个地区面积约3~4平方公里，组成自我维持区域集群，每个区域周围都有居民区及商业活动中心、购物中心、教育机构、医疗保健、中心地铁站和其他设施。

共享区域内的主要交通方式是自动穿梭巴士，共享PMD和充满活力的主动出行文化。2020年初建成的基础设施如自行车道网络，使步行和骑自行车对于短途旅行更加有益、舒适和高效。到2030年，为了建立"轻型车"区域，限制了区域内道路汽车通行。到2040年，每个地区都将拥有高效自动驾驶巴士网络。除自动穿梭巴士外，人们还非常依赖主动出行和共享PMD在区域内旅行。

2030年会出现另一种形式的商业中心，可以作为几家公司的共享工作区。在新工作文化时代，人们去所在地区的共享商业中心，找到办公桌、远程办公。

2035年，人们寿命更长，生活更健康，退休年龄提高到80岁。通过将工作区、居民区和休闲公园共置在一处，使老年人可以在他们方便的时候工作。由于工作中心、学校、休闲和娱乐活动中心在同一地点，地区中心可以全天候运行。

人们采用灵活的工作时间，而不是固定工作时间表。出行方式也得到了发展。

2035年电子商务显著增长，但仍不到零售总额的三分之二。鉴于其社会意义，大多数人仍喜欢在实体商店购物。但是由于地区内部采用了新的送货服务形式，他们不需要随身携带所购物品。地下隧道网将每个住宅群连接到购物中心和超级市场。购买商品会贴上收件人地址发往送货中心。买家到家后商品几乎同时送达。

《2040年新加坡陆路运输总体计划》提出2040年应能照顾所有人的出行需求，城市交通系统应包容所有新加坡人、不分背景，让每个人享有相同的经济和社会机会。为所有人提供更好的出行接驳服务，提出了：（1）20分钟的城镇，是指通勤者希望出行不超过20分钟、通过步行或骑行到达他们附近的社区中心，并可方便到达公园和学校；（2）45分钟的城市：是指在家庭和工作场所之间的出行在45分钟内完成。2020年已建立近500公里的自行车道。2040年将超过1000公里。

4.4.5 伦敦未来城市交通谋划

1. 英国未来城市交通服务的八项原则

英国《机动性的未来：城市战略》警告："如果技术变更不能得到有效管理，可能会产生不良后果，例如交通拥堵或绿色出行减少。"提出未来9项核心原则：

（1）新的出行服务必须实现零排放；（2）步行和骑自行车必须始终是短途旅行的最佳选择；（3）所有的移动创新都必须有助于减少交通拥堵；（4）必须将新的出行服务设计为集成运输系统的一部分；（5）大众运输必须仍然是运输系统的基础；（6）来自新移动服务的数据必须共享；（7）新的出行服务的好处必须提供给社会的所有阶层和英国各地；（8）通过设计，新的运输和出行服务模式必须安全可靠；（9）移动性市场必须开放，以刺激良性竞争。

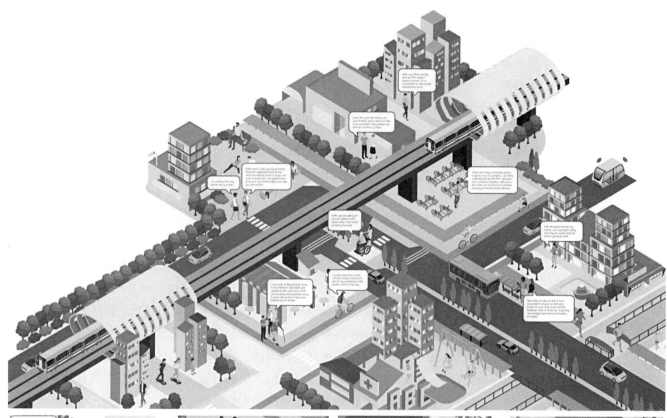

通勤者去附近的办公室的路上	母亲在杂货店购物后回家的路上	通勤者等待按需公交车	夫妇乘坐公共交通工具去拜访朋友

学生预订共享交通工具上学	轮椅使用者在银区过马路	父母将孩子和年迈的父亲送到附近的托儿所和养老中心	居民在附近公园上班前锻炼身体

图4.4-1 新加坡2040的20分钟生活圈构想
资料来源：URA. Master Plan 2019[R]. 2019.

2. 伦敦健康街道与步行行动计划

伦敦市长萨迪克·汗表示，他希望把英国首都变成世界上最适宜步行的城市。伦敦首位步行与自行车事务专员威尔·诺曼在一项声明中说："让更多伦敦人把步行当成日常出行方式，对于我们城市的健康和未来繁荣而言至关重要。"

伦敦居民80%的出行发生在街道上。为了让更多人选择步行、自行车和公交出行，最好的办法是提升人们在街道上的体验。健康街道方法着眼于把街道营造成令人愉悦、安全和具有吸引力的场所，让噪声、空气污染、可达性、座椅以及遮荫的缺失等不再成为阻挡人们（特别是行动不便的人群）在街道上走来走去的障碍。健康街道方法适用于整个交通系统，致力于创造出：（1）健康的街道和健康的人民；（2）良好的公共交通体验，慢行无缝对接公交的出行体验；（3）新增住房和工作机会：每年需新增65000套住房，2041年前还需130万个工作机会。

伦敦健康街道的10大指标分别是：（1）各行各业的行人；（2）容易过街；（3）遮荫挡雨；（4）逗留休憩场所；（5）低噪声；（6）人选择步行与骑车；（7）人感觉安全；（8）看到并做；（9）人感到放松；（10）清洁的空气。

健康街道行动的第一项具体策略是"步行行动计划"（The Walking Action Plan），致力于让更多市民在城中以步行方式出行，包括10个主要部分：

（1）健康的街道和健康的人：对伦敦交通发展战略目标实现而言，步行最为重要。步行有益于每个人的健康；步行不会产生噪声和尾气；步行安全便捷，步行可鼓励人与人之间的沟通交流，可提升生活品质，还可促进商业繁荣。

（2）步行伦敦的愿景：让伦敦的街道提供吸引人们逗留的场所，让步行带动地方经济，借助步行把伦敦营造成功能完善的城市。

（3）深入理解伦敦的步行现状，比如，80%的伦敦儿童无法达到每天1小时锻炼活动的最低建议时长。再比如核心区大约73%的可步行出行是借助小汽车实现；又如伦敦人步行并非为工作，近半数是休闲购物出行。

（4）为步行提供支持的新方法：鼓励步行包括增加步行出行频次，增加上学放学的步行次数。

（5）行动计划，通过开展四个重要方面的行动，引导出行习惯发生转变。

（6）为市民步行而建设和管理街道，需要良好的基础设施条件、良好的路径和交叉口，整洁敞亮富有魅力的街道，投资宜居住区计划，实施《临时交通管理》。

（7）为步行做出规划和设计，2019年发布伦敦步行设计指南，指导设计。

（8）让步行与公共交通相结合，包括：改进公共交通网络以促进步行，在新区规划时优先考虑人们步行进出公交车站的连通性和通达性，确保所有新建住房与公交（或电车）车站的步行距离不超过400米，从家步行到达/离开公交站点的平均耗时为3~7分钟（从家到达/离开私家车的平均耗时在1分钟左右）；提升公共交通站点的宜步行性，2025年伦敦所有自治市95%的公交车站能够实现轮椅无障碍通行。

（9）引导文化发生转变，包括为儿童步行上学提供支持；支持临时性低成本项目，作为未来永久性项目投资试验；支持无车活动，作为提升步行的触媒。

（10）通力合作实现步行伦敦的愿景，实施一系列启动活动对行动计划加以推广传播；发布工具书和指南以提供支持；定期召集研讨和论坛，分享最佳实例，促成变革与创新；持续掌握国际经验，并监测伦敦方案的有效性，适时改善提升；每年公布评价目标完成情况并发布报告。

健康街道行动的第二项具体策略是"交通零死亡愿景行动"，为所有人降低道路危险，创建出步行和自行车骑行安全的街道，包括：

（1）安全的速度。比如30公里时速限速区，采用与这个繁忙且人口密集大城市街道相适宜的交通速度；

（2）安全的街道。环境设计应当重点关注道路交汇处，大部分碰撞发生在这里，在所有设计方案中都把安全性放在第一位；

（3）安全的车辆。伦敦所有公交车引入世界领先的公交车安全标准，降低因危险车辆所带来风险，为重载货车引入新标准；

（4）安全的行为。通过对自行车骑行者、汽车驾驶者和摩托车骑行者开展针对性的执法、宣传活动、教育计划和安全训练等方式，减少道路使用者犯错或者对自己和他人造成风险的行为的可能性；

（5）撞车后的响应。开展系统性的信息共享和学习，并提升交通事故执法的公正性以及对受伤者的关爱；

（6）共同承担责任。所有人，无论是伦敦的出行者，还是交通管理者，都共同承担责任和道德义务，减少交通危险，降低因交通危险而带来的恐惧。

3. 伦敦未来交通发展战略

伦敦市长交通战略（2018）提出"健康街道战略"，提出健康街道与市民、优质公共交通体验、新住所和就业三大策略，谋划了未来24年伦敦市的交通发展，到2041年，伦敦市的步行、自行车和公共交通等绿色出行比例，由2015年的64%提高到80%。伦敦将成为世界上对小汽车交通不友好的城市，要将伦敦核心区拥堵收费政策运用到全伦敦所有道路，还要按小汽车出行每车公里进行收费。将伦敦打造为一个"街道有活力、交通有效率、空间有魅力"的国际宜居城市。

4. 伦敦未来城市交通设计

在未来10年内，伦敦需要将住房存量增长20%，以解决长期短缺的问题。

新技术的发展，支持城市交通规划部门建设新型交通社区，以满足人们的需求，鼓励睦邻和互动，并加强地方和全球环境责任。

伦敦正处于一个城市交通"新时代"边缘，这可能会像小汽车的出现一样具有变革性，会伴随互联性、电气化与自动驾驶三项技术变革结合带来，并非单一技术创新的产物，像当年内燃机一样，"联网自动驾驶电动汽车"已被大肆宣传。

新技术可能为伦敦带来一场共享出行的交通革命，提高城市交通系统的效率，但也有可能因日益增加上路车辆而加剧伦敦拥堵、污染和公共困境。

调查显示，伦敦新开发区居民比现有住宅区的人更可能拥有街外停车场和一辆汽车，尽管他们转向了公寓楼，且公共交通便利程度更高，33%的受访者居住在每个单位都有1个以上停车位的开发区，48%的受访者居住在每个单位有0.5～1个停车位的开发区。新开发区66%的居民拥有一辆或多辆汽车，而伦敦平均水平仅54%。即使在公交便利的市中心，30%车主一周大部分时间都在使用汽车。

伦敦市中心"无车"开发项目的数量有所增加，即没有提供停车场，居民无法获得长期街道停车许可证，但在伦敦外围实施不依赖小汽车的发展形式却面临小汽车过快发展的挑战。另一方面，自行车停车场规划严重缺位。2016年伦敦西部71个新开发项目监测调查表明，开发商承诺的"自行车停车场"45%不见了，且已建的都不方便使用，如要求将自行车抬上陡峭的斜坡或通过狭窄的门口。

鉴于此，伦敦提出了新城市交通政策，利用技术创新实现积极出行、公共交通优先、清洁车辆技术和私家车最少使用，新城市交通设计可归纳为10项原则：

（1）绿色出行和公共交通优先。通过土地利用规划、街道布局和服务设施布局优化，促进短途步行和长途公共交通出行，而非短途小汽车出行（最不环保）。

（2）绿色出行优先的街道布局。通过城市与街道设计使绿色出行成为最方便和安全的首选，推进健康街道设计、交通信号设计优化，如自行车绿波系统。

（3）限制提供停车位与定位战略。新伦敦计划中，要求市中心公共交通可达性高的区域向无车化发展。在远郊区，尽管对私家车依赖度高，但调整停车场位置仍有助于减少小汽车的使用。挪威出行行为调查显示，大多数城市居民都乐于步行到家里停车位，平均步行155米。这表明停车场和住房不需要位于同地块内，适度分隔会降低小汽车的日常使用水平。短期内可释放出街道的土地；长期看街道外停车设施比路内停车更适应其他用途。

（4）易于换乘。不同交通方式之间换乘方便与否是与门到门汽车出行竞争的关键。可通过公共交通、共享交通方式的共同定位和公共政策引导来创建"交通枢纽"。包括汽车、自行车和出租车上下车、从铁路或公共汽车到当地班车的换乘空间，以及包裹提取站。交通枢纽应设计舒适并易于发现，包括便利设施，如宽阔人行道、有盖候车空间、公共停车场、有人看守的小店（能提供安全感）和旅行信息。

（5）提供充电基础设施。在路外停车场需要配备电动汽车充电基础设施，充电应动态定价，鼓励在非高峰时段充电。2019年伦敦市要求：每一栋新建住宅楼都有一个充电停车位，应使安装充电设施更具成本效益，避免公共领域的混乱。

（6）整合本地货运。新的社区应该有当地的配送中心或共用的接送区，以减少进入该街区及其周围地区的货运次数，可与当地商店整合，支持当地零售业，也可以为小型车辆提供最后一公里运输便利，如货运自行车。还应设计充电装置。

（7）提供共享出行服务。可按小时租用汽车或面包车，这些车辆应是电动的，停在开发区（例如共享交通枢纽），应提供可靠和负担得起的紧急乘车服务。例如紧急前往医院，或偶尔在充电基础设施有限的情况下进行越野旅行。

（8）建筑灵活易于适应。考虑到技术变革速度，总有一些不可预见的创新进一步改变人们的出行方式。建筑物设计与空间配置应足够灵活，以应对潜在变化。

（9）前瞻性停车场。目前开发商最大的投资之一是为未来交通提供停车场。尽管新伦敦计划降低了整个首都的最高停车标准，但许多开发项目仍需要停车位，未来是否需要这些停车位存在很大的不确定性。若自动驾驶设计改变了出行需求，拥有汽车有可能是多余的。伦敦新社区停车场设计，既要满足当今需求，也要有助于改变行为，更应能适应未来的需求，从长远看，可释放巨大的价值。

如伦敦某设计师所说："人们普遍认为我们应该完善设计，但真正重要的是设计过程的开始，成功的设计是可以进化的产品。20世纪30年代设计的伦敦郊区宅前花园已成为私家车的车道，我们今天可以重新进行设计，为新一代的公共交通创造宽敞的自行车道和步行空间。"

（10）创造动态街道管控。可根据时间或日期改变交通或停车规则。例如FlexKerb平台可以使车道和路缘石在一天或一周内根据用户需求改变功能，在高峰通勤时段提供一条额外人行道。深夜或早高峰过后，可以为货运活动开辟额外空间，以满足非高峰交货目标。在周末，当地企业可以为街头节庆或户外摊贩预留步行路缘石，激活公共空间。FlexKerb全天候可变长度路缘石，还可供联网和自动驾驶车辆（CAV）专用，以确保它们有安全和无障碍空间供乘客上下车。

类似的设计还包括只有周日才会出现的长凳，自适应交通情况的LED道路标记，例如拓宽交叉口或在高峰时段为行人留出更多时间。停车场应远离住宅区、以鼓励替代汽车使用，并可以随着时间推移转换为其他用途，应最大限度地提高改造的可能性。将停车场建在地下室、引入照明井、开放式结构和顶棚加高可使这些空间更加灵活，停车空间未来可转作轻工业、制造商空间或商业单元。地面停车位可用于存放和维修自动驾驶车辆，或电动自行车和摩托车，以净化人行道。

建筑师Hawkins Brown展示了在目前需要提供停车场的地方，设计如何能够经得起未

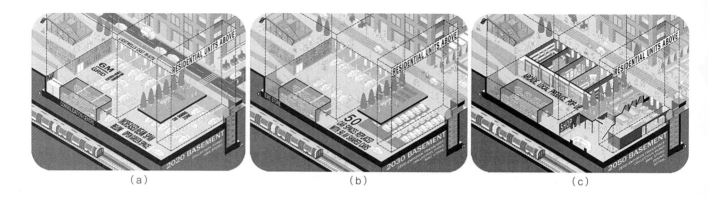

(a)　　　　　　　　　　　　(b)　　　　　　　　　　　　(c)

来考验，在未来私人汽车拥有量下降时，它如何与新的城市交通原则配合，并实现使地下停车场空间变为其他用途的干预措施和设计特点，如图4.4-2所示。

2020年，地下停车场为满足规划要求而建，设计考虑了适应性和可持续性：采用了更宽的结构、更高的顶棚和更少的地面荷载。地下室需要更少的柱子，以创造更大面积的无障碍和可重复使用空间；预见性地提供电动汽车充电点；与街道相接处的采光井允许未来使用部分照明。地下室设置了一个货运综合中心。设计了更宽的匝道允许运输车辆进入整合中心并与自行车道严格隔离。

2030年，所有燃油汽车都变成了电动汽车，部分地下空间被自行车停车箱取代。设置一个专用区域，供共享自动驾驶电动车辆使用，此类车辆很省空间，可用于居民必要和紧急出行。地面干道成为主要供行人和骑车人使用的共享空间。

2050年，随着私家车保有量进一步下降，停车空间被转为零售和休闲用途。随着物流系统更加高效和可持续，城市中开始通过小型货运三轮车进行本地短途运货。若公共交通发展足够好则可能不再需要汽车共享空间，该共享空间将会被废弃，取而代之的是餐厅和便利区（可通过住宅区之间的庭院直接步行进入）。

图4.4-2　伦敦未来新交通基础设施演变
（a）2020年；（b）2030年；（c）2050年
资料来源：Building For A New Urban Mobility[R]. Centre for London, 2020:12-51.

4.4.6　巴黎未来城市交通谋划

2020年，巴黎市长安妮·希达戈（ANNE HIDALGO）女士发表声明，称其若能连任，六年内尽可能在坡道、人行道、地块、停车位或绿洲校园上种下17万棵树。特别施行"将巴黎百分百自行车化"举措，如图4.3-3所示。其写道：骑自行车能让人们以全新节奏生活在巴黎，这是穿越巴黎的最快途径，人们既可以进行体育锻炼，又可以更好地共享街道，这是一种令人愉快又实用、经济又生态的方式。其计划是：

（1）一个随处可见自行车的城市。从现在到2024年，目标是巴黎100%大街小巷都拥有自行车道，仍给予公共交通先行权，其次是机动车，最后是自行车。

（2）实行自行车全覆盖需遵守以下规定。从学校开始学习骑自行车，并鼓励使用校园自行车。加强视频监控手段，保护自行车相关设施，加强警察自行车队。

（3）打造一个容易停放且能安全停放自行车的城市。建立10万个自行车停车位，推广多车位自行车通行证，可进入城市100个地下停车场。

（4）使所有人都可自行车出行：推广援助居民购买适应所有人的机械自行车，推出中长期的租赁方式，四季开设自助修理自行车车间，建立自行车交易中心。

（5）让巴黎成为自行车之都，将自行车投资增加到每名居民每年26欧元，即在6年内增加3.5亿欧元投入。

图4.4-3 巴黎市长：自行车百分百计划
资料来源：ANNE HIDALGO. Faire de Paris une ville 100% Vélo [EB/OL].[2020.1.28]. https://zh-cn.facebook.com/notes/anne-hidalgo/faire-de-paris-une-ville-100-v%C3%A9lo/1015768871 2519597/?comment_id=10157688946934597.

有网友支持，也有网友认为市长的举措考虑并不全面，提到"因为身体原因无法骑自行车的人（残疾人等）或要走30分钟路的人，还有搬运工怎么办呢？"亦有网友持消极态度，提到停车问题难解决，出租车司机和公交车司机面临失业。

4.5 5G时代的城市交通内涵再认识

5G作为新一代通信技术，将为城市交通发展带来强大的推动。其优势在于极高的速率、极大的容量、极低的时延，可支持城市中人与物、物与物的互联，真正实现万物互联，带来网联汽车、电动化、汽车共享、自动驾驶等技术趋势。

5G时代的城市交通，应更精细地满足人的需求，更有力地支撑城市可持续、高效、安全、便捷、低耗运行。伴随新型城镇化、信息化及后疫情时代人们工作生活习惯的改变，居民出行目的、结构、方式及交通组织方式将发生重大变革，新技术、新思维接受程度、经济与社会发展稳定或波动均将影响城市交通的内涵。

5G时代，城市居民需求的本质依旧是更好的就业和生活，同时会发生以下变化：

（1）出行目的多样化。伴随对美好生活的向往、会出现更多生活和健身出行，伴随疫情影响、远程办公教育及电商发展，通勤出行必然减少，人们会更关注15分钟生活圈内生活服务设施可达性，更关注公共交通出行与慢行品质。

（2）出行结构优化。5G技术必然推进公交服务水平的显著提高，借助共享交通、自动驾驶技术和MAAS推动公交优先发展。我国仍拥有世界上最庞大的步行与自行车群体。每天至少有4亿~5亿人走路和骑车，全国电动自行车保有量超过2亿辆、是小汽车的1.6倍，5G技术将为保证慢行交通安全性与通行权提供支撑。

（3）出行品质提高。5G技术必将推动出行效率提升，能够以多种技术手段量化研究市民的多元需求，提供更加个性化、现代化的出行体验。通过监测数据实时调整交通组织模式，保障慢行和公交车的高效安全通行，改善停车管理能力。

5G时代下不同密度、规模、形态的城市，更能因地制宜地选择城市交通发展模式，做出更加弹性的交通规划设计。未来的无缝交通更加高效，凸显人本出行定制化、服务化。在政策监管下，共享化、电动化、无人驾驶交通组合将更加低耗、便捷，个体与公共交通的边界将更加模糊。可能会呈现出以下趋势：

（1）韧性交通发展。从单纯关注交通基础设施质量转向所有交通方式整合，包括对公共安全风险做出及时动态响应、城市交通与土地利用和经济发展协调。

（2）个性交通定制。从注重单次出行转向出行链的高度整合，凸显智能交通、车联网、定制化交通的未来发展方向。娱乐、餐饮、社交活动伴随出行发生。

（3）交通数据多源化。从静态、人工、单一的数据信息采集向动态、实时、自动化、多源化方向转变，重构数字交通，支撑人车互联、无缝出行、动态支付。

（4）追求交通安全，甚至是零死亡。从交通视觉信号引导转向物联网引导（5G低延时支持），结合自动驾驶、车辆定位、行人便携定位等技术，大幅减少事故。

（5）关怀弱势群体。从设施人本转向服务人本，对于儿童、老人、残疾人等弱势群体提供精细化服务，使得儿童上学、老人购物、残疾人出行均可独立完成。

（6）节约出行时间。出行者可兼顾个人需求和系统供给，决定出行时间、路线和方式，节约公交候车、停车寻位、慢行寻路时间，在出行中学习或处理邮件。

（7）节约停车空间。伴随无人驾驶电动汽车与共享交通的普及，长期闲置的机动车停车空间将获释放，近期可规范乱停车问题，远期可恢复人行道与公共空间功能。

我国香港规划师黄良会先生提出，城市越活跃，交通问题就越复杂；城市越萧条，交通问题并不因此遁形。面向2035年，中国城市交通发展面临宝贵机遇，我们应充分倾听人的多元出行需求，充分了解城市差异化发展水平与密度约束，充分结合技术创新、政策革新与土地利用，实现以人民为中心的城市交通进化。

本章参考文献

[1] Murray, P. Streets Ahead The Future Of London's Roads [R]. New London Architecture, 2016: 9-27.
[2] Powerpaola.&Kiuchi, T.&Kuilder, T. A Brief History Of Our Two-wheeled Companions [J]. Pulse, 2017(10): 32-33.
[3] McKinsey. Will the coming mobility revolution make urban traffic better? [R]. 2019.

［4］ Keolis. Keoscopie International［R］. 2019：2-6.
［5］ Keolis & Netexplo. The International Digital Mobility Observatory［R］. 2017: 9-11.
［6］ Montal, J.P.Why are US Millennials switching modes?［J］. Pulse，2018(02): 14-15.
［7］ Corwin，S.& Zarif, R.& Berdichevskiy, A.& Pankratz, D.M. The futures of mobility after COVID-19［R］. 2020.05.
［8］ Saskia Hausler, Kersten Heineke, Russell Hensley.COVID-19对未来移动解决方案的影响［R］. McKinsey Center for Future Mobility, 2020.5.4.
［9］ 兰德公司. COVID-19大流行与工作性质的变化［R］. 2020：2-4.
［10］ Eric Hannon, Stefan Knupfer, Sebastian Stern，and Jan Tijs Nijssen. The road to seamless urban mobility［J］The McKinsey Quarterly, 2019.1.16.
［11］ McKerracher, C.&Orlandi, I.& Wilshire, M.&Tryggestad, C.& Mohr, D.&Hannon, E.&Morden, E.&Nijssen, J.T.&Bouton, S.&Knupfer, S.&Ramkumar, S.&Ramanathan, S.&Moeller, T. An Integrated Perspective On The Future Of Mobility［R］. Bloomberg New Energy Finance, McKinsey & Company, 2016: 28-47.
［12］ Bouton, S.&Hannon，E.&Haydamous, L.&Heid, B.&Knupfer, S.& Naucler, T.& Neuhaus, F.&Nijssen, J.T.&Ramanathan, S. An integrated perspective on the future of mobility part 2：Transforming urban delivery［R］. McKinsey & Company, 2017: 24-29.
［13］ 兰德公司. 未来机动性展望——2030年的中国情景［R］. 2015.
［14］ Tiffany Dovey Fishman. Digital-Age Transportation：The Future of Urban Mobility［R］. Deloitte, 2012.
［15］ European Commission（欧洲委员会）. Sustainable Urban Mobility Plan［EB/OL］.［2020-10-9］https://www.sohu.com/a/321723882_468661.
［16］ ERTICO（欧洲智能交通协会）. Mobility As A Service（MAAS）And Sustainable Urban Mobility Planning［R］. 2019：13-15.
［17］ Side walk labs. sidewalk［EB/OL］.（2017-10）［2020-10-9］https://www.sidewalklabs.com/.
［18］ space10 lab.Spaces on Wheels：Self-Driving Cars and the Future of Urban Mobility［EB/OL］.（2018-11-29）［2020-10-9］https://space10.com/project/spaces-on-wheels/.
［19］ Keolis. Unlimited Mobility Autonomous Shuttles［R］. 2017：3-19.
［20］ 纽约市政府. 纽约2030规划：更绿色更美好的纽约［EB/OL］.（2014）［2020-10-9］https://www.supdri.com/2035/index.php?c=article&id=65.
［21］ MAYOR BILL DE BLASIO. DEAN FULEIHAN. 一个纽约2050：建立一个强大且公平的城市［R］. New York City，2019.4.
［22］ Eric Garcetti. Green New Deal for LA［EB/OL］.（2019）［2020-10-9］https://ladot.lacity.org/livable-streets/green-new-deal-la.
［23］ 东京都都市整备局. 都市营造的宏伟设计——东京2040［R］. Tokyo，2017，9.
［24］ 孔令铮，魏贺.《东京2040》系列解读之四：东京的城市交通规划——面向未来、自由出行、促进交流的城市交通规划［EB/OL］.（2019-09-12）［2020-10-9］https://www.sohu.com/a/340476084_651721.
［25］ senseable city lab.Unparking［EB/OL］.（2018）［2020-10-9］http://senseable.mit.edu/unparking/.
［26］ URA. Master Plan 2019［R］. 2019.
［27］ Zahraei, Seyed Mehdi & Cheah, Lynette & Cheema, Waqas & Kurniawan, Jude. A Foresight Study on Urban Mobility：Singapore in 2040［R］. 2019.8.28.
［28］ LTA. Land Transport Master Plan 2040：Bringing Singapore［R］. 2019.
［29］ New London Architecture. Murray, P. Streets Ahead The Future Of London's Roads［R］. 2016.
［30］ Transport for London. Healthy Streets for London［R］. 2017: 4-30.
［31］ Mayor Of London. Designing A City For All Londoners［R］. 2020.
［32］ Centre for London. Building For A New Urban Mobility［R］. 2020：12-51.
［33］ ANNE HIDALGO. "Faire de Paris une ville 100% Vélo".［EB/OL］.（2020-1-28）［2020-10-9］https://zh-cn.facebook.com/notes/anne-hidalgo/faire-de-paris-une-ville-100-v%C3%A9lo/10157688712519597/?comment_id=10157688946934597.
［34］ 香港规划署. 香港2030+运输基建及交通检讨［R］. 2016.

第 2 篇

国内外科技研究与未来城市交通

导读

新时期，世界新一轮科技革命方兴未艾，大数据技术不断突破，无人驾驶技术不断发展，"出行即服务"模式逐步深入人心，电气化、共享化、智能化、预约化成为新的发展方向，交通运营组织模式、个体出行模式正在发生深刻变化，城市交通体系面临深层次的变革。新技术的发展能否帮助我们解决城市交通问题，又将给交通、城市和生活带来何种影响和变革，这些问题值得我们进一步探索。本部分将对国内外交通科技发展趋势以及未来城市交通发展战略愿景进行综述，以期引发读者的更多思考。

第5章是汽车的新能源化和智能化趋势及其影响。一是关于新能源车的发展趋势。首先介绍了能源科技发展趋势，能源趋势推动汽车新能源化；其次在明确新能源车定义的基础上，介绍了国际、国内新能源车研发历程；最后，对新能源车未来发展进行了展望，包括性能、市场增长和前景、技术趋势等。二是关于智能与无人驾驶技术的发展趋势。首先介绍智能汽车发展概况；其次对智能汽车各功能模块进行拆解，分别对智能驾驶的关键技术进行简述；最后综述智能汽车对交通系统带来的潜在影响，包括其对交通管理、出行服务与相关产业发展方向带来的变革。

第6章是城市智能交通系统发展。首先介绍了智能交通系统发展的概述，包括发展起源、国内外发展概况等，以使读者能够对智能交通系统的发展基本的理解。随后，按照国外和国内两条大的主线介绍了智能交通系统的发展历程和技术创新，从中可以看到智能交通系统发展的基本脉络和经验启示。最后对我国智能交通系统的发展趋势进行了展望。

第7章是MaaS（出行即服务）的展望与思考。近年来，MaaS作为交通出行领域的新兴概念风靡全球。为更深入地认识MaaS，并为实现MaaS未来发展愿景提供支持，本章将对MaaS领域相关文献进行综述与分析，针对MaaS起源、发展现状、发展愿景以及未来应重点关注的方向等核心问题展开讨论。

第8章是预约出行的研究及实践。预约出行是一种新型出行服务模式，能够在交通资源有限的情况下，通过技术手段精准地匹配供需，代表着未来交通发展方向。国内外已开展了预约出行相关的研究与实践，利用仿真和实地试验方式证实了预约出行在解决城市交通问题中发挥的作用。本章主要介绍预约出行这一概念产生的背景、预约出行相关理论研究与国内外实践，并提出未来预约出行发展的技术条件与准备工作。

第9章是交通战略与政策。可持续城市出行规划（Sustainable Urban Mobility Planning, SUMP）为交通战略及规划编制提供了全新的理念和范式，本章重点关注可持续城市出行规划（Sustainable Urban Mobility Planning, SUMP）以及国际城市编制2035~2040年交通规划情况。首先在介绍可持续城市出行规划的概念的基础上，比较了可持续城市出行规划和传统交通规划的区别；其次，以欧盟《SUMP指南》为基础，介绍了可持续城市出行规划编制的具体任务和步骤；再次，对国际城市远景交通规划编制情况进行了概述，社会、经济和环境的可持续性是各大城市共同关注的主题；最后以伦敦和新加坡为案例介绍其新一轮交通战略规划的愿景目标及着眼点，为国内城市交通战略规划编制提供经验参考。

第5章
汽车的新能源化和智能化趋势及其影响

交通是现代社会中的能源消费特别是石油消费的重要领域。进入20世纪后半叶以来，全球环境恶化、温室气体排放控制等议题成为国际治理中的核心内容，由此推动着传统能源消费以化石能源主导向可持续发展的绿色能源体系演进，也推动着交通能源消费向绿色化转型。交通能源消费的绿色化转型也必然要求交通工具即车辆的电动化发展，即从内燃机转向电力驱动和更清洁的燃料驱动的新能源汽车转变。本章第5.1节介绍了国际能源科技和能源供给的现状特征和未来趋势，判断未来汽车能源技术的基本方向；第5.2节介绍了新能源汽车的定义和技术类型，回顾了国内外新能源汽车研发进展和技术水平；第5.3节总结了国内外研究机构对未来新能源汽车性能提升和市场扩张的预期，为判断未来交通体系的根本性特征提供知识支持。第5.4节概述了智能与无人驾驶汽车技术；第5.5节总结了当前智能与无人驾驶汽车技术前沿进展；第5.6节跟踪了智能与无人驾驶汽车对交通系统影响的分析判断。

5.1 能源科技趋势

5.1.1 绿色能源增长显著

现代社会，能源、粮食和水是人类赖以生存的三大必需品。能源是人类生存和文明发展的重要物质基础，关乎人类社会的全面发展，与国内生产总值（GDP）息息相关（图5.1-1）。1965~2018年，全球能源消费从37.03亿吨油当量增长至138.65亿吨油当量，增

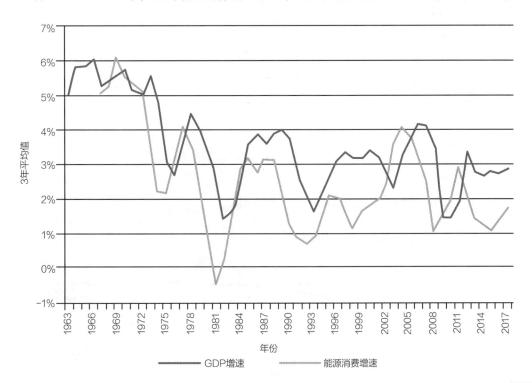

图5.1-1 1963~2017年世界GDP增速与能源消费增速的关系

长了2.74倍。其中，化石能源（煤炭、石油、天然气）消费量从34.57亿吨油当量增长至116.11亿吨油当量，增长了2.36倍；以天然气、核能、水力发电和可再生能源为代表的清洁能源消费量从7.89亿吨油当量增长至55.64亿吨油当量，增长了6.05倍，在能源消费结构所占比例从21.3%增长至40.1%，能源供给和消费呈现显著的清洁化、绿色化，可再生趋势明显（图5.1-2和图5.1-3）。

我国能源趋势与全球能源变化趋势相似。2011～2019年，天然气、水电、核电、风电等清洁能源消费量占能源消费总量的比例从13.0%增长至23.4%（图5.1-4），能源消费结构进一步优化。2018年我国可再生能源和水电消费量均居世界首位。

5.1.2 能源分散化是未来趋势

近年来，随着资源与环境的双重约束，以及能源科技进步，新能源成本快速降低，能

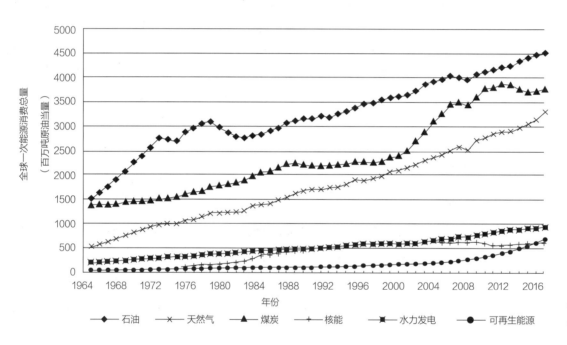

图5.1-2 1965～2018年全球一次能源消费总量

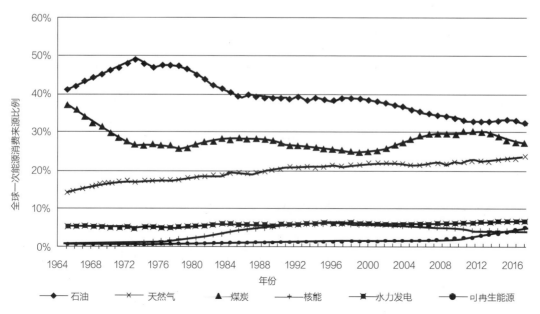

图5.1-3 1965～2018年全球一次能源消费来源比例

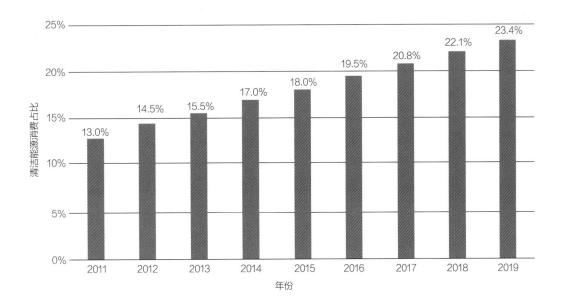

图5.1-4 2011～2019年我国清洁能源消费占比

源清洁低碳加速转型已成为全球发展趋势。近年来，得益于成本的大幅降低，可再生能源快速发展。2018 年公用事业规模光伏发电的加权平均平准化电力成本（LCOE）较 2010 年降低了 77%，陆上风电降幅也有 35%。美国能源信息署预测，美国 2022 年后投产的风电和太阳能发电项目的 LCOE 都将低于燃气发电。在集中式可再生能源发电大幅降低成本和快速发展的同时，分散式发电的发展也在加速。据光伏协会公布数据，2018 年中国新增分布式光伏装机 2320 万千瓦，占比 52.7%，第一次超过了集中式光伏。2019 年这种势头继续维持，而且小规模的分布式光伏用户占了将近50%。

能源转型不仅伴随着产业结构调整，同时也是能源科技进步的重要驱动力，科技进步与能源转型相互促进，正在深刻改变能源发展的前景。对于未来能源需求增长，世界上很多知名研究机构都进行过预测。随着太阳能、风能、地热能、海洋能及储能等新能源快速发展，能源正从过去以煤炭、油气、电力集中式资源供给，向"集中式"与"分散式"并重发展。可再生能源和天然气将成为满足未来全球能源需求增长的主要来源，"低碳化"和"多元化"是未来能源发展的重要趋势与特征。

5.1.3 能源趋势推动汽车新能源化

随社会经济发展进入后工业化阶段，交通能源消费是总能源消费中的主要领域之一。以美国为例，2019年交通能源消费占比为38%。我国交通运输业能源消费占比相对不高，但近年来一直保持增长态势。2010～2017年，交通运输业能源消费占比从7.23%增长至9.41%（图5.1-5）。

我国石油供给严重依赖进口，是国家能源安全中的突出议题。2019年，我国原油进口50572万吨，同比增长9.5%，石油对外依存度70.8%，比2018年略高1个百分点。交通运输业是石油燃料消耗中的主要领域。2017年，交通运输业消费了全国45.9%的汽油、66.2%的柴油和95.4%的煤油（主要是航空业），其中汽油消费和柴油消费与汽车使用直接关联（图5.1-6），汽车能源消耗的去燃油化是落实我国能源安全战略的重要措施。

全球范围内正在经历新一轮科技革命浪潮，将对传统产业发展模式带来革命性和颠覆

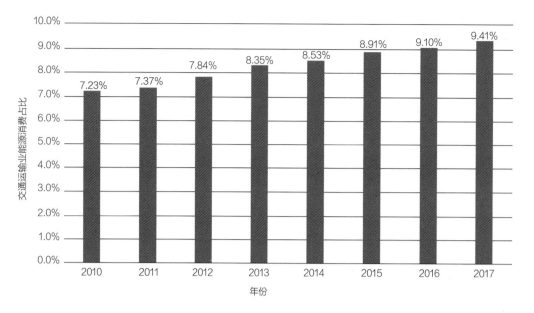

图5.1-5 2010~2017年我国交通运输业能源消费占比

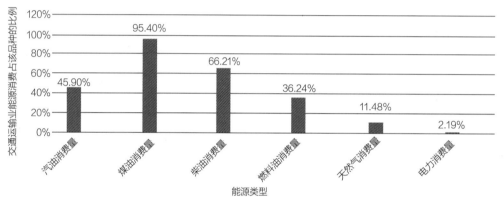

图5.1-6 2017年我国交通运输业能源消费分类占比

性影响。新一轮科技革命以生命科学、信息技术和智能技术、能源技术和材料技术突破发展为主题。能源科技是当今科技创新最主要和最活跃的领域之一。在油气、氢能、储能、核聚变能等方面都有可能出现颠覆性的新技术，不论哪一种颠覆性技术出现，都会极大地改变世界能源供需格局。能源科技的发展将深刻地影响未来能源格局，"科技决定能源的未来，科技创造未来的能源"。我国《能源技术革命创新行动计划（2016~2030年）》提出，到2030年，建成与国情相适应的完善的能源技术创新体系，能源技术水平整体达到国际先进水平，以支撑我国能源产业与生态环境协调可持续发展，以及进入世界能源技术强国行列的奋斗目标。该计划部署了15个重点领域，其中的氢能与燃料电池技术及先进储能技术与交通领域紧密关联，将推动汽车从内燃机时代迈向电动化和新能源化时代。

氢能源技术在能源领域产生颠覆性影响的关键在于低成本、高性能的氢燃料电池技术和低成本、高效率的工业化制氢技术。一旦借助石墨烯、纳米超材料等新材料的电解制氢技术取得重大突破，氢燃料大规模甚至完全替代化石燃料将是有可能的。随着新材料聚合物电解质膜燃料电池技术的成熟和相关基础设施的完善，以氢能为动力的汽车、火车和轮船等将替代燃油机动车成为主要的交通工具。储能技术（表5.1-1）被称为"能源革命的支撑技术"，在很多方面都将发挥重大的作用：（1）在可再生能源开发方面，储能可显著提高风电和太阳能发电的消纳水平，支撑分布式电力及微网。随着分布式光伏、小型生物质能源、天然气冷—热—电三联供、燃料电池等分布式能源技术的日益成熟，以及相关的储能、数字化等技术的进展，分布式能源未来还将获得更加迅猛的发展；(2)在交通方面，储能将在能源互联互通、融合新能源汽车在内的智慧交通网络方面起到关键作用。有可能为能源行业带来颠覆性影响的是基于新材料的新型电池储能技术，如石墨烯超级电容器、碳纳米材料自储能器件、超导电磁储能技术等。如果低成本高效率的储能技术出现并投入大规模商业化应用，将极大地促进可再生能源的发展，使新能源交通工具大规模甚至完全替代燃油交通工具。

储能技术分类　　　　　　表5.1-1

分类	名称	备注
物理储能	飞轮储能	
	压缩空气储能	
	抽水储能	
化学储能	铅酸电池	利用化学元素作储能介质，充电、放电过程伴随储能介质的化学反应或者变价。燃料电池则是氢燃料与氧化剂化学反应直接转化为电能过程
	锂离子电池	
	液流电池	
	熔融盐电池	
	镍氢电池	
	燃料电池	
其他储能	电化学电容器	
	超导储能	

人类社会历次科技革命都带来交通运输行业的跨时代进步，蒸汽机、内燃机、电力机车和喷气发动机，塑造了交通运输的水运时代、铁路时代、高速公路和航空时代。每一次运输技术创新都带来运输成本降低和运输效率提升，对推动现代经济增长至关重要。在降低我国石油对外依存度的战略需求和能源领域多元化和电池、储能等技术进展的多重趋势推动下，汽车领域将加速从内燃机向电力或燃料电池的范式转变，汽车行业、交通系统和城市发展等领域都需要为迎接这一范式而做好准备。

5.2 新能源汽车发展进程

5.2.1 新能源汽车的定义

根据2009年我国《新能源汽车生产企业及产品准入管理规则》，新能源汽车定义为"采用非常规的车用燃料作为动力来源（或使用常规的车用燃料、采用新型车载动力装置），综合车辆的动力控制和驱动方面的先进技术，形成的技术原理先进、具有新技术、新结构的汽车"。新能源汽车包括混合动力汽车、纯电动汽车（BEV，包括太阳能汽车）、燃料电池汽车（FCEV）、氢发动机汽车、其他新能源（如高效储能器、二甲醚）汽车等各类别产品。目前新能源汽车的主流产品是电动汽车（插电式混合动力和纯电动），前沿技术方向是燃料电池汽车，这两类产品具有共同特征，即以电动机驱动车辆行驶。

电动汽车分为混合动力电动车和纯电动汽车，混合动力包括普通混合动力、插入式混合动力和增程式混合动力。燃料电池汽车是指新型燃料（以氢燃料为主）通过燃料电池将化学能转化为电能，利用电动机驱动车辆行驶，各类新能源车辆技术比较见表5.2-1。与传统燃油汽车相比，电动汽车和燃料电池汽车除了具有节能、高效、低污染、低噪声等特点外，在车辆性能上也有巨大优势。车辆结构简单、机械传动部件少、转矩响应快、加速性能好，且由于采用电机驱动，更容易实现信息技术和线控技术集成，使其智能化。

新能源汽车技术概览　　表5.2-1

类别	驱动装置	动力来源	驱动方式	外接充电
纯电动汽车	电动机	电池	电—电—动力	能
混合动力汽车	发动机电动机	燃油	油—油/电—动力	不能
	发动机电动机	燃油电池	油/电—油/电—动力	能
	电动机	燃油电池	油/电—动力	能
燃料电池汽车	电动机	氢气为代表	氢—电—动力	不能

5.2.2 国际新能源汽车研发历程

新能源汽车中的电动汽车比内燃机汽车更早问世，也曾经是汽车市场主流产品。据统计显示，当年美国登记机动车中有38%是电动汽车，而汽油车仅占22%，剩下40%是蒸汽汽车。同年美国制造的汽车中，汽油车936辆，蒸汽汽车1684辆，电动汽车高达15755辆。随着20世纪石油工业和内燃机技术突破发展，电动汽车当时的技术劣势和竞争力不足使得发展停滞。到21世纪，随着材料技术进步、能源结构调整和环境可持续发展压力下，电动汽车再次成为汽车工业热点，与智能化、共享化并称为汽车工业三大趋势。

国际范围内的电动汽车研发以政府研究资金资助为引导、产学研合作和商业化逐步应用为推进路径。目前，全球技术领先企业包括丰田（混合动力汽车技术世界领先）、特斯拉（纯电动汽车技术世界领先）、通用、宝马、比亚迪等。综合来看，电动汽车技术已经成熟，进入大规模市场化应用阶段。从发展进程来看，美国、日本、欧盟均在20世纪60~70年代开始研发新能源汽车。20世纪90年代以来，美国政府支持新能源汽车的研发资金已超过200亿美元，并投入几十亿美元用于充电设施建设。随着特斯拉等纯电动汽车在市场上热销，美国能源部、电力公司和特斯拉公司加快了无线充电技术研究和快速充电的超级充电站建设（表5.2-2）。

美国新能源汽车研发进程 表5.2-2

年份	主要措施
1976年	（1）美国国会通过《电动汽车和混合动力汽车的研究开发与样车使用法令》。 （2）福特政府制定了财政补贴的鼓励政策，初步形成了以立法形式和政府财政资助措施来促进新能源汽车的发展
1990年	（1）加利福尼亚州在制定防止大气污染法规中，明确规定："零污染"汽车销售比例占新车销量的2%，2000年达到5%，2003年达到10%。 （2）随后美国东部的10个州相继出台类似法规，以法律手段强制推行新能源汽车研发、小批量生产及商业化运营示范
1991年	（1）通用、福特和克莱斯勒三大汽车公司成立了"先进电池联合体"（USABC），共同研发高能电池。 （2）同年10月，美国能源部向USABC提供2.26亿美元资助，美国电力研究院（ERPI）加入联合体。联合体主要研发镍-氢、钠-硫、锂离子等高能电池。 （3）通用汽车在底特律建成纯电动汽车总装配线，每天生产10辆纯电动汽车
21世纪初~2009年	加强车型研发，加快燃料电池和混合电动技术研发： （1）先后设立了"新一代汽车伙伴计划（PNGV）""自由汽车计划（Freedom Car）""高技术汽车制造激励计划（ATVMIP）"三个电动汽车方面的重大科技项目。 （2）对先进汽车产业提供财政资金支持的《美国经济复苏与再投资法案（ARRA）》，通过直接投资和低息贷款支持企业加快研制生产下一代电动汽车及低能耗汽车
2011年2月	美国能源部发布《2015年部署100万辆电动汽车计划》，配套购买补贴、拨款资助社区充电基础设施建设等政策
2013年1月	美国能源部能源效率与可再生能源办公室发布了《电动汽车普及蓝图》，规划了未来10年美国在电动汽车的电池、驱动系统等关键技术的研发路径，并提出至2022年规模化生产出每户家庭都能负担得起的插电式电动汽车的发展目标，要求电池成本和驱动系统成本降低50%以上

全球气候变化已成为当前人类面临的重要挑战。为应对日益突出的燃油供求矛盾和汽车尾气对城市环境造成的污染问题，世界多个国家和汽车制造企业纷纷加快部署，将推广新能源汽车作为未来发展的核心战略。2015年年底，巴黎气候变化大会提出了"2050零排放汽车倡议"，旨在2050年之前实现乘用车全部零排放。此后，多个国家、地区及城市陆续公布各自禁售燃油车的具体时间表（表5.2-3）。如2016年4月，荷兰劳工党通过议案的方式首次提出"禁售燃油车"方案，计划要求截至2030年，荷兰所有乘用车实现零排放目标。同年，挪威政府也在"国家交通计划"中提出到2025年全面禁止汽油车与柴油车销售，用以进一步实现该国100%利用清洁能源的目标。尽管多数国家和地区的燃油车禁售仍以主管部门或政要口头表态为主，但"禁燃"时间表的制定代表着一种方向性指引，政府意图给企业或消费者一个确定性指示：传统燃油车的退出已是一个不可逆转的全球性趋势，企业需提前进行战略部署，消费者也需要进行意识转变。

2019年4月，欧洲议会和理事会重新审议通过《欧洲议会和理事会第（EU）2019/631号条例》，条例规定，2020年车企新登记轿车中至少95%需达到95克/公里的CO_2排放控制目标，2021年起所有新登记轿车的CO_2平均排放需低于95克/公里。未完成目标的，将被处以每超标准1克/公里车均95欧元罚款。随着欧盟执行交通碳排新规及惩罚措施日趋严厉，以欧洲为首的世界各大传统车企对新能源汽车的态度逐步从技术观望到实施应对转变。

全球各国（地区/城市）燃油车禁售计划汇总　　　　　　表5.2-3

"禁燃"地区	提出时间（年）	提出方式	实施时间（年）	禁售范围
荷兰	2016	议案	2030	汽油/柴油乘用车
挪威	2016	国家计划	2025	汽油/柴油车
法国	2017	政府表态	2040	汽油/柴油车
瑞典	2019	政府报告	2030	汽油/柴油车
美国加州	2018	政府法令	2045	燃油卡车
德国	2016	议案	2030	内燃机车
英国	2020	政府法令	2035	汽油/柴油车
印度	2017	官员表态	2030	汽油/柴油车
爱尔兰	2018	官员表态	2030	汽油/柴油车
以色列	2018	官员表态	2030	进口汽/柴油乘用车
意大利罗马	2018	官员表态	2024	柴油车
中国海南	2018	政府规划	2030	汽油/柴油车

出于"能源安全与保持产业竞争优势的双重需求"，日本对新能源汽车研发异常重视，在混合动力和燃料电池汽车研发方面占据世界领先地位。1965年日本启动电动车研制，并正式把电动车列入其国家项目，1967年成立日本电动车协会，以促进电动车事业的发展。1971年开始，日本政府多次投入巨额资金用于支持新能源汽车研发，仅燃料电池开发投入就达200多亿日元。1993年起，日本开始实施"世界能源网络"计划，深入研究氢及其基础设施技术，希望到2020年逐步推广氢能。2010年4月，日本经济产业省（METI）发布了《新一代汽车战略2010》，安排245亿日元用于"下一代汽车"电池开发，拨付210亿日元针对电池创新的先进基础科学研究。2016年经济产业省（METI）发布《EV·PHV路线图》，提出至2020年日本国内纯电动汽车和插电式混合动力车保有量达到100万辆，但至2019年12月日本实际电动汽车保有量为29万辆，距离目标尚有较大差距。

现阶段日本氢燃料电池汽车发展已领先全球，进入推广应用的起步阶段。本田公司1999年在东京车展推出氢燃料电池概念车FCX（Fuel Cell eXperimental），在当时是划时代之举。2002年本田的燃料电池汽车FCX量产，是世界上第一部得到官方认证的氢燃料电池车；2014年丰田公司燃料电池汽车MIRAI问世（续航里程500公里），2016年本田公司燃料电池汽车Clarity问世，续航里程达到750公里（141升燃料箱）。至2018年，日本境内加氢站为100座，燃料电池汽车登记注册量为2800辆；计划在东京奥运会的带动下，至2020～2021年，实现车辆登记总量达到4万辆、160座加氢站的发展目标；至2025年实现320座加氢站、2030年80万燃料电池汽车注册量的发展目标。

5.2.3　我国新能源汽车研发历程

我国立足于汽车产业和中国制造的弯道超车，"电动汽车重大科技产业工程"被列入"九五"国家科技攻关计划。2001年国家启动"863"技术电动汽车重大专项，确定了以纯电动汽车、混合动力汽车、燃料电池汽车为"三纵"，以动力电池、驱动电机和电子控制技术为"三横"的电动汽车"三纵三横"研发布局（表5.2-4）。为应对2008年国际金融危机，落实党中央、国务院保增长、扩内需、调结构的总体要求，2009年3月国务院出台《汽车产业调整和振兴规划》，对发展电动汽车的战略定位和意义有了更深刻的认识，并提出实施国家新能源汽车战略。2010年10月，国务院出台了《关于加快培育和发展战略性新兴产业的决定》，将新能源汽车列入七大战略性新兴产业之中，进一步扩展了发展新能源汽车对于加快经济发展方式转变、提高国际竞争力的重大战略意义。

2012年，我国正式推出战略纲领性文件《节能与新能源汽车产业发展规划（2012~2020年）》，确定到2020年纯电动汽车和插电式混合动力汽车生产能力达200万辆、累计产销量超过500万辆（截至2019年年底为337万辆），燃料电池汽车、车用氢能源产业与国际同步发展。2014年7月，国务院办公厅印发《关于加快新能源汽车推广应用的指导意见》（国办发〔2014〕35号），从总体要求、加快充电设施建设、积极引导企业创新商业模式、推动公共服务领域率先推广应用、进一步完善政策体系、坚决破除地方保护、加快技术创新和产品质量监管、进一步加强组织领导等方面提出具体政策措施。

习近平总书记2014年5月28日在上海汽车集团视察时明确表示"发展新能源汽车是我国从汽车大国迈向汽车强国的必由之路"，这是国家对于新能源汽车战略定位的最高表态。新能源汽车是国家战略性新兴产业，对于作为制造业大国的中国来说，是工业发展战略上最重要的方向之一。2019年10月公布的《新能源汽车产业发展规划（2021~2035年）》（征求意见稿），提出至2025年新能源汽车销量占当年汽车总销量的20%。将有序推进氢燃料供给体系建设，支持有条件的地区开展燃料电池汽车商业化示范运行。

我国新能源汽车发展核心技术政策与推广政策 表5.2-4

政策分类	时间	机构	政策
技术政策	2019.10.9	工业和信息化部	《新能源汽车产业发展规划（2021~2035年）》（征求意见稿）
	2016.11.15	工业和信息化部	《电动汽车充换电服务信息交换》系列标准名单
	2016.10.26	工业和信息化部	节能与新能源汽车技术路线图
	2016.3	国家发展改革委、国家能源局	《能源技术革命创新行动计划（2016~2030）》
	2016.2.4	工业和信息化部	新能源汽车废旧动力蓄电池综合利用行业规范条件
			新能源汽车废旧动力蓄电池综合利用行业规范公告管理暂行办法
	2015.5.8	国务院	《中国制造2025》（国发〔2015〕28号）
	2009.3	国务院	汽车产业调整和振兴规划
	2006	科学技术部	国家863计划"节能与新能源汽车"重大项目
	2004.5	国家发展改革委	汽车产业发展政策
	2001	科学技术部	国家863计划"电动汽车"重大专项

续表

政策分类	时间	机构	政策
应用政策	2020.4.23	财政部等四部委	关于完善新能源汽车推广应用财政补贴政策的通知
	2019.5.20	交通运输部等12部门	绿色出行行动计划（2019~2022年）
	2019.5.26	财政部等四部委	关于支持新能源公交车推广应用的通知
	2019.3.26	财政部	关于进一步完善新能源汽车推广应用财政补贴政策的通知
	2016.9.12	国家发展改革委、国家能源局、工业和信息化部、住房和城乡建设部	关于加快居民区电动汽车充电基础设施建设的通知
	2016.11.22	工业和信息化部	关于进一步做好新能源推广应用安全监管工作的通知
	2015.10.9	国家发展改革委、国家能源局、工业和信息化部、住房和城乡建设部	《电动汽车充电基础设施发展指南（2015~2020年）》
	2014.7.21	国务院办公厅	关于加快新能源汽车推广应用的指导意见（国办发〔2014〕35号）
	2012.7.9	国务院	《节能与新能源汽车产业规划（2012~2020年）》
	2009.1.23	财政部、科学技术部	关于开展节能与新能源汽车示范推广试点工作的通知（"十城千辆"示范应用）

从标志性试点项目"十城千辆"算起，中国新能源汽车的发展已经走过10年。在这10年间，中国高速前行、成绩斐然。从市场规模来看，中国已经成为全球新能源汽车产业最活跃的地区之一，产销量、保有量连续4年位居世界首位，其电动乘用车的销量占全球的一半以上，电动公交和电动卡车的销量占全球90%以上。从产业发展来看，中国领先的量产动力电池技术及纯电动公交车产品不断创新，中国自主品牌的电动汽车与储能电池成为世界新能源推广的解决方案。回顾这10年间的发展，中国新能源汽车发展整体经历了3个不同阶段：

1. 第一阶段（2009~2012年）：开启新能源汽车试点

新能源汽车的概念是由当时"863计划"的一位首席科学家提出，提议认为发展新能源汽车是中国汽车工业崛起的时代机遇，中国可以在这个领域超越西方国家并引领中国汽车工业走向零排放技术的先进道路。此后，"十五"专门启动了电动汽车重大专项，首次确立了"三纵三横"的技术研发布局，即以混合动力汽车、纯电动汽车、燃料电池汽车为"三纵"的整车技术路线和以多能源动力总成控制系统、电机及其控制系统和电池及其管理系统为"三横"的系统技术路线来构建中国电动汽车自主开发的技术平台。这一技术层面的战略部署基本奠定了后续中国新能源汽车产业的发展方向。"十一五"期间，电动汽车重大项目从资金投入到项目规模上进一步扩大，并开始将新能源汽车从实验室研发推向示范阶段。

2008年全球金融危机爆发，油价飙升，越来越多的经济体开始意识到能源安全的重要性，中国也更加坚定了发展新能源汽车的信念，并结合经济刺激政策和产业转型升级目标，于2009年3月由国务院发布了《汽车产业调整与振兴规划》，首次提出大规模推广新能源汽车的目标。为配合该规划的实施，科技部、财政部、国家发展改革委、工业和信息化部四部委联合启动了"十城千辆"示范工程，计划用3年左右的时间，每年发展10个城市，每个城市推出1000辆新能源汽车开展示范运行，并确立以公交、出租、公务、市政、邮政等公共领域为优先推广突破口。25个示范城市主要涵盖北京、上海等一线城市，济南、武汉、成都等省会城市及南通、唐山及襄樊等三线城市。

2. 第二阶段（2013~2017年）：新能源汽车发展兴起

虽然"十城千辆"试点效果并未达到预期，但让中国更深入地了解到新能源汽车发展的挑战与效果，并理清了中国新能源汽车发展的技术路径与战略定位。2012年3月，科学技术部印发了《电动汽车科技发展"十二五"专项规划》，确立了"纯电驱动"的技术转型战略，搭载储能电池的纯电动汽车成为中国发展新能源汽车技术方向的重中之重。2012年6月国务院印发了《节能与新能源汽车产业发展规划（2012~2020年）》，进一步明确了发展新能源汽车的国家与科技战略需要。根据这一中期规划，到2015年中国将生产50万辆插电式电动车；到2020年，纯电动汽车和插电式混合动力汽车生产能力达200万辆、累计产销量超过500万辆。

作为规划的重要配套政策，2013年9月财政部、科学技术部、工业和信息化部、国家发展改革委四部委联合印发《关于继续开展新能源汽车推广应用工作的通知》，对2013~2015年继续开展新能源汽车推广应用工作中的补贴政策进行了安排，突出了：（1）纯电动、混合动力两种技术路线区分对待；（2）重点区域及特大城市的示范效应与淘汰机制；（3）优先扶持公共领域新能源汽车推广。此后的新能源汽车发展快速兴起，2013~2015年短短2年间，中国新能源汽车年销量实现了从1.8万辆到33万辆的爆发性增长，成为全球最大的新能源汽车市场。除财政补贴外，许多城市加大了充电基础设施的投入力度，并提供了上牌和限行政策方面的优惠，一些城市还通过减免年检费和停车费来降低车主的使用成本。城市公交、巡游出租、汽车共享、城际物流等领域都开始加大对新能源汽车的推广应用。

3. 第三阶段（2018~2020年）：新能源市场走向成熟

补贴政策的大力实施对培育新能源汽车市场与产业起到了积极的重要作用，但"骗补"事件和补贴退坡后的新能源汽车销量大幅度增加让中国开始需求更加可持续的刺激政策。首先是财政补贴从2017年后开始逐渐淡出舞台，并推出一项创新政策——"双积分"，即要求乘用车生产企业在传统燃油车方面满足油耗标准，并规定其必须生产一定比例的新能源汽车。这一政策借鉴了美国加利福尼亚州零排放汽车强制法规，由"双积分"法规接力财政补贴，体现出中国推动新能源汽车产业发展的政策杠杆从"胡萝卜"（即经济刺激）逐步转向"大棒"（即强制法规）。

如今中国已成为全球新能源产业发展最活跃的地区之一。2019年，全球新能源汽车销量排名前20的品牌中，美国的特斯拉位居榜首，市场份额占整体的17%。中国上榜的汽车品牌数最多，共10个，市场总份额占据38%，世界第一。欧洲、日本、韩国的汽车品牌的市场份额分别为14%、8%、5%。同时，受益于下游新能源汽车的发展，中国动力电池产业也在行业中占领了制高点。中国、日本、韩国成为全球动力电池市场的主力军，三个国家全球出货量占到全球市场的97%。其中，中国近年来发展最为迅猛，2015年超越日本成为全球最大的动力电池生产国。2019年，在全球动力电池装机量TOP10企业中，中国企业有5家，总装机量约52.6亿瓦时，占比51.9%。

5.3 新能源汽车发展展望

5.3.1 新能源汽车性能成本展望

新能源汽车的市场规模和渗透程度取决于外部激励政策、充电设施普及程度和与传统燃油汽车相比的性能-价格竞争优势。目前来看，全球范围内的政策激励是普遍性措施，在主要汽车消费国家充电基础设施建设也在逐渐加速，尤其是在能源体系的分散化、多元化的趋势推动下。与传统燃油车相比，新能源汽车发展初期的突出不足在于续航里程较短和电池成本带来的高价格。随电池技术的提升，电动汽车的续航里程性能已经取得显著提升（图5.3-1）。以纯电动汽车为例，2011~2018年纯电动汽车的续航里程中位数从73英里（117公里）增长至125英里（201公里），高端车辆的续航里程从94英里（150公里）增长至335英里（536公里）。续航里程的提升更好满足了使用需求，提高了市场认可度，因此2019年也被认为是纯电动汽车市场大规模扩张的爆发时点。

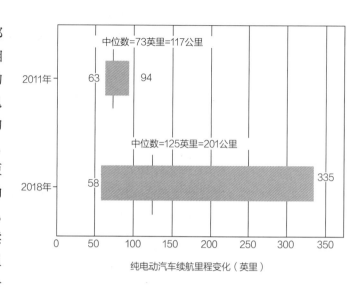

图5.3-1 纯电动汽车的续航里程性能变化

电池成本是影响电动汽车整车价格的关键因素，也是市场化应用早期过程的竞争劣势所在。但经过近10年来技术进步（化学和材料技术、能源管理技术等），新能源汽车的电池成本已经得到了显著降低，并有望在2030~2040年进一步显著下降（图5.3-2）。2010~2018年，以锂离子电池为例，单位电池容量的价格从1160美元/千瓦时下降至176美元/千瓦时，降低了85%左右，下降十分显著。预计至2024下降至94美元/千瓦时，至2030年能降至62美元/千瓦时，使得新能源汽车（尤其是纯电动汽车）更具有竞争力。

由于储能电池性能难以达到实际需求，在2009年中国将新能源汽车发展上升到国家战略的时候，全球大多数国家及行业专家并不看好以储能电池为核心的电动车的发展，大都认定混合动力和燃料电池技术才是未来最有可能发展的方向。但结合我国能源及产业基础特征，发挥自身有利条件和比较优势，放弃了高技术门槛、产业化困难的混合动力和燃料电池技术路线，选择采用"先易后难"和"过渡与转型"的原则，发展储能电池和纯电驱

图5.3-2 锂离子电池组单位容量的成本变化
（a）2011~2018年锂电池价格变化；（b）锂电池的价格展望

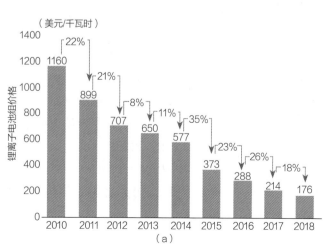

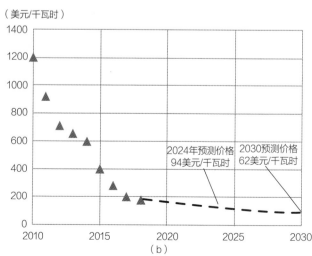

（a） （b）

动为主的技术，并通过电池优势带动插电式混合动力车以及燃料电池车的发展，形成了中国特色的新能源汽车技术路线。

纯电驱动的技术路线让中国纯电动汽车的发展速度尤为迅速，也导致了目前与国外新能源汽车产销量的差异。以2019年中国、日本、美国、欧洲为例，中国纯电动汽车的销售占比最高，而混合动力车的销量占比最低（除燃料电池汽车外），仅为13.6%。与之形成明显反差的是日本，由于日本以丰田为首的车企选择了技术门槛更高，但能更好满足实际里程需求的混合动力的新能源汽车发展技术路线，混合动力车在日本成为绝对主体，仅1.5%的销量为纯电动汽车，该比例甚至低于插电式混合动力车型。美国与欧洲从目前来看，混合动力车占比也最大，分别占到汽车总销量的55.2%及62.3%。但值得一提的是，随着近年来电动汽车技术成熟度的提升以及日趋零排放的排放政策要求，纯电动汽车从2018年开始在美国及欧洲增速快速提升，纯电动汽车占整个新能源汽车的产量比重正在迅速上升。

这背后的原因主要源自于以锂电池为主的储能电池技术获得了显著的提升，创新突破超出预期。2009年，动力电池单体能量密度仅达100瓦时/千克，10年后提升到300瓦时/千克，续航里程实现从150公里到500公里以上的突破。按照典型城市私人小汽车工作日日均行驶里程在50公里和节假日绝大部分车辆行驶在150公里以下的要求，目前电动汽车的续航里程已基本能够满足居民出行需求。从电池系统能力密度看（图5.3-3），平均值由2015年的90.5瓦时/千克提升到2018年的139.5瓦时/千克，相比提升约54%。而与之形成的是动力电池系统成本的下降，以宁德时代动力电池系统均价为例，动力电池系统成本平均值由2015年的1.33元/瓦时下降到0.76%元/瓦时，便宜了42.9%，已经接近于与传统燃油车相竞争的全生命周期成本的平衡点，纯电动汽车产品的竞争力显著改善。

未来动力电池的能力密度还有可能进一步提升的空间，但锂电池安全问题将成为更重要的技术攻关方向。此外，就整体数据来看，中国纯电动汽车占新能源汽车销量比重的80%以上，但大部分纯电车型集中在A00级与A0级的微型车和小型车，如果仅看A级及其以上车型，纯电动占53%，插电式混合动力占47%，如果再扣除其中出租车和网约车，纯电动仅占33%，混合动力车占67%。由此可见，私家车新能源化中，插电式混合动力仍然是主流。虽然在技术成本和技术门槛上，插电式混合动力要求更高，但就目前充电设施建设还不完善，纯电动车型还未能完全满足各类环境下的驾驶需要，插电式混合动力可以在一定时间内成为优秀过渡产品，其在新能源技术路线中的作用不可忽视。

当前，氢能燃料电池汽车成本受限于产品规模和制氢成本，与传统燃油车和纯电动汽车相比还处于比较高的水平。但近年来燃料电池成本下降趋势显著，并有望在材料技

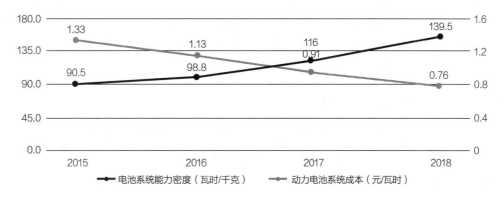

图5.3-3 2015～2018年中国动力电池系统能力密度与单位成本

注：单位成本参考宁德时代动力电池系统均价，不含税，含电芯、模组、系统。

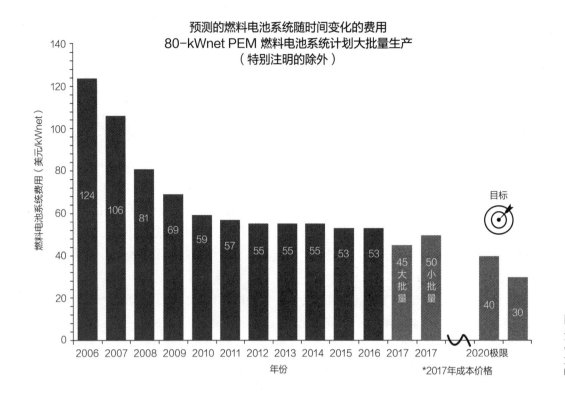

图5.3-4 美国燃料电池成本的降低

*2017年的成本价格对应于50万组和100万电池芯产量规模下的成本水平。

术和能源技术发展趋势带动下,进一步降低电池成本、氢能制备成本、氢能运输和储存成本,在发挥使用环节零排放的同时保持出色的经济性。据美国能源部研究数据显示,2006~2017年燃料电池成本已经下降了60%(图5.3-4),电池寿命也提升到19.2万公里。

燃料电池车,其原有的定位是针对重卡、长途客车、公交等长途运载工具的燃油车代替产品。虽然这几个领域的汽车产量、销量较低,但对于城市空气污染治理,特别是PM10排放的控制上,可以起到显著效果。中国目前在燃料电池车的推广上也走在世界前列,并结合了我国动力电池的技术优势,对燃料电池和动力电池进行了深度融合。目前,其最大的挑战在于氢燃料电池全链条的技术经济性。未来北京冬奥会的氢能燃料电池示范汽车将对氢能电池车的推广产生重要影响,综合评估示范运行结果,合理制定专门针对中国氢燃料电池车的发展规划是接下来重要工作任务。

在氢能制备方面,2018年世界上99%的氢能制备来自化石燃料,这使得成本较为昂贵。不过,随着可再生能源成本下降和规模增长,如果利用来自太阳能、风力和水电等可再生能源获得的电能通过电解过程来制备氢燃料,则成本有望在未来10~30年内显著降低。根据彭博新能源财经的研究报告,至2030年,在大规模存储、运输等设施支持下,利用可再生电力制备的氢燃料成本有望达到2美元/千克(备注:单位质量的氢燃料燃烧热值是汽油的3倍),至2050年在中国这一数值有望达到1美元/千克。至2031年,预计在重型卡车方面氢燃料电池汽车比柴油车更具有成本优势(以单位公里的能源成本比较),但在公交车、小汽车领域仍是纯电动汽车更具有成本优势,低30%左右。

5.3.2 新能源汽车市场增长与展望

全球范围内,新能源汽车市场销售主体产品为电动汽车,其中纯电动汽车占据更多份额。2014~2019年,全球电动汽车销售量从31.5万辆增长至221万辆(图5.3-5),中国市场销售份额占比超过50%。在累计销售数量方面,中国占据全球榜首位置。至2019年年底中国市场已累计销售的插电式轻型电动汽车（插入式混合动力和纯电动汽车两类）超过337万辆（图5.3-6）。

电动汽车在大部分地区的新车销售市场占比总体仍较为有限（图5.3-7）。2019年，中国、欧洲、美国、日本等主要汽车消费市场的新能源汽车占销售市场的比例分别为5.1%、3.0%、1.9%和0.8%。世界范围内，电动汽车占汽车市场比例较高的地区是北欧国家。2019年冰岛为15%、瑞士为8.4%、荷兰为6.8%；份额最高的国家是挪威，2019年电动汽车市场占汽车销售市场份额占到56%。

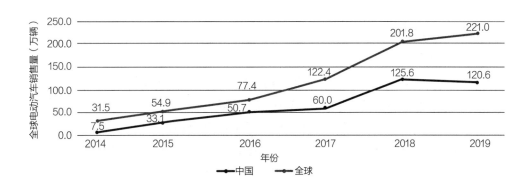

图5.3-5 2014~2019年全球电动汽车销售量（插电式电动汽车）

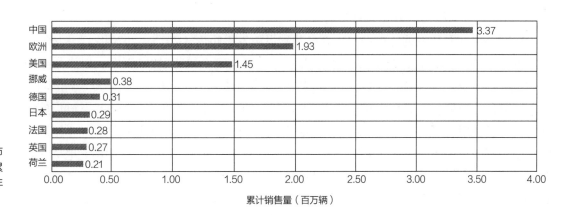

图5.3-6 全球主要市场的轻型电动汽车累计销售量（至2019年年底）

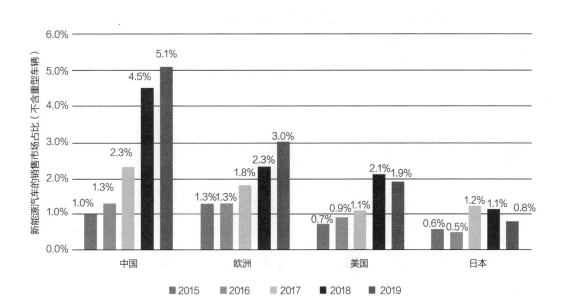

图5.3-7 全球主要汽车市场的新能源汽车销售占比（不含重型车辆）

从目前技术和市场两方面趋势来看，新能源汽车在未来10~30年将逐渐成为主流产品，将给汽车工业体系、能源体系、城市基础设施和交通系统信息化等多个领域带来全面影响。根据国际能源署预测，在一系列可行政策情景下，至2030年全球电动汽车销售规模为2300万辆，占销售市场份额16%，累计保有量超过1.3亿辆；在中国市场，电动汽车占销售市场份额有望达到28%，欧洲市场达到26%，加拿大市场达到29%，美国市场约为8%。根据麦肯锡公司预测，2030年美国存在1300万个充电桩建设需求，仅为电动汽车提供充电服务的能源优化服务行业产值就可达150亿美元；电动汽车的用户拥有总成本（购买和使用两部分成本）比同等级的燃油汽车低15%~25%。

5.3.3 新能源汽车的相关技术趋势

1. 充电基础设施

充电基础设施是新能源汽车推广应用的基础保障，随着我国新能源汽车规模的不断扩大，我国公共充电基础设施保有量也在高速增长。截至2019年年底，我国充电桩保有量达516396个（图5.3-8），4年时间增长了近9倍。私人充电桩70.3万个，总计全国充电桩保有量约121.9万个，车桩比由2015年的7.8∶1提高至2019年的3.5∶1。新桩建设速度明显加快，2019年前3个月公共充电桩月均新增1.7万个，对比2018年的9783个/月，提升了74%。新能源汽车推广与充电桩供给之间的矛盾有所缓解。

（1）充电基础设施存在结构性矛盾

在2015年10月印发的《电动汽车充电基础设施发展指南（2015~2020年）》中提出，到2020年，新增集中式充换电站超过1.2万座，分散式充电桩超过480万个，以满足全国500万辆电动汽车充电需求。后续相关解读中，简单地把480万个充电桩与500万辆电动汽车理解为1∶1的理想车桩比。地方政府在制定各自的新能源汽车规划和充电桩基础设施规划时，盲目套用1∶1的车桩比目标，造成地方实践片面追求增加充电桩数量，而不注重不同车型、不用应用场景实际需求的问题。从充电桩使用效率来看，2018年中国充电桩实际利用率仅有6%~8%，造成充电资源浪费的同时，也对运营商的盈利产生了严重冲击。从充电桩类型看，国内乘用车充电功率基本达到100千瓦，甚至150千瓦以上，商用车充电功率普遍在200~300千瓦，而目前主流充电桩功率处于30~100千瓦。因此，无论是消费者还是电动汽车的功率水平，建设的充电桩不能满足行业发展的需要。同时从领域来看，新能源运营车（公交车、出租车、网约车、专用车）与公共快充桩的车桩比还在扩大，由2016年的4.4∶1扩大到2018年的6.2∶1，反映出目前我国充电桩规模快速增长，但结构性

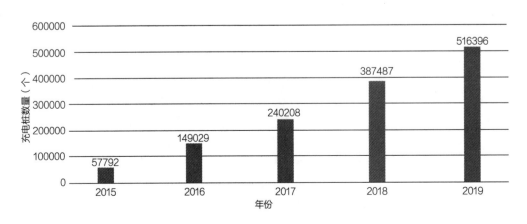

图5.3-8 2015~2019年公共充电桩保有量

矛盾却日益严峻。

（2）商业模式单一，运营商盈利困难

2014年5月，国家电网发布《关于做好电动汽车充换电设施用电报装服务工作的意见》鼓励和支持社会资本参与电动汽车充电基础设施建设后，民营资本开始涌入充电桩行业，特来电、星星充电等民营企业快速崛起。但从目前的运营效果来看，充电技术设施运营商普遍面临盈利难的挑战。现阶段充电桩运行商的收入主要来自于收取充电服务费，价格基本保持在0.4~0.8元/千瓦时，但是由于充电桩前期投资建设成本高昂，后期还要投入场地租借、运营的费用，加上"跑马圈地"的布桩模式和充电桩使用率低的现实，导致充电桩运行商持续亏损，除几家大型企业已经在某些城市实现运营成本收支平衡外，现阶段直流/交流充电桩普遍处于亏损状态。此外，由于充电桩技术门槛降低，充电服务竞争激烈，服务费水平难以提升，甚至出现恶性竞争、互相压价的现象。

（3）充电基础设施建设难度大

充电基础设施建设，特别是大功率的直流快充桩的建设，由于涉及城市规划、建设用地、建筑物及配电网改造、居住地安装条件、投资运营模式等方面，利益主体多，实际建设难度大。在私人乘用车领域，大量停车位不固定的用户不具备安装条件。对于具备安装条件的用户，存在业主委员会不支持和物业服务企业不配合的现象。此外，由于充电基础设施还涉及公共电网、用户侧电力设施、道路管线等改造，也增加了建设难度。

2. 充电与电力网络的协同发展

伴随着中国电动汽车保有量的快速增长，未来将带来纯电动汽车用电量与用电负荷的增长，这将直接对发电站、输配电网的规划布局产生深远影响。根据国网能源研究院的预测，在高比例电动化和快充技术普及的情景下，电动汽车无序充电将导致2035年电网峰值负荷可能增加13.1%。除电网负荷外，还会影响本地配电网的安全运行，现有居住区、直流快充的商业楼宇的配电变压器都将面临扩容的要求。城市电网扩容既面临投资成本高，也存在城市空间资源约束和影响全社会电价的问题。如何解决新能源汽车推广与电网升级改造之间的矛盾，是未来新能源汽车发展中的重要问题。

另一方面，我国新能源得到高速发展，可再生能源发电装机容量达到7.94亿千瓦，占到全部总装机容量的39.5%，发电总量占比达27.9%（图5.3-9）。在既定政策情景下，2030年中国可再生能源发电量占比预计达到51%。但以风电、光伏等为首的可再生能源随机性和波动性较强，电力系统供需平衡面临巨大挑战。虽然近几年有关部门通过多种手段努力，使得"三弃"（弃水、弃风、弃光）问题得到缓解，但形势依然严峻，发电侧对灵活电源、储能设施的需求不断增加。

新能源汽车以电池为驱动能源，具有交通工具和能源装置的双重属性。既可以作为灵活电源，也可作为可调节电网负荷，平衡峰谷电力的分布式储能装置。到2030年，在理想情况下，全社会电动汽车能够提供储能容量可达730GW，相当于2018年中国所有储能装机总量规模的23倍，是未来可再生能源灵活调节、吸收利用的巨大潜在资源。此外，电动汽车与电网的系统还具有一定的经济收益，不仅能够节省全社会与电网汽车在发电侧、输配电侧扩容的投资成本，电动汽车车主也能通过与电网协同的服务获得一定的经济收益，从而进一步降低电动汽车的全生命周期成本，促进新能源汽车进入良性循环发展。

具体而言，目前实现电动汽车与电网协同发展的方式有两种：电动汽车有序充电（V1G）和电动汽车双向充放电（V2G）。前者是基于峰谷电价或配电网变压器的负荷状态

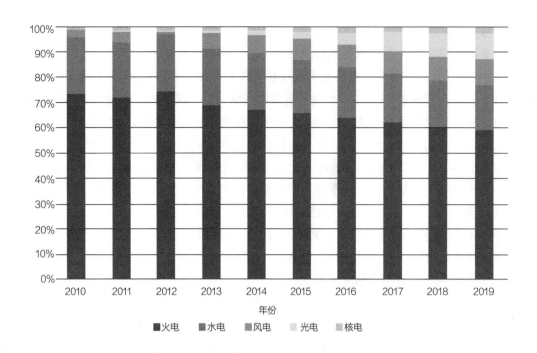

图5.3-9 2010-2019年全国电力装机结构

对电动汽车的充电时间、充电功率进行控制。在执行实施峰谷电价地区，用户可以自发响应调整充电时间，实现"削峰填谷"的效果。后者除峰谷电价外，电动车可作为分布式电源接入电网并返送电能，作为"虚拟电厂"参与电力市场交易，提供现货电力平衡、调频、调峰等服务。

目前，全球电动汽车和电网协同实践最多的国家主要是美国、英国和日本（表5.3-1）。美国作为最早开展"车网协同"试点的国家，目前在充电标准技术规范、应用场景、覆盖地域上日趋成熟。欧洲，由于技术成熟度高，市场化机制明显，目前电动汽车参与V2G的规模已经从10辆车向300辆车的规模扩展。据估算，美国一辆电动车V1G和V2G两种电网协同的平均收益为100美元/年和500～2000美元/年，电动汽车双向充放电具有明显的经济收益。

国际知名电动汽车与电网协同试点项目概览　　表5.3-1

项目名称	应用场景	协同方式	车辆类型	发起方
丹麦Parker项目	调频、现货电力平衡	V2G（直流）	私家车	丹麦科技大学、NUVVE、日产、三菱、ENEL等
美国空军基地试点（多州）	调频、需求响应	V2G（直流）	乘用车、轻型货车	美国国防部、美国东部和西部各个电力市场调度中心
美国电动校车试点（多州）	调频	V2G（交流）	校车	PJM市场等
夏威夷Jumpsmart Maui试点	需求响应（削峰）、延缓本地配网增容	V2H（直流）	私家车	夏威夷州政府、Maui电力公司、Hitachi公司、夏威夷大学等
德国REDISPATCHING试点	缓解输电线路阻塞	V2G（直流）/有序充电	电网公司运营车辆	TenneT、Mobility House、日产汽车
法国Grid Motion试点	调频、现货电力平衡、削峰填谷	V2G（直流）/有序充电	私家车、分时租赁车辆	PSA、Enel、Nuvve、DTU等

我国目前已在北京、上海、江苏等地开始进行"车网协同"试点应用，特来电、国网等充电基础设施运营商也不断加码对V1G和V2G两种电网协同的建设投入，目前的主要挑战有：

（1）市场机制不完善，峰谷电价刺激不明显

现阶段，我国电动汽车用户及其充电基础设施运营商无法直接参与电力市场交易，各类电力市场当前管制程度仍然较高，需要改革不断推进。此外，我国很多城市（如北京、苏州）对居民电价仍然采用阶梯电价或固定电价，实施峰谷电价机制的地区，峰谷电价比为3.2∶1，低于美国6∶1的平均水平，直接降低了峰谷电价收益的吸引力。

（2）技术环节存在阻碍，通信协议需要升级

由于车网协同涉及供电侧、用户侧、电桩侧等多主体的协调，最终的实现需要软件平台、硬件设备和通信协议全方位的升级。动力电池的电池衰减率、充电标准的执行、充电桩对双向放电和双向计量的技术支持、还包括"车—桩—网"电流与信息的交换标准都需要重新升级或建立。其次，目前我国充电桩通信硬件结构的国家标准都还不支持有序充电和双向充电放电，需要交流、直流充电桩的通信硬件接口与软件协议进行较大改动。

（3）用户认知度较低，商业模式缺失

有序充电和V2G对中国大多数新能源汽车车主仍是新鲜事物，电动汽车用户对有序充电的操作流程、收益成本、接受程度都处在认识了解阶段。虽然在理论上，基于有序充电的双向充放电的车网互动具有明显的经济效益和社会效益，但目前我国峰谷电价覆盖范围有限，各类电力市场化机制不充分，执行不彻底，导致参与有序充电各方无法覆盖成本并获利，市场积极性较低。导致商业模式的前景在缺乏政府统筹规划、消费者使用意愿不高的情况下仍不明朗。

3. 新能源汽车对低碳交通战略的支持

随着我国新能源汽车推广应用财政补贴逐渐退出历史舞台，"后补贴"时代开始更多关注新能源汽车运营使用阶段的政策支持。此外，空气质量已成为城市品质和竞争力的重要衡量指标，在《巴黎协定》的推动下，全球多个多家和城市制定了净零碳排放的可持续发展目标。占PM2.5本地源20%～35%的移动源排放在分布上也具有空间差异性。城市建成区特别是主城区，是移动源污染排放的集中地。双重推动下，设立城市低（零）排放区，被认为是能够促进消费者主动选择新能源汽车，减少城市空气污染的有效途径。其通过对机动车等交通工具专门设定污染物排放限值的燃料限制区，使区域内高污染车辆的使用受到限制。由于排放区更多强调促进重污染车辆向清洁能源、新能源车辆进行更新，有别于拥堵收费区，对控制城市交通拥堵的作用有限，更多在于促进特定区域内空气质量的改善。

国外部分低排放区实施案例　　表5.3-2

国家	数量	实施时间	限制车型	划分区域
意大利	101	工作日白天	所有汽车或重型货车	整个城市或大部分区域
德国	82	全天	柴油车和欧Ⅰ汽油车	城市大部分区域
法国	8	8:00～20:00	所有车型	城市大部分区域
英国	13	全天	所有车型	整个城市或大部分区域

续表

国家	数量	实施时间	限制车型	划分区域
瑞典	13	全天	3.5吨以上的货车	城市大部分区域
丹麦	8	全天	3.5吨以上柴油货车	城市大部分区域
西班牙	5	工作日	所有车型	城市大部分区域
挪威	5	全天	所有车型	城市大部分区域

低排放区在欧洲国家和城市较为流行（表5.3-2），截至2019年3月，共有14个欧洲国家在超过240个城市实施了低排放区。低排放区覆盖范围因城市和国家而异，超过85%的低排放区全天24小时实施，但也有一些城市的低排放区只在特定时间执行；大部分低排放区都限制高污染的重型货车的使用，也有一些低排放区涉及公交车、轻型货车、小汽车等其他车型。2017年9月，北京市设立载货汽车低排放区，拉开了该政策在中国实施的序幕，此后其他一些城市如唐山、临汾和阜新等也纷纷开始设立低排放区。

伦敦是全球设立低排放区最早的城市之一，作为交通拥堵收费方案的配套政策，于2008年1月开始实施低排放区政策，以应对伦敦城市空气污染的问题。此后对低排放区政策标准逐步提升，2017年实施的交通排污费和2019年实施的超低排放区，经历了从简化到复杂、从专项控制到全面覆盖的进程。低排放区总计1580平方公里，覆盖整个大伦敦地区，政策执行每天24小时不分节假日全年实施。2008年1月政策实施之初，对车载重12吨以上的货车实施欧Ⅲ标准。2008年6月开始对载重3.5吨以上的货车及5吨以上的公交车和长途汽车推行欧Ⅲ标准。到2012年1月，现有范围内车辆的限制标准进一步升级，更严格的欧Ⅳ标准开始实施，以面向重型货车、公交车、长途客运车等，未达标的车辆需交纳一天200英镑（折合人民币约1922元）的费用方可驶入。满足标准的车辆在低排放区行驶则不需要缴费。如不缴费而非法驶入低排放区则需根据车型和时间支付一天250～1000英镑不等的罚款（折合人民币约2403～9611.7元）。但有些车辆是有豁免权的，比如农业或农场用的机械设备、移动吊车、道路或建筑建设用的机械设备、1973年1月1日前生产的古董车、演出用车（如动物表演、马戏团、游乐场等）以及国防部使用的车辆。

从2008年推行后，低排放区政策取得了很好的成效，对改善伦敦市区空气质量（PM浓度）的贡献率达到2.46%～3.07%。驶入低排放区内的排放达标车辆也有明显改善，相比于2010年年末达标率的40%，2013年6月，进入低排放区的车辆中95%以上都已经满足相应的排放要求，促进了燃油车（特别是公共领域燃油车）向新能源汽车发展。

5.4 智能汽车与无人驾驶汽车技术概述

智能汽车是指搭载先进的车载传感器、控制执行器等装置，具备复杂环境感知融合、智能化决策、自动化控制等智能驾驶功能，并融合现代通信与网络技术，使车辆与外部节点间实现信息共享与控制协同，实现"零伤亡、零拥堵"，达到安全、高效、节能行驶的目标。智能汽车技术在解决交通安全、道路拥堵问题以及改善驾乘体验等方面具有巨大的发展潜力和广阔的市场前景。

伴随着人工智能、移动互联、大数据等新一代信息技术迅速发展，传统汽车正由人工操控的机械产品逐步向电子信息系统控制的智能产品转变，汽车智能化、网络化成为未来汽车发展的显著特征。在由国家发展改革委、工业和信息化部等11个国家部委于2020年2月联合下发的《关于印发〈智能汽车创新发展战略〉的通知》中，将智能汽车定义为通过搭载先进传感器等装置，运用人工智能等新技术，具有自动驾驶功能，逐步成为智能移动空间和应用终端的新一代汽车。智能汽车的发展有望改善道路驾驶安全、提高交通运行效率、解决交通问题。目前，众多汽车厂商及互联网科技公司都致力于智能汽车技术的研究，具备自动驾驶及联网通信功能的智能汽车（如Waymo、特斯拉电动车等）已纷纷上路测试。

自20世纪80年代起，尤其从2004年召开的第一届DARPA智能驾驶挑战赛开始，智能驾驶技术飞速发展。DARPA全称为美国国防部先进研究项目局（Defense Advanced Research Projects Agency），迄今共举办了3届智能驾驶挑战赛。在第一届挑战赛中，获胜的条件为智能驾驶汽车在完全无人控制的情况下，在10小时内走完一条230公里长的沙漠赛道。遗憾的是，最终没有任何参赛团队完成比赛。在第二届挑战赛中，要求车辆走完一条200公里左右的野外道路，其中包括3条狭窄隧道、100余个急转弯以及一段山区悬崖走廊，最终共有4组参赛队伍完成比赛，斯坦福大学改装的Stanley智能车共用7个半小时到达终点，完成了全程障碍赛，另有卡内基梅隆大学的Sandstorm以及H1ghlander智能车也走完了全部赛程，分列二、三位。

在城市道路环境中，安全行驶是一项更富有挑战性的智能驾驶任务。2007年举办的第三届DARPA"城市挑战赛"在城市道路环境中展开，其中包含交叉口转向、高速公路上匝道汇入等驾驶任务，同时，参赛团队还被要求遵守加利福尼亚州当地的交通法规。最终共有6组团队完成比赛，其中卡内基梅隆大学的Boss智能车获得第一名。

尽管三届DARPA挑战赛中所涉及的交通环境与驾驶任务较为简单，但DARPA挑战赛的比赛内容与参赛团队展示出的车辆智能化能力，被认为是智能汽车技术发展的里程碑。每一届获奖团队均采用了新颖独特的定位、感知、规控硬件解决方案与算法解决方案，极大地推动了智能驾驶技术发展。获奖团队中涌现出的技术人才，如Sebastian Thrun等，之后也成为智能驾驶汽车领域的翘楚。

为了定量化智能驾驶汽车的自主驾驶能力，目前已知的智能驾驶分级标准包含由CAAM（中国汽车工业协会）、NHTSA（美国高速公路安全管理局）、SAE（美国机动车工程学会）各自制定的标准，其中由SAE制定的L0～L5六级分级标准是目前国际上通用的标准。SAE是当今汽车以及航空行业的顶级标准制定组织。随着汽车行业自动化系统技术的不断提升，为了能够更加正确地引导自动驾驶汽车行业的发展，SAE对参照标准进行了多次更新。第一版智能驾驶分级标准SAE J3016于2014年1月发布，用以明确不同级别自动驾驶技术之间的差异性。2016年9月，美国交通运输部发布了关于自动化车辆的测试与部署政策指引，明确将该标准确立为定义自动化/智能驾驶车辆的全球行业参照标准，用以评定智能驾驶技术。此后，全球诸多汽车行业相关的企业也采用了SAE J3016对自身相关的产品进行技术定义。最新修订版《标准道路机动车驾驶自动化系统分类与定义》SAE J3016（TM）于2018年6月15号发布，如表5.4-1所示展示了SAE针对智能驾驶汽车提出的分级标准。SAE智能驾驶分级系统以人类驾驶员介入程度与其所需的注意力关注方式为准，L2及以下等级的智能驾驶可统称为低等级智能驾驶，如其中L0为无任何车辆控制机器干预能力的驾驶，即无智能驾驶功能。从L1级开始，车辆开始装备各种初级驾驶辅助系统（Advanced Driving Assistance System，ADAS），如车辆巡航、防抱死刹车系统、稳定控制系统。L2级智能驾驶汽车拥有高级驾驶辅助功能，如前向避撞、前向避障等。目前大量量产车已装备L2及以下智能驾驶功能。然而，智能驾驶真正的挑战从L3级开始。

L3级为限定范围的自动驾驶，在常规驾驶环境中，人类驾驶员可将注意力放在除驾驶任务以外的其他任务上，但是，在车辆预警时，驾驶员需要迅速接管车辆控制，但是L3级车辆仅可在限定的运行设计域（Operational Design Domain，ODD）中运行。从L4级开始，便无需人类驾驶员的介入。L4智能驾驶车在限定ODD中可无需人工接管。L5为最高级的智能驾驶，该级别智能驾驶车在任何驾驶环境中都不需要人类驾驶员的接管，可以实现全地域、全天候的自动驾驶，熟练地应对地理、气候等环境的变化，即使面对各类极限工况和激烈驾驶，也能够顺利过关。毋庸置疑，智能驾驶的终极目标是实现L5级能力。而本章节有关智能驾驶的介绍，聚焦于L3级以上的智能汽车，更具体地说，是高等级智能驾驶汽车，或称为无人汽车。相较于低等级智能驾驶，高等级智能驾驶是目前业界和学界正大力研究的领域。

SAE智能驾驶汽车分级标准　　　　　表5.4-1

等级	形式	转向、加减速控制	对环境的观察	激烈驾驶的应对	应对工况
L0	人工驾驶	人类驾驶员	人类驾驶员	人类驾驶员	—
L1	辅助驾驶	人类驾驶员+机器系统	人类驾驶员	人类驾驶员	部分ODD
L2	半自动驾驶	机器系统	人类驾驶员	人类驾驶员	部分ODD
L3	高度自动驾驶	机器系统	机器系统	人类驾驶员	部分ODD
L4	超高度自动驾驶	机器系统	机器系统	机器系统	部分ODD
L5	全自动驾驶	机器系统	机器系统	机器系统	全部

高等级智能汽车，尤其是L4级以上的智能驾驶汽车，目前仍然面对着技术、成本、法律法规这三方面的制约。如Waymo的Robo-taxi与通用的Cruise AV，目前都还停留在试验阶段，在实际的运行中依然存在着行驶速度慢、复杂路况停摆、超车缓慢等问题。并且智能驾驶汽车设计研发的产业链覆盖广，需要整体产业模式的创新、开发成本高，目前的技术成熟度、商业可行性都尚未成熟。同时，智能驾驶汽车交通事故的责任划分也为现有法律体系带来巨大的挑战。在现有《道路交通安全法》中，"机动车驾驶人"及交通事故责任主体"机动车一方"未包括智能驾驶汽车，这使得L3级及以上的智能驾驶汽车的上路受到很大的限制。同时，由于智能汽车驾驶涉及领域众多，涵盖了汽车、通信、交通等不同领域，随着高等级智能驾驶汽车的不断发展及其渗透率的提升，将对现有的交通管理方式、人们的出行方式以及社会经济发展产生深远的影响。在本章余下的小节中，将针对高等级智能驾驶汽车的技术发展以及智能驾驶汽车的潜在影响这两个方面，分别展开论述。

5.5 智能汽车和无人驾驶汽车关键技术

除去一些端到端的智能驾驶系统以外，在现有的大部分智能驾驶系统中，智能驾驶功能被细化为较小的功能组件，每一类功能组件由一系列传感器硬件或智能算法实现，最终通过数据接口将所有的功能组件按照既定业务流程顺次组合，形成完整的智能驾驶系统。图5.5-1展示了一个常见的高等级驾驶汽车的功能架构。智能汽车的功能大体可分为感知系统和决策控制系统，而感知系统又可分为许多小的功能模块，如车辆定位、路网匹配、移动物体检测、交通信号检测等。决策控制系统亦可分为宏观路径规划、微观路径规划、行为选择、动作规划、避障、车辆控制等。将从感知技术、决策控制技术两个方面论述智能驾驶汽车的关键技术。

5.5.1 感知技术

智能驾驶感知系统的主要任务是利用激光雷达或摄像头等传感器精确感知周围动静态物体，并精准定位本车位置，然后将感知信息融合处理后的相对或绝对位置、速度等信息发送给决策控制模块。

1. 定位

定位模块负责计算相对于静态地图或静态道路设施的自动驾驶汽车的姿势。常规的定位工具，如全球定位系统（Global Positioning System，GPS），无法适用于城市自驾车，尤其是在被大型建筑物遮挡的道路或隧道中，GPS无法准确对车辆进行定位。因此，目前业界主要采用以下三种方法实现对智能汽车的定位：基于激光雷达（Light Detection and Ranging，LiDAR）、基于LiDAR+摄像头以及基于摄像头。

仅依赖于LiDAR传感器的定位方法可提供较高的测量精度，且激光雷达可提供结构化点云数据，数据总体而言易于处理。如Wolcott和Eustice提出了一种概率定位方法，该方法将驾驶环境建模为高斯混合多分辨率图。其中，高斯混合多分辨率图由多层LiDAR（Velodyne HDL-32E）测量的场景下的高度和反射强度分布辨识组成。该方法采用扩展卡尔曼滤波器定位算法来估计汽车的姿态。结果显示，该方法在恶劣天气下的定位估算误差约为0.15米。然而，相较于摄像头，单纯使用LiDAR的定位解决方案硬件成本极高。

为了降低智能汽车感知模块的硬件成本，可采用LiDAR+摄像头的融合解决方案，其中LiDAR数据仅用于构建地图，而摄像头数据用以估计智能驾驶车相对于地图的位置，这种做法在一定程度上降低了车辆硬件成本。Xue等人提出了一种将立体图像与3D点云图匹配的定位方法，运用该方法在实际场景的数据上进行评估，位置估计误差在0.08~0.25米。单纯基于摄像头的定位方法可以进一步降低硬件成本，特斯拉公司的Autopilot软件即完全

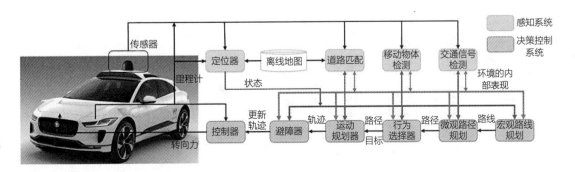

图5.5-1 智能驾驶汽车功能架构

采用摄像头对车辆进行定位，然而其可提供的定位精度也较差。

2. 道路匹配

道路匹配系统负责收集无人驾驶车周围的道路和车道的信息，并将这些动静态信息动态标识在具有几何和拓扑属性的地图中，地图通常可采用度量图或者拓扑图的形式表示。

其中度量图主要通过网格地图完成。网格地图是将环境离散化为固定大小的网格，每个网格包含关于该网格是否属于道路的基本信息，以及移动至其相邻区域的成本。道路网格地图相对简单易懂。但是，使用网格表示地图会浪费大量存储空间和处理时间。

拓扑图通过路径点（waypoints）序列来描述路段或者车道中心点的轨迹。路径点序列可以手动定义或从道路网格地图中半自动化提取。在2005年第二届DARPA挑战赛中，官方提供的地图格式为路线数据定义文件（Route Data Definition File，RDDF），即为一种采用路径点表示路段信息的拓扑图格式。它包含了路径点相对坐标以及其他信息，如经纬度、高程等。在2007年第三届DARPA城市挑战赛中提出了路线网络定义文件（Route Network Definition File，RNDF），这是一种更为详细的拓扑图。在RNDF中，每个路段包括一个或多个小路段，其中每个小路段包括一个或多个车道。小路段对象包含车道数、街道名称和速度限制等信息，而车道对象包含车道宽度、标志标线等信息。车道之间的连接以出口和入口路径点表示。

高清地图（HD maps）是新一代的拓扑图，其具有厘米级的定位精度，并包含丰富的信息，如车道位置、道路边界和道路曲率的信息。由于创建高清地图的成本很高，智能驾驶汽车研发公司通常使用高清地图平台供应商提供的服务，如谷歌、HERE、TomTom和苹果均有高清地图服务。创建高清地图的主要方法包括采用绘图车或从低空航拍影像中提取道路形状并进行手动打标。然而，大型/超大型城市道路网络复杂，人工打标需要消耗大量的人力物力，从成本控制的角度上来说已经无法实现。为此，有研究提出了从LiDAR点云或图像文件自动生成道路地图的方法。如Wegner等使用高阶条件随机场的方法，通过将图像分割成超像素并添加这些超像素的链接路径，对道路网络的结构进行自动打标。

3. 物体追踪

移动物体跟踪（Moving Objective Tracking，MOT）子系统主要负责检测和跟踪自动驾驶车周围环境中移动障碍物的姿势。该子系统保证自动驾驶车辆能够做出最优轨迹规划决定从而避免与移动物体（如其他车辆、行人等）发生碰撞。移动障碍物的位置通常是通过测距传感器捕获的数据来估算的，如LiDAR或摄像头均可作为测距传感器。现有的MOT方法主要可分为6类：传统MOT、基于模型MOT、基于立体视觉MOT、基于栅格图MOT、基于传感器融合MOT和基于深度学习MOT。有关移动物体追踪方法的综述可参考。

5.5.2 决策控制技术

1. 全局规划

当得知离线地图上定义的终点位置后，智能汽车将通过全局规划功能得到从起点到终点的最优路径，其中全局规划类似于目前流行的地图导航，全局路径是在离线地图上一系列贯序的路径点（way points）的集合。

全局规划可以被抽象理解为在有向图中寻找最短路的过程。全局路网可被简化为由一些点（即路点）和一些连接两点的线（即路点连线，或路段）的集合，而线被附以该路段通行成本的权重。传统的最短路算法，如Dijkstra、A*等，由于其运算复杂度较高，在大路网中往往无法满足运算实时性要求。

近十年来，最短路算法在计算复杂度上已取得了长足的进步，新的最短路算法，包括目标导向算法（goal directed，如A*这一类以终点为目标精炼搜索范围的算法）、分割算法（separator-based，其主要思想是从有向图中删除一些点和线，从而减小搜索范围）、分层算法（Hierarchical，即将道路分为不同的等级，先将车辆引导至高等级路段上进行长距离行驶，在靠近终点的位置切换至低等级路段上行驶）以及有界跳跃算法（bounded-hop，即预先计算好两点之间的距离和时间，计算时直接查表，以空间换时间）。

目前融合以上各种方法的全局路径规划算法已较为成熟可靠，可在毫秒级运算时间下找到点A至点B的最优路径。如REAL算法融合了REACH分层算法以及ALT目标导向算法（A*，Landmarks，and Triangle），CHASE算法融合了CH（Contraction Hierarchies）算法以及Arc Flags目标导向算法，均可达到毫秒级运算效率。

2. 本地规划

当获得全局路径之后，基于车辆当前状态、本地驾驶环境与交通规则，考虑到下一时刻的全局路径规划，智能汽车通过本地规划模块计算出最优行驶路径，即在高精地图上的一系列贯序的姿态集合，从而避免与静态或动态障碍物碰撞。因此，本地规划也可理解为是短时的路径规划。本地规划算法主要可分为5种类型，即图搜索法（graph-based planners）、基于随机采样的方法（sampling-based planners）、曲线拟合方法（Interpolating curve planners）、数值优化的方法（optimization-based planners）以及深度学习方法（deep-learning based planners）。

图搜索法采用与全局规划中图论中的最短路算法相同，如Dijkstra或A*算法。然而，该类方法的输出为离散轨迹而非连续轨迹，从而容易导致轨迹突变。基于随机采样方法的综述可见"Elbanhawi and Simic"，简单地说，该类方法通过随机采样的方法在C-SPACE中探索其连通性，具体方法包括RRT（快速随机搜索树）、PRM（概率图）、RRT*等。由于随机采样法仍然无法处理轨迹连续性的问题，所以仍然容易产生轨迹突变。曲线拟合法将规划轨迹拟合为已知形式的曲线，如贝塞尔曲线、多项式曲线、回旋曲线以及样条曲线等。曲线拟合法可以生成连续的轨迹规划，即更为舒适的光滑曲线，然而其计算复杂度相较前两种方法较高。数值优化可用以提高已知轨迹的质量，如采用非线性优化的方法提升A*算法生成的轨迹质量。近年来随着人工智能的发展，基于深度学习以及强化学习的本地路径规划方法开始涌现，如采用卷积三维神经网络基于雷达点云数据，直接生成未来轨迹路径。总体来说，基于深度学习的方法是未来发展的趋势之一，但需首先解决其泛化能力、数据来源等问题。

最近，端到端（end-to-end）驾驶功能开始涌现，并成为上面提到的模块化系统框架的重要替代方法。端到端学习将感知信息视为输入，将控制指令作为输出，囊括从定位、规划、决策等所有功能。在端到端驾驶中，会大量运用到深度学习模型。

5.5.3 高等级智能驾驶测试技术

尽管智能驾驶技术发展日新月异，现有的智能驾驶汽车尚无法在城市中可靠安全运行，目前也没有量产的L4级以上高等级智能驾驶汽车问世。究其原因，现有的智能驾驶汽车的运行安全性仍然无法得到保障，媒体可见大量由智能汽车导致的伤亡事故的报道。

高等级智能汽车当前已步入规模化测试和示范应用阶段。然而，Uber、Tesla等智能汽车事故表明，高等级自动驾驶汽车的安全性测试仍是其商业化应用急需解决的核心技术难题。相比传统车辆和装备有ADAS功能的低等级智能汽车，高等级智能汽车安全性测试面临测试对象与测试标准的全新变化和挑战。

测试对象方面，高等级智能驾驶汽车运行时人类驾驶员不再始终拥有车辆的运动控制权，智能驾驶系统成为驾驶环境监测和车辆运行控制的主体。高等级智能驾驶汽车的测试重点从传统车辆的机械动力性能、碰撞安全性能测试转向于车辆在复杂驾驶环境中的运行安全性，测试对象由"车"（车辆本体性能）转向"车+人"（驾驶能力和行为安全）。正如Waymo公司首席执行官John Krafcik所言，高等级智能驾驶汽车研发重点在于"创造更好、更安全的驾驶者"。

测试标准方面，高等级智能驾驶技术作为下一代交通系统的核心，公众对其安全性有着较高期许。目前高等级智能驾驶汽车的安全性测试标准分两大类：（1）采用相对安全的测试标准，以人类驾驶员的平均事故率作为评估指标，要求智能驾驶汽车事故率显著低于人类驾驶员；（2）借鉴高安全性等级要求的自动化系统，如航空航天、医疗设备等，以绝对安全的失效率为评估指标（比第一类评价标准更为严格）。兰德公司研究表明，若采用上述第一类测试标准，由于交通事故的小概率、偶发特征，验证高等级自动驾驶汽车比人类驾驶者的安全性能高，需进行88亿英里公开道路测试，这需要100辆车、全天24小时连续测试400年。

海量测试里程、超长测试周期等因素导致传统基于里程的（Distance-based）车辆测试手段不再适用于高等级智能驾驶汽车，场景化测试（Scenario-based testing）成为主流思想，并催生新的测试方法论。高等级智能驾驶汽车场景化测试的核心在于定向构建高需求测试场景，以解决公开道路测试中场景随机、大部分场景重复、边界场景难以覆盖等引发的超长测试周期难题。其中，高等级智能驾驶汽车高测试需求场景包括高风险场景（Known Unsafe）、能力极限场景（Edge Case）和未知风险场景（Unknown Unsafe）等。

场景化测试可基于虚拟测试平台或封闭场地开展，不同测试手段的优势对比如表5.5-1所示。虚拟测试（包括软件在环、硬件在环、驾驶人在环、整车在环，本节主要指软件在环测试）由于其测试场景可定制、测试数据全息、测试效率高，已成为HAV安全性验证的核心手段，是近年来学术界的研究热点。

高等级自动驾驶汽车主流测试手段优势对比　　　　表5.5-1

测试手段 评价角度	虚拟测试	封闭场地测试	公开道路测试
测试场景构建	场景可定制、可控，构建成本低、速度快	场景可定制、可控，构建成本高、速度慢	测试场景随机、不可控
测试场景覆盖度	自主定义测试场景，场景覆盖度高	场景数量受限于封闭场地基础设施；场景覆盖度低	大部分场景重复、无效；场景覆盖度难以评价
数据全面性	基于测试平台直接提取全息测试数据，数据全面、精度高	基于预先布置的监控设备提取数据，数据较全面	交通参与者行为数据采集难度大、精度低
测试效率	支持多车协同测试，测试效率高	同时测试对象数量受限，测试效率低	海量测试里程、超长测试周期

场景化虚拟测试即在虚拟环境中构建高等级智能驾驶汽车整车系统级仿真模型，并将其暴露于预先设定的测试场景中，获取高等级智能驾驶汽车的行为表现以开展安全性评估。典型高等级智能驾驶汽车场景化虚拟测试的流程如图5.5-2所示，包含测试需求分析、测试场景获取、测试优化、工具测试等阶段。其中，场景获取基于高等级智能驾驶汽车设计运行区域（Operational Design Domain，ODD）开展测试需求分析，并结合多源数据开展测试场景的提取与重构，形成测试场景库。测试优化方法需针对海量场景的快速测试难题，通过测试场景参数化建模，提高场景测试效率、保障测试场景覆盖度。虚拟工具测试阶段则面向高等级智能驾驶汽车整车系统级的安全性验证需求，围绕高等级智能驾驶汽车的环境感知、规划决策和运动执行等功能模块，构建一体化、高可信仿真平台，并自动加载测试场景，执行测试。最终，高等级智能驾驶汽车在各测试场景中的行为表现将汇总于测试结果数据库，用于高等级智能驾驶汽车安全性评价。在分析HAV虚拟测试应用难点的基础上，余荣杰、田野等提出了HAV仿真即服务（Simulation as a Service，SAAS）理念及其系统架构，即可以满足场景自动生成与导入、复杂背景交通流导入、测试自动化、能力评价诊断这四种功能的仿真测试工具赋能能力。

5.5.4 智能驾驶的行业发展

智能汽车领域的飞速发展离不开全世界学界与业界的共同努力，本节将着重介绍国内外智能汽车领域的主要厂商。目前全球各大厂商，包括车辆主机厂、感应器厂商、大科技公司、出行服务供应商、车辆零部件供应商等，已纷纷进入这个庞大的市场，积极开拓新赛道。

谷歌的智能汽车项目起始于2009年，2009～2014年间其项目负责人是Sebastian Thrun（2005年第二届DARPA挑战赛第一名斯坦福大学Stanley团队领导人）。2016年谷歌无人车项目从Google X实验室剥离，单独成立了著名的Waymo公司（2018年估值1750亿美元）。与一般的智能汽车不同，Waymo智能驾驶汽车没有方向盘和刹车，它采用激光雷达生成主车附近的高清地图，采用雷达检测远距离目标及其运动速度，同时采用高清摄像头获得视觉信息，如交通信号灯等。

百度是目前我国国内智能驾驶领域的主要参与者，除了开发自己的智能驾驶车，百

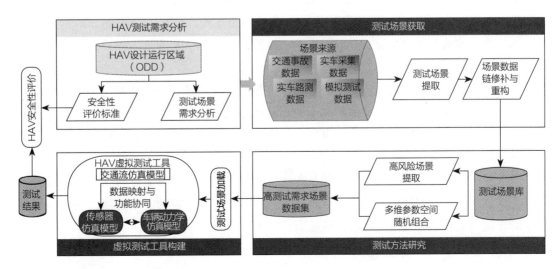

图5.5-2 HAV场景化虚拟测试流程图

度同时推出了开源自动驾驶架构项目Apollo。Apollo项目包含感知模块、高精地图、规划控制模块等。Apollo项目的目的是为主机厂、供应商以及科研机构提供全栈解决方案以及信息交互平台，目前已有一些知名厂商加入了Apollo项目，如TomTom、Velodyne、博世、英特尔、福特、英伟达等。除百度以外，Sebastian Thrun创办的Udacity也在致力于提供开源智能驾驶解决方案。

Uber是世界第一大出行服务供应商，其于2015年与卡内基梅隆大学合作研究智能驾驶。2018年，Uber研制的智能驾驶车在美国亚利桑那州发生车祸，导致一名行人死亡，这也是无人驾驶发生的第一次致死事故。事故发生在夜晚，现场只有路灯照明，当时车辆行驶速度为60公里/小时，行人正违章横穿马路。事故导致Uber智能驾驶车在亚利桑那、旧金山和匹兹堡的自动驾驶路测项目全部暂停运行。

特斯拉是一家成立于2003年的电动车公司，2015年，特斯拉电动车开始提供Autopilot软件，Autopilot完全基于摄像头感知，可实现车道控制、换道、下匝道通行、自动停车等多种自动驾驶功能。华为目前也在智能驾驶领域开展布局，已研发出华为MDC600等全栈智能驾驶解决方案（包括硬件和软件），已在东风、奥迪等厂商的自动驾驶汽车上推广应用。除以上公司以外，还有包括英伟达、英特尔Mobileye、福特、通用、奔驰、丰田等国外厂商以及滴滴、美团、地平线、小马智行、文远知行、京东、上汽、Momenta、图森等国内厂商涉及智能驾驶领域中的各个方面的业务。

5.6 智能驾驶技术对交通系统的影响

5.6.1 智能驾驶与交通管理

智能驾驶将为交通管理带来深远的影响。在一个智能驾驶渗透率达到100%的世界中，交通管理问题将从管理问题完全转换为技术问题，即智能汽车既可作为浮动车承担信息采集工作，又可以完全遵守并完美执行交通管理者提供的各种路径规划、轨迹规划。交通管理者至此面对的是一个全息感知和遵从度为100%的管理问题，交通管理从此可以不再依靠预测和概率，管理措施成功与否不再凭运气。

1. 人类驾驶员损益分析

从长远上看，智能驾驶将重新定义"驾驶"这一行为。在L3级以上的智能驾驶中，车辆本身将承担驾驶活动中的大量高复杂度的任务，而人类驾驶员将逐渐将驾驶任务放权给机器。即使是最低等级的智能驾驶，如L1级的智能驾驶，也能处理一部分由于人类能力，如盲点、疲劳、过激反应等造成的失误。智能驾驶技术给驾驶带来的益处，主要可以分为以下三个部分：

（1）全息感知。智能驾驶汽车可以对车辆周围驾驶环境进行快速精准感知，并且有能力将感知信息及决策信息快速传递给周围的车基设备或路基设备。

（2）无疲劳驾驶。智能驾驶汽车可以完全消除由于疲劳驾驶、分心驾驶以及酒驾带来的各种事故。

（3）更短的反应时间。与人类驾驶员相比，智能驾驶汽车拥有更短的反应时间。智能驾驶汽车更短的反应时间以及更快的计算速度可以降低驾驶环境的安全裕度，如可以适应更窄的车道或者在学校慢行区域较快速通行。

尽管智能驾驶汽车可以给驾驶员带来以上益处，它也同时会给驾驶行为带来一定风

险,如:

(1)信息安全。智能驾驶汽车与现有人类驾驶汽车不同,其软件部分的价值较高,软件架构也较复杂,因此容易受到信息入侵。

(2)事故责任划分。智能驾驶汽车,尤其是L4级及以下的智能驾驶车在运行过程中,人类驾驶员和机器共同分担驾驶任务,因此事故责任的划分需要仔细考量。

(3)可靠性。在极端情况下,如极端天气,L1~L4级别智能驾驶车的感知能力下降,进而导致系统可靠性下降。

(4)人机切换复杂性。在低等级与高等级智能驾驶车分割的区域,如L2~L3等级,智能驾驶尚无法在大部分ODD中顺利运行,因此,需要高频度的人机切换。人机之间无缝的切换需要有用户友好且顺畅的人机交互界面。

2. 对交通安全的影响

94%的交通事故是由于人为因素导致的,而智能驾驶汽车可以在一定程度上消除这些由于人为因素导致的事故。当然技术革新或者系统升级之后,由于人类的接受度导致的诱导风险,如在智能巡航功能上线的一段时间内,由于人类驾驶不再关注于巡航状态下的路面信息,事故率可能不降反升。智能驾驶技术的应用可能会导致除智能驾驶车以外的交通参与者的逆向行为,如非智能驾驶车根据经验得知智能驾驶车行为趋向于安全保守,因此有可能在智能驾驶车周围做危险驾驶动作,如紧急侧向插入等,反而导致事故率升高。又如,行人、自行车可能在智能驾驶车渗透率较高的情况下选择更为危险的轨迹穿越交叉口,反而给智能驾驶车带来更危险的驾驶环境。这些所谓的诱导风险(induced risk),甚至有可能会抵消智能驾驶技术带来的交通安全性提高。因此,在分析智能驾驶带来的安全性提高的时候,也需要将诱导风险考虑在内,即考虑其余交通参与者或其他品牌智能驾驶汽车的策略性反应。

3. 对交通基础设施的影响

智能驾驶将同时改变道路基础设施(如路面、信号灯、标志标线等)以及通信基础设施(如线圈、通信系统、信号控制机等)。其中现有的道路基础设施的规划目标是服务人类驾驶员,而在智能驾驶时代,大量针对人类驾驶员设计的基础设施,可以被替换甚至取消。另一方面,由于智能驾驶汽车一定程度上依赖于路基传感器获取全息感知信息,因此,路基传感器在道路基础设施中的比重将提升,如摄像头、雷达探头等。

4. 对交通管理的影响

随着智能驾驶技术的日渐成熟,以下交通管理方法可能会因此得到进一步的发展:

(1)出行者信息系统。出行者信息可以通过智能驾驶的网联功能进行快速传播,拥有网联功能的智能驾驶可以更高效快速地遵从路径导航到达终点,可以有效避开事故拥堵路段,减少路网整体拥堵。因此,针对现有的出行者信息系统硬件设备,如可变交通信息板等的需求会大幅下降。同时,智能驾驶汽车会导致出行者时间成本大幅下降,即出行者可以在车内工作、休闲等,因此,智能驾驶技术将使得系统最优路径分配成为可能,从而可以充分利用路网时空资源,提升路网整体通行效率。

(2)交叉口无信号控制。当车辆能完全实现自动驾驶与网联驾驶时,会完全颠覆现有的基于排队的交叉口信号通行方式。现有交叉口信号控制可能转由基于车辆实际通行需求的高频度控制方法,即根据路口实际车辆需求高频度调配信号灯红绿状态。甚至可以实现无信号自动控制交叉口(或称智能控制交叉口,Autonomous Intersection Management,

AIM）。在一个理想化的AIM中，高等级智能驾驶汽车渗透率达到100%，有着各种转向需求的车辆均能在交叉口同时通行。有研究通过仿真的方法对无信号控制交叉口的通行能力进行分析，结果表明，相较于现有信号控制交叉口，AIM下的通行能力可以提高90%。

（3）高频可逆车道管理。现有的潮汐车道管理的方向改变频率往往为2～3小时，无法完全满足高频动态变化的交通需求。智能驾驶汽车，尤其是装备有网联功能的自动驾驶汽车，可以快速接收车道方向信息，并通过边缘计算完成在高频时变的可逆车道环境下的最优运行轨迹计算。在理想状态下，未来可以实现高频可逆车道管理（Dynamic Lane Reversal，DLR），如每6秒依据当前道路双向车辆占有率信息，动态定义车道运行方向，以期最大化利用道路时空资源。有研究表明，DLR可以有效提升路段运行效率，相对流量提升比例可达20%以上。

5.6.2 智能驾驶与未来出行

在高级智能驾驶或无人驾驶时代，驾驶或出行不再是一个枯燥的任务。相反，乘客可以在智能汽车上处理公务、娱乐、甚至惬意地休息。总体来说，智能驾驶会降低对公路交通快捷性的需求。比如，一段需要8小时车程的出行，出行者在当下可能会选择火车出行或者飞机出行。而在智能驾驶时代，出行者可选择在深夜乘坐无人车出行，在车里休息一夜，第二天早上达到。因此，智能驾驶将不仅仅改变个人出行方式，甚至会影响轨道交通、飞机以及公共交通等其他出行方式。同时，智能驾驶可以将自主出行权利赋予原本受限于身体而无法驾驶的人士，如老人、小孩、残障人士，出行需求将进一度得到挖掘。

智能驾驶将通过改变未来人类的出行方式，重构我们所认知的世界面貌。目前已有大量学者对依托于智能驾驶的未来出行进行了预测，本节将从家庭拥车数量、车公里数、用地规划等方面进行文献综述。

1. 智能驾驶对拥车数量和车公里数的影响

相较于现在使用频率不高的私家车，共享智能车（Shared Automated Vehicle，SAV）可以连续无间断运行，研究人员采用智能体仿真模型对由共享智能汽车主导的未来出行服务市场前景进行预测，研究结果表明一辆SAV可以代替11～14辆现有私家车。这等同于说，在智能驾驶时代，如果不考虑私有智能驾驶车（Private Automated Vehicle，PAV）的存在，社会总拥车量将减少超过90%。

也有研究对PAV未来拥车量进行估计。研究结果表明，当智能驾驶车完全量产之后，美国家庭平均私有拥车量将从2.1辆降低至1.2辆，即43%的总量降低。采用出行起始时间作为预测分析的锚点，Zhang、Guhathakurta对美国亚特兰大地区的居民出行行为搭建了智能体仿真模型，模型运行结果表明该地区大约有18%的家庭在智能驾驶时代会减少拥车数量，如果每一次出行的到达时间都有15分钟的冗余度的话，则会有24%的家庭减少拥车数量。同时，回归结果表明，相较于低收入人群，富人会更倾向于主动减少拥车数量。

尽管拥车数量会大幅减少，针对车公里数而言，Zhang、Guhathakurta的模型运行结果表明，由于需要经常空载返回，导致产生大量空载里程，在基于家的工作通勤出行总量不变的情况下，由于基于家的工作出行导致的社会总车公里数（Vehicle Mile Traveled，

VMT）会有13%的增长，且VMT的增长不仅仅局限在平峰期，高峰期的VMT也有相应的增加。有大量学者认同在智能驾驶时代VMT会有可观增长，如Childress、Nichols认为高等级智能驾驶汽车带来的VMT增长介于3.6%～19.6%。Zhao、Kockelman认为其带来的VMT增长会超过20%。VMT的增长，尤其是高峰期的VMT增长，势必导致更严重的拥堵以及能源消耗成本。因此，为了应对智能驾驶导致的诱导需求、VMT增加以及相应的拥堵问题，管理者需要综合运用各种交通需求管理手段，包括鼓励公交出行以及拼车出行等。有预测性研究认为如果可以大力推广SAV，减少PAV，新生成的20%左右的VMT增量可能被减少或者甚至完全抵消。

2. 智能驾驶汽车与用地规划

在智能汽车时代，城市的面貌将被重塑。其中，对于城市停车系统来说：（1）智能驾驶汽车在将乘客送达后可自行返回家中；（2）SAV可以不间断地在道路上运行。因此，对停车位的需求会不断缩小，原本的停车设施，包括大型商场的地下停车空间、街面停车空间、地上升降式停车场等空间可以被大量释放，并被替换成商住空间、公园绿化等。报告表明美国共有停车位约7亿个，其中每个停车位的平均土地价值为6300美元，共计44100亿美元。学者指出，若智能驾驶汽车可每年释放全美国1%的停车位空间，则这1%对应的土地价值高达420亿美元。

由于高等级智能驾驶汽车导致的车辆运维成本的变化与出行成本的变化，会进一步影响人们的出行方式，并重塑人们的职住方式。大量研究表明，考虑到保险、维修、燃料等成本的下降，SAV每英里的平均成本为17～40美分，而目前常规汽车的成本在每英里75美分左右。除了可以降低车辆运行的里程成本，考虑到乘客在智能驾驶车中可以进行除驾驶以外的其他任务，如工作、休息、休闲等，乘客的车内行程时间成本（In-Vehicle Travel Time，IVTT）会大幅下降。因此，总体而言，智能驾驶汽车能带来大幅度的车辆运行成本下降。

在经典的基于离散选择模型的职住地选择模型中，通勤出行成本对可选地点的效用有极大的副作用，即通勤成本越高的地点其被选择的概率越低。因此，一方面，考虑到通勤成本的直接影响，在通勤成本普遍降低的情况下，如果居民仍然可以接受同样的通勤成本，那么城市扩张速度会加剧；另一方面，考虑到部分居民外迁导致的策略性影响以及城市中心停车设施的减少，居住在市中心的成本也会相应降低，因此有可能会出现回迁潮。在2017年美国的一次针对未来在智能驾驶时代家庭选址的调研中，7.4%的家庭表示有意向迁移至更靠近市中心的位置，而11.1%的家庭有意向外迁。

当然，采用不同的方法，在不同的国家、不同的城市、甚至不同的智能驾驶汽车渗透率的情况下，有关内迁还是外迁的结果可能会有差别。如Zhang、Guhathakurta采用智能体仿真的方法研究智能驾驶汽车是否会加速城市扩张。研究表明，针对美国亚特兰大市，更多的家庭倾向于搬家至远离市中心的区域，其中，年轻一代是外迁的主力军，而老年人更倾向于留在原地或者搬至离市中心较近的位置。

总体而言，大部分研究认为，在不采取任何管理措施的情况下，智能驾驶导致的通勤成本降低带来的直接影响（即助长城市扩张）大于其策略性影响（即缓解城市扩张）。为了缓解城市扩张，城市规划管理者可以尝试鼓励SAV并且加强对PAV的管控，从而提高PAV拥车成本，降低SAV使用成本，进而鼓励居民居住在SAV使用成本较低的市中心区域。

5.6.3 智能驾驶重新定义产业新规划

智能驾驶技术将给人类社会带来更安全高效的新型交通组织形式，然而，智能驾驶的影响将远远超出交通的范畴。智能驾驶技术，尤其是高等级智能驾驶技术的日趋成熟，将对全球经济格局和产业市场产生深远且变革性的影响。摩根斯坦利针对智能汽车在美国的测试推广应用发表的研究报告中指出，智能汽车行业将给美国经济带来正面影响，其评估该技术的潜在总体价值为1.3万亿美元，等于美国GDP的8%。以下我们将针对智能驾驶最为相关的4种产业分别展开论述。

1. 汽车产业

汽车产业显然会受到智能驾驶技术最直接的影响。汽车产业是我国的主要产业之一，2019年我国全国汽车产销分别完成2572万辆和2576万辆，产销量居全球第一。我国汽车产业占全国GDP比重已接近2%，同时汽车产业也是西方主要发达国家，如美国、德国、日本的支柱性产业。智能驾驶技术将不仅改变机动车的设计、制造，同时也将改变汽车产业相关公司的整体商业模式。

如上节所述，智能驾驶时代将有大量未被实现的出行需求被挖掘，因此，社会总车公里数会有10%～20%的增长。然而，由于将产生大量的空载里程，每一辆智能汽车的平均使用量会大幅提升，但是总车数却会大幅下降。

从交通安全方面来说，智能驾驶车相对更少发生碰撞，因此，平均每一辆车可能会有更长的使用年限和更低的报废率，汽车产业将面临减产的风险。

当然好消息是社会对SAV的需求会持续增长。因此，未来汽车整车厂的主要客户可能是同样拥有议价话语权的B端出行服务商。面对B端出行服务商客户，整车厂的整体议价空间可能被蚕食。因此，已有一些国际知名的整车厂与出行服务商开展深层次合作，如美国通用与Lyft、丰田与Uber、大众与Gett等，以期规避未来高等级智能驾驶汽车时代到来时整车厂可能面临的盈利困境。

未来，由于智能汽车大量成本被用于软件、数字媒体的研发，整车厂不得不进行功能细化与分工，以适应这一新的变化。摩根斯坦利认为汽车产业将被重组，进而形成3种不同的业务形态，即硬件供应商、软件供应商以及集成用户体验解决方案供应商。其中硬件供应商是指现如今人们常规理解的机动车硬件加工制造，目前其占汽车总价值的90%。大量在软件开发方面没有任何技术积累的小车厂将继续生产并供应车辆硬件，同时依赖第三方软件公司来开发车辆操作系统。

在智能驾驶时代，软件的价值将被无限放大，硬件价值会不断缩水。分析指出，在智能汽车时代，硬件价值将只占汽车产业的40%。而软件部分目前占汽车产业10%的价值，未来在智能汽车时代，软件系统尤其是车辆整体操作系统，将被附以极高的权限，可以全权操控车辆硬件，包括动力系统、通信系统、自动驾驶系统等，将占汽车产业40%的价值。分析指出，现有的大型科技公司，如谷歌、苹果、微软、华为、百度等，未来将成为汽车软件产业中的领军者。

未来汽车市场将类似于现在的智能手机产业，即软件厂商负责将开发的软件安装到硬件厂商生产的硬件中，只有少部分头部整车厂有能力既做硬件又做软件，从而可以依托自主产权的底层架构形成捆绑的出行生态系统。尽管这些整车厂在硬件方面的收益会显著下降，但是软件系统以及整合用户体验系统将为这些大厂提供新的利润来源。

2. 出行产业

智能汽车将在极大程度上改变现有出行方式和出行习惯。智能汽车将大量蚕食原本由火车和飞机占有的中长距离出行市场，尤其是那些在过夜时间（8～12小时）即可完成的中等距离出行。乘客在夜间出行，既可避开高峰期通勤出行造成的拥堵，又可以获得充足的休息时间。

智能汽车同样将改变短途出行市场的业态，目前国内外已经开始出现依赖高等级智能汽车的Robotaxi业务，即无人驾驶出租车业务，如文远知行在广州、百度在长沙、Waymo在美国菲尼克斯和圣弗朗西斯科等地纷纷推出了Robotaxi业务。尽管目前的Robotaxi业务仍然需要人类安全员在座舱中随时待命（Waymo在凤凰城的一小部分业务可以完全由无人驾驶完成，但仅限于一小块区域），但在不久的未来，Robotaxi业务将进一步蚕食已被网约车蚕食的出租车市场。有研究表明，未来由智能驾驶技术加持的网约车服务，将蚕食现有的美国出租车市场，使现有美国出租车市场将进一步萎缩50%的业务量，即100亿美元的营收。

3. 保险产业

智能驾驶带来的交通事故的降低将促使车辆保险产业重构其商业模型。当人类驾驶员被机器替代之后，是否完全由机器驾驶员承担事故的责任变成了一个待解决的问题。笔者认为，如果交通事故发生在车辆宣称的ODD中，则车辆的软硬件供应商应该是事故责任的承担方，可能被要求购买保险；如果事故发生在ODD以外，如尽管车辆不允许在雨中开启自动驾驶功能，而人类驾驶员仍然选择开启，或事故本身就发生在人类驾驶员接管的时间段内，则事故责任应该由人类驾驶员承担。不论如何，一大部分事故责任将转移至车辆软硬件供应商。

保险公司通过计算驾驶员发生碰撞的概率来制定保费，而保费是保险公司的主要收入。根据美国国家高速交通安全管理局的技术报告，94%的道路事故是由于人的错误产生的，当把驾驶员这一影响因素排除在外，对保险公司来说将意味着巨变。根据毕马威的研究报告，在最坏场景下，智能驾驶汽车会使车险市场整体萎缩超过60%。以我国2019年车险市场保费收入8000亿元为基数，智能驾驶带来的车险市场萎缩将超过4800亿元。而以智能驾驶汽车为中心，以车辆软硬件厂商为受保人的新保险产品线将抵消部分损失，但减少的保费将大于增加的这部分保费。因此，B端大客户的争夺，将决定未来车险市场的赢家。

4. 数字媒体行业

智能驾驶将创造新的消费经济和生产力市场——乘客经济。乘客在路上或消费、或工作、或娱乐，每一辆车都可以变成移动的商业地产。数字媒体是智能驾驶软件系统的一部分。智能驾驶将大量释放原先必须要聚精会神关注路面信息的驾驶时间，可以预见释放的驾驶时间会大量分流至数字媒体（网络内容供应商或网上购物服务）。以智能驾驶汽车为载体，数字媒体服务将获得更多的用户以及更长的用户停留时长。在L5级完全无人驾驶阶段，智能驾驶车需要完全整合各个数字媒体平台的娱乐资源，才可能打造出满足用户车上休闲娱乐需求的产品。因此，相较于会萎缩的车险行业，数字媒体行业将迎来再一次发展的机遇。现有的娱乐内容供应商，如腾讯、优酷、爱奇艺等会迎来全新机遇。

同时，麦肯锡公司的研究报告表明，对于美国市场来说，如果50%的车内时间被用来上网、观看视频或购物，这部分时间将可以转化为1400亿美元（约为1万亿人民币）的额外营收。在较差的场景下，即使只有5%的时间被用在数字媒体上，也可带来140亿美元的营收。当然，另一方面，智能驾驶将给广播以及音乐CD行业带来毁灭性的打击。即便如此，数字媒体业的营收增长依然非常可观。根据摩根斯坦利的分析报告，未来智能汽车车载数字媒体集成系统的造价将等于其车辆总价值的20%以上。

5. 小结

已有学者针对智能驾驶技术给美国带来的经济影响进行了详细的量化分析。分析表明，由于目前93%的交通事故是由于人类驾驶员的驾驶能力导致的，智能驾驶强大计算能力以及避撞能力可以避免其中大部分事故的发生，单这一项即可节约因为交通事故伤亡导致的4880亿美元的经济损失。

在智能驾驶相关的各行各业中，研究预测车险行业将遭受超过60%的营收衰减，是受影响最为严重的一个行业。一方面，由于交通事故数量降低，车辆维修、医疗、交通警察、交通事故执法等行业也会有相应的负面影响；另一方面，智能汽车会给汽车行业、物流业、软件产业、数字媒体产业等带来正面影响，其中给数字媒体行业带来的正向影响最大，约为33%。总体而言，Clements、Kockelman预测智能驾驶技术将给美国带来超过12000亿美元的经济效益。同样，我国拥有全链条的工业制造业及服务业，也需要为智能驾驶这一新的社会变革做好准备，各个行业的决策者和从业者需要从可预见的智能驾驶终局来回溯思考现阶段的自我定位与应对策略，才能有效抓住新的机遇，在智能驾驶主导的新型市场格局下站稳脚跟。

本章参考文献

[1] 金之钧，白振瑞，杨雷. 能源发展趋势与能源科技发展方向的几点思考[J]. 中国科学院院刊，2020，35（5）：576-582.

[2] BP Statistical Review of World Energy 2019 [EB/OL]，2019-06-30 [2020-05-30]，https://www.bp.com/en/global/corporate/energy-economics/statistical-review-of-world-energy.html.

[3] 中国产业经济信息网. 中国能源大数据报告（2020）——能源综合篇 [EB/OL]. 2020-05-21 [2020-05-29]. http://www.cinic.org.cn/sj/sdxz/shengchanny/817661.html.

[4] U.S. Energy Information Administration（EIA）. U.S. energy consumption by source and sector 2019 [EB/OL]. 2020-05-02 [2020-06-30]. https://www.eia.gov/totalenergy/data/monthly/pdf/flow/css_2019_energy.pdf.

[5] 国家统计局. 中国统计年鉴[M]. 北京：中国统计出版社，2020.

[6] 杰里米里夫金. 第三次工业革命：新经济模式如何改变世界[M]. 北京：中信出版社，2012.

[7] 国家发展改革委，国家能源局. 能源技术革命创新行动计划（2016—2030年）[EB/OL]. 2016-06-01 [2020-05-29]. http://www.nea.gov.cn/2016-06/01/c_135404377.htm.

[8] International Energy Agency-IEA, The Future of Hydrogen-Seizing today's opportunities [EB/OL]. 2019-06-30 [2020-06-05]. https://webstore.iea.org/download/direct/2803.

[9] 熊永钧，熊安春. 运输与经济发展[M]. 北京：中国铁道出版社，1999.

[10] 中华人民共和国工业和信息化部.《新能源汽车生产企业及产品准入管理规则》（工产业〔2009〕第44号）[EB/OL]. 2009-06-25 [2020-05-09]. http://www.miit.gov.cn/n1146285/n1146352/n3054355/n3057292/n3057308/c3576865/content.html.

[11] 欧阳明高. 我国节能与新能源汽车发展战略与对策[J]. 汽车工程，2006，28（4）：317-321.

[12] 李晓慧，贺德方，彭洁. 美国发展新能源汽车的政策及未来趋势[J]. 2016，31（3）：63-71.

[13] https://commons. wikimedia. org/wiki/File:Top_PEV_global_markets_stock_2017_final_with_California. png［EB/OL］. 2018-02-17［2020-06-30］.

[14] http://www. fchea. org/in-transition/2019/3/11/japan-fuel-cell-developments［EB/OL］. 2019-03-11 ［2020-06-03］.

[15] http://finance. sina. com. cn/chanjing/cyxw/2020-01-13/doc-iihnzahk3825978. shtml［EB/OL］. 2020-01-13［2020-06-03］.

[16] https://www. energy. gov/eere/vehicles/articles/fotw-1064-january-14-2019-median-all-electric-vehicle-range-grew-73-miles［EB/OL］. 2019-01-14［2020-06-03］.

[17] https://about. bnef. com/blog/behind-scenes-take-lithium-ion-battery-prices/［EB/OL］. 2019-03-05 ［2020-06-10］.

[18] https://www. energy. gov/eere/fuelcells/fact-month-april-2018-fuel-cell-cost-decreased-60-2006［EB/OL］. 2018-04-30［2020-06-10］.

[19] Bloomberg NEF. Hydrogen Economy Outlook［EB/OL］. 2020-03-30［2020-05-10］. https://img. oemoffhighway. com/files/base/acbm/ooh/document/2020/03/BNEF___Hydrogen_Economy_Outlook___Key_Messages. 5e81e7b3879ab. pdf

[20] https://www. energy. gov/eere/vehicles/articles/fotw-1136-june-1-2020-plug-vehicle-sales-accounted-about-2-all-light-duty［EB/OL］. 2020-06-01［2020-06-13］.

[21] https://insideevs. com/news/394406/2019-japan-plugin-car-sales/［EB/OL］. 2020-01-23［2020-06-13］.

[22] https://www. eea. europa. eu/data-and-maps/indicators/proportion-of-vehicle-fleet-meeting-4/assessment-4 ［EB/OL］. 2019-12-05［2020-06-13］.

[23] https://cleantechnica. com/2020/06/03/unstoppable-ev-growth-in-norway-66-market-share/［EB/OL］. 2020-06-03［2020-06-15］.

[24] IEA（2019）, Global EV Outlook 2019［EB/OL］. 2019-05-30［2020-06-13］. https://www. iea. org/reports/global-ev-outlook-2019.

[25] Charging electric-vehicle fleets: How to seize the emerging opportunity［EB/OL］. 2020-03-20［2020-06-15］. https://www. mckinsey. com/business-functions/sustainability/our-insights/charging-electric-vehicle-fleets-how-to-seize-the-emerging-opportunity#.

[26] 国际清洁交通委员会. 中国电动汽车百人会. 驶向绿色未来：中国电动汽车发展回顾研究［R］. 2019.

[27] United States Department of Transportation. Hybrid-Electric, Plug-in Hybrid-Electric and Electric Vehicle Sales［EB/OL］. 2020-05-05［2020-06-15］. https://www. bts. gov/content/gasoline-hybrid-and-electric-vehicle-sales.

[28] Henk Bekker. Europe: Electric and Plug-In Hybrid Car Sales per EU and EFTA Country［EB/OL］. 2020-02-06［2020-06-15］. https://www. best-selling-cars. com/electric/2019-full-year-europe-electric-and-plug-in-hybrid-car-sales-per-eu-and-efta-country/.

[29] Ellison, R. B. , Greaves, S., &Hensher, D.A. Five Years of London's Low Emission Zone: Effects on vehicle fleet composition and air quality［R］. 2013.

[30] Jonas, A. , S.C. Byrd, R. Shankar, M. Ono. Nikola's Revenge: TSLA's New Path of Disruption. 2014［EB/OL］. 2014-02-26［2020-06-30］. http://robotenomics. com/2014/02/26/morgan-stanley-the-economic-benefits-of15 driverless-cars/.

[31] Thrun, S. , M. Montemerlo, H. Dahlkamp, D. Stavens, A. Aron, J. Diebel, P. Fong, J. Gale, M. Halpenny, G. M. Hoffmann, Stanley: The Robot That Won the DARPA Grand Challenge［J］. Journal of Field Robotics, 2006. 23（9）:661-692.

[32] Urmson, C. , J. Anhalt, D. Bagnell, C.R. Baker, R. Bittner, M.N. Clark, J.M. Dolan, D.Duggins, T. Galatali, C. Geyer, Autonomous driving in urban environments: Boss and the Urban Challenge［J］. Journal of Field Robotics, 2008.25（8）:425-466.

[33] J3016_201806, S. , Taxonomy and Definitions for Terms Related to Driving Automation Systems for On-

Road Motor Vehicles [EB/OL]. 2018-06-15 [2020-06-29]. https://www.sae.org/standards/content/j3016_201806/.

[34] Wolcott, R.W., R. M. Eustice, Robust LIDAR localization using multiresolution Gaussian mixture maps for autonomous driving [J]. The International Journal of Robotics Research, 2017. 36(3): 292-319.

[35] Xue, J.-r., D.Wang, S.-y. Du, D.-x. Cui, Y. Huang, N.-n. Zheng, A vision-centered multi-sensor fusing approach to self-localization and obstacle perception for robotic cars [J]. Frontiers of Information Technology & Electronic Engineering, 2017. 18(1): 122-138.

[36] Wegner, J. D., J. A. Montoya-Zegarra, K. Schindler, Road networks as collections of minimum cost paths [J]. ISPRS Journal of Photogrammetry and Remote Sensing, 2015. 108: 128-137.

[37] Girão, P., A. Asvadi, P. Peixoto, U. Nunes. 3D object tracking in driving environment: A short review and a benchmark dataset [C]. 2016 IEEE 19th International Conference on Intelligent Transportation Systems (ITSC), Rio deJaneiro, 2016, pp. 7-12, doi: 10.1109/ITSC.2016.7795523.

[38] Hart, P. E., N. J. Nilsson, B. Raphael, A Formal Basis for the Heuristic Determination of Minimum Cost Paths [J]. IEEE Transactions on Systems Science and Cybernetics, 1968. 4(2): 100-107.

[39] Goldberg A V, Harrelson C. Computing the shortest path: A search meets graph theory [C] //SODA. 2005, 5: 156-165.

[40] Bauer, R., D. Delling, P. Sanders, D. Schieferdecker, D. Schultes, D. Wagner, Combining hierarchical and goal-directed speed-up techniques for dijkstra's algorithm [J]. Journal of Experimental Algorithmics (JEA), 2010. 15:2. 1-2. 31.

[41] Geisberger, R., P. Sanders, D. Schultes, C. Vetter, Exact routing in large road networks using contraction hierarchies [J]. Transportation Science, 2012. 46(3):388-404.

[42] Elbanhawi, M., M. Simic, Sampling-Based Robot Motion Planning: A Review [J]. IEEE Access, 2014. 2:56-77.

[43] Rastelli, J. P., R. Lattarulo, F. Nashashibi. Dynamic trajectory generation using continuous-curvature algorithms for door to door assistance vehicles [C]. in 2014 IEEE Intelligent Vehicles Symposium Proceedings. 2014.

[44] Petrov, P., F. Nashashibi, Modeling and Nonlinear Adaptive Control for Autonomous Vehicle Overtaking [J]. IEEE Transactions on Intelligent Transportation Systems, 2014. 15(4):1643-1656.

[45] Fuji, H., J. Xiang, Y. Tazaki, B. Levedahl, T. Suzuki. Trajectory planning for automated parking using multi-resolution state roadmap considering non-holonomic constraints [C]. in 2014 IEEE Intelligent Vehicles Symposium Proceedings. 2014.

[46] Dolgov, D., S. Thrun, M. Montemerlo, J. Diebel, Path Planning for Autonomous Vehicles in Unknown Semi-structured Environments [J]. The International Journal of Robotics Research, 2010. 29(5):485-501.

[47] Dapena, P.V. Waymo CEO: Our Self-Driving Cars Are Safe [EB/OL]. 2018-03-20 [2020-06-25]. https://money.cnn.com/2018/03/27/technology/waymo-ceo-interview/index.html.

[48] Kalra, N., S. M. Paddock, Driving to safety: How many miles of driving would it take to demonstrate autonomous vehicle reliability? [J]. Transportation Research Part A: Policy and Practice, 2016. 94:182-193.

[49] GMBH, A. L. European Initiative to Enable Validation for Highly Automated Safe and Secure Systems [EB/OL]. 2019-12-30 [2020-06-25]. https://www.enable-s3.eu/about-project.

[50] Junietz, P., W. Wachenfeld, K. Klonecki, H. Winner. Evaluation of Different Approaches to Address Safety Validation of Automated Driving [CC]. in 2018 21st International Conference on Intelligent Transportation Systems (ITSC). 2018.

[51] 余荣杰, 田野, 孙剑, 高等级自动驾驶汽车虚拟测试: 研究进展与前沿 [J]. 中国公路学报, 2020, 1:1-26.

[52] Liu, J., P. Mirchandani, X. Zhou, Integrated vehicle assignment and routing for system-optimal shared mobility planning with endogenous road congestion [J]. Transportation Research Part C: Emerging Technologies, 2020. 117:102675.

[53] Fajardo, D., T.-C. Au, S. T. Waller, P. Stone, D. Yang, Automated Intersection Control: Performance of Future Innovation Versus Current Traffic Signal Control [J]. Transportation Research Record, 2011. 2259(1):223-232.

[54] Li, W., H. Zhang, W. Tang, Y. Yang, Y. Tian. Modeling and Simulation of Dynamic Lane Reversal Using Cell Transmission Model [C]. in 99th Annual Meeting of Transportation Research Board. 2020. Washington, DC.

[55] Diamandis, P. Self-Driving Cars Are Coming [EB/OL]. 2014-10-13 [2020-05-29]. http://www.forbes.com/sites/peterdiamandis/2014/10/13/self-driving-cars-are-coming.

[56] Fagnant, D.J., K. M. Kockelman, The travel and environmental implications of shared autonomous vehicles, using agent-based model scenarios [J]. Transportation Research Part C: Emerging Technologies, 2014. 40:1-13.

[57] Fagnant, D.J., K. M. Kockelman, Dynamic ride-sharing and fleet sizing for a system of shared autonomous vehicles in Austin, Texas [J]. Transportation, 2018. 45(1):143-158.

[58] Zhang, W., S. Guhathakurta, E. B. Khalil, The impact of private autonomous vehicles on vehicle ownership and unoccupied VMT generation [J]. Transportation Research Part C: Emerging Technologies, 2018. 90: 156-165.

[59] Childress, S., B. Nichols, B. Charlton, S. Coe, Using an Activity-Based Model to Explore the Potential Impacts of Automated Vehicles [J]. Transportation Research Record, 2015(2493):99-106.

[60] Zhao, Y., K. Kockelman, M., Anticipating the Regional Impacts of Connected and Automated Vehicle Travel in Austin, Texas [J]. Journal of Urban Planning and Development, 2018. 144(4): 04018032.

[61] Fagnant, D. J., K. M. Kockelman, P. Bansal, Operations of Shared Autonomous Vehicle Fleet for Austin, Texas, Market [J]. Transportation Research Record, 2016. 2563(1):98-106.

[62] Chester, M., A. Horvath, S. Madanat, Parking infrastructure: energy, emissions, and automobile life-cycle environmental accounting [J]. Environmental Research Letters, 2010. 5(3):034001.

[63] Albright, J., A. Bell, J. Schneider, C. Nyce. Automobile Insurance in the Era of Autonomous Vehicles [EB/OL]. 2015-06-30 [2020-06-25]. http://orfe.princeton.edu/~alaink/SmartDrivingCars/PDFs/KPMG-automobile-insurance-in-the-era-of-autonomous-vehicles-survey-results-june-2015-6.pdf.

[64] Bridges, R., Driverless Car Revolution: Buy Mobility, Not Metal [M]. Seattle: Amazon Books, 2015.

[65] Guo, J. Y., C. R. Bhat, Operationalizing the concept of neighborhood: Application to residential location choice analysis [J]. Journal of Transport Geography, 2007. 15(1):31-45.

[66] Lee, B. H. Y., P. Waddell, L. Wang, R. M. Pendyala, Reexamining the Influence of Work and Nonwork Accessibility on Residential Location Choices with a Microanalytic Framework [J]. Environment and Planning A: Economy and Space, 2010. 42(4):913-930.

[67] Geeting, J. It's an Automatic: The Road to a Future of Driverless Cars, Dense Streets, and Supreme Mobility [EB/OL]. 2014-02-10 [2020-06-25]. https://nextcity.org/features/view/driverless-cars-city-design-mobility-urban-planning.

[68] Zhang, W., S. Guhathakurta, Residential Location Choice in the Era of Shared Autonomous Vehicles [J]. Journal of Planning Education and Research, 2018:0739456X18776062.

[69] Clements, L. M., K. M. Kockelman, Economic Effects of Automated Vehicles [J]. Transportation Research Record, 2017. 2606(1): 106-114.

[70] Kokalitcheva, K. Volkswagen Pours $300 Million into European Uber Rival Gett[EB/OL]. 2016-05-24[2020-06-25]. http://fortune.com/2016/05/24/volkswagen-gett-investment/.

[71] Holstein T, Dodig-Crnkovic G, Pelliccione P. Ethical and Social Aspects of Self-Driving Cars[J]. arXiv, 2018: arXiv: 1802.04103.

第6章
城市智能交通系统发展

智能交通是我国交通运输建设和发展的重要方面，是全面提高交通运输服务水平和安全水平的重要手段，也是实现交通运输现代化的重要支撑。"十三五"时期，我国大力推进现代交通综合运输体系，取得了突破性的进展。在智能交通方面，大数据、云计算、人工智能技术的运用越来越广泛，包括车路协同、自动驾驶、5G等新的智能交通行业爆发点带动交通运输智能化升级，出行即服务（Mobility as a Service，MaaS）逐渐成为现代交通运输服务的新方向。

在本章中，首先介绍了智能交通系统发展的概述，对智能交通系统的发展起源、国外发展概况、国内发展概况进行了简述，使读者能够对智能交通系统的发展有一个基本的理解。随后，作者按照国外和国内两条主线介绍了智能交通系统的发展历程和技术创新，从中可以看到智能交通系统发展的基本脉络，同时也获得了一些经验启示。各国在智能交通系统发展过程中，充分注意了与本国特点的结合，即抓住本国的需求特点来发展。因此，各国的主要研究领域有相同部分、也有不同之处。本章最后对我国智能交通系统的发展趋势进行了展望。

随着信息化技术的不断发展和创新应用，以5G、人工智能、工业互联网、物联网等为代表的"新型基础设施建设"在2020年开年的首场国务院常务会议被再次提及，"新基建"正式成为引领我国各行业发展快速转型升级的新模式、新方法。

2020年不仅是新基建的元年，也是中国经济转型的关键之年，对于交通领域，基于5G、人工智能、物联网等技术的数字化交通基础设施将进一步推进"新基建+交通"的发展和全场景落地，为智能交通赋能，引领智能交通的发展。

6.1 概述

随着城市规模发展、路网总量提升、机动车保有量快速增长，交通问题成为城市发展和管理最重要的问题之一。随着社会发展，传统的管理方法和技术越来越难以解决目前城市发展面临的问题，人们开始将现代通信、信息、电子、计算机、网络、定位技术、GIS等新技术通过系统工程管理理论和方法应用于交通领域，智能交通系统（Intelligent Transportation System）应运而生。

20世纪80年代前后，发达国家开始智能交通系统探索。经过多年的实践，城市智能交通系统在缓解城市交通拥堵问题中的关键性作用得到印证。近年来，国外智能交通系统已取得迅速发展，但发展模式各有特色：美国强调顶层设计，从共享到安全、从科技创新到应用部署、从自动驾驶持续推广到完整出行，打造"ITS4US"，以消除"交通荒漠"；欧洲强调交通的全方位渗透和一体化解决方案，注重跨国家、跨部门的数据资源共享，并不断确定标准和规范，降低数据交互门槛，追求万物互联；日本从目前所面临的少子化、经济下行、灾害频发等社会问题出发，结合自身在制造业和前端科研领域的技术优势，目标打造更安全快捷的国民出行方式；俄罗斯则更关注实用化建设，在确保航空业高度智能化的同时，加强智能交通基础设施建设，补足在陆路交通上的短板，以发展经济，提升国民生活水平；新加坡作为高度智能化城市，强调感知、互动、协助和绿色出行，注重出行的公平和普适性，期望将新加坡塑造成一个高度融合、更加生动和包容的社会。近年来，随着车联网技术的逐渐成熟及无人驾驶关键技术的突破，发达国家开始布局自动驾驶技术，并提出未来智能交通的发展应与智慧城市的构建相结合，车辆与车辆、车辆与城市其他智能设施应无缝对接，实现车路一体化发展将是未来智能交通的发展趋势。

相比于发达国家，我国智能交通系统研究起步相对较晚，但是也取得了一定的经验和成绩。早期主要是由公安部、交通运输部、住房和城乡建设部等下属研究所、院校在引进、消化国外一些智能交通技术产品的基础上，进行开发研究适合我国国情的智能交通技术。随着国家发展，智能交通的重要性逐渐体现，我国自"九五"期间开始制定研究战略，"十一五"明确在全国重点地区布局筹划，"十三五"正式落实信息化，智能交通行业得到快速增长，不少城市的智能交通得到了较大的发展。以北京、上海、广州、深圳为首的大中型城市，均已基本完成了相应的智能交通管理系统，在监测城市交通动态、保障城市交通运行、缓解城市拥堵、应对突发事件等方面发挥了应有的作用。在此基础之上，随着大数据、人工智能、车路协同、无人驾驶、5G、MaaS、预约出行、新基建、城市群、智慧城市等新技术和国家战略的推进，全国各地的智能交通以基础设施改造、大数据提升应用能力、服务体验改善为核心，开始多样化发展。

在此时代背景下，本章对国内外智能交通系统发展经验和现阶段技术热点进行了综述，以期为未来我国智能交通系统发展提供参考。

6.2 国外智能交通系统发展状况与启示

6.2.1 发展历程

国外智能交通系统的发展可追溯至20世纪六七十年代，第二次世界大战后，随着全球经济的快速发展，人们对交通运输需求的不断增加，美国、欧洲和日本等发达国家和地区开始大力发展汽车工业，随之引发了交通污染、交通拥堵、交通事故等一系列交通问题，各国纷纷采取了相应的措施来改善交通状况。智能交通系统正是在此背景下被提出，利用先进的科学技术综合运用于交通基础设施、交通运输工具和交通参与者，进而解决交通运输问题，提高交通运输系统的运行效率，并将交通运输的信息化建设作为重要方向一直发展至今。

国外智能交通的发展，从前期政策规划到基础设施建设，充分发挥技术优势和城市现状相结合，展现出了不同的发展特点。经过多年的实践，智能交通系统在缓解城市交通拥堵问题中的关键性作用得到印证，结合大数据平台收集的海量数据信息，在提供人性化的公共服务和城市管理方面也创造出了巨大的社会效益和经济效益。

国外智能交通系统从20世纪60年代至今大致分为以下几个发展阶段：
1. 20世纪60年代后期~20世纪80年代初：ITS行业起步阶段

20世纪60年代后期，美国交通运输部和通用汽车公司研发了电子路径诱导系统（ERGS: Electronic Route Guidance System），利用道路和车载电子装置进行路、车之间的交通情报交流，提供高速公路网路线指南，尝试构筑路、车之间的情报通信系统，但经过

5年的研发和小规模试验后,便处于停止状态。1973～1979年,日本通产省进行路、车双向通信汽车综合控制系统研发,是日本最早的智能交通项目。欧洲早在1969年就提出要在其成员国之间开展与交通控制相关的电子技术的研究与开发工作。西德1976年进行高速公路网诱导系统研发计划,但在此期间由于实用化技术难于实现及通信基础设施费用过于庞大等原因,均未能实现市场化应用。

2. 20世纪80年代初期～20世纪末：关键技术研发和试点推广阶段

20世纪80年代的信息技术革命,不仅带来了技术进步,也对交通发展的传统理念产生了冲击。ITS（起初为"IVHS"——智能车辆道路系统）概念被正式提出。由此开始,美国、欧洲、日本等发达国家和地区都先后加大了ITS研发力度,并根据自己的实际情况确定了研发重点和计划,形成较为完整的技术研发体系。在此阶段,各国通过立法或其他形式,逐渐明确了发展ITS的战略规划、发展目标、具体推进模式及投融资渠道等。

3. 21世纪～现在：产业形成和大规模应用阶段

美国、欧洲、日本等发达国家和地区在推动ITS研发和试点应用的同时,从拓展产业经济视角,不断促进ITS产业形成,注重国际层面竞争,大规模应用研发成果。

（1）美国

美国自2010年以来共发布了3版ITS战略规划,其战略重点由交通的连通性、车辆自动化和基础设施互联互通逐步转变为新兴科技全面创新布局,完善基于技术生命周期的发展策略。《智能交通系统战略规划2020～2025年》提出了未来5年美国智能交通领域6项重点任务,从新兴技术评估研发到具体技术应用部署,从数据权限共享到网络安全保障,从自动驾驶持续推广到完整出行的全人群、全链条出行服务,力求实现ITS技术的全生命周期发展。如表6.2-1所示。

美国ITS战略规划的发展历程　　　表6.2-1

战略	2010～2014年	2015～2019年	2020～2025年
愿景	为美国提供一个全国性的互联交通系统	改变社会的运转方式（整合交通与其他社会公共服务）	加快普及ITS的应用,以改变社会的前进方向
使命	为国家提供具有互联性的交通基础系统、技术和应用程序	进行ITS研发和推广,促进信息和通信技术应用,使社会更加安全有效地前进	推进ITS的开发和使用,从而更安全,有效地运送人员和货物
技术生命周期	无	三阶段：研究、发展和应用	五阶段：确认和评估,协调和牵头研发,价值阐述,应用推广和ITS应用维护
战略重点	交通的互联性	实现载运工具的高级自动化和互通互联	基于技术生命周期闭环的五阶段策略

近五年,美国交通部将自动驾驶上升为国家重要战略,连续发布了4部自动驾驶指导政策,从自动驾驶1.0、2.0、3.0到自动驾驶4.0不断演进。美国始终坚持开放性的原则,政府与市场的职责分工愈加清晰,政府监管逐步弱化,更多的提供政策扶持、技术孵化和标准制定等保障服务,出台了一系列法规鼓励和约束自动驾驶汽车发展。2016年发布的《自动驾驶汽车政策指南》,从法律层面上肯定了自动驾驶的合法性并将其纳入联邦法律框架,鼓励各州重新评估现有交通法律法规,为自动驾驶技术在全美的测试和部署清除法律障碍,落实推动该项技术与地面交通系统运输模式的融合。美国自动驾驶关注点也从小汽车自动化延伸至公交、货运物流,并推动港口、公路多模式多场景示范运营。

（2）欧洲

欧盟第一个协调部署智慧交通的法律性基础文件是2010年欧盟委员会制定的《ITS发展行动计划》，这是欧盟范围内第一个协调部署ITS的法律基础性文件，确立交通可持续、竞争力和节能减排为欧盟2020智能交通系统（ITS）发展的三大目标。之后，欧盟主要在电动汽车、道路安全、智能交通系统、市场准入以及CO_2排放等领域提出了战略实施方案，计划加强各国交通科研领域的国际科技合作。

欧盟重视智能交通的发展，尤其是车联网发展的技术研发与产业布局，并把以车联网为代表的新技术作为产业核心竞争力进行重点培养。在欧盟"地平线2020"科研计划中，提出发展智能、绿色和综合交通，加速推进车联网研发。目前正在进行Telematic的全面开发，计划在全欧洲建立专门的交通（以道路交通为主）无线数据通信网，正在开发先进的出行信息服务系统（ATIS）、先进的车辆控制系统（AVCS）、先进的商业车辆运行系统（ACVO）、先进的电子收费系统等。总体而言，欧洲智能交通建设正在打造从基础设施到交通工具，再到出行服务，智能交通的全方位渗透和一体化解决方案。

（3）日本

日本ITS规划体系包括先进的导航系统、安全辅助系统、交通管理最优化系统、道路交通管理高效化系统、公交支援系统、车辆运营管理系统、行人诱导系统和紧急车辆支援系统。目前，交通信息提供、电子收费、公共交通、商业车辆管理以及紧急车辆优先等在智能交通领域的发展一直处于国际前列。近年来，日本社会问题逐渐加重，少子老龄化、自然灾害频发、经济低迷等问题堆积如山。智能交通作为日本解决先进社会问题的重要途径之一，受到政府高度重视。从ETC2.0到无人驾驶，持续推进智能交通建设，日本政府希望借此降低城市拥堵、自然灾害等问题对社会的影响，保障人民安全，重振日本经济。

日本政府高度重视自动驾驶汽车、车联网和智能交通领域发展。早在2013年，日本政府便发布了日本复兴计划《世界领先IT国家创造宣言》，其中智能网联汽车成为核心之一。以此为蓝本，日本政府制定国家级科技创新项目《SIP战略性创新创造项目计划》，将自动驾驶系统的技术研发升级为国家战略高度，并提出自动驾驶商用化时间表以及《ITS 2014～2030技术发展路线图》，计划在2020年建成世界最安全的道路，在2030年建成世界最安全和最畅通的道路。日本非常关注自动驾驶汽车的发展规划，出台了《自动驾驶相关制度整备大纲》，明确自动驾驶汽车的责任划分和事故赔偿原则，以及自动驾驶汽车的安全条件。在本土普及智能辅助系统或者无人驾驶系统方面，由于日本乘用车市场中本土品牌占比接近85%，在标准的制定、路试的推进与协调，具有其他国家不可比拟的优势。

（4）俄罗斯

作为世界上领土面积最大的国家，俄罗斯拥有世界先进的航空产业。但其陆地交通却较为薄弱，甚至没有一条严格意义的高速公路。在智能交通发展上，地广人稀的俄罗斯对于交通拥堵的关注并不像其他国家一样强烈，其更多关注于实用性建设，如完善基础设施建设、发展自身经济和扩大国际影响力。

2014年，俄罗斯政府启动"创新道路"项目，以借鉴西欧国家经验来改变俄罗斯的落后局面，试点公路正式投入使用期限为8个月，包括位于鞑靼斯坦共和国的联邦级公路奥伦堡一段、位于梁赞州的州级公路一段和位于莫斯科的市级公路比亚特尼茨卡娅街。"创新道路"是一条路面铺筑较好、带有低能耗照明系统（无车经过时，路段信号灯自动关闭）、所有道路设施都配备RFID标签并能接入统一智能交通系统中的道路。行驶车辆均装有格洛纳斯定位系统，考虑未来发展会出现电动汽车和电动公共汽车等因素，在道路建设时设计了用于电动汽车充电的基础设施。

2017年9月，俄罗斯工业和贸易部发布《国家技术计划》，明确以立法手段消除交通智能化发展所面临的各项行政障碍，加快智能交通发展；在2018年3月发布的"Autonet国家技术行动计划"中，提出了75项目标，用于开发和推广无人驾驶运输技术、服务远程信息处理平台、导航技术、驾驶员辅助系统、网络安全技术、新一代无线通信系统、电力运输技术、替代燃料车辆等。2020年3月的政府会议制定了2035年的交通战略目标，包括5项具体内容：确保国家的交通运输联通性、组织有效的货物运输、提高客运质量、将交通运输系统与国际运输网络整合、确保运输综合体信息安全。

（5）新加坡

作为国际顶尖的智能交通城市典范，新加坡在借助智能交通系统增强城市治理方面的很多做法都很值得借鉴。近年来，新加坡政府出台了一系列很有代表性的交通规划。

《智慧出行2030》（Smart Mobility 2030）是新加坡陆路交通管理局（LTA）和新加坡智能交通协会在2014年联合发布的一项有关智能交通的发展规划，提出了3个关键策略和4个主要领域。3个关键策略包括：实现创新和可持续的智能交通解决方案；制定和采用智能交通战略规划标准；各系统之间建立密切、良好的合作关系和伙伴关系，优势互补，发挥整体效应。4个主要领域包括：感知、互动、协助和绿色，每个领域又设立了具体内容及要求。该规划旨在构建一个相互沟通、相互联系的交通系统，将新加坡塑造成一个高度融合、更加生动、包容的社会，让人们享受到更高品质的生活。

《地面交通综合交通规划2040》（Land Transport Master Plan 2040）是新加坡当局面向2020～2040年这20年提出的交通规划。该规划提出了3个主要目标：

1）20分钟区域内出行和45分钟整个城市出行。其中，20分钟区域内出行主要是指通过步行、自行车、公交等方式满足人们基本生活范围内的出行需求。45分钟整个城市出行，指在新加坡整个范围内，希望以任何交通方式都能在45分钟内解决90%的出行，对出行效率提出了更高的预期。

2）强调交通需要考虑所有交通方式。从交通方式来看，除了驾驶机动车外，步行、骑行自行车、乘坐公交车等其他交通方式也要考虑进去。从交通参与者的角度来讲，除了健康正常的年轻人以外，也需要考虑儿童、老年人和有出行障碍者的交通方式。

3）健康生活和安全出行。这一目标包括增加慢行设施、安装公交车防撞预警系统等安全新科技来减少交通伤亡等目标。

6.2.2 技术创新与应用

1. 积极布局车联网与自动驾驶

面临环境与社会问题的双重压力，信息、数据、制度、能源所引领的新环境下的交通工具的变革为智能交通发展注入新的活力。未来，智能交通的发展将向以热点区域为主、以车为对象的管理模式转变。因此，智能交通亟待建立以车为节点的信息系统——车联网。车联网是按照既定通信协议和数据交互标准，实现车辆以一种智能的方式动态地与周围的车、路、行人及通信网络之间进行信息共享交换的智能车辆互联网络。其主要包含车内网、车际网、车载移动互联网3个部分，V2X（vehicle to everything）车联网通过时间、空间维度提高车辆对超视距环境的感知能力，推动通信技术在物联网方面的落地应用，同时也推动了D2D（device to device，设备到设备）技术不断发展进步，实现设备与设备之间实时全方位的感知、信息的实时互通，最终实现万物实时互联的目标。

各个国家和地区在车联网技术发展上都有其各自的优势，美国在网联化技术、智能控制技术、芯片技术等方面处于优势地位，产业的上中下游实力均衡；欧洲则拥有强大的汽车整车及零部件企业；日本则在智能安全技术应用方面较为领先。如今，车联网已然进入产业爆发前的战略机遇期，正在催生大量新技术、新产品、新服务。

网联化是智能车联网的必然发展，车联网的最终目标是实现自动驾驶。作为未来人工智能、物联网、移动互联网、通信、大数据、云计算等领域融合创新发展的优良载体，自动驾驶拥有巨大的市场潜力和产业价值，将成为全球新一轮新兴产业竞争的关键着力点和战略制高点。世界各国都积极投入和支持无人驾驶技术，其中以美国、欧洲、日本等为代表的发达国家或地区在智能网联汽车产业战略引导、立法规范、研发创新、测试示范等方面走在世界前列。凭借产业、技术、配套、人才等多方面的综合优势，美国智能网联汽车产业大幅领先于其他国家。欧洲紧跟美国步伐，大力支持智能网联汽车的技术创新和成果转化，推动落地运营，在自动驾驶商业化方面有一定优势。与欧美相比，日本则更加关注智能网联汽车实用化效果，推动智能网联汽车项目实施，借助本土整车企业和一级供应商技术实力突出的优势，推进车载人工智能的技术稳步提升。

2. MaaS，打造智慧出行服务平台

MaaS即Mobility as a Service（出行即服务），是一种交通管理与服务的新概念，旨在深刻理解出行需求，通过将各种交通模式全部整合在一个统一的服务体系与平台中，从而构建面向不同乘客需求的、门到门的、全出行链的大交通生态体系。成功的MaaS服务将带来新的商业模式和新的组织、运营各种运输服务方案，其优势包括获得改进用户和需求信息以及为运输运营商提供未满足需求的新机会。MaaS的目标是为其用户提供最佳价值主张，为汽车的私人使用提供一种更方便、更可持续、更便宜的出行替代方案。

据美国麦肯锡研究表明，到2030年年底，汽车制造和销售收入（约2万亿欧元）将略高于当前，而其中汽车销售的利润将会小幅萎缩（从约1260亿欧元减少到1220亿欧元）。与之相比，出行服务的收入预计将飙升至近1.2万亿欧元，利润高达2200亿欧元。随着自动驾驶技术的不断演进，出行即服务的全球市场在未来十年将呈现大幅增长。关于MaaS主要的特征，主要体现为如下"四化"：

（1）共享化。共享化的概念就是MaaS注重交通服务的提供而不是车辆的拥有；另外作为乘客，他不只是交通服务的享受者，同时也是交通数据的提供者与分享者，然后通过数据来改变和优化整个出行服务。

（2）一体化。所谓一体化，就是把各种模式进行高度整合，然后同时实现支付体系的一体化。

（3）人本化。就是以人为本，它主要的目标是为了更好地提供出行服务、无缝衔接、安全便捷和舒适的出行。

（4）低碳化。低碳化就是为了节能减排，让大家扩大绿色出行的比例，减少私人机动化的出行。

MaaS的运营需要大量的资金投入，成熟的商业运营模式是保证MaaS成功推广与可持续发展的关键，国外典型MaaS服务商的运营服务模式总结如表6.2-2所示。

典型MaaS服务商运营模式总结 表6.2-2

名称	运营服务模式及阶段	运营地	运营状况
Whim	集成出租汽车、汽车租赁、公交、共享单车等服务，提供定制包月和随用随付的支付服务	芬兰，伯明翰；比利时，安特卫普等	用户数4.5万人，预计6万用户盈利，正常运营
Moovel	整合公交、地铁、car2go、出租汽车、铁路等服务，提供各种交通方式票务、预订和支付等服务	德国，斯图加特和汉堡等	用户已突破500万人，正常运营
SHIFT	提供所有公共出行的票务和支付集成服务	美国，洛杉矶	正常运营
Beeline	提供公交车众包（定制公交）服务	新加坡	正常运营
SMILE	提供多种交通的信息推送、出行预订、支付等服务	奥地利，维也纳	政府试验，1000名试用用户
UbiGo	提供包括公共交通、共享汽车、租车服务、出租汽车和自行车等月票服务	瑞典、斯德哥尔摩	政府试验，80个家庭，近200名用户

UbiGo项目是由瑞典政府资助的，是SMART项目的一部分，旨在为瑞典哥德堡地区提供全出行模式的一体化出行服务APP，通过提供高品质的交通服务，达到降低区域内的私家车出行的目标。通过购买包月的套餐，用户可享受对应的公共交通与汽车服务，按月支付使用费用后，用户可以在指定的区域免费使用公共交通，且在使用网约车、租赁汽车、共享单车、出租汽车出行时，均可享受一定程度的优惠。当用户选择绿色出行方式时，可通过获取相应的绿色积分来兑换商品与服务。在项目试点过程中，有50%的用户改变了其出行方式，40%的用户改变了他们的计划出行方式，25%的用户改变了他们的"出行链"。用户更好地控制了支出，大多数人从UbiGo中获益。有20个家庭在一年时间内没有使用私人汽车，其中17个家庭只有1辆私家车。

3. 加强网络信息安全防护

互联网时代，数据资产已然成为政企的生命线，而敏感数据在不同使用环节的应用过程中，数据的产生、存储、应用、交换等环节中均存在被泄密的风险。比如在5G车联网环境下，实现实时视频传输将成为可能，而这种新服务会对网络安全性能提出更高的要求，需要满足在5G网络条件下适应5G网络传输特性的安全需求，如身份验证、不可抵赖性、匿名性、可追踪性等。因交通领域的公众开放性、互联互通性、面向生产应用等属性，一旦产生信息安全事故危害性不可估量。当交通环境从传统的"人、车、路"走向更加开放、立体、多元的车联网，对交通领域信息安全提出了更大、更高的挑战。

数字时代交通系统非常突出的特征就是大规模网络布局、运行、管理，所以网络安全问题是实现未来第五代交通运输模式最关键的挑战，应该及早部署，通过大量研发来应对这一关键挑战。2016年，欧洲网络与信息安全局（ENISA）发布《网络安全与智能公共交通可恢复能力》报告。报告称，智能交通（IPT）运营商需要采取更多的措施来保护运营系统的网络安全，同时欧盟也需要在这一过程中承担应有的责任。报告还提到，智能交通系统面临各种网络威胁，包括DDoS攻击、恶意软件和病毒、数据泄露、身份盗窃、窃听和服务中断等。此外，交通网络的复杂性、对实时数据的依赖以及所用系统之间的相互依存关系都加剧了网络威胁。

6.2.3 发展经验启示

1. 注重顶层设计和规划引领

美国、欧盟及亚洲发达国家，根据各自国家或区域的经济与社会背景、产业与技术发展情况，分别制定了智能交通及相关产业发展政策和战略规划，把智能交通战略提升到国家发展战略层面，注重开发智能交通系统的结构，从而使之更加的规模化、完整化、灵活化，能够更为有效的去适应不断变化的环境和经济。

在规划的内容上重点以解决现实问题及需求为主要导向。以美国为例，据统计，美国每年有580万起交通事故，致使37000多人死亡，造成2300多亿美元的直接经济损失，面对十分严峻的交通安全形势，美国对发展ITS不同阶段的重点和方向适时进行调整，不断提出新的课题，及时将保障交通运输安全等方面的问题列入ITS发展的主要任务。为此，美国将近10年规划实施ITS的优先目标确定为通过有效建立交通流量控制、事故反应系统，来实现减少15%交通事故的目标，每年可拯救5000～7000人的生命。

智能交通系统顶层规划设计对系统资源共享、系统整体能力发挥、系统功能要求的可持续性均是最为首要和关键的环节。加强对智能交通系统的顶层规划设计，明确系统建设的目标和需求，对构筑统一高效、功能强大、先进实用的智能交通系统，服务智慧城市建设显得尤为重要。

2. 注重跨部门间的数据资源共享，强调社会各界协同建设

智能交通系统是一个整合了诸多子系统的、庞大的综合平台。以各个部门的管理范围和业务需求为出发点而建设的智能交通系统，都应隶属于这个大平台的子系统。对于一个城市或区域的交通管理而言，很多情况下在某一时段往往需要多个部门的协同参与，通过部门间数据的横向整合，建立不同运输方式的信息采集、交换和共享机制，为便捷交通运输服务提供精准、可靠的数据支持，为管理决策提供基础支撑。

美国智能交通系统发展建设取得成功的最显著的特点和经验是高度重视社会各有关阶层、各方面的共同协作，在此基础上，政府有关公共机构、有关私营企业和有关学术研究单位等在项目设置、资金筹措和资源共享等方面的全力配合和协作，是成功获得智能交通系统潜在效益和成果的基本保证。

3. 重视标准化建设，推动ITS整体协调发展

标准化可以通过标准的制定，将无序的、复杂的事项变为有序的、简单的工作，ITS是先进技术的"集成"，其复杂性不言而喻，因此要进行系统集成，就必须将标准化作为重要基础。只有标准化，才能保证ITS在全国乃至全球范围内的兼容性、加速ITS产业化。认识到这一点后，ITS标准化的研究便得到了广泛的重视。

标准化建设方面，国际标准化组织ISO于1992年设置了TC204交通信息与控制系统技术委员会，全面负责ITS领域的标准化工作，截至目前已有50多个国家加入了该委员会，其中以美国、日本、欧洲的标准化工作成效最为显著。美国的标准化制定策略先是通过各民间组织制定一系列标准，然后由美国智能交通协会和美国交通运输部确定各标准研究的优先级，以此达到集思广益的目的，同时以"国际合作、完善标准、培训人员"为资助重点，建立了ITS通信协议NTCIP（National Transportation Communications for ITS Protocol）。日本的国家ITS体系结构尽管制定得比较晚，但ITS标准工作并不落后，其设置了TC204国内对策委员会，下设多个分会，分工有序，受理不同的工作。欧盟由于各成员国有着不同的文化背景和法律，因此对标准化的要求更高。1990年，欧洲标准化委员会（CEN）成立了CEN/TC278技术委员会，并与ISO制订了维也纳协议（Vienna Agreement），进行与TC204内容类似的标准化研究工作。

4. 坚持以人为本，提高公众的参与度

公众参与城市交通规划，本质是要通过公众对规划制定和实施全过程的参与，保证规划行为的公平、公正与公开性，使规划能切实体现公众的利益诉求，真正做到以人为本，提升规划的合理性并确保规划工作的成功实施。提高规划的公众参与程度，也是构建和谐社会的重要措施。美国城市交通规划十分重视规划方案对研究区域居民工作、生活的影响，对公众意见的征询贯穿于整个规划的编研过程。我国公众参与城市交通规划的形式主要有两种，即专家咨询和项目批前公示，仍处于公众参与的初级阶段。为此，必须研究确立公众参与城市交通规划的法律地位，确定公众参与的法定程序，构建合理的公众参与组织形式和反馈机制。

5. 健全ITS建设投融资体系，保障建设的连续性

从美国、日本、欧洲ITS发展的历程来看，充分的资金投入是保证他们一直处于国际领先地位的重要因素。为了保证ITS建设的连续性，一些国家的政府部门开始寻找合适的私人资本作为切入点，在兼顾协调双方利益的基础上创造良好的公私合作机制，以消除资金问题对于ITS建设的干扰。

由于ITS的建设需要大量的资金，持续的、稳定的资金投入有利于ITS建设的连续性。在ITS投融资方面，国外的经验是将ITS融入常规的交通规划和交通预算中，以获取长期和持续的资金投入；寻找合适的私人资本投入，在兼顾协调双方利益的基础上创造良好的公私合作机制，开拓创造性的融资方法。从国外ITS建设资金投入情况来看，政府仍是主要的投资主体。这不仅加大了政府的财政压力，而且不利于调动社会各界的积极性。因此，一套合适的投融资体系以及相应的优惠和激励政策，对解除因资金短缺对ITS建设的影响有着重大的意义。

6.3 我国智能交通发展总体状况与展望

6.3.1 发展历程

相对于国外智能交通系统的发展，我国对智能交通系统的研究和发展相对较晚。20世纪70年代末，电子信息和自动控制技术逐步应用于城市交通信号控制，并在北京、上海和广州等大城市开展交通信号控制的工程试验与应用，由此开启了我国智能交通系统的试验与应用。20世纪80年代初期，智能交通系统在公路系统应用，这也是我国智能交通系统的初级阶段。到了20世纪80年代后期，我国开始进行交通信息采集、城市交通管理系统、高速公路监控系统和收费系统等的研究工作，为智能交通系统的发展奠定了基础。20世纪90年代中期以来，我国将智能交通系统发展作为国家发展战略，制定了"九五"计划，并成立了"国家智能运输系统工程技术研究中心"，进行智能交通运输系统发展战略研究。同时，我国也开始重视与国外智能交通发展的国际交流，一方面积极参加智能交通世界大会，另一方面在1997年在北京召开了智能交通系统发展趋势国际学术研讨会。1998年成立了标准化组织交通信息与控制技术委员会ISO/TC204中国委员会，开始进行中国智能交通标准化的工作。

我国智能交通系统的发展从"九五"计划、"十五"科技攻关，到"十一五"的全国重

点地区布局筹划，再到"十三五"时期交通信息化的正式落实实施，智能交通行业得到快速发展。结合我国交通运输实际需求，我国的智能交通以科技创新为先导，历经近几十年的发展，取得了积极的成效。智能交通系统在我国的发展主要经历了以下几个发展阶段。

1. 20世纪70年代末～90年中期：初级阶段

这一阶段主要包括理论研究和应用技术研究，在城市交通信号控制系统、交通信息采集系统、高速公路监控系统、电子收费系统、信息服务系统等领域应用，以及智能交通系统发展战略的研究，包括道路、铁路、水运、民航等的发展战略和标准等。

2. 1996～2000年：起步阶段

这一阶段为我国智能交通系统发展的启动期，在交通运输部的组织下开始跟踪国际智能交通的发展，主要是通过参加和组织国际智能交通领域的国际会议，学习了解智能交通系统的国际发展情况。我国智能交通研究学者们开始进行智能交通理念、关键技术、国外智能交通发展现状、趋势，以及我国智能交通发展思路和方向等的研究。

2000年，我国成立了全国智能交通系统协调领导小组办公室，统筹我国智能交通系统的建设发展。这一时期，科技部立项支持研究形成了《中国智能交通系统体系框架》和《中国智能交通系统标准体系框架》两个重要成果，为我国智能交通系统发展提供了宏观的指导文件。

3. 2001～2005年：培育阶段

2001年以来，我国智能交通开始步入发展期，国家重点在全国12个城市进行了ITS示范工程建设，同时立项了国家科技攻关计划，极大地调动了全国城市推动智能交通系统的积极性，也有效推动了智能交通相关的科技、产业等单位的积极介入，使全社会形成了大力发展智能交通系统的共识。

4. 2006～2011年：发展基础形成阶段

这一时期，我国智能交通系统的标准化体系日益完善；在北京奥运会、上海世博会、广州亚运会等重大国际活动的交通保障中，大规模集成应用了智能交通技术，京津冀、长三角等区域实现联网不停车电子收费，智能交通系统的基础研究和示范应用取得了多项创新成果。这一时期，我国智能交通技术在智能化运营管理方面的进展比较明显。

5. 2012～2019年：全面建设阶段

近些年来，随着信息技术的快速发展，车路协同、大城市区域交通协同联动控制、交通枢纽智能化管控等智能交通系统关键技术和前沿技术的发展得到国家科技计划的支持，智能交通系统建设在全国普遍展开，交通运输部、公安部等行业部门部署实施了一系列智能化管理和智能化服务的项目工程，"畅通工程""公交都市建设""快速公交""交通信息服务示范"等带动了智能交通系统建设应用规模的提升和产业的创新发展。

交通运输"十二五"发展规划明确提出要充分发挥科技引领作用，不断提高交通运输科技含量和信息化水平，加强技术创新，加强科技成果推广和应用，推进交通运输信息化建设，大力发展智能交通，并提出要加强交通行业管理服务应用系统、公众出行信息服务系统、安全畅通与应急处置系统、交通运输经济运行监测预警与决策分析系统的建设。随后，在国家八部委起草的《关于促进智慧城市健康发展的指导意见》中，智能交通被列为"十大领域智慧工程建设"之一。2012年，我国成立了智慧城市创建工作领导小组，智慧交通是智慧城市的重要组成部分，由此智慧交通开启了建设序幕。2013年，交通运输部部长杨传堂提出了建设"综合交通、智慧交通、绿色交通、平安交通"的发展理念，将智慧交通作为国家交通运输行业的重点建设内容之一。交通运输部近年来高度重视智慧交通发展，2016年，交通运输"十三五"发展规划中提出"要求各地开展智慧交通示范工程"；2017年9月，交通运输部颁布《智慧交通让出行更便捷行动方案（2017~2020年）》，中国智慧交通进入全面建设阶段；2019年9月，《交通强国建设纲要》印发，并提出到2035年，要基本建成交通强国。

6. 2020年以后：智能交通发展迈向更高层次

随着5G、AI、大数据等新兴技术的逐步成熟，新型基础设施建设的逐步展开，我国智能交通发展开始迈向更高的层次。2020年2月，国家发展改革委、交通运输部等国家部委联合发布《智能汽车创新发展战略》，提出到2025年，中国智能汽车在技术、产业、法规、监管等各个体系基本成型，展望2035~2050年，中国标准智能汽车体系全面建成，智能汽车强国愿景逐步实现。2020年4月，国家发展改革委等国家部委在新闻发布会上首次明确新型基础设施建设范围，新型基础设施建设发展进入快车道。发布会上提出，当前应大力推进基于科技端的智能交通基础设施部署，通过建设智慧道路、智慧高速和智慧枢纽等"硬"的新基建（设施数字化）以及城市交通大脑、智慧停车云平台、MaaS服务平台等"软"的新基建（数字设施化），拉动新一轮经济的高质量发展。如表6.3-1所示。

近年来中国智慧交通行业相关政策情况 表6.3-1

时间	部门	政策	主要内容
2020年4月	国家发展改革委	首次明确新型基础设施的范围	融合基础设施。主要是指深度应用互联网、大数据、人工智能等技术，支撑传统基础设施转型升级，进而形成的融合基础设施，比如，智能交通基础设施、智慧能源基础设施等
2020年2月	国家发展改革委、交通运输部等	《智能交通创新发展战略》	文中从顶层设计角度，进一步明确了汽车产业在"新四化"历史机遇下的发展方向，强调了里程碑时间节点的具体要求，对汽车行业发展具有极强的指导作用，极大地推动了我国汽车业智能化、网联化的快速发展
2020年2月	国家发展改革委	构建新型道路基础设施体系，推动智能汽车创新发展	把"构建先进完备的智能汽车基础设施体系"作为一项重要的战略任务，进行了系统阐述和专门部署
2019年9月	中共中央、国务院	《交通强国建设纲要》	大力发展智慧交通。推动大数据、互联网、人工智能、区块链、超级计算等新技术与交通行业深度融合。到2035年，基本建成交通强国，到21世纪中叶，全面建成交通强国
2018年12月	交通运输部	构筑起交通强国建设的"四梁八柱"	构建综合交通基础设施网络体系、交通运输装备体系、交通运输服务体系、交通运输创新发展体系、交通运输现代治理体系、交通运输开放合作体系、交通运输安全发展体系、构建交通运输支撑保障体系
2018年2月	交通运输部	《关于加快推进新一代国家交通控制网和智慧公路试点的通知》	提出6个重点方向，基础设施数字化、路运一体化车路协同、北斗高精度定位综合应用、基于大数据的路网综合管理、"互联网"路网综合服务和新一代国家交通控制网，试点项目实施包括北京、河北、吉林、江苏、浙江、福建、江西、河南、广东等省（市）
2017年9月	交通运输部	《智慧交通让出行更便捷行动方案（2017~2020年）》	建设完善城市公交智能化应用系统。深入实施城市公交智能化应用示范工程，充分利用社会资源和企业力量，推动具有城市公交便捷出行引导的智慧型综合出行信息服务系统建设。到2020年，国家公交都市创建城市全面建成城市公共交通智能系统
2017年2月	国务院	《"十三五"现代综合交通运输体系发展规划》	将信息化智能化发展贯穿于交通建设、运行、服务、监管等全链条各环节，推动云计算、大数据、物联网、移动互联网、智能控制等技术与交通运输深度融合，实现基础设施和载运工具数字化、网络化，运营运行智能化
2016年7月	交通运输部	《城市公共交通"十三五"发展纲要》	全面推进公交都市建设；深化城市公交行业体制机构改革；全面提升城市公交服务品质；建设与移动互联网深度融合的智能公交系统
2015年7月	国务院	《关于积极推进"互联网+"行动的指导意见》	明确提出要大力发展"互联网+"便捷交通，加快互联网与交通运输领域的深度融合

随着政府建设投入不断加大，全国各地智能交通系统发展迅速，已经进入了实际开发和应用阶段，主要应用领域包括城市交通管控系统、公交信息化系统、行业管理系统、交通运行监控系统、交通出行信息服务系统以及基于大数据平台的决策分析系统等。近年来，随着互联网、物联网、大数据、云计算、虚拟现实、人工智能、无人驾驶等新一代信息技术的快速发展，智能技术在城市交通建设的理念和关键技术得到了探索和应用，如城市大脑、城市云脑、城市神经网络、智慧城市大脑、交通大脑等，并在北京、上海、广州、深圳、杭州、天津、武汉等国内城市示范落地。

在北京、上海、广州等经济较发达的城市已经建设了先进的智能交通系统。其中，北京建立了道路交通控制、公共交通指挥与调度、高速公路管理和紧急事件管理的4大ITS系统，并完成了"一码通乘"、MaaS、疫情期间的预约出行等示范项目；上海建立了交通综合信息平台，开发了上海综合交通APP；广州建立了交通信息共用主平台、物流信息平台和静态交通管理系统的3大ITS系统，致力于打造"全球重要综合交通枢纽"；河北雄安新区以"一盘棋"思路为导向，建设"交通网""信息网""能源网"的"三网合一"；长沙市于2020年4月最先开放了无人驾驶出租车运营等。总体而言，目前中国智能交通建设百花齐放，各有特色。以基础设施改造、大数据提升应用能力、服务体验改善为核心。

6.3.2 典型省市

1. 北京市

北京是国内智能交通系统研究和建设最早的城市之一，早在"七五"期间就已经开始进行智能交通规划，直至"九五"期间，研发了一系列的交通信号控制系统、GPS警车定位、122交通事故快速处理诱导系统等。经过多年发展，已经基本建立较为完善的指挥调度体系、运营监管体系、信息服务体系和交通数据体系，部分领域在全国处于领先水平。智慧交通持续突破，精细化管理水平不断提升，智能化监测设备覆盖率得到提高，城市公交车辆实现卫星定位全覆盖，机场高速等7条高速公路实现视频监控及断面交通流检测全覆盖，智能化交通运行管理系统基本建成。推出"北京实时公交"手机软件，583条公交线路实现实时查询，高速公路电子不停车收费（ETC）用户量达到203万人，通行比例约35%。在全国首次使用"千吨级驮运架一体机"工法，三元桥大修仅断行43小时完成桥梁上部结构整体置换，创造了新的"中国速度"。2020年完成了"一码通乘"、MaaS、疫情期间的预约出行等示范项目。

（1）北京交通管理指挥控制系统

该系统利用遍布全市快速路、主干路网的上万个检测线圈、视频、超声波、微波设备，24小时自动采集路面交通流量、流速、占有率等运行数据，一方面服务于城市交通管理决策，另一方面通过将采集到的交通流信息进行整合、分析、处理，以图形方式显示出实时动态路况信息，并自动与前四周的相关数据进行对比，如超出历史常量值，系统将给出警告提示，为路况信息对外发布和路面交通控制提供了可靠依据。同时，安装在二环、三环和四环路上的交通事件自动检测系统，通过视频图像识别技术、自动检测出交通事故、拥堵等交通事件，并进行报警、录像，极大地提高了交通意外事件的快速反应能力和指挥调度效率。

（2）北京交通运行监测调度中心

北京交通运行监测调度中心（TOCC）自成立以来，结合自身"全面监测、协调联动、重点保障、运行分析、综合服务"五大职能定位,以全市综合交通体系为对象,常态化开展北京市综合交通运行监测服务工作。目前北京TOCC共整合接入行业内外41个应用系统、8813项静动态数据、6万多路视频,初步构建了涵盖交通参与者、运载工具、交通设施、环境"交通四要素"的综合交通运行动态监测体系。依托TOCC整合接入的综合交通大数据,其静动态数据存储达到20T,每天数据增量达30G左右,如图6.3-1所示。

面对增长迅速的海量数据,在云计算、大数据等技术支撑保障下,未来的交通管理系统将具备强大的存储能力、快速的计算能力以及科学的分析能力,系统模拟现实世界和预测判断的能力更加出色,能够从海量数据中快速、准确地提取出高价值信息,为管理决策人员提供应需而变的解决方案,交通管理的预见性、主动性、及时性、协同性、合理性将大幅提升。

TOCC依托整合接入的综合交通行业大数据,建成了综合交通运行监测大数据分析应用开放平台,与在线业务平台相辅相成,纳入门类齐全的真实数据,以及必要的数据分析和交通仿真环境;基于电子沙盘,为数据分析和仿真分析结果提供多维度的可视化展示;能够开展交通大数据分析、交通运行分析、模型实证研究、交通仿真实验等分析应用服务。

(3)北京交通实时信息发布系统

由北京市交通委组织编制,北京市交通信息中心起草的北京市地方标准《实时公交信息服务系统数据交换及信息质量要求》DB11/T 1272—2015,完成编制,通过审查,正式发布,并于2016年7月1日起开始实施。标准规定了用于开展地面公共汽电车实时信息服务所进行的数据交换和信息质量要求,适用于可提供实时地面公共汽电车信息服务的系统。

(4)其他系统

目前已经建成了分级接入、分级控制、分级指挥的完善管理体系,并且在交通指挥及

图6.3-1 TOCC交通大数据

控制、信息采集及发布服务等几个大方面实现了重大突破。

交通控制方面，全市交通路口1500多个，全部采用联网控制的交通控制系统，实行了中心、分中心、路口的三级控制，实现了混合交通流下的点、线、面协调控制。通过与车辆GPS的互联，实现公交优先的交通信号控制策略。

（5）出行服务

出行服务从较为单一的服务内容及发布模式发展为多样化、多渠道的服务模式，推出了北京交通官方微信，提供一站式的综合信息服务，与腾讯、阿里巴巴、新浪等互联网企业合作，推出城市服务平台；市政交通一卡通开通手机服务功能，包括网上充值、手机支付等，并扩展了在公共自行车、P+R和部分路侧占道停车电子收费应用。2020年5月16日，北京公共交通领域推出"一码通乘"服务，乘客使用北京公交、亿通行、北京一卡通三款APP中任意一款均可扫码乘坐北京地面公交及轨道交通，使用范围覆盖了北京城区和郊区全部1500余条常规地面公交线路（不含商务班车、合乘定制等多样化线路），全部23条城市轨道交通线路，以及S2线、怀密线2条市郊铁路线路，"一码通乘"的实现，也为今后推行公交、地铁换乘优惠等绿色出行激励措施奠定了基础。

此外，2020年疫情防控期间，开展地铁预约出行服务，并于2020年3月6日在5号线天通苑站和昌平线沙河站两个大客流车站正式启动试点。预约系统根据地铁运力、客流需求、满载率调控要求，分配高峰各时段的进站名额；地铁预约出行可提前掌控乘客出行需求，精准控制进站人数，避免人流聚集，减少乘客车站排队时间，提升出行体验。预约出行是一种新型出行服务模式，能够在交通资源紧缺的情况下，通过技术手段精准匹配供需，从而达到最优配置。

2. 上海市

上海市开始智能交通系统的研究和应用源于20世纪80年代，从引进SCATS系统开始进行智能交通系统的探索和研究开发，智能交通系统技术研究作为"七五"和"八五"科技攻关项目，也奠定了初步的智能基础。历经30余年的发展，上海市智能交通系统的实施应用主要有以下几个方面。

（1）道路交通信息采集、发布、管控系统

上海市ITS的发展摸索出自己的一套经验：通过持续、滚动的规划，建成了道路交通信息采集、发布、管控系统，以中心区道路交通信息采集系统工程作为实施ITS的切入口，形成建立交通信息平台的基础性条件；通过扩大信息采集范围，完善信息采集内容，提升数据加工能力，针对不同路网交通特征，应用线圈、出租车GPS信息、手机信令、SCATS系统、牌照识别、微波等多种技术手段，分别采集快速路、地面道路和干线公路等道路交通实时信息；通过对这些动态数据进行处理，实现交通实时运行状态的发布，面向决策者、管理者、使用者开发应用服务系统。

（2）公共交通信息采集、监控及发布系统

建成了轨道交通运行监控和信息发布系统，实现对轨道交通线路运行状态和拥挤度的实时采集和监控；通过在公交GPS等车载终端，实现对地面公交的运行监控和电子调度。

建成公共停车场库动态停车泊位采集系统，实现对公共停车场库停车泊位信息的动态采集，并实时汇集至交通综合信息平台。

建成危险品运输车辆监控系统，将全市危险品车纳入该系统，提高危险品车辆运行的安全性。

（3）对外交通信息采集汇聚、枢纽交通信息服务系统

建成对外综合交通枢纽信息系统，实现对虹桥枢纽、浦东机场、客运站、码头、国际航运中心等大型对外综合交通枢纽综合信息的采集和管理，以及对外交通信息发布和服务。

建成全市主要长途汽车站客运联网售票系统，建成市域主要出入道口的流量采集、视频监控、稽查布控等信息化管理系统，实现了主要道口对外交通流、客流的动态分析。

建成上海电子口岸平台，为上海海关、检验检疫、海事局等核心监管机构的监管应用提供数据交换服务。

建成上海市港口安全日常监管与应急指挥系统，实现应急指挥中心对上海港等的视频接入和实时监控、行业监管、船舶定位监控、指挥港航公共突发事件应急处置等。

（4）上海交通综合信息平台

平台汇聚了道路交通、公共交通、对外交通、热点区域等多方面的相关信息，可展示全市干线公路、快速路、地面道路三张路网的实时交通状态信息，融合汇聚了市政工程局、交警总队、城市交通局、浦东新区等多个二级平台，涵盖道路交通管理系统、交通信号控制系统、出租车调度和管理系统、城市公交客运管理系统等多个三级应用系统。在交通分析方面，上海交通综合信息平台有大量数据支撑交通运行年报、月报的编制，支持上海交通出行APP的运行。交通综合信息平台一方面可为管理部门提供辅助决策支持，为大专院校、科研机构提供科研和教学的数据支撑；另一方面可通过电台、电视台、网站和路边诱导标志为社会公众提供交通信息服务。

上海交通综合信息平台的主要内容：一是以简图的方式发布城市交通状态信息，快速掌握上海快速路、高速公路路网的整体路况；二是路政施工信息；三是研究推进特大城市交通一体化的数据中心建设，除了整合交通行业数据外，还要关联其他行业进行交叉、整合、共享；四是未来的三个示范应用方向：跨区域协同（比如跨省执法），跨领域，跨不同交通方式的业务总结。

综合交通信息平台实现了以道路车流为主要内容以及与道路通行相关的信息资源在平台上的汇集、整合、提供与交换，具备综合分析能力。同时，实现了城市公共交通、对外交通数据等在数据资源平台的汇集、整合。

上海交通行业数据中心一期、二期工程，交通综合业务系统都已经建成。最后，在政企数据融合共享应用方面，政府利用行业优质数据资源为智慧决策做支撑，企业与政府数据融合、共享，支撑企业自身智慧运营。

（5）公交、出行大数据应用

上海公共交通大数据资源框架包括公共交通基础数据、感知数据（车辆、客流）和业务数据，以及新能源车的数据和非机动车的专题数据。上海公共交通大数据主要有五大方向：一是运营全场景的公交智慧调度，利用大数据技术算法模型和处理环境，实现公交运营过程中计划调度、实时调度和应急调度的全场景覆盖；二是公交基础设施的公交智慧调度（线网优化），利用数据挖掘模型采集居民通勤客流及公交出行客流进行公交线网规划优化，使得公交基础设施资源得到更合理的空间调度和资源配置，最终实现公交智慧调度；三是建立新能源车辆及常规车辆的安全行车监测系统，对新能源车辆的电耗、整车状态、剩余电量、电压等进行监测，实现对新能源车辆安全行车过程中的多指标实时监测和报警预警；四是面向全过程的公交出行精准化信息服务，实现公交到站信息服务、出行时

间预测、换乘信息服务，为乘客换乘出行提供决策参考；五是面向多维度的公共交通运行、绩效和服务综合评价，主要从公交企业、行业管理者和乘客多角度进行评价。

（6）智能网联汽车

2018年3月1日，上海市政府出台了《上海市智能网联汽车道路测试管理办法（试行）》，并划定了嘉定区安全性高、风险等级低的5.6公里道路作为第一阶段智能网联汽车开放测试道路，发放了第一批测试牌照，成立了联合推进工作小组统一负责监管和管理。上海市制造业创新中心（智能网联汽车）作为第三方机构，对智能网联汽车道路测试过程中的相关数据进行采集和分析。2018年9月，上海发布了第二阶段智能网联汽车开放测试道路情况，主要测试道路在安亭、临港地区规划建设，包括城市主干路、城市次干路、产业园区主干路共12条道路，总长度达到37.2公里。安亭主要对乘用车进行研发和测试，临港主要对商用车进行研发和测试。

（7）交通信息服务和决策支持

开发了"上海综合交通APP"，对各种APP数据进行整合，形成综合数据平台和综合的公众出行信息发布体系，提供信息指引、出行引导和停车预约服务。

3. 广州市

广州的智能交通系统的建设也是随着国家的大政方针和技术进步而发展的，大致经过了信息化改造传统交通、物联网示范应用、大数据引领行业转型升级三个阶段。

2000年，广州市开展了广州智能交通系统"十五"的发展规划编制工作，并成立了广州智能交通系统建设示范城市领导小组，组织参与全国智能交通系统试点示范城市的申报工作，进行项目组织、设计、建设以及成果的推广和应用。2001年编制了ITS整体框架，制定了ITS建设2010发展规划，并拟定了有关开发项目。此阶段，广州主要是"以信息化改造传统交通，加快实现广州交通现代化"，核心是把计算机的技术、网络的技术、系统工程管理的思想方法引入交通的运营与管理上来，用计算机系统取代人工的管理和服务，改变一些传统交通行业的运营和管理模式。广州智能交通系统公用信息平台作为示范工程是最早申报的项目，是将以往做的智能公交调度系统、出租车调度系统、呼叫中心（96900）以及站场视频监控系统等各自独立、分散的交通信息化系统，整合成一个公用的信息平台，以解决信息孤岛的问题。

2003年，广州市智能交通管理指挥系统（简称GZ-ITMS）启动建设。

2005年，进入国家"十一五"时期，以广州亚运会为契机，编制了《广州亚运智能交通发展规划》，开发了车辆智能调度系统、广州城市道路运行智能分析平台、亚运餐饮电子收费系统等一大批智能交通系统，并得以应用。同年，广州建成了"广州市ITS共用信息平台"，建立ITS信息数据库，形成了综合交通规划、管理、运营的智能化管理系统，完成了ITS的基础设施建设。

2010年亚运会前夕，广州市智能交通管理指挥系统（简称GZ-ITMS）一期项目基本建设完成，奠定了"1个中心、2个平台、2套网络、15个子系统"的总体架构，为亚运会期间交通保障提供强有力的支撑。GZ-ITMS二期项目重点拓展了交通信号控制、交通监控、电子警察、交通流检测和交通信息板五大系统，推出了公众交通信息服务平台、交管业务网上办理平台和网上督查管理系统等，二期项目于2015年年底基本完成。

2010年，编制完成了广州"十二五"智能交通系统发展规划。同年，国家发展改革委组织交通运输部等部委进行了物联网的发展专项申报工作，开启了物联网示范应用的发展阶段。2011年广州市开始开展城市智能交通物联网应用示范工程，基于物联网技术主要在公交领域、出租汽车领域、停车领域、安全驾驶领域进行应用。在物联网技术发展驱使下，陆续建成了公交出行信息服务平台、公交企业运营调度平台、公交云平台、公交智能调度系统2.0、公交多模式客流分析系统等；建成出租车防伪稽查系统，基于蓝牙、视频车牌及车位识别和手机APP的物联网智能停车管理系统，以及驾驶安全督导管理平台等。

进入"十三五"时期，随着物联网、移动互联网在智能交通领域的发展应用，广州市交通大数据的采集水平得到了长足的进步，具体表现为数据采集手段多样性、数量质量的可靠性、数据的丰富性等多个方面。广州提出了建设广州市智能交通大数据中心，该中心包括大数据公用子平台、骨干光纤通信网络、交通云计算服务子平台三部分。依托于智能交通大数据中心，为交通运输企业和出行者、社会公众提供准确、有效、全面、可靠的交通信息服务，从而实现交通运输资源的最优化配置。

2017年，广州市启动《广州市交通发展战略规划》（简称《战略规划》），历经3年编制，于2020年1月发布。《战略规划》提出了1个目标、3组指标和6大战略。

1个目标："全球重要综合交通枢纽"。高效连接全球，便捷直连湾区城市，支撑国际一流湾区和世界级城市群的建设；打造优质公交系统和道路空间，构建安全、便捷、高效、绿色、经济的现代化综合交通体系。

3组指标：（1）生产指标，"3060"时空目标，即市中心至南沙副中心、外围城区中心30分钟轨道直达，广州与湾区各城市中心60分钟轨道直达；（2）生活指标，市域"6080"客运目标，即公共交通占机动化出行比例60%，轨道交通占公共交通出行比例80%；（3）生态指标，市域绿色交通出行（包括公共交通、步行和非机动车）比例不低于75%。

6大战略：规划提出更开放的国家门户、更直连的湾区核心、更高效的公共交通、更健康的道路系统、更智慧的交通大脑、更前瞻的引领发展6大发展战略，并在航空、铁路、公共交通、道路交通方面分别提出了发展目标。

4. 深圳市

深圳市智能交通发展可追溯至1985年，推出了多相位箭头灯信号控制，并引进日本区域交通信号控制系统（简称ATC系统），1992年研发了国产化联网信号控制机及区域交通信号控制系统（简称STC系统），实现了自主研发的多模式控制方式。同时，建立信息发布体系，实现多元数据信息出行诱导，通过建立交通信息共用平台，实现了信号路口检测数据、路段检测数据以及人工视频巡查数据的有机整合，为综合诱导、交通决策、交通分析提供了坚实的基础。

早在1985年，深圳就开始进行闭路电视监控系统的建设，从早期的模拟视频发展到了今天的数字高清视频；从单一的交警视频发展到今天共享全局的治安视频；从监视路网交通状况，发展到兼顾电子警察执法应用；从内部勤务视频监督，发展到交通违法肇事逃逸的追踪；交通闭路电视监控系统在智能交通管理工作中起到了不可或缺的作用。

深圳市作为中国的经济特区，智能交通发展和技术应用一直处于我国前列。1999年，深圳成立了交通广播电台，进行路网交通状况直播，通过网上交警平台发布动态交通状况信息，与高德地图合作，发布深圳路网交通信息，为市民提供交通导航，基本形成了全方位、多维度的出行信息发布体系。

深圳也是最早建立交通指挥中心的城市之一，1989年建立了初级的交通指挥中心，1999年建成新的智能交通指挥中心，建设了一个平台、十大系统：交通共用信息平台、无线通信对讲系统、122接处警系统、PGIS警力资源管理系统、交通信息采集系统、交通信号控制系统、车牌识别预警系统、干线及停车诱导系统、交通事件系统、智能交通违章管理系统、闭路电视监控系统。实现了三个快速：快速发现交通事件、快速调度警力、快速处置事件，交警对交通事件的快速反应能力得到了显著的提升，全国同行来深圳参观新指挥系统及电子警察执法工作的交流活动达到空前效果，窗口作用凸显。

2000年，深圳开始研发车牌识别系统，到2007年建成了70多个断面的车牌识别点，为治安、刑侦、交警、环保等执法办案提供了极大的便利，发挥了很大的作用。2011年，深圳率先在大运会车辆管理上进行RFID电子标识应用。

深圳作为一座迅速崛起的大城市，城市综合交通运输体系快速发展，交通运输信息化的建设不断推进。面对深圳市的综合交通发展需求，为确保全市道路网、公交网、轨道网、物流配送网的安全稳健运行，深圳市交通运输委员会提出了"以信息化、智能化引领深圳综合交通运输国际化、现代化、一体化"的智能交通发展理念，以数据采集、数据分析、数据应用为主线，全面深入推进智能交通建设。在组织机构设置方面，深圳市交通运输委员会设置了"智能交通处"，统一负责全市智能交通规划、设计与实施管理工作，率先建立了大智能管理体制，改变了原来智能交通建设主体多元、各自为政、低水平重复建设的局面，解决了智能交通资源多、小、散、乱的问题，发挥了全市各类型智能交通资源的集成优势和组合效率，强化了智能交通公共服务产品的优质供给。

深圳市交通运输委员会在深入细致调研全市智能交通需求的基础上，提出了整合的原则，即全面整合规划、交通、交警等部门的智能化需求，构建了"1+6"的智能交通总体架构，即"1个平台、6大系统"。1个平台是指交通信息交换平台，6大系统包括交通综合监测系统、交通整体调控系统、交通运输管理系统、交通运行指挥系统、公众出行信息服务系统以及交通管理及应急仿真决策支持系统。

（1）交通信息交换平台

深圳市交通信息交换平台以深圳市交通运输委员会网络、交通警察局网络、深圳市电子政务网络等交通信息网络为基础，通过建立可整体支持综合交通业务的交换平台实现交通基础设施信息、个人车辆运行信息、客货运车辆信息等各种交通信息的共享及交互；并通过建立综合交通数据资源中心与T-GIS资源中心形成交通信息统一视图，为交通规划与建设、交通业务管理与服务、综合运行指挥、公众出行信息服务等各种系统提供统一的数据支持。平台主要由汇集交换网络、交通数据中心、交通数据交换平台、视频交换平台4部分组成。

（2）交通综合监测系统

交通综合监测系统综合集成交通行业的各种信息采集方式，搭建涵盖静态设施信息、动态运营信息以及视频监控信息于一体的综合信息监测网络，采集范围覆盖高速公路、城市快速路、主干路以及场站、枢纽和重点区域等，基本实现全市交通基础设施和交通运行状态信息的全面采集。系统主要由闭路电视监控子系统、车牌识别综合应用子系统、交通事件检测子系统、交通基础设施监测子系统（T-GIS）以及场站及枢纽监测子系统组成。

（3）交通运输管理系统

交通运输管理系统自动收集公交、出租、危险品运输等营运车辆在经营行为中产生的速度、地点、时间、客流、视频等数据，通过处理分析，服务于运行车辆监管、投诉处理、公交运行监测监控、危险品运输管理等多个领域，全面提升交通运输行业的监督、管理和决策水平。系统主要包括交通运输行业GPS监管子系统、智能公交协同运行监测子系统、危险品运输监管子系统3个子系统。

（4）交通运行指挥系统

交通运行指挥系统汇集交通运输基础信息、动态信息、交通管理信息及行业监控信息，对全市交通运行进行监控的同时对各类突发事件进行实时处置、指挥，对交通运行状态进行分析，提高联动指挥能力和应急管理水平。

（5）道路交通调控系统

道路交通调控系统以快速路控制、区域联动控制、公交优先控制为手段，以交通诱导信息发布为辅助，通过各种交通控制手段的有机联动，对交通流进行有效调控，达到减少交通拥堵，防止交通事故，提高交通整体运行效率的目的。

（6）公共出行信息服务系统

公共出行信息服务系统通过手机、门户网站、广播电台、电视、户外诱导屏等多渠道实时为市民发布交通信息，便于市民选择合理出行方式和出行时间。

（7）交通管理及应急仿真决策支持系统

交通管理及应急仿真决策支持系统主要提供交通规划、设计方案评估、交通组织优化及区域仿真评价以及城市交通应急仿真功能，为交通管理部门提供决策支持。"1+6"智能交通总体架构的明确，保障了深圳智能交通的协调性发展，确保了后续分板块发展的协同一致。在这一总体框架的指导下，深圳几大部门智能交通建设百花齐放，有效避免了重复建设，真正促进了综合交通的协同一体化发展。

2018年深圳开启"刷脸"执法，实现非现场执法从查处"车"到查处"人"，实现无盘查跨越式发展。在电子警察应用这个方面，深圳做出多个全国首创，开启了一次又一次非现场执法的先河，在丰富完善执法手段引领实战上做出了持续不断的积极探索。

2019年11月18日，深圳市交通运输局公布《深圳建设交通强国城市范例行动方案（2019～2035年）》征求意见，明确提出，到2022年，深圳目标建成现代化国际化一体化的综合交通运输体系、高品质高效能高融合的城市交通运行体系。其中包括：机场国际及地区旅客吞吐量比重达到12%；粤港澳大湾区核心城市核心区联系时间在1小时以内；全市绿色出行分担率达到81%；全社会物流总费用与GDP的比率降至12%；争取申请建设国家级交通创新载体1～2个。

到2035年，深圳目标全面建成高效便捷、经济绿色、安全健康、创新智慧的现代化综合交通运输体系。其中包括：机场国际及地区旅客吞吐量占比达到25%；与粤港澳大湾区核心城市核心区以及莞惠核心区基本实现枢纽间半小时直达；与泛珠三角区域主要城市高铁直达率达到90%；全市轨道站点10分钟步行范围可覆盖的居民比例达到70%。

到21世纪中叶，深圳建成高效率、高品质、低排放、低死亡的综合交通运输体系，建成影响力卓著的全球枢纽城市，综合交通运输体系服务品质、运行效率、安全水平、经济社会环境效益全球领先，实现"人享其行、货优其流、畅通全球"。

5. 其他省市

其他省市在交通信息化发展方面纷纷出台了指导文件，明确智能交通发展目标。

河北省交通运输厅《关于推动全省交通运输科技创新驱动发展的意见》提出，到2020年，科技体制机制改革全面深化，创新生态更加优化，创新资源有效聚集，创新人才大量涌现，创新能力显著增强，形成具有引领性的交通运输创新体系，建设交通基础设施建养、交通运输安全与应急保障和智能交通等领域的全国交通运输行业科技创新高地，智能交通新技术应用取得突破。到2035年，交通基础设施建设养护、交通运输安全与应急保障和智能交通领域科技创新能力达到国内领先水平，智能交通体系日趋完善，交通基础设施及运载装备基本实现全要素、全周期数字化管理，信息技术与交通运输发展深度融合，交通控制网基本实现全覆盖，交通基础设施承载能力、运输组织效率和安全水平显著提升，有力支撑现代化综合交通运输体系和交通强国河北篇章建设。

江苏省交通运输厅《江苏省智能交通建设实施方案》（以下简称《方案》）提出，要明确重点推进交通基础设施要素数字化、智慧交通基础设施建设等8个专项行动。《方案》提出，深化大数据在路网拥堵预警调度、超限超载治理、危险货物监管等方面的综合分析应用，建成推广常州天宁区、苏州高铁新城基于V2X的车路协同应用。到2025年，实现5G、人工智能、大数据、物联网、区块链等新一代信息技术在交通运输各领域深度融合，围绕自动驾驶发展和智能终端形成若干有影响力的产业。

6.3.3 建设成果与创新应用

我国智能交通系统的发展，从引进国外的信号控制系统和先进技术，到自主研发和创新应用，随着信息技术的进步，智能交通系统经历了从无到有、从单一到复合、从量变到质变的飞跃。

1. 交通信息化程度显著提高

在政策引领和持续投入下，我国各大城市交通信息化程度已初现规模，在车联网系统、城市停车诱导管理系统、公路交通信息化、城市道路交通管理服务信息化以及城市公交信息化领域均有一定发展，为未来新技术的应用建立了基础。

在公路交通方面，北京实施了"科技奥运"智能交通应用试点示范工程，广州、中山、深圳、上海、天津、重庆、济南、青岛、杭州等作为智能交通系统示范城市也各自进行了有益的尝试；在公路收费领域中，全国各省市高速公路ETC正式联网运行，京津冀、长三角地区正逐步展开跨省域的收费系统的建设。

在轨道交通方面，我国已建成了世界规模最大的智能铁路运输系统，截至2019年年底，高速铁路营业总里程超过3.5万公里，占全球高铁里程三分之二以上；国家的智能铁路可以划分为五个层次，第一是智能感知层，第二智能传输层，第三数据资源层，第四智能应用层，第五是智能决策层。我国的智能铁路建设目标是数字化、信息化、互动化、可视化和智能化的新一代的铁路运输系统，实现海量数据可以挖掘、设备状态可以诊断、行车安全可以预警、运营变化可以感知、发展趋势可以推断、辅助决策可支撑，从而推动铁路的安全、效率、效益还有服务水平的大幅度提升。

在民航方面，技术成果主要集中在安全大数据的分析、跑道端阻挡系统、PBN以及北斗民航的应用、全球航班追踪系统、行李自动分检系统、增强机场场面监控、毫米波人体成像安全检查设备、低空无线宽带系统等一系列创新的服务。此外，中国民航还实现了对97%运输飞机、3400余架飞机的监控，形成了民航空天地一体化的新技术应用体系，有力促进了综合交通运输体系的互联互通。

2. 大数据与人工智能应用不断深入

基于大数据分析的视频资源和海量终端数据两者融合，为交通带来了全时空的信息感知。国家已经建立了全国交通数据备份中心，汇聚了170亿机动车和驾驶人的基础数据、3000亿各类动态和静态的数据以及实时的互联网路况数据，大数据平台可以实现超高并发，秒级响应。

人工智能在城市交通大脑的构建、智能化指挥调度等方面的应用正在不断得到深化，不断推动国家智慧城市建设的升级发展。在交通指挥联网联控方面，建成了集数据汇聚、研判服务、情报指挥、勤务监督、设备监测于一体的公安交通集成指挥平台，通过车辆图片特征智能识别、人脸识别技术，实现不系安全带、遮挡号牌、毒驾人证比对等智能识别。

在预警研判机制方面，通过大数据云平台的海量数据和超强的计算能力，对这些数据进行了关联分析、机器学习，从而实现路面管控，保障公众的出行。基于大数据、人工智能分析，城市交通管理的精细化得到了加强，提升了智慧城市交通控制的能力。

3. 交通大脑推动智能交通系统革新

在当今大数据、云计算、5G、物联网、人工智能、人脸识别、无人驾驶等技术快速发展的大背景下，我国在城市大脑、交通大脑等关键技术研究和示范应用方面取得了一定的进展，如广州公安智慧交通大脑、成都城市智慧交通云脑、济南交通大脑等。此外，越来越多的互联网企业开始进行城市大脑等相关技术的研究，如：

（1）阿里ET大脑——阿里云，着重解决在交通指挥管控应用、交通信号优化应用、交通缓堵治乱应用、交通运行评价应用、预警预测研判应用、公众出行服务应用方面，并已在杭州、海口等23个城市进行了示范应用。

（2）华为城市大脑——计算平台Atlas，主攻5G和车路协同，在深圳进行了示范应用。

（3）百度城市大脑——无人驾驶，主要在自主泊车、智能红绿灯、智能出行方面进行研究，并在大连、成都等地进行应用。

（4）滴滴城市大脑——侧重智能出行服务，定制化开放服务，代表产品为滴禹出行平台、群雁出行平台，在济南、南京进行应用。

（5）腾讯城市大脑——侧重地图服务，代表产品为腾讯地图、微信支付等，在长沙、广州轨道进行应用。

目前，交通大脑的研发和建设从类型上分为政府大脑和企业大脑。政府大脑一般为政府部门，如市级政府、区级政府、交警部门、交通运输管理部门等建设的大脑；企业大脑主要为各互联网企业推出的大脑产品。目前来看，各个级别的大脑之间的协同还不够充分，政府大脑之间、政府大脑与企业大脑之间的协同还有待加强。未来城市大脑应是各级大脑的统筹和整合，打造交通综合大脑。城市交通大脑是传统智能交通体系的衍生和进化，基础是全量、全景数据资源的采集与融合，与能力平台的构建；核心是系统之间的协同与互联；途径是"数字平行交通系统"的建设与人工智能等新技术的运用；目标是供需适配、实时的个性化系统解决方案；表现是一体化需求响应、出行预约的全新交通服务模式。

4. 5G技术方兴未艾

5G是"新基建"的领衔领域，不仅自身是新的经济增长点，同时可与大数据、人工智能紧密结合，释放更大潜能。智能交通是5G未来应用的重要场景，自动驾驶、车路协同、智慧高速公路均离不开5G基建。

在国家政策支持和各大企业大力投入下，我国5G技术快速发展，目前已处于世界前列。全国各地在建设5G的同时，也在不断探索5G的应用场景：北京市持续加快5G等新型基础设施建设，大力拓展各类创新技术的应用场景建设，实施北京智源行动计划，推动人工智能带动各领域各产业升级和变革；贵州、江西、江苏省交通运输厅与通信运营商签订战略协议，推进5G在交通运输行业应用；深圳计划到2020年8月底，累计建成5G基站4.5万个，率先实现全市5G网络全覆盖。

5. 城市群战略稳步推进

党的十九大报告中强调指出，要以城市群为主体，构建大中小城市和小城镇协同发展的平衡格局。我国"十三五"规划了19个城市群，东南西北中各有大型城市群，其中京津冀城市群、长江三角洲城市群和珠江三角洲城市群，按照世界级城市群的目标进行打造，同时现在正在筹备粤港澳大湾区的城市群。

我国轨道交通的发展为城市群战略提供了坚实的基础。城市群的发展需要在重要的核心城市和周边节点城市间实现1~2小时的交通圈，而轨道交通具有运量大、速度快、安全准时、环保等优点，成为城市群交通方式的骨干方式。

城市群轨道交通的智能化和一体化，不仅仅是信息的简单集成和信息技术的简单应用，而是应该以整体运输为核心，实现运输组织的协同化、安全保障的综合化以及信息服务的智能化。智能信息驱动的动态协同运营理念，主要是改变单制式单独运营的方式，从信息的全息感知到整个智能的态势推演，到实现闭环的管控，再到实现对旅客的全过程智能服务，通过这四个层次的研究实现多制式整体的网络联合和高效运营。两个一体化加实时智能联动的技术路线，就是通过构建一体化的体系进行规划，打造一体化的系统装备，最终实现各制式实时的联动智能指挥。

6.3.4 发展方向展望

1. 全面推进智能交通新基建的应用部署

近年来，以5G、人工智能、自动驾驶等新技术为核心的新型基础设施建设如火如荼，美国以公路智能运维和车联网技术部署为契机推进基础设施智能化升级改造，日本以高速公路和重要交通枢纽节点为载体推进新型基础设施更新升级，欧洲推动跨国统一的核心网络信息化通道基础设施建设，世界各国紧锣密鼓布局新型基础设施发展。

在2018年中央经济工作会议上，我国把5G、人工智能、工业互联网、物联网定义为新型基础设施建设，并被列入2019年政府工作报告中。近两年来，新型基础设施建设在国家层面召开的会议中不断被提出，并越来越明确了发展方向。根据2020年4月20日，国家发改委提出的新型基础设施建设的内容，主要包括三方面：一是信息基础设施，主要指基于5G、物联网、工业互联网、卫星互联网为代表的通信网络基础设施，以人工智能、云计算、区块链等为代表的新技术基础设施，以数据中心、智能计算中心为代表的算力基础设施等；二是融合基础设施，主要指深度应用互联网、大数据、人工智能等技术，支撑传统基础设施转型升级，进而形成的融合基础设施，如智能交通基础设施、智慧能源基础设施等；三是创新基础设施，主要指支撑科学研究、技术开发、产品研制的具有公益属性的基础设施，如重大科技基础设施、科教基础设施、产业技术创新基础设施等。

新型基础设施建设已经在2020年新冠肺炎检查防疫中发挥了绝对的作用，如无人机消毒、防疫排查、无人配送等。当前，受全球新冠肺炎的影响，我国消费和出口受到冲击，新型基础设施建设成为拉动我国经济增长的重要手段。同时，随着5G、人工智能等新兴技术的成熟和快速发展，新型基础设施建设将迎来新的发展高潮。

2020年3月，中共中央政治局常务委员会召开会议提出加快新型基础设施建设进度，我国新型基础设施建设发展进入快车道。根据2020年4月报道，新型基础设施建设主要包括5G基站建设、特高压、城际高速铁路和城市轨道交通、新能源汽车充电桩、大数据中心、人工智能、工业互联网7大领域，涉及诸多产业链。对于交通领域，基于5G、人工智能、物联网等技术的数字化交通基础设施将进一步推进"新型基础设施建设+交通"的发展和全场景落地，为智能交通赋能，并引领智能交通的发展。

未来新型基础设施建设的发展主要有以下几个方面：

在车辆方面：以5G、人工智能、自动驾驶等新技术为核心，促进单车智能和多车协同、车路协同发展。以单车智能为核心，向全行业辐射，包括公交领域、停车领域等。

在道路设施方面：将高科技规划（狭义是智慧公路本身，再广义一点到辐射公交、私家车、城市监控管理的智能设施，更广义的到城市管线预埋与统筹管理）渗透到道路的施工、建设、管理、运营、养护过程中，做到同步规划、同步建设、同步运营维护。核心是感知的"骨骼"尽可能健全，传输尽可能流畅、安全、稳定。

在云端方面：交通的核心是服务于人和物的流动，服务于城市经济的高效运转，因此，在云端，需要以服务城市、运载城市经济活动为目标，打造城市交通决策大脑。一方面以城市交通体检为核心（监测、评估、考核），实时在线扫描城市交通系统的健康状态，形成问题库、规律库、成因库、方案措施库（治理库），提升数据驱动的城市交通精准治理能力，从传统的监测升级到协调指挥调度。同时，关注城市交通系统与城市系统的规律互动，从大脑反馈到车、路，形成闭环系统。

在服务端：车辆、道路、设施的建设都是为了服务。那么，在服务端推动以新基建为触觉系统和中枢网络的智能化（以车路协同、5G带动，改善传统信息服务）、一体化服务平台。

2. 提升数据驱动的城市交通精准治理能力

我国区域发展不平衡、城市规模差异化、交通治理场景多样化。在国家发展规划指导下，各地政府正逐步发展以数据驱动的交通治理方式，以问题需求为导向，各城市因地制宜地开展交通治理范式研究。

国家层面，应重视交通大数据的共享开放和集成应用，将城市非涉密数据有条件地开放，鼓励企业基于开放的数据进行数据挖掘，挖掘出大数据背后的潜在价值，为百姓提供更为智能和便利的交通信息服务。构建面向不同数据类型、不同对象、不同权限的交通数据分级开放共享机制，推动铁路、航空等大交通与地铁、公交等城市交通数据连通。区域/城市层面，经济发达的城市群和都市圈协同构建区域级交通大数据中心，不同城市应具体结合城市规模、治理场景、经济财力等因素差异化选择分布式、集中式等城市交通大数据平台建设模式，推动数据赋能运行监测、公交运营、设施管养、运输管理等核心业务。

在构建云端网络环节上，需要充分利用现有设施和数据资源基础，建设交通大数据云平台。依托大数据、人工智能等技术，政府可以实时掌握城市交通整体运行态势，有效调配和优化各类公共资源。根据交通态势预测和事件类型高效完成研判、指挥与处置的联动，增强处置突发事件的能力和水平。同时数据实时共享，使车辆实时获取驾驶道路信息，并与云端协同进行驾驶行为决策，为驾车出行的用户进行实时交通信息提示，提高出行安全。

3. 注重基于全生命周期的交通大数据安全与隐私保护

随着信息技术的不断进步与发展，交通大数据在智能交通系统中的应用已经给行业带来了巨大变革。交通大数据从传统意义上的交通基础设施数据、交通设备采集数据、综合交通调查数据，数据类型已经扩展至间接反映人（物）时空移动状况的数据，如手机信令数据、地理位置数据、出行偏好数据等，未来将会涉及更多种类的交通大数据。随着智能时代"新基建"的到来，打破数据壁垒、提倡数据共享成为数字化社会的潮流。如何在数据隐私的必要保护与开放共享之间保持平衡，从而最大限度发挥数据要素的潜在价值，这就需要一系列的法律规范及数据隐私保护技术。

在国际方面，美国联邦政府在2012年2月宣布推动《消费者隐私权利法案》的立法程序，法案中提出对不同的行业采用不同的保护办法，规定在数据的使用上需对用户有透明性、安全性等。欧盟的《通用数据保护法案》（General Data Protection Regulation，GDPR）于2018年5月正式生效。该法案针对数据安全和隐私保护问题，强调数据隐私是公民的基本权利，企业有责任部署数据隐私策略积极确保数据安全，并须在设计之初考虑数据隐私的问题。

国内方面，《中华人民共和国网络安全法》自2017年6月1日起施行。2018年5月1日，《信息安全技术个人信息安全规范》也正式实施，其主要内容要素包括个人信息及其相关术语基本定义，个人信息安全基本原则，个人信息收集、保存、使用、处理等流转环节，以及个人信息安全事件处置和组织管理要求等。法律不仅为公民提供更多使用自己的个人资料的权力，也在加强数字服务提供者与他们所服务的人之间的信任。

除了需要从法律法规层面进行数据隐私保护外，还应充分利用数据隐私保护技术对数据加以保护，而当前正在不断被提及的区块链技术无疑将是未来大数据时代的重要领域和应用方向。

由于交通大数据涉及数据采集、汇聚、处理、计算、存储、应用等多个过程，因此，对交通大数据的隐私保护应横跨数据的全生命周期，应重点考虑的是在注重用户隐私的前提下，如何利用技术手段来充分挖掘大数据价值，提高大数据利用率。

4. 培育开放聚合的智能交通发展生态圈

在产业和行业端，鼓励市场发挥主观能动性，以交通行业和产业蓬勃发展回馈城市，打造更有活力的、可持续的交通系统。

借鉴欧美地区打造智能交通完整生态经验，进一步完善智能交通发展协调机制，转变以政府为主导的智能交通建设模式，加强政府、产业、科研机构、高校、企业多方合作，打造开放聚合的智能交通生态圈。一方面是学习美欧产业化布局思路，放眼行业全局，政府做好统筹规划、建立标准、机制，确定产业布局方向，行业充分发挥主观能动性，提升辐射能力，政府通过法律法规支持、政策鼓励和机制体制协调指导市场良性发展，市场以创新性应用为原则，推动智慧地铁、智慧公交、智慧枢纽、智慧口岸等新业态模式发展；另一方面是探索创新项目商业运营模式，在项目建设中，运用互联网众筹的思想，企业和政府双赢等方式，激发市场活力，减少负债压力。开展用户需求调查，了解用户最迫切希望解决的问题，从而有针对性地选择项目。同时，完善智能交通宣传应用渠道，强化与利益相关者的沟通交流，使智能交通为民服务、深入人心。

5. 加速自动驾驶示范应用，促进交通工具变革

当前自动驾驶和车路协同技术成为世界各国角逐的焦点，美国率先将自动化作为国家发展战略，从政府监管到市场主导转变，美国着重推动单车智能技术的研发应用，从封闭测试到开放测试再到多模式、多场景运营示范。同时，美国交通运输部选择在纽约、坦帕、怀俄明州的复杂区域试点开展车路协同技术应用，推进整个车联网产业发展。

2020年2月，国家发改委等11部委联合发布《智能汽车创新发展战略》，提出我国未来智能汽车的重点任务。未来应进一步修订完善制约自动驾驶技术测试、验证、商业应用的法律法规政策，营造良好的技术发展环境。同时，重点从两方面推进自动驾驶技术进步，一是鼓励开展高速公路、城市快速路、低速和载人载物多模式多场景测试，拓展应用场景；二是鼓励技术成熟的企业逐步开展自动驾驶商业化运行，在园区、港口、机场等区域开展自动驾驶运营车辆（公交、出租、货运、物流）的示范运营，助力商业化应用。

6. 打造包容友好的MaaS出行服务体系

MaaS要成功积极地改变人们的出行方式以造福社会，就必须对历史态度和行为进行重大改变。尽管在积极追求MaaS目标的推动下已经取得了许多成就，但在全球范围内进展相对缓慢且不断增长。随着新冠肺炎疫情防控常态化，人们的思维模式和行为方式都产生了很大变化，这也为未来更大、更新、更好的变化提供了机遇。未来的交通运输格局中，如果企业和运营商要说服公众重新开始旅行，那么用户安全将至关重要。从安全角度重新考虑运输系统时，企业和政府有机会从根本上重新设计其总体运行方式。这为MaaS提供了巨大的机会，可提供有助于计划安全旅程的信息。通过详细的旅行信息，例如拥挤程度、运输时间甚至清洁频率，可用于描述旅途级别的风险级别，以更好地制定决策。

我国正步入高品质出行服务的体验经济时代，应坚持以人为本的理念，为全体出行者（包括残疾出行者、农村地区出行者、低收入出行者等）提供安全、可靠、便捷的全链条出行服务，打造体验经济时代新老业态融合发展的服务2.0模式。

坚持MaaS出行服务理念，以数据衔接出行需求与服务资源，推动公交、出租等传统道路客运与网约车、定制公交、分时租赁等领域新老业态融合发展，提供从单方式到多方式融合衔接的按需响应、随需而行的高质服务。一是建立健全出行服务政策体系，从顶层设计"自上而下"打通政策、监管、数据、运营的壁垒，构建区域级/城市级MaaS一体化出行服务平台，研究以出行运营商为主的重资产和以科技公司为主的轻资产企业的服务提升模式；二是以典型场景"自下而上"开展MaaS示范建设，围绕枢纽、科技园区、不发达区域鼓励企业开展跨区域、跨方式、农村区域的按需响应出行示范，逐步构建以轨道/公交为骨干的多层级、一体化出行服务体系。

新的出行服务体系的产生，预示着智慧交通建设参与主体趋向多元化，涉及政府、互联网企业、运营商和用户。政府要更多地考虑政策创新、政府信息公开，营造公平公正的市场环境。制定相关政策法规，积极鼓励多方资本进入智慧交通领域，同时通过营造创新文化氛围、推动数据开放等举措，为交通领域的业务创新、商业模式创新等提供良好的环境。此外，政府还应更多地承担起监督管理的职责。而互联网企业，应基于其雄厚的技术、数据沉淀以及成熟的互联网思维，在MaaS出行服务中起到中坚力量。运营商具备强大的数据资源优势，应与政府进行充分合作，发挥各自的资源优势，真正实现"取之于民，用之于民"。最后，MaaS是信息的中枢，用户是智慧交通建设运营中的主旋律，且担当着出资者、建设者、监督者的角色。用户作为最重要的参与者，将为高质量市场化的智

慧交通服务买单，具有非常大的潜在价值和制高点，将影响智能交通系统的架构、信息的布局、信息化的管理和治理等。

7. 发展预约出行，合理调节交通供需

我国的交通问题已经进入到了一个新的发展阶段，已经从交通供给不足转变为需要通过科技手段来调节交通供需平衡，需要提高城市交通管理水平和提升交通通行效率。当前的交通系统仍是不透明的系统，供需不平衡，目前还是一种无序的交通。面临交通需求的不断增加、用户出行需求的多样化，以及新技术和新应用的实施，通过预约出行，使得交通出行从无序变为有序。

预约出行是利用移动互联网手段，缓解大城市面临的交通拥堵问题，提升交通系统运营效率和服务水平的重要手段。一方面，通过对居民出行时空分布的诱导干预，缓解由居民出行时空分布不均引发的高峰拥堵；另一方面，以需求为出发点提供出行供给服务，实现交通工具按需调度，提升交通出行服务质量。

预约系统，即从系统优化角度，在保证系统总体服务能力的情况下，改变出行需求时空分布，实现出行需求与系统服务能力适配，从而提升交通系统的服务效率。出行预约系统实际是一个需求响应的系统，基于出行需求对系统进行干预。让用户按照预约"时刻表"准时、可靠、高效出行，实现"出行即服务"的理念，交通系统由"低效无序"转为"优化有序"。

近年国内学者对于城市拥堵路段的实证研究证明通过预约的方式调节个体出发时刻，即使在参与用户比例不高的情况下，也可对缓解交通拥堵产生正向影响。2020年疫情期间，为控制城市轨道交通满载率，北京等城市采取了地铁预约进站的方式，乘客在预约时间段到达车站，走预约专用通道进站，随到随进。既减少了无效的站外排队时间，又降低了站外人员聚集风险。

通过合理的激励措施，鼓励市民以预约的方式进行出行规划，并辅以大数据、仿真模拟等智能化手段，调整出行需求，将是未来城市交通治理的方向之一。

随着信息技术的不断发展，基于移动互联网的新出行模式对城市交通出行的影响越来越大，如滴滴出行、拼车软件平台等叫车服务直接体现了用户的出行需求，而这些出行需求数据也更进一步引导了交通出行服务的发展方向，为城市交通治理提供了新的思路，对未来城市交通的治理实际是来源于用户和个体本身。

从国家层面，应从政策上、战略发展上进行预约出行的顶层规划设计，进行关键技术研究、总体框架设计，以及打造预约出行示范项目等。

从管理者层面，应进一步探讨面对用户的出行需求，如何进行需求响应，如对出行预约进行统一规划；面对出行需求进行快速响应和实时反馈；进行资源融合，全局优化；实现按需供给和灵活调度。在需求响应的同时，进行需求干预，建立积分及交易机制、信用机制、竞价机制和激励机制等，达到系统最优。通过需求响应和需求干预的有机结合，更好地实现交通预约。

8. 以交通大脑为统领，赋能智慧交通建设

城市交通大脑起源于互联网技术的蓬勃发展，推动了智能交通系统的进步，若想引发智能交通系统的全面革新，还需要全面增强规范化与系统性。

未来，城市交通大脑的核心特征主要包括：

（1）基于新基建的大数据汇聚全景感知，强调全方位数据的运用，对细化到个体的数

据进行融合分析，对交通要素全面感知。

（2）云平台超级计算。瞬时完成计算的超级计算能力。

（3）机器学习人工智慧。充分运用机器学习、人工智能技术，实现自我反馈和自我调节。

（4）泛在互联系统协同。强调人、车、路、环境的泛在互联和协同运行。

（5）全局视野系统最优。以全局最优为目的，运用全局视角进行系统工序平衡，资源调配。

（6）实时反馈闭环控制。以"零延迟"完成系统反馈闭环，建立"数字平行交通系统"。

城市交通大脑的建设主要分几个阶段：初级大脑，中级大脑，超级大脑。

初级大脑阶段，首先要完善人、车、路、环境的信息采集系统，提升感知质量，建立标准化数据格式，同时搭建大数据计算平台，实现信息的分布式储存和在部门的互联互通。

中级大脑阶段，实现人、车、路、中心子系统之间的互联互通，基于机器学习，系统初步具备自省、决策、自反馈与迭代优化能力，并在示范区域内实现非实时的综合交通体系的优化配置。

超级大脑阶段，应该具备交通平行计算、实时调配资源能力，实现出行预约的大脑。所以，未来的交通系统，应该是路网能够有智慧、有思维，让人、车、路实现协同发展，达到综合交通体系的最优化。

此外，要进行城市交通大脑的统筹与整合，基于目前交通大脑"百花齐放"，各政府领域、行业领域各自为营，以及各层级、各领域大脑之间协同不够的现象，未来在智慧交通建设中要进行交通大脑的统筹与整合，进行顶层规划设计，明确行业企业级、交通管理级、交通综合级大脑的建设内容和边界关系，实现交通大脑的"协同联动"。

9. 注重智能交通顶层设计，强化战略与政策引领

智慧交通系统建设方面，需加强统筹规划和顶层设计，做好智慧交通的总体布局、"车—路—云—服"的各个环节的总体设计。结合前面对智能交通发展方向的展望，在顶层规划设计上要做到"五个同步"：

（1）基础设施与科技创新同步建设。

进行一体化设施设备规划建设，即智能化系统与基础设施建设同步，坚持长期建设，滚动规划、不断迭代，形成"数据、信息、知识、智慧"的闭环系统。

（2）数据共享在与数据安全（及隐私安全）同步规划。

对于数据隐私保护一方面依托法律手段进行约束，另一方面在智慧交通系统顶层规划设计中，要充分考虑基于数据全生命周期视角，对数据共享与数据安全进行同步规划，建立统一、标准、安全的智能交通大数据平台。

（3）智能化创新与标准化（借助新型基础设施建设统筹行业）落地应用同步发展。

围绕智慧交通统筹规划，推进新型基础设施建设在交通领域的落地，实现交通一体化和数字化。通过试点示范项目，建立行业标准，以标准技术和实践经验，有效推进交通产业链的发展，引领交通数字化建设。

（4）行业综合监管决策（城市综合治理）与一体化服务同步发展。

在充分利用信息技术、交通大数据等科技手段，对交通运行进行实时监测、研判分析，支撑行业智能化决策，进行交通精准化治理的同时，进行一体化集成规划，打造一体化产品，进行一体化实施和一体化持续服务，提供一体化服务模式。

（5）智能交通产业与城市（城市群）同步发展等。

在城市群协同发展的背景下，围绕产业布局和智慧交通发展，进行交通体系创新发展规划，基于新型基础设施建设视角，对城市间或区域间的快速出行方式进行规划等。

本章参考文献

[1] The U.S. Department of Transportation. ITS JPO Strategic Plan 2020-2025 [EB/OL]. The U.S. Department of Transportation，2020 [2020-06]. https://www. its. dot. gov/stratplan2020/index. htm.

[2] 郑丹. 国外智慧交通建设特色与创新 [J]. 科技经济导刊，2019，27（36）：23-24.

[3] 北京市经济和信息化委员会. 北京市智能网联汽车产业白皮书（2018年）[EB/OL]. 北京:北京市经济和信息化委员会，2018-10 [2020-06]. https://www. sohu. com/a/270465784_526275.

[4] 中国经济网. 俄罗斯试点建设"创新道路"[EB/OL]. 中国经济网，2013-07-18. [2020-06]. http://intl. ce. cn/specials/zxgjzh/201307/18/t20130718_24583620. shtml.

[5] The Land Transport Authority of Singapore and the Intelligent Transport Association of Singapore. Smart Mobility 2030 [EB/OL]. Singapore: The Land Transport Authority of Singapore and the Intelligent Transport Association of Singapore，2014 [2020-06]. https://www. linkedin. com/pulse/internet-things-iot-singapores-smart-mobility-2030-plan-ernest-ho.

[6] 李瑞敏. 新加坡完善的公共交通体系与交通规划视野 [EB/OL]. 北京:交通言究社，2020-03-08 [2020-06]. https://baijiahao. baidu. com/s?id=1661489226795372329&wfr=spider&for=pc.

[7] 陆平. 李建华. 赵维铎. 5G在垂直行业中的应用 [J]. 中兴通讯技术，2019，25（1）：67-74.

[8] 王笑京. ITS在中国的发展 [J]. 中国汽车保修设备. 2000，000（002）：7-10.

[9] 交通运输部.《交通运输"十二五"发展规划》[EB/OL]. 交通运输部，2011-4 [2020-06]. http://zizhan. mot. gov. cn/zhuantizhuanlan/jiaotongguihua/shierwujiaotongyunshufazhanguihua/jiaotongyunshushierwufazhanguihua_SRWJTFZGH/201106/t20110613_954154. html.

[10] 中国公交信息网.《北京市"十三五"时期交通发展建设规划》发布 [EB/OL]. 中国公交信息网，2016-07-08 [2020-06]. http://www. bus-info. cn/index. php?c=article&id=2323.

[11] 立鼎产业研究网. 北京智能交通系统发展状况及趋势分析 [EB/OL]. 立鼎产业研究网，2017-12-14 [2020-06]. https://m. sohu. com/a/210428952_100073093/.

[12] 郭继孚. 城市交通大脑与预约出行 [R]. 第十三届中国智能交通年会"城市智能交通创新发展"论坛，2018.

[13] 人民网. 北京市公共交通领域推出"一码通乘"服务 [EB/OL]. 北京：人民网，2020-05-19 [2020-06]. http://auto. people. com. cn/n1/2020/0519/c1005-31714389. html.

[14] 搜狐网. 上海智能交通建设现状与未来发展要点 [R/OL]. 搜狐网，2017-01-09 [2020-06]. https://www. sohu. com/a/123759147_468661.

[15] 上海市交通信息中心. 上海市交通信息化工作汇报 [EB/OL]. 上海:上海市交通信息中心，2009-10 [2020-06]. https://wenku. baidu. com/view/71b2d1a305a1b0717fd5360cba1aa81144318fed. html.

[16] 朱昊. 上海公共交通大数据应用与展望 [EB/OL]. 赛文交通网，2016-12-05 [2020-06]. https://www. sohu. com/a/120648922_389742.

[17] 中研网. 上海划自动驾驶测试区在嘉定区划定了5.6公里道路 [EB/OL]. 中研网,2018-03-02 [2020-06]. http://www. chinairn. com/hyzx/20180302/16044484. shtml.

[18] 谢振东. 一位广州智能交通系统建设亲历者的回忆故事 [EB/OL]. 赛文交通网，2018-12-13 [2020-06]. http://www. 7its. com/html/2018/anli_1213/7772. html.

[19] 广州市规划和自然资源局. 谋划面向2035年广州交通打造全球重要综合交通枢纽——《广州市交通

发展战略规划》新闻材料［EB/OL］. 广州：广州市新闻中心，2020-01-02［2020-06］. http://www. gznews. gov. cn/node_1816/node_1834/2020/01/03/157804049113426. shtml.

［20］搜狐网.【智能交通二十年】深圳市智能交通管理发展回顾.［EB/OL］. 中国:搜狐网，2018-11-28［2020-06］. https://www.sohu.com/a/278398945_649849.

［21］深圳市交通运输局.《深圳建设交通强国城市范例行动方案（2019-2035年）（公众咨询稿）》公布［EB/OL］. 深圳：深圳政府在线，2019-11-19［2020-06］. http://www. sz. gov. cn/ztfw/jtly/wyk_184755/content/mpost_4847908. html.

［22］新华社."新基建"都有啥官方解释来了！［EB/OL］. 新华社，2020-04-20［2020-06］. https://baike. baidu. com/reference/24528423/8689DgOUptcbKLJZVXhyocYC_CXwHD0myQ6CtVpiav4jsGhVr3yqrmtnnx2kKKa92tMyFgflV61KZYel1E3GzB0OPXDxXP273H8SRMSDt1fF.

第7章
MaaS（出行即服务）的展望与思考

近年来，出行即服务（Mobility as a Service，MaaS）作为交通出行领域的新兴概念风靡全球。MaaS是指将多种交通方式出行服务整合于统一平台，为用户提供出行规划、预约、支付等全链条一体化出行服务的模式。在2014年芬兰赫尔辛基举行的欧盟ITS大会上首次提出MaaS概念之后，国际上多个城市相继开展相关实践。随着MaaS平台如雨后春笋般涌现，越来越多的出行者享受到了一体化出行服务带来的便利，对出行的认知也由拥有出行工具转变为将出行视作一种服务进行消费。基于MaaS带来的出行概念的革新，可以判断MaaS将代表出行领域的未来新趋势，引领新一轮的出行革命。在未来，MaaS将成为主流出行模式的时代，拥堵、污染等问题日益缓解，出行效率将大幅提升，而此时不仅公众的出行模式发生转变；交通运营商的运营组织形式与政府管理模式也将进入全新发展阶段。

然而由于MaaS发展时间较短、涉及利益相关方众多，MaaS发展仍面临着诸多风险与挑战，亟待我们进行持续研究与探索。因此，为更深入地认识MaaS，并为实现MaaS未来发展愿景提供支持，本章将对MaaS领域相关文献进行综述与分析，针对MaaS起源、发展现状、发展愿景以及未来应重点关注的方向等核心问题展开讨论。

7.1 MaaS的起源

7.1.1 MaaS的起源背景

1. MaaS的起源

近年来城市交通出现了巨大的发展与进步，但同时现有的交通系统带来了环境问题、拥堵问题以及扩大社会不公等消极影响，导致既有交通系统存在不可持续性。因此人们也在努力探索新的出行模式，使其既能满足大众的出行需求，也能缓解出行领域的多种问题。

目前在城市内和城市间的交通运输系统中存在多种交通方式，但是这些方式以各自独立的形式提供出行服务，缺乏相互之间的整合，也尚不能形成良好的出行链。为试图解决以上问题，2013年，一家源于瑞典哥德堡的一站式出行服务企业Ubigo对MaaS做了初步实践。2014年，在芬兰赫尔辛基举办的欧洲ITS大会上，MaaS作为新型一体化出行模式的概念首次被明确提出。

MaaS的出现与近年来的一些影响交通系统的因素密切相关：例如智能手机的普及、自动驾驶技术的进步、共享经济概念的诞生等。MaaS代表了一种出行者对出行认知的转变：从个人拥有出行工具到将出行作为一种服务来进行消费。例如共享汽车（Zip-Car、Uber、滴滴等）的出现可能存在使机动车保有量降低的潜力；共享单车、定制公交车的出现可能存在降低个人拥有自行车的潜力。因此本章关注MaaS是因为它可能带来改变未来城市交通模式的颠覆式创新：即通过新型商业模式大大提高交通的使用效率，从而提供了城市交通体系可持续发展变革的可能性。

2. MaaS主要发展事件简述

MaaS概念虽然出现时间较短，但是发展迅速（表7.1-1）。MaaS在2016年成为了ITS大会关注的热点，大会共设置6个分论坛专门讨论MaaS面临的一些技术和工程应用问题；在加拿大召开的2017年ITS大会已经将MaaS作为本次大会的主题，即Integrated Mobility Driving Smart Cities。

从领域组织管理的角度来看，2015年在波尔多举办的世界ITS大会上成立了欧洲MaaS联盟，联盟主要成员包括交通服务提供商、公共交通运行者、MaaS运营者、集成商、IT系统提供商、用户、城市（地方、区域或国家）政府，联盟旨在服务整个欧盟的MaaS发展，该联盟设立了市场分析、用户需求、法规体制、工程技术4个工作组，开展MaaS相关的前期研究工作。同年12月，MaaS Global（MaaS全球公司）正式注册。2016年6月，MaaS Global发布了一款"移动服务"交通工具APP——Whim。同年10月在赫尔辛基进行了示范应用。

2017年9月，MaaS联盟发布了白皮书，作为对欧洲过去几年的总结和对未来的展望；10月，UbiGo等宣布2018年3月在斯德哥尔摩重启UbiGo；11月，Whim在赫尔辛基全面上线。

2018年的世界ITS大会上开展了名为"MinRejseplan"（丹麦语：我的行程）的MaaS试点项目，涵盖火车、公交、地铁、有轨电车、轮渡、共享单车、共享汽车、出租车、合乘等出行方式。该项目还考虑了用户的最大步行距离、最大骑行距离、最大换乘次数、经停站点偏好等个性化因素，并提供起讫点、出发时刻、工具筛选、偏好筛选、常用地址栏等出行设置，购票方式可以按次计算或按天计算，还可以查询公共交通、铁路等到站时刻表。

新加坡ITS论坛开展了关于MaaS商业模式的可行性及其在不同部门内部和部门之间的整合潜力的探讨，同时分析了MaaS运作和整合的方式以及这些城市将面临的挑战，以及在这些城市实施MaaS的技术挑战和解决方案。讨论将揭示MaaS产品是否会对这些城市的整体交通服务带来变革性的补充方面的潜在好处和障碍。世界ITS大会提出了关于促进MaaS发展的新承诺，如提出了在MaaS行业中共同的政策、标准、治理方法、商业模式和技术的发展等。

MaaS的发展历程　　　　表7.1-1

时间	MaaS的发展
2013年	UbiGo：2013年11月~2014年4月哥德堡
2014年	2014年欧盟ITS大会（芬兰赫尔辛基）
2015年	2015年世界ITS大会（波尔多），欧盟 MaaS 联盟成立。 2015年12月MaaS Global正式注册
2016年	2016年6月发布了Whim，同年10月在赫尔辛基进行示范应用
2017年	2017年9月MaaS 联盟发布白皮书。 2017年11月Whim 在赫尔辛基全面上线。 2017年10月UbiGo等宣布2018年3月在斯德哥尔摩重启 UbiGo
2018年	2018世界ITS大会（哥本哈根），MaaS全面开花

7.1.2 MaaS的定义

1. MaaS概念的提出

MaaS是Mobility as a Service的缩写，意为"出行即服务"。目前最权威的定义是2015年波尔多世界ITS大会上成立的欧洲MaaS联盟提出的：出行即服务（MaaS）是将各种形式的运输服务集成到按需提出的单个出行服务中（表7.1-2）。为了满足客户的需求，MaaS运营商提供了多种交通选择菜单，包括公共交通、合乘、共享汽车、共享自行车、出租车或汽车租赁，或任意方式的组合。对于用户而言，MaaS可以通过使用单个应用程序来提供增值服务，从而通过单个支付渠道而不是多个票务和支付操作来提供出行服务。对于用户而言，MaaS可以帮助用户满足其出行需求，并解决个人旅程以及整个出行服务系统中不便的部分。

MaaS是当前出行领域移动性和可达性方面新概念的核心。这是对未来协作式和移动互联的出行服务的通俗解释，其重点是在不断变化的社会进程中，引导一种共享出行文化——不需要拥有汽车等私人资产即可满足出行需求，并且在有无自动驾驶的情况下都可以使用。MaaS为用户提供的多模式出行路径规划（包括共享汽车、网约车服务、共享单车等），以实现类似门到门的出行，并将出行结算集成到同一个支付平台。许多MaaS平台和倡导者仍将公共交通视为MaaS的主干，移动互联带来的共享经济和技术发展可能会对公共交通产生深远的影响，包括公共交通合同的形式和公共交通的补贴方式。MaaS不像网约车服务和拼车服务一样仅提供基于小汽车的出行，它将涵盖并集成更多出行方式。

组织机构对MaaS的定义　　　　　　　　表7.1-2

时间	地区	提出者/机构	定义
—	美国	哈佛大学Clayton M·Christensen	提出的"颠覆"概念：MaaS在当前的出行市场是一个颠覆者
2014年	芬兰	智能交通协会主席桑波·希塔宁先生	出行即服务是通过一个服务提供商的界面实现用户交通需求，整合不同交通方式提供量身定制的出行套餐的出行服务模式。芬兰的实践逐渐演绎为：出行服务运营商为客户提供全方位出行服务的系统
—	澳大利亚	悉尼大学的Wong	对MaaS的定义进行了概述，界定了MaaS对现代城市可持续发展的作用

综合以上，我们认为MaaS是一种将多种交通出行方式整合在统一的出行平台中，针对出行者个性化、微粒化、多样化的出行需求，提供全链条、一体化、门到门解决方案的一种新型交通出行服务模式。与传统出行服务平台相比，MaaS通过全链条出行方式的信息、支付的整合及供给的实时调控，为个体用户提供最匹配其需求的、门到门的出行解决方案，解决了传统出行服务模式中由于各种方式之间彼此独立导致出行效率低、出行决策复杂、出行体验差的核心痛点。同时，由于其可以实现供需的实时动态精细化匹配，对提高交通系统运行效率，减少资源浪费，实现城市绿色可持续发展具有重要意义。

2. MaaS出现的意义

对于出行者来说，MaaS将提供以出行者为中心的服务，使出行更加便利、更加高效、一定程度上还将更加便宜；对于出行服务提供者来说，MaaS对出行服务提供者提出新的要求，即为出行者提供门到门的服务；同时MaaS对公交系统的优化提出新的要求，MaaS

也将用户出行需求反馈至出行服务提供者，为其更好地调度提供参考。对于政府来说，在过去几年里，互联网+交通也给各级政府管理带来新的挑战。针对MaaS，政府需要在前期从监管程度、管理法律、经验交流等方面制定相关规定。同时MaaS的出现，也为政府在交通治理方面提供了超级支持工具的可能性。

另外，对于汽车制造商来说，互联网的发展，刺激了新的商业模式。近几年，很多传统汽车制造商也在互联网领域做了一些尝试，如2016年12月，大众启动MOIA（寓意"魔法"），提供出行需求响应型小巴服务，现在也进入了中国；2017年，丰田直接投资了MaaS Global，并于2018年发布E-Palette平台，用户可以通过自动驾驶使用这一服务；2018年3月，奔驰、宝马公司在美国西雅图等城市整合共享汽车和租车服务。

7.1.3 MaaS的核心特征

1. MaaS的主要利益相关方

MaaS的主要利益相关方包含出行者（用户）、交通运营者、数据供应商、MaaS平台供应商等。

2. MaaS的核心要素

（1）出行

出行作为派生需求，人们在出行时，有时会将交通运输视为一种服务，在需要的时候去购买即可，而非一定要拥有足够的个人交通工具去完成出行。因此，交通服务也需要能够更好地理解用户的需求，同时能够根据每个人的生活方式提供可选的出行方式。实际上这也是共享经济所体现的一种形式，即大家未必一定关注于必须拥有汽车，但希望能够在需要时可以随时使用一辆汽车。

（2）服务

MaaS供应商整合各种不同的出行服务来提供有价值的服务，即从个人拥有出行工具到将出行作为一种服务来进行消费。

（3）多方式

MaaS是向出行者出售一套个性化的多式联运服务，其中包括：汽车共享、公共交通、出租车、自行车等多种服务方式。

（4）一体化

无论是公共单位提供的还是私人单位提供的，MaaS同时可以让用户通过一个账号进行支付。其关键点是为人员出行和货物运输提供基于需求的出行解决方案。

（5）数据共享

MaaS供应商在向用户提供出行相关数据信息的同时，基于用户的出行需求共享数据来帮助交通运营者改善他们的服务。

（6）支付技术

支付技术的发展和数据传输技术的进步也使得集成多种交通方式融为一体成为可能，目前基于动静态信息，已经可以为城市出行者规划包括步行、公共自行车、地铁、公交在内的一次多方式联运出行的路径和估计的行程时间，未来随着动态信息的可获得性，例如共享单车、共享自动驾驶汽车（如新加坡nuTonomy公司测试的无人驾驶车）等，可以为用户规划包括多种交通方式实时信息在内的无缝出行路径。

3. MaaS的8个关键属性

目前存在的MaaS平台能够支持多种交通方式联运模式，其中包含了共享汽车、汽车租赁、共享单车、共享停车、地铁、公交、出租车等。通过预订系统、快捷方便的支付软件、实时路况信息，MaaS用户能根据自己的需求来购买合适的出行服务。在联合各类运输模式的基础之上，MaaS系统的构成有8大关键属性。这些属性都与互联网密切相关，其中一半与用户体验有关，即无缝衔接的个性化出行、以生活为中心的定价、优化出行、增值服务一体化；另一半则与技术流程相关，即一体化支付、开放数据及研究、即插即用、产品与服务相协调。

4. MaaS的6项关键技术

为了充分利用共享交通，各模式之间的合作是必要的。居民对现代化的出行要求做到灵活、便利和高效。这一目标，可以通过一体化技术实现。它能消除以前各种不同交通模式之间的阻碍，实现无缝出行。

MaaS系统的一体化主要由以下6项关键技术构成：

（1）共享交通技术：出行者不再需要购买交通工具，对供应商提供的交通工具只有使用权，而没有所有权。

（2）票务一体化技术：使用一张智能卡就可以访问所有交通服务模式。

（3）支付一体化技术：用户通过一个账户进行收费。支付一体化是整合各类交通运输模式最基本的要素，通过智能卡技术实现。

（4）ICT一体化技术：只需要一个应用程序或在线接口就可以访问所有交通服务模式的相关信息。

（5）供应商一体化技术：由单一的公司进行所有出行模式交通服务的提供和管理。

（6）定制的个性化服务：根据出行者需求生成出行解决方案，出行者可选择预定这种方案。

7.2 国内外MaaS发展现状

MaaS概念诞生后，全球多个城市开展了MaaS应用的探索，目前已有47个APP，覆盖17个国家和地区的40多个城市，国际上集中于欧洲、北美等地区，国内已在深圳、上海、北京开始推广；APP基本都实现综合多种出行方式，部分系统实现统一支付，并可为用户提供个性化选择和相关定制服务。当前主要应用较广的MaaS平台如表7.2-1所示。

MaaS发展现状　　　　表7.2-1

APP	地区、国家、城市	状态	时间	交通方式及相关服务	可用功能
TransitAPP	美国，英国，加拿大，欧洲，澳大利亚	运行	2012	1. 公共交通（包括本地渡轮）。 2. 共享自行车。 3. 共享汽车。 4. 出租车。 5. 叫车服务	1. 实时信息服务。 2. 出行规划。 3. 预订服务（共享方式/出租车）。 4. 付款（共享自行车）。 5. 服务提醒。 6. 到发警示。 7. 到站通知

续表

APP	地区、国家、城市	状态	时间	交通方式及相关服务	可用功能
Optymod	法国里昂	运行	2012	1. 公共交通。 2. 共享自行车。 3. 区域火车。 4. 停车	1. 实时信息服务。 2. 拥堵预测。 3. 出行规划。 4. 预订服务（共享自行车）。 5. 服务提醒。 6. 飞机到发时间信息
Mobility 2.0 service	西班牙帕尔马	试点	2013	1. 公共交通。 2. 共享自行车。 3. 出租车	1. 实时信息服务出行规划。 2. 服务提醒。 3. 实时拥堵监测
Mobility Shop	德国汉诺威	运行	2014	1. 公共交通。 2. 共享汽车。 3. 出租车。 4. 区域性小火车	1. 实时信息服务。 2. 预定。 3. 票务。 4. 支付。 5. 发票。 6. 服务预警
Smile	奥地利维也纳	试点	2014~2015	1. 公共交通。 2. 共享自行车。 3. 共享汽车。 4. 出租车。 5. 停车服务。 6. 充电站服务。 7. 区域火车。 8. 轮渡	1. 实时信息服务。 2. 出行规划。 3. 预订服务（共享方式/出租车/区域火车）。 4. 付款（共享自行车）。 5. 订票。 6. 支付。 7. 发票。 8. 服务提醒
Tuup	芬兰图尔库	运行	2016	1. 公共交通。 2. 共享自行车。 3. 共享汽车。 4. 租赁车。 5. P-2-P 租车。 6. 出租车和合乘出租车。 7. 停车位租赁。 8. 货运服务（计划服务）	1. 实时信息服务。 2. 出行规划。 3. 预订。 4. 订票。 5. 支付（公共交通、出租车和共享出租车）
EMMA (TaM)	法国蒙彼利埃	运行	2014	1. 共享汽车。 2. 共享自行车。 3. 城市公共交通。 4. 停车	—
Hannovermobil	德国汉诺威	运行	2014	1. 共享汽车。 2. 出租车。 3. 城市公共交通。 4. 区域公共交通	—
My Cicero	意大利	运行	2015	1. 公共交通。 2. 出租车（计划）。 3. 停车位服务。 4. 考虑拥堵收费区域。 5. 区域火车和公交	1. 实时信息服务。 2. 出行规划。 3. 预订。 4. 订票。 5. 支付。 6. 发票。 7. 市政服务
Moovel	德国	运行	2016	1. 共享汽车。 2. 共享自行车。 3. 出租车。 4. 轮渡。 5. 区域轨道交通	1. 实时信息服务。 2. 出行规划。 3. 预订。 4. 订票。 5. 支付。 6. 发票

续表

APP	地区、国家、城市	状态	时间	交通方式及相关服务	可用功能
NaviGoGo	苏格兰敦提和英国东北法伊夫	运行	2017	1. 共享汽车。 2. 出租车。 3. 城市公共交通。 4. 区域公共交通	—
SHIFY-Project 100	美国拉斯维加斯	计划	2013~2015	1. 共享自行车。 2. 共享汽车。 3. 出租车。 4. 共享短程运输飞机	1. 出行规划。 2. 预定。 3. 付款。 4. 发票
UbiGo	瑞典哥德堡	试点	2013~2014	1. 公共交通。 2. 共享自行车。 3. 共享汽车。 4. 租赁汽车。 5. 出租车	1. 出行规划。 2. 预定。 3. 票务。 4. 支付。 5. 发票。 6. 24小时用户服务热线
Whim	芬兰赫尔辛基	运行	2016	1. 公共交通。 2. 租赁汽车。 3. 出租车。 4. 区域轨道交通。 5. 共享自行车（计划）。 6. 共享汽车（计划）	1. 实时信息服务。 2. 出行规划。 3. 预定。 4. 订票。 5. 支付。 6. 发票
WienMobil Lab	奥地利维也纳	基于Smile计划	2015~2016	1. 公共交通。 2. 共享自行车。 3. 共享汽车。 4. 出租车。 5. 停车服务	1. 实时信息服务。 2. 出行规划。 3. 预定。 4. 支付。 5. 发票
中国 高德地图	北京	运行	2019	作出行方式整合，预约功能，可规划多种出行路线及方式	

7.2.1 欧洲

1. 芬兰赫尔辛基Whim

Whim是全球第一家将"出行即服务"理念实现的企业，截至2019年6月17日，Whim在赫尔辛基市有8500名活跃的市民用户，全球范围内拥有超过75000名注册用户，已累计服务400万次。除此之外，Whim公司与我国腾讯公司联合开发的"城市行囊"微信小程序，为游客出行提供便利，提高业务广度，对其他国家MaaS的应用具有很大的借鉴意义。

（1）发展背景

赫尔辛基一直存在交通拥堵和出行成本昂贵的问题。赫尔辛基大区内除了赫尔辛基市外，周边还包括几个卫星城，跨区交通成本较高，同时市内交通拥挤，私家车数量过多，严重影响了当地居民的正常生活。相对于传统的交通拥堵解决对策——修建更多的道路和提高公共交通运营能力，城市规划者提出一种整合公共交通与私人服务的计划——MaaS（出行即服务），以使供需之间联系更紧密、交通运输更高效。赫尔辛基的专家认为，到2025年，MaaS可以使中心地区没有汽车，不是通过禁止汽车，而是通过建立一个交通系统，使汽车变得多余。

截至2017年年底，赫尔辛基市的交通系统概况如下：

1）赫尔辛基大都市区有290条公交线路、14条通勤列车线、11条电车线路、2条地铁线和2条渡轮线路。

2）2017年3.75亿人次的旅客，每日发车量为25000人次。

3）赫尔辛基25%的交通出行是乘坐公共交通工具。骑自行车、步行和公共交通占行程总数的62%，私家车出行占36%。

4）2017年年底，地铁系统扩展到邻近城市。

5）2018年夏对出租车放松管制，使Uber等网约车服务合法化。

2015年，芬兰多个交通组织共同筹建的运营商企业MaaS Global成立。芬兰首都赫尔辛基市政府通过与MaaS Global公司的合作，于2016年年底推出Whim。2017年年初，Whim已完成beta测试在赫尔辛基投入使用，MaaS Global成为全球第一家将"出行即服务"理念实现的企业。除技术和资金支持外，2018年1月1日，芬兰政府强制要求所有交通服务提供者开放数据，并为第三方提供API，从立法层面保证了交通数据的可获得性。Whim的发展历程如图7.2-1所示。

（2）功能及服务模式

Whim平台构建了一套MaaS生态系统，由国内交通提供商、数据提供商和国外服务商多方共同构成，为实现一站式出行服务提供可能。Whim平台通过开放接口，先后接入出租车公司、城市公共交通公司、共享单车服务商、共享汽车服务商等独立出行服务平台，由面向消费端的单一平台转向面对独立出行服务平台的综合接入平台。并在此基础上集成开发新的出行服务。数据提供商包括地图服务提供商和通信运营商，Whim自身凭借强大的软件开发能力，无需借助其他地图服务商，能够为平台提供高精度地图，实现用户定位、附近可用车辆定位等功能，并且借助于芬兰国内主要的电信服务商的优质频谱资源，Whim受益于5G网络铺设的推进与5G漫游数据服务，实现了平台更精准的地图定位与无延时的数据更新。

为方便国外用户出行，MaaS Global公司与腾讯公司联合开发的"城市行囊"微信

图7.2-1 Whim的发展历程

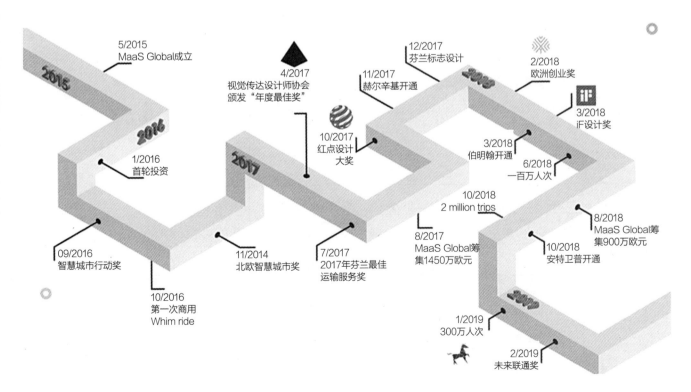

小程序，使得用户可在小程序内发现当地主要景点、特色美食和节日活动，小程序提供线上购买、退税、中文导游和一键求助等出行服务，用户可使用微信支付购买地铁、公交、电轨、火车和芬兰堡渡轮的全部公共交通车票，极大地提升了用户本地化旅游体验。

Whim平台在具体应用过程中操作便捷，可供选择的交通工具广泛，并针对不同需求制定了相应的套餐内容和收费标准。用户可通过绑定银行卡和信用卡，或使用"Whmpoint"为出行付费，按月结付出行费用，无需提前锁定出行成本。

Whim共为消费者设计了4套主要的出行方案："Whim to Go"满足消费者的临时出行要求，适用于初次使用软件或出行频率较低的用户，不需要每月订阅费；"Whim Urban 30"是一个订阅套餐，包括无限数量的公共交通单张车票，价格略低于每月可比的赫尔辛基地区旅行卡，满足消费者的通勤出行要求；"Whim Weekend"满足消费者周末出行要求；"Whim Unlimited"是一个订阅套餐，包括公共交通、城市自行车、出租车和租车，但限制很少，其目标是完全替代私家车出行。

采用移动性货币"Whim point"进行支付，而不是让用户提前购买公交月票或车辆月租等固定方式，这是迈向真正集成的多模式联运的一步。在未来，Whim准备将用户的日历连接到APP上，用户可以计划自己的出行路线，每次出行都可以自由选择最便宜、最绿色或者最便捷的交通方式。Whim的4套出行方案设计如图7.2-2所示。

（3）效果分析

截至2019年6月17日，Whim在赫尔辛基市有8500名活跃市民用户，全球范围内拥有超过75000名注册用户，已累计服务400万次。

经分析发现Whim用户呈现如下特征：

1）Whim用户乘坐公共交通比例高。将Whim用户的公共交通应用数据与赫尔辛基大都市区居民的数据进行比较得出：赫尔辛基大都市区大约48%的居民乘坐公共交通工具出行；Whim用户乘坐公共交通工具占63%。与赫尔辛基大都市区的使用者相比，Whim用户更有可能乘坐公共交通工具。

图7.2-2 Whim的4套出行方案

2）Whim用户多选用多种方式接驳。与不使用MaaS的赫尔辛基居民相比，Whim用户更频繁地将出租车与公共交通相结合。在非Whim用户的居民中3%的出行是出租车结合公共交通进行的；Whim用户中9%的出租车出行是在公共交通出行前20分钟或30分钟内进行的。此外，公共交通出行与自行车出行密度明显上升。这些发现表明，Whim用户热衷于使用自行车和出租车来解决公共交通无法直达目的地的问题。自行车出行密度在公共交通出行前后增加，这表明Whim用户用其他交通方式来解决公共交通无法直达目的地的问题。出租车出行的密度似乎没有在公共交通出行前增加而在其后增加。此外，出租车总行程距离几乎从未超过5公里（Whim优惠允许的最大距离，超过5公里将收取额外费用）。

3）出租车受Whim用户欢迎。Whim用户使用出租车的次数是其他赫尔辛基居民的2.1倍。Whim用户使用出租车出行占行程总数的2.1%。这表明，出租车在MaaS生态系统中具有重要作用，因为出租车在移动便捷性方面占有一席之地，而公共交通可能无法覆盖这些位置。Whim用户在乘坐公共交通后更容易将出租车纳入选择。

4）Whim用户的自行车行程较短。Whim用户自行车出行的平均行程距离为1.9 km，比所有自行车用户行驶的平均距离2.1公里要短10%。这可能是因为Whim用户主要是城市中心的用户，车站之间的距离较短。

5）公共交通是MaaS的中坚力量。95%的Whim行程选用了公共交通工具。显然，公共交通是MaaS系统成功的关键和基础。

6）租车使用量不断增加。虽然Whim数据集中的汽车租赁旅行总数相对较少，但呈现出不断增长的趋势，即越来越多的Whim用户将租车纳入出行方式的选择。租车接受度的提高也就意味着汽车所有权吸引力的下降。虽然数字很小，但足以表明Whim用户对汽车租赁持开放态度，不再倾向于选择拥有一辆汽车。

（4）存在的问题

Whim遵循捆绑多种服务的手机APP合同模式，这导致手机访问互联网的次数显著增加。为了应对该需求的增长，移动电话运营商必须自费更新基础设施来提高运营能力。同时，政府当局也担心用户会越来越多地使用Whim套餐中包含的共享汽车或出租车，引起出行需求增加从而导致对道路容量的更高要求。因为MaaS公司不拥有道路基础设施所以无法自费扩大道路容量，因此，这种需求的增加必须通过公共开支来解决，然而增加道路容量又与过去几十年的可持续转运政策相悖。由此可见，MaaS的潜在负面影响不容小觑。必要时，政府当局应提供指导方案和条例，以引导MaaS运营商实现可持续发展的城市交通目标。

2. 瑞典哥德堡UbiGo

UbiGo是MaaS概念的早期先驱，由名为"Go：Smart"的瑞典研究项目联盟共同开发。这是政府当局、工商业、学术界和城市居民之间合作产生的项目。UbiGo的理念是提供多种交通方式的组合来满足个人的交通需求。UbiGo整合了不同的交通模式，以可持续的方式共享资源，提供适合个人出行需求的量身定制的交通计划。虽然UbiGO在2019年年初正式投入运行，但其早在2013年就在哥德堡市进行了6个月的试点并大获成功。UbiGo在推动欧洲其他地区MaaS发展的同时，能为世界范围内其他国家MaaS的实践提供宝贵的经验。

(1) 发展背景

随着全球城市化水平的不断提高、共享经济的兴起以及移动信息和通信技术的发展，欧洲国家展开MaaS平台的实践。

1) UbiGo在哥德堡市的首次尝试。该项目从2013年秋季到2014年春季在哥德堡市进行了为期6个月的现场操作试验FOT试验，有70个家庭190人参与，出行套餐的价格为140欧元/月。在项目参与者的招募上，这项服务的预期受众是能够有足够机会使用现有的交通解决方案（特别是汽车共享和公共交通）以及较多出行需求的城市家庭。参与者招募主要针对被认为能够从UbiGO中受益的家庭，即拥有少量私家车的家庭、考虑买车的家庭，或者已经选择多式联运出行的家庭。该试点项目的结果令人满意：大部分的参与者希望在今后继续使用该服务，50%的家庭改变了原本的出行方式，40%的家庭改变了规划出行的方式，25%的家庭改变了出行链，许多参与者表示他们的家庭正在逐渐减少对私家车的依赖，更多的选择公共交通和绿色的出行方式。

2) UbiGo在斯德哥尔摩市的正式运营。在哥德堡的测试结果和用户体验已纳入MaaS的进一步开发中，该解决方案自2017年以来与Fluidtime一起实施。在最初的测试和开发阶段之后，UbiGo于2019年春季在斯德哥尔摩启动。采用第三代Fluidtime MaaS技术为城市中大约200个家庭引入MaaS服务。UbiGo得到了Via-ID的支持（初创企业的战略投资者），并与SL（区域PTA）以及部分商业运输服务提供商合作。Fluidtime公司为其提供了完整的技术服务。

(2) 产品功能及服务模式

UbiGo采取了整合的出行方式，包括多式联运一体化和一站式获得各种出行服务。它为每户人家提供定制和可修改的交通服务，包括公共交通、出租车、汽车和自行车共享以及汽车租赁。通过智能手机APP访问和管理。公共交通的信用额以日票来计，私家车出行（租赁或共享）则以小时来计。月底结算30分钟以上的自行车共享出行和出租车费用，信用额可以充值或滚动延用。

1) 一次性支付模式。UbiGo将多种交通方式整合到一个APP上，用户只需下载UbiGo的客户端，即可在该APP上定制包含这些交通方式的"出行服务套餐"。服务完成后，系统会自动结算本次行程的费用，用户只需一次结清整个行程的费用，不必对各组成的交通方式分别支付。

2) 以人为本的定制服务。用户选择的"出行服务套餐"是按月支付的。如果用户在本月花光了所有的月租，那么超额的部分需要额外支付；若在月底时未花完月租，则可将剩余部分留到下个月继续使用。若出行计划因不可抗因素被改变（如公交或租赁车的晚点等），用户可通过APP中的历史订单信息与公共交通公司协商损失弥补方案。此外，UbiGo为用户配备了智能出行卡。该卡能解锁共享单车或者租赁汽车，并在UbiGO APP出现技术问题时继续保证公共交通的顺利使用。最后，UbiGO可通过获取用户的历史出行数据，为用户推荐更加合适的定制服务套餐。

3) 引导绿色出行的绿色出行奖励。随着用户数量增多，"出行服务套餐"中所覆盖的公共区域也会相应扩大，形成大规模的服务。在规模经济的背景下，单个用户的公共出行费用会逐步降低，这样可引导用户选择公共交通出行。UbiGO还提供一套绿色出行奖励系统，将用户使用绿色交通工具与使用私家车出行产生的CO_2排放量对比，标定用户的绿色积分，该积分可用于交换其他商家提供的商品和服务。

4）强大的技术服务商提供技术保障。为了有效保证商业模式及服务内容的执行，UbiGO选择了一位重要的合作伙伴Fluidtime。Fluidtime承担了UbiGO整套出行服务方案的技术执行：推出基于云的出行大数据平台FluidHud，在用户、各大出行服务供应商和UbiGO之间管理数据传输。基于FluidHud的出行大数据，Fluidtime团队研发出一整套面向城市用户的MaaS应用，可以为用户提供一整套无缝衔接的出行方案。UbiGO商业模式如图7.2-3所示。

（3）效果分析

UbiGo在斯德哥尔摩市的应用现状总结为以下几点：

1）约90%的订单为公共交通工具，其余约10%为汽车共享/租用车。

2）公共交通和汽车订单之间的收益比约为50%/50%，比公共交通的利润率要高得多。

3）200个家庭中每个家庭约有1.6人使用MaaS服务。

UbiGo改善了客户对多式联运的态度，并在哥德堡的试验中将私人车辆的使用减少了50%。最重要的是，该项目是成功进行B2B合作的典范，UbiGo可以完全专注于满足其客户的需求，因为Fluidtime的移动平台可提供完美的信息整合以及安全，精准的数据维护和管理，确保UbiGo持续运营。

目前，UbiGO仅提供城市范围内的出行服务，未涉及城市间的火车、飞机等出行服务。在未来，UbiGO可进一步延伸其一站式出行服务的内容。UbiGO在哥德堡的试点于2014年结束。2017年10月UbiGO Innovation AB和Fluidtime AG（Kapsch的一部分）宣布了一项合作，在2018年3月开始在斯德哥尔摩进行试点项目，于2019年春季在斯德哥尔摩推出，Fluidtime公司根据UbiGO公司的需求提供FluidHub和FluidBiz这两个技术平台。这两家公司还将共同为北欧市场以外的潜在的MaaS运营商提供特许经营。

UbiGo从斯德哥尔摩和哥德堡获得的商业模式经验现在通过H2020项目IMOVE推动了欧洲其他地区MaaS的发展，该项目在多个欧洲城市试用了MaaS项目。

3. 哥本哈根的 MinRejseplan

2018年9月，第25届ITS世界大会在哥本哈根的贝拉中心举行，哥本哈根市技术和环境管理项目负责人 Steffen Rasmussen 在会议上首次公布了多模式应用程序 MinRejseplan。

MinRejseplan 作为 Rejseplanen APP 的最新版本，有着更加强大的功能，允许出行者从更多的交通工具中进行选择，包括公交车、港湾公交车和地行车。

ITS 世界大会的参会代表参与了该试验项目，代表们可以使用该应用程序进行多元化的出行选择，该应用可以根据价格、出行时长和出发时间对出行进行分类。此外，代表

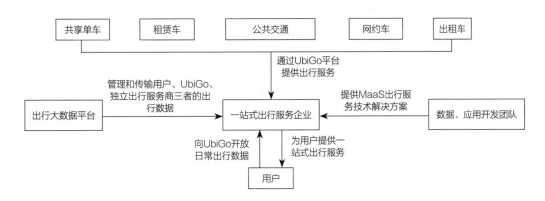

图7.2-3 UbiGO商业模式

们可在该应用程序上进行订票，有了新的MinRejseplan应用程序，更多的哥本哈根人可以选择把车留在家里，改乘公共交通工具旅行。哥本哈根交通、建筑和住房部长Ole Birk Olesen说："公共交通部门继续致力于交通数据的共享，MinRejseplan在某种程度上已经做到了。"Rejseplanen A/S的首席执行官Christina Hvid说：在不久的将来，还会将丹麦全国范围内的长途汽车、国内航班、自驾巴士，甚至更多交通方式整合到该应用中。

在第25届世界ITS大会期间，与会代表们对该试验项目进行了评估，所有与会代表都表示通过。该应用的所有者将根据评估数据，决定是否在丹麦首都地区发布MinRejseplan，以便所有哥本哈根人能够访问该应用程序。

7.2.2 北美

目前北美地区MaaS也取得了一定的发展，但发展规模相比欧洲较小，因此选取以下两个典型案例加以分析：

1. SHIFY-Project 100 计划（美国拉斯维加斯）

2013~2015年提出，融合了共享自行车、共享汽车、出租车、共享短程运输飞机等方式，具备出行规划、预定、付款、发票出具等功能。

2. IncenTrip（美国华盛顿——马里兰大学）

Incentrip是美国能源部资助的一项450万美元研究项目的一部分，该项目旨在预测交通量并缓解交通拥堵。目前，它正在华盛顿特区和巴尔的摩进行试运行，大大优化了当地的通勤体验。当用户将目的地放置到应用程序中时，会看到很多选项，包括汽车、公交车、地铁、自行车和乘车共享，以及有关每种模式的时长、时间和燃料消耗量的信息。该应用程序根据用户选择的出行方式奖励积分，从而为绿色和更有效的方法提供更多积分。对于尚未准备好转乘公共交通的驾驶员，该应用程序会为其提供"更环保"的驾驶路线的奖励。

7.2.3 亚洲

2019年11月4日，北京市交通委员会与阿里巴巴旗下的高德地图签订战略合作框架协议，共同启动了北京交通绿色出行一体化服务平台（以下简称"北京MaaS平台"）。这是北京市为提升交通出行效率，解决城市拥堵的又一举措。

北京市交通委员会与阿里巴巴旗下的高德地图采用政企合作模式，共享融合交通大数据，依托最新升级的高德地图APP，打造北京MaaS平台，为市民提供整合多种交通方式的一体化、全流程的智慧出行服务，高德地图也从驾车导航工具升级为综合出行服务平台，积极倡导和推动市民绿色出行。北京MaaS平台是国内首个落地实施的一体化出行平台应用试点，同时也是国际上首个超千万级用户的MaaS服务平台。

1. 发展背景

随着互联网和传统交通出行方式的结合，运用互联网、云平台和大数据分析等技术不断提升车辆的使用效率，降低社会的总体出行成本，缓解交通拥堵、环境污染等问题，使得人们在出行方式上具有更大的自主选择权。同时大数据、云计算、人工智能等新技术的应用，实现了碎片化需求集中化合并，且快速传播裂变式发展用户，新的出行服务正在不断进入市场。为实现公共交通利用率和效率最大化，减少私人交通，进而提高市民满意度，越来越多的城市致力于探寻一种一站式出行服务解决方案。

2. 平台功能及服务模式

北京MaaS平台整合了公交、地铁、市郊铁路、步行、骑行、网约车、航空、铁路、长途大巴、自驾等全品类的交通出行服务，能够为市民提供行前智慧决策、行中全程引导、行后绿色激励等全流程、一站式"门到门"的出行智能诱导以及城际出行全过程规划服务。通过这一个平台基本可以解决市民的日常出行服务问题。

在出行前，市民通过北京MaaS平台可以获取非常全面的出行信息，比如路上堵不堵、几点最顺畅、公交有什么路线、地铁挤不挤、步行远不远、打车贵不贵等，从而做出最佳的出行计划。该平台还为公交用户提供了"地铁优先、步行少、换乘少、时间短"等多种出行规划建议，市民横向滑动即可切换不同的偏好选择。

在出行过程中，北京MaaS平台开创性地引入"公交/地铁乘车伴随卡"，将路线规划、步行导航、换乘引导、下车提醒等服务直观地呈现在使用者面前，还会根据用户的位置实时展示正在乘坐哪条线路、还剩几站换乘、剩余时间等，当用户即将到达目的地或者需要换乘时，还能贴心地提供"下车提醒"功能，为市民提供"门到门"的无缝出行引导服务。

同时，北京MaaS平台还通过北京交通行业大数据平台接入了众多权威的交通动态数据，上线了实时公交、地铁拥挤度等服务。目前，实时公交已覆盖全市超过95%的公交线路，实时信息匹配准确率超过97%，全市所有地铁站点当前的拥挤情况也可实时在线查询。北京市民通过最新版高德地图，就可以直观便捷地查看公交车的实时位置，掌握车辆还有几站以及几分钟到达，避免焦急等待，极大地提升了绿色出行体验。

3. 效果分析

北京市相关负责人在工作启动会上表示："此次北京交通绿色出行一体化服务平台的启动，标志着北京绿色出行一体化服务又迈上了一个新台阶。北京将以此平台的发布为契机，坚持以人为本、公交优先、慢行优先的发展理念，打造绿色出行友好环境，提高绿色出行效率，改善绿色出行体验，持续增强公众对绿色出行的认同感、获得感、幸福感和安全感，为建设交通强国做出贡献。"

阿里巴巴合伙人、高德集团总裁刘振飞表示："作为月活跃用户超过4亿人的国民级出行平台，以及创立与成长于北京的本地企业，助力北京一体化出行服务平台的发展，鼓励和推动绿色出行转化，高德地图责无旁贷。而且，MaaS一体化绿色出行也与高德地图的战略发展方向不谋而合。通过双方携手努力，希望到2022年，每年实现5000万人次从自驾到公共出行的绿色转化，每天为80%市民提供绿色出行服务。"

国家发改委综合运输所城市交通运输研究中心主任程世东表示："MaaS平台可提高人们公共出行体验，有效推动绿色出行转化，已成为全世界城市交通出行的重要趋势。通过与高德地图的合作，今天北京MaaS平台的启动，不仅走在了全球前列，同时也将为国内其他城市发展绿色出行发挥示范引领作用。"

未来，随着北京市交通委员会与高德地图合作的持续深入，双方还将发挥北京MaaS平台的大数据支撑和辅助决策作用，在北京大兴国际机场智慧诱导、北京2022年冬奥会交通服务保障、救护消防车辆"一路护航"、公交线网优化等众多方面积极探索合作，更好地助力首都北京的城市精细管理和交通综合治理。

7.3 MaaS未来发展愿景

MaaS核心是通过手机APP等信息化集成平台来打包和提供多样化的交通服务。这创造了美好的未来发展愿景：通过按需上门的交通服务达到"个人自由"和"集体高效"。它通过"共享经济"这种商业模式大大提高交通的使用效率，从而提供了城市交通体系可持续发展变革的可能性，或成为改变未来城市交通模式的最颠覆式的创新。

MaaS通过巧妙的链接交通运营商、公众和政府，为三者提供广阔的发展机会，下面本节将从城市、交通运营商和公众3个方面阐述MaaS的发展愿景。

7.3.1 城市方面

1. 更绿色健康的交通环境

在城市发展的过程中，因为城市的扩张和交通拥堵导致了更长的通勤时间。2019年北京六环内平均通勤时间为56分钟。随着交通拥堵的加重，私家车的点对点出行方式不再是最佳出行选择。MaaS基于当下的科技发展，对多种交通方式进行整合，提供点到点的出行方案，一定程度上替代了私家车出行的需求，提高公共交通模式的使用率。MaaS也可通过价格优势鼓励人们预约出行，使有限的道路资源得到合理的分配。

岳锦涛和李瑞敏认为当下MaaS系统所展示出的特点已经初步体现出这是一种低能耗的交通服务模式，比如：共享理念的普及将提高车辆利用效率；顺风车、实时响应公交将降低个人使用小汽车出行比例；多家传统机动车制造企业将发展重心投放在清洁能源车辆的研发中；MaaS平台的统一路径规划，可以减少出行绕路里程，也可以调节不同路段车辆数量，降低由于道路拥堵而导致的车辆低速行驶排放。

Guidon等人提出，客运市场中服务捆绑的新方法是由技术驱动的创新促成的，并产生了所谓的出行即服务（MaaS）概念。这些方法有望增加现有公共交通服务的可达性，降低汽车使用率和交通系统的环境负担。然而，综合服务捆绑在客运市场上的潜在效应仍不清楚。

Kamargianni对Ubigo的试验版本进行研究，其结果显示，MaaS将为更可持续的交通做出贡献：36%的无车用户表示他们将推迟买车，35%的汽车用户表示他们将改乘公共交通，17%的汽车用户表示他们可以改骑自行车，17%的人表示将选择步行。

2. 打破行业壁垒，有利于资源的整合

MaaS平台对多种交通方式进行整合，打破了原来交通运输企业各自之间的行业壁垒，对现有的交通资源能更有效的整合利用。

印度科学与环境中心对印度高知的MaaS模式进行分析，结果显示，高知的"MaaS"模式促进了城市公共交通系统和功能的若干变化，出现了例如体制重组、执行者的加入、承认非正规运输服务、升级和重新组织资源以提高业务效率、打破行业壁等积极的变化。

澳大利亚悉尼大学的Merkert等人从宏观和微观两个层面，对当前交通运营商合作的文献进行了批判性的回顾，扩展了MaaS的概念，概述了长距离运输中的运输管理系统以及联运协作如何成为公共交通部门整体协调的有效策略，并试图更深入地理解这一合作系统的关键特征及如何在公共交通运输中塑造这些特性，为短距离出行交通运营商之间的合作提供有用的指导和借鉴。根据已有的经验，智慧售票系统可以在管理和实际操作层面进行深化完善，以提升运输系统协作服务的能力。即MaaS2.0、CaaS和SaaS的综合版。不同于传统的 MaaS，CaaS 更充分地整合了运营商自身的商业利益，为消费者提供极具吸引力的综合公共交通解决方案。这也将有助于个体运营商在短距离和长距离出行之间进行更多的合作，从而为出租车/骑车运营商和跨界运输运营商，提供新的整合机会。

3. 社会福祉最大化

MaaS服务提供商通过与政府的合作，为特殊人群的出行提供保障，保证社会公平性。在MaaS服务推出以后，没有能力购买私家车的人群可以享受同样便利的出行服务，缩短其与有私家车家庭的差距。对于低收入人群，政府可以通过MaaS服务提供商进行有针对性的补贴。对于老人和残疾人群，提供更便利的门到门服务。陈玮认为MaaS帮助了目前出行不便的人群，包括低收入群体、老人、残疾人和公共交通欠发达地区的居民，这些人都可以受益于按需出行服务，而减少对私家车出行的依赖。

7.3.2 交通运营商

1. 更大的市场与更准确地迎合消费者的需求

通过Maas运营商对用户选择的反馈，原有的交通运营商们能够更好地了解到出行者的需求，对自己提供的服务进行优化，减少资源配置不合理的现象。

龙昱茜等人认为对于出行服务商来说，可以通过MaaS平台掌握用户的需求进行方案的设计，识别新的市场机遇。成功的MaaS服务也带来了新的商业模式和方法来组织和操作各种运输选项，对出行服务商具有优势，包括获得改进的用户和需求信息，以及提供新的机会来满足未满足的需求。陈玮等人认为MaaS帮助出行服务商更好地满足出行者的需求。并且通过增加新的营收项目或扩大市场，提高出行服务商的收益；Kamargianni等人认为交通运营商将受益于通过综合平台创造更大的市场。Arias-Molinares认为MaaS应用程序可以作为供需双方持续反馈的渠道，从而改善系统。

2. 运营模式的改变

MaaS的出现使交通运营商的运营模式发生颠覆性改变，运营商的关注点将只放在出行服务上。乘客利用MaaS下单，交通运营商则不再需要做用户平台与用户数据分析。而是根据MaaS的数据反馈，对自己的出行服务进行提升。随着MaaS发展越来越完善，特定交通工具将固定服务相应类别的出行行为。在初期可能存在MaaS服务供应商与交通服务供应商抢夺利益的情况，但是长期发展来看MaaS服务会为交通运营商带来更大的市场，并且提供最准确的客户需求。

7.3.3 公众

1. 门到门出行服务个性化解决方案

MaaS提升了公众出行的便利性。一次付费就能获得一整套出行方案，用户省去了在多个APP上购票或者付费的麻烦，并且省去了自己安排协调多种交通工具之间换乘的问题。在提升便利性的同时MaaS满足每个乘客的个性化要求。例如不愿乘坐地铁、舒适度优先，还是时间短优先等个性化的要求都会被记录并响应，对每一个乘客提供专属的交通方案。

龙昱茜等人认为对于消费者来说，MaaS 提供了出行信息和服务供给的平台，用户可以在享受定制服务的同时在引导下更多地使用公共交通工具。

岳锦涛和李瑞敏认为MaaS最核心的特征在于将不同种类的交通方式整合在一个统一

的服务平台中，利用该平台用户可以实现全出行规划、费用支付、电子票据、意见反馈等功能，管理者可以利用该一体化平台实现交通监控与管理，对系统进行实时调度。高度的一体化为出行者提供了更加便捷的出行服务。MaaS将出行定义为一种"服务"，体现在MaaS系统的设计、运营、管理等各个阶段，从用户角度出发，以为出行者提供更加方便合理经济的出行服务为最终目标。

Kamargianni等人认为，由于旅行费用、时间的减少，以及希望拥有更好的服务体验，出行者会欢迎MaaS这一概念。

2. 更低的价格与更好的服务

Jittrapirom认为MaaS预期的好处之一是实现较高的服务质量和提供具有竞争力的价格。因为运输运营商将从用户的出行偏好和资料中获得详细数据，所以服务提供范围更广，价格也更适合每个人。

3. 改变人们的出行习惯

MaaS将逐步改变人们的出行习惯：从随性的不可预知的出行，逐渐转变为预约出行。大数据的整合使人们出行的需求能够及时得到响应再进一步反馈给乘客，人们可以根据目前的路况及时调整自己的出行。动态定价将引导人们减少高峰时期不必要的出行需求。因为MaaS能有效解决点到点的出行，人们购买私家车的愿望会降低。

7.4 MaaS未来应重点关注的方向

MaaS作为一种新型交通方式整合、一体化出行服务服务模式，在我国具有广泛的市场前景。同时，由于MaaS的发展依托数字化信息技术，涉及的利益相关方广泛且复杂，且提供的服务主要面向大众，因此未来MaaS的发展应针对理论技术、政府监管、协作机制、商业模式、法律法规等方面开展更深入的研究。

7.4.1 理论技术方面

MaaS作为一种全新的、门到门的、不同交通模式高度整合的出行服务理念，需要先进的技术和相应理论体系提供强有力的支撑，包括数据、信用体系、数据标准规范等方面。理论技术研究将成为MaaS未来发展关注的重点。

1. 信息安全

由于MaaS涉及海量用户出行信息，因此需要建立完善的网络信息安全体系，加大对于出行者个人出行行为、账户资金等方面的信息安全保障；同时，还需要以相对完善的法律、法规体系为基础，建立和完善MaaS信用体系，包括MaaS各利益相关体信用积分制度与诚信黑名单制度，规范交通运营商、MaaS服务商、数据提供商、管理者、消费者的行为，充分提高全民诚信意识和信用水平。

2. 标准规范体系

MaaS的发展还需建立涵盖交通规划、设计、运营、服务等方面一体化标准规范体系，建立跨模式、跨领域移动支付体系和数据资源交换共享、应用服务平台接口等标准规范等，通过标准以及相关技术规范的实施，充分整合和引导MaaS相关利益体之间的社会资源，促进MaaS的标准化发展。

7.4.2 政府监管方面

MaaS的良好发展需要政府的监督和管理，不仅需要政府引导其路径规划，还需要政府通过对其进行绩效评价来促进MaaS更好地发展和改善。政府可以从法律法规、体制机制、设施、车辆、运营平台、服务模式、技术选型等各个方面制定合理的发展规划与路径，明确我国MaaS发展目标和方向；同时还需要构建涵盖不同的出行模式、出行距离、换乘次数、候车时间、乘车时间、排放量、出行费用等多种影响因素的门到门出行绩效评价体系，实行定期考核评价机制，提升MaaS相关行业的服务水平，深入推进、引导MaaS的可持续性发展。通过政府的有效监管，可以进一步引导和扩大共享型交通服务新理念，建设一个更经济、更舒适、更低碳的交通出行新时代。

1. 垄断问题

随着交通部门权力的削弱以及城市治理中的资源限制，有些城市可能愿意让MaaS接管一切。MaaS拥有产生和利用大数据的能力，并借此确立其地位和权力。从本质上讲，MaaS有可能通过向不同的市场参与者（不仅是移动服务提供商和城市当局，还包括零售商等其他私营企业）出售数据和分析服务来建立一个新市场。因此，MaaS的地域垄断必须注意防范，因为MaaS供应商可能通过数据所有权或独家关系来独占市场，以此阻止新的移动供应商进入市场。在这种缺乏替代品的情况下，用户几乎没有追索权，单一MaaS运营商可以不断提高终端用户价格。这部分新增的收入会成为MaaS运营商独占的利润，并不会分给交通服务提供商。

2. 私营企业逐利

MaaS的创新者主要是私营公司，他们总是试图引导移动交通系统的发展来满足他们自身利益最大化。这可能会导致MaaS代理机构通过操纵治理机制来获取监管信息，这种情况在芬兰MaaS Global的实践中已经出现。TSC除了作为客户，没有确定交通部门在MaaS生态系统里扮演的角色。交通部门仅仅将MaaS生成的数据，视为其改进政策的依据。因此，当私营公司能够向那些愿意付费的人提供更好的交通产品时，交通部门是否还有存在的必要？一些盛行政治经济的地区可能将废除公共交通部门，而在其他地方（如巴塞罗那、大曼彻斯特），交通部门可能是MaaS平台的管理者。这最终引出了一个更深层次的问题，即公共交通服务是否是大众感兴趣的。如果不是，那么政府在提供公共交通方面的作用就成了问题。荷兰目前的策略是首先为MaaS的引入提供空间，然后再考虑是否将"常规"公共交通服务过渡给MaaS提供商。芬兰的重点则是建立适当的监管框架，鼓励通过大规模公共实验产生商业创新。然而这些观点似乎都不关注提高效率或公平。也许公共部门自身可以介入进行创新。在技术发展过程中，像MaaS这样的新兴技术通常面临着制度空白和"有组织的不负责任"（organized irresponsibility）的挑战。这意味着，任何机构目前都不能完全理解或控制MaaS相关的不良后果。有必要让政府当局参与MaaS的试点和实施，从MaaS规划初期就保护使用该应用程序的公民，包括制定可修改的数据共享计划等。

一些国家正开始采取行动，应对上述治理方面的挑战。英国政府科学办公室举办了一个有关政策影响的研讨会，其中包括以下观点：

（1）MaaS不应比当前的交通系统价格高，并且应具有包容性；

（2）MaaS应履行减少空气污染和碳排放的义务，并减少车辆保有量；

（3）MaaS关于自由和效率的承诺，二者之间的权衡取舍是不可避免的；

（4）MaaS作为改变出行行为的机会，可能需要动态定价。

尽管MaaS已经在许多地方开始运行，但各城市政策关于明确处理MaaS方面一直进展缓慢，这被认为是一种战略上的遗漏，源于其不加批判地接受"可持续城市交通将随着MaaS的落实自动得到"这一说法。MaaS存在多维度的潜在不良影响，相关讨论不应局限在以专家为中心、去政治化，而应关注技术发展和预期的积极作用，还应回避更广泛的影响，如加剧社会不平等。

7.4.3 协作机制方面

由于MaaS平台在提供服务过程中必须整合多种交通运营商，提供一体化的出行服务，因此MaaS平台与交通运营商、数据提供商之间以及MaaS平台之间应建立良好的协作机制，形成良好的MaaS发展生态，避免"一家独大"的垄断局面。

以航空运输为例，国际航空运输协会（IATA）是航空旅行领域的一个重要机构。IATA作为一个非营利性行业协会，有280多家航空公司成员，占全球航空运输的83%，旨在为协会成员开发全球适用的解决方案，同时在促进航空旅行更加一体化方面发挥着巨大的作用。IATA主要通过制定标准，实现对航空业利益相关方（如航空公司、机场等）的管理。IATA制定了共同的电子客票和新的分销体系标准，大大提高航空运输业效率的同时降低了票价，因此提升了行业的可持续性。因此，我们认为，得到全球和地方层面的支持合作是航空业取得成功的一个关键因素，也是公共交通微观部门运营商的可借鉴之处。

因此MaaS的发展离不开交通运营商的主动变革，以开放包容的态度参与合作，更需要各个机制协同配合、共同协作，促进不同交通模式规划、运营、管理、服务环节的有效衔接和整合，实现不同监管机构间的业务协同，共同构建MaaS发展相关市场环境。

7.4.4 商业模式方面

MaaS作为以用户为导向的出行模式，当前MaaS能否吸引更多的用户应用必然是MaaS平台核心关注的重点。MaaS的市场扩张能力取决外部环境、技术水平、用户需求等多种因素。而社会心理学的视角认为详细的认知动机过程以及与更高动机目标的相互作用提高了用户对MaaS的接受程度。

使用MaaS的动机决定因素构成了未来市场有效活动的成功因素。作为MaaS平台必须深刻了解B2C市场中的"需求面"，包括相关的潜在使用因素，以用户倾向与需求必须反映在他们的愿景和市场策略中。

德国哥廷根大学的Schikofsky等人认为MaaS有望为未来的提供商和进入业务生态系统的新参与者提供经济扩张潜力以及有吸引力的商业模式。为了更好地识别出行者使用MaaS背后的主要驱动机制，他们使用了定量与定性研究相结合的方法，确定了关键的动机决定因素，并研究了它们之间的结构相互关系，最终得出结论：在市场早期阶段，影响MaaS接受度的动机因素中行为意图可以被认为是使用行为的主要决定因素。

因此对于用户需求的深刻了解，并针对用户选择MaaS的动机调整运营策略将成为MaaS未来发展的重点发展方向之一。

7.4.5 法律法规方面

由于MaaS的发展同时将涉及多方面的利益格局调整，这就需要制定相关的法律法规明确各利益相关方的权利和义务，并对MaaS中存在安全、服务、个人信息安全、隐私保护、计价等问题进行及时监督和管理，使得MaaS在法律允许范围内健康发展。芬兰政府交通服务法案（Act on Transport Services）规定所有交通服务提供方必须开放其全部的票务选项给第三方；法国公共交通法规定"为发展公共交通，必要时，地方政府可以依据特殊法律条文，向国有企业和私营企业征收公共交通税"。

目前国内尚无针对MaaS专门的法律体系。未来面向MaaS系统的法律框架，应尽量满足多层面、多层次、一般性规定与特殊性规定相结合的特征，对MaaS涉及的各相关利益主体进行合理有效约束，保证MaaS系统目标的一致性、可持续性。

（1）多层面：强调行政管理自上而下地设立综合交通运输服务法律法规、政策标准。有助于在合理范围内，因地制宜地实施和开展MaaS系统，提供具有地方特色的交通出行服务。

（2）多层次：强制性规定与指导性意见相结合。除对关键问题及相关利益主体设立强有力的法律保护外，在具体方案实施初期，可以施以"意见""建议"等，以促进MaaS系统发挥更优的性能。

（3）一般性规定与特殊性规定相结合：针对宏观问题有一般性规定，针对具体问题则有特殊性规定。在相对稳定的一般性规定外，灵活制定特殊性规定，有利于系统的实时更新，以适应并控制具体问题。

本章参考文献

[1] Hensher, D. A., & Mulley, C. Special issue on developments in Mobility as a Service (MaaS) and intelligent mobility [J]. Transportation Research Part A: Policy and Practice, 2020, 131: 1-4.

[2] 王健. 出行即服务（MaaS）的定义及发展概述 [J]. 运输经理世界, 2018（2）: 76-78.

[3] Wong, Y. Z., Hensher, D. A., & Mulley, C. Mobility as a service (MaaS): Charting a future context [J]. Transportation Research Part A: Policy and Practice, 2020, 131: 5~19.

[4] Hietanen S. "Mobility as a Service"—The new transport model? [J]. Eurotransport, 2014, 12（2）: 2-4.

[5] ERTICO. What is MaaS? [EB/OL]. 2018-12-12 [2020-08-25]. https://maas-alliance.eu/homepage/what-is-maas/.

[6] 李苏炯. MaaS系统概述 [EB/OL]. [2020-08-25]. https://www.cnblogs.com/heroinss/p/11934321.html.

[7] 郭家辉. 简析全球首个一站式出行服务平台：芬兰Whim带来了怎样的启示? [EB/OL]. 2018-12-04 [2020-08-25]. https://www.sohu.com/a/279585384_100209427.

[8] 李晔, 王密, 舒寒玉. 出行即服务（MaaS）系统研究综述 [J]. 综合运输, 2018, 40（9）: 56-65.

[9] 李川鹏, 王秀旭. MaaS国外发展经验借鉴——以芬兰Whim应用程序为例 [J]. 中国信息化, 2019, 10: 46-47.

[10] RAMBOLL. WHIMPACT-Insights from the world's first Mobility-as-a-Service[R]. RAMBOLL, 2019.

[11] 赛文交通网. 关于MAAS的一些思考 [EB/OL], 2020-06-01 [2020-08-25]. https://www.sohu.com/a/399015232_389742.

[12] Fluidtime, MaaS Alliance. MaaS of the Month: Enabling Smart Mobility in Stockholm: MaaS Alliance, 2019.

[13] Ubigo. Ubigo – Your Office on the Go! [EB/OL]. Canada: Ubity. [2020.06]. https://www.ubigo.co

[14] 郭家辉. 一笔月租打包你的日常出行? "UbiGo商业出行模式"前景分析 [EB/OL]. 2018-10-24 [2020-08-25]. https://www.sohu.com/a/270983060_100209427.

[15] 龙昱茜, 石京, 李瑞敏. MaaS各国案例比较研究与应用前景分析 [J]. 交通工程, 2019, 019（003）: 1-10.

［16］Rejseplane.［EB/OL］. Denmark: Rejseplane.［2020.06］. https://www.rejseplanen.dk/webapp/index.html
［17］incenTrip.［EB/OL］. The U.S.A: University of Maryland researchers,［2020.06］. https://www.incentrip.org
［18］北京交通订阅号. 国内首个一体化出行MaaS平台上线:［EB/OL］. 中国，2019[2020.06].https://www.sohu.com/a/354704237_281835
［19］蓝鲸财经. 北京市与高德地图战略合作，上线国内首个一体化出行MaaS平台［EB/OL］. 2019-11-04［2020-8-25］. https://www.sohu.com/a/ 351545415_118680
［20］蓝鲸财经. 国内首个一体化出行MaaS平台上线［EB/OL］. 2019-11-04［2020-08-25］. https://www.sohu.com/a/351549514_250147.
［21］岳锦涛，李瑞敏. MaaS发展阶段简析［J］.交通工程，2019，19（03）:11-15.
［22］Guidon S, Wicki M, Bernauer T, et al. Transportation service bundling -For whose benefit? Consumer valuation of pure bundling in the passenger transportation market［J］. Transportation Research Part A Policy and Practice, 2019.
［23］Polydoropoulou Amalia, Pagoni Ioanna, Tsirimpa Athena, Roumboutsos Athena, Kamargianni Maria, Tsouros Ioannis. Prototype business models for Mobility-as-a-Service［J］. Transportation Research Part A: Policy and Practice, 2019.
［24］一览众山小. 寻路MaaS（Ⅰ）｜嘛是MaaS: 总述、定义与生态系统［EB/OL］. 2019-12-25［2020-08-25］. https://www.sohu.com/a/ 362612904_260595.
［25］Merkert R, Bushell J, Beck M J . Collaboration as a service (CaaS) to fully integrate public transportation – Lessons from long distance travel to reimagine mobility as a service［J］. Transportation Research Part A: Policy and Practice, 2020, 131: 267-282.
［26］Mark Streeting，陈玮，Emma Edgar，Justin Koh.MaaS:出行服务的颠覆者［J］. 中国战略新兴产业，2017（45）:62-65.
［27］龙昱茜，石京，李瑞敏.MaaS各国案例比较研究与应用前景分析［J］. 交通工程，2019，19（03）:1-10.
［28］Mark Streeting，陈玮，Emma Edgar，Justin Koh.MaaS:出行服务的颠覆者［J］. 中国战略新兴产业，2017（45）:62-65.
［29］Polydoropoulou Amalia, Pagoni Ioanna, Tsirimpa Athena, Roumboutsos Athena, Kamargianni Maria, Tsouros Ioannis. Prototype business models for Mobility-as-a-Service［J］. Transportation Research Part A: Policy and Practice, 2020, 131.
［30］Arias-Molinares D, Juan C. García-Palomares. The Ws of MaaS: Understanding mobility as a service fromaliterature review［R］. IATSS Research，2020.
［31］龙昱茜，石京，李瑞敏.MaaS各国案例比较研究与应用前景分析［J］. 交通工程，2019，19（03）:1-10.
［32］岳锦涛，李瑞敏.MaaS发展阶段简析［J］.交通工程，2019，19（03）:11-15.
［33］Maria Kamargianni, Weibo Li, Melinda Matyas, Andreas Schäfer. A Critical Review of New Mobility Services for Urban Transport［J］. Transportation Research Procedia, 2016, 14.
［34］Jittrapirom P, Marchau V, Rob V D H, et al. Future implementation of mobility as a service (MaaS): Results of an international Delphi study［J］. Travel Behaviour & Society, 2018.
［35］A J S, B T D, C M K . Exploring motivational mechanisms behind the intention to adopt mobility as a service (MaaS): Insights from Germany［J］. Transportation Research Part A: Policy and Practice, 2020, 131: 296-312.

第8章
预约出行的研究及实践

日常生活中，在资源紧张、需求旺盛的领域，预约服务随处可见，如预约就医、预约就餐、预约车位等。预约在资源短缺、供需不均衡的情况下可避免低效无序，这一优点已经在日常生活的多个方面获得了验证。城市交通系统也是一个资源与需求极不均衡的系统，北京交通发展研究院院长郭继孚在2018年第四届世界大城市交通发展论坛中创新性地提出城市交通领域的"预约出行"理念，指出借助预约手段解决城市交通系统中供需不匹配导致的高峰交通拥堵问题。

8.1 预约出行的概念及背景

8.1.1 预约出行的概念

预约是一种精准调节供需关系的手段，近年来在就医挂号、旅游景点等领域一直得到应用。通过预约的手段，可以让用户提前了解实际资源余量，避免到达后一部分用户面临无资源可用的情况，减少用户超量集中造成效率降低和无意义的等待。

日常生活中常见的预约服务主要集中在相对较为封闭、可控性强的系统或者是具备可替代性的产品或服务。由于城市交通系统具有随机性和开放性，运输组织具有复杂性和移动性，城市出行具有难以替代性，虽然面临严重的供需不均衡问题，但是城市交通领域的预约应用还较少。为了最大可能减少因拥堵造成的行程时间损耗，有规律性出行需求的出行者往往会根据自身经验，通过不断的尝试来寻找行程时间最短的高峰出行方案。幸运的是，在即时通信和实时定位等技术发展推动下，城市交通系统的开放性特征有所转变，正逐渐发展成为带有部分确定性的更可控的系统，通过科技手段改善供需时空不均衡的状况具备了必要的前提条件。与此同时，大数据技术发展也为规律性出行的分析及服务提供了基础。

预约出行是在城市交通运输系统中，利用移动互联网、无线通信等科技化手段，依托全局供需优化算法，为出行者提供一种需求响应式出行服务的模式。

预约出行兼具系统级客流精细化管控与交通服务按需供给的功能。借助于预约出行，在需求旺盛的高峰时段，可以通过适当的手段调节需求分布，把在时空上高度集中的出行需求分散化，避免因出行集中造成无序拥堵；对于出行需求较为分散的平峰时段、公共交通覆盖率较低的偏远地区以及有特殊出行需求的残障人士，系统采用预约模式可以按照需求精确地安排运力、调度车辆，消除"交通荒漠"，避免车辆空载，提供更精准的服务。预约出行在交通系统与出行者之间建立一个双向信息互通的桥梁，打破交通系统中的信息不对称。出行者提交出行需求，并根据预约系统信息选择出行方案，适度调整出行习惯；交通系统对需求进行全局优化并按需调配资源，提供需求响应式服务。

8.1.2 预约出行的作用及重要性

世界各大城市均在面临不同程度的交通拥堵问题，给城市社会经济造成巨大损失。为了尽可能降低拥堵造成的影响，世界各地的研究者和城市管理人员不断提出包括需求管理和改善供给在内的多种缓解拥堵的措施。其中增加供给的措施在实践中发现存在一定的负面效应，于是通过采取需求端优化的拥堵收费等手段被认为是更为有效的措施，让出行者为自己造成的交通系统负外部效应买单。然而由于收费合理性和资金用途等问题，一直没有得到大规模应用。

随着信息技术的发展，预约出行为调节供需提供了一种新手段。预约出行的优势和作用不仅体现在能够以较小的投入改善交通拥堵问题，更有利于优化交通供给，实现一体化交通服务与交通管理。

1. 预约出行是以较低投入缓解交通拥堵问题的手段

解决交通拥堵问题，关键是找到形成拥堵的症结所在，对症下药。总体来说，交通拥堵问题微观层面体现在大量的出行者在时间和空间上的高度集聚，导致瞬时交通服务供给能力难以满足需求。即需求时空分布不均衡导致的供需失衡。

因此，现阶段解决交通拥堵问题的重点在于改变出行需求时空高度集中的状况，通过供需信息透明化来平衡交通供给与需求，避免因信息不透明、供需不均衡引发的交通拥堵。预约的手段恰好为供需信息交流提供了机会，通过预约平台，系统化地调节交通需求与供给，引导出行需求在时空上的合理分布，缓解因需求在时间和空间上高度集中造成的交通拥堵，避免盲目出行和无序等待。

2. 预约出行有利于以需求为导向实施交通供给优化

除高峰拥堵外，城市交通还面临平峰时段的低效运行与资源浪费，以及公共交通供给与需求不匹配、服务水平不高等问题。尤其是对于公共交通，还存在不同交通方式之间运营时间范围、运营时刻不衔接或者运力不匹配的问题，换乘不便，甚至在一些偏远地区存在"交通荒漠"，更缺少针对残疾人、老年人等交通弱势群体的特殊化服务。

尽管各城市不断通过优化公共交通运营时刻表、增加多层次公共交通供给服务等方式提升公共交通服务水平，由于没有掌握公交运营及乘客需求信息，公共交通出行候车时间长、换乘等待长的状况很难从根本上得到解决，针对偏远地区的交通服务效率不高。

预约为提升交通资源利用效率及满足出行供需矛盾带来了新思路，为以需求为中心的城市交通服务创造了途径。通过预约事先了解出行需求，按照需求的时间和数量分布安排公共交通运营时刻表并调度车辆，可以实现交通运营组织按需配置，实现资源最大化集约利用；同时依据需求提供灵活的线路安排，减少换乘，改善换乘时刻不衔接、运力不匹配等状况，提升公共交通出行效率与出行体验，特别是有效提升交通弱势地区和弱势群体的交通服务体验。

8.1.3 预约出行的使用场景

传统的城市交通系统中，由于开放、随机的特性，很难实现如同火车、飞机的精准预约，主要是缺乏信息的支撑。系统信息不透明，用户无法知晓其他人的需求，难以根据全局情况安排自己的出行，只能通过排队获得某个时刻出行的权利。此外，交通服务供给者无法事先根据需求情况配置车辆，只能凭借经验值，或者按照固定的时刻表。而平峰时段的需求分布有较大随机性，交通供给服务很难与出行需求匹配，导致出行体验不佳。尤其是针对交通服务覆盖率比较低的弱势地区和残障人士等弱势群体，交通服务更难与其需求相适应。

借助于预约出行，既能在高峰时段调节需求时空分布，提升交通系统运行效率，又可以在平峰时段提供以需求为导向的交通服务。因而，无论是高峰时段还是平峰时段，无论是大城市还是偏远地区，预约出行都有利于提升交通系统的资源利用效率，解决系统级的资源优化配置问题。

然而，并非任何情况下的出行都是可计划的，突发性的、紧急的出行以及特殊场景下的出行需求并不受预约出行限制，系统为其预留一定的弹性空间。例如，对于救护车、消防车、警车等有特殊功能的车辆，预约出行系统应保证其通行的便捷顺畅，任何情况下都为这些特殊车辆提供最高级别的通行权；对于突发的出行需求，可以通过制定相应的规则给予一定的通行优先权；对于随机的、临时的出行，可提供即时性的预约服务；针对没有预约的出行，可按照其对系统的外部效应制定相应的赔付措施，如消耗一定的信用积分。预约出行将与紧急出行、随机出行并存，保持较好的系统弹性，可根据实际情况灵活调节，最大化利用现有交通资源的能力，更好地提供出行服务。

8.2 预约出行相关理论研究

预约出行并不是凭空出现的新概念，交通领域的专家学者从20世纪就开始研究通过预约相关手段，为部分出行者提供更快捷的交通出行机会，并在高速公路、停车等方面进行了仿真模拟和实验探索。

8.2.1 研究历程

20世纪就有学者提出通过预约来处理过剩的交通需求，并开始着手研究将其应用于实际交通系统中的途径，提出了相关的应用系统，同时开展预约交通模型的构建及改进方法研究。

1. 预约的产生及发展

在小汽车数量迅速增长的冲击下，世界各大城市相继面临交通拥堵问题，为应对拥堵带来的负面影响，经历了从扩大供给到对需求实施控制调节的各种尝试。其中，增加供给的措施并不可持续，而且反而可能引发更多的出行需求，因而通过对需求的精细化管理来改善交通拥堵的方法越来越受到重视。

早在1996年，Akahane和Kuwahara就提出了一个公路预约出行的基本模型，认为通过高速公路预约可以有效避免需求在瓶颈断面超过通行能力。1997年，Wong提出了付费使用高速公路预约车道的基本概念，并设计了预约系统、总量控制、车辆检测、运行控制等基本模块，指出预约使用高速公路可以提高道路运行效率，提升交通体验，从而使社会效益和经济效益最大化。

随着信息技术的发展，越来越多的研究发现预约系统可替代传统排队系统，提升交通系统的效率。Ravi等人基于火车和飞机购票预约的思想，提出司机通过支付额外的费用，在高速公路上任意两点之间无拥堵地出行，并简述了实施可能遇到的挑战，提出了系统设计框架。McGinley、Zhu 和 Veerraghvan对预约系统与传统排队系统进行了对比，指出预约的优势体现在减少出行等待时间。

2. 关于预约出行模型及方法的研究

学者们为研究日常通勤中实施预约出行的可行性，构建了相应的理论模型，并通过仿真技术模拟预约系统对于提升交通系统效率的作用。

首先，Koolstra, K.在2000年的研究中，基于拥堵收费调节模型构建了一种预约出行模型，并基于此模型讨论了预约系统的直接效益与潜在效益。基于此，Edara及Teodorovic 在2005年和2008年分别发表了《关于高速公路空间能力控制系统的研究》（Highway Space Inventory Control System HSICS），其中不仅设计了高速公路能力分配系统（Highway Allocation System HAS），还包含实时在线的高速公路预约通行系统（Highway Reservation System HRS）。Edara及其小组通过理论模型对HRS与匝道限流控制系统的优劣开展了比较，证明了相对于匝道控制系统，预约系统具有更大的优势。Chai等人提出在高速公路上动态预约道路资源的方法模型，预约系统根据车辆当前的位置计算出其在下一时刻的位置，并为其预留相应的位置资源，仿真表明这一做法可以显著提高交通系统效能。Peng等人也对HRS系统进行了理论证明与路网仿真，进一步证实了预约出行的理论有效性，仿真结果显示，当需求超过供给能力30%的时候，预约的情况能比不预约的情况减少58.6%的时间损耗和18.3%的二氧化碳排放。

随后，Liu等人以路段能力为限制条件，构建了预约通行券管理的理论模型，根据路段长度、车辆密度和现有通行能力计算可供分配的通行券数量，每个预约申请需要向系统确认是否有空余名额。Peng & Park对预约名额分配算法进行了优化，构建了路网级别的高速公路预约出行模型；之后又结合路网OD动态交通分配，进一步优化预约模型，指出通过预约可以合理分配出行需求，降低出行成本。Liu等人在早高峰高速公路预约出行的通行效率研究中，提出用时间价值代替先到先得的预约名额分配办法，以结合预约和拥堵收费的优点。

8.2.2 应用场景

目前，关于预约的应用研究涉及高速公路、停车、交叉口信号控制、出租车、共享单车、自动驾驶车、针对交通弱势者等特定群体的服务以及危险品运输等方面。

1. 高速公路

在高速公路的应用研究中，预约出行主要应用在瓶颈路段通行能力需求管理，用户通过付费使用预约车道可以更快速地通过拥堵区域。在高速路上，没有预约时，出行者进入某段道路的时间是随机的，如果在排队发生或排队即将发生时进入一段道路，则会造成排队，增加无效等待时间，降低系统效能。仿真验证的结果表明，通过预约，可以减少50%左右的因为无效等待造成的损耗。此后若干学者开始着手研究将高速公路预约应用于实际道路中的可行方案，Ravi等人于2007年提出一个高速公路预约专用道出行方案，从计算机信息技术的角度探讨高速公路预约出行的可行性；Dobre进一步设计了从家到目的地的全流程的高速公路预约专用道出行方案，尽可能考虑现实中可能遇到的各种情况。也有研究者从用户接受度的角度探索高速公路预约的可行性，如Kim及Kang在2011年对高速公路实施节假日出行预约的调查研究表明，有51.4%的被调查者认为高速公路节假日预约是有必要的，而如果预约实施了，有73.4%的受访者表示愿意参加。

2. 停车预约

除了对瓶颈路段通行能力管理外，预约模式也可运用于目的地停车位预约管理。早在1999年Ichiro Yoshida就提出了针对停车位预约的智能系统。Yang等人研究了预约停车的相关技术，提出基于手机的车位预约系统框架。针对如何实施停车预约，Hanif 等人提出了通过短信自动预约停车位的服务模式；Tsai和Chu提出依据寻找停车位的时间价值，来构建停车票价模型，确定预约停车的票价；Liu等人又进一步将停车位数量作为一个限制条件引入早高峰时段交通出行管理当中。Tiana等人提出，通过预约可以把控剩余停车位和停车价格之间的关系，通过对停车价格的动态调控来调节停车需求。预约出行在停车中的应用主要体现在：一方面，预约有助于处理停车需求的时空变换，提升管理效率；另一方面，预约可以节约用户寻找停车位的时间和停车等待时间，减少到达端的无效损耗。实践证明，高峰时段预约停车位，可明显减少寻找车位造成的时间损耗，为整个系统节约20%的效用，预约是解决停车问题和缓解拥堵的有效手段。

3. 交叉口预约管理

交叉口的预约控制系统根据用户预先上传的出行需求，开展到交叉口的时间预测，进行信号实时优化，通过对道路资源的科学分配，达到减少交叉口冲突和交通事故发生的效果。Dresner 和 Stone提出了一个针对交叉口的通过预约实现缓解拥堵效果的系统，并通过仿真验证了系统效果。Levin和Boyles在动态交通分配的大背景下，提出了一种基于时间价值而非先到先得的交叉口预约动态调整交通分配的政策，并通过仿真发现每个出行者平均可以减少40%的出行时间。Patel和Venkatraman 等人在动态交通分配中引入交叉口评级的双层优化模型，来实现出行时间最小化，并通过案例研究发现，当参与预约的比例在20%～100%时，出行时间可以减少10%～40%。

4. 其他应用场景的研究

Feijter与Evers等提出了使用预约进行出行时间管理的方案，特别指出可实现对公交专用道的有效利用。Han 等人提出通过建立以预约为前提的门到门的交通模型，可为老年人、病人等交通弱势群体提供便捷的出行服务。Lamotte 等人调查了自动驾驶车的市场占有率并分析了预约的潜在优势，假设一部分自动车采用预约出行，可以减少15%的高峰时段出行费用；Ma等人指出针对自动驾驶汽车和共享车辆，预约可以提高行驶效率。北京交通发展研究院通过对北京市西三环早高峰（7:30～8:30）车辆的仿真研究发现，实施预约后高峰平均车速可提升44.4%，每辆车的平均出行时间可降低30.5%；并选取了北京市早高峰地铁限流站点，通过对高峰时段到达客流与进站客流数据的综合分析，认为预约在改善轨道交通站点限流排队中具有较大的应用空间。

8.3 预约出行在城市交通系统中的相关实践

近年来，多个城市逐步在城市交通系统中开展预约出行的相关实践，其中大部分是借由一些特定事件、特定场景进行预约出行的初步尝试，取得了显著效果，激发更多城市在更多样化场景中开展预约出行实践的信心。北京始终走在交通治理创新的前沿，已于早高峰时段分别在特定的道路路段和轨道交通站点开展了预约出行试点工作，在一定程度上方便了高峰通勤乘客的出行。

8.3.1 特定场景下的预约实践

1. 节假日大客流区域预约出行

2018年春节期间，琼州海峡遭遇了长时间的浓雾天气，客运航线及水上巴士、乡镇渡口因大雾多次停航，导致大量车辆及旅客滞留，而当时车辆渡海需要到港买票、排队入港，高峰时期在港口等待过海的车辆超过1万辆，拥堵严重。为解决这一问题，海口结合数字化和信息化手段，推出"预约过海"模式。依赖于预约过海模式、合理安排船舶进出港及其他应急管理措施，春运期间，琼州海峡累计进出岛车辆17.5万余量，单日最大客运量达18.4万人次，创下历史新高。琼州海峡于当年10月1日起正式全面实行预约过海，如今已逐渐发展为如同高铁、飞机一样的"定船舶、定码头、定班期"的过海模式。

深圳市东部景区周边道路在节假日面临供需失衡、各类社会风险突出的问题，为缓解节假日交通拥堵压力，深圳东部梅沙、大鹏两个片区从2018年8月11日起正式开始实行节假日预约通行措施，要求所有的双休日、节假日，除备案过的本区域居民及特殊车辆（出租车、警车、货运车、消防、救护车、工程救险车）外，9座及以下小型客车必须预约成功，才能进入预约通行区域。实施预约后，以大鹏半岛为例，片区内日均车流量达28418辆，接近假期日平均3万辆的水平，平均车速同比提升51.5%，拥堵指数同比下降40%，梅沙、大鹏片区的事故警情同比分别下降了16%和58%。

2. 重大活动预约出行

重大展览活动等场景中也开展了预约出行的尝试，配合多种措施协助解决了大型活动的人流集散与车辆停放的问题。例如2019中国国际进口博览会在上海举办期间，组织方规定驾车前往的观展者需要提前至少一天通过进博会停车预约系统预约停车时间，预约成功后按照指定时间范围将车辆停放在指定的预约停车区域，然后乘坐免费接驳车前往进博会场馆。预约时间段分别为8：00～13：00或13：00～18：00。通过预约停车及预约支付，节省了用户到达现场后寻找停车位及停车缴费的时间，有效提升了进博会期间的停车便利度。

3. 其他场景下的预约出行

除上述情况外，逐步有城市开始将预约作为特殊情况下的交通需求管理手段，以替代原有的硬性"禁止"措施，实施更灵活的交通管理。例如贵阳观山大桥于2020年3月～5月期间进行维护施工，期间半幅道路封闭，另外半幅道路双向通行，为确保施工顺利及周边道路安全畅通，在工作日早晚高峰期间对相关道路实行"预约通行"管理。

4. 特殊场景预约实践的总结与启示

目前各城市均在探索借助于科技手段实现对交通资源的精细化管理，作为科技发展与交通管理手段的结合体，预约出行越来越受到青睐。各地逐步从特殊日期、特殊地点和特殊事件着手，不同程度地验证了预约出行对于提升交通系统效率的作用，同时也让市民逐渐认识并接受预约出行的理念，为预约出行未来在更多场景的应用打下了坚实的基础。

然而，目前已有的这些特殊场景下的预约出行，都是对较长时间范围内总交通量的管理，通常是对日交通量进行统一控制，或按照上午、下午时段开展预约。其核心原理是用供给限制需求，没有预约成功的用户无法前往，未能实现精细化的预约出行管理，不能用于高峰时段的交通治理。而城市交通关系到每个人的日常工作和生活，需要借助于更加精细合理的预约管理提升高峰时段交通系统整体效率。

8.3.2 预约在城市道路系统中的应用

北京交通发展研究院曾于2018年10月在北京回龙观北郊农场桥（现回龙观北桥）开展了道路预约出行试验，主要为了验证"预约"对缓解拥堵的作用并研究驾车用户的行为变化。试验中,用户需使用特定的错峰出行APP进行出行预约,系统后台通过仿真模型评估该用户在不同出发时间下的预计通行时间,给用户推荐几种出行方案,用户按照其中的方案出行后即可获得相应奖励,奖励金额与用户对交通系统贡献的效益正相关。

1. 试验背景

回龙观位于北京城北部,是一个功能单一的大型居住区,截至2018年下半年,常住人口约86.3万人,每日产生大量的"钟摆式"的通勤需求,交通拥堵问题日趋严重,早高峰比全市平均早1小时。

北郊农场桥(拓宽改造后更名为回龙观北桥)东接回龙观西大街,跨过京藏高速,西连京藏高速西辅路,是回龙观地区主要对外交通道路。该桥长约700米,改造前桥宽仅16米,为双向两车道,而与其邻接的回龙观西大街为双向六车道的主干道,导致在三车道车辆向单车道并线时形成了一个交通瓶颈,常年拥堵严重,早高峰期间车辆平均通过时间为20~30分钟。

由于通过该瓶颈点的早高峰驾车用户基本以周边住户为主,用户出行习惯和出行路径选择较为固定,用户群体相对可控,且受上下游的影响相对较小,因而实验团队选取该路段开展了通过预约引导用户错峰出行的试验。

2. 实践效果

通过一周的试验,研究团队发现大多数参与用户的出行时间都有15~30分钟的弹性空间(即可以接受提前或错后一段时间出发),部分用户的出发时间弹性甚至可以超过1小时。出行时间的弹性空间越大,通过预约引导其错峰出行越有可能实现,用户通过预约出行可获得的收益也越大。这项试验中,根据对参与用户通过试验路段的实际时间的统计计算,与参与前的结果对比,发现通过预约错峰出行后,每个用户通过拥堵路段的时间可减少17~39分钟,为整个交通系统减少了76~97分钟的拥堵时间。

8.3.3 预约出行在轨道交通系统中的应用

2020年新冠肺炎疫情防控期间,在北京市交通委的指导下,北京交通发展研究院创新性地提出一种"地铁预约进站"服务模式,用于实现疫情期间客流精准调控和乘客快速追溯,并在地铁昌平线沙河站、5号线天通苑站、6号线草房站等早高峰大客流站点开展预约出行试点工作,成为预约出行在城市轨道交通应用的首例。

1. 试点背景

由于高峰时段轨道出行需求量大,客运资源紧张,为了保证乘客安全,避免站内人流量过大发生危险状况,通常在部分大客流区间线路采取站外限流措施。北京市2019年轨道交通全网常态化限流站点有92个,部分大客流站点高峰排队进站时间甚至长达20分钟。以天通苑站为例,常态下工作日早高峰进站量约2.6万人次,通常使用绕行围栏和分批进站等方式进行站外限流,A、B口最大站外排队人数均超过1000人,站外排队时间达10~20分钟。

2020年新冠肺炎疫情防控给轨道交通客流管控带来了新的挑战,站点不仅要考虑站内和站台的容纳能力,更需要符合疫情防控对车厢满载率和人流密度的要求。如按照轨道站点常规的控制手段,通过站外限流围栏控制进站乘车人数,实际上只是把客流分散到站外,乘客在站外排队依然存在集聚风险,更加不利于疫情防控。而预约模式下,乘客按照预约时段到达站点即可直接经由预约通道进站乘车,将现场排队转化为留在家中等候,乘客可免受排队之苦,避免进站拥挤,提升整体出行体验。

试点期间，预约乘客通过微信等手机应用程序登录地铁预约系统申请预约进站时段，预约成功后会收到系统发放的二维码凭证，在约定的时间段到达地铁站经扫码验证后由预约通道快速进站。北京的地铁预约进站主要面向限流地铁站，并非强制性措施，乘客可自愿参与。试点车站是在原有进站通道的基础上单独开辟出一条预约进站通道，不预约乘客依然可以按照原有进站方式，从常规通道进站乘车。

2. 实施效果

北京地铁预约出行服务试点以来，受到乘客广泛认可。截至2020年6月底，注册用户量6.2万人，累计预约进站人数31.7万人次。随着试点期间各轨道站点客流逐步恢复，每日预约用户量仍在持续增长。尽管客流仍未恢复至常态水平，沙河站和天通苑站的常规进站通道均已出现站外排队现象，早高峰平均限流排队时间为4~7分钟。相比之下预约乘客均没有站外排队时间，结合同时段预约进站人数计算，预计两站预约乘客每日高峰时段节省的总进站时间约240小时。随着轨道客流的恢复，预约将在限流车站发挥更大的作用。

8.3.4 预约出行在城市交通系统中的其他应用

1. 预约停车

城市中停车预约并不陌生，目前市场上已有若干停车场通过智能化建设实现预约停取车，为用户节约寻找车位的时间。为进一步推进预约停车的应用，以在城市整体层面打通用户与停车场之间的信息壁垒，也有许多科技公司在努力尝试，如百度地图已构建智能停车系统，由停车场信息发布、停车引导、停车服务与智能停车场、智能停车管理平台构成，对接停车数据中心及智能停车软硬件服务系统，实时更新停车动态、预测未来停车情况，将停车信息展示给用户。

2. 预约公交

随着移动通信技术发展成熟，多个城市逐渐借助预约模式，从线路和时刻等多个方面优化公共交通服务，提升公共交通吸引力。北京在2013年7月启动定制公交试运营，深圳在2016年启动预约定制公交服务。此后，在北京南站的交通治理工作中，为解决北京南站夜间乘客打车难的问题，北京公交集团于2018年在北京南站试点开通以"线上预约、合乘出行"为特色的网上定制公交模式，在北京南站夜间抵达的乘客可通过手机在线预约，尝试"精准门对门"的定制公交合乘服务。西安于2019年试点开通网约公交线路与定制客运线路，采取需求响应式动态线路、动态站点和动态发车时间的全新服务模式，实现"门对门"的公交服务。厦门公交依托"5G微循环网约小巴"，推出"高峰区间+平峰网约"模式，高峰时段在常规公交线路客流密集区域运营，分担常规公交的高峰压力，平峰时段变为"网约巴士"。杭州为解决地铁、公交站点与住宅小区、写字楼之间距离较远的问题，提出"以地铁为主线，以站点为圆心，以公交为辐射面的公共交通服务体系"，杭州交警联合杭州公交集团、滴滴出行，于2020年4月7日试点推出"数字预约公交"服务，根据市民个性化出行需求，灵活调整公交运力，针对客流和虚拟站点，实时计算最优路径，提升公交资源服务效率。

预约公交的服务模式主要是通过收集乘客从手机端发出的出行需求，为起始点、出发时间、目的地等需求大致相似的乘客提供专门的公交服务，为乘客定制乘车站点、线路等，提供一人一座、一站直达的便捷交通服务，其出行费用比出租车低，略高于普通公交和地铁。预约公交不仅能保证乘客舒适度，同时缩短乘客出行时耗，是传统公交方式的重要补充，也是预约出行的重要组成部分。

如今，基于预约的动态公交服务已经在多个城市应用，获得了较高的认可度，为其他交通场景的预约应用奠定了基础。

8.4 预约：未来出行的主导方向

8.4.1 未来发展的主要趋势

如今，在移动互联网、人工智能和超级计算等新兴科技的牵引下，构建以需求为中心的绿色、共享、智慧交通系统迎来了前所未有的机遇。"预约出行"作为智慧化、精细化的交通管理与服务手段，在城市交通系统中将会呈现出更丰富的应用场景，逐渐成为交通需求精细化管理及交通服务水平提升的重要手段，将代表未来交通系统主要发展方向。

1. 新技术发展为预约出行提供必要支撑

我国智能交通系统历经20余年的发展，推动了通信、电子信息、雷达、定位等技术在交通系统中的集成应用，为预约出行的诞生及发展铺平了道路。

第一，通信与定位技术日趋成熟，为交通需求动态汇集与实时响应提供了基础；第二，先进的交通感知设备和无线通信网络成为智慧化交通设施的组成部分，使得车—路通信及实时交通数据获取成为现实；第三，超级计算、人工智能等技术发展为超大规模的交通系统运营组织优化与出行时刻表编制提供了技术支持；第四，5G时代进一步提升信息交换效率，拉近万物的距离，可便捷实现人与万物的智能互联、无缝融合，"信息随心至，万物触手及"将成为现实；第五，随着智能化交通工具的研发与应用，无人驾驶技术逐步成熟，支持更加灵活高效的运营管理和调度，为实现交通资源按需供给提供途径；第六，网约车、共享单车、分时租赁汽车等交通新业态发展过程中，服务共享的出行模式接受度逐步提高，为一体化的共享出行服务奠定了基础。相关技术的日趋成熟推动交通向着智能化的方向发展，为预约出行提供了坚实的技术保障。

2. 以预约出行提升交通服务精细化

我国交通运输发展仍处于优化网络布局、提质增效升级的转型期，交通运输要准确把握新时代的新要求，切实转变发展思路、方法和路径，优化结构，提升交通精细化管理和服务水平。预约出行的服务模式充分利用多源交通大数据，以及交通态势实时监测数据，借助于移动互联网等先进手段，可实现对出行需求的精准调控，并按照需求提供精细化的出行服务，符合全面提升交通精细化管理与服务水平的要求。

预约出行能够实现交通供需精准匹配，改变了传统交通系统随机开放且难以掌控需求的状况，建立用户与系统之间的信息沟通渠道，有助于应对突发状况，辅助公共安全事件管控。

3. 预约将更好地适应日趋多样、个性的出行需求

改革开放以来，我国交通运输行业发展取得了巨大成就，已成为名副其实的交通大国，基本生活物质保障得到满足，逐渐发展出多元化的价值观念和生活方式，产生更加多样的出行需求，对出行过程中的舒适度、私密性等方面也提出了更高的要求，满足居民出行需求的关键已从"有没有"转为"好不好"。传统以完成人流输送为主的定时、定线的公交模式很难适应多元的出行需求，未来的交通服务在提供集约化出行服务的同时应满足个性化的出行需求，而预约出行可提供需求响应式的服务，更有利于应对未来多样化的出行需求。

8.4.2 预约出行需要做何准备

1. 相关技术研发

预约出行涉及出行需求汇集与响应、交通需求与供给精准匹配、出行时刻表编制优化、运输资源调配、系统仿真评估等技术。尽管目前相关技术不断获得突破，已经能够支持一定范围内的预约出行，但是尚无法支撑城市级全局交通网络的预约出行，仍需要基于预约应用场景持续深化技术研发，推进技术融合应用。建议组织开展超大网络出行时刻表组织优化算法、交通需求时空调节算法及交通精准响应算法研究；建设面向交通系统的超级计算平台，突破针对个体出行服务的交通实时优化的算力限制；持续推进交通系统大规模多场景动态仿真系统建设工作，并结合人工智能技术，提升多种场景下交通仿真的精度与效率；研究实时需求响应下高乘载率车辆运力匹配与路径优化、动态运输网络生成与调度算法等。

2. 研究预约信用体系建设办法

预约出行是通过预先达成需求与服务供给的约定，提升交通系统资源利用效率，其核心是各方都遵守信用，能够履行约定。为避免预约用户没有按照约定出行，或者没有得到约定的服务，减少资源浪费，用户和交通服务供给双方都要保证信用。需要有一套针对预约服务的信用管理规则，研究各方信用管理办法，构建包括政府信用、企业信用、个人信用在内的全方位信用体系，确保预约出行的有效性和公平性。

一方面，用户的信用体现在能够按照约定的时间到达约定出发地。需提前制定对其信用评价的标准，包括对预约时间范围的界定、临时取消约定的规则和处理办法、预约的优先级等内容。制定未履行约定行为的处理办法，例如针对一定期限范围内未履约次数达到一定程度的用户实施功能限制，或降低优先级。除此之外，可针对信用度较高的用户实施相应的奖励，例如提高其优先级，或者给予兑换其他服务的权利。

另一方面，服务提供方需要在约定时间范围内完成从约定出发地到约定目的地的出行服务。预约出行涉及的市场主体数量较多，需要通过相应的信用体系来规范出行服务，对其服务的精准度、准时性、服务效率进行评价，避免恶性竞争，保证乘客如约出行。

3. 明确管理主体，制定行业流程规范

预约出行涉及通信、智能化基础设施、交通服务等多个层面，未来将发展形成一个完整的产业链。因而，需要打破现有多监管主体的格局，成立预约出行的主导部门，负责全链条的监管和服务，制定相关行业规范。其中，相关行业标准制定不仅包括预约出行的终端、车辆和通信标准的制定，更重要的是信息安全保护相关标准和机制，例如预约信息安全、用户身份安全、通信安全等多个层面的标准和保障措施。明确预约执法主体，为预约出行的顺利实施提供坚实保障。

与此同时，针对预约出行这种新模式、新技术，可以设立专家咨询团队，完善应急机制，把控整体发展方向，确保预约出行体系健康、安全发展。

4. 逐步扩大试点，提升接受度

城市交通系统由于开放性，市民都习惯了按照自己的想法不受拘束地出行，需要有一个在思想上逐渐接受预约出行理念的过程。我国医院实施预约挂号的初期，也有相当一部分人提出了质疑。正如医院预约挂号经历了数十年才被广泛采纳和接受，预约出行也不是一蹴而就的，也需要被认识和接受的过程，因而需要在反复的实践中获取用户信任，建立出行者的信心，不断扩大预约出行的用户群体。

目前的预约出行实践主要是应用于高峰时段调节需求时空分布，而预约出行不仅是局限于高峰时段的，平峰时段的预约出行对于提升交通系统资源利用效率意义更大，尤其是对于公共交通覆盖率比较低的农村及偏远地区，预约出行可以在保证居民出行权利的同时避免不必要的资源浪费，针对出行不便的弱势群体，预约出行更是为其提供平等出行权利的有效途径。因而，预约出行需要逐步扩大试点的应用场景和范围，从实践中发现问题、总结经验，推动预约出行体系健康成长。同时在实践中提升居民的接受度，改变居民出行习惯，在潜移默化中实现城市出行模式转型升级。

8.5 小结

一方面，当城市交通系统的资源供给水平不足以满足全部出行需求的情况下，就可能发生为抢占出行资源而出现无序低效的情形，使得本就拮据的交通资源更为捉襟见肘。在此情况下，通过预约可降低乘客的"恐慌"与"焦虑"的心理，避免无序拥堵造成资源利用效率下降；另一方面，在出行需求比较小的情况下，按照固定时刻表、固定线路的公共交通服务模式，不仅出行者需要消耗更多的等待时间，也会发生乘载率较低的情况，交通资源利用低效。尤其是针对交通服务覆盖率较低的弱势地区，传统交通服务无法及时响应需求。针对这些情况，预约出行可以实现以需求为中心的交通服务，通过系统全局优化和个性定制，提升交通服务水平。

随着未来定位、通信等相关技术发展，预约出行的可行性越来越高。而在日益多元的价值观念和生活方式引领下，势必会产生更加多样的出行需求，传统的集约化、模式化的出行服务方式难以满足人民日益增长的多样化服务需求，急需创新服务模式，发展以预约为基础的需求导向型交通服务模式。在此趋势下，交通领域应从技术储备、标准规范制定等多个层面深化预约出行研究，逐步扩大实践场景，不断提升预约出行的接受度，推进未来交通系统有序转型。

本章参考文献

［1］ Akahane, H., and M. Kuwahara. A Basic Study on Trip Reservation Systems for Recreational Trips on Motorways［C］. //Proc. 3rd World Congress on Intelligent Transport Systems, 1996.

［2］ Jinn-Tsai Wong, Basic concepts for a system for advance booking for highway use［J］. Transport Policy, 1997(4):109-114.

［3］ Ravi, N, Smaldone, S, Iftode, L. Lane reservation for highways (R). 2007.

［4］ M. E. McGinley, X. Zhu and M. Veeraraghavan, On reservation systems and queueing systems［C］. //2014 4th IEEE International Conference on Information Science and Technology, 2014.

［5］ Koolstra, K. Potential benefits of a freeway slot-reservation system: Queuing costs versus scheduling costs［C］. //Paper presented at the 2nd KFB Research Conference, Lund, Sweden, 2000.

［6］ Teodorovic, D., Edara, P.. Highway space inventory control system. In the Proceedings of ISTTT 16: Transportation and Traffic Theory: Flow, Dynamics and Human Interaction［M］. Maryland：Elsevier Publishers, 2005.

［7］ Edara P, Teodorovic D, Triantis K., et al. A simulation-based methodology to compare the performance of highway space inventory control and ramp metering control［J］. Transportation Planning & Technology, 2011, 34(7): 705-715.

［8］Praveen Edara, Dušan Teodorović, Model of an advance-booking system for highway trips［J］. Transportation Research Part C: Emerging Technologies, 2008, 16(1):36-53.

［9］Chai Rong, Tang Lun, Xiao Min. Dynamic Resource Reservation in High-Speed Transportation Communication System［J］. Telecommunications Science, 2009, 19(4):595-600.

［10］Su, Peng Park, Byungkyu (Brian) Lee, Joyoung and Sun, Yixin. Proof-of-Concept Study for a Roadway Reservation System: Integrated Traffic Management Approach［J］. Transportation Research Record: Journal of the Transportation Research Board. 2017, 2381(1): 1-8.

［11］Liu, K., Chan, E., Lee, V., Kapitanova, K., & Son, S.. Design and evaluation of token-based reservation for a roadway system［J］. Transportation Research Part C, 2013, (26): 184-202.

［12］Peng & Park, B.. Analytical Modeling of Highway Reservation as a Centralized Traffic Management Concept［C］.//95th Transportation Research Board Annual meeting, 2015.

［13］Liu W, Yang H, Yin Y. Efficiency of a highway use reservation system for morning commute［J］. Transportation Research Part C Emerging Technologies, 2015, 56:293-308.

［14］Ravi N, Smaldone S, Iftode L, et al. Lane Reservation for Highways (Position Paper)［C］.//Intelligent Transportation Systems Conference, 2007.

［15］Dobre Ciprian. Intelligent Lane Reservation System for Highway(s)［T］.//International Journal of Vehicular Technology, 2012:747-754.

［16］Kim, Y., and Kang, S.-C.. Innovative traffic demand management strategy: expressway reservation system［J］. Transportation Research Record: Journal of the Transportation Research Board, 2011, 2245: 27-35.

［17］N. H. H. Mohamad Hanif, Mohd Hafiz Badiozaman and H. Daud, Smart parking reservation system using short message services (SMS)［C］.//2010 International Conference on Intelligent and Advanced Systems, 2010.

［18］Mei-Ting, TSAI, Chih-Peng. Evaluating Parking Reservation Policy in Urban Areas: An Environmental Perspective［C］.// Proceedings of the Eastern Asia Society for Transportation Studies, 2011.

［19］Liu W, Yang H, Yin Y F.. Expirable parking reservations for managing morning commute with parking space constraint［J］. Transport research part C: Emerging Technologies, 2014, 44:185-201.

［20］Tian Q, Yang L, Wang C, et al. Dynamic pricing for reservation-based parking system: A revenue management method［J］. Transport policy, 2018, 71:36-44.

［21］Michael Levin, Stephen Boyles. Intersection auctions and reservation-based control in dynamic traffic assignment［J］. Transportation Research Record Journal of the Transportation Research Board, 2015, 2497:35-44.

［22］Patel R, Venkatraman P, Boyles S D. Optimal Placement of Reservation-Based Intersections in Urban Networks［J］. Transportation Research Record Journal of the Transportation Research Board, 2019, (1).

［23］Defeijter R, Evers J J M, Lodewijks G. Improving Travel-Time Reliability by the Use of Trip Booking［J］. IEEE Transactions on Intelligent Transportation Systems, 2005, 5(4):288-292.

［24］Han G, Zimmerman J, Gyampoh E, et al. Predicting Demand for the Carroll Area Transit System［J］. Umap Journal, 2006.

［25］Lamotte, Raphael, de. On the use of reservation-based autonomous vehicles for demand management［J］. Transportation research, Part B. Methodological, 2017.

［26］Ma J, Li X, Zhou F. Designing an optimal autonomous vehicle sharing and reservation system: a linear programming approach［J］. Transport Research Part C: Emerging Techonologies, 2017, 84:124-141.

［27］郭继孚. 预约出行：创新治堵之路［R］. 北京：第五届世界大城市交通发展论坛，2019.

［28］王乐. 交通预约通行政策与深圳市实践［J］. 交通与运输，2019，S1：97-102，107.

［29］郭继孚，刁晶晶，王倩，等. 预约在城市交通中的应用——北京市回龙观地区的预约出行实践［J］. 城市交通，2020，18（01）：75-82.

第9章
交通战略与政策

可持续城市出行规划（Sustainable Urban Mobility Planning，SUMP）被视为一种全新的规划理念和规划范式，与传统交通规划相比，可持续的城市出行规划认为公共服务与设施的可达性（Accessibility）是城市出行规划的目的，交通只是达成这一目的的手段。出行规划的基本原则，是使用尽可能少的交通手段为城市居民提供出行服务，以帮助居民获得就业、公共服务和设施的使用能力。出行规划将关注重点转向对可达性与生活品质的追求，对经济活力、社会公平、公众健康和环境质量等多维度的问题。同时注重多方参与和多部门决策协调，并建立定期监测、评估和报告规划实施效果的制度。在国际大城市新一轮交通发展战略制定中，社会、经济和环境的可持续性是各大城市共同关注的主题，更加体现"以人为本"的发展导向；更加关注人的体验与生活品质的提升，强化交通对城市的基础支撑作用；更加重视街道空间重构与步行自行车出行，释放城市发展活力；更加倡导交通公平和包容性发展，确保弱势群体有同等权利享受可达、可靠、可支付的城市交通服务。

9.1 可持续城市出行规划

9.1.1 可持续城市出行规划的概念

可持续城市出行规划（SUMP）是欧洲城市交通规划的概念。自2005年以来，欧洲政策制定者系统性地制定了促进建立城市交通规划的政策。2013年欧盟发布了《SUMP指南（第一版）》。根据《SUMP指南》中的定义："可持续城市出行规划是一项以满足城市及周边地区居民和企业的出行需求、提高生活质量为目标的战略规划。它以现有规划实践为基础，并综合运用整合、参与和评估等原则。"可持续城市出行规划是有效应对城市交通复杂性的战略性综合方法，其目标包括确保为所有市民提供到达重要目的地和获得服务的交通方式选择；提高安全保障；降低空气和噪声污染、温室气体排放和能源消耗；提高人员和货物运输的效率和成本效益；提高城市环境和城市设计的吸引力和质量，为市民、经济和社会带来收益。

《SUMP指南（第一版）》发布后取得了良好的效果，许多城市相继编制了可持续城市出行规划并从中受益。由于新技术的出现以及新的商业模式的发展，出行系统的不同层面正在发生重大变化。在此背景下，欧盟梳理了《SUMP指南（第一版）》实施过程中的经验和不足，制定了《SUMP指南（第二版）》，进一步以城市功能和公众出行需求为导向，强化数据驱动的规划决策与全过程监测评估，推动政府、企业与公众等利益相关方协同参与规划。

9.1.2 可持续城市出行规划与传统交通规划的比较

《SUMP指南（第二版）》中提出了可持续城市出行规划的8项原则，即"城市功能区

（functional urban are）"提供可持续出行规划、打破部门界限开展合作、让市民和利益相关方参与进来、评估现状和未来效果、确定长期发展愿景和明确的行动方案、综合考虑所有交通方式、开展监测和评估工作以及确保规划质量。相比于传统交通规划，可持续城市出行规划特别强调市民和利益相关方的主动参与、部门间政策的协同（特别是交通运输、土地使用、环境保护、经济发展、社会政策、健康卫生、安全保障和能源管理部门之间的协调），以及政府不同层面和与个体之间的广泛合作。这一概念还强调需要整合出行（人和货物）、模式和服务的所有方面，并对整个"城市功能区"而非对单一行政边界内的城市进行规划。传统交通规划和可持续城市出行规划间的主要区别主要如下。

1. 规划视角由交通（Traffic）向人的出行（Mobility）转变，关注可达性和生活品质，包括社会公平、健康卫生和环境质量以及经济活力等多维度问题

与传统交通规划相比，可持续的城市出行规划认为改善公共服务与设施的可达性（Accessibility）和生活品质是城市出行规划的目的，交通只是达成这一目的的手段。出行规划的基本原则是，使用尽可能少的交通手段为城市居民提供出行服务，以帮助居民获得就业、公共服务和设施的使用能力。相比较传统交通规划对交通流通行能力、移动速度的关注，出行规划将关注重点转向可达性与生活品质的追求，对经济活力、社会公平、公众健康和环境质量等多维度的问题（表9.1-1）。

传统交通规划和可持续城市出行规划对比   表9.1-1

传统规划	可持续城市出行规划
关注交通	关注人的出行
主要目标：交通流通行能力和速度	主要目标：可达性和生活品质，包括社会公平、健康卫生和环境质量以及经济活力
分方式的独立系统	不同交通方式协同发展，并向可持续出行方式的转变
交通基础设施导向	整合基础设施、市场、监管、信息和推广等措施
行业内部的规划文件	与相关政策领域相一致和相辅相成的规划文件
中短期规划	包含长远愿景和战略在内的中短期规划
基于行政管理边界	基于人的通勤出行的城市功能区
交通工程师主导	跨学科组成的规划团队
专家规划	与相关利益团体和市民一同实施的透明的参与式规划
有限的效果评估	对影响进行系统性评估，以促进学习和改进

2. 由分方式的发展转向不同交通方式协同发展，并向更可持续的交通方式转变，并整合基础设施、技术、监管、宣传和金融等措施

可持续城市出行规划促进所有相关交通方式的平衡和一体化发展，同时优先考虑可持续出行解决方案。可持续城市出行规划涉及所有形式的集约化出行（传统公共交通以及基于共享的新服务，包括新的商业模式）、主动出行（active mobility，步行和骑自行车）、多式联运和门到门出行、道路安全、动态交通和静态交通、货运和服务配送、物流、出行管理以及智能交通系统（ITS）。可持续城市出行规划不仅关注基础设施建设，而是提出了一套综合措施，包括基础设施、技术、监管、宣传和金融措施等（图9.1-1），以提高整体出

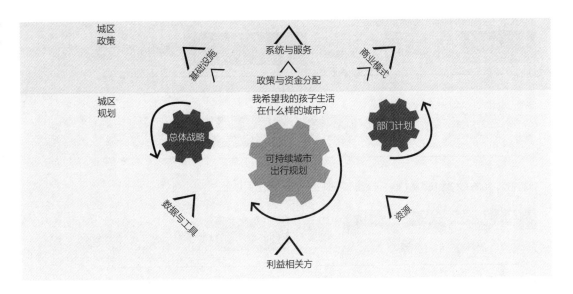

图9.1-1 可持续城市出行规划是一个整合过程

行系统的质量、安全性、可达性和成本效益。

可持续城市出行规划是一个整合过程,可以将其看作规模庞大的规划体系中的一个轮子,可持续城市出行规划需要和城市总体发展战略及部门计划相协调,以确保一致,并协调相关规划流程和政策时机、空间范围和具体实施。

3. 由基于行政管理边界的规划向"城市功能区"(functional urban area)转变

经合组织(OECD)、欧盟委员会统计局(Eurostat)及其区域和城市政策总局已就"城市功能区(functional urban area)"的定义达成一致。它是基于"人口密度来确定城市核心,并且基于通勤流量来确定劳动力市场与核心高度融合的内陆地区。"城市通过日常的人流和物流与周围环境相联系,这意味着可持续城市出行规划的地理范围需要建立在"城市功能区"的基础上,即对实际人流和物流进行规划。根据当地环境,这可能是一个城市及其周边郊区、多中心地区或城市群。

4. 由交通工程师、专家主导的规划向注重多方参与和多部门决策协调转变

可持续城市出行规划的编制与实施需要基于各级政府之间以及规划领域各机构之间的高度协作、配合和协商,强调打破部门界限开展合作。一是要确保可持续城市出行规划与相关部门(如土地使用和空间规划、社会服务、卫生、能源、教育、执法和警务等部门)的政策与规划之间保持一致性和互补性;二是要与政府其他级别(如区级、市级、城市群、地区级和州/省级)相关部门密切交流;三是要与公共和私营部门交通服务提供商进行协调配合。可持续城市出行规划的重点在于满足城市功能区内人们(包括居民和游客)以及功能区内机构和公司的出行需求。因此,需遵循透明和参与式的方法,在整个规划的编制和实施过程中让市民和其他利益相关方积极参与进来(图9.1-2)。参与式规划是人们对可持续城市出行规划及其所倡导的政策行使主人翁权利(自主权)的先决条件。公众早期和积极的参与使公众更有可能接受和支持规划,从而最大限度地减少政治风险并促进规划的实施。

5. 由中短期规划向确定长期发展愿景和明确的行动方案转变

可持续城市出行规划基于对整个城市功能区的交通和出行发展的长期愿景,涵盖所有交通方式:公共交通和私人交通,客运和货运,机动和非机动交通,以及动态和静态交通,还包括基础设施和服务。可持续城市出行规划需要制定明确的行动方案,通过一揽子

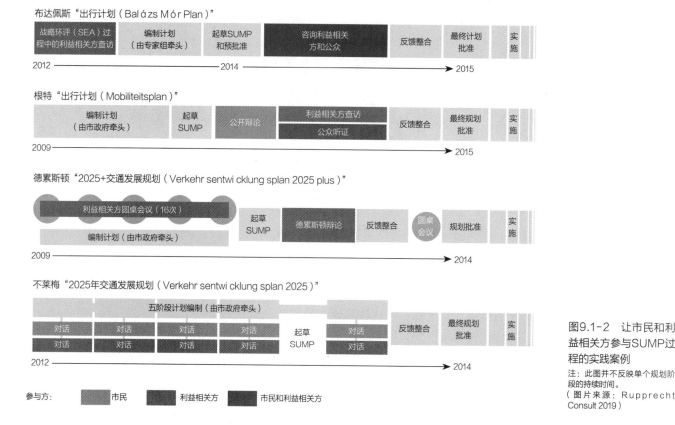

图9.1-2 让市民和利益相关方参与SUMP过程的实践案例
注：此图并不反映单个规划阶段的持续时间。
（图片来源：Rupprecht Consult 2019）

措施以实现短期目标和指标，包括执行时间表、预算以及明确的责任分配和所需资源。

6. 关注城市及交通发展的不确定性，开展情景分析

城市和交通发展面临着巨大的全球性挑战，如气候、经济和安全及其影响等。此外，随着技术的进步，人们的习惯、价值观和期望也在不断发展，新的出行方式选择不断涌现。但是，对于市民是否会如预期一样使用这些新技术，出行文化将如何发展，以及在宏观经济和人口挑战下城市财政将如何发展，这些都存在很大的不确定性。可持续城市出行规划类的战略文件必须考虑到诸如电气化、自动化和互联智能交通系统（C-ITS）、数据经济、出行即服务（MaaS）、共享出行、主动出行、行为模式变化等因素的长期变化，在详细分析交通状况的基础上，可持续城市出行规划提出情景分析和愿景构建，作为编制规划的基本步骤。

7. 建立定期监测和评估规划实施效果的制度，适时启动规划完善程序

可持续城市出行规划建立在对城市功能区域内交通系统当前和未来绩效进行全面评估的基础上，建立了规划—实施—反馈—优化的闭环业务流程，支撑规划工作持续优化，同时建立了数据驱动规划的工作机制。可持续城市出行规划为每个目标确定了绩效指标，根据选定的绩效指标，定期评估规划目标的进展情况，并需要确保及时获得相关数据。通过持续监测和评估方案的实施情况，可以修订指标，并且必要时在实施过程中采取纠正措施。与市民和利益相关方共享和交流监测报告，使市民和利益相关方尽可能多地参与监测和实施过程。

9.1.3 可持续城市出行规划的步骤及任务

在规划编制办法上，《SUMP指南（第二版）》提出了12个主要步骤，并细分为32项任

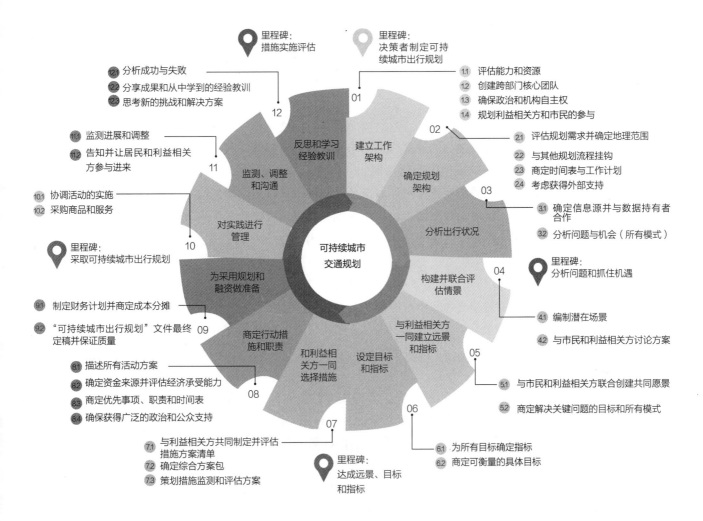

图9.1-3 可持续城市出行规划的步骤及任务
(图片来源：Rupprecht Consult 2019)

务，涵盖规划前期准备和分析、战略制定、方案措施、实施与监管四个阶段，整体构建了规划—实施—反馈—优化的闭环业务流程，支撑规划工作持续优化。具体步骤与任务说明如图9.1-3所示。

1. 第一阶段：准备和分析

（1）步骤1：设立工作框架。包括：1）评估可用于规划的（人力、机构、财政）资源；2）创建跨部门核心团队，最大限度地利用可用资源。强调不同交通方式之间的联系以及城市结构（密度、功能、社会经济模式、生态系统）和出行之间的联系。将视野从交通和出行扩展到它需要服务的不同社会需求领域——经济、社会和环境领域；3）界定关键利益相关方并确保他们产生主人翁意识；4）促进规划利益相关方和市民的参与。

（2）步骤2：确定规划框架。包括：1）评估规划需求并确定地理范围（"城市功能区"，即上下班通勤区域）；2）与其他规划流程协调（例如与土地使用规划、环境保护、社会包容、性别平等、经济发展、安全、卫生、教育、信息技术、能源、住房领域的协调）；3）商定时间表与工作计划；4）考虑获得外部支持。

（3）步骤3：分析交通状况。包括：1）确定信息源并与数据持有者合作。对数据进行彻底的审核、与数据持有者进行沟通以及共享数据。同时《SUMP指南》还建议尽可能使用开放数据，这将使规划过程变得更加透明，使市民和利益相关方可以访问和使用数据。建立中央数据中心，有助于内部数据交换和综合性规划；2）分析问题和机遇。包括根据客运和货运交通运输的数据和相关规划文件，对整个城市功能区的重要出行和交通运输发展现状进行审查、编制与城市出行相关的问题和机遇清单（例如服务可达性、污染、社会不公平情况、道路安全、气候保护、土地使用方式和交通网络的弹性）、确定需要解决的关键问题及其优先顺序。

2. 第二阶段：战略制定（图9.1-4）

（1）步骤4：建立并共同评估情景方案。包括：1）根据对问题和机遇的分析，制定不同的情景。探索与城市出行相关度最高的外部因素的未来可能发展趋势，分析未来外部环境对交通系统的影响。这包括全球或国内变化（例如"出行即服务（MaaS）"的新技术、自动驾驶或共享出行）以及局部趋势变化（例如城市预算和城市人口急剧增加或减少等）。通过演示未来可能出现的不同情况，对当前趋势、潜在的变化以及战略政策优先重点事项进行评估。2）与市民和利益相关方就这些情景进行讨论。其目的在于讨论并达成共识，使市民和利益相关方建立主人翁感，并接受之后将要选择的目标和措施。

（2）步骤5：与利益相关方共同制定愿景和目标。包括：1）与市民和利益相关方联合创建共同愿景。愿景的讨论可超越交通和出行的范畴，拓展至生活质量、健康和土地使用等。加强当地社区的认同感和公众对愿景的集体主人翁意识。2）商定解决关键问题和目标。制定明确的目标和战略重点，以指明改进的方向。

（3）步骤6：设定指标和目标。包括：1）确定所有目标的指标。确定一套战略指标（表9.1-2），以监测实现每个目标所取得的进展。考虑现有数据源和已经明确定义的标准指标来选择易于测量和理解的指标。2）商定可衡量的具体目标（指标预期值）。具体目标的设置应满足具体、可衡量、可实现、切合实际的和有时间限制等要求。

欧洲可持续城市出行指标集（SUMI） 表9.1-2

	指标	定义	指标值
核心指标	最贫穷群体的公共交通负担能力	25%最贫困的家庭预算中公共交通月票支出的占比	公共交通月票价格×平均家庭人口/市区25%最贫困的家庭收入
	行动不便群体的公共交通可达性	这一指标决定了行动不便群体能否获得公共交通服务。这些行动不便群体包括视觉和听觉障碍者和身体受限者，如孕妇、轮椅和移动辅助设备使用者、老年人、使用婴儿车的父母和护理人员以及临时受伤者	公共交通实现无障碍出行的比例
	大气污染物排放	市区所有客运和货运方式的空气污染物排放量（PM2.5中的尾气和非尾气排放）	排放指数（年人均PM2.5当量公斤数）
	噪音干扰	城市交通产生的噪声对人的干扰	受城市交通产生的噪声干扰的人口百分比
	道路交通死亡	市区每年发生的所有交通事故致死人数	每年每10万名城市居民因城市交通事故而在交通事故发生后30天内死亡的人数
	获得出行服务	享有恰当出行服务（公共交通）的人口比例	可恰当使用公共交通工具（公交车、电车、地铁、铁路）的人口百分比
	温室气体排放量	市区所有客运和货运方式的全周期温室气体排放量	温室气体排放量（吨二氧化碳（等量）/人/年）
	拥堵和延误	与非高峰出行（私人道路交通）和最优公共交通出行时间（公共交通）相比，高峰时段道路交通和公共交通的延误	道路私人交通和公共交通在代表性的交通走廊上的延误的加权总和
	能源效率	城市交通每人公里和吨公里的总能耗（所有交通方式的年平均值）	能源消耗率（兆焦耳/公里）

续表

	指标	定义	指标值
核心指标	主动出行的条件	主动出行即步行和骑自行车的基础设施情况	有人行道、自行车道、30公里/小时（20英里/小时）限速区域和步行区的道路和街道的长度与城市道路网（不包括高速公路）总长度之比
	多模式整合	换乘点是指可以从一种交通方式转换到另一种交通方式的地方，需要步行或等待时间最少/合理。换乘点可用的出行模式越多，多模式整合的程度就越高	指数介于0~1之间，表示城市交通网络内各换乘点的多种交通方式衔接的平均水平
	公共交通的满意度	使用公共交通工具的满意度	市民对在市区乘坐公共交通工具的平均满意度
	主动出行方式下的交通安全	城市交通事故中主动出行方式人群的死亡人数	交通事故发生后30天内，每年因主动交通方式引起的事故而导致的死亡人数（每10亿人出行次数/年）
非核心指标	公共空间质量	公共空间的感知满意度	绿色和非绿色公共空间平均满意度
	城市功能多样性	功能多样性是指一个区域内空间功能的混合程度	与日常活动相关的10个空间功能存在计为1，不存在计为0，计算平均值。将城市分为1公里×1公里网格，在每个网格中计算10个空间功能得分，并与地区的人口加权
	通勤出行时间	上下班或上下学出行时间，包括所有交通方式	平均通勤出行时间（分钟/天）
	出行空间使用	所有城市交通方式（包括直接和间接使用）占用的土地比例	人均直接或间接使用的出行面积（平方米）
	安全感	城市交通中的犯罪风险和乘客安全感知	对城市交通系统（包括货运和公共交通、公共空间、自行车道和汽车道以及其他设施，如汽车或自行车停车场）中与犯罪相关的安全的感知

3. 第三阶段：方案措施

（1）步骤7：与利益相关方共同选择措施方案集。包括：1）与利益相关方共同制定并评估措施方案清单。将所有相关交通方式的投资、运营和组织措施综合考虑，也需要将具有短期、中期和长期影响的各种措施结合起来。对所有备选方案进行透明评估，确定最合适和最具成本效益的措施。2）确定综合方案集。方案集组合了不同的措施，确保多种交通方式的整合并发挥协同效应。对主要措施和方案集进行详细的影响评估，确保成本效益比，方法包括多标准分析（MCA）或成本效益分析（CBA）等。3）策划对措施进行监测和评估。为所有选定指标（包括战略指标和措施指标）制定监测和评估计划，提出明确的责任以及监测和评估的预算。

（2）步骤8：商定行动方案并明确职责。包括：1）描述所有行动方案；2）确定资金来源并评估经济承受能力。确定所有行动方案的潜在融资工具和资金来源，评估各项措施在财务上的可行性；3）商定优先事项、职责和时间表。确保所有行动均具有明确的优先级并切实可行，在决策者和关键利益相关方之间就责任和时间表达成正式协议；4）确保广泛的政治和公众支持。

（3）步骤9：方案采纳和筹资计划。包括：1）制定财务计划并商定费用分摊方案；2）"可持续城市出行规划"文件最终定稿并保证质量。

4. 第四阶段：实施与监管

（1）步骤10：管理实施。包括：1）协调活动的实施。规范参与方案实施的参与者的角色，确保有关各方之间的良好协调；2）采购商品和服务。

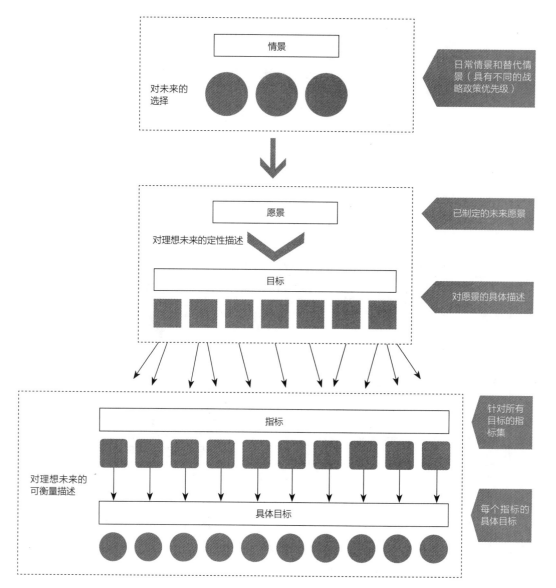

图9.1-4 第二阶段主要步骤（情景、愿景、目标、指标）概述

（2）步骤11：监管、调整和沟通。包括：1）监测进展并进行调整。跟踪目标的进展，完成指标的定期测量。适应新的技术、法律、资金或政治发展情况，适应调整和优化实施过程。2）告知并让居民和利益相关方参与进来。

（3）步骤12：总结经验和教训。包括：1）分析成功和失败之处；2）分享成果和经验教训；3）思考新的挑战和解决方案。

9.2 国际城市远景交通规划编制情况

9.2.1 国际城市远景交通规划制定概况

随着经济社会的不断发展，资源与环境的约束趋紧，城市人口、环境污染、交通压力成为国际大都市面临的共同挑战。同时，电气化、共享化、智能化和网联化成为新的发展方向，交通运营组织、个体出行模式发生深刻变化，推动了城市交通体系变革。在此背景下，为了在全球竞争中获得优势地位，国际大都市纷纷编制新一轮城市交通发展战略（表9.2-1），对2035年甚至更远的未来进行展望，描绘新时期交通发展宏伟蓝图。纵观国际城市的新一轮交通发展战略及规划，更加体现"以人为本"的发展导向，关注可达性与生活品质，同时注重交通对经济活力、社会公平、环境质量的影响，均体现了可持续城市出行规划的理念和方法。

部分国际城市/地区编制远景交通规划情况 表9.2-1

国家/地区	时间	发布的文件
伦敦	2018年	《伦敦市长交通战略》
新加坡	2019年	《新加坡陆路交通发展总蓝图2040》
纽约	2017年	《纽约大都市区交通规划2045》
华盛顿	2017年	《华盛顿州交通规划2040》
旧金山	2017年	《旧金山交通规划2040》
德克萨斯	2019年	《德克萨斯州交通规划2050》
波士顿	2019年	《波士顿大都市区长期交通规划2040》
新南威尔士州	2018年	《新南威尔士州未来交通战略2056》
都柏林	2016年	《大都柏林地区交通战略2016~2035》

1. 关注交通对经济活力、社会公平、环境质量的影响多个维度

城市交通的本质要求不仅仅是车辆的移动，而是服务于人的需求和组织支持城市的可持续运行，研究城市交通要从道路和交通工具的发展导向，转为更注重城市宜居、宜业的高质量发展。国际城市交通发展愿景和目标设置不仅局限于交通自身，更加关注交通对经济、社会、环境等方面的影响（表9.2-2）。如伦敦在2010年版《伦敦市长交通战略》中提出了支持经济发展和人口增长、提高生活质量、提高安全性、提高全体市民出行机会、降低交通对气候变化的影响等目标。《纽约大都市区交通规划2045》提出了改善区域环境、改善区域经济、提高地区生活质量等愿景。《华盛顿州交通规划2040》提出增强经济活力、改善客运出行的安全性和移动性、保护环境和促进健康发展、提高交通系统的质量、效率和效能等。旧金山交通规划提出创建安全宜居社区、增强经济竞争力、提供世界级的基础设施和服务、确保健康的环境等。

部分国际城市/地区远景交通规划愿景 表9.2-2

文件	交通发展愿景
《伦敦市长交通战略》	不仅仅吸引更多人在伦敦居住就业，更要将伦敦打造成更宜居的城市。将减少对汽车使用的需求作为首位目标
《新加坡陆路交通发展总蓝图2040》	1）20分钟市镇、45分钟城市；2）更具包容性的交通系统；3）更健康的生活，更安全的行程
《纽约大都市区交通规划2045》	1）改善区域环境；2）改善区域经济；3）提高地区生活质量；4）提供方便灵活的交通方式；5）加强交通安全；6）建立获取资源以实施区域投资的案例；7）提高区域交通的弹性；8）维护现有的交通系统
《华盛顿州交通规划2040》	1）经济活力：促进和发展交通系统，以刺激、支持和促进人员和货物的流动，确保经济繁荣；2）维护：维护、保存和延长运输系统和服务先前投资的寿命和效用；3）安全：提供并改善客运服务和运输系统的安全和保障；4）移动性：改善整个华盛顿州货物和人员的移动性，包括缓解拥堵和改善货运移动性；5）环境与健康：通过促进节能、促进健康社区和保护环境，提高生活质量；6）管理：不断提高交通系统的质量、效率和效能
《旧金山交通规划2040》	1）创建安全宜居社区；2）增强经济竞争力；3）提供世界级的基础设施和服务；4）确保健康的环境

续表

文件	交通发展愿景
《波士顿大都市区长期交通规划2040》	1）安全：各类交通方式安全运行；2）系统维护和现代化：养护交通系统，做好复原计划；3）容量管理和移动性：更有效地利用现有设施的容量，提高运输能力；4）交通公平：无论种族、肤色、国籍、年龄、收入、能力或性别如何，确保所有人都能从MPO投资的项目中获得同等的利益，而且不会承受过大的负担；5）清洁空气和可持续社区：创建环境友好型交通系统；6）经济活力：确保交通运输网络为经济活力提供坚实的基础
《新南威尔士州未来交通战略2056》	1）以人为本：通过技术和数据支持，提供无缝的、交互式的、个性化的出行体验；2）成功的地区：通过交通改善社区和地方的宜居型生活福利和经济效益；3）强劲的经济：运输系统为新南威尔士州未来1.3万亿美元的经济增长提供动力，并促进全州的经济活动；4）安全与性能：每一位出行者都能在一个高性能、高效率的网络中安全出行；5）无障碍服务：交通系统使每个人都能从生活中获得最大的乐趣，无论他们住在哪里无论他们的年龄、能力或个人情况如何；6）可持续：交通系统在经济上和环境上都是可持续的，消费者可以负担得起，并减少排放

2. 坚持"以人为本"的发展理念

国际城市远景交通战略规划均秉承了"以人为本"的交通理念。伦敦提出的"健康街道"、新加坡提出的"健康生活"理念，本质上是推动步行、自行车、公共交通等绿色出行方式回归，旨在重新分配交通资源，为步行、自行车以及公共交通方式提供公平的路权，通过交通系统的改善促进市民的健康生活。通过构建可达性强、具有包容性和吸引力的城市街道空间以及实施"零排放""零伤亡"战略，为市民提供低碳、绿色、宜人的高品质出行环境和安全的交通服务。给予交通弱势群体极大的关注，倡导公平和包容性发展，通过交通系统的完善让每个人都能获得同样的就业和社会活动机会。同时，强调需求导向，通过技术和数据支持，提供无缝的、交互式的、个性化的出行体验。

3. 从健康生活方式的高度，对以公共交通为主导的绿色交通出行方式给予空前的重视

可持续城市出行规划倡导以公共交通为主导的绿色交通出行方式，鼓励市民慢行出行。国际城市在新一轮远景交通战略规划中也纷纷强调了街道空间的重构，强调街道活力、安全与绿色的塑造。如2018年版《伦敦市长交通战略》旗帜鲜明地提出了将减少对汽车使用的需求作为首位目标，并将"健康街道""优质的公共交通体验"作为核心战略。健康街道方法着眼于把街道营造成为令人愉悦、安全和具有吸引力的场所，使街道安全、过街容易、遮阴避雨、空气清新、低噪声、有地方休息、让人放松、有的看有的逛（图9.2-1）。伦敦提出到2041年，每个市民每天至少有20分钟的主动出行时间，以保持身体健康。《新加坡陆路交通发展总蓝图2040》从支持健康生活、提升人的活力的角度，为步行、自行车提供公平的出行空间，并将其与城市公共空间有机融合，使步行自行车系统成为创建宜居城市的重要支撑。

4. 关注交通公平、包容性发展，构建友好出行环境

公平的交通服务是支撑城市社会包容性发展的重要方面。新市民、老年人、残疾人、低收入者等弱势群体有同等权利享受可达、可靠、可支付的城市交通服务，获得满足自身生存、生活和发展的机会。国际城市远景交通战略规划给予交通弱势群体极大的关注，倡导公平和包容性发展。伦敦提出提高公共交通可达性和包容性，保障残疾人和老年人能自由、独立地享用公共交通服务。提出要完善街道和公共交通网络，使残疾人和老年人能够更轻松的独立出行。预计到2041年，与通过整个网络相同的出行路径相比，通过无障碍网络出行耗费的时间将减少60%。新加坡从满足不同群体自身生存、生活和发展机会的角度，强调城市交通系统应为所有人服务，包括老年人、残疾人、孕妇、带婴儿出行的父母等。在《新加坡陆路交通发展总蓝图2040》中，提出打造包容性的交通系统，不仅不吝笔

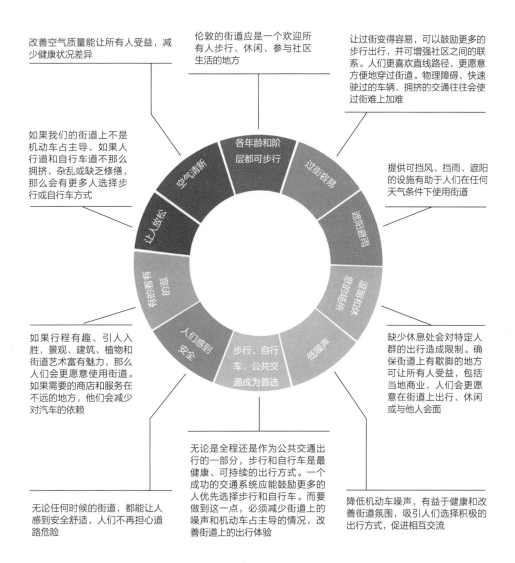

图9.2-1 伦敦健康街道10项指标

墨地强调各类交通设施与换乘空间的无障碍化，还强调文明、关怀的交通文化的建设，使交通系统有"温度"、有"感情"。波士顿大都市区交通规划强调了交通公平的理念，提出无论种族、肤色、国籍、年龄、收入、能力或性别如何，确保所有人都能从大都市区规划组织MPO投资的项目中获得同等的利益，而且不会承受过大的负担。

5. 践行安全出行理念，实现"零死亡"的交通愿景

国际城市交通战略规划在强调绿色出行和可达性的过程中同样追求交通安全水平的提升。伦敦、新加坡、新南威尔士州等地的交通战略规划均提出了"零死亡"的交通愿景。伦敦通过车辆限速、安全街道设计、安全车辆、安全行为等措施，提出在2041年前消除所有道路交通事故导致的死亡和重伤情况。新南威尔士州提出通过安全的人、安全的车、安全的道路和安全的速度来实现安全的交通系统。

6. 将交通的可达性/出行时间作为重要指标

国际城市远景交通战略规划指标设置均将交通的可达性/出行时间作为关键指标，如伦敦提出了"45分钟出行时间内，公共交通所能达到的就业岗位数量"，纽约提出"居民乘坐公共交通工具平均45分钟通勤距离以内的就业岗位数"，"45分钟通勤距离内的居民占全部居民比例"，均突出了就业岗位的可达性及选择就业机会的空间公平性，体现了以人为本。新加坡在交通指标设置过程中同样强调了交通的可达性和出行时间，《陆路交通发

展总蓝图2040》中提出"20分钟市镇、45分钟城市"的目标，即到最近邻里中心的行程，能在20分钟时间内通过"走、骑、搭"方式完成；高峰时段90%的行程能在45分钟时间内通过"走、骑、搭"方式完成。新加坡希望交通系统的整体提升能帮助通勤者平均每天高峰时段出行节省15分钟。

7. 强化规划实施性及公众参与

国际城市均较早地建立了交通远景战略规划编制研究的工作机制，形成了"编制—实施—监测—评估—调整"的滚动迭代过程，并通过体制机制和法律法规保障交通战略的实施落地。如大伦敦政府法案要求市长交通战略应具有政策性和实施性，既制定政策措施又明确预算权责。为了确保政策措施有效实施、协调问题，每一版市长交通战略都相应编制地区实施规划指南，各行政区编制地区实施规划，对市长所提出的交通发展目标和政策措施做出快速、具体、明确的响应。此外，还需编制年度建设规划方案、年度财务预算方案和年度出行监控评估报告，全程把控调节实施过程。同时，强大的公众参与机制也为战略编制与实施的每个环节发挥了良好的监督和建议作用，如新加坡通过社区活动、出版刊物、举办展览等方式积极联系公众，获取反馈意见，确保战略推行的可行性和公信力。

9.2.2 典型城市远景交通战略规划案例

1. 伦敦：市长交通战略

1999年出台的大伦敦政府法案批准大伦敦政府成立，要求市长制定交通发展战略以支撑大伦敦地区经济发展、社会发展和环境改善。迄今为止，三任市长已依法发布2001年、2010年、2018年三版市长交通战略。其中，2010年版交通战略目标强调增加公共交通吸引力，以及注重交通安全、环境、公平等问题，并提出了支持经济发展和人口增长、提高生活质量等6大目标（表9.2-3）。2018版《伦敦市长交通战略》将如何应对伦敦人口的持续增长作为未来交通发展战略部署的基本立足点（表9.2-4）。战略目标不仅仅吸引更多人在伦敦居住就业，更要将伦敦打造成宜居的城市，减少市民对小汽车的依赖。预计到2041年，步行、自行车和公共交通出行比例达到80%。伦敦提出了未来交通发展的三大核心战略，即健康街道与健康市民、优质的公共交通出行体验、构建新的居住和就业场所。

伦敦市长交通战略目标及指标（2010） 表9.2-3

目标	指标	定义
背景指标	出行需求总量	达到伦敦、从伦敦出发、伦敦内部的出行量
	出行方式分担率	达到伦敦、从伦敦出发、伦敦内部的交通方式分担率
支持经济发展和人口增长	工作岗位的可达性	45分钟内能到达的工作岗位数量
	行程时间的可靠性	对于选定的关键交通走廊，能在5分钟内完成的比例
	公共交通的可靠性	对于不同公共交通方式分别设置可靠性指标
	公共交通容量	不同交通方式规划的容量乘以运营里程
	每人公里公共交通运营成本	主要公共交通方式每人公里运营成本
	基础设施条件	处于良好状态的基础设施比例

续表

目标	指标	定义
提高生活质量	NO_x排放量	每年地面交通排放的NO_x量（吨）
	PM10排放量	每年地面交通排放的PM10量（吨）
	公共交通乘客满意度	乘客对主要公共交通方式运营情况的总体满意度
	道路使用者的满意度	私人道路使用者对道路网络维护和运营的满意度
	公共交通拥挤度	乘客对主要公共交通方式拥挤情况的满意度
	出行体验感知	居民对于出行体验的感知
	对噪声感知	居民对于噪声程度的感知
	对城市的感知	居民对于城市空间质量的感知
提高安全性	道路交通伤亡者数量	每年由于道路交通事故造成的死亡或严重受伤的人数
	公共交通上的犯罪率	主要公共交通方式每百万人次出行所发生的犯罪数量
	犯罪/安全性的感知	居民出行时对于安全或犯罪情况的感知
提高全体市民出行机会	服务的可达性	公共交通、步行和自行车到达工作、教育、健康服务、购物和公共空间的平均时间的得分
	交通设施可达性	到达公共交通和街道的无障碍通道水平
	实际出行费用水平	具有代表性的一类出行费用
降低交通对气候变化的影响	CO_2排放量	每年地面交通排放的CO_2量（吨）
支持2012年奥运会及奥运遗产	5个奥运区和伦敦其他地区在社会和经济效应的趋同性	趋同性的衡量通过交通遗产行动计划定义

伦敦市长交通战略目标及指标（2018） 表9.2-4

目标	战略/策略	指标
不仅仅吸引更多人在伦敦居住就业，更要将伦敦打造成宜居的城市。将减少对汽车使用的需求作为首位目标	健康街道、健康市民、提升公共交通体验、构建新的居住和就业场所	2041年80%的居民出行由步行、自行车和公共交通承担； 市民每天主动出行时间至少能达到保持其健康所需的20分钟； 2030年由公共汽车造成的死亡率降至零，2041年消除道路交通事故造成的人员死亡和严重伤害； 所有出租车和约租车在2033年之前实现零排放；所有公共汽车在2037年之前实现零排放； 伦敦整个运输系统到2050实现零排放； 2041年全市道路交通量减少10%～15%（600万车公里）； 到2041年，与通过整个网络相同的出行路径相比，通过无障碍网络出行耗费的时间减少60%

（1）健康街道与健康市民

健康街道理念是将人们的出行安全和体验作为规划的核心，强调街道活力、安全与绿色的塑造。重点措施包括以下方面。

鼓励步行和骑行，实现健康、包容、安全的出行。伦敦提出到2041年，每个市民每天至少有20分钟的主动出行时间，以保持身体健康。通过创建"宜居街区"、提供"健康路线"、提供更安全、便捷的自行车停放处、加强道路空间无障碍设施改造等措施改善街道环境。战略还提出建立覆盖整个伦敦的骑行网络，在2041年前70%的伦敦市民将生活在骑行网络400米范围内。伦敦提出"零交通事故"目标，通过车辆限速、安全街道设计、安全车辆、安全行为等措施，在2041年前消除所有道路交通事故导致的死亡和重伤情况。

更有效地利用街道空间，缓解交通压力。伦敦提出要提高街道人货流动效率，在2026年前将伦敦中心区早高峰的货运量减少10%，在2041年前使总交通量下降10%～15%。货运方面，伦敦计划提高铁路和水路货运比例，并通过鼓励共同配送、完善配送网络、改善路边和路外货物装卸管理等措施提高最后1公里配送服务效率。小汽车需求管理方面，由于夜间和周末交通量以及网约车的激增，伦敦提出将重新审视拥堵收费、低排放区收费和隧道收费方案。长远看，伦敦计划采用一种能反映出行距离、时间、排放、道路危险和其他因素的综合收费方案。同时，伦敦计划鼓励发展共享汽车，使更多伦敦市民放弃私家车，减少私人停车位。

改善空气质量和环境，实现"零碳排放"。伦敦计划所有巡游车和网约车在2033年前实现零排放，公交车在2037年前实现零排放，新注册小汽车和厢式货车在2030年前实现零排放，其他车辆在2040年前实现零排放，争取在2050年实现整个交通网络零排放。伦敦提出实施中心区超低排放区收费，到2020年对伦敦所有重型车辆实施更严格的排放标准，到2021年将超低排放区收费覆盖到整个内伦敦地区。

（2）优质的公共交通出行体验

伦敦提出良好的出行体验意味着要满足整个行程的需求，将利用健康街道方案实施公共交通和街道的综合改进措施，提供具有吸引力的整体出行体验。

以安全性和价格可负担性为前提，以乘客服务质量提升为宗旨，使公共交通方便更多人使用。伦敦提出在2030年前实现与公交车相关的交通事故"零死亡"，并保证公共交通票价维持在所有伦敦市民可负担的水平。强化乘客服务，使用户可以更方便、更愉悦的使用公共交通网络。

提高公共交通可达性和包容性，保障残疾人和老年人能自由、独立地享用公共交通服务。伦敦提出要完善街道和公共交通网络，使残疾人和老年人能够更轻松的独立出行。预计到2041年，与通过整个网络相同的出行路径相比，通过无障碍网络出行耗费的时间减少60%。地面公交方面，通过对所有公交车司机提供无障碍服务培训、升级改善公交车和公交车站等措施使地面公交服务更加便捷、包容。轨道交通方面，对车站布局、标志标识、信息服务、座椅等设施进行提升，设置无障碍通道，在2022年前使40%的轨道网络实现无障碍通行。同时，伦敦提出要为需要"门到门"出行服务的残疾人和老年人提供辅助交通服务。

重塑地面公交网络，提供便捷、可靠、可达性强的地面公交服务。伦敦提出要提升地面公交服务质量，提供更快速、更可靠、更经济、更舒适、更便捷的出行品质，同时补充轨道交通网路，发挥地面公交在降低小汽车依赖性方面的作用。一方面通过设置公交车优先线路、实施信号优先等措施降低公交车出行时间，提高可靠性；另一方面，探索并试行需求响应型公交服务，补充传统公共交通服务。

解决轨道交通拥挤问题，提高轨道交通的可靠性、舒适性和吸引力。为应对人口的增长，伦敦计划在2041年前使轨道交通运力至少提高80%，以解决拥挤问题，重点打造的纵贯伦敦的Crossrail2线路将于2030年初正式运营。同时，伦敦提出争取将大伦敦地区市郊铁路的服务管理权下放给市长和伦敦交通局，以便改进乘客服务，并与伦敦交通系统实现整合。

（3）构建新的居住和就业场所

面对持续增长的交通压力以及住房与工作需求，伦敦将坚持土地高密度利用、混合开发的城市规划理念。

改变发展模式，创建高密度、混合用地的区域。围绕公共交通站点及周边区域进行高密度开发，建设步行和骑行网络，并对周边低密度区域进行重新开发。限制在新开发区内配建小汽车停车场，特别是在公共交通可达性较好的区域。新开发区域在设计上鼓励高效、安全和低排放的货物运输方式，支持非高峰时段（包括夜间）货物配送。

挖掘城市中欠发达地区的增长潜力，利用交通系统支撑和引导良性发展，塑造城市形象。通过新建轨道交通线路以及改进既有轨道交通服务释放发展潜力，特别是充分利用Crossrail 2线路建设的机遇，最大化地增加就业岗位和住房供应。Crossrail 2预计早高峰时段将承载27万人进入伦敦市中心，并将支撑20万个就业岗位和20万套住房（超过30%坐落于伦敦之外）的增长。探索利用需求响应式公交服务于传统公交难以覆盖的外伦敦区域。

2. 新加坡：陆路交通发展总蓝图

新加坡先进的交通系统是世界各大城市学习的典范，其交通发展所取得的成绩绝大部分归功于兼具前瞻性和实践性的交通战略以及其切实落实。继1996年发布交通白皮书《打造世界一流的陆路交通系统（1996）》以来，新加坡相继于2008年、2013年、2019年发布了《新加坡陆路交通总体规划》（表9.2-5），以人为本的交通发展理念一脉相承。面对技术变革、更严格的土地限制以及人口老龄化的新形势，在2019年发布的《新加坡陆路交通发展总蓝图2040》中，陆路交通局希望未来新加坡人将"走、骑、搭"作为出行首选方式，减少私家车使用，减少道路土地需求，为绿化和社区设施提供更多的土地空间。"走、骑、搭"方式包括：主动出行方式，即步行、骑行和使用个人出行设备（如电动滑板车）；大容量公共交通，即地面公交和轨道交通；出租车、网约车和共享汽车等共享交通方式。

《新加坡陆路交通总体规划》交通战略目标及指标 表9.2-5

时间	目标	战略/策略	指标
新加坡（2008）	打造一个以人为本的陆路交通体系，满足兼容、宜居、充满活力国际化都市的多样化需求	让公共交通成为出行选择、管理道路使用、满足人民的多样化需求	2020年，85%的通勤者能够在60分钟内完成行程；公共交通的行程时间，从目前的平均1.7倍于小汽车降低到1.5倍；城市中心区，通勤者平均步行5分钟到达轨道站；早高峰公共交通分担率由当前的63%提高到70%
新加坡（2013）	致力于实现"以人为本的陆路交通系统"远景目标，专注于"改善出行体验"	更多的交通连接、更好的交通服务、宜居包容的社区	2030年，80%的家庭从其住处步行不到10分钟即可到达轨道站；85%的公共交通行程（不到20公里）将在60分钟内完成；高峰时段的全部出行中，75%由公共交通承担
新加坡（2019）	打造更便利、更快捷和连接性良好的陆路交通系统，提供优雅又具包容性的出行体验，以及更健康、安全的行程	20分钟市镇、45分钟城市；更具包容性的交通系统；健康生活、更安全出行	市镇20分钟：所有到最近邻里中心的行程，能在20分钟内通过公共交通、主动出行、共享交通等方式完成；城市45分钟：高峰时段，90%的行程能在45分钟时间内通过公共交通、主动出行、共享交通等方式完成；公共交通、主动出行、共享交通是首选的出行方式，占所有高峰时段行程的90%

《新加坡陆路交通发展总蓝图2040》中，提出打造更便利、更快捷和连接性良好的陆路交通系统，提供优雅又具包容性的乘车体验以及更健康和安全的行程。

（1）20分钟市镇、45分钟城市

新加坡提出"20分钟市镇、45分钟城市"宏伟目标，即通过"走、骑、搭"方式前往附近邻里中心的所有门到门出行在20分钟内完成；高峰时段90%采用"走、骑、搭"方式的门到门出行在45分钟内完成；"走、骑、搭"成为出行方式的首选，占高峰时段出行的90%。新加坡希望交通系统的整体提升能帮助通勤者平均每天高峰时段出行节省15分钟，每个新加坡人不需要拥有私家车也可以享受高质量的生活、工作和娱乐体验。

为实现这一目标，新加坡提出要扩大主动出行网络，到2040年自行车道网络扩展到1000公里以上。扩大轨道交通网络，到2040年将进一步扩大到将近400公里。施划公交优先廊道，通过设置公交专用道、信号优先以及智能信号控制等措施提升地面公交运行速度。规划发展新的就业中心，并和轨道交通线路、公交优先廊道相连。新加坡认为动态布线、按需响应的服务在减少出行和等待时间方面发挥着重要作用，结合自动驾驶技术将进一步降低运营和人力成本。为测试这些新兴技术，新加坡将采取试点先行的形式，在榜鹅（Punggol）、登加（Tengah）和裕廊（Jurong）创新区部署自动驾驶、按需响应、动态布线的公交服务。同时，新加坡将促进数据共享，更新数据共享平台，鼓励私营部门创新交通解决方案，如出行即服务（MaaS）等。

（2）具有包容性的交通系统

新加坡提出到2040年要建立一个以文明和关怀的通勤文化为基础，以精心设计的基础设施和便利设施为支撑，由有能力的交通运营商和受过良好培训的从业人员引领，而且能够为所有通勤者提供愉快和美好出行体验的陆路交通系统。

在"软件"上，新加坡提出培养文明关怀的通勤文化，为选择"走、骑、搭"出行的人建立文明关怀的社会规范。为交通系统员工提供培训，以便协助有需要的乘客。在"硬件"上，新加坡计划到2020年所有公交车站都可以实现无障碍出行，所有公交车都将实现轮椅无障碍进入。在公交换乘站和地铁站设置更多的护理室以及在公交车安装婴儿车约束装置，以方便有小孩的家庭出行。鼓励巡游车和网约车经营者提供无障碍出租车。改进信息显示系统，为视力障碍及特殊用户提供出行援助。

（3）健康生活，安全出行

新加坡认为交通系统在创建宜居城市方面发挥着至关重要的作用。新加坡将为公共交通、主动出行和社区活动提供更多空间，发展清洁能源车辆并减少交通死亡事故，到2040年实现"零伤亡愿景"。

为公共交通、主动出行和社区活动提供更多空间，支持健康生活。新加坡提出到2030年，80%的家庭步行不到10分钟即可到达轨道交通车站。到2040年，将在地铁站、居住区和各类生活便利设施之间增加带顶棚的连接通道，建设更多的地下连接通道，提升出行体验。建造更多的自行车停放设施，所有居住区、医院、社区中心、学校和商业中心等主要生活设施都将在5分钟步行路程内设有自行车停放设施。要求私人开发商在新申请的开发项目中加入"步行和骑行"计划。同时，新加坡计划将部分道路永久性地改造成步行街和社区活动空间。

推广环保车辆和环保设施，营造清洁环境。新加坡提出到2040年公交车、出租汽车将全部实现清洁能源。促进私人购买清洁能源汽车，鼓励电动汽车共享计划。

降低交通死亡人数，提升出行安全。鉴于人口老龄化，新加坡将优先考虑使老年人、行动不便和反应时间较慢的人出行更加安全。计划在2023年前完成50个乐龄安全区

（Silver Zones for Seniors）①的建设，乐龄安全区内设置较窄的道路和减速带，能够降低车速。逐步在交叉路口实施右转弯控制，并为老年人和残疾人提供更长的过街时间。利用技术提高安全性，包括在公交车安装碰撞预警系统等，未来还将为驾驶员提供个性化、基于位置的安全警报，提醒驾驶员减速、谨慎行驶。

本章参考文献

［1］ European Platform on Sustainable Urban Mobility Plans.Guidelines. Developing and Implementing a Sustainable Urban Mobility Plan［EB/OL］. 2014-1［2020-6-10］https://www.eltis.org/mobility-plans.

［2］ European Platform on Sustainable Urban Mobility Plans.Guidelines For Developing and implementing a Sustainable urban mobility plan second edition［EB/OL］. 2020-6-15［2020-6-25］https://www.eltis.org/mobility-plans.

［3］ European Commission. Sustainable Urban Mobility Indicators (SUMI)［EB/OL］.2020-2-11［2020-6-20］https://ec.europa.eu/transport/themes/urban/urban_mobility/sumi_en.

［4］ Greater London Authority. Mayor's Transport Strategy［EB/OL］. 2010-5-10［2020-6-20］http://www.london.gov.uk/.

［5］ New York Metropolitan Transportation Council. Regional transportation plan. PLAN 2045.Maintaining the vision for a sustainable region［EB/OL］. 2017-6-29［2020-6-20］https://www.nymtc.org/.

［6］ Washington State Transportation Commission. Washington Transportation plan 2040 and beyond［EB/OL］. 2017-1［2020-6-20］https://www.wtp2040andbeyond.com/.

［7］ San Francisco County Transportation Authority. San Francisco Transportation Plan 2040［EB/OL］. 2017-10［2020-6-20］https://www.sfcta.org/.

［8］ Greater London Authority. Mayor's Transport Strategy［EB/OL］. 2018-3［2020-6-20］http://www.london.gov.uk.

［9］ Land Transport Authority. Land Transport Master Plan 2040［EB/OL］. 2019-5-25［2020-6-20］https://www.lta.gov.sg/.

［10］ Boston Region Metropolitan Planning Organization.Destination 2040［EB/OL］. 2019-8-29［2020-6-20］https://www.ctps.org/.

［11］ Transport for NSW. Future Transport Strategy 2056［EB/OL］. 2018-3［2020-6-20］https://future.transport.nsw.gov.au/, 2018.

［12］ Land Transport Authority. LTMaster Plan. A People-Centred Land Transport System［EB/OL］. 2008-3［2020-6-20］https://www.lta.gov.sg/.

［13］ Land Transport Authority. Land Transport Master Plan 2013［EB/OL］. 2013-10-7［2020-6-20］https://www.lta.gov.sg/.

---

① 乐龄安全区（Silver Zones for Seniors）是指道路安全措施加强的地区，为年长者打造更为安全便利的出行环境。

第3篇

坚持城市公共交通优先
发展战略创新发展

导读

站在未来交通的角度来看，技术层面的变革受到各方的热切期盼，同时也引发了对于传统交通方式的反思和扬弃。针对公共交通方式来说，首当其冲的是关于"地位之辩"和"创新之辩"的观点碰撞。"地位之辩"的焦点在于公共交通优先发展的战略选择在新时期的变化情境下是否还具有举足轻重的地位，"创新之辩"的焦点在于公共交通的各种系统制式在技术变革的浪潮中是否还具有强大的生命力以及如何创新才能保持强大的生命力。本篇的3章，从整体上看，比较系统地回答了这两个命题。

第10章题目为"未来交通框架下公共交通优先发展模式"，本章首先分析了未来一段时期内公共交通面临的新要求，紧紧把握了信息化技术发展、城镇化发展、现实问题3个驱动因素；然后旗帜鲜明地明确了坚定公共交通优先发展战略地位的观点，清晰地阐述了公交优先的目标、公交优先战略理论研究的新范式；最后在综述国内外公共交通发展的基础上，探讨了实现公共交通优先发展战略的新探索。

第11章题目为"公共交通智能化建设和发展"，本章综述了国内外公共交通智能化的技术方向和发展案例，聚焦于智慧公交建设政策、智能公交综合调度管理、公交综合信息服务、新型公交服务模式、车路协同、分析决策和可视化6个技术关键问题，进行了详实的介绍。

第12章题目为"城市中运量客运交通适应性和新技术"，本章首先分析了我国中运量交通系统发展现状和存在的问题，然后对中运量交通系统的发展提出了展望，展望中从公交优先战略、公交系统的功能层次多样性、城市之间的差异性角度分析了中运量客运交通的定位，从功能组织模式、与未来交通衔接模式、发展机制管理政策角度给出了中运量客运交通发展的路线图，综合回答了中运量交通系统的"地位"和"创新"的命题。

科技创新的内涵不仅仅指采用新技术，而更重要的是将技术和非技术变革与专业知识相结合，从而实现技术应用领域的功能提升。对于公共交通系统的发展而言，其环境友好、资源节约的特征是其优先地位的基础，为乘客提供更加方便的服务是其功能地位的基础，这恰恰也是"地位之辩"和"创新之辩"的核心命题。

第10章
未来交通框架下公共交通优先发展模式

10.1 城市交通未来发展趋势对公交服务提出新要求

10.1.1 信息技术的发展对公交发展带来新的机遇和挑战

近年来，移动互联网、大数据、云计算、5G等技术的快速发展，在系统认知城市发展规律和百姓生活模式规律、科学支持重大战略设施布局规划与公共政策决策，以及实时在线监测交通系统运行并开展动态优化调控等方面发挥着越来越重要的作用。随着运算能力、精度的持续突破及计算资源成本的下降，新兴科学技术在交通组织、系统管理调控等方面的应用场景将迅速拓展，数据将成为空间资源紧约束常态下破解"城市病""交通病"的首要生产力与核心驱动力。

1. 交通组织模式面临变革，公交优先将迎来更加多元的选择

随着自动驾驶、共享交通、电气化等新兴技术进入"制度建设与技术革命、产业发展齐头并进"的发展阶段，未来5~10年爆发式增长的新技术和新业态将为交通组织模式变革带来无限可能（见图10.1-1）。道路、车辆、停放泊位等设施的运行服务效能和成本效益大幅提升，公交优先实施路径或将在空间资源的利用、服务的一体化与灵活组织等方面迎来更加多元的选择。

（1）全面激活的空间资源

一是通过更加灵活的路权资源分配，提升道路空间利用效能。通过公交专用道等形式

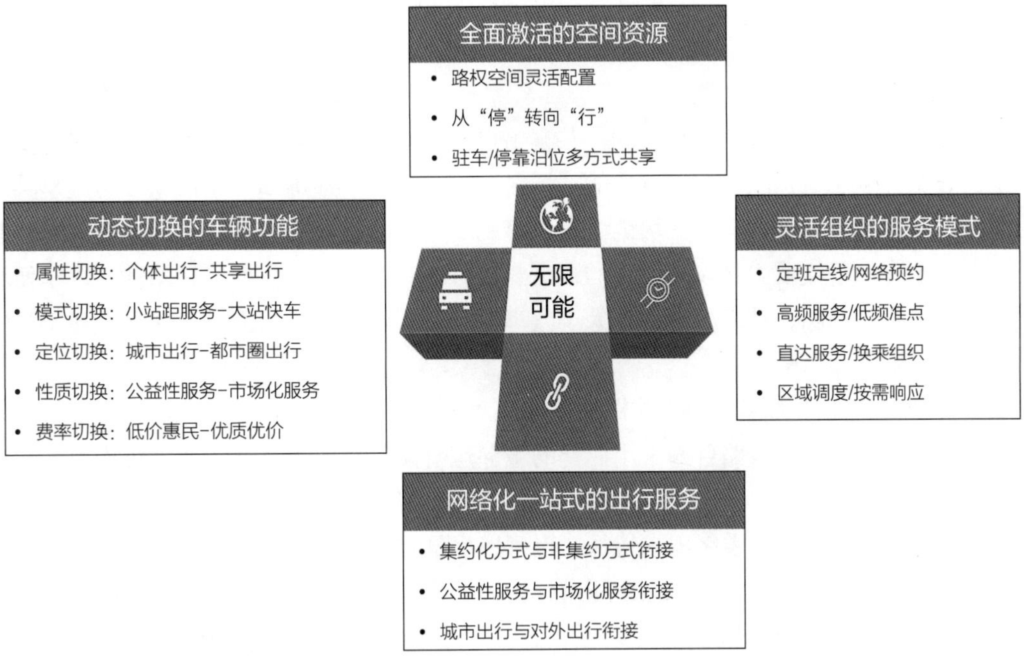

全面激活的空间资源
- 路权空间灵活配置
- 从"停"转向"行"
- 驻车/停靠泊位多方式共享

动态切换的车辆功能
- 属性切换：个体出行-共享出行
- 模式切换：小站距服务-大站快车
- 定位切换：城市出行-都市圈出行
- 性质切换：公益性服务-市场化服务
- 费率切换：低价惠民-优质优价

灵活组织的服务模式
- 定班定线/网络预约
- 高频服务/低频准点
- 直达服务/换乘组织
- 区域调度/按需响应

网络化一站式的出行服务
- 集约化方式与非集约方式衔接
- 公益性服务与市场化服务衔接
- 城市出行与对外出行衔接

图10.1-1 未来交通组织模式变革的"无限可能"

实现公共交通的路权空间保障，是落实公交优先战略的重要举措之一。然而，在空间资源紧约束的现实条件之下，关键廊道上公交专用道的布设通常面临争议，各利益主体在公平和效率的权衡方面尚未达成共识。原因是基于当前的信息采集、感知和运算能力，难以精准评价公交专用道的社会经济效益及其对道路交通运行的影响。此外，如何利用新兴技术手段推动实现弹性的路权分配和车道功能的灵活变换也还在探索之中。未来，随着高精地图、车路协同等技术的快速发展，道路运行状况实时感知与态势推演、车路信息沟通等能力将大幅提升，车路空间匹配的精度将达到"车道级"。通过车道级别灵活而低成本的路权切换与重新分配，在充分保障高峰时段公交路权和通行效率的基础上，将实现非高峰时段闲置道路资源的高效利用。此外，对于侵占公交路权的取证执法也将变得更加高效和低成本。

二是释放停车泊位空间，提升存量空间资源的社会经济效益。在当前的车辆行驶技术下，大部分私人小汽车每天有超过20小时处于停放状态，停放泊位空间价值未能得到充分利用，出行者支付的停车成本也远远不能覆盖土地空间所能产生的潜在社会经济效益。随着无人驾驶、车路协同等技术的发展成熟，小汽车共享出行将越来越普遍，车辆周转率显著提升，更少的机动车保有量便能满足同样的机动化出行需求，车辆保有量进入逐步缩减阶段，大量的车辆停放空间将得到释放，无论是作为生产要素还是生活空间都能发挥更大价值。

三是通过多方式的停车资源共享，破解供给侧的结构性矛盾。由于停车普查长期缺位、停车位产权不清晰等问题，当前普遍的停车矛盾在于难以实现全天候停车供需的精准匹配。存量停车资源未得到充分利用，基本停车泊位和出行车位之间未实现数据连通与停放共享。随着信息公开共享机制和大数据技术的完善，打通各类停车场数据壁垒、基于停车泊位"一位一码一图"实时信息公开共享成为可能，有助于在居住端、出行端等不同场景实现更加精准的供需匹配，破解当前停车泊位供给不平衡、不充分的结构性问题。

综上所述，通过空间资源的全面激活，在空间紧约束的现实背景下对存量资源进行了充分的挖潜，满足了市民机动化出行的"刚性"需求，是在坚定不移地落实公交优先发展战略的前提下，采用"治理""调和""协同共享"的思路破解"大城市病""交通病"等问题。

（2）动态切换的车辆功能

一是车辆属性在"个体出行"和"共享出行"之间切换。当前，网约车、分时租赁等共享交通服务业态，仍然以车辆投放的"增量"模式为主，存量私人小汽车参与共享共用的规模和途径相对有限。未来区块链、安全监测、行车电脑监测等技术不断发展成熟，共享服务提供者对于交通工具规范使用的顾虑、出行者对于车辆安全性、易用性、取车便利性等顾虑将逐步消除，越来越多的私人小汽车参与共享出行服务的提供，存量交通工具的利用效率将被全面盘活。

二是公交线路服务模式在小站距服务和大站快车之间切换。由于管理和调度能力不足，当前地面公交特定线路普遍采用固定的服务运营模式。随着客流特征采集能力、车辆动态调度能力不断提升，同一公交车辆在不同时段采用差异化的运营服务模式将成为可能，既能更加精准地贴合乘客需求特征，也可以尽量避免不必要的运力浪费。

三是服务定位在城市出行和都市圈出行之间切换。随着我国进入"以城市群为主体形态"的跨区域协同发展阶段，公共交通急需在更大的空间范围内提供网络化服务。然而，传统公共交通由于财税问题一般只在城市内部运营,而服务于城际出行的道路客运又难以满足通勤出行需求。随着大数据技术和信息共享机制不断成熟,运营线路的投入产出效益将愈加清晰,服务主体之间、线路之间的清分将更加精准,同一线路可以根据客运需求的变化,在不同的时段、区域在公共交通和道路客运两种服务模式之间动态切换,从而实现运力资源利用的最大化。

四是服务性质在"公益性服务"与"市场化服务"之间切换。长期以来,公交仍然以提供廉价惠民的、基本的公益性和保障性服务为主。随着居民收入和生活水平上升,低成本、单一化的服务模式,难以满足消费升级趋势下市民多样化出行的诉求。公交优势区间(3~8公里)范围内,自行车、电动自行车、轨道交通等出行选择的竞争力和吸引力在不断提升,要求公共交通加快实现功能定位的转变与提升,从单一的公益性向公益性和市场化兼具的服务模式转变是必然趋势。未来数据驱动背景下,出行需求特征和意愿诉求收集分析、精细化成本效益评估的能力大幅提升,公交车辆、线路根据需求特征作出实时的调整成为可能,车辆功能、票制票价、经营模式的动态切换,将为公交出行提供更加丰富的选择。

(3)灵活组织的服务模式

公共交通系统作为城市客运交通系统的骨干,在城市中不同的区域、不同的时间段,承载着多元化的出行需求和丰富的出行场景。在连接大型居住社区与高密度就业片区的客流走廊上,要求公共交通提供高频的、直达的、定班定线的服务;与轨道交通服务相配合,需要公共交通提供换乘接驳服务,提升轨道交通的通达深度;在地铁覆盖不足、出行需求相对分散的地区,市民通常需要准点的或预约式的公交服务;为满足部分乘客"随行随走"的需求,公交还需要在特定的场景中提供按需响应式服务。面向未来,公共交通将不仅仅是交通空间,更是与市民密不可分的公共生活空间。然而,当前的公交服务灵活性相对不足,未能完全适应上述多样化的出行场景,也未能与市民复杂化、差异化的活动特征相贴合。随着大数据、移动互联等技术发展成熟,将根据公交乘客动态出行需求灵活调整切换服务组织模式,包括"高频服务"与"低频准点"之间的切换,"直达服务"与"换乘组织"之间的切换,"定班定线"与"网络预约"、"区域调度"和"按需响应"之间的切换等,在及时满足市民多样化的公交出行诉求的同时,提升公交系统的整体运营效益。

(4)网络化一站式的出行服务

由于管理壁垒、数据壁垒等问题的客观存在,不同交通服务之间的基础设施数据、运营组织数据与信息服务数据未能实现共享,市民出行在公交购票、换乘、安检等出行环节的衔接体验有待改善,离一站式、一体化的服务要求仍有差距。在数据驱动存量效益挖潜的发展趋势下,集约化方式与非集约化方式之间、公益性服务与市场化服务之间、城市出行与对外出行之间将实现网络化、一站式融合,"出行即服务"理念的实践应用范畴将从城市公共交通内部,逐步扩展到跨区域的"海、陆、空、铁"大交通体系,打造无缝衔接的公交出行体验。

2. 系统认知能力大幅提升,公共交通加速迈入精准调控时代

近年来,国家推动科技创新相关政策密集出台,新型基础设施建设的积极部署为交通组织和服务模式带来无限可能,公共交通领域的精准调控能力将显著提升。国家对于新型基础设施建设高度重视,5G、大数据中心、人工智能、工业互联网等领域技术创新加速换挡,万物感知、万物互联、万物智能的交通传感网全面建成进入倒计时,系统认知技术

加速迭代，客货运交通服务业态将迎来更多可能。自2013年起，国家相继出台指导文件、编制发展规划、推动各项感知技术的应用示范。根据工业和信息化部《关于全面推进移动物联网（NB-IoT）建设发展的通知》，预计到2020年，NB-IoT网络实现全国普遍覆盖，面向室内、交通路网、地下管网等应用场景实现深度覆盖。从2018年12月起，国家陆续提出加快建设新型技术设施建设要求，新型基础设施建设包括5G基建、特高压、城际高速铁路和城市轨道交通、新能源汽车充电桩、大数据中心、人工智能、工业互联网7大领域，是结合新一轮科技革命和产业变革特征，面向国家战略需求，为经济社会的创新、协调、绿色、开放、共享发展提供具有乘数效应的战略性、网络型基础设施作为底层支撑。

未来，运算能力和数据传输能力将大幅提升：运算能力方面，将形成单个部署单元EB级存储能力、万台规模节点调度能力、千万亿字节（PB）级日数据处理能力。**传输能力方面**，峰值速率、用户体验速率、频谱效率、连接数密度、网络能量效率、流量密度将大幅提升，传输时延由10毫秒降至1毫秒。城市交通管理将加速迈入"协同联动+动态优化+精准调控"时代（图10.1-2）：

（1）交通信息采集死角基本消除、传输带宽大幅提升、计算性能全面突破，认知、评估、推演和治理交通复杂巨系统的能力显著提升。数据驱动背景下万物感知的数字体系构建，使得室内、交通路网、地下管网等应用场景深度覆盖成为可能。

（2）认知能力方面，将实现从碎片化认知到全局认知的突破，对于系统运行特征的把握也将从原来的片段式观测向连续观测转变。该认知模式从宏观、中观、微观等不同层次进一步揭示交通客货流的空间活动模式和规律，将复杂系统元素解析重构成具象的乘客画像，并通过机器深度学习扩大公共交通优先战略实施过程的评析视角、对象和范围。当前，对于交通发展水平的评估，主要围绕单个交通方式系统的综合效益展开，评估周期较长。在新技术环境下，将有条件开展跨交通方式系统的协同评估，研究视角从系统效益向出行者个体损益转变，评价周期也将大幅度缩减，实时在线的评估能力为出行服务的及时优化调整提供决策支持。

（3）基于精准推演模型，将实现交通复杂模型的多重组合场景、实时在线、宏中微观一体化，提高城市交通问题分解、分析能力，从而切实有效地指导城市治理工作。

在此背景下，公共交通系统运行状况的感知、判断、推演计算、智能调度能力将全面迈入新阶段。如面向公交运行效率提升，可详细分解每条线路的运行时间、测算候车时间规律性，进行半自动化的公交线路体检，并生成线路服务质量报告，指出问题成因，提出改善对策；面向拥挤度和客流均衡性改善，可基于计算机视觉技术分析每个区段、每个站点、每个班次的客流和拥挤度，为提升公交客流效益和乘客舒适度提供精准支持等。

10.1.2 新型城镇化的都市圈发展新阶段对拓展公交网络服务的空间范围提出新要求

2019年2月，国家发展改革委发布《国家发展改革委关于培育发展现代化都市圈的指

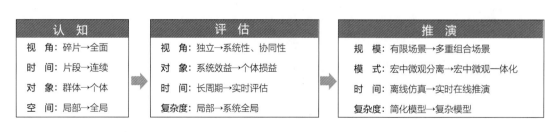

图10.1-2 城市交通体系将被完整认知

导意见》，指出城市群是新型城镇化的主体形态，是参与国际竞争合作、支撑全国经济增长、促进区域协调发展的重要平台和关键支点。都市圈是城市群内部以超大特大城市或辐射带动功能强的大城市为中心、以1小时通勤圈为基本范围的城镇化空间形态，"畅通都市圈公路网"和"打造轨道上的都市圈"等策略的提出旨在加快推动都市圈同城化发展。在此背景下，京津冀、长三角、粤港澳等重点城市群的一体化发展进入快车道，作为经济社会整体发展的"先行官"，城市群、都市圈交通一体化迎来重大发展机遇期。

在城市群、都市圈不断发展与磨合的过程中，城市功能和产业分工在区域范围内重新布局。通常，中心城市聚集现代化高端制造业和服务业，不断加强核心竞争力和辐射带动能力，周边城镇吸纳、承接中心城市的非核心功能和产业，并结合各自区位特征、历史沿革发展特色产业。区域空间格局逐步演化为城市功能互补、产业分工协作的"多中心网络化"形态。人员流动越来越频繁且多样化，如日常通勤往返、半日商务往返、一日多点往返、节假日旅游探亲等。大规模、网络化、多元化的出行需求特征要求都市圈各城市加强协同发展，积极破除行政壁垒和体制机制障碍，发挥公共交通的支撑引领作用，通过统筹规划多层次轨道网络、一体化建设都市圈公路网、无缝融合公共交通系统服务等方式，为区域出行提供快捷、舒适的同城化体验，不断提升区域整体竞争力和民生幸福感。

然而，无论是轨道交通还是地面公交，跨行政边界的公交服务都涉及土地利用、基础设施建设、车辆购置、运营补贴在内的一系列财税分配问题，经济水平、资源禀赋、产业结构存在差距的毗邻城市，由于缺少精准的数据支撑，通常难以量化评估跨区域公交项目在不同时期的投入产出效益，往往很难达成合作共识。特别对于人口规模、发展水平、资源优势等方面处于明显弱势地位的城市，"区域交通一体化"甚至可能引发人才与优势资源外溢、负外部效应转移等"虹吸效应"，地方政府的合作动力更加不足。因此，要实现跨区域公交服务的一体化，关键在于建立公开透明的信息共享机制、科学严谨的成本效益评估方法，使得毗邻城市之间可以在平等对话的基础上进行精准的清分、测算与评估，进而有序推动区域公共交通一体化发展进程。

10.1.3 公共交通发展中存在的现实问题对公交创新提出迫切的需要

自2005年《国务院办公厅转发建设部等部门关于优先发展城市公共交通意见的通知》（国办发〔2005〕46号）发布以来，中央和地方政府陆续出台了一系列经济与产业扶持政策加快推进公共交通系统建设。历经数年的落地发展，公共交通优先发展战略（以下简称公交优先发展战略）在优化城市空间资源配置、推动公共交通服务提升、科学评估战略实行效果方面取得良好成效。截至2018年年末，北京、广州、深圳等多个城市中心城区车站500米覆盖率均在80%以上，线网密度在4公里/平方公里左右；全国共35座城市开通运营轨道交通，开通线路共计185条，运营线路总长度5761.4公里，全年累计完成210.7亿人次客运量。

然而，基础设施的快速投入和地方政府的"高涨热情"并未给公共交通发展成效带来质的突破。梳理北京、上海、深圳、广州四座城市地面公交自2010年以来的运营情况，发现普遍存在运营车辆数和财政补贴连年增长、日均客运量持续下降的问题，投入产出效益逐年下滑（图10.1-3～图10.1-6）。自2010～2018年：北京市公共汽（电）车数量从2.1万辆增加至2.4万辆，地面公交日均客运量从1383万人次下降至930万人次；深圳市地面公交补贴从26.9亿元/年增加至83.2亿元/年，地面公交日均客运量从532万人次/日下降至446万人次/日；广州市公共汽（电）车数量从1万辆增加至1.5万辆，地面公交日均客运量从740万人次/日下降至628万人次/日。

究其原因，主要有以下几点：一是与城市发展节奏不匹配，国内大城市、超大城市近年来轨道交通建设加快，吸引了部分地面公交客流转移。而地面公交未能主动协同轨道发展，二者在线网布局、体制机制、运营组织等方面缺乏融合与错位，公共交通系统整体效益有待提升。二是与居民收入水平不匹配，近年来我国居民收入水平稳步增长，相比于出行成本，可靠性、舒适性等因素对于交通方式选择的影响越来越大，但地面公交始终以普惠性的基本公益性服务为主，供给侧缺乏主动提升运营效益、创新服务模式的内生动力。三是与居民生活模式不匹配，随着收入与生活水平改善，居民日常活动种类趋于多样化、活动链条趋于复杂化，而地面公交相对于共享单车、电动自行车等方式而言，灵活组织复杂活动链的能力明显偏弱。针对上述问题，应着力推动以下几方面转变，在发展模式上从

图10.1-3 北京市地面公交历年客运量、车辆数、运营补贴

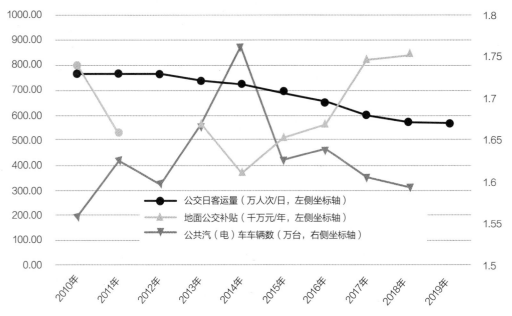

图10.1-4 上海市地面公交历年客运量、车辆数、运营补贴

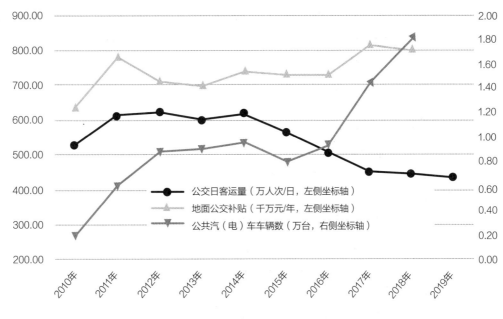

图10.1-5 深圳市地面公交历年客运量、车辆数、运营补贴

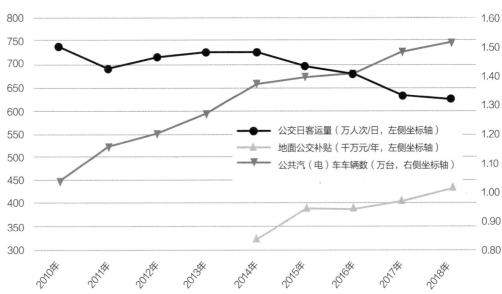

图10.1-6 广州市地面公交历年客运量、车辆数、运营补贴

轨道公交独立发展向融合发展转变，在经营性质上从以公益性为主向公益性与市场化服务共同发展转变，在服务组织模式上从单一、固定向层次丰富、多元灵活转变。

因此，有必要在"数据驱动"的大环境下回归本源，重新审视公交发展的趋势、目标、战略以及实施路径，为公交优先战略的落实提供强大动能。

10.2 公共交通优先发展战略内涵的再认识

10.2.1 坚定公共交通优先发展战略的内涵

2012年住房和建乡建设部课题"我国城市交通公交优先发展战略研究"全面梳理了中华人民共和国成立以来我国城镇化和城市交通发展的脉络，旗帜鲜明地指出："公共交通优先发展"不等同于"优先发展公共交通"，而是"在城市行政区域里，通过优先配置资源，构建适应市场机制、政府调控监管的、符合当地经济社会发展阶段、由多种类型企业等经营机构提供均等和高效的公共服务的公共交通体系,引导出行者优先选择,引导城市集约利用土地和节约能源、保护和改善人居环境",这是一种以服务人的需求并组织城市高效运行为目的的城市与交通协调、可持续发展模式,在构建面向未来城市交通的公交优先发展战略体系时应始终坚持这一核心理念。

10.2.2 明确公交优先战略的目标

"城市公共交通优先发展"的内涵中已明确地指出了战略目标,即"优先配置资源""城市与交通和谐共存""引导出行者优先选择""引导城市集约利用土地""引导节约能源""保护和改善人居环境"等。国家自然科学基金委员会管理科学部2016年第1期应急管理项目"新常态下城市交通理论创新与发展对策研究"分课题三"公共交通优先发展理论和TOD理念导向的城市规划实施综合评估研究"进一步提出,为通过具体措施落实上述战略目标,应将上述战略目标其分解至战术层面予以策略引导。

战术目标一:优先配置资源。资源配置向公共交通倾斜的内涵包括公共交通设施用地优先、投资安排优先、路权分配优先、财税扶持优先等。不过,这一系列原则仍未脱离行业管理的思路,存在一定的局限。需继续拓展为将城市空间资源、财政资源以及政策资源的配置向公共交通出行链相关设施的倾斜。除了公共交通运营所必要的场站、场段用地和专用路权以外,作为公共交通出行链不可或缺的步行、自行车环节也应受到足够重视,指标须体现对"设计适宜步行的街道和人行尺度的街区""自行车网络优先""提高道路网密度""混合使用街区"等更为宽泛要素的指向性。此外,住房资源配置向公共交通的主要使用人群倾斜也是"优先配置资源"的应有内涵之一。

战术目标二:可有效发挥公共交通优势。首先,城市功能布局、土地开发与公共交通协调发展程度要有利于发挥公交优势(如"混合使用街区""根据公共交通容量确定城市密度");其次,道路网特征有利于发挥公交优势(如"设计适宜步行的街道和人行尺度的街区""自行车网络优先""提高道路网密度");再次,公交的服务宗旨和公交运营组织模式有利于发挥公交优势;最后,不同出行方式的性价比有利于发挥公交优势(如"通过调节停车和道路使用来增加机动性")。

战术目标三:均等。首先是公民权利的均等,即在城市行政区、都市圈范围内生产、生活的公民在公共交通服务方面享有均等的公民权利。对于多样化的公共交通服务产品而言,这一公平性则更为强调票制票价与服务成本、服务水平的适配与对等问题,绝非价格机制的单一化或扁平化;其次是公共服务设施布局的均等化,除了居住与就业以外,医疗、教育、游憩等公共服务的公共交通可达性,也是"公共交通优先发展"理论下"均等"应有的内涵;再次,不同交通出行方式的占用、消费城市空间(如道路空间、停车空间等)、能源、各类资源(如水资源、环境资源等)、外部社会成本(如尾气排放、交通拥堵等)应当体现均等化;最后,政府在购买服务的过程当中,应坚持"资源优先分配"在公共交通服务运营企业之间的公平性,包括:特许经营制度、运营服务监管与评价考核机制、与评估挂钩的财政补贴机制、优先路权配置等方面。

战术目标四:高效。首先,从出行者的角度出发,集约化、节能环保的出行链(而非单一的交通方式)相对于非集约化、非节能环保的出行链而言,需要有一定的竞争力;其次,从社会管理的角度而言,包括财政、城市空间、设施设备、人力等社会公共资源在配置上要体现高效,避免在追求高效的同时不计代价,耗费过高的内、外部成本。

10.2.3 公交优先战略理论研究的新范式

我国城市交通逐步迈入存量发展阶段，公交优先发展战略的核心要义在于解决城市交通发展当中的（供需、资源配置）不平衡、（资源利用）不充分、（土地与交通之间、多交通方式之间、跨行政区交通系统之间）不协同问题。与此同时，"数据驱动"为公交优先理论范式的变革、价值导向的明晰、指标体系的设计、研究方法的创新提供了新的契机。公交优先发展的理论方法将从城市复杂交通系统的全面认知、公共交通优先发展的科学评估、公交优先战略多角度全新范式实施路径等多维度出发，探索通过交通大数据和精准决策，推动公共交通理论研究向系统化、网络化方向发展，为公交优先更好地发展提供现实指导意义（表10.2-1）。

数据驱动下的理论范式发生重大变革　　　　　　　　　　　　　表10.2-1

要素		既有研究范式	新的研究范式
时代背景		交通设施大规模建设	由增量为主转向存量优化，有序建设，适度开发
关注点		满足交通工具的移动	满足交通出行者的需求
理论对象		交通流—交通设施	交通服务—交通网络
基本逻辑		被动适应需求：增加交通设施满足交通流运行要求	适应并主动引导需求：构建、组织、调控交通网络满足一体化出行服务要求
核心内容		交通基础设施：分方式单一交通物理设施网络独立构建（如道路网、地面公交网、轨道网等）	交通服务体系：多方式复合交通网络（物理设施网络、运输组织网络、信息诱导网络）整体构建与运行调控
应用场景		面向中长期设施建设	既面向中长期设施建设，又面向短期、实时管理调控
理论需求	需求理论	基于出行统计的需求预测	基于个体行为决策的需求分析
	供给理论	单一设施网络的交通承载力	多方式复合网络的交通服务能力
	交通流理论	机动车交通流	混合异质交通流
研究手段	数据来源	小规模抽样调查	现代信息技术和移动互联网支撑下的多源大数据
	分析方法	数学解析，仿真模拟	人工智能、计算实验，平行控制
	模型支撑	宏观、中观、微观模型独立构建	宏观—中观—微观一体化模型
	学科交叉	以工程学为核心	综合运用工程、经济、法律、社会等多学科交叉手段

10.3 实现公共交通优先发展战略的新探索

10.3.1 探索"以人为本"目标下的公共交通优先发展全新内涵

1. 国外发展经验

不少城市从一开始就明确了公交优先、绿色优先等核心交通战略，并在城市不断演变的过程中保持了交通战略政策框架相对的延续性和稳定性。随着社会经济的转型、外部形势的变化，公交优先政策不断有新的内涵和新的演绎，从早期的关注设施规模等"硬件环境"向关注服务体验、社会公平转变。

（1）美国：以乘客感知与服务体验为导向设计指标体系

美国TCRP出版的《公共交通通行能力和服务质量手册》是当前国际上较为权威的、

制度化的公交发展指引手册。该手册主要根据美国评分习惯，采用从A～F（A表示最好，F表示最差）来评价服务水平（Level of Service，LOS）（图10.3-1）。服务水平主要包括两大板块：可用性指标、舒适与便捷性指标。两大类指标均从车站级、线路/断面/廊道级、系统级3个层次出发设定指标和评价方法。以乘客感知体验为导向，把乘客最关心的准点率、丢班率、舒适度作为考核评价的重要指标；强调交通与土地的协调发展——公共交通覆盖率指标兼顾了对开发强度（人口密度和岗位密度）、道路连通性、人行步道的纵坡、乘客年龄、交叉口易通过性等要素的考虑。该体系以乘客感知体验为导向，把乘客最关心的准点率、丢班率、舒适度作为重要考核指标的设计方法值得借鉴。

（2）伦敦交通战略：注重微观空间尺度的出行效率与舒适度评估。

2018年3月，伦敦交通局发布了新一轮《伦敦市长交通战略》，在公共交通发展指标方面，提出了"到2030年由公共汽车事故造成的死亡率降至零""到2037年公共汽车实现零碳排放""到2041年全市交通量减少10%～15%"等指标。

除了以上述宏观指标以外，2018版《伦敦市长交通战略》还在更加微观的空间尺度下对公交服务水平进行了十分精细的评估，包括行程时间分布（图10.3-2）、45分钟可达岗位数量分布（图10.3-3）、轨道交通网络拥挤度分布（图10.3-4）等，体现了差异化城市建设密度、差异化交通发展模式下，对于公共交通发展提升的差异化要求，用更加精细的空间

图10.3-1 《公共交通通行能力和服务质量手册》部分评估指标

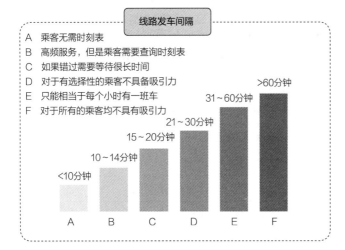

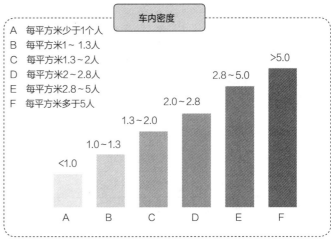

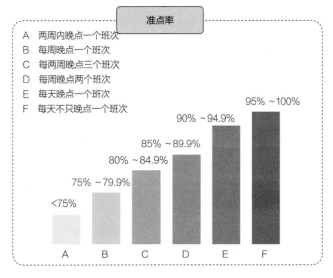

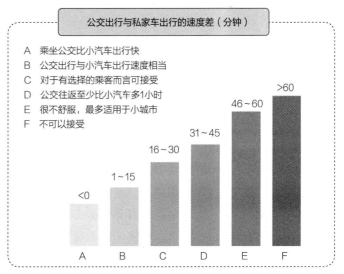

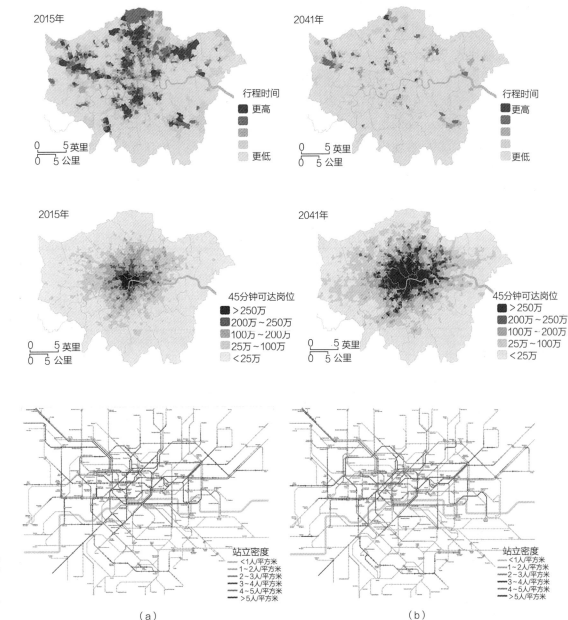

图10.3-2 公共交通行程时间（2015现状和2041规划目标）

图10.3-3 公共交通45分钟可达岗位，2015现状和2041规划目标

图10.3-4 2041年轨道交通拥挤状况分布预测
（a）无规划措施；（b）有规划措施

尺度评估，弥补了仅用平均运行车速、平均出行时长等一两个单薄的数字来描述发展目标的缺陷。

（3）停车规划：将停车配件指标与公交可达性水平协同联动。

快速机动化发展背景下，公共交通能否发挥应有优势，不仅与其本身的网络布局、运营组织服务水平有关，也与其替代性方式（即小汽车）和互补性方式（即步行和自行车）的出行成本、服务水平等因素密切相关。事实上在全新理论范式下，小汽车和慢行交通治理本就是公交优先发展战略的重要环节，因此保持公共交通相对于小汽车的出行吸引力、提升慢行出行环境品质和接驳服务水平，成为国际城市规划中的重要策略。

伦敦将居住区的停车配件标准与公共交通可达性水平（Public Transport Access Level, PTAL）挂钩，基本原则是在公共交通服务好的地方应减少供应，而在服务薄弱的地方可提供更多的停车位，从而鼓励市民乘坐公共交通。PTAL的概念最早由伦敦哈默史密斯-富勒姆区在1992年提出，该指标综合考虑公交站点的距离、发车频率等因素来衡量公共交通服务水平，并最终标准化为1～6共计6个分值，由小到大表示可达性由弱到强。根据伦敦的发展战略规划，建筑的小汽车配建指标（上限标准）取决于该建筑的用地性质、建筑坐落的区位（中心区、城区、市郊）、建筑所在区域的居住密度（每公顷用地面积上承载的户数）以及建筑所在地区的PTAL（表10.3-1）。其中关于商业零售区的标准还做了如下补充说明：要求在PTAL=6的地区，除了保障残障人士出行以外的停车位，原则上只能配建"经营性停车位"供顾客使用，而不能配建"非经营性停车位"供从业人员使用；另外在镇中心地段，A2～A5类型用地（商业与专业服务、宾馆与餐饮、酒吧、外卖店）上除保障残障人士出行以外不允许额外的车位配建。

与公共交通可达性水平挂钩的小汽车停车泊位配建标准　　　　表10.3-1

区位/户型（居室/户）		PTAL=0～1		PTAL=2～4		PTAL=5～6	
		居住密度（户/公顷）	停车位配建标准（个/户）	居住密度（户/公顷）	停车位配建标准（个/户）	居住密度（户/公顷）	停车位配建标准（个/户）
郊区		150～200房间/公顷		150～250房间/公顷		200～350房间/公顷	
户型	3.8～4.6	35～55	≤2	35～65	≤2	45～90	≤1.5
	3.1～3.7	40～65	≤2	40～80	≤1.5	55～115	≤1
	2.7～3.0	50～75	≤1.5	50～95	≤1	70～130	≤1
城区		150～250房间/公顷		200～450房间/公顷		200～700房间/公顷	
户型	3.8～4.6	35～65	≤2	45～120	≤1.5	45～185	≤1
	3.1～3.7	40～80	≤1.5	55～145	≤1.5	55～225	≤1
	2.7～3.0	50～95	≤1	70～170	≤1	70～260	≤1
中心区		150～300房间/公顷		300～650房间/公顷		650～1100房间/公顷	
户型	3.8～4.6	35～80	≤1.5	65～170	≤1.5	140～290	≤1
	3.1～3.7	40～100	≤1.5	80～210	≤1	175～355	≤1
	2.7～3.0	50～110	≤1	100～240	≤1	215～405	≤1

（4）新加坡：从"公共交通"到"走骑搭"，公交优先发展内涵的全新演绎。

新加坡在最新一轮《陆路交通发展总蓝图2040》中，一改先期规划中公共交通分担率、轨道站点覆盖水平等公交优先发展指标，围绕"走骑搭"方式提出了20分钟市镇、45分钟城市的核心战略目标，所谓"走、骑、搭"即包括步行、自行车、轨道、公交、出租车等在内的绿色交通方式。LTMP2040提出3个分解指标：一是所有到最近邻里中心的行程都能在20分钟时间内通过"走骑搭"完成；二是90%的高峰期出行可以在45分钟通过"走骑搭"完成；三是"走骑搭"方式占高峰期出行总量的90%。规划提出通过增加慢行道、改善最后1公里接驳服务、创新公交服务组织模式等措施，为市民提供无缝、便捷、快速的门到门出行体验。从"公共交通"到"走骑搭"、从公交分担率到门到门出行效率的一系列转变，深刻体现了规划人员对于公交优先战略目标的全新演绎，即从单一的设施资源配置优先，向引导城市集约利用土地、引导出行者优先选择、保护和改善人居环境等更为本质的目标演进。

2. 经验总结

总结国际城市对于公交优先发展目标和内涵的探索实践，主要呈现为以下发展趋势：一是研究和治理对象不再局限于公共交通自身，将步行、自行车等主动交通方式纳入考虑，既是城市交通融合一体化发展的客观需要，也是健康、活力等全新价值观指导下的策略转变。此外，与小汽车需求管理的协同联动也有利于形成政策合力，共同引导居民绿色出行。二是发展目标以出行体验为导向，面向居民全过程出行品质提出目标和指标体系，作为新时期改善公共交通服务品质、切实提升出行吸引力的关键抓手；三是对指标体系进行微观空间和人群属性的细化分解，更加关注不同空间区域、不同社会属性群体的公交可达性和舒适性，其背后是对于空间公平、社会包容等人本价值的更高追求。

10.3.2 探索与都市圈发展相匹配的区域公共交通发展模式

1. 国内外发展经验

国内城市通常以跨市公共汽车或跨市轨道交通提供跨区域公共交通服务，其中跨市公共汽车按经营主体一般分为道路客运企业运营和城市公交企业运营，跨市轨道交通按投资主体可分为国家主导、省政府主导和市政府主导。国外城市则以跨区域协调组织或公交服务委员会（TSB）为抓手，协调都市区公交线网、财政、投资、票价、运用监督管理等一系列事宜。

（1）美国：以MPO为抓手，协调区域交通规划建设和运营管理。

为统筹区域性的共同利益，在《联邦资助公路法案1956》等一系列法案的指导下，美国建立并逐步完善大都市区规划机构（Metropolitan Planning Organization，MPO）。与《联邦资助公路法案》相继出台的《联合公路/公交规划条例》《住房和城市发展法案》《示范城市与大都市区再开发法案》《地面多式联运效率法案（冰茶法案）》《21世纪交通运输公平法案》等，构成了为MPO组织"赋权"行使跨区域协调职能的重要保障（图10.3-5）。

20世纪下半叶以来，美国公民对于小汽车的严重依赖产生了交通拥挤、废气污染等问题。因此，1964年联邦资助计划扩展到城市公共交通，它同样强调要有大都市区的交通规划。城市规划师和交通专家游说"均衡轨道—汽车轮"的重要性，从而使政府开始对旧金山湾区的快速轨道交通和其他通勤铁路予以支持。专业人士倡议要在城市化区域的基础上开展综合性的大都市交通和土地利用规划，综合协调交通的决策和建设，改变各交通机构各自为政的无政府状态。

（2）苏黎世：建立职责分工明确、管理运营一体的"公交联盟"。

苏黎世"公交联盟"是瑞士苏黎世州的一个公共部门，负责组织和协调整个地区所有形式的公共交通服务，包括区域铁路、城郊通勤铁路、公共汽车、有轨电车、船只及缆车，为整个地区150万居民提供公共交通服务，年均客运量超过6.5亿人次。

1990年前，苏黎世州共有41个公交服务运营商，彼此之间在线路布局、运行时间、票制票价等方面缺乏统筹衔接，居民跨市公交出行体验有待提升。在这一背景下，"公交联盟"顺利通过全民公投，并在1990年与新的城郊通勤铁路和综合票价系统共同实施运行。

"公交联盟"由州政府和州域内162个市镇共同参与，各级政府和公交运营商的角色定位与职责分工十分明确（图10.3-6）。州政府主要负责区域公交发展总体规划、服务和

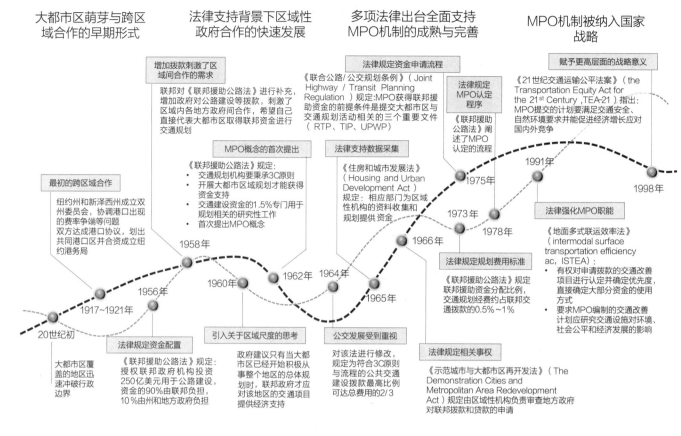

图10.3-5 美国MPO政策发展历程

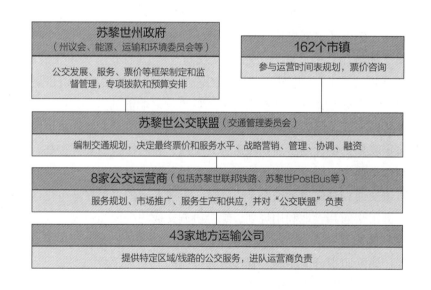

图10.3-6 苏黎世州政府、公交联盟与运营公司职责分工

票价框架制定与监督管理，以及拨款和预算制定；各市镇政府基于城市发展情况和交通需求特征，参与运营时间表规划和票价咨询；"公交联盟"专注于研究编制综合交通规划，同时还负责票价与票务统一管理、协调、融资、监督以及评价运营效率和服务质量，以确保各个市镇公交线路之间、各家公交运营商之间、各类交通方式之间高效协同。通过收集和分配运营商之间的收入来集成票务系统及确定票价，协调和发布时间表，以实现乘客以一张票"无缝"换乘。

（3）德清—杭州同城化：实践国内首条跨市公交。

德清与杭州是国内较早探索同城化发展的地区，《浙江省城镇规划体系（2008~2020）》明确将德清纳入杭州都市区，提出以杭州都市经济区发展战略为引导，通过创新体制机制，突破行政区域局限，加强两地合作交流和全面对接。2008年，国内首条跨市公交K588路开通，该线路起于德清客运总站，终点设在杭州武林门，发车间隔为20分钟，票价12元。2013年7月，杭宁高速铁路建成通车，每天发车21趟，每趟运行时间仅需14分钟。到现在，德清—杭州已形成了包括高铁、动车、跨市公交、长途巴士在内的多模式交通体系，极大地促进了德清融入杭州都市圈以及两地一体化发展。

（4）广佛同城化：以轨道交通为骨干、道路客运为主体。

广州和佛山历来经济社会互动频繁，广州市早在2002年《政府工作报告》中就已明确提出了建设"广佛都市圈"的概念。佛山方面也积极响应，提出要主动接受广州的辐射，依托广州发展壮大。作为国内首条跨市轨道交通，广佛地铁（即广佛线）于2007年6月开始建设，投资总额为146.75亿元，广东省政府给予一定的现金补贴，剩余投资由广州和佛山按照51%和49%的股份比例共同出资成立广东广佛轨道交通有限公司，负责广佛线的投资、建设、营运和管理。2010年广佛地铁开通后，两地出行时间缩短到30分钟，票价只需6元。截至2014年，广佛地铁佛山段共运送旅客超过1.8亿人次，日均15万人次。

2009年3月，广州、佛山签署《广州市、佛山市同城化建设合作框架协议》，标志着广佛同城化建设的正式启动。近年来，两地逐步构建了多元公共交通服务体系，包括由政府主导并享受财政补贴的跨市常规公交，由市场主导的道路客运和城际租车等个性化出行方式，基本建立了以轨道交通（广佛线）为骨干、道路客运（广佛快巴、广佛城巴、普通客运班线、广佛公交）为主体、出租车和其他方式为补充的城际公共交通体系。

（5）深莞惠都市圈：建立跨市公交合作协议、发展规划、联席会议等全方面保障。

深莞惠作为粤港澳大湾区发展框架下的重点都市圈，自2009年起前后签订了《珠江口东岸地区紧密合作框架协议》《深圳、东莞、惠州规划一体化合作协议》《深莞惠交通运输一体化规划》等合作协议，并通过"三市联席会议制度""深惠莞紧密合经济地理作高峰论坛""珠江东岸论坛"等形式推进规划实施与合作交流。在跨市交通规划上建立了深莞惠交通运输一体化联席会议制度。

在三市合作框架下，深莞、深惠、莞惠和深莞惠等地区陆续开通了跨市公交线路。2009年深惠首条跨市公交化运营线路168线路和870线路以互相延伸线路的方式开通，票价为2元，发车间隔为7~9分钟。2014年6月，深惠3B线路更改为深惠3线，调整后的线路向东莞延伸，成为跨越深莞惠地区首条公交线路，并与深圳轨道交通、城际高铁和城市公交等综合交通形成良好的接驳，全程耗时约3小时，票价为13元。

2. 总结与思考

近年来，在国家战略和区域发展客观规律的推动下，我国珠江三角洲、长江三角洲等城镇密集的地区在跨区域公共交通体系建设方面开展了大量实践探索，有效促进了区域内的要素流通效率和整体经济社会发展，但普遍存在以下几方面问题：

一是政策和规划衔接不足。由于跨市合作机制不足、统筹协调的区域运营主体缺乏等问题，各城镇在公共交通网络规划、基础设施、资源共享、票制票价等方面往往难以高效融合与衔接。

二是规划实施进度拖慢。由于缺乏科学设计的"成本共担、收益共享"区域合作机制保障，各地区政府难有积极对接和主动推进规划落地实施的动力。

三是客流效益不如预期。跨市公交化运营多在城市外围地区进行，在跨市多模式交通系统中价格较低、运营时间较长，且部分线路与其他交通模式存在一定的重合，导致客运量较低，面临严重的亏损问题。

国内外经验表明，区域公共交通相关规划应从数据、规划、政策标准等角度出发，建立战略规划统一、换乘服务方便、基础设施一体、服务标准一致、成本收益可持续的柔性治理体系。

10.3.3 探索新技术引领下的公交服务和治理模式创新

近年来，人工智能、大数据、物联网等新一代信息技术快速发展，为公共交通的服务和治理创新提供了前所未有的技术条件，**在服务模式创新方面**，出行及服务（MaaS）、智能驾驶公交、客货混用公交等一批旨在提升出行品质和生产效率的新业态正越来越多地出现在公众视野中；**在治理模式创新方面**，以Remix、Swiftly为代表的公交大数据平台通过全息感知、分析实验、数据融合等多种前沿技术，实现了面向决策管理部门、运营商、公交乘客等各方利益主体的一体化综合服务。

1. 国内外发展经验

（1）MaaS：移动互联、大数据、云计算技术引领的出行服务整合

出行即服务（Mobility as a Service，MaaS）将各种交通模式全部整合在统一的服务体系与平台的基础上利用大数据进行决策，以优化资源配置、满足居民出行需求，并通过统一的APP对外提供服务。MaaS系统在国内外已有多项应用（表10.3-2），它联合政府主管部门、服务提供商、数据提供商、客运企业等多方主体，整合多种交通出行方式，为出行者提供一体化的出行服务。

世界范围内的MaaS项目案例　　表10.3-2

项目	简介	运营主体	服务范围
Whim	通过其基于订阅的服务应用Whim为用户提供包括出租车、出租汽车、公共交通、共享单车在内的各种出行选择。并能根据用户的出行偏好、捕捉用户的出行时间规律，从而为用户推荐出行选择	MaaS Global 公司	芬兰赫尔辛基、英国西米德兰兹郡、荷兰阿姆斯特丹、比利时安特卫普
Ubi Go	提供公共交通、共享汽车、租车、出租车和自行车等出行服务，并集中在一个APP上，可一次支付。这些服务每天、24小时可用，使用服务还可能获得特殊奖励	Lindholmen Science Park 公司	瑞典哥特堡市的80个家庭，近200个用户
Qixxit	融合21个交通运营商的服务，能根据用户需求制定出行计划。它提供的服务有共享汽车、拼车、共享单车等，提供理想地铁换乘点，提供多种出行方式供出行者比较和选择	德国铁路公司	德国
Moove l	使用户可以仅通过一个APP查询、预订和支付出行（包括Car2go、mytaxi、德国铁路），在斯图加特和汉堡还可用来为公共交通付费。	戴姆勒奔驰公司	德国，并在波士顿、波兰和赫尔辛基试用
Transit APP	使用范围最广，整合的出行方式主要在公共交通，如公交车、地铁、公享单车、共享汽车等。	Accomplice、Accel、BDC 等公司	美洲、欧洲、澳洲的162个城市

（2）深圳国际会展中心专用公交线路：我国首条全程车路协同智慧公交路线

近年来，车路协同技术快速发展，为公交优先战略的落实提供了全新可能。2019年11月，深圳国际会展中心正式启用并迎来首展，为满足来往展会出行需求，我国首条全程车路协同智慧公交路线正式启用。智慧公交采用LTE-V车路协同技术，利用V2X车载高精度车路协调OBU，与路测RSU实现10毫秒级的实时通信，路侧车路协同设备可以实时感知专用公交车的车辆速度、位置、驾驶状态等实时数据，并与交通信号控制红绿灯进行联动，实现专用公交优先通行。通过智慧公交平台系统，专用公交车辆可以实时获取公交调度信息、周边路段拥堵信息、道路突发状况报警信息，利用OBU通过4G专网实时传输给车载智能终端显示屏，给驾驶人员进行实时提醒，有效提高车辆的通行效率，同时保障车辆及司乘人员的出行安全。

（3）Remix智慧公交平台：集线路规划、运行监测、可达性评估等功能于一体，实现更智慧和更精准的公交运营管理

近年来，以Remix等为代表的智慧公交监管与服务平台将智能交通系统技术（ITS）应用于公交的交通智慧化实践。基于公共交通中的大数据，通过全息感知、分析实验、数据融合等多种前沿技术与数据挖掘手段，打造面向智慧公交监管与服务需求的智能、先进、高品质系统，实现了对于智慧公交信息资源的深度挖掘及综合信息的汇聚与利用，从而为公交决策与管理者提供城市公交的实时监控与分析及管理决策辅助支持，为交通信息运营商提供面向出行者的动态公交出行信息支持，实现满足不同对象多元化需求的公交综合服务。

Remix公交是美国Remix公司推出的Web端公交智慧平台，集公交线路规划、场景测试、可达性评估、运行监测等功能于一体（图10.3-7）。1）数据可视化：将不同来源、不同标准的公交数据汇集到同一可视化平台，快速展示并比选不同的公交优化方案；2）线网规划与可达性评估：从步行时间、等车时间、乘车时间等全出行链出发，自动生成现状和规划公交可达性分析报告，精准支持公交线网规划和服务品质提升；3）团队协作：remix平台具有完整的团队合作功能，以帮助公交主管部门、规划师、公交运营商等多方利益主体沟通协作，并支持社会公众参与规划并提出改善意见，极大地提升了市民实质性参与公交治理的效率。

Remix目前已应用于全世界300多个城市的公交改善项目中，全面提高了交通治理效率、降低了利益相关方沟通难度，典型案例包括：1）在新西兰奥克兰公交线网优化项目

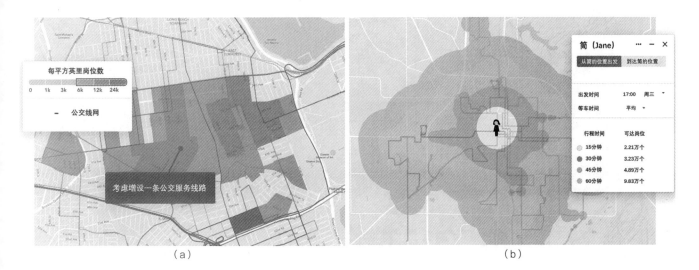

图10.3-7 Remix公交决策支持软件的应用界面
（a）公交线网可视化；（b）基于全出行链的公交可达性评估

中，使方案编制的耗时从252小时降低到20小时，节省了92%的时间；2）在美国西雅图中长期公交规划项目中，通过实时在线方案分析和可视化，使规划周期从2年缩减至1年，让39个同级别的地方政府以最快速度达成一致意见。

（4）Swiftly公交大数据平台：面向投资规划、运营调度、乘客出行的一体化服务

Swiftly是美国另一款公交大数据监测平台，并面向公交管理决策者、运营调度人员、公交乘客等多方利益主体，开发了包括投资规划、项目管理、实时监测、优化调度、服务提升在内的丰富功能，对我国公交优先迈向精细化治理极具借鉴和启示意义。Swiftly主要功能举例如下：

面向运营调度：Swiftly平台可以实时监测、精准识别公交车实际与计划运行时刻表的偏差，基于系统建议与公交调度员和驾驶员沟通讨论调整对策（图10.3-8a）。

面向公交乘客：基于路网实施运行状况为乘客提供精准的公交到达时间，将公交运营计划的临时变更消息实时推送至乘客手机，加强乘客对于公交出行的信赖度（图10.3-8b）。

面向服务提升：基于历史运行数据，快速识别导致公交速度下降的路段和交叉口，细化分解公交运行时间、拥堵时间、停靠时间，帮助管理者分析和识别运行效率的瓶颈所在（图10.3-8c）。

面向投资决策：将各类投资项目对于公交运行的影响可视化在平台页面上，如新增线路站点、交叉口信号优化和周边工程项目建成等，以公交优先为导向安排投资建设时序（图10.3-8d）。

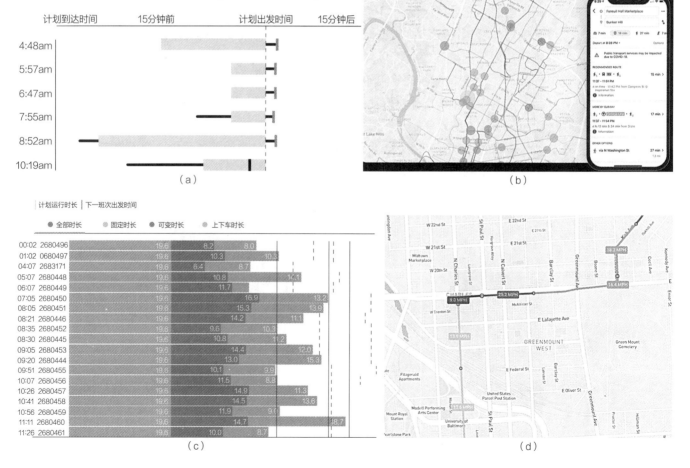

图10.3-8 Swiftly公交大数据平台的应用界面
（a）公交实际运行与计划时刻表偏差分析；（b）面向乘客的公交服务信息推送
（c）公交运行时间分解；（d）投资项目对线路运行影响可视化

2. 经验总结

国际城市的公共交通智慧化实践经验表明，在新一代信息技术的发展浪潮中，应鼓励和包容公共交通创新应用的探索实践：一是在多模式交通方式整合方面，面向全过程出行体验的出行服务整合是城市交通发展的大势所趋，而互联网、大数据、智能手机的快速发展普及为此提供了前所未有的契机；二是在生产效率挖潜方面，例如自行驾驶技术在公交行业的创新应用、客货混用公交对于物流产业的降本增效，在相当程度上都具备解放生产力的巨大潜力；三是在多方主体利益融合方面，移动互联、5G等技术的发展使得信息传达、沟通、反馈的成本大幅降低，可以更好地帮助公共交通规划、管理、运营人员的分工协作、更加精准地识别乘客诉求和传达服务信息。

10.4 未来交通框架下城市公共交通优先战略创新发展

10.4.1 政策及规划的战略视角从主城区向都市圈延伸

随着城市密集开发建设的空间区域从主城区向全市域、都市圈拓展，公共交通应在更大的空间范围内发挥骨干甚至主体的作用，引导大都市圈范围的就业岗位、公共服务功能和居住围绕各级枢纽和公共交通走廊集聚，落实土地集约利用的发展要求。因此，公共交通相关政策、规划也须从数据、规划、政策标准等角度出发，建立柔性的区域治理体系，以公共交通引导区域协同发展。

1. 建立传统调查与大数据相结合，跨区域调查与城市调查相结合的综合交通调查制度，夯实区域交通数据底座建设，进一步提升在都市圈层面落实公交优先发展战略的能力

超大城市在5年一次的综合交通运输大调查中积累了丰富的经验，在未来交通出行需求规模、空间分布、时间特征、强度特征和方式选择行为都将面临重大变革的情况下，调查组织的周期应进一步缩短，通过出行特征变化的持续观测，建立在第一时间优化政策，保持各类资源高效配置的能力。同时鼓励大中小城市加快与都市圈核心城市保持"对齐"，强化调查方法、口径、周期的统一性和标准化。都市圈核心城市在区域交通大数据体系建设工作中应发挥核心引擎作用，都市圈各城市积极参与，共同构建都市圈交通"一张图"，为公交优先发展战略的落实和实施评估奠定基础。

2. 研究建立信息公开与共享需求清单，建立有利于实现"多元主体参与、多元利益融合"的数据共享环境

组织研究细化城市群、都市圈以及城市等空间尺度下，面向跨区域交通协同治理、城市交通综合治理以及社区级交通综合治理等多层次治理需求，建立交通大数据公开共享清单。清单中每一项数据的说明均须包括共享主体、共享对象、共享方式、应用场景、数据格式、字段说明、空间单元范围、更新周期等内容，细化到指导具体工作开展的深度。旨在形成法律依据，加快推动毗邻城市之间、城市内部各部门之间，以及政府、企业、社会公众之间的信息共享与交换，逐步建立有利于实现"多元主体参与、多元利益融合"的数据共享环境。

3. 建立常态化的省级、都市圈以及城市三级交通年报制度，以非规划方式推动区域交通一体化

推动建立编制各市综合交通运输发展年度报告的长效工作机制。年报的编制工作由各市交通运输主管部门牵头，划拨专项经费，并纳入各省级交通运输主管部门对各市交通运

输主管部门的垂直考核。在全省城市交通年报成体系的基础上，鼓励建立编制都市圈层面综合交通运输发展年度报告的长效工作机制。并在市级层面、都市圈层面基础上，省内各市同参与，进一步研究建立编制省一级综合交通运输发展年度报告的长效工作机制。

4. 编制区域相关规划，落实"规划先行"理念，提前谋篇区域重大战略资源，预控区域重大战略通道，推动跨区域战略设施与城市交通网络设施的有机融合

面向治理能力现代化的要求，坚持"一本规划、一张蓝图"，编制都市圈综合交通发展战略规划，在跨越行政边界的空间范围内系统布局区域重大战略资源，预控区域重大战略通道，提升重大战略设施在空间协同、衔接方案、规划建设时序等方面与地方城市的有机协同。要针对涉及部门众多、利益相关群体复杂的重大区域性战略决策，引入公开、透明、广泛、高效的社会参与，确保最终决策兼顾国家战略、区域战略的落实以及各方诉求与切身利益。

5. 研究建立毗邻城市之间的规划与交通政策相互参与制度，建立区域层面的命运共同体

由省级行政部门牵头，会同各地方规划机构，研究建立城市群、都市圈内毗邻城市之间的规划设计与交通政策相互参与制度，推动毗邻城市在城市总体规划（特别是交通专项）、综合交通体系规划、各项年度实施计划与行动方案上的协同对接与实质性相互参与。确保决策既有利于国家战略、区域战略的落实，同时兼顾被协调单元的利益平衡。

6. 设立区域交通运输一体化协同发展基金，按市场规律推动区域一体化

为破解跨区域交通合作建设相对缓慢的现状，研究设立区域交通运输一体化协同发展基金。通过投资基础设施、资源开发、产业合作、金融合作等跨区域合作，激励多元主体积极参与跨区域合作与区域交通综合治理，促进共同发展、共同繁荣，实现合理的财务收益和中长期可持续发展。

10.4.2 推进公共交通发展从单方式向多模式融合转变

推动网络协同、信息共享、功能整合，打造服务定位更加清晰、网络布局更加协同、服务层次更加细分、运营组织模式更加多元、设施功能更加复合、组合出行衔接换乘更加便捷的公共交通体系。

1. 推动多种交通方式和多种运营组织模式错位服务、有机衔接的复合通道网络建设

协调干线道路与轨道的发展，高强度客流走廊建设"轨道+快速公交"复合公交通道，实现大运量交通走廊的公交提速，提高城市关键交通走廊的公交供给能力。地处城市外围圈层、开发强度较低、城市功能相对单一、轨道交通覆盖不足的片区，鼓励发展按需响应式公交，主动与干线网络形成饲喂关系。

2. "站—产—城"有机融合。即推动枢纽地区土地混合开发，实现枢纽与城市协同发展

（1）坚持以轨道交通为导向的城市空间开发拓展模式。统筹国土空间布局、功能分区和用地配置，积极引导城市建设沿轨道交通客运走廊紧凑布局、有序发展。建立TOD发展持续评估与检讨机制，以轨道交通枢纽与城市功能区的空间耦合水平作为标准，从区域、城市、廊道和站点等多个空间层次出发，持续优化城市规划和轨道规划的编制。

（2）锚固集城市和交通功能于一体的枢纽体系。探索枢纽用地的立体分层设权、分层出让机制。采用TOD的模式推动区域轨道及枢纽规划建设，强化轨道枢纽和城市外围地区各层次中心的空间耦合。优先保障枢纽上盖、核心区、影响区内战略新兴产业、高端服务业的土地供应。围绕枢纽组织开发大型观光娱乐设施、商业、公共配套、办公、住宅，充

分发挥城市各层级中心的集聚效应，带动周边地区发展。

（3）有序推进既有轨道交通站点核心区和影响区的更新改造。根据市区两级权利责任，针对既有的各级枢纽、车站，按照高标准实施有机改造。因地制宜增加站点出入口数量、加密车站地下空间、强化建筑连通、优化多方式衔接的布局和空间分配，优化站点周边地面街区尺度、增加人行空间有效宽度与无障碍设施标准、完善步行引导标识以及实施道路限速等。

3. 出行信息服务融合。即提升全出行链的信息服务能力，深入落实出行即服务理念

（1）城市出行信息服务方面，在已有信息的基础上，以不同类型乘客的完整出行连为基本单元，增加车厢满载率、各站点时刻表、对外枢纽的运营情况（如航班延误情况）以及相关站点周边的生活服务信息发布。

（2）交通枢纽信息服务方面，建立枢纽信息化整合平台，整合发布多方式交通信息，消除来访者信息不对称，支持出行者透明化决策。

（3）不同交通方式的服务整合方面，建立具备多方式协同联动和服务供需自平衡能力的信息共享机制。推动地铁进出站量、OD（出行量）、排队情况和满载率信息向公交企业和出租汽车企业进行积极开放，协助公交企业、出租汽车企业掌握更加全面的客流信息，主动优化公交线路的运力配置、运营组织优化，缓解高峰拥挤严重的轨道站点和断面压力。自主或联合新媒体建立平台，为市民提供根据线路、出行时段判断近期若干天的排队和拥挤情况的全息服务，引导出行者调整时段、路径或方式等实现供需的自组织平衡。

10.4.3 加快构建基于多利益主体协作的共创共享机制

在共享经济高度发达的今天，政府、企业、社会组织和公众四方利益相关者，可探索共建共享共治的多方主体协作机制，从而满足各方诉求（图10.4-1）。一是可基于"价值—信任—合作"的城市交通多元主体协作关系生成动力与促进机制，构建政府—企业—社会组织—公众的利益诉求差异与协作机制；二是理清政府与市场关系，建立政府主导的交通服务提供与市场机制下交通服务生产的合作机制以及保障服务质量的反馈机制；三是坚持四方利益总体最优，建立多元价值导向下交通治理绩效评估与公共利益调控、补偿机制。

在城市公共交通方面，应建立政府主导提供规制、市场化资源配置、多元主体参与服务品质评估与优化的协作共建机制（图10.4-2）。

（1）政府主导的城市公共交通服务提供规制。分析各种公共交通方式的服务属性、功能定位与结构配置。梳理实践中出现的主导、主体、补充等各类结构关系，以均等保障、高效导向为原则，以公共交通服务结构体系整合、服务标准设定和价格调控为手段，建立政府主导的城市公共交通服务提供方法。

（2）市场化资源配置导向的公共交通服务生产机制。研究企业、社会组织加入公共交通服务生产的目标、动力与利益诉求。以市场化资源配置为导向，建立既能满足公共交通服务标准又能实现企业利益诉求的生产动力提升机制。以最后1公里、公共交通网络换乘不便等影响公共交通出行效率的合作问题入手，研究不同公共交通服务企业间竞争合作关系的动力与障碍。发挥政府主导（元治理）作用，通过权益调节建立面向公共交通出行效益最大化的多企业间协同生产机制。

（3）公共交通服务评估与共建过程优化。梳理既有公共交通服务绩效度量指标，评估

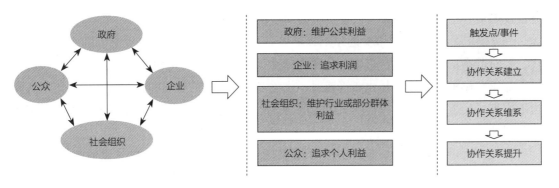

图10.4-1 政府—企业—社会组织—公众的利益诉求差异与协作机制

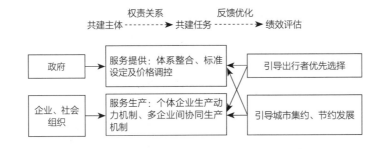

图10.4-2 城市公共交通服务协作共建与反馈优化过程

其有效性、局限性。从引导出行者优先选择、引导城市集约节约发展角度，制定体现各方利益和公共交通服务共建过程的综合绩效度量指标体系。建立绩效评估与公共交通服务共建过程的动态反馈、修正机制，促成多主体共赢的公共交通服务共建制度建设。

要实现交通综合治理能力现代化，关键在于参与者不仅要有权，更有积极性和足够的能力，有效地行使决策参与、过程监管、交互反馈和绩效评估，即"赋能"。通过建立数据公开共享共创机制与大数据平台，谋求在同一问题同一事务上各参与主体的信息对称和平等对话，是提升决策效率、决策水平，凝聚共识的必要途径。在涉及多方利益的重大行政决策上，无论政府与政府的双边对话，还是政府、社会组织、企业以及公众之间的多边对话，各方都具有在统一的数据基础上开展量化评估的能力，不同的利益相关者能够就共同关心的议题在利弊分析上形成数字化的共识。

本章参考文献

［1］汪光焘等. 我国城市交通公交优先发展战略研究［R］. 国家自然科学基金委2012年科学部主任基金应急科学研究转款项目，2012.

［2］汪光焘，陈小鸿. 中国城市公共交通优先发展战略——内涵、目标与路径［M］. 北京：科学出版社，2015.

［3］汪光焘等. 公共交通优先发展理论和TOD理念为导向的城市规划实施综合评估研究［R］. 国家自然科学基金委员会管理科学部2016年第1期应急管理项目，2016.

［4］中华人民共和国住房和城乡建设部. 中国城市建设统计年鉴2014［J］. 北京：中国统计出版社，2015.

［5］Greater London Authority. Mayor's Transport Strategy［M］. London: Greater London Authority, 2018.

［6］Greater London Authority. The London Plan 2016［M］. London: Greater London Authority, 2016.

［7］Singapore Land Transport Authority. Land Transport Master Plan 2040［M］. Singapore: Transport Authority, 2013.

[8] 陈守强，杨丹，阎凯. 苏黎世"公交联盟"发展模式及其启示[J]. 规划师，2019（18）.
[9] 林雄斌，杨家文，孙东波. 都市区跨市公共交通规划与空间协同发展：理论、案例与反思[J]. 经济地理，2015（09）：40-48.
[10] 邵源，孙超，严治. MaaS体系构建及应用思考[C]//创新驱动与智慧发展——2018年中国城市交通规划年会论文集.
[11] 汪光焘，陈小鸿，叶建红等. 城市交通治理现代化理论构架与方法初探[J]. 城市交通，2020（2）：1-14.

第11章
公共交通智能化建设和发展

11.1 智慧公交建设发展历程

智慧公交建设是城市智慧交通建设的重要一部分，本节总结了我国智慧公交建设的发展概况，梳理了北京、上海、深圳3个城市发展智慧公交的过程。同时，列举了美国、日本、韩国3个国家在智慧公交建设中采取的措施和发布的文件。

11.1.1 我国发展概况

智能交通是提高交通运输系统效率、服务品质、安全水平和环保节能的关键，是建设交通强国、实现中国交通世界领先目标的重要抓手。为实现交通强国的战略目标，智能交通技术必将实现快速发展，智能化水平必将显著提高。未来智能交通发展的重点将是构建城市交通大数据共享平台、打造先进实用的城市"交通大脑"、构建世界领先的城市智能交通系统、高水平实现车路协同、提升客货运输服务的智能化水平、实现综合运输的智能化、借助高度的智能化破解交通拥堵、提高安全水平、实现绿色交通主导。

我国的公共交通智能化是伴随整体智能交通发展的，见图11.1-1。大致经历了以下几个阶段：

（1）20世纪90年代初，起步阶段。在此期间国外智能交通已经形成了一个清晰的概念，国内专家，学者跟踪这方面的发展。

（2）20世纪90年代末。国家开始关注智能交通系统的重要性，智能交通系统，不仅解决了交通问题，同时带动庞大的产业链。

（3）"十五"期间（2000~2005年），试点阶段。2000年开始，国家"十五"计划明确在近阶段中国智能交通的发展目标。这期间，中国开始实施"智能交通示范城市项目"，

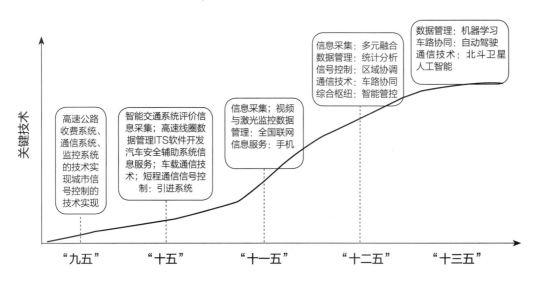

图11.1-1 智能交通发展历程与关键技术

选定北京、上海、广州、深圳等10个城市为智能交通示范城市，实现"十五"规划制定的3个目标。2005年9月，国务院办公厅通过《关于优先发展城市公共交通的意见》，城市人民政府要加大对公共交通行业的科研投入，实现公共交通优先发展的科技支撑。要对公共交通规划理论与方法、综合交通枢纽设计、公共交通优先的道路网利用和信号系统、综合交通信息平台、车辆智能化和安全性有关标准等组织立项，加大科研力度。要积极推广应用先进科技成果，满足优先发展公共交通的技术需要。公共交通企业要加大对企业管理系统的科技投入，提高运营组织水平。

（4）"十一五"期间（2006~2010年）。"十一五"规划纲要提出"十一五"期间单位GDP能耗降低20%左右，"公交优先是其中的一个重要措施"。2009年6月，科技部"大运量快速公交智能系统与公交优先关键技术研发与产业化"重点项目通过了可行性论证。同时，在"十一五"期间，多个城市开始研究并推广智能交通系统。北京奥运会以及上海世博会期间，许多公交信息化建设应用落地。2010年10月《城市公共交通条例》提出城市公共交通规划应当包含城市公共交通信息化建设。

（5）"十二五"期间（2011~2015年）。2011年，交通运输部下发《关于开展公交都市建设示范工程有关事项的通知》（交运发〔2011〕635号），正式启动了公交都市创建工程。2011年4月，交通运输部发布《公路水路交通运输信息化"十二五"发展规划》，其中明确开展城市客运智能化应用示范工程，推广城市公共交通智能系统建设，开展城市公交与轨道交通智能调度与管理、动态停车诱导等智能化系统的示范建设与推广应用；大力推广普及城市公交"一卡通"，在有条件的区域，积极推进跨市域公交"一卡通"的互联互通，提升城市公共交通的协同运行效率和服务能力，提高公交出行分担率，缓解城市交通拥堵。

2012年9月，交通运输部启动首批10个城市的"城市公共交通智能化应用示范工程"。2013年提出了"公交都市指标体系"，并在12月启动第二批"示范工程"，共26个试点城市。同时为了指导工程建设，在2014~2016年发布了一系列示范工程标准体系的标准要求，涵盖了车载智能服务终端、数据通信协议、数据总线接口通信、调度系统、出行信息服务技术等要求。在认识转变、技术体系、产业发展、行业应用方面取得了较快的发展。截至2014年4月，我国已有460座城市为公共交通装备了IC卡系统，方便乘客出行。截至2013年10月，已有35个城市实现了跨区域的IC卡公用。

在这期间，一系列促进公交智能化建设的措施提高了行业管理部门及公交企业对智能化建设的认识；首次系统地构建了我国城市公共交通智能化标准规范体系；促进了行业科技进步；带动了智能公交产业的蓬勃发展，为公交领域互联网+、大数据应用奠定了基础；提升了企业运营生产管理的精细化水平；极大拓展了公交出行信息服务的广度与深度；提高了城市公交行业管理科学决策水平。

（6）"十三五"期间（2016~2020年）。2014年6月，交通运输部办公厅发布了《城市公共交通智能化应用示范工程建设指南》，具体阐明了城市公交智能化的建设目的、范围、定位、思路、原则和目标要求；并从系统架构、系统功能、信息资源、基础条件和标准规范以及运营管理方面对公交智能化建设做了详尽的要求。在建设任务上，文件提出需要建设"一套体系、一个中心、三大平台"。

"一套体系"为城市公共交通运行状态检测体系。要充分发挥现有终端设备的监控和信息采集能力，并重点补充建设。具体来说，这些基础设施包括通信网络、软硬件平台、安全系统、终端系统与配套场所。

"一个中心"是指建设城市公共交通数据资源中心，要求完善城市公共交通企业数据资源，建成行业统一的公共交通数据资源中心，建设企业和行业两个层级的公共交通数据资源体系。

"三大平台"分别为城市公共交通企业运营智能调度平台、乘客出行信息服务平台、城市公共交通行业监管平台。这些平台围绕城市公共交通企业、乘客、行业管理部门三方的业务需求，实现城市公共交通企业运营智能调度、乘客出行信息服务和行业监管三大系统功能。其中，城市公共交通企业运营智能调度平台主要包括企业运营信息管理、车辆运行动态监控、智能调度与动态排班等功能。乘客出行信息服务平台主要通过网站、电子信息服务屏、移动终端、服务热线等多种方式，为不同出行阶段的乘客提供动态、多样化的公共交通出行信息服务，并畅通乘客对城市公共交通发展的咨询、建议、服务评价与投诉等渠道。城市公共交通行业监管平台重点为行业管理部门提供行业监管与决策服务，主要包括基础业务管理、综合运行监测、安全应急管理、服务质量考核与发展水平评价、统计决策分析等功能。

2015年6月，交通运输部运输服务司发布通知，对城市公共交通智能化应用示范工程进一步规范建设内容，明确建设进度，加强政策保障和技术支撑，加强监督检查。在规范建设内容方面，要求有关城市交通运输主管部门要严格按照《交通运输部办公厅关于印发城市公共交通智能化应用示范工程建设指南的通知》要求，以提升城市公共交通运行监测、企业智能调度、行业监管决策和公众出行信息服务水平为总体目标，充分结合当地城市公共交通行业运营管理特点，规范示范工程建设内容。

2017年9月，交通运输部办公厅印发《智慧交通让出行更便捷行动方案（2017～2020年）》。提出建设完善城市公交智能化应用系统，充分利用互联网技术加强对城市公共交通运行状况监测、分析和预判，定期发布重点城市公共交通发展指数。到2020年，国家公交都市创建城市全面建成城市公共交通智能系统；推动城市公交与移动互联网融合发展。鼓励和引导城市公交运营主体大力推动城市公交一卡通互联互通，加快推广移动支付等非现金支付技术在城市公交领域的应用，引导各市场主体研发推广城市公交智能化服务APP，鼓励和规范基于移动互联网技术的个性化公交服务发展。文件进一步明确了几年间的重点任务，2017年分批在36个试点城市开展城市公共交通智能化应用示范工程；2018年基本完成36个城市的城市公共交通智能化应用示范工程建设工作；2019年以"十三五"期间新公布的公交都市创建城市为重点，推进城市公共交通智能系统建设应用；2020年国家公交都市创建城市公共交通智能系统得到充分应用。

2019年7月，交通运输部印发《数字交通发展规划纲要》，提出促进先进信息技术与交通运输深度融合，有力支撑交通强国建设，提出促进交通、旅游等各类信息充分开放共享，融合发展。鼓励平台型企业深化多源数据融合，整合线上和线下资源，鼓励各类交通运输客票系统充分开放接入，打造数字化出行助手，为旅客提供"门到门"的全程出行定制服务。倡导"出行即服务（MaaS）"理念，以数据衔接出行需求与服务资源，使出行成为一种按需获取的即时服务，让出行更简单。推动"互联网+"便捷交通发展，鼓励和规范发展定制公交、智能停车、智能公交、汽车维修、网络预约出租车、互联网租赁自行车、小微型客车分时租赁等城市出行服务新业态。

11.1.2 国内城市发展案例

1. 北京

北京在"十一五"期间提出公共电汽车发展的主要任务中包括了：全面推进IC卡应用，改革公交票制票价；建设智能化区域调度及乘客信息服务系统。满足申办2008年奥运会和发展高科技信息产业的要求，继续加大投资力度，加快城市交通基础设施的建设。

2016年7月，北京市规划和自然资源委员会发布《北京市"十三五"时期交通发展建设规划》。在公交智能化方面，提出要提升公交智能化水平。建设公交调度指挥协同平台，以公交骨干网为主体，整合接入视频监控、决策支持、运维监控等系统，打造集成、统一、共享和协同的调度指挥体系。研究高精度客流检测与分析、公交车辆动态配置与调度、车辆运行与系统安全保障等技术。

北京已建成了公交卫星定位调度系统、路口公交信号优先系统、公交枢纽集中调度系统和可视化系统、大容量快速公交BRT的智能系统，截至2015年年底，北京公交线路手机报站功能基本实现全覆盖。

2. 上海

上海于20世纪80年代启动智能交通系统建设。从1985~2003年，上海公共汽电车行业退出公共交通卡，逐步代替人工售票。

上海在"十一五"期间（2006~2010年），以2010年世博会为契机，以上海市交通综合信息平台建设为核心，形成交通综合信息体系框架。要求加快建设城市公共交通营运监管、信息发布与服务系统、完善城市公共交通"一卡通"，推广公交电子站牌。"十二五"期间（2011~2015年），上海进入后世博发展期，在公共交通方面加快建设公交企业运营调度系统。2013年上海市交通运输和港口管理局《关于推进本市地面公交行业信息化工作的实施意见》发布以来，实行巴士集团、浦东公交两大集团公交信息化示范工程和交通运输部城市公共交通智能化应用示范工程，积极推进公交行业信息化工作。一方面，车载信息系统大规模应用有实效，推动公交行业转型升级；另一方面，企业智能集群调度管理有发展，提升公交行业运行效率。2015年上海市交通委通过《上海市交通委员会关于加强智慧交通体系建设的指导意见》：计划到2020年，形成覆盖全行业的智慧交通发展体系，实现智慧出行、智慧管理与决策、智慧运营。2016年4月，上海市交通委印发《关于全面深化本市地面公交行业信息化建设的行动计划（2016~2018年）》：2016年实现上海市公交车辆一体化车载信息系统全覆盖，车辆到站动态信息预报线路实现全覆盖，接入"上海公交"APP应用；完成骨干线路POS机设备改造，实现客流数据实时采集及传输；形成公交基础信息的采集、编码和维护体系，建成电子证照管理系统、行业服务监管、辅助决策与综合运行分析系统。2017年，继续扩大公交候车设施的车辆实时到站信息发布服务及计划时刻表发布；实时客流采集技术在行业进行推广，实现智能集群调度常态化管理；增强行业管理部门监管能力，促进运营管理规范化。2018年，电子站牌建设改造工作全部完成，智能场站建设全面完成，智慧公交体系基本建成。

3. 深圳

深圳市交通局2006年开始试点电子站牌项目。结合公交车GPS调度、一卡通及闭路监控的普及，利用ITS技术手段，进行公交运营调度、公交运营时间的实时发布等工作。深圳市交通委、深圳市发改委发布《深圳市智能交通"十二五"规划》中明确提出深化智能公交都市服务。政府层面，重视开展公交智能化基础保障工作、加快推进企业智能公交系统建设、提高智能公交系统对公交行业管理的支撑能力、整合智能公交运政管理；企业层面，建立智能公交运营调度指挥、建立智能公交安全保障；公众层面，打造智能公交信息服务体系、实现大公交一体化换乘。在以上规划发布前，深圳已发布了深圳市标准化指导性技术文件《公交智能调度系统平台规范》《公交智能调度系统通信协议》《公交智能调度系统车载调度终端》，成为率先发布全国首个公交智能调度系统系列标准的城市。

11.1.3 国外发展典型案例

1. 美国

1991年《多式联运和地面效率法》创建ITS计划，鼓励开发和应用ITS先进技术，使智能交通技术能够集成到车辆和基础设施中，以建立更安全、更高效的运输系统。

1995年3月，美国交通运输部发布了"国家智能交通系统项目规划"，明确规定了智能交通系统的7大领域和29个用户服务功能，并确定了到2005年的年度开发计划。7大领域包括出行和交通管理系统、出行需求管理系统、公共交通运营系统、商用车辆运营系统、电子收费系统、应急管理系统、先进的车辆控制和安全系统。

美国交通运输部则于1996年1月发布了"交通时间节约战略"，并在其中提出"智能交通基础设施"的新概念。该战略计划在75个城市中实施，预计在10年内完成，实现旅行时间减少15%的目标。美国城市公共交通管理局（UMTA）启动了APTS发展现状"先进的公共交通系统"（Advanced Public Transportation System，APTS）。经过现场试验，UMTA关于APTS的评价是"APTS可以显著提高公共交通服务水平，吸引更多乘客采用公交和合伙乘车的出行模式，从而带来了减少交通拥挤、空气污染和能源消耗等一系列社会效益"。

根据1998年美国交通运输部的联邦公共交通管理署（FTA）出版的《APTS发展现状》，美国的主要研究基于动态公共交通信息的实时调度理论和实时信息发布理论以及使用先进的电子、通信技术提高公交效率和服务水平的实施技术。具体包括车队管理、出行者信息、电子收费和交通需求管理等方面的研究。其中车队管理主要研究通信系统、地理信息系统、自动车辆定位系统、自动乘客计数、公交运营软件和交通信号优先。出行者信息主要研究出行前、在途信息服务系统和多种出行方式接驳信息服务系统。

美国ITS战略规划的发展历程　　　　　　　表11.1-1

战略	2010~2014年	2015~2019年	2020~2025年
愿景	为美国提供一个全国性的互联交通系统	改变社会的运转方式（整合交通与其他社会公共服务）	加快普及ITS的应用，以改变社会的前进方向
使命	为国家提供具有互联性的交通基础系统、技术和应用程序	进行ITS研发和推广，促进信息和通信技术应用，使社会更加安全有效地前进	推进ITS的开发和使用，从而更安全、有效地运送人员和货物
技术生命周期	—	三阶段：研究，发展和应用	五阶段：确认和评估，协调和牵头研发，价值阐述，应用推广和ITS应用维护
战略重点	交通的互联性	实现载运工具的高级	

图11.1-2 完整出行的概念
图片来源：ITSJPO

美国自2010年明确ITS战略主题是全面推进多模式车联网综合运输一体化发展，见表11.1-1。2010~2014版战略强调交通的连通性，2015~2019版战略重视车辆自动化和基础设施互联互通，2020~2025版战略从强调自动驾驶和智能网联单点突破到新兴科技全面创新布局，完善了基于技术生命周期的发展策略，着重推动新技术在研发—实施—评估全流程示范应用。其中"完整出行"作为其中一个重要目标，提出将创造新技术和部署配置，解决经济困难、住在偏远地区、残疾或老年的美国人长期严重缺乏交通工具或可用性的问题，其中计划应用一新技术，包括预定行程服务应用程序、自动班车、辅助机器人、寻路导航应用程序等，见图11.1-2。

2. 日本

日本城市公共交通智能化的发展经历了3个阶段。20世纪70年代末，开始应用公共汽车定位系统，即公共汽车接近显示系统，20世纪80年代末开始应用公共交通运行管理系统，其中包括乘客自动统计、运行监视和运行控制。进入20世纪90年代，由于机动车数量的增长和严重交通拥挤的影响，要保持正常的行车速度是十分困难的，由此引起的公共交通的不便性和不可靠性导致乘客数量的急剧减少。东京都交通局开发了城市公共交通综合运输控制系统（CTCS），旨在改进公共汽车服务，重新赢得乘客。在CTCS中，公共交通运营管理系统通过掌握运行情况以及乘客数据实现精确平稳的公共交通运营服务。它将运营中的公共汽车与控制室之间建立信息交换，并利用诱导和双向通信的方法，将服务信息提供给公共汽车运营人员和驾驶人员，同时这些信息也通过进站汽车指示系统和公交与铁路接驳信息系统提供给乘客。公共交通综合管理系统包括累积运营数据、乘客计数、监视和控制公共汽车运营和乘客服务等功能。其中乘客服务功能中包括信息查询和公共交通与铁路接驳信息提示。公共交通综合管理系统的硬件包括公交主控中心、区域中心以及路边、车库和车载设备等。

2017年日本发布的《国土交通白皮书》中提到：以内阁总理大臣为本部长的工厂综合战略本部，发表了"世界最尖端IT国家创造宣言"，并提出了"世界上最安全、最环保、最经济的道路交通社会"目标,积极推进交通安全对策、交通拥堵对策、灾害对策等道路交通信息收集、传送等相关方案。其中实现的技术包括先进安全自动驾驶技术(ASV),在老龄化较严重的地区利用自动驾驶技术进行人与货的运输。

3. 韩国

2002年,韩国政府在国家信息化战略中提出了u-Korea发展构想,期待到2007年为止在世界首先实现将全国住宅空间、公共场所和城市设施等通过超高速的无处不在的计算机和网络连接的国家信息系统,以用户为中心构建U平台,建立世界级知识信息中转站的长远国家经营战略。

韩国首尔在2004年开始实行全面、系统的公交体制改革,在公交信息化建设方面,主要是构建巴士管理系统(BMS),所有公共汽车均安装GPS卫星导航装置,通过卫星随时将公交车所在位置、车速、乘客数量及违章、事故等信息传送到公共汽车综合指挥、控制中心,分析处理后再反馈回每辆公共汽车,并通过设在汽车站的显示器和移动通信系统直接提供服务。汽车司机根据得到的信息,可及时调整车速和与前方车辆的间隔,确保正点运行;打算乘车和候车的乘客,可以通过手机或车站上的电子显示屏了解公共汽车路线、到达时间等信息,缩短候车时间。公共汽车公司则可根据每位司机运行业绩和事故情况实行赏罚。

2008年韩国开始在全国公交站台逐步推广和安装一体化的公共交通信息系统,由LCD和LED屏幕提供公交系统文字信息、视频服务。与此同时,计划到2020将公共交通信息系统建设为基础智能型交通系统(ITS)。

11.1.4 国内相关标准规范

国内出台的公共交通智能化相关标准规范见表11.1-2.

国内相关标准规范　　　　　　　　　　表11.1-2

名称	类型	编号	发布时间
城市公共交通调度车载信息终端	国家标准	GB/T 26766—2011	2011年
城市公共交通调度车载信息终端与调度中心间数据通信协议	国家标准	GB/T 28787—2012	2012年
城市公共交通IC卡技术规范 第4部分:信息接口	行业标准	JT/T 978.4—2015	2015年
城市公共交通IC卡技术规范 第5部分:非接触接口通讯	行业标准	JT/T 978.5—2015	2015年
城市公共交通IC卡技术规范 第6部分:安全	行业标准	JT/T 978.6—2015	2015年
城市公共交通IC卡技术规范 第7部分:检测	行业标准	JT/T 978.7—2015	2015年
城市公共汽电车出行信息服务系统技术要求	行业标准	JT/T 1098—2016	2016年
城市轨道交通公共区域客流数据采集规范	行业标准	JT/T 1097—2016	2016年
城市公共汽电车车载终端数据总线接口通信规范	国家标准	GB/T 35174—2017	2017年
城市公共汽电车调度系统技术要求	行业标准	JT/T 1136—2017	2017年
城市公共交通管理与服务信息系统数据交换规范	行业规范	JT/T 1137—2017	2017年
城市公共交通行业监管信息系统技术要求	行业标准	JT/T 1138—2017	2017年
城市公共汽电车车载智能终端	国家标准	GB/T 26766—2019	2019年

11.2 智能公交综合调度管理

智能公交调度系统以"提高公交服务水平,降低营运成本,实现公交系统信息透明化"为基本目标。通常以全球定位系统(GPS),客流检测系统,地理信息系统(GIS)、数据库系统作为技术支撑。需要以公交线网布局、线路公交方式配置、站点布置、发车时间隔确定、票价的制定等进行优化和设计为基础。实现公交车辆的自动调度和指挥,保证车辆的准点运行,使出行者可以通过电子站牌等信息发布终端了解车辆到达信息和换乘信息等,从而降低运行成本和乘客的出行成本。

目前国内对于智能公交调度理论多集中在单线路动态调度,国际发达国家水平多研究公交枢纽集成调度、区域多线路协调调度,未来对于智能公交调度的研究将会扩展到城市公交系统协调调度及公交枢纽群协调调度,国内部分城市已经开始相关项目的落地实施:以深圳智能公交综合调度平台和北京公交区域调度系统为例,介绍目前国内公交调度系统的技术实现情况。

11.2.1 智能公交营运调度系统概念

智能公交营运调度系统由车载前端部分和中心部分组成,见图11.2-1。车载前端部分包括车载主机、司机显示屏、车载键盘、电子站牌、客流统计仪等。中心部分包括营运调度系统、车辆定位系统、业务报表系统、数据分析系统、网络及信息传输系统、视频监控系统等。其中营运调度系统是企业运营管理的核心系统,是指挥和协调其他系统正常运行的中枢,各系统之间存在着大量的信息交互,信息由数据中心统一管理并同各子系统共享。

主要具备以下几点功能:运用定位技术实现对运营车辆的监视;运用有效策略使晚点车辆恢复正常运营;及时有效地采集车辆及乘客信息,并进行分析与处理;运用当前的操作数据及其他数据来源编制运营管理计划。

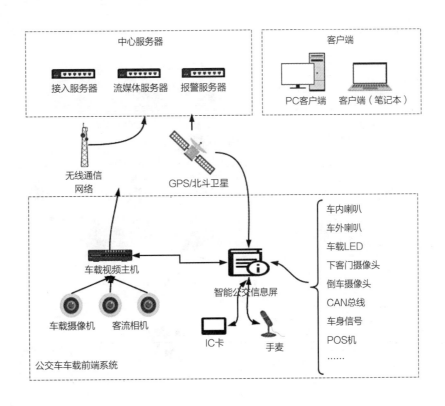

图11.2-1 智能公交调度系统集成

11.2.2 深圳智能公交综合调度管理平台

1. 智能公交调度系统原理

智能公交调度系统基于GPRS/3G/4G等移动通信技术、北斗/GPS自动定位技术、GIS地理信息技术、计算机技术等技术的综合运用，以电子地图为载体，通过实时获取公交车辆运行数据以及客流、道路信息数据，实现对公交车辆实时跟踪、智能调度和调配优化，从而提高运营效率，降低企业运营成本，提升公交服务质量和服务水平。

2. 平台总体架构

按照信息化应用的层次和信息流的方向，从下到上依次为基础设施层、前端感知层（又称终端层）、网络层、数据层、支撑层、应用层和表现层（图11.2-2）。

（1）基础设施层：主要包括机房、监控指挥中心、调度中心等用于支撑信息化系统安全稳定运行的软硬件基础设施。

（2）前端感知层：主要包括车载卫星定位、车载视频等车载智能终端设备以及场站监控设备等场站终端，用于前端感知采集信息、监控中心控制指令的前端设备。

（3）网络层：包括光纤网络、VPN、4G等移动通信网络等，用于支撑前端设备传输。

（4）数据层：主要用于数据资源的存储、计算、备份与交换共享等，包括基数据存储、计算、各板块业务数据库等。

（5）支撑层：主要包括数据交换平台、统一的卫星定位平台、统一的GIS平台、安全认证等。

（6）应用层：主要包括各业务管理信息系统，用于支撑日常公交调度管理和运营辅助

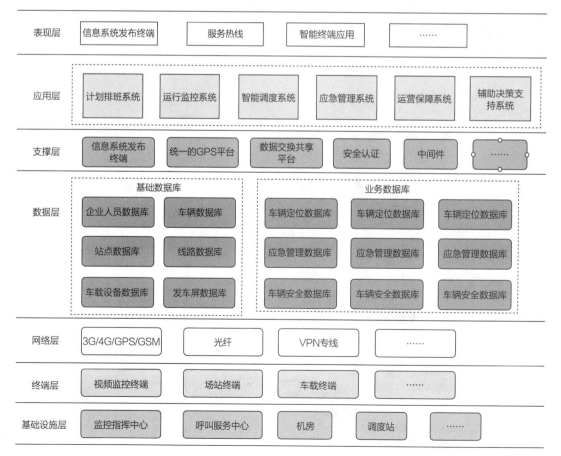

图11.2-2 深圳智能公交综合调度管理平台总体架构图

决策，如运行监控系统、智能调度系统、运营保障系统。

（7）表现层：主要包括信息发布终端、服务热线、手机应用等信息服务终端。

3. 平台亮点分析

（1）该平台采用北斗/GPS双模定位等综合措施提高车载终端数据采集准确度。

1）车载智能终端存在的技术问题。

公交调度系统信息采集来源主要依靠车载智能终端，但是车载智能终端本身的定位模块、无线通信模块、车辆状态信息的采集与判断均受限于一定的应用条件制约，且在不同车况、复杂路况、气候环境的影响下会产生其他问题。比如GPS定位模块，在高架底下与隧道中将无法定位、在高楼林立的商务区与住宅区会产生定位漂移等；比如通信模块，在某些移动基站覆盖不足地区会造成通信中断等。

2）采用北斗/GPS双模终端精确定位车辆。

平台采用北斗GPS双模车载智能终端，提高公交车辆在复杂环境、遮挡区下定位的精准度。运行监控系统同时可接收GPS和北斗系统的定位信息，并通过格式转换，实现统一存储。

3）引入虚拟班次解决智能终端的定位技术问题。

在系统设计中，考虑到当运营车辆车载终端设备发生故障无法定位但又必须参与运营时的情况，调度员则可在调度界面人工设置虚拟车辆发车，由系统建立一个班次，该班次作为前一班次与后一班次之间的虚拟班次。当虚拟班次前后的班次都到达终点站时，系统确认车载设备故障的车辆也到达终点站，即已完成一个正常运营班次。

4）采用故障应急处理办法解决通信中断问题。

系统增加每日车辆上线时提醒调度人员下发车辆运行计划时刻表功能，当平台遇到断电、断网异常情况时，车载设备提醒驾驶员按照当日最后一次下载时刻表进行运营，直到平台运行正常时根据车载设备补发数据重新进行完整车次的统计；增加遇到车载设备发生故障时支持人工录入单车运行记录单功能。

（2）该平台建立了结构合理、数据完整的公交数据库，推进深圳公交统一大数据中心建成，实现市公交行业数据的"一数一源"管理与应用。

平台设计了良好的数据收集和管理功能，准确、完整、实时地采集公交企业线路、车辆等动静态信息数据，健全深圳市公交基础业务数据库，为公交数据相关应用和政府监管提供支撑。此处的数据不仅包括公交行业的企业、车辆、驾驶员等基础台账信息，还包括车辆运行数据、公交客流数据、监控数据，另外还包括企业内部的一些运营管理数据等。

（3）以智能调度为核心搭建企业综合性运营平台，推进企业流程再造，提高企业运营生产效率和精细化管理水平。

智能公交综合调度管理平台不仅包括智能调度核心模块，还综合考虑了对票务、物资、机务、安全、服务、稽查、人力资源等公交运营相关业务与资源的管理，为企业日常高效运行提供综合保障。

（4）搭建公交行业统一的智能调度管理平台，同时满足政府监管需求，有效提高公交行业管理工作的自动化程度。

通过对深圳巴士集团、东部公汽、西部公汽3家大型公交企业调度平台的升级改造，建立了行业统一的公交智能调度管理平台。政府通过一个平台实施对企业的自动化监管，有效规范了行业管理。如公交补贴核算工作方面，通过平台实时上报的车辆GPS数据，完成了相关考核指标的自动核算，解决了以往企业上报数据可能存在的真实性和延迟性问题，确保公交补贴核算数据的客观、准确，大幅度缩减了政府核算工作量。

11.2.3　北京公交区域调度系统

北京公交集团为提高运营生产组织效率，提高系统管控智能化水平，通过远程调度指挥，实现多线路的资源共享、跨线联运、综合用车，以达到提升线路客流吸引力，降低运营成本，提高地面公交系统效率与效益的目的。

1. 区域调度概念

区域集中调度是以远程调度指挥车辆运营为基础，将一定区域内公交线路统筹运营组织，依托跨线联运、综合用车等方式，实现多线路联合编制行车计划的管理模式，达到区域内人、车、线、站等资源共享，提高运营生产效率的目标。

2. 区域调度方法

区域集中调度分为集中调度与区域调度两种模式，依托信息化调度系统平台及场站、车载硬件设备，实现调度员的远程指挥，在此基础上分析区域内线路间客流特点，提高车辆、人员等资源的综合利用程度，实现区域内有组织、有计划的运营组织与远程调度。充分体现出"集中分散"控制方式、"扁平式"公交调度管理结构的优势，提高运营调度管理水平、提升资源使用效率、改善运营服务质量。

区域调度是具有多首发站的各自独立运营线路上的车辆、人员，场站通过一定的技术手段和管理组织方法将其协调运营，达到信息共享和应急联动的一种地面公交运营组织模式（图11.2-3）。

集中调度是具有同一首发站的各自独立运营线路上的车辆、人员，通过一定的技术手段和管理组织方法将其协调运营，以达到资源的最有效配置和充分利用的一种地面公交运营组织模式（图11.2-4）。

3. 区域集中调度系统框架

实施公交区域集中调度模式要有一定的技术支撑，北京公交集团从2008年开始逐步加大了信息化、智能化系统建设的力度，系统建设遵循"统一规划、统筹建设、分步实施、归口管理、建管并重"的原则。应用系统建设必须以需求为导向，面向实际、力求实

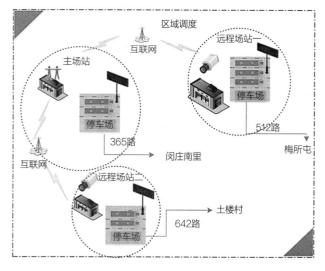

图11.2-3　区域调度模式

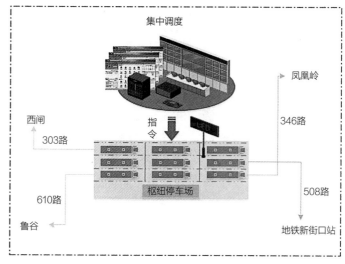

图11.2-4　集中调度模式

效，确保信息化建设项目可持续发展。信息化建设的目标是全面提升公交集团信息化应用水平，提高运营管理和服务水平，提供及时有效的决策支持，增强企业核心竞争力，提高企业经济效益和社会效益，结合国内外建设经验，北京公交区域集中调度总体框架如图11.2-5所示。

图11.2-5 北京区域集中调度系统整体设计

以运营生产为中心，分别设计驾驶员智能出乘系统、车载系统、行车计划辅助编制系统以及区域集中调度发车优化4部分。运用驾驶员智能出乘系统，对目前驾驶员各业务流程梳理及现有信息化设备统筹利用，以满足运营生产过程中的查看排班、酒精测试、签到、钥匙领取、日见面叮嘱、车辆例检、班前宣誓、运营信息、签退等全业务流程一体化，建立酒精测试考勤叮嘱一体化设备、蜂窝式智能钥匙柜以及通过各设备与智能调度系统组网，实现驾驶员一日智能出乘。

11.3 公交综合信息服务

公交综合信息服务是智慧公交的重要一环，很大程度决定了公共交通对乘客的吸引力，下文将介绍乘客信息系统的构成，以及中国上海、日本、新加坡、法国等国家或地区在乘客信息服务上应用的先进技术。

11.3.1 乘客信息系统

1. 乘客信息内容

出行前是出行的规划阶段。有意向选择公共交通出行的出行者会根据自己计划的出发时间和出行目的地查询或收集与公共交通有关的信息，其中，静态信息包括公交线路的费用时刻、站点等。实时信息包括车辆运行、服务、换乘等（表11.3-1）。

出行前信息需求 表11.3-1

信息类型		需求内容
静态信息	费用信息	票价、购检票方式等
	时刻信息	线路时刻表、发车间隔等
	站点信息	站点位置、途经站点、换乘站点等
实时信息	运行信息	车辆实时位置、到离站时间、行程时间、班次间隔等
	服务信息	站点候车人数、车内拥挤人数等
	换乘信息	换乘线路运行信息、其他方式换乘信息等

出行中，在出行前信息的基础上，公交出行者可以通过视频、音频等方式获取更准确的实时信息，以了解和掌握车辆运行的准确信息，如车辆运行的实时位置、到离站情况等；对于需要换乘的乘客，需要准确了解换乘信息，如公交系统内的车辆到达换乘站点的信息、换乘线路运行的信息、其他方式换乘信息等；对于不熟悉线路或车站的出行者，还需要引导信息，如站台位置引导、乘车引导、地图引导等；此外，在紧急状况发生时，还需要事故通报和疏散引导等信息（表11.3-2）。

出行中信息需求 表11.3-2

信息类型	需求内容
运行信息	换乘站点车辆实时位置、到离站情况等
换乘信息	信息、换乘线路信息、其他方式换乘信息等
引导信息	站台位置引导、乘车引导、地图引导等
紧急状态信息	事故信息、疏散引导信息等

除了公交出行信息以外，出行者的出行还会受到天气等外界环境的制约，因此会查询天气相关信息；对于休闲出行，站点周边餐饮、娱乐设施的相关信息也会受到关注；在乘车过程中，也会有出行者希望可以获取新闻、娱乐资讯的相关信息（表11.3-3）。

其他信息需求 表11.3-3

信息类型	需求内容
天气信息	天气状况、气温、湿度、空气污染情况等
站点周边信息	景点、餐饮、游乐场所位置等
新闻、娱乐信息	新闻资讯、娱乐视频等

2. 公交出行信息获取方式

目前国内向乘客传播地面公交信息主要通过智能候车亭、手机应用、网站、公众号等方式。

（1）智能候车亭。智能候车亭主要通过公交电子站牌为乘客提供信息服务。回顾智能候车亭发展历程,可以总结为4个阶段:第一阶段是"简易式候车亭",主要功能是遮风挡雨;第二阶段是"LED候车亭",可以实现LED屏信息显示;第三阶段是"LCD候车亭",具备多媒体功能,可以显示视频、广告、图片等基本信息;第四阶段是"信息交互候车亭",可以作为一个信息交互枢纽,也可以当作一个综合性的智能候车公共空间,可以搭载多种便民服务设施(图11.3-1)。

作为智能候车亭重要一部分的公交电子站牌,其功能包括:

1)数据采集功能。主要是公交车辆车载设备采集各公交站点上下乘客、车辆行驶地理位置、运行速度以及站点停靠时间等相关数据。

2)信息发布功能。主要是公交车在行驶过程中为乘客提供到站时间、到站报告、交通路况、路线查询等数据。同时,还能为管理者提供实时系统状态查询、历史数据分析等服务,为交通发展政策和规划提供宏观信息依据。

图11.3-1 国内目前电子站牌的集中形式

3)车辆调度功能。主要是利用GPS等技术,对控制中心和车辆出现情况进行监控和分析,确保车辆运行的质量和效益。同时,还对车辆的行驶进行跟踪管理,充分掌握车辆行驶路线、驾驶员等具体情况,从而合理分配运力。此外,控制中心还可对车辆排班、行车次数等进行记录,以便对车辆进行统一安排和管理,遇到紧急情况时还能够通过语音进行调度,保证公交车运行稳定、可靠,满足人们出行需要。

4)数据管理功能。主要针对操作型数据集分析型数据的管理,确保日常运营的高效管理、规划和调度的科学决策分析,为公民提供高质量的信息咨询服务。

(2)手机应用。手机公交APP主要满足乘客实时公交手机查询,可以查询到公交车路线、车辆到站信息。部分APP提供了路况信息查询、乘坐路线规划、车内乘客容量查询、线路变更信息。部分APP结合当地人文景观特色,也会增加当地的景点介绍。

(3)网站。目前各地的公交网站可以归为三类:1)大型专业公交网站中有关各个城市的公交类网站;2)城市公交门户网站,即由当地公交(巴士)集团有限公司(或总公司)独立开发或联合网络技术公司开发,版权归其所有(或共同所有)的城市公交官方网站;3)个人自建网站,绝大多数都是公交迷为了个人爱好和方便交流而建。

第一类公交网站能够将多个城市的公交信息整合在一起,为不了解当地公交网站的外地乘客提供公交咨询,但是该类公交网站往往缺少实时的线路变更信息,信息更新周期较长。由当地公交(巴士)集团有限公司独立开发的城市公交门户网站的线路变更信息更及时,并且针对乘客的意见会开启乘客留言箱,并将乘客意见纳入实际公交运营中。如果当地公交公司有多家,并且和地铁公司没有很好的信息合作机制,可能会对部分换乘乘客带来不便。第三类网站往往是爱好公交的人群自建,通常包括城市的线路信息、车型历史等等。

(4)微博、公众号等移动新媒体。国内许多公交企业开通了微信公众号,利用微信公众号推送文章,不仅包括线路变更的信息,还包括公交企业内部的建设记录。目前,大部分公交企业微信的作用在于宣传,且其中内部宣传的作用和效果远远大于外部宣传,传达公司政策制度、各类会议精神、员工福利等等，微信渐渐成为比企业司报更实时、更便捷的宣传平台。部分微信公众号借此机会开设了"专栏文章"，上线公交定制文创用品等。

3. 案例（上海）

上海的城市智能交通服务平台借助2010年世博会的机会飞速发展，世博会的信息服务平台和其他区域内的交通信息服务平台实现了信息互联，能够提供信息的综合服务，并可进行公开发布，为市民出行提供信息（图11.3-2）。在此基础上，上海正在改进和完善公共交通智能调度系统，为乘客提供交通出行指数和换乘服务查询等内容，为乘客提供实时丰富的出行综合服务。另外，上海还在建立公共交通与其他出行方式的换乘系统，增加公共交通出行的便利性，降低出行成本，鼓励绿色出行。

上海交通APP目前已发布1097条公交线路、约1.4万辆公交车的实时到站信息（覆盖中心城区及部分郊区示范线路），可掌握距离本站最近3辆车的车牌号、距离、预计到达时间（图11.3-3）。对有条件的站亭进行报站系统升级改造，建成以55英寸智能显示屏为载体的"社会公共交通信息发布平台"（图11.3-4）。

上海市浦西地区还采用了电子纸显示屏技术。自2018年5月起，EInk与上海澳马合作在上海浦西地区建设了4座搭载电子纸显示屏的候车亭与公交站牌（图11.3-5）。搭载EInk电子纸显示屏的智能候车亭和公交站牌能够为乘客实时地显示公交车到站时间、动态路线位置等交通信息，并减少人力更新公交信息的高额维护成本。在阳光直射下，电子纸显示屏画面清晰可见，支持广视角显示，同时双稳态特性使其只有在更换画面时才需要耗电，具有超低功耗。

与此同时，上海开通了微博、微信等移动新媒体。如"嘉定公交"公众号、"金山巴士"公众号等。在这些公众号中，实时发布线网变更等信息（图11.3-6）。

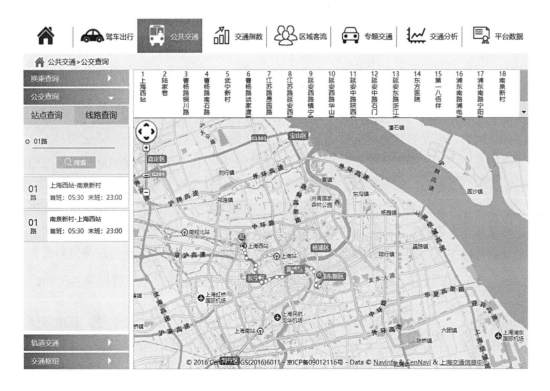

图11.3-2 上海交通出行网

图11.3-3 上海交通APP

图11.3-4 71路实时电子牌

图11.3-5 电子纸显示屏公交站牌

图11.3-6 嘉定公交公众号与金山巴士公众号

4. 国外案例

（1）日本。日本公共交通的信息查询系统简单易用。用手机可以在任何时间和地点查找路线、车费、发车时间、到达时间、中转换乘等乘车信息，为外出做好交通准备。而其后的购票、检票、乘车、出站则是全线自动化服务（图11.3-7）。

枢纽站内，安装了触摸查询设备，乘客可自主查询线路信息、换乘信息等，内容丰富，方便操作（图11.3-8）。

为了方便乘客乘车，东京的许多公共汽车站还设置了"车辆行驶情况预报系统"，乘客可随时在车站了解最近一辆公共汽车的运行位置和需要等待的时间，乘客可根据自己的具体情况决定是否等候（图11.3-9）。

（2）新加坡。新加坡的公共交通基础设施建设向来以"贴心"和"以人为本"著称。为了鼓励公共交通的发展，进一步向"减少私家车使用"的政策大方向推进，新加坡在裕廊工业区发起了"智能公交站"的项目（图11.3-10）。

该公交车站的智能技术体现在提供Wi-Fi和手机的充电站，契合了当下互联网时代以手机作为终端的社交等信息交互的需求。站台一侧配置有各种可借阅的纸质书籍，相应的电子版书籍可以通过扫码进行阅读，链接的数据库是新加坡国家图书馆，内容足够丰富。除了书籍，也有绘画在站台中展览，使得公交站台可以成为文化建设的一部分。

图11.3-7　手机查询公交路线

图11.3-8　枢纽站内的触摸查询设备

图11.3-9　公交站台的车辆行驶情况预报系统

图11.3-10 新加坡智能公交站台

图11.3-11 新加坡公交站台实时公交状态信息

此外，智能技术还体现在可交互的电子大屏上。信息显示屏上包括了当地的天气、公交线路、到站时间，给通勤人群和旅客提供及时有效的信息（图11.3-11）。该屏幕和新加坡的公共服务部门的数据库相连接，进行当地的新闻、播报和有关政策的宣传。信息板使用的能源是由公交站台上方的太阳能电池板收集的。

新加坡公交信息查询APP种类较多，如Singabus、新加坡公交指南、Bus@sg等，使用APP查询公交信息非常方便。"Bus@sg"软件可以将公交站添加到收藏夹，方便访问；根据当前位置推荐附近的公交站点；提供了一个全尺寸的地图，显示所有公交站；可以看到在新加坡所有的公交线路，并且可以通过对每个中途站列表导航；显示全路径的时间表，包括首班车时间、末班车时间和发车频率等（图11.3-12）。

（3）法国。法国巴黎开展了智能公交候车亭改造项目，将传统候车亭改造为可以提供候车、换乘和生活信息，并设有太阳能发电板和雨水回收系统的智能化候车亭（图11.3-13）。通过亭内显示屏，乘客或路人可以使用10余种方便快捷的应用程序。人们可以查询公交换乘信息，登录新闻网站，搜寻便利的生活信息。

图11.3-12 公交信息查询软件"Bus@sg"界面

图11.3-13 巴黎智能公交候车亭

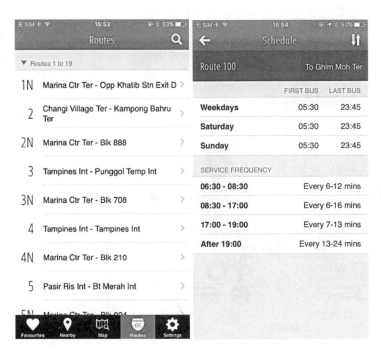

11.3.2 支付系统

随着互联网技术的快速发展，互联网共享经济快速到来，尤其是2015年国务院发布"互联网+行动计划"，带来了支付体系的变革，进而促进了各类交通运输模式与互联网发生深度的融合，产生了各类型的出行业态与模式，满足了乘客多样化与便捷化的出行需求。下文主要介绍支付方式的发展过程，以及北京、杭州、芬兰、日本公共交通支付方式的变化与技术实现。

1. 支付方式的发展过程

随着互联网的广泛运用，应用于公共交通的支付结算体系已经发生了根本性变革。从最初的现金支付，到IC卡支付，到现在移动支付的过渡阶段（图11.3-14）。互联网在支付和出行建议上助力公众便携出行，促进公共交通蓬勃发展（图11.3-15）。

就目前来说，基于公交出行的移动支付主要经历了两类模式的创新：

（1）模式一：手机NFC模式。以前采用的移动支付手段基本都是NFC支付，即Near Field Communication。它是一种通过手机等手持设备完成的支付方式，一般在现场使用NFC射频通道实现与POS收款机或自动售货机等设备的本地通信。但NFC技术并不支持所有手机，所以它的市场占有率并不高。

（2）模式二：双离线技术。这个技术是在2016年初，由支付宝开发出来的。可实现乘客在没有网络的情况下，也可像交通卡一样快速完成扫码上车，待到网络环境下，系统会自动结算。支付宝实现的支付速度也提升到只用0.3秒即可完成；同样微信也研发出这项技术，即便手机和闸机均无信号，也可轻松完成刷卡。

双离线的技术是公交移动支付的一次伟大的革新。基于此，市面上出现了常见的三种支付方式：

1) 方式一：APP软件支付方式。这一类方式，首先，要下载电子客票APP软件（一般有Android和IOS两个版本）；其次，下载完毕后，注册登录；再次，上车前，调出电子客票，扫描，完成上车。APP方式，可以提前购票，预订车位，有时候还有优惠折扣。

2) 方式二：银联支付。目前，银联手机闪付、银联二维码支付和银联IC卡闪付等，都运用到公交支付方面。

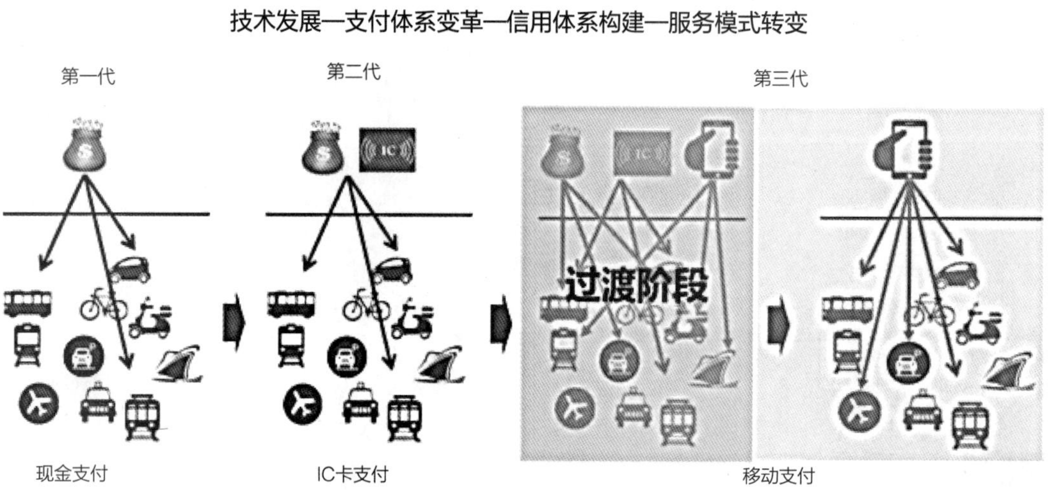

技术发展—支付体系变革—信用体系构建—服务模式转变

图11.3-14 支付技术变迁对交通模式的影响

3）方式三：乘车码方式。这类方式，乘客上车前打开支付宝APP，在首页点击"更多"，然后选择"城市服务"菜单，系统默认你所在的城市。点击"交通"菜单，选择"乘车码"，点击进入，界面出现个二维码，然后把显示的二维码放在公交的扫码机扫码位置，听到"谢谢"提示音后，就可完成扫码支付。

2. 国内案例

（1）北京。京津冀互通卡是根据交通运输部互联互通的要求，依据统一技术标准而发行的IC卡。2015年12月20日，北京市的139条地面公交线路具备互联互通试运营条件，按照交通运输部的统一部署，12月25日，北京市139条京津冀一卡通互联互通试点公交线路投入使用试运营。2017年12月21日市郊铁路一卡通推出。2018年6月4日，京津冀互通卡正式发售，220个城市（含京津冀15个城市）实现互联互通，实现全国城乡的互联互通。2018年12月15日起，安卓手机上线京津冀互联互通卡，至2019年2月14日，使用安卓手机的市民可在线免费开通京津冀互联互通卡，在全国137个城市刷手机乘坐公共交通。2020年1月1日，京津冀互联互通卡可以在全国275个地级以上城市使用。2020年4月，苹果手机及手表可通过北京一卡通或苹果钱包APP在线开通京津冀互联互通卡（图11.3-16），可直接在中国百余座城市刷手机乘坐公共交通工具。

（2）杭州。20世纪五六十年代杭州市和其他城市一样通行使用的是公交月票和纸质车票（图11.3-17）。1994年9月杭州市公共交通总公司开发了国内第一张接触式交通IC卡——金通卡，从1994年至21世纪初的10多年时间内，IC卡从公交车的电子票证开始，陆续拓展到水上巴士、快速公交、出租车、公共自行车、小汽车停车领域，以其便携、迅速、重复使用等优势迅速在杭州及全国各地发展壮大。公交IC卡也逐渐从刚开始的普通卡，慢慢增加了老年卡、月度卡、学生卡、爱心卡等适用于不同群体的城市公交一卡通（图11.3-18、图11.3-19）。

图11.3-15 互联网+便捷出行的蓬勃发展

图11.3-16 苹果手机添加京津冀互通卡

图11.3-17 杭州市公交车票

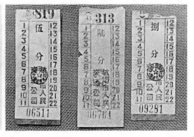

2017年12月，杭州公交集团与支付宝、杭州市民卡公司三方合作，首创电子虚拟公交卡，正式开通支付宝乘车码。与此同时，腾讯微信乘车码也在努力争取市场。交通出行是国民生活工作日常不可或缺的组成部分，成为用户使用最频繁的小额线下支付场景。随着移动支付完全渗入衣食住行的"行"领域，不仅公交成为乘车码的主要应用场景，还有地铁、BRT、索道、轮渡等公共交通也在乘车码的拓展交通出行场景中（图11.3-20）。

3. 国外案例

（1）韩国。韩国已经为公共交通引入了统一的票价智能支付系统，名为T-money（图11.3-21）。韩国智能卡公司，合资公司由首尔市政府牵头，包括LG集团、信用卡公司和较小的电信公司，在2004年启动了乘客使用T-money支付运输费用机制，包括公共汽车、火车和出租车服务。除了交通用途以外，T-money作为电子货币在自动售货机，购买便利商店，和博物馆，支付罚款或退卡。随着首尔地铁公司从纸质车票转向智能卡，该公司每年节省30亿韩元（240万美元），从而消除了4.5亿张纸质磁条车票的需求。公共交通车辆电子支付系统的安装已在2011年1月5日前完成。

（2）日本。在日本东京及周边城市地铁和城市铁路及公共交通公司共同推出的电子乘车卡"Pasmo"投入使用，可以与日本铁路公司已发行的"Suica"卡通用，东京地区所有公共交通系统基本实现了一卡通。IC卡可以用现金、银行卡、手机支付等多种方式进行自助售卡充值，方便快捷（图11.3-22）。

图11.3-18 杭州市公交IC卡

杭州市民卡

杭州通卡（包括纪念卡）

成人优惠月/季卡（A卡）

普通卡（D卡）

学生优惠月/期卡（B卡）

老年乘车卡（C卡）

图11.3-19 杭州市各类公交卡

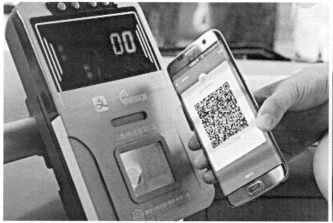

图11.3-20 乘客刷乘车码乘车

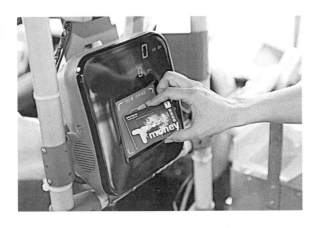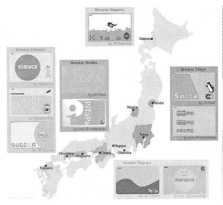

图11.3-21 韩国T-money公交卡

图11.3-22 东京公共交通卡及充值设备

11.4 新型公交系统/新型公交服务模式

在传统公交服务模式无法满足市民多样化的出行需求的情况下，结合信息化的一系列创新技术，国内外出现了灵活型公交服务系统、MaaS系统等新型公交服务模式概念。下文介绍这两类公交服务模式，以及国内外的发展情况。

11.4.1 灵活型公交服务系统

1. 国外发展情况

灵活型公交服务系统自20世纪70年代在一些欧美发达国家逐渐形成，主要提供中心城区和郊区之间早晚高峰的通勤服务。该类公交服务模式是以乘客为导向的弹性运输服务，其特点是根据乘客的需要，通过计算机软件灵活安排小型/中型车辆在接车地点和下车地点之间的路线和时间表。灵活型公交服务系统的研究和实践在国内起步较晚，但近年来发展迅速。

灵活公交服务系统的弹性多变性及可预约性是有别于常规公交的一大特点。按照服务方式将系统可以划分为6类，分别为线路可偏移公交服务、车站可偏移公交服务、需求响应接驳公交服务、需求响应车站公交服务、区段灵活公交服务与区域灵活公交服务（图11.4-1）。

（1）线路可偏移公交服务。该系统允许车辆根据乘客的需求在规定区域内改变／偏移行驶线路从而为乘客提供服务，系统拥有固定的发车时刻表、服务范围、基准线路、固定

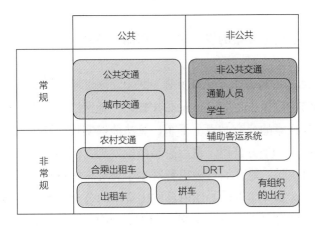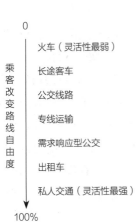

图11.4-1 不同交通方式分类

站点及相邻固定站点间的松弛时间。

系统运行过程中，固定发车时刻表包含各个站点对车辆行驶的约束时间，在车辆满足相邻站点间松弛时间约束的条件下，可通过筛选满足乘客灵活需求，按其要求的地点提供乘客下车服务。运行过程中，车辆必须通过每一个固定站点，在完成灵活需求服务时仍需回到基准线路继续行驶。

（2）车站可偏移公交服务。该系统不设置基准线路，车辆在固定站点的约束下可根据乘客需求与交通路况自行决定行驶线路，系统拥有固定的发车时刻表、服务范围、固定站点及相邻固定站点间的松弛时间。

该系统接近共乘出租车服务模式，车辆必须通过每一个固定站点，在车辆满足相邻站点间松弛时间约束的条件下，通过筛选满足乘客灵活需求的线路方案完全按照乘客灵活需求情况确定。

（3）需求响应接驳公交服务。该系统在固定的服务范围内提供灵活需求服务，主要解决居民公交出行的最后1公里问题，线路起终点主要连接换乘枢纽及主要交通集散点系统拥有服务范围及固定站点（一般为换乘枢纽位置）。

该系统主要提供服务范围内换乘枢纽接驳服务，乘客上车或下车站点一般位于换乘枢纽位置，对于服务范围内非换乘枢纽的起终点预约请求一般不提供响应服务。该系统多用于需求量较小的时间段，如凌晨等。需求量较大时该系统一般转变为常规公交系统。

（4）需求响应车站公交服务。系统在服务范围内基准线路周边设置灵活需求服务站，若服务站出现乘客灵活需求请求，则前往该服务站提供服务，系统拥有固定的车发时刻表、服务范围、基准线路、灵活需求服务站及固定站点。

系统运行过程中，在满足固定发车时刻表时间限制的条件下，根据乘客灵活需求请求确定是否前往灵活需求服务站，完成乘客上下车服务后需按原路返回至基准线路。

（5）区段灵活公交服务。该系统在服务范围内通过设置需求响应范围提供灵活公交服务，系统拥有固定发车时刻表、服务范围、需求响应范围、基准线路、固定站点及相邻固定站点间的松弛时间。

乘客需要进入需求响应范围实现灵活需求服务，车辆在运行过程中仍按基准线路行驶，若需求响应范围内发生乘客灵活需求请求，则系统基于固定发车时刻表与松弛时间对请求进行筛选，完成灵活上下车服务后应尽快返回基准线路继续行驶。

（6）区域灵活公交服务。该系统仅有一个固定站点，即始发站/终点站，在服务范围内完全按照乘客灵活需求请求情况确定行驶线路，该系统拥有固定的发车时刻表、服务范围及固定站点（始发站/终点站）。

系统在服务范围内运行过程中易受始发站的发车时刻表限制，该系统多用于交通需求吸引点分布较为密集的区域。

新加坡在2018年12月17日启动了按需公交车（ODPB）试验。该试验在非高峰时间在Marina-Downtown、Joo Koon和CBD到Bedok/Tampines的CBD 3个地区进行。在试验范围内和营运时间内，乘客可以要求在任意的公交站点上下车，算法能够实现线路的实时生成（图11.4-2）。三个区域的范围均在7~10平方公里。最后总结结论发现：①与固定和定期公交车服务相比，在ODPB试验期间，同一地区的行驶里程减少了18%。这意味着需要更少的总线资源；②但是，由于软件开发成本高昂，ODPB目前比常规的公交车服务更具成本效益；③当算法的效率提高并且技术能够部署无人驾驶车辆时，ODPB的成本效益将来可能会提高。

2. 国内发展情况

2012年网约车的雏形在国内首次出现，对出租车行业和公交行业产生了一定冲击。同时，道路客运本身存在的问题也逐渐显露出来：传统道路客运服务方式无法实现"门到门""随客而行"，不能充分发挥道路客运机动性强、灵活度高、覆盖面广的比较优势，不能满足人民群众多元化、个性化出行需求。与此同时，"互联网"作为新常态下加快发展的新引擎，能够有效地对传统行业进行改造，提升要素利用效率，对引领带动产业转型升级具有重要作用。

2011年北京公交集团在天通苑、回龙观两大社区广泛征集乘客需求，开通了4条社区通勤快线。2013年北京定制公交电子商务平台正式运营。2013年，我国首条定制公交线路在青岛市正式开通。随后"互联网+公交"成为城市公共交通系统发展的新常态，新模式灵活公交系统频繁涌现。2015年深圳开始出现"嗒嗒巴士""小猪巴士"等互联网公司运营的定制公交线路，第二年本地公交公司开始加入竞争。2015年，驿动、e乘、飞路等公司在上海开展通勤班车服务。2016年上海巴士集团联合e乘巴士平台开通定制公交。

随着新型灵活公交服务系统的陆续推出，相关的标准与政策文件出台用于规范市场经营。2016年交通运输部发表《关于深化改革加快推进道路客运转型升级的指导意见》提出充分发挥移动互联网等信息技术作用，鼓励开展灵活、快速、小批量的道路客运定制服务。2018年交通运输部运输服务司客运处提出行业管理部门鼓励定制客运服务发展，道路客运企业应大胆探索开展定制客运，交通运输部正积极修改上位法保障定制客运发展。2019年交通运输部在《道路旅客运输及客运站管理规定（征求意见稿）》中，新增了"班车客运定制服务"章节，首次对定制客运车辆类型等级、技术等级、核定载客人数以及网络平台的法律责任做出明确规定。随后各省市级相关单位完善了对城市公共交通企业的运营资质审核。

国内定制公交概念主要包含"定人、定点、定时、定价、定线、定标准"6个方面。使用步骤主要包括以下四点：

（1）用户通过网站或者智能手机应用程序提交出行需求，一般包括OD信息和出发时间。

（2）网站和智能手机将用户需求与现有的定制公交服务进行对比，推出建议线路，用

按需公交车（滨海市区）MD-1-SBS斯堪尼亚 K230UB Euro V（SBS8641Z）

工作日11am-3pm&8.30pm&11:45pm

按需公交车（Joo Koon）JK-10-SBS大众沃尔沃B9TL Wright（SBS3898H）

工作日11am-3pm&8.30pm&11:45pm

NB-6-SMRT MAN A22（SG1719S）点播公共巴士（夜间公交车）

节假日11.30pm-2am

图11.4-2 ODPB试验选用车型及运营范围、运营时间

户即可直接提前预订一人一座的票；如果没有合适的线路，用户的需求可被存入平台后的需求申请数据库中。

（3）通过汇集了所有用户的申请需求，公交公司可整合优化站点、线路和时间表的接送服务。当满足一定潜在用户数量后，公交公司发布新线路并通知相关用户进行预订。

（4）通过智能手机应用程序的导航，用户可步行或骑行到达上下车点，出示电子车票或二维码即可上车。

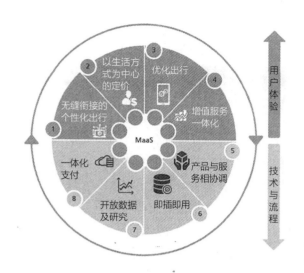

图11.4-3　MaaS关键属性

11.4.2　MaaS系统

MaaS是"Mobility as a Service"的缩写，是在深刻理解出行需求基础上，将各种交通模式整合在统一的服务体系与平台中，实现规划、预定、支付、清分、评价等业务链条的一体化，精准满足出行者需求的大交通出行服务生态体系。MaaS通过改变出行服务的运行环境以及重新定义不同运营者的商业模式，进而优化整个交通运输系统。MaaS代表了一种转变：从个人拥有出行工具到将出行作为一种服务来进行消费。

目前存在的MaaS平台能够支持多种交通方式联运模式，其中包含了共享汽车（car-sharing），汽车租赁（car rental），共享单车（bike-sharing），共享停车（park-sharing），地铁、公交、出租车等。通过预订系统，快捷方便的支付软件，实时路况信息，MaaS用户能根据自己的需求来购买合适的出行服务。在联合各类运输模式的基础之上，MaaS系统的构成有8大关键属性（图11.4-3）。这些属性都与互联网密切相关，其中一半与用户体验有关，另一半则与技术与流程相关。

11.5　车路协同

车路协同是基于无线通信、传感探测等技术进行车路信息获取，并通过车车、车路信息交互和共享，实现车辆和基础设施之间智能协同与配合，达到优化利用系统资源、提高道路交通安全、缓解交通拥堵的目标。基于这项技术，许多城市对公共交通车辆以及交通基础设施进行了升级，下文介绍国内外应用车路协同技术应用在公共交通智能化方面的案例。

11.5.1　公共交通车辆智能化

近些年，公共交通车辆智能化主要体现在车载GPS的应用、车辆行车记录仪、车辆监控系统等方面，例如车载全球定位系统（GPS）的使用，驾驶员可以随时知道运营调度系统发出的指令要求，车辆可以以理想的间距运营，可以随时上报车辆故障，及时处理；行车记录仪的使用，使驾驶员、调度员、机务保障人员可以很清楚方便地查询行车的准确情况。

大数据、云计算、物联网和人工智能等信息技术的快速发展，启动了新一轮科技革命浪潮，面对这场革命，企业都将经历从信息化到智能化的转型升级之路，发展"智能驾驶汽车"的趋势已成为必然。公共交通车辆自动化和自主控制已经成为公共交通行业的大势所趋。

1. 智能驾驶公交

2017年12月2日，深巴集团智能驾驶公交（阿尔法巴）成功首发并在深圳市福田保税区开展试运行，开创了中国公交智能驾驶的先河，也是全球首次在开放道路上进行的智能驾驶公交试运行。该示范项目的试运行线路长约1.2公里，兼具园区道路与市政道路双重特性，成为中国首个开放道路智能驾驶公交试运行示范区，对于推进我国智能驾驶公交车辆的应用具有示范意义。近年来，国际上也陆续开展了自动驾驶公共交通车辆的实验。例如，2016年，Keolis集团向Navya投资数百万欧元，Navya是自动穿梭机的领导者。同样，Transdev运输与车辆技术公司近年来已开始实施一些涉及自动驾驶公共交通的举措。2017年，PostBus在瑞士Saillon-Valais集聚区推出了一项面向真实乘客的自动公交试验，旨在竞争激烈且拥挤的市场中设计新车型。自2015年以来，EasyMile一直在亚洲、北美、中东和欧洲的14个国家的50多个地点测试其EZ10无人驾驶电动公交车。供应商德尔福汽车公司建立了战略合作伙伴关系，以加速在公路和城市街道上使用自动公共交通班车和吊舱。运营商及其合作伙伴目前正在法国进行多次自动驾驶班车实验，并计划在2018年将其活动扩展到其他国家。

2. 无线宽带覆盖

随着智能手机的普及，乘客在出行过程中上网的需求激增。在国内，各城市的公交车内逐渐实现无线宽带全覆盖。上海市2014年浦东公交免费无线宽带正式启用，日均170万人次乘客将受益。手机或平板电脑下载安装"e路无线宽带"客户端，安装注册后，每次仅需点击"一键上网"按钮，即可在公交车厢免费畅行网络。目前浦东公交无线宽带已与车辆GPS系统，站台电子路牌等联网，可实时采集分析车辆数据，如拥堵在什么路段、行驶速度、车厢内或前方是否遇到突发情况或交通事故等，方便调度及时调整运能，缓解拥堵，减少乘客等候时间和乘车时间。北京作为全国首个开通公交无线宽带的城市，早在2013年，北京1.2万辆公交车就已陆续开通了公交无线宽带，但质量和网速一直得不到保证，直到2016年进行了改造，将原有的1.2万辆公交车上的旧设备全部拆除换新，同时，新增了6000辆车。软件系统也做了全新设计。经过这次改造，北京市共有1.8万辆公交车实现无线宽带覆盖，约占全市公交车辆总数的90%。

11.5.2 公共交通载运工具与交通基础设施的协同与互操作

除了上述公共交通车辆的智能化，随之而来的还有公共交通基础设施的智能化。例如，上海市青浦区对公交场站和基础设施的管理。

1. 场站的精细化管理

车辆进出场站准入准出管理、车位调度管理、停车引导管理、车辆加油调度管理；智能场站调度监管系统；试点建立公交保养场智能场站调度监管系统，将原停车场内对车辆运、管、维、保这些功能岗位结合在一起，从分散式管理转化成集约化综合管理，对车辆进出场地有审核、停放有指引、维修有预估。目标是使车辆在场外营运有集群调度系统管控，车辆在场内有智能场站系统监察，形成公交运营场内、场外闭环管理，无缝衔接。

2. 基础设施养护管理

对公交基础设施设备配置情况、变更情况及更新维护情况进行统计分析，实现基础设施养护计划自动生成、养护执行情况监管及统计分析等功能。

另外，公共交通基础设施的智能化还包括智能公交电子站牌的应用。智能公交电子站牌项目依靠高科技的网络技术，通过与生活联系最紧密的公交车站点系统进行连接，在城市主要公交站点架设公交电子站牌，为市民提供最便捷的服务。对公交车辆、客流和道路等信息进行计算机数据处理以及网络传输，通过GPS全球定位系统将相应信息发布在电子站牌。

公共交通载运工具和公共交通基础设施之间如何实现协同智能呢？雄安新区、长沙和上海的示范案例如下：

（1）雄安新区。雄安新区基于5G的车路协同车联网创新示范应用。主要包括以下5个方面：

1）云：基于云计算基础设施，建设智慧交通平台、V2X平台；

2）管：实现5G网络连续覆盖，配置实施车联网5G-V2X切片；

3）边：建设边缘计算基础设施，部署V2X Edge；

4）端：路侧部署RSU、杆柱、信号机、摄像头、雷达设备，车侧部署OBU设备（嵌入支持5G-V2X的模组）；

5）应用：实现动态调节信号灯配时、动态调配路权，协同自动驾驶、智慧停车、共享公交等应用场景。

2019年，中国移动在雄安新区建设5G智慧交通车路协同示范项目。该项目基于5G网络的多接入多业务场景网络部署，通过车车通信、车路通信、车内通信，承载车辆安全与控制、行人与非机动车安全、实时交通信息服务、实时交通管理服务、车辆运营与道路管理服务、紧急救援服务等服务功能，实现基于5G的自动泊车、无人驾驶接驳、自动驾驶物流等场景。早在2017年9月，中国移动就开始在雄安新区部署5G网络及远程驾驶项目。2018年2月实现雄安新区测试场5G网络覆盖，3月，中国移动就完成雄安新区首个5G-V2X（5G车联网）自动远程驾驶项目启动及行驶测试。

在雄安新区5G智慧交通车路协同示范项目中，中国移动还提出了三网融合（交通网、信息网、能源网）的车路协同解决方案。该方案主要包含：聪明的车、智慧的路以及强大的网3个关键因素。聪明的车是车路协同的主体，在车路协同系统中，车辆在自身感知决策能力的基础上，融合路侧信息、协同应用信息和车车协同信息，从而使其智能性得以增强；智慧的路是车路协同的基础，依托于地下感知装置、地下无线充电装置、发光路面标识、可变信息交通标志等路基设施和激光雷达、摄像头、毫米波雷达、天气环境监测传感器、高精度定位基准站等路侧设施，为车辆提供全方位感知信息；强大的网是车路协同的核心，基于5G网络的多接入多业务场景网络部署，通过车车通信、车路通信、车内通信，承载车辆安全与控制、行人与非机动车安全、实时交通信息服务、实时交通管理服务、车辆运营与道路管理服务、紧急救援服务等服务功能。

（2）长沙。2020年4月1日，长沙正式实施"头羊计划"（全称为"长沙市智能汽车与智慧交通融合产业头羊计划"），开始逐步对重点车辆加载智能终端产品，开展城市道路智能化改造，加快推进智能汽车与智慧城市融合发展，打造了智慧交通的"长沙模式"。长沙公交车辆通过智能车载终端能与路侧交通信号灯进行交互，信号灯根据公交的载客量、正点率等情况，动态调整信号相位和配时等，确保公交优先、高效通行、正点到站。云计算则进行实时交通融合计算，协助调度中心实时掌握线路运行状况，做好车辆调度与管理，最终为市民呈现精准的公交信息服务。

（3）上海。在2010年上海世博会期间，智能公共交通信息系统在公共交通智能化中发挥了重要作用。上海世博会智能公共交通信息系统由公共交通运营信息服务与公共交通乘客信息服务两部分组成，在世博会期间向社会提供高效、实时、动态的全方位信息。公交车普遍安装GPS卫星定位系统，并通过各种无线通信数字传输方式，使车辆可以发出各种运营信息，信息被终端平台接收并处理后，通过公交车站电子站牌、移动通信设备及电视、电台等同步发布。世博游客和社会游客通过智能公共交通信息系统，可以掌握公交运营动态信息，其中包括车辆到站、离站、行车、载客状态等，提高出行乘车的自主权，大大节省出行时间。

11.6 分析决策与可视化

基于智能公交系统的建立，大量公交数据可以被收集、传输、分析、利用，可以用于公交运营情况考核、指标计算、规划调度决策等多个方面。

11.6.1 公交数据感知

1. 公交客流特征数据感知

公交客流数据是公交客流在路线、方向、时间和断面上的动态分布。对公交客流的全面感知不仅为日常车辆调度提供依据，也为线网优化提供参考。自动感知的方法包括公交IC卡数据感知、基于图像处理的感知和自动乘客计数感知三种。

公交IC卡数据感知。利用公交IC卡调查，可以在完成乘车收费的同时，记录乘客使用IC卡的时间、车次、站点等信息。其突出的优点是信息量大而全面、技术简单可靠、成本较低。但是也存在无可回避的缺点，一是存在不使用IC卡的乘客漏查；二是IC卡通常实行乘客上车刷卡，下车不二次刷卡，起讫点分布信息难以推测；三是IC卡数据采集不具备实时功能，只能采集相对较新的客流数据，要借助无线信息传输技术才能实现实时数据传输。

基于图像处理的感知。其工作原理是在上下车门口安装摄像机获取视频图像，经过图像处理识别乘客及运动，从而自动对上下车人数及方向进行技术。该技术的图像处理软件受环境的影响较大，感知成本较高。

自动乘客计数感知。它是自动收集乘客上下车时间和地点的有效方法，结合车辆自动定位、无线信息传输技术可实现客流实时传送。系统的基本组成包括乘客数统计方法，定位技术和数量管理系统。

2. 公交车辆运营数据感知

公交车辆运营数据包括静态信息与动态信息。其中静态信息包含车辆类型、标准定员数、对应票价政策等；动态数据包括公交实时位置、公交车辆行驶车辆、车辆远程监控等。

前两类动态数据的感知方法包括全球定位系统、航位推算法、基于移动通信的无线电定位技术等。

（1）全球定位系统的基本定位原理是卫星不间断地发送自身的星历参数和时间信息，用户接收到这些信息后，经过计算求出接收机的三维位置、三维方向以及运动速度和时间信息。该系统的特点包括全天候、全球覆盖、精度高、效率高、应用广、可移动定位等，现已广泛应用于车辆调度、监控系统中。

（2）航位推算法是在知道当前时刻位置的条件下，通过测量移动的距离和方位，推算下一时刻位置的方法。该系统是自主定位导航系统，不受外界影响，但由于误差随着时间积累，因此无法单独工作。

（3）基于移动通信的无线电定位技术是指根据测量数据计算出移动端所处的位置，又称起源蜂窝小区定位技术。这种技术在小区密集的区域精度高且易于实现，得到广泛应用。但是由于实际中的信道环境不是理想的，且定位会受到多址干扰的影响，这些因素会导致无线定位的精度受影响。

车辆远程监控系统主要包括视频监控、车辆运行指标分析、驾驶行为分析、安全驾驶预警提醒等方面。车辆远程监控系统主要针对车辆进行实时位置监控及车内外视频监控，实现安全信息提示、车内实时客流状态监控、监控数据存储上传及轨迹回放、车辆求助功能。2014年，《青岛市城市公共交通智能化应用示范工程可行性研究报告》明确提出，要根据公交车辆车载终端设备和接口的相关标准要求，对青岛市各公交公司的1900余辆公共交通车辆安装车载智能服务终端（含卫星定位设备），实现车辆运行状态数据采集；要提高企业运营规范性和提高公交服务质量，提高车辆调度的即时性、准确性和科学性。国内外有关研究中，不少学者针对车辆监控系统的开发设计提出想法，例如应用Geo Tools和Post GIS等开源工具，利用三层的C/S结构开发了具有地图基本操作功能的GIS平台，并在此平台基础上实现公交车辆远程监控功能等。

3. 公交线路特征信息数据感知

公交线路特征信息数据包含公交停靠站点信息、公交线路路径信息、公交场站信息。这些信息大多数属于静态信息，可以从相关部门获取，或从公交网站直接获取，也可以从电子商业电子地图中获取。

4. 道路环境特征信息数据感知

道路环境信息主要包括道路交通状态和自然环境两部分。其中，道路状态信息包括道路交通流量、行驶延误、交通事件等数据；气象环境信息包括天气情况与发生时间、持续时间、覆盖区域、发生强度等信息。

其中，道路状态信息可采用GPS浮动车技术以及航测法获得。其中GPS浮动车技术通过平均车速反推路段流量；航测法用过航拍技术实现交通调查，该方法不受天气、时间、地点影响，但精度有限。部分气象环境信息可从城市气象部门等相关单位获取。

11.6.2 公交数据传输

1. 5G通信技术

5G通信技术，即第五代移动通信技术，是最新一代蜂窝移动通信技术，也是继4G（LTE-A、WiMax）、3G（UMTS、LTE）和2G（GSM）系统之后的延伸。5G通信技术的性能目标是高数据速率、减少延迟、节省能源、降低成本、提高系统容量和大规模设备连接。

5G通信技术和云计算等技术联合，可以实现车与车、车与路之间的实时信息交互，传输彼此的位置、速度、行事路径，避免交通拥堵，还可以为城市交通规划者提供预测模型。基于5G通信技术的智能交通体系将更为联动，能够提升社区交通效率，减少拥堵的发生。对于公共交通，5G通信技术可以帮助减少乘客等待时间，优化公交车库存，提供实时更新的乘客信息、车辆信息，甚至支持动态公交路线。

2019年5月，吉利公司官方宣传吉利远程 5G 智慧公交。公交车上的客流摄像头会结合5G实时采集上下车乘客数据，结合GPS位置信息、线路方向、车辆最大载客量数据，为车辆线路调整、增加车辆配置提供科学依据，提高车辆的使用效率和周转率（图11.6-1）。

2. 4G通信技术

4G通信技术是第四代的移动信息系统，是在3G通信技术上的一次更好的改良，其相较于3G通信技术来说一个更大的优势，是将WLAN技术和3G通信技术进行了很好的结合，使图像的传输速度更快，让传输图像的质量和图像看起来更加清晰。

2014年年初，江苏移动南京分公司与南京市三家公交公司签署4G通信技术Wi-Fi独家合作协议，为南京市7000辆公交车提供Wi-Fi。这种将4G通信技术转化为Wi-Fi的方案，被形象地命名为"LTE-Fi"，LTE-Fi不仅可以提供网络，还能为用户提供精准的公交车进站时间、可以用手机支付车票，提供更精彩的社交、娱乐信息。

3. RFID

无线射频识别即射频识别技术（Radio Frequency Identification，RFID），是自动识别技术的一种，通过无线射频方式进行非接触双向数据通信，利用无线射频方式对记录媒体（电子标签或射频卡）进行读写，从而达到目标识别和数据交换的目的。公交车可以通过RFID与公交站进行信息通信，实现公交车辆的实时到站信息自动提醒（图11.6-2）。

4. ZigBee技术

ZigBee技术是一种低速无线网络技术，它适用于通信数据量不大，数据传输速率相对较低，分布范围较小，但对数据的安全可靠有一定要求，而且要求低成本和低功耗，且容易安装的场合。将ZigBee技术与数字移动通信技术相结合，建立无线网络，可以将采集到的信息发送至监测平台，以此来监测公交车到站及离站的时间，并进行自动报站，使监控中心对每一辆公交车的运行情况掌握得更加准确（图11.6-3）。

图11.6-1 5G公交车概念图

图11.6-2 RFID公交车报站原理图

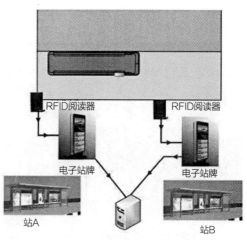

11.6.3 公交运营监测、管理与考核决策

我国政府在实施优先发展公共交通仿真政策的过程中也将行业监管工作作为重点。2005年《国务院办公厅转发建设部等部门关于优先发展城市公共交通意见的通知》中明确要求:"城市公共交通行政主管部门要加强对公共交通企业经营和服务质量的监管,规范经营行为"。2012年《国务院关于城市优先发展公共交通的指导意见》中要求"各城市要通过公众参与、专家咨询等多种方式,对公共交通企业服务质量和运营安全进行定期评价,结果作为衡量公交企业运营绩效、发放政府补贴的重要依据。"城市公交服务质量监管工作是城市公交行业发展的需要,也是公交市场化改革与行业公益性回归相融合的必然产物。2015年,交通运输部启动"公交都市发展监测与考核评价系统"建设,作为部级平台暨国家公交数据库的建设工程,预示着中国城市公交行业监管进入全数字、信息化、智能化管理的新阶段。2017年9月交通运输部发布的《智慧交通让出行更便捷行动方案(2017~2020年)》提出充分利用互联网技术加强对城市公共交通运行状况监测、分析和预判,定期发布重点城市公共交通发展指数。

图11.6-3 ZigBee公交应用

因此,在公交运营监测、管理与考核决策支持过程中,有必要应用创新技术建立公交管理与决策支持系统对交通出行数据进行科学管理,满足交通主管部门和公交公司的管理需求,实现现代化科学管理,为管理者提供公交线网、运力等调整提供决策支持。

1. 日常管理与考核

基于地理信息系统,与现有公交人力资源管理系统、车辆技术管理系统、信息资源平台、运营调度系统等业务系统进行数据深度集成,从公交车辆、司乘人员、运行线路、站点场站管理等多个维度进行日常路网运行监测与协调管理。实现对各类运营车辆、机动车辆、检修车辆的实时位置监控、违章监控、轨迹回放、区域查车、客流监控、路况监控、视频监控等功能,为公交管理提供运营决策依据。例如深圳公共交通管理应用平台重点新建了综合分析系统、财政补贴系统、业务管理系统等,协助深圳交管局将各监管业务完整地集中到一个平台,为大数据的深度应用奠定了基础(图11.6-4、图11.6-5)。哈尔滨于2014年启动"可视化"调度智能指挥平台建设,借助车辆动态定位、无线通信技术,实时监控线路运营车辆、机动车辆、检修车辆动态位置,真正实现理想状态公交线路智能调

图11.6-4 深圳公交监管大数据平台

图11.6-5 深圳公交监管大数据平台某条线路动态监控

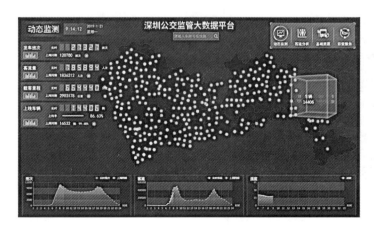
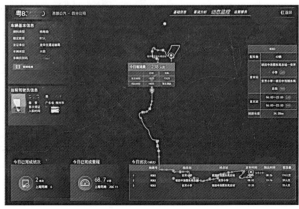

度，市民也可以通过电子站牌了解公交车到达时间，节约出行时间。

2. 运营数据统计与调度

通过整合各种交通资源，集成移动终端设备、路网交通管控设备、中心管控平台等实现信息的迅速传递和共享，可以实时监控所有车辆的地理位置、查看实时路况，并可与驾驶员进行语音通话，实时传回视频监控画面。通过调度模拟图可以直观地展现线路运营状况，根据实际运营需要，进行车辆调度及路线调整，并实时生成各种运营统计数据表（图11.6-6）。

3. 公共交通服务评价

国内不少城市也已经开始研究和推行公交管理决策的可视化，例如，实时公交数据、公交车辆GPS数据、乘客支付数据等的挖掘和分析，精确计算每个班次的到站时间，评价公交出行的便利性、可靠性、舒适性（图11.6-7）。

4. 预警监测

通过对公交应急事件的相关要素进行智能关联建模与监测，基于历史典型案例的演变链、事件链中提炼重大事件的风控模型，建立预警评估指标模型、阈值分析模型、预警分级模糊综合判定模型等，实现应急事件预警、阈值告警、联动单位资源协调管理、预案部署等功能。

5. 应急指挥监测

基于地理信息系统，支持整合多部门数据，接入各类告警信息，实现对应急保障资源

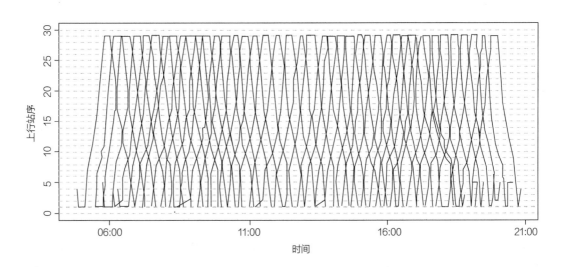

图11.6-6 某线路公交运行图生成

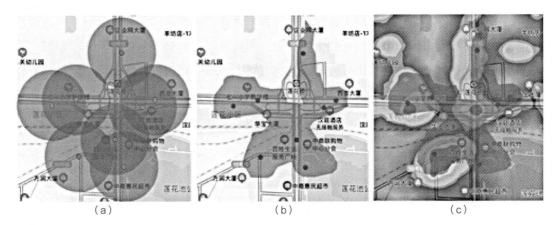

图11.6-7 公交站点覆盖率分析
（a）500米半径面积覆盖率；（b）500米步行距离覆盖率；（c）500米步行距离人口覆盖率

部署情况的实时监测、告警接报、信息查询、事件判定、远程监控、应急指挥调度支持、处置记录等多种功能，为指挥人员进行大规模应急资源管理和调配提供支持，方便指挥人员对事件位置和周边情况进行判定和分析。例如，"数字冰雹"的智慧公交可视化分析决策系统，主要包括基础运营管理、公交运行监控、智能调度、预警监测、应急指挥监测和公交数据可视化分析等方面，可以实现常态运维监测、预警管理、应急指挥调度、数据融合等多种功能（图11.6-8、图11.6-9）。

图11.6-8 "数字冰雹"监控室

图11.6-9 应急指挥监测

11.6.4 2020年新冠肺炎疫情期间防控决策支持

在新冠疫情期间，客流量大幅度下降，公交公司对乘客、司机、车辆的管理工作压力突增。在疫情期间，南宁、海口、长春等城市的公交集团利用场站LED和公交LED屏幕宣传防疫措施，提高了市民的防范意识。天津、南京、合肥、郑州等城市的公交集团根据客流实施情况进行合理调度，分析车辆拥挤度，利用智能调度系统，满足非常时期的市民出行需要。北京、西安等公交集团在疫情防控中，为陆续复工的企事业单位推出了定制公交升级版网络平台服务，为需要出行的市民提供了线上预约。在复工复产过程中，杭州等城市公交集团结合客流变化情况，调整运力，利用智能调度客流统计系统和公交云平台客流监测分析系统，对全日分时段公交客流量和重要站点的客流压力进行实时统计、监测和分析，隔日对公交发车间隔、车辆配比进行弹性调整，在确保防疫的基础上最大限度满足出行需求（图11.6-10）。

图11.6-10 广州车厢客流饱和度监测分析

本章参考文献

[1] 薛美根. 关于上海"十三五"综合交通规划的思考[J]. 交通与运输, 2014, 30（06）: 22-23.

[2] 章昱, 姜传. 北京公交区域调度系统研究与应用[J]. 人民公交, 2019（12）: 73-79.

[3] 高桐. 智慧公交信息设施界面设计研究——以韩国公交信息系统为例[J]. 美术大观, 2020,（1）: 142-143.

[4] 徐玮. 上海综合交通"十五"发展回顾及"十一五"发展设想[J]. 交通与运输, 2006（02）: 4-5.

[5] 陈茜, 裘红妹, 林群, 等. 全国智能交通系统示范城市建设示例[J]. 城市交通, 2008（02）: 33-55.

[6] 韩轶. 浅析无线通信技术在智能交通系统中的应用[J]. 中国新技术新产品, 2019（03）: 44-45.

[7] 韩雪, 唐亚平. GPS和射频识别技术在智能公交管理系统中的应用[J]. 科技传播, 2012（13）: 175-99.

[8] 翁秉全. 公共交通智能化系统应用与实践[J]. 城市公共交通, 2017, 000（008）: 15-18.

[9] 陆奭蕾. 上海世博智能公共交通信息系统的设想[J]. 交通与运输, 2007（02）: 24-25.

[10] 薛美根, 朱昊, 曲广妍. 上海世博智能交通系统概念方案初探[J]. 交通与运输, 2007, 23（1）: 16-18.

[11] 严辉, 李庚银, 赵磊, 等. 电动汽车充电站监控系统的设计与实现[J]. 电网技术, 2009（12）: 19-23.

[12] 陈凌. 电动汽车充电站监控系统的设计与实现[J]. 建筑工程技术与设计, 2017（36）.

[13] 姜雪梅. 公共交通远程数据监控体系研究与开发[J]. 产业与科技论坛, 2011, 010（014）: 63-64.

[14] 王进. 实时公交查询系统的优化设计和实现[D]. 北京: 北京邮电大学计算机科学与技术系, 2013.

[15] 《中国公路学报》编辑部. 中国交通工程学术研究综述·2016[J]. 中国公路学报, 2016, 29（06）: 1-161.

[16] 陆化普, 孙智源, 屈闻聪. 大数据及其在城市智能交通系统中的应用综述[J]. 交通运输系统工程与信息, 2015, 15（05）: 45-52.

[17] 朱政. 杭州市公交信息化管理系统设计与实现[D]. 上海: 复旦大学, 2009.

[18] 尚春海. 公交电子站牌信息服务体系研究[J]. 科技创新与应用, 2014（18）: 64.

[19] 关积珍. 对北京奥运公众交通信息服务的探讨[J]. 交通运输系统工程与信息, 2008, 8（06）: 61-66.

[20] 黄迪,顾宇,黄凯,刘志远. 需求响应型定制公交研究综述与发展对策[C]//中国城市规划学会城市交通规划学术委员会. 2017年中国城市交通规划年会论文集,2017.

[21] 王诗琪. 基于出行行为分析的灵活公交动态调度模型研究[D]. 北京:北京交通大学,2016.

[22] 李晔,王密,舒寒玉. 出行即服务(MaaS)系统研究综述[J]. 综合运输,2018,40(09):56-65.

[23] 梁展凡,晏明星,韦海和,严凯. 智慧交通框架下的城市公交管理与规划决策支持系统研究[J]. 公路交通科技(应用技术版),2015,11(03):282-284.

第12章
城市中运量客运交通适应性和新技术

12.1 发展中运量客运系统的必要性

20世纪初，我国城市机动化快速发展、小汽车大规模进入家庭，城市交通可持续发展面临严峻挑战。自2004年起，引导公共交通优先发展的指导意见相继发布，旨在引导各级地方政府因地制宜地探索建立与当地发展阶段相适配的城市交通发展模式。其中，在设施建设、运力规模上取得的成效最为显著，公交分担率稳步提升（表12.1-1）。以北京为例，2012～2016年短短4年时间，公共交通运营线路增加了100条（包括轨道交通3条），增幅12.6%；公共汽（电）车运营线路总里程增加403公里，增幅2%。上海2016年公共交通运营线路较2010年增加了292条，增幅25.1%，公共汽（电）车线路里程增长1038公里，增幅4.5%。

我国公交发展情况　　　　　表12.1-1

年度	公共交通车辆运营数（万辆）			运营线路长度（万公里）			公共交通客运量（亿人次）			出租汽车（万辆）
	总计	公共汽电车	轨道交通	总计	公共汽电车	轨道交通	总计	公共汽电车	轨道交通	
2018年	60.0	56.6	3.4		87.7	0.5		635.6	212.8	109.7
2017年	58.4	55.5	2.9	79.6	79.1	0.5	847.1	662.8	184.3	110.3
2016年	53.9	51.5	2.4	72.9	72.6	0.4	844.1	682.6	161.5	110.3
2015年	50.3	48.3	2.0	67.0	66.6	0.3	845.4	705.4	140.0	109.2
2014年	47.6	45.9	1.7	62.0	61.7	0.3	849.5	722.8	126.7	107.4
2013年	46.1	44.7	1.4	57.8	57.5	0.2	825.5	716.3	109.2	105.4
2012年	43.2	41.9	1.3	55.2	55.0	0.2	788.8	701.5	87.3	102.7

我国各大城市轨道交通设施的网络化初见成效，但设施供给、运力配置、运营模式与区域协同发展背景下快速演变的出行特征之间依然存在错配。在超大城市示范效应的带动下，很多中等规模、大城市在缺乏充分必要论证的情况下纷纷效仿，倾其财力推动轨道交通建设，其未来可能面临的财政可持续等问题将比超大城市更为突出。

12.1.1 推动城市空间与交通系统协同发展

大运量的快速轨道交通所需的财政投入巨大、建设周期长、客流标准高，且难以有机融入城市空间并形成客流培育与效益增长的良性闭环，因此并不适用于所有类型的城市、地区和出行需求。相比之下，由于"中运量"并非制式范畴，因此可根据地方现有交通运输体系灵活确定运营组织模式，具备与传统公共汽（电）车、按需响应公交、出租汽车等地面交通方式"无缝"衔接、高度兼容、贯通运营、同台换乘的可能。TOD理念、公交优先战略开始真正影响我国城市的建设发展仅有几年的时间，早期的城市建设发展，普遍呈现出低密度蔓延而非"珠串式"发展的特征，居民出行在空间分布上普遍"离散"，交通需求在廊道上的集中程度不高，不利于地铁优势的充分发挥。相比而言，地面公交的网络化、一体化运营，反而能更好地适应以上出行需求特征，而与小巴、公共汽（电）车等方式之间高度兼容以确保方便衔接和换乘恰是中运量特有的优势。

12.1.2 丰富城市公交系统服务和功能层次

中运量客运系统的运能介于地铁和常规公交之间，且投资相对较低、建设周期短、绿色环保，不同类型城市可因地制宜、灵活发展中运量客运交通，完善公共交通系统的功能层次。

对于超大城市，可将中运量客运系统作为大运量轨道交通的补充，延伸轨道交通在外围发展新区的通达深度，也可在中心城区作为轨道交通的加密衔接；对于不具备建设大运量轨道交通条件中小城市，可以中运量客运系统为主，以常规公交为辅，构建城市公共交通网络。此外，中运量因其舒适、灵活的优势，还可以作为旅游公交线路，丰富城市公交系统的服务层次和文化特色。

12.1.3 中运量系统投入产出效益相对可控

截至2017年12月31日，我国内地累计有34座城市开通城市轨道交通，建成投运线路165条，总里程5032.7公里，全年累计完成客运量185亿人次。然而，2014~2017年，每公里日均客流强度从1.1万人次/（公里·日）逐步下降至0.81万人次/（公里·日），社会经济效益逐年递减（图12.1-1）。

虽然轨道建设在我国超大城市、大城市快速发展，但并非所有的干线"大客流"走廊都达到了需要建设地铁的要求，高峰时段客流不足4万人次/小时的走廊普遍存在，恰处于中运量区间，不计代价地"加密+强轴"（图12.1-2）或将导致政府公共资金的效率和社会

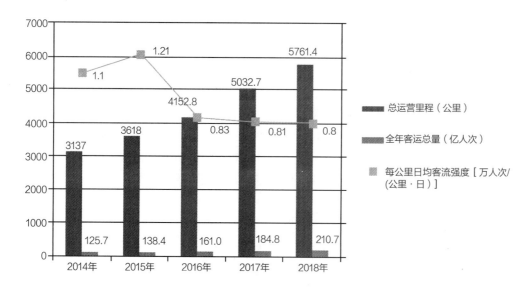

图12.1-1 2014~2018年我国内地城市轨道交通运营里程及客流强度

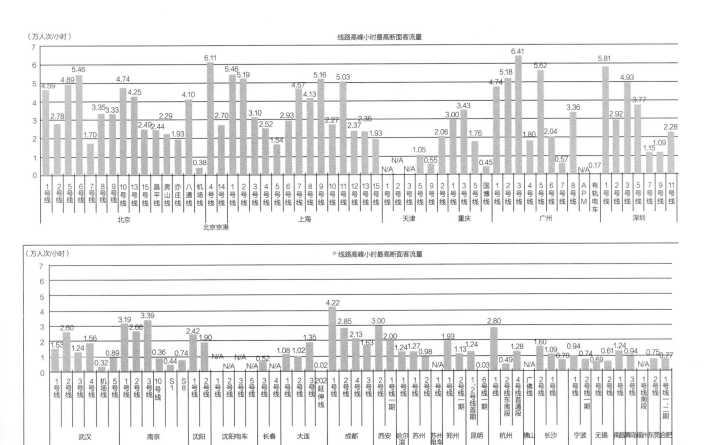

图12.1-2 2016年各城市轨道交通高峰客流小时断面流量（万人次/小时）

经济效益遭受质疑。此外，如按照地铁1小时开行20对、6节编组、车站26座、全线26公里、可提供单向运能2.5万人/小时、场段运营与牵引碳排放18吨/小时计算，如单向运送旅客少于9000人次/小时（满载率约36%），人均碳排放甚至高于运送同等规模旅客的新能源电动车。因此，对于诸多正在开展线网规划、建设规划编制的城市而言，无论从资源利用效率还是减碳减排等角度出发，中运量公共交通或将是更为科学、合理的选择。

12.2 中运量公交系统发展评述

12.2.1 中运量公交系统发展现况及问题

传统"中运量公交系统"是指单方向断面最大运能每小时达1万～3万的公交系统，常见的形式主要包括现代有轨电车、快速公交系统、胶轮单轨和APM、中低速磁浮交通系统等，近年来出现诸如虚拟轨道、新型单轨、中低速磁浮等新制式，进一步提高了中运量公共交通的效率和品质，丰富了制式选择。尽管如此，各类制式在发展过程中的问题也日渐暴露。

1. 现代有轨电车

1888年，世界上第一条作为客运交通的有轨电车，在美国弗吉尼亚州里士满市投入使用。历经130多年的发展与变革，早期速度慢、噪声大、舒适性差、缺乏灵活性的旧式有轨电车，已逐渐蜕变演化成为线路专用、运行高效、舒适性高的城市交通名片。编组的模块化、每公里亿元级的建设成本、车站结构简单、占地节省等技术特征，相比地下铁路等重轨系统而言优势明显。近年来，交通对城市发展在节能环保、景观特色、出行品质等方面的贡献受到广泛关注，现代有轨电车更是以其环保（第三轨供电）、美观（车辆工业设计）以及舒适（低地板）等优势成为诸多城市交通服务多样化的首选。

尽管如此，有轨电车存在固有短板：（1）车辆运行无法脱离固定的轨道设施，灵活性较差，需求时空分布的应对能力不足；（2）虽然路权相对独立，并在局部路口实施信号优先，但由于国内安全出行意识尚未完全养成，出于对安全的考虑，有轨电车经过的交叉口通常设有安全员，且要求车辆通过时降速行驶，不仅难以发挥该制式的效率效益，而且还会增加额外的人力成本；（3）有轨电车运行过程中，振动和噪声比胶轮制式车辆大，在城市密集建设地区或对噪声控制有要求的地区，适用性受到一定程度的限制。

目前，现代有轨电车系统已成为世界众多国家城市客运交通系统的重要组成部分，在建设可持续发展的现代交通体系进程中，现代有轨电车扮演着举足轻重的角色。截至2017年年末，中国大陆超过百个城市或地区规划建设了有轨电车，总里程超过11234公里。其中已运营的城市或地区有14个，共计20条线路，运营里程236.14公里。有轨电车在我国虽然规划项目众多，但总体情况不容乐观：

一是与缺乏统筹规划，功能定位不清晰，客流效益不足。有轨电车系统的建设初衷，通常是吸引小汽车出行者，优化大客流走廊出行结构。但国内许多城市为了加快发展地方产业、引导城市新区开发建设而匆忙上马有轨电车试验线，一方面与城市总体发展规划缺乏统筹协调，另一方面与综合交通系统的设施布局和服务体系衔接不足，导致运力供给与出行需求在时间和空间上错配严重，未能切实发挥优化廊道交通结构的作用，甚至沦为观光线路；还有一些线路，吸引的客流主要源于线网结构并不合理的传统公共汽（电）车，而非私家车或出租车，相当于花费了高额的建设成本和运营成本，效果仅相当于对传统公交线网进行了微调。

二是线路进入中心城区受阻，公交优先理念难以践行。国内城市交通发展普遍以机动车为导向，因此强调机动车"占一还一"的原则，而中心城区道路拓宽条件十分困难，新增的有轨电车规划线路往往只能布设在外围新区和道路红线较宽的主干道上，无法进入客流运行压力更大的中心城区，因此也就违背了引导市民集约化出行、城市健康可持续发展的公交优先发展初衷。

三是技术标准缺失，安全隐患多。由于缺少国家层面规范性文件的指导，市场上车辆和供电制式等设施设备多样化，各城市有轨电车在线路敷设、路权、设施配置等方面的技术标准不统一，对有轨电车设计、建设、运营要求不一致，有些城市采用尚不成熟的新技术，造成有轨电车事故频发。

2. 快速公交系统

作为与现代有轨电车具有极高相似性的新型交通方式，快速公交系统（BRT）也享有公交专用路权等综合保障措施，运能与有轨电车相当，介于常规公交和轨道交通之间。BRT既保留了常规公交的便利性、灵活性和经济性，又具备了城市轨道交通容量大、速度快的特点，在大客流走廊应用普遍。

当前，全球已经有超过50个城市相继引入BRT，在欧洲、北美以及澳大利亚等发达国家和地区，虽然私人小汽车拥有率非常高，并且已有轨道交通系统，但是根据各个城市的交通需求、城市土地规划以及城市的财政状况，BRT仍有成功的推广。国内的BRT近些年来保持着高速发展的态势，自北京第一条BRT投入运营以来已有25座城市相继建成BRT，计划和筹建的城市超过15座。

各城市的发展模式不尽相同，有的采用通道开放、多线共享、网络化运营的开放式系统，有的则采用独立路权占比60%～100%不等的单线路封闭式系统。纵观国际经验，像波哥大、库里蒂巴等在BRT发展与应用较为成熟的城市，普遍具有人口规模小、人口增速缓慢、城镇化增长率低的特点。相比而言，我国城市普遍处于快速城镇化发展阶段，人口岗位规模、产业空间布局、交通需求等都呈现快速变化的特征。因此，无论采取哪一种发展模式都无法掩盖BRT自身的短板。如：广州BRT虽然获得了联合国灯塔奖，但割裂城市的问题依然存在；北京的4条BRT线路，未能与已有的上千条公交线路在重要的客流廊道上形成有机衔接；厦门BRT的高架设计，在赢得高效的同时，背后付出的巨大代价是接驳便利性的严重割让。纵观全国实践，BRT的设施空间设计、路权保障、车辆选型、开门方向、站台设置等问题，都会与现行系统存在难以兼容的问题，实施效果参差不齐，部分陷入"客流量下降—缩减运力—服务水平下降—客流量下降"的恶性循环。

3. 胶轮单轨和APM

胶轮单轨分为悬挂式单轨和跨坐式单轨两类，主要特点包括：（1）占地面积小，可利用道路的上方敷设，降低征地费用，有效减少建设成本；（2）由于车重较轻（特别是近些年出现的"云轨"系统），可适用于大坡道、小半径的高架线路，适用于地理地形复杂的城市和地区;（3）采用胶轮，运行噪声小，适合城市中心区域使用。但由于道岔结构复杂、最高速度较低、能耗较高、逃生困难、难以适应冰雪天气，致使目前在国内外尚未普遍推广。实践表明，虽然跨坐式单轨等中运量制式的运输能力远不及地铁，但其引导城市开发和居住选址的效应却几乎相当，由于对这一点预判不足，重庆单轨3号线在通车运营后的短短几年内就出现需求过饱和的状况，难以支撑需求的弹性生长。

与其相似的自动旅客输送系统（APM），作为一种无人驾驶的胶轮自动导轨交通系统，主要适合于中低客运量的城市公共交通和短距离的穿梭交通，可以实现列车的灵活编组，运载量可达2000～20000人/小时。与传统轨道交通相比，具有加减速性能较好、爬坡能力强、转弯半径小、噪声较小的优点。自1963年由庞巴迪率先开发至今，我国已有包括北京、广州、台湾等多地建成运营或正在建设，但鲜有作为解决出行问题的通勤系统，而是多用于机场航站楼之间以及旅游景区的短距离接驳运营（如广州珠江新城旅客自动输送系统）。

4. 中低速磁浮交通系统

中低速磁浮交通系统是利用电磁力抵消地球引力，通过自动控制手段使车体与轨道之间保持一定的间隙（悬浮间隙一般为8～12毫米），使列车悬浮在轨道上运行。其特点在于：（1）安全性好：列车环抱着轨道运行，当列车在运行中发生故障、列车会紧急制动停住，其系统结构保证了列车运营中不会发生列车脱轨和颠覆事故，具有较高的安全性。（2）建设维护成本低：以我国首条完全自主研发的长沙磁浮（长沙火车南站至黄花机场）为例，双线每公里造价不超过2.5亿元，成本显著低于地铁；且由于列车运行无轮轨接触，不仅降低振动和噪声，且克服了传统列车车轮与轨道之间的摩擦损耗，避免了轮轨系统的高维护成本。（3）适应能力强：车辆的爬坡能力可达70‰，相比传统轻轨车辆（35‰）有显著提升；最小通过半径仅为50米，城市选线相对灵活。

国内城市的中低速磁浮仍处于起步阶段，且尚未形成规模。在长沙、北京中低速磁浮相继投入运营后，仍需持续跟踪其在经济、安全、效率、环保等方面的优劣才能精准定位。

12.2.2 制度体系尚不完善，或将成为"去产能"的重要手段

自从实施城市轨道交通设备国产化政策以来，国产载运工具相继涌现，自主创新能力显著增强。全国各地纷纷掀起城市轨道交通建设高潮，国产轨道交通设备的市场需求大幅提升，广阔的市场空间有力拉动了我国轨道交通设备制造业的长足发展，市场参与主体以及载运工具产能规模显著提升。随着2018年上半年国家发展改革委出台的《关于进一步加强城市轨道交通规划建设管理的意见（草案）》，14个城市地铁项目被冻结，中国城市轨道交通设备制造市场受到较大冲击，或将面临结构性的产能过剩。由于核心技术的相似性，加上规划建设审批流程制度尚不完善，包括"智轨""云轨""云巴"等在内的新制式层出不穷，中运量系统建设或将成为装备制造去产能的重要手段。

在缺乏系统性论证的情况下，新型交通方式在与传统交通方式衔接与网络化运营、资源配置的公平性与效率、政府公共资金代价与投入产出效益等方面可能面临更加复杂严峻的挑战。在发展定位尚不清晰、多种交通方式协同发展路线尚未理顺的情况下盲目上马，或将产生低效能占用稀缺通道资源（如重庆跨坐式单轨3号线）、加剧综合交通系统各方式之间的割裂（如北京的4条BRT线路）等多重风险。

12.2.3 思维惯性依然存在，难跳出"制式"看待中运量发展

按照早期的交通方式分类的思路，在诸多决策者以及社会公众的认识当中，"中运量"就等同于有轨电车、BRT、胶轮单轨等交通系统，这一认知的局限性使得各城市在追求运能提升时过多关注"制式比选"，而忽略了如何以更少的土地空间代价、更低的建设运维成本，以及更加流畅的新老交通系统衔接和网络化运营去实现同样的运能提升目标。

究竟是"小运量""中运量"还是"大运量"，并非完全取决于系统的制式，而是与载运工具的核定载客量（如编组调整）、服务频率（发车间隔）、线路运营组织模式（多线、单线）等诸多因素有关。关于制式的选择，除了技术性能比选以外，更为关键的是从财政可持续、新老系统兼容等角度出发进行全面评估。在鼓励关键技术国产化、推动装备制造业自主创新发展的同时，更应考虑到技术与产业的规模效应。通过推动载运工具核心技术（动力、控制系统等）、零配件以及基础设施技术参数（如轨距、机车限界）等的标准化和多家供应，才能够在促进有序竞争、压缩建设运营成本以及引导产业创新发展之间寻求"最大公约数"。

12.3 关于"中运量"内涵与发展的思考

为更加科学地引导各城市因地制宜地推进公交优先发展战略，2018年7月13日，《国务院办公厅关于进一步加强城市轨道交通规划建设管理的意见》（国办发〔2018〕52号）（下文简称《52号文件》）正式公开印发。在《国务院办公厅关于加强城市快速轨道交通建设管理的通知》（国办发〔2003〕81号）的基础上，《52号文件》进一步提升了城市轨道交通规划建设准入门槛，在敦促城市理性思考交通发展模式的同时，推动中运量公共交通系统建设已成为诸多大、中城市替代地铁的新方向。当前，需要寻求答案的，并非我国大中小城市应选择哪种制式的中运量公共交通，而是通过中运量公共交通的引入，切实解决什么现实问题，以及应对哪些潜在的挑战。

12.3.1 甄别城市交通发展的现实矛盾，大、中、小城市应坚持差异化发展定位

近年来，小汽车快速进入家庭，轨道交通建设全速推进，定制公交、网约车等新型交通业态层出不穷。在复杂外部要素的共同驱动下，地面公交发展进入瓶颈期，客运量下降的态势已经从超大城市向全国范围蔓延。在地面公交"吃不饱"的情况下，是否还有必要建设"中运量"客运交通系统，是很多城市面临的现实问题。

当前，公共交通客运系统存在"结构性"短板。主要体现在运量、运速层次匮乏，难以适应区域一体化的发展需求。虽然部分城市建有少量轻轨和有轨电车作为干线网络的补充和延伸（表12.3-1），但从实际效果来看，各交通方式之间的功能定位并未充分理顺，"中间重、两头轻"的发展特征较为明显，大运量轨道交通、多元化的中运量系统、公共汽（电）车等传统骨干网络建设受到重视，但灵活组织、按需响应的小运量公共交通，以及适用于大都市圈长距离通勤的公共交通（包括轨道交通）快线发展都明显滞后于城市空间格局的变迁和出行特征的演化。

2017年部分城市城轨交通运营线路规模统计　　　　　　　表12.3-1

城市	线路里程（公里）							
	合计	地铁	轻轨	单轨	市域快轨	现代有轨电车	磁浮	APM
北京	685.1	588.5			77.0	9.4	10.2	
上海	732.2	637.3			56.0	9.8	29.1	
天津	175.3	115.2	52.3			7.9		
重庆	264.0	165.6		98.5				
广州	364.8	353.2				7.7		3.9
深圳	297.6	285.9				11.7		
武汉	251.2	196.5	37.8			16.9		
南京	364.3	176.8			170.8	16.8		
沈阳	123.4	54.0				69.4		
长春	82.0	18.1	18.8			16.9		
大连	182.1	54.1	103.8			24.2		
成都	269.3	175.1			94.2			
西安	89.0	89.0						
哈尔滨	22.7	22.7						
苏州	138.4	120.7				17.8		
郑州	136.6	93.6			43.0			
昆明	88.7	88.7						
杭州	103.7	103.7						
佛山	33.5	33.5						
长沙	67.3	48.8					18.6	

"门到门"运速均质化,无法支撑大都市圈范围内的长距离快速出行。我国已进入以城市群为主体形态的发展阶段,随着区域协同发展的推进,对多层次交通体系支撑的要求也越来越高。城际列车(设计速度200~250公里/小时,旅行速度160公里/小时以下)、地铁(设计速度60~80公里/小时,旅行速度25公里/小时左右)以及公交车(旅行速度15~20公里/小时)之间,公共交通服务谱系在旅行速度方面呈现"断崖式"的结构性缺陷。在超大城市和大都市圈岗位内聚、公共服务内聚、岗位外迁,进而导致长距离通勤规模逐年稳步增长的情况下,难以支撑超大城市、大都市圈出行的一体化的发展。

从完善公共交通服务谱系、推动城市公共交通出行效率提升以及区域公交出行一体化的角度出发,应进一步明确中运量客运交通系统的在超大、特大、大、中城市当中的差异化功能定位,做到因地制宜、因势利导。

(1)超大城市、特大城市。

对于超大城市而言,须建立大中小运量公交协同配合,构建线网层次丰富、产品谱系完整的多元化公共交通服务网络,其中,中运量应在以下方面发挥重大作用:

一是在供需矛盾突出、轨道运能饱和的廊道上,作为运力的重要补充。轨道客流预测滞后于现实需求在国内城市极为普遍。由于缺乏必要的设施预留,在轨道客流增速、增量远超预期的情况下,轨道运能提升空间不足。中运量系统建设,应作为大运量走廊的运能强化。

二是以高速路、快速路为设施网,在缺乏轨道快线的方向,建立快速通勤走廊。我国超大城市的快速路基本已形成网络,不仅高度覆盖外围大型居住组团,而且对于中心城区的通达深度远高于国际城市水平,能够实现城市外围与城市密集建设功能组团(CBD、就业岗位集中区域、大型商业区域)的快捷连接。在短时间内难以形成网络的背景下,可通过在高、快速路实施网络上,因地制宜优先配置路权,搭建起一套能够弥补缺失的中运量快线系统,与中小运量的地面公共交通系统形成无缝衔接和同台换乘,逐步建立起"直达线—快线—干线—普线—支线"共同构成的复合网络,满足不同出行距离、运量的需求。

(2)大城、中城市。

对于特大城市、大城市而言,中运量公共交通应作为城市客运系统的骨干,并担当起引导城市形态、空间布局和公共服务优化的TOD作用:

一是替代不必要的轨道建设,作为城市客运系统骨干。不满足《52号文件》的城市,在近年来产业结构调整的驱动下,人口、岗位的总量和空间分布依然频繁超过预期。客流聚集的廊道上也可能面临运能结构性调整的挑战。因此,在客流集中的廊道上优先选择中运量公共交通,在财政投资、建设周期和系统灵活性上具有较大弹性,赋予系统规划、建设和后期运营调整更多的变化选择。

二是在不具备轨道建设条件的城市建立创新型TOD发展模式。相比轨道交通,传统公交在就业岗位和公共服务可达性、线路路由和服务水平的稳定性以及行程时间的可靠性方面存在明显短板,难以发挥TOD的作用。合理选择中运量公交制式,实现与现有系统的高效衔接,通过路权优先提升服务可靠性,同时确保干线服务的稳定化,避免因需求特征变化频繁调整线网,可替代轨道网,发挥引导城市形态、空间布局和公共服务优化的TOD作用。近年来,城市郊区化现象日趋显著、卫星城镇不断发展,城市的地域结构随之发生了重大变化,中运量城市轨道交通的建设不仅可以从时间上缩短外围郊区、卫星城镇与城市中心区的距离,而且可以促进城市新区的建设和旧城区的改造,引导城市轴向发展、形成多中心格局，有利于都市圈土地利用空间结构的优化。

12.3.2 重塑"中运量公共交通"的概念，坚持低成本、网络化、强韧性的组织模式

近年来，地面公交的客运量和出行比例持续下降，在既有运能、运力尚未充分盘活的情况下，盲目增加全新交通制式，存在巨大风险。对于大多数城市而言，公共交通发展的主要矛盾，并非缺乏"大运量"和"小运量"之间的"中运量"，而是现有公共交通服务产品谱系不完整。由于服务品质缺乏层次、运营组织模式缺乏层次，难以形成介于私家车和传统公交服务之间的、成本可接受、品质多样化的服务。因此，能否提升公共交通出行吸引力、推动出行结构优化，是建设中运量必要性的基本前提。

此外，国内多地实践表明：被冠以"中运量"之名的现代有轨电车、BRT依然可能因为选线、运营组织欠缺科学论证而达不到预期的运量规模。如根据客流特征、需求特征进行线网优化、运营组织创新、强化路权保障，公共汽（电）车也可实现断面服务能力的突破。在多种可选的方案下，如低成本措施便可实现从小运量向中运量的转型升级，无需盲目追求"制式多样"，而更多聚焦管理体制机制创新、服务产品创新以及运营组织模式创新。

12.3.3 坚持"公交优先发展"战略内涵，是判断中运量系统发展模式的基本原则

公交优先战略内涵下，中运量公共交通系统应承载更加多元的社会责任，如：完善公共交通多元服务产品谱系；探索经济可持续的公共交通建设、运营模式；克服传统公交的原生短板，在城市有机更新的过程中更好地与城市空间、建筑、街道景观等环境要素相协调；提升能源与运输效率，实现"运载工具轻量化"，让更多的能源消耗在"运人"而非"运铁"；推动我国公共交通运载工具的更新换代、带动载运工具等装备制造业的创新升级等。若中运量的引入已成为必然，在制式的选型和系统建设过程中应该坚持如下基本原则：

（1）辩证引导。新兴技术往往具有"技术先进性"和"应用负外部性"双重特征，基于双重评估，辩证引导是应对未来交通发展应坚持的基本态度。

（2）生态协同。新兴技术的推广应用，一定要需要捆绑政府责任、一定要契合人民的生活模式，一定要符合市场的一般规律，才能在政府支持、人民满意以及优化市场资源配置之间寻求最大公约数，实现需求、供给的良性互动发展。先进技术的应用推广首先要寻求"多数满意"，根植于"服务于人的需求，组织城市高效运行"是研究未来交通的应有视角。

（3）系统兼容。新型交通技术的引入，不可能脱离与城市建成系统的有机传承。与现有系统在空间/组织上高度兼容、无缝衔接，打造多模式出行服务的网络化供给格局是中运量选型应坚持的原则。

（4）因时制宜。拥抱未来，应以反思历史、检讨现实为基础，不能盲目跟随技术潮流，而应立足于制度—技术环境的成熟程度和国家、人民的核心利益来看待新型交通方式的发展。在小的时间尺度上，应确保发展过程与制度—技术生态的契合度，兼顾社会稳定性、资源配置的公平性和效率问题、公共资金代价、稀缺资源消耗等；在大的时间尺度上，应确保发展目标与国家战略的契合度，坚持落实国家的土地、能源、环境战略，推动核心技术的自主可控，提升全球竞争力。

12.3.4 处理好与未来交通模式的关系，理性判断规划中运量发展规模和实施路径

自动驾驶、共享交通、电气化三大技术发展将催生交通组织模式变革。2017年，美国斯坦福大学RethinkX智库发布报告《颠覆、启迪与抉择：对于2020～2030年交通的再思考》预测，至2030年，自动驾驶电动共享车辆将占美国小汽车保有量的60%，并承担95%的客运车公里，40%的个人内燃机汽车仅承担5%的客运车公里。随着北京、上海、杭州、深圳等地方自动驾驶车辆道路测试管理实施细则的相继颁布，我国自动驾驶从实验室走向市民生活已指日可待，网约车、出租车、共享交通、汽车租赁、需求响应式公交或将殊途同归。这一背景下，如何协同自动驾驶+共享出行、传统公共交通系统、中运量系统三者的功能定位、优先级别、组织模式、资源分配以更有利于资源利用效率和出行效率的提升尚无深入论证。中运量系统的引入，有必要放在各种可能的场景下推演判断，保证系统的绿色生态和成长韧性，避免空间资源、廊道资源、投资建设等方面的潜在浪费。

12.4 总结与思考

12.4.1 明确发展定位，以运营组织规划导向设施的科学规划

作为城市交通体系中集约化的交通方式之一，中运量客运交通理应对优化出行结构、促进土地集约、能源节约、环境友好等方面发挥积极作用。而能否发挥这一作用取决于服务水平和运营模式。应以运营模式以及相应的社会经济效益与成本为基础，开展设施网络（路径、停泊设施等）规划和建设。

12.4.2 创新发展模式，合理统筹中运量客运交通和城市可持续发展的关系

中运量客运交通的发展，应改变以往被动适应的发展模式，根据城市功能定位、发展条件和交通需求等特点，科学确定中运量客运交通发展目标和发展模式。同时加强政府引导，增强中运量客运交通对城镇化的补充作用，并在发展过程中实现城市中心与郊区、公共交通干线与支线的合理衔接配合，通过线网调整和合理配置，使各种交通方式之间的结构和城市布局逐步趋于优化。建立科学的公交票价体系，在满足社会公益性服务的基础上考虑成本定价因素，按照公交发展居民可承受、财政可负担、企业可持续的总体要求推动多层次的公交系统协同发展。

12.4.3 加快标准建设，通过行业认证和标准引导中运量客运交通科学发展

相比发达国家，我国与中运量客运交通相关的规范和认证起步较晚，认证效果有限，且缺少独立第三方的认证机构，导致目前技术发展混乱，各自设备厂商之间的技术标准难以统一，技术之间无法实现互联互通，无疑给安全性评估、服务水平评价等方面造成巨大的困难，既阻碍了中运量客运交通的发展，也不利于各厂商的公平合理竞争和技术研发。因此，应深入研究行业的技术发展，制定合理的建设标准、服务标准，构建科学的服务评价体系，规范和引导市场健康发展。

12.4.4 完善项目审批，以规范的审批标准和程序引导城市客运制式科学选型

《52号文件》指出城市轨道交通是现代城市交通体系的重要组成部分，为促进城市轨道交通的有序发展，进一步完善规划管理规定，严格落实建设条件，有序推进项目建设，

明确地铁、轻轨、有轨电车等建设标准。但未将有轨电车等纳入城市轨道交通建设规划并履行报批程序。2015年以来，我国已陆续开展编制有轨电车相关标准，但仍然存在标准体系未建立、技术标准不统一的问题。此外，各编制单位从自身角度出发，存在盲目抢占有轨电车领域"标准高地"的情况，亟待从整体层面统筹管理标准制定工作，完善和统一标准体系。

12.4.5 贯彻科学理念，从多角度出发开展综合评测，因地制宜选择中运量客运制式

交通系统具有很强的地方性、阶段性、时效性，必须因地因时制宜，采取差别化的交通系统供给与交通管理政策。要根据城市规模、发展目标、交通需求等条件，合理选择采用单一制式的发展模式，一种制式主导、其他制式辅助的发展或多制式共同发展的方式。模式选择应重点考虑客流与交通效率，从投入产出比的角度出发，以投资、道路资源占用、客流、交通效率、运营效益作为判断指标，探索适合各个区域交通发展的中运量公交模式。还需要考虑备选制式与现有公共交通系统、将来可能出现的其他新型公交系统的兼容性问题。

本章参考文献

［1］ 中华人民共和国国家统计局. 中国统计年鉴［M］. 北京：中国统计出版社，2019.
［2］ 中国城市轨道交通协会. 城市轨道交通2014年度统计和分析报告［J］. 城市轨道交通，2015，6：68-71.
［3］ 中国城市轨道交通协会. 城市轨道交通2015年度统计和分析报告［J］. 城市轨道交通，2016，2：6-11，19.
［4］ 中国城市轨道交通协会. 城市轨道交通2016年度统计和分析报告［J］. 城市轨道交通，2017，1：20-36.
［5］ 中国城市轨道交通协会. 城市轨道交通2017年度统计和分析报告［J］. 城市轨道交通，2018，4：8-27.
［6］ 中国城市轨道交通协会. 城市轨道交通2018年度统计和分析报告［J］. 城市轨道交通，2019，4：16-34.
［7］ RethinkX. Disruption, Implications and Choices: Rethinking Transportation 2020-2030［R］. 2017.
［8］ 中国城市轨道交通协会. 中国有轨电车蓝皮书［R］，2017.

第4篇

新业态与城市交通发展

导读

近几年共享经济、移动互联网与智能手机的普及应用，催生了共享单车、网约车、分时租赁、定制公交等共享交通新业态快速发展。据统计，2018年中国各类共享交通出行人数超过284亿人次，共享出行交易额达到2478亿元，同比增长23.3%。2019年9月，中共中央、国务院印发了《交通强国建设纲要》，明确提出大力发展共享交通，加速新业态新模式发展。2020年7月15日国家发展改革委等13个部委发布《关于支持新业态新模式健康发展 激活消费市场带动扩大就业的意见》，也提出鼓励共享出行等领域产品智能化升级和商业模式创新，推动"互联网+"和大数据、平台经济等迈向新阶段。共享交通已成为推动出行服务变革、重塑可持续交通的重要动能和载体。

作为新的交通方式加入城市综合交通体系，各类共享交通方式与既有交通方式之间形成了错综复杂的竞争、合作与互补关系，也对城市和交通系统运行产生显著影响。尤其在资本与利益驱动下，各类共享车辆过度和无序投放造成交通拥堵、城市公共空间被挤占、资源浪费等突出问题，引起社会广泛争议，也成为当前城市治理的重点领域。如何促进共享交通新业态与城市综合交通体系、社会经济、资源环境等协同发展，最大限度发挥共享交通的社会效益，成为当前国家大力推动共享交通发展过程中亟待解决的现实问题。

从协同学视角看，共享交通新业态的发展受快变量和慢变量的共同影响。其中，共享交通基础要素（如车辆、站点、会员数/驾驶员等）在技术与资本双重驱动下能快速增长，可视为快变量；而用户对于共享交通的常态化和规范化使用、政府对共享交通的认知及监管，涉及个体及组织行为习惯与行为能力的调整，其变化速度相比基础要素增长要慢得多，可视为慢变量。受快、慢变量发展程度与水平的影响，共享交通的社会影响是动态的，其交通治理对策应以社会影响为基础，也是动态变化的。

本篇共分为4章，分别针对共享自行车（含共享电动自行车）、汽车共享（含网约车、分时租赁、拼车合乘）、定制公交及共享停车等交通新业态，讨论每类业态的发展现状、对交通—社会—能源—环境的综合影响以及未来发展要求和趋势。作为新兴共享经济的一种形态，共享交通健康发展依赖多元主体的共建共享。其中，用户规范化和常态化的使用，企业具备可持续的盈利模式和能力，是共享交通新业态生存和发展的基础；而政府对共享交通运行秩序和市场公平竞争环境的积极引导与规制，是共享交通健康发展的保障。用户、企业与政府必须在"价值—信任—合作"的基础上步调一致，任何一方的激进或行动滞后，都会制约共享交通的良性发展。

尽管业态类型不同，但各类共享交通业态都是基于共享理念下的出行方式创新，有相通、可移植的理论框架和分析方法。本篇的相关内容也可为共享交通发展政策制定、运营管理等提供参考。

第13章 共享（电动）自行车

13.1 共享单车发展概况

2017年，交通运输部等10部门联合出台《关于鼓励和规范互联网租赁自行车发展的指导意见》，指出互联网租赁自行车（俗称"共享单车"）是移动互联网和租赁自行车融合发展的新型服务模式。《中国共享出行发展报告（2019）》（共享出行蓝皮书）显示，截至2019年8月底，我国互联网租赁自行车共有1950万辆，覆盖全国360个城市，注册用户数超过3亿人次，日均订单数达到4700万单。

13.1.1 发展历史

共享单车在中国的发展起源可以追溯到2005年在上海、北京、杭州、广州、武汉等地开展的公共自行车试点运营。这段时间内车辆投放较少，且以有桩的形式约束了自行车的停放位置。2008年公共自行车在北京奥运会期间展现出行优势，同时在缓解杭州公交"最后一公里"难题上取得了显著成效，全国各地开始纷纷效仿发展城市公共自行车服务。2015年，公共自行车在全国达到了近10亿元的市场。这些公共自行车的投资模式主要有两种：一种是政府投资、企业主营；另一种是企业投资、政府补贴。

随着互联网技术、无线通信技术以及移动支付技术的发展，无桩型共享单车加入出行市场并迅速扩张，逐步取代了公共自行车服务。早期以摩拜、ofo等企业为代表，于2015年初率先在北京、上海等大城市大规模投放无桩型共享单车。2016～2017年共享单车进入无序竞争发展阶段，多家共享单车公司竞相融资抢占市场。由于盲目竞争和过度投放，导致共享单车乱停乱放现象日益严重，对城市公共空间利用以及其他交通方式正常运行造成了极大的负面影响。《关于鼓励和规范互联网租赁自行车发展的指导意见》对共享单车定位、自行车停放管理、用户注册机制、鼓励免押金、强化舆论和社会监督等作出指导，规范了共享单车的基本发展要求。2018年至今，共享单车进入成熟发展阶段，缺乏竞争力的企业逐渐退出市场，形成了多家企业有序竞争的发展格局。

13.1.2 存在的主要问题

共享单车大量涌入市场后，为城市提供了很多就业机会，同时也解决了人们"最后一公里"的出行问题。然而，共享单车的迅猛发展也给社会带来诸多问题，主要表现在以下几个方面：

1. 对城市空间的不合理占用

企业过度投放、用户乱停乱放，均导致共享单车不合理占用城市空间。地铁站出入口、景点进出口、公园绿地甚至桥洞隧道都出现了被"共享单车包围"的现象，对城市运行与居民日常生活造成了不可忽视的破坏效应。

2. 自行车交通设施不匹配

根据广州市交通规划研究院调研报告，至2019年2月，广州共享单车总量约40万辆。广州慢行系统存在的连续性差、自行车道不足、设置不合理等问题也日益凸显。广州主城区近600千米的主次干道中，有近30%的道路没有自行车道。在没有自行车道的状况下，不少共享单车骑行者骑上人行道，甚至骑上机动车道，安全问题突出。

3. 押金等用户权益难以保障

共享单车用户押金被用于造车或者支付运维成本，成了变相融资的手段，用户押金成为商家金融资产的一部分。近几年持续发生的共享单车用户押金无法退还的现象，说明企业违背了押金专款专用的原则，侵害了用户权益。

4. 技术缺陷造成安全隐患

2019年上海警方接到报案，一款名叫"全能车PRO"的APP软件影响了很多共享单车企业的正常服务，随后破获了一起共享单车万能解锁APP案。一个APP软件能解锁所有的共享单车，造成了共享单车公司损失约3亿元。这不仅给单车企业敲响了警钟，也给政府管理敲响了警钟——能轻易破解单车数据包并截取做修改，同时共享单车会员信息的安全也存在被截取泄露的风险。

13.2 共享单车对城市及交通出行的影响

共享单车加入城市交通出行体系，对居民出行、交通能源与环境、经济发展、生活品质等城市及交通的多个方面产生了显著影响。有些影响是正面的，有些存在负面影响。正确认识产生上述影响的原因，对于合理确定共享单车在城市社会经济和交通系统发展中的定位，具有重要支撑作用。

13.2.1 对交通出行的影响

共享单车对城市交通的各个方面都存在影响。相关研究表明，共享单车很好地满足了人们短距离出行的需求，减少了5公里内的机动车使用，同时可以改变居民的出行行为，有效避开高峰出行时间，完成"最后一公里"的无缝接驳，提升通勤效率。除此以外，共享单车的普及还可以有效提高居民对自行车的使用，提升自行车出行水平。而且共享单车作为随取随用的便捷交通方式，在公交网络布局欠发达的区域，对提升不同公共交通系统之间的连通性，丰富多种交通方式之间的选择，也有十分重要的意义，如表13.2-1所示。

共享单车评价指标体系 表13.2-1

指标类型	指标名称	效果	指标计算所需数据
对自行车出行影响	出行里程，出行频率	正面	共享单车GPS运行数据
对机动车交通影响	单位共享单车减少机动车里程	正面	城市燃油消耗量、燃油效率、共享单车GPS、交通系统运行数据
对公共交通影响	网络连接度、平均出行距离、平均换乘次数、15分钟生活圈可达面积或人口数	正面	三层城市公交网络图、城市人口数据、POI点数据
对公共交通影响	单位共享单车的客流影响	正面与负面	公交刷卡数据、共享单车运行数据、POI点数据

1. 对自行车交通的影响

共享单车的出现明显提高了出行者对自行车出行的选择概率，使自行车出行重新回归，但在共享单车获取方便性不高的地区影响有限。深圳互联网自行车发展评估报告显示，2015～2017年共享单车的兴起使其自行车交通分担率由8.0%提高至10.7%，慢行交通分担率由53.0%提高至54.1%。

2. 对机动车交通出行的影响

共享单车一方面替代了部分机动车出行，深圳互联网自行车发展评估报告显示，共享单车使用者中有9.8%转移自私家车。同时，共享单车运维调度过程中也诱增了部分机动车出行。为评估诱增的机动车出行量，有研究提出基于燃油消耗的机动车出行量估计方法。通过城市燃油消耗量、能源效率等指标粗略计算共享单车因运维调度产生的汽车出行里程。

3. 对公共交通出行的影响

有调查显示，有34.6%的受访者将共享单车用作公共交通方式的替代品，尽管在不同的城市该替代率有不同的水平，但大致特征相似。通过对比有无共享单车换乘网络下的公交换乘次数、换乘距离等指标，可评判共享单车对公交网络的贡献。

根据上海调查数据，上海市中心城区69%的共享单车出行用于接驳公共交通。共享单车出现后，自行车在轨道交通进出站接驳方式结构的占比由之前的1%快速增加到9%左右，轨道出行站外衔接时间下降了18%（图13.2-1），接驳服务效率和水平显著提升。

13.2.2 对资源环境的影响

共享单车从其替代小汽车出行来看是绿色的，但从其电池报废处理角度来看又不一定是绿色的。因此，从共享单车生产、使用、运维、废弃等全生命周期视角剖析每个环节可能带来的资源环境影响，探索共享单车这种新业态是否真正绿色，哪些环节不够绿色，以及如何解决这些环节对环境产生的负外部效益是有价值的。

1. 生产环节

共享单车的生产主要涉及自行车零部件供应商和整车组装的代工厂。对环境影响方式体现在四个方面：原材料消耗、生产耗能、生产排放、产品运输。原材料消耗本身对环境就是一种影响；原材料在长途运输过程中，运输工具的尾气增加了碳排放甚至有害气体排放。生产耗能方面，每批零部件的生产、每辆单车的组装、每台生产设备的运作，都会带来水资源、电力及其他能源的消耗。生产排放方面，单车生产、设备运行过程中会排放废水、废气、废料等废弃物，为达到污染物排放标准，工厂需要配套安装环境治理设施，但

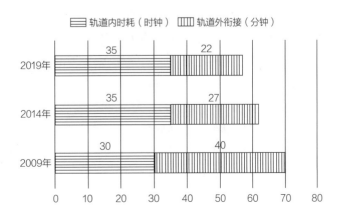

图13.2-1 上海市共享单车降低轨道交通站外衔接时间

环境治理设施的完善速度却往往跟不上产能剧增的步伐。产品运输方面，共享单车生产地主要集中于天津、河北、广东等，单车成品通过公路运输等方式运载到全国各地城市，运输过程中，运输工具的燃料使用、废气排放，增加了碳排放，污染了空气。

2. 使用环节

共享单车在使用过程中可以实现自身零排放，同时还可以通过为出行者提供更多样化的出行方式来减少机动车的使用，从而减少有害气体、温室气体的排放以及能源的消耗。有调查显示，大部分受访者的单次骑行里程都在3公里以内。55%的受访者表示共享单车出现之前，该路段会选择步行，16%的受访者选择电动车/摩托车，15%的受访者选择公交车，11%的受访者选择出租车，3%的受访者选择私家车。在组合出行群体中，一些受访者表示共享单车的出现改变了他们的通勤方式，由单一的"出租车/私家车"出行模式，转化为"共享单车＋地铁／公交车＋共享单车"的组合出行模式。相比于2公里以下的共享单车骑行距离，由"出租车/私家车"转化而来的单程公共交通出行距离往往长达数十公里，碳减排效应也更加显著。

3. 运维环节

共享单车企业运维行为包括：调度、维修和处置（报废处理等）。运维环节对环境造成的污染主要来源于运输和对道路资源占用。无论是调度、维修还是处置都离不开使用机动车运输单车，日常调度需要将单车从站点之间以及站点和站点外进行运输，维修需要将单车从站点运到统一维修点维修然后再运回站点，部分损坏严重车辆需要返厂维修。运输过程中机动车会产生有害气体、温室气体排放以及能源的消耗。单车企业运维不及时、不合理会导致单车占用道路资源，包括人行道、车道其他用地资源等。一方面会影响其他交通方式运行效率，妨碍步行交通，导致机动车减速增加废气排放；另一方面不合理堆积占用土地资源，降低土地利用率。

4. 报废环节

当前废弃共享单车的去向主要有三个：共享单车企业将达到部分报废标准的单车进行拆解，个别零件再次使用，剩余零部件以废品形式卖出；报废单车被运输到仓库，以废品形式卖出，最终被丢进熔炉；更多的废弃单车因无法使用、企业倒闭等原因，被弃置于停车场、闲置空地等公共空间，尚未得到妥善处置。

共享单车回收难源于多个层面：一是单车拆解难。共享单车的制造标准与普通单车不同，包括智能电子锁、太阳能组件及其他共享单车专利配件，拆解难度较一般自行车更高。二是运维成本高。共享单车的巡检、维修、调度需要大量人力物力，其成本甚至可能高于新车成本。三是回收价格低。每辆共享单车可提供的废金属重量有限，且钢、铝等废金属回收价格偏低，回收企业积极性不高。四是资质要求高。与普通单车相比，共享单车智能锁内的废电池、废电路板等组件位列国家危险废物名录，需持有危险废物经营许可。

一些地方关于共享单车的报废标准也加重了单车报废处理的压力。如2017年7月，上海市自行车协会公布国内首个共享单车团体标准，根据《共享自行车　第一部分：自行车》和《共享自行车服务规范》，共享单车实行三年强制报废制度。此规定除了为单车性能提供一定保障作用外，也对共享单车的处理处置带来直接影响：一方面，强制报废将提高单车的报废量，对共享单车企业的单车处置能力要求更高，对共享单车回收企业的市场需求更大；另一方面，对共享单车前端设计标准或将产生影响。

总结共享单车全生命周期流程和对环境的影响可表达为图13.2-2。

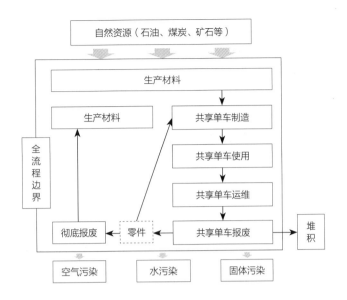

图13.2-2 共享单车全生命周期流程和对环境的影响

13.2.3 对社会经济的影响

共享单车对社会经济绩效的影响体现在对经济发展带来的正面、负面效果或收益。Schoner、Harrison和Wang通过研究发现了共享单车积极的经济影响，并估计可以在靠近自行车站的地方产生额外的经济活动。Buehler和Hamre通过对自行车共享站附近的用户和企业的调查，揭示了潜在经济效益。陈尧俊和杨义等基于产业统计数据，利用组合权重的方法分析了共享单车对不同行业的影响。杜为兮从经济学的角度建立实证模型，研究企业数量、用户需求、单车投放量等变量与产生的城市成本的关系。陆弈秋、何灵云基于共享单车为"第一公里/最后一公里"的问题提供了有效的解决方案，研究自行车有效代替步行产生的闲暇时间，并估算了对经济的外部性影响。沈佳杰利用模糊博弈理论和模糊Owen联盟值对共享单车O2O供应链收益分配进行了研究。总的来说，目前关于共享单车的经济影响研究，大都是基于管理视角或宏观经济数据统计的相关性分析。

通过文献综述研究和相关经济学要素分析，基于共享单车行业对社会经济产生正负外部性影响，对相关要素进行筛选，并将影响作用的方式归结为四类，即传导效应、替代效应、补充效应以及城市成本。对影响对象和其相关指标进行列举，总结不同的定量和定性方法，如表13.2-2所示。

共享单车对经济影响的归纳分类　　　　　表13.2-2

作用方式	主要内容	影响对象	相关指标	
传导效应	影响产业链上中下游产业	自行车制造业	产业营业收入 总销售量 就业率 产业GDP	
		自行车零售业		
		智能锁制造业		
		资源回收业		
替代效应	替代其他出行方式选择	出租车行业	营业收入，订单量	人均出行成本
		公共交通运输业	客流量，集散量，GDP	
		私家车	道路拥堵指数，私家车使用量	
补充效应	解决最后一公里	步行	时间成本	
	提升商圈热度	商业服务设施	订单量，骑行OD点	
城市成本	投放过载造成的额外成本	治理成本	停车空间承载力，投放量，需求量，企业数目，周转次数	
		交通效率		

共享单车对城市功能间的连接也具有一定影响。相较于私家车和公共交通，共享单车在灵活性和体验感上有其独特的优势。相关分析表明，共享单车对城市商圈的热度也具有一定影响。以哈啰单车为例（图13.2-3），根据其在上海市2018年和2019年的热点骑行区域的订单数据可以得出：2018年和2019年两年中，所有热点骑行区域中商业区内的订单数均较高。通过比较，2019年大部分商业区的订单数同比2018年均有较大的幅度的增加，越来越多的人选择骑行前往商业区。同时，便捷的骑行也进一步促进了商业热度的提高。

13.2.4 对生活品质的影响

"高品质生活"是指人民群众经济、政治、文化、社会和生态各方面的美好需要得到更好保障和满足的生活。共享单车对生活品质的影响指标体系如图13.2-4所示。

从物质层面分析共享单车对居民获得感的影响可包括：用"公交（地铁）—单车"替代原"公交（地铁）—步行"的活动范围增加；共享单车使用后，15分钟生活圈的范围扩大；使用共享单车后大众的卡路里消耗增加。从满足感和兴奋感的角度考察共享单车对居民幸福感的影响可包括：新增共享单车后，居民出行的态度和积极性提高；新增共享单车后碳排放减少。从单车的风险出发，解析对居民安全感的影响可包括：共享单车使用者的使用感受和车体本身的质量安全，用户对品牌的信任度和单车押金的安全性等。

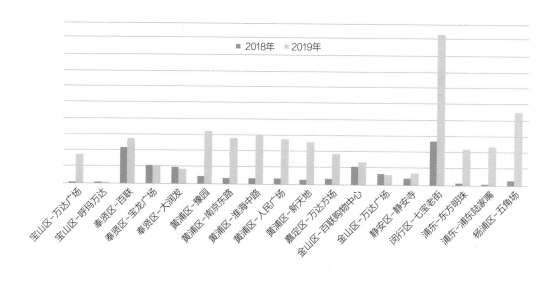

图13.2-3　2018年、2019年哈啰出行部分商业区和商业点骑行订单数量对比

数据来源：哈啰出行上海总部。

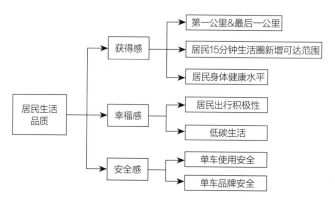

图13.2-4　共享单车对生活品质影响评价体系

13.3 共享单车发展的基本趋势

作为一类新业态，共享单车面临的一系列挑战是在其发展过程中暴露出来的。这些问题的解决，不仅需要运营企业努力改变和提升服务，也需要用户的有序支持与政府协同管理。同时，高新科技的开发与运用，在帮助提升运营服务性能的同时，也可能为共享单车的未来创造新的机遇与前景。

（1）政企联动，优化运营。政府与企业的合作是共享单车有序发展的关键，政府针对共享单车这种绿色出行理念，一方面对表现良好的企业进行一定程度的奖励扶持或优惠政策，另一方面则通过相关法律、惩处措施等顶层制度协助企业对使用者进行强有力的约束，在管理的同时也起到保障的作用。企业则通过对用户需求和使用数据整合，分享反馈给政府，为政府对城市的市政建设、公共设施配套以及慢行交通系统规划等提供相关参考。

（2）车路联网，智能服务。面向未来的交通需求，共享单车可以运用车路联网协同，通过大数据、无线通信、自动控制等智能技术，例如运用电子围栏技术，基于北斗导航系统、共享单车APP和装载到单车上的定位芯片划出非机动车规范的停放区和禁停区，供用户查找；利用RFID（射频识别）实现更高的精确度，使用NB-IoT（窄带物联网）进行监控，以便能够实时通信并检测没有停放在指定区域内的单车。在骑行者使用的全过程中进行全方位车车、车路以及与环境之间的实时动态的信息交互，从而保证交通安全、提高通行效率，对车辆运营实施有效监管并提供综合服务。

（3）人信联通，规范使用。在加大对骑行用户教育引导的同时，可以建立更多的鼓励政策，制定健全的信用制度与社会信用相接轨，激励用户不断提升个人素质，遵守文明骑行规则。将用户的使用行为与信用评分相互挂钩。例如运用信用机制对不规范停放用户进行扣分，并与骑行费用相挂钩；完善用户监督举报途径，核实后对进行举报的用户给予一些骑行费用等相关优惠条件。

13.4 共享电动自行车发展概况

在共享自行车业态中，除了人力自行车共享外，还有电动自行车的共享。2015年11月，享骑公司率先在上海南部投放共享电动自行车，成为国内第一家城市中的共享电动自行车平台。随后几年，共享单车项目激增的同时，共享电动自行车的市场也开始被人关注，许多共享电动车企业开始创办、融资并试点投放。如2019年7月，哈啰电单车、骑电单车、蜜蜂出行等多家共享电动自行车企业频繁获得亿元级融资，大量资本流入共享电动自行车出行领域。

13.4.1 发展定位

共享电动自行车主要面向的是3~10公里出行市场，且更多在二、三线城市推广使用。除了城市管理政策的原因外，二、三线城市公交网络没一线城市发达，同时打车费用较高。共享电动车以其收费低、使用便捷等优势，受到用户的青睐。鉴于共享电动自行车发展潜力，不少出行企业纷纷拓展共享电动自行车服务。2018年7月，摩拜单车发布新款电动助力车产品"摩拜助力车"。在此之前，滴滴出行在杭州尝试共享电动自行车业务，旗下街兔电单车已在杭州地区投放。哈啰出行也推出哈啰电助力，人均订单量可观。而在资本助推下，持续加入市场的还有松果电单、芒果电单、小蜜、骑宜骑、蜜果电单车、7MA小红电单等共享电动车。品牌与服务越来越呈现多元化、丰富化的趋势。

13.4.2 政策环境

2017年9月，交通运输部等10部门联合发布《关于鼓励和规范互联网租赁自行车发展的指导意见》，明确指出不鼓励发展互联网租赁电动自行车。随后北京市发布《鼓励规范发展共享自行车的指导意见》，也同样指出不发展电动车。2017年11月，上海市交通委发布《上海市规范发展共享自行车指导意见》，指出"结合上海城市发展规划、公交优先发展战略、道路通行条件和交通安全状况，上海市不发展共享电动自行车"。诸多政策表明，越来越多的城市选择不发展共享电动自行车。

2019年3月底，国家市场监管总局、工业和信息化部、公安部联合发布《关于加强电动自行车国家标准实施监督的意见》，明确提出"按照国家有关政策要求清理共享电动自行车"；4月4日，广东省市场监督管理局、省工业和信息化厅、省公安厅转发该意见并进一步明确"落实国家不发展共享电动自行车政策，督促共享单车企业限期清理回收共享电动自行车"；8月2日，《江苏省电动自行车管理条例》指出严格规范发展互联网租赁电动自行车，编制互联网租赁电动自行车发展专项规划，加强对经营企业的监督检查，科学合理确定投放节奏和总量。

可以看到，共享电动自行车在2019年内经历了法律法规、资本等方面的变革，有些地区明确不发展共享电动自行车，督促企业限期清理回收共享电动自行车；也有些地区提出加强对经营企业的监督检查，科学合理地确定投放节奏和总量的温和政策。对于共享电动自行车行业的发展政策，并非采取了一刀切的形式。

13.5 共享电动自行车的交通影响

共享电动自行车对居民交通出行、城市自然生态环境、社会经济发展等也会产生显著影响，包括正面和负面的影响，如表13.5-1所示。

共享电动自行车的综合影响　　　　表13.5-1

影响纬度	正面影响	负面影响
交通出行	为中短距离出行提供快速便捷的交通方式；最后一公里接驳	对公共交通出行的替代；安全事故风险大
生态环境	节能环保，减少对空气的污染	生产和回收环节产生有害污染物
社会经济	拉动经济增长与科技创新	违规占道与随意停放问题突出；需面对被市场清退与淘汰的风险

13.5.1 对交通出行的影响

共享电动自行车提升了出行速度与骑行体验、提供了多样化的出行选择、解决了人们在中短途出行方面痛点、越来越多的人放弃购买私有电动车、上班族通勤"最后一公里"变得更加高效便捷。刘松洋和兰玉琪认为，共享电动自行车旨在解决3～10公里距离的出行需求，在这一出行距离范围上的使用目的可以分为固定需求和临时需求。固定需求主要包括上学、放学或上下班等情景，用户从学校、公司到家、公交地铁站时，寻求高效经济的出行工具；临时需求主要包括逛街、园区、景区等中短途出游，临时突发情况等场景，用户寻求方便快捷的交通工具。考虑到上述使用目的，共享电动自行车与其他交通出行方式的关系可以分为替代和接驳两种。

宋毅恒等指出，共享电动自行车对人力自行车主要起到替代作用，但仅在3公里以上远距离出行需求上存在替代作用。如果出行距离小于3公里，那么出行者会倾向于选择费用较低的自行车和共享单车，如果出行距离大于3公里，那么出行者在可能的情况下会更倾向于选择共享电动自行车，这就要求共享电动自行车不仅需要投放合理，并且能源动力能够支撑远距离的行驶。

黄超提出，共享电动自行车对私人电动自行车显然起到了替代作用。共享电动车的广泛使用，势必会降低私有电动自行车的保有量，降低个人购买电动车的愿望。与此同时，"摩的"交通工具的使用量将下降，当"摩的"使用量下降到一定数量后，"摩的"行业将会逐渐消失。

共享电动自行车对公共交通则既起到接驳作用又起到了替代作用。其中，接驳功能与步行、自行车和共享单车等出行方式存在竞争，但在3公里以上远距离出行需求上占据优势地位。替代功能主要指在3~10公里出行距离上，出行者有可能从乘坐公共交通转向使用共享电动自行车，这主要是因为共享电动自行车与公共交通相比更加便利。

总的来说，共享电动自行车满足了出行者的个性化出行需求，对其他多种交通方式起到了替代与补充的作用，主要提升了电动自行车在3~10公里出行距离范围内的分担率。

13.5.2 对能源环境的影响

电动自行车可减少能源消耗、温室气体和空气污染物排放。Bucher D等基于瑞士通勤、人口和天气数据，提出一个可计算因电动自行车而节约的能源量模型。研究表明，电动自行车的温室气体排放量可以减少柴油和汽油交通工具产生的总排放量的10%左右。

但是电动自行车对能源与环境的影响很大程度上取决于电动自行车所取代的出行方式，若完全替代了非电动模式的出行（步行或骑自行车），电动自行车对环境的影响则是负面的。Astegiano P等研究了主动模式（步行、骑自行车和电动自行车）对欧洲温室气体和空气污染物排放量（CO，NO_x，PM，VOC）的影响。他们仅考虑在驾驶活动期间所产生的温室气体排放，将电动自行车的排放设置为0。研究结果表明，电动自行车的增加导致传统内燃机交通方式（例如汽车、公交）的出行公里数减少，从而减少了由传统内燃机交通工具造成的温室气体排放。在瑞典的研究也发现，电动自行车的使用减少了汽车的行车里程，从而减少了二氧化碳的排放量。Hselius和SvenssonÅ两位学者通过对城市和乡村地区的电动自行车使用者进行问卷调查，发现使用电动自行车替代小汽车的比例高于替代常规自行车和公共交通的比例，进一步结合出行频率、出行距离、小汽车二氧化碳排放等数据，计算二氧化碳排放量的变化。结果表明，由于小汽车出行被电动自行车替代，瑞典的人均运输总二氧化碳排放量可减少14%~20%。McQueen M等在波特兰对电动自行车的影响进行研究，同样发现小汽车的行驶里程数随着电动自行车分担率的增加而减少，二氧化碳的排放量也随之减少。

因此，既有研究表明，电动自行车可以转移一部分小汽车、公共交通等机动化出行，进而减少能源消耗和温室气体排放，共享电动自行车可以作为帮助地区实现减排目标的工具。

13.5.3 对经济发展的影响

针对共享电动自行车的实际市场运行、调查与反馈情况，其在经济发展方面带来的社会影响，可从个人、平台、产业三个层面来探讨。

个人层面，共享电动自行车与出租车、地铁等相比收费较低，如哈啰助力车半小时内2元，可以节省个人出行成本。然而，共享电动自行车目前投放较少，投放区域受限，导致居民找车和停车的时间成本较高。同时还面临平台亏损停止运营后，押金难收回的风险。

平台层面，目前主要依靠骑行收费和押金沉淀带来的现金流与利息收入盈利，但电动车本身成本高，电瓶丢失、车辆损坏的成本也高，同时换电所需的人力成本也是一笔较大的投入。以电池成本为例，按照电池市场价格情况，一般续航能力达到70公里的电池价格在千元左右，高昂的造价和电池更换成本，都需要企业前期投入，最后往往会沦为"不可承受之重"，重资产模式如何变轻，是共享电动车平台层面迫切想解决的问题。在运营成本方面，共享电动自行车行业最早推出的是有桩式充电站，车辆在完成一次租借后即返回原点归还并充电。虽然有桩模式可以使充电变得轻而易举，但该模式并不具备随地借还的优势。在目前的产品企业中，像哈啰、小遛、芒果等共享电动车均可随地借还，但缺点在于换电需要人工定时操作，极大地增加了运营成本。按照企业一般运营管理情况，在共享电动自行车的车辆调度上，1000台车通常需要配备5名员工，同时还需要将电池集中运送到仓库进行充电，一般1000台车会配备8~10个人。也就是说，共享电动自行车的调度运营成本远高于共享单车，假设每位运营员工的日薪200元，就已经占据了共享电动自行车过半的使用费。另外，电动车偷盗、电瓶被盗、损坏等问题进一步加重运营维护的成本。

产业层面，共享电动自行车不仅促进互联网行业、大数据行业、电池产业、电动车生产和销售行业的发展，同时促进各行业科技创新。例如，共享电动自行车的大规模使用，必将催生电池产业的经济发展。目前，市面上的两轮电动车换电业务，主要是在线下放置一台换电柜，每个换电柜可以放置2~7块电池，而电池充电时间从零到满格大约1小时，通常情况下用户所换电池在45分钟左右即可充满。每天柜子上的电池24小时运营下可以流通220次左右，按照用户2天更换一次电池的频率，一个换电柜可以服务近450人。就目前来看，换电市场的企业逐渐增多，时间相对较长的有e换电、易骑换电、张飞出行、蜜步换电、永友智行、智租出行、哈喽换电、魔动换电等。同时巨头也开始入场，包括哈啰换电、铁塔能源等也在全面布局。

随着共享电动车管理手段的成熟与运营制造成本的降低，将带动大量直接与间接的经济繁荣，小到个人的出行便捷，价格实惠。大到企业与衍生行业的收益增加，撬动新的经济增长点。在2020年全国两会期间，全国政协委员、国务院发展研究中心资源与环境政策研究所副所长谷树忠引用数据证明，发展共享电单车模式还将创造60万个运营、维修等岗位需求。因其线下运维等工作属于劳动密集型行业，对学历、技能等方面要求不高，可以精准吸纳大量的建档立卡贫困人口就业，增加贫困人口收入，是实现稳定脱贫的有效手段。尤其在疫情恢复阶段，需积极引导共享电动自行车业态服务于复产复工，用新的创造力为稳定经济提供新思路。

本章参考文献

[1] 苏京春. 历史：公共自行车在国内、外的发展[J]. 交通与港航, 2016, 3（2）: 24-26.

[2] Murphy, E. Usher, J. The Role of Bicycle-sharing in the City: Analysis of the Irish Experience [J]. International Journal of Sustainable Transportation, 2015(9): 116–125.

[3] Fuller, D., Gauvin, L., Kestens, Y., Daniel, M., Fournier, M., Morency, P., et al. Use of a new public bicycle share program in Montreal, Canada [J]. American Journal of Preven-tive Medicine, 2011, 41(1), 80–83.

[4] Fishman, E. Washington, S. and Haworth, N. Bike share's impact on car use: Evidence from the United States, Great Britain, and Australia [J]. Transportation Research Part D, 2014. (31): 13-20.

[5] Yang, XH. Cheng, Z. et. al. The impact of a public bicycle-sharing system on urban public transport networks [J]. Transportation Research Part A. 2018(107): 246-256.

[6] Ma, Xl. Zhang, X. et. al. Impacts of free-floating bikesharing system on public transit ridership [J]. Transportation Research Part D. 2019(76): 100-110.

[7] 陈依佳, 陈红敏. 共享单车真的绿色吗? 从全生命周期视角一探共享单车的资源环境影响[J]. 环境经济, 2018(16): 60-63.

[8] Dave, S., Life Cycle Assessment of Transportation Options for Commuters [R], 2010.

[9] Zhaoyu Kou, Xi Wang, Shun Fung Chiu, Hua Cai. Quantifying greenhouse gas emissions reduction from bike share systems: a model considering real-world trips and transportation mode choice patterns [J]. Elsevier B. V., 2020, 153.

[10] 彭剑锋. 人力资源管理概论[M]. 上海: 复旦大学出版社, 2003.

[11] 林源源. 我国区域旅游产业经济绩效及其影响因素研究[D]. 南京: 南京航空航天大学, 2010.

[12] Lu-Yi Qiu, Ling-Yun He. Bike Sharing and the Economy, the Environment, and Health-Related Externalities [J]. Sustainability, 2018, 10(4): 1145.

[13] Pintea M I. Leisure externalities: Implications for growth and welfare [J]. Macroecon. 2010, 32: 1025–1040.

[14] Wei X. Is China an inefficient country? A transnational comparison from the perspective of leisure [J]. China Soft Sci. 2014, 8: 49–60.

[15] Ge X Y. Ye T F. Hu C B. Income taxation and leisure time's impact on China's economy growth [J]. Econ. Surv. 2014, 31: 126–131.

[16] 张航. 浅析"让人民群众有更多的获得感"[J]. 渤海大学学报（哲学社会科学版）, 2016, 38（02）: 34-36.

[17] 张明霞. 人民群众获得感研究综述[J]. 西南石油大学学报（社会科学版）, 2020, 22（02）: 62-71.

[18] 李焰, 赵君. 幸福感研究概述[J]. 沈阳师范大学学报(社会科学版), 2004(02): 22-26.

[19] 苗元江, 余嘉元. 幸福感评估技术发展[J]. 中国心理卫生杂志, 2003(11): 786-787.

[20] 庄成杰. 我国国民幸福指数的统计测评[D]. 长沙: 湖南大学, 2009.

[21] 张玉春. 北京市居民安全感指数的编制[J]. 首都经济贸易大学学报, 2007(02): 115-117.

[22] 刘朝捷. 试论公众安全感指标调查[J]. 武汉公安干部学院学报, 2009, 23(03): 63-65.

[23] 黄超. 试析共享电动车对社会公共安全的影响[J]. 江苏警官学院学报, 2018, 33（03）: 82-86.

[24] 刘松洋, 兰玉琪. 浅析共享经济模式下共享电单车的发展现状及问题对策[J]. 工业设计, 2018, 02: 14-16.

[25] 聂帅钧. 共享电动自行车的政府监管研究[J]. 重庆大学学报（社会科学版）, 2019, 25（01）: 162-177.

[26] 宋毅恒, 董心宇, 秦小桅, 陈嘉顺. 共享模式下交通运输的研究进展[J]. 2019第二届交通运输工程大会, 2019.

[27] Astegiano, P., Fermi, F., & Martino, A. Investigating the impact of e-bikes on modal share and greenhouse emissions: A system dynamic approach [J]. Transportation Research Procedia, 2019, 37: 163-170.

[28] Blondel, B., Mispelon, C., & Ferguson, J. Cycle more often 2 cool down the planet [J]. Brussels: European Cyclists' Federation, 2011.

[29] Bucher, D., Buffat, R., Froemelt, A., & Raubal, M. Energy and greenhouse gas emission reduction potentials resulting from different commuter electric bicycle adoption scenarios in Switzerland [J]. Renewable and Sustainable Energy Reviews, 2019, 114: 109298.

[30] Cherry, C., & Cervero, R. Use characteristics and mode choice behavior of electric bike users in China [J]. Transport policy, 2007, 3(14): 247-257.

[31] Hiselius, L. W., & Svensson, Å. E-bike use in Sweden–CO_2 effects due to modal change and municipal promotion strategies [J]. Journal of cleaner production, 2011: 141, 818-824.

[32] McQueen, M., MacArthur, J., & Cherry, C. The E-Bike Potential: Estimating the Effect of E-Bikes on Person Miles Travelled and Greenhouse Gas Emissions [R]. Portland, OR: Transportation Research and Education Center(TREC), 2019.

第14章 汽车共享

汽车共享是借助移动互联网技术和智能手机应用，出行者无需车辆所有权而可获得车辆使用权，并根据车辆使用时间和/或使用里程支付费用，完成一次出行。从广义上来说，汽车共享包含了一切车辆合乘、合用的形式，如当下盛行的拼车、专车、P2P租车、分时租赁等。狭义上的汽车共享专指分时租赁，即按分钟或小时计算收费的短期车辆租赁模式。对使用者而言，汽车共享的便利性胜过一般交通工具、使用时间弹性也比传统租车方式更好，无需负担保险和维护等费用。这种用户自我服务、随时用车、车辆共享的商业模式近几年在全世界范围内迅速扩张，成为互联网引领交通出行方式变革的重要体现。

14.1 网约车对城市与交通发展的影响

"互联网+"时代下，网约车行业快速发展影响了社会生活的方方面面。结合网约车的现状以及相关案例，本节从交通出行、道路资源、社会安全、环境污染等几个方面阐述网约车的社会影响。

14.1.1 对交通出行的影响

使用便捷、安全、经济等是用户选择网约车的主要原因。有研究针对通勤和非通勤场景下不同出行费用、车内行驶时间以及候车时间不确定值时选择网约车的概率（图14.1-1～图14.1-3）。研究表明：在通勤场景下，个体往往对时间的敏感性更高，对费用敏感性较低；而在休闲娱乐时，由于时间更加宽裕，对费用相对而言更加敏感。对于车内行驶时间这一因素，个体在通勤通学时比休闲娱乐时更加敏感。网约车候车时间的相对可控对网约车选择有较大影响。尤其在通勤通学场景下，当不确定值更短时，通勤通学的选择概率比休闲娱乐更大。

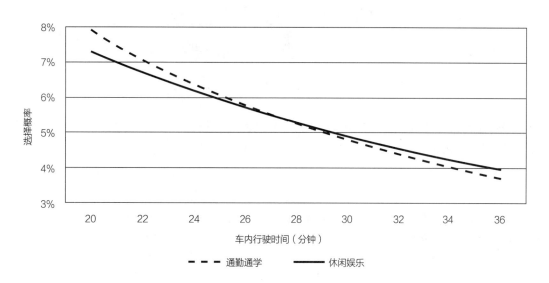

图14.1-1 通勤通学和休闲娱乐在不同车内行驶时间下的网约车选择概率

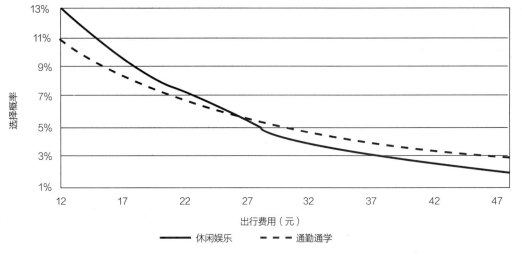

图14.1-2 通勤通学和休闲娱乐在不同出行费用下的网约车选择概率

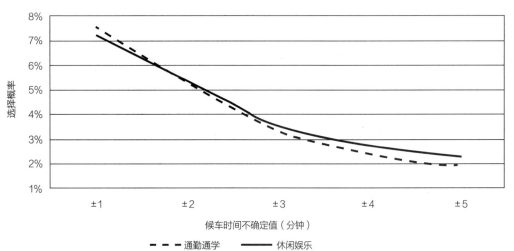

图14.1-3 通勤通学和休闲娱乐在不同候车时间不确定值下的网约车选择概率

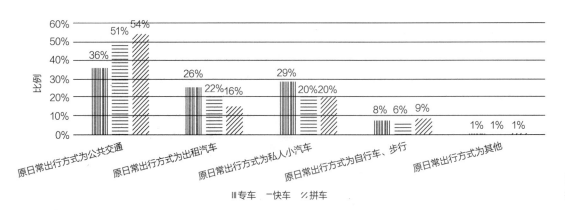

图14.1-4 网约车出行者原始出行方式（上海）

网约车作为新兴业态，为用户的出行提供了新的便捷选择，但在其发展过程中，不可避免地对传统交通出行方式产生了冲击（图14.1-4），包括对公共交通、出租车和分时租赁的影响等。

1. 对公共交通的影响

不同地区关于网约车对公共交通的影响有所差异，如针对美国波士顿、芝加哥、洛杉矶、纽约等地的研究显示（图14.1-5），网约车降低了公共交通出行分担率，公交车出行

第4篇 新业态与城市交通发展

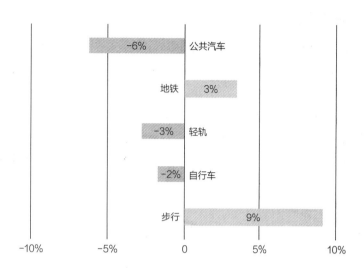

图14.1-5 网约车对公共交通出行选择的影响

平均净降低6%，轻轨降低3%，而地铁则增加了3%。但也有部分研究认为，使用网约车等共享出行的人越多，他们越有可能使用公共交通，拥有的车辆越少。

2. 对出租车交通的影响

出租车的载客量，与机场人流、旅店入住数量、公共交通运载量呈正相关，与网约车、租赁汽车以及城市人口呈负相关，其中网约车造成的负面冲击最大。Contreras等通过线性回归的方法，对Las Vegas麦卡伦机场网约车订单数量与租车、出租车之间的关系进行了研究，发现出租车订单量受网约车的冲击较大。

3. 对出租车交通的影响

网约车对分时租赁具有替代性。部分研究通过问卷调查与数据分析方法，得出23%的分时租赁用户用网约车取代了分时租赁服务，即使没有网约车，也仅有18%的用户重新选择分时租赁。

14.1.2 对道路使用的影响

如前所述，网约车为居民出行提供了新的选择。一方面，网约车一定程度上减少了私家车出行；另一方面，网约车也吸引了原本选择公共交通出行的客流，增加了低效率的个体出行活动，挤占了道路资源。

（1）综合停车、交通拥堵等条件，网约车可降低私家车出行比例，提高了上座率，对道路资源具有正面影响。有研究表明，纽约地区网约车拼车服务车均乘客1.8名，相较于私家车1.1名的车均乘客明显提高了上座率。

（2）部分研究认为，网约车变相鼓励了城市内部有限道路资源下低效率的个体机动出行，从道路资源方面考虑具有负面影响。如在北京地区，网约车出行约占全市出行总量的11%，其中转移自公共交通和自行车交通的比例高达58%，网约车每日增加小汽车出行量33.0万车次，占六环内小汽车出行总量的2.7%。

当前关于网约车是否能缓解城市交通拥堵的研究具有争议，不同的研究背景在道路资源、汽车保有量、公共交通基础、居民收入等方面存在差异，也导致网约车的发展对城市交通的影响不尽相同。

14.1.3 对能源环境的影响

网约车的环境影响本质上是小汽车对环境的影响。因此，研究网约车的环境影响更多的是从网约车如何影响交通结构进而如何影响环境的角度出发。网约车减小了私家车出行比例，降低了碳排放，但相比于其转移的公共交通出行，网约车又增加了碳排放。Bi Yingyu 基于滴滴公司提供的出行数据对北京市进行空气质量评价，结果表明，北京市的网约车合乘出行可每年减排4.62万吨CO_2和235.7吨NO_x，并且问卷调查结果显示，如果网约车保持稳定可用的话，有55%的受访者将（可能）改变购买新车取代旧车的计划。

根据美国7个主要大都市区的网约车公开数据以及其他一些其他来源的相关数据，美国非营利性组织忧思科学家联盟（Union of Concerned Scientists）估计在非拼车情况下，网约车出行和驾驶私家车出行相比，多产生大约47%的排放量（图14.1-6）。

网约车的排放量比公交车、轨道交通高，倡导网约车拼车搭配轨道交通相结合的方式出行，有利于降低排放量（图14.1-7）。

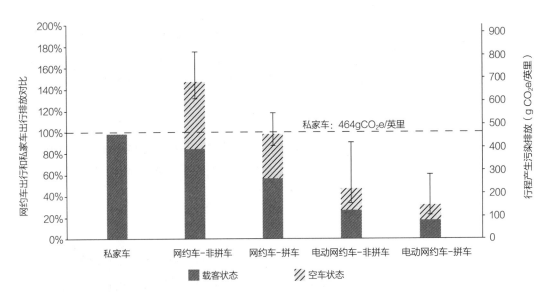

图14.1-6 网约车出行和私家车出行排放对比

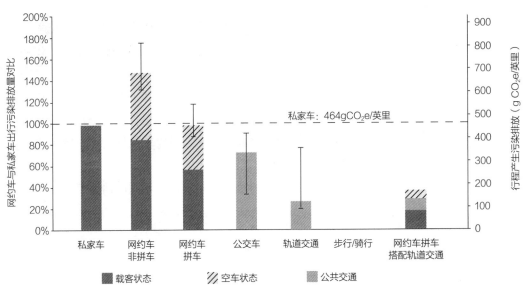

图14.1-7 网约车与私家车出行污染排放量对比

14.2 分时租赁对城市与交通发展的影响

分时租赁作为一种新型的互联网B2C汽车租赁服务，在社会属性和经济属性上契合未来出行方式；在产品上具有租期灵活，用户选择性强，价格偏低等优点；同时，租车流程简单，"租—用—还"过程在线全流程化，方便快捷。

根据2017年交通运输部、住房和城乡建设部《关于促进小微型客车租赁健康发展的指导意见》，分时租赁定义为：一种以分钟或小时为计价单位，利用移动互联网、全球定位等信息技术构建网络服务平台，为用户提供小微型客车自助式车辆预订、车辆取还、费用结算为主要方式的小微型客车租赁服务。

14.2.1 对交通出行的影响

分时租赁作为一类新的出行方式，加入到既有的城市客运出行体系，势必会对原有的交通出行模式产生影响，这种影响可以分为两类，且两类可能同时存在：①竞争，即分时租赁替代原有交通方式中的一部分出行；②合作，即分时租赁接驳原有交通方式，作为对原有交通方式最初或最后一公里的补充。

针对EVCARD会员调查发现，约有23%的用户使用分时租赁后，出行模式发生了转变，即使用EVCARD接驳出行或EVCARD替代原出行方式。分时租赁与其他交通方式的关系如图14.2-1所示。

1. 分时租赁与公共交通的关系

分时租赁与公共交通之间的关系是学术界关注的热点问题。分时租赁与公共交通之间除了普通意义上的替代和接驳外，还有对公共交通的补充作用，这种补充可以理解为一种特殊的替代关系，即由于公共交通线网、站点、时刻表固定，在公交覆盖密度较低的地区网约车可以代替公共交通，补充这些地区公共交通服务不足的情况。近年来有关分时租赁与公共交通关系的研究汇总如表14.2-1所示。

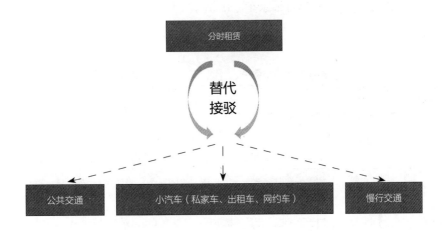

图14.2-1 分时租赁与其他交通方式的关系

分时租赁与公共交通关系的相关研究总结一览表　　　　表14.2-1

研究者	年份	相关结论	替代、接驳、补充
陈小鸿等	2018	地铁站和公交覆盖率与EVCARD用户用车频率显著负相关，地铁比地面公交对EVCARD用户使用频率影响更大，表明EVCARD高频用户主要居住或工作于公共交通不发达的区域	替代和补充
邵丹等	2017	汽车分时租赁主要以郊区长距离出行为主，而公共交通在该区域和距离的服务水平则是相对不足的。分时租赁虽然是个体交通属性，但由于具有一定的共同使用属性，可以为长距离公共交通出行提供一定的补充	补充
Hu等	2018	共享汽车使用量与公交线路和地铁线路数量正相关，说明公交服务较好的地区有更多的共享汽车使用量，可能存在接驳效应，但也存在不少公共交通不便的地区共享汽车使用量较高的情况，说明共享汽车对这些地区的公交服务有一定补充作用（使用上海EVCARD数据）	接驳和补充
De Lorimier	2013	公交站及地铁站周边的共享汽车站点车辆使用率高，显示出共享汽车鼓励多模式出行的潜力，共享汽车可以和公共交通有效衔接，促进公共交通的发展（使用加拿大蒙特利尔共享汽车数据）	接驳
Kyeongsu Kim	2015	周末共享汽车的车辆使用率高达97%，这时很多共享汽车用户会选择乘坐公共交通去zipcar站点	接驳
Anjali Awasthi等	2007	为了最大限度地利用车辆，共享汽车站点应选在公共交通密度较高的区域，方便共享汽车与公共交通接驳换乘	接驳
HenrikBecker等	2017	与具有固定借还车站点的共享汽车相比，自由借还的共享汽车不依赖于与高质量的公共交通衔接，而是补充了公共交通网络的空白	补充

可以看到，分时租赁与公共交通之间既有替代也有接驳关系，很多研究都认为分时租赁在公共交通覆盖率低的地区起到了补充公共交通不足的作用。另外，关于建立分时租赁使用率及是否选择分时租赁的模型时，一般都会将公交相关因素纳入，且这类因素一般较为显著，说明分时租赁与公共交通之间有较强的联系。

2. 分时租赁与私家车、出租车、网约车的关系

私家车、出租车、网约车与分时租赁之间性质相似，替代与接驳关系均有，但以替代为主。近年来有关分时租赁与私家车、出租车、网约车之间关系的研究汇总如表14.2-2所示。

分时租赁与私家车、出租车、网约车之间关系的相关研究总结一览表　　　　表14.2-2

研究者	年份	相关结论	替代、接驳、补充
邵丹等	2017	分时租赁与出租车、网约车出行特征相似，存在竞争关系，但是分时租赁更强调长距离出行，上海 EVCARD单次出行时长超过25分钟，分时租赁成本比出租车低55%；分时租赁的出行距离明显高于出租车和网约车的出行距离，使用场景有不同之处	替代
Yu等	2016	如果没有共享汽车，21%的共享汽车用户将使用私家车出行（针对EVCARD用户调查结果）	替代
叶建红，陈小鸿	2017	对于不能进入市区的私家车，共享汽车可以对其进行接驳	接驳

3. 分时租赁与自行车、电动车、摩托车及步行的关系

分时租赁与自行车、电动车、摩托车和步行之间均有替代和接驳关系，其中以接驳为主，分时租赁的站点选址应考虑与这些交通方式的接驳关系。近年来有关分时租赁与自行

车、电动车、摩托车与步行之间关系的研究汇总如表14.2-3所示。

分时租赁与自行车、电动车、摩托车及步行之间关系的相关研究总结一览表　　表14.2-3

研究者	年份	相关结论	替代、接驳、补充
Kim等	2015	在步行可到达共享汽车站点，则汽车共享使用量与站点车辆数量高度相关	接驳
Yu等	2016	如果没有共享汽车，26%的共享汽车用户将使用电动车、自行车以及摩托车出行（针对EVCARD用户调查结果）	替代
叶建红、陈小鸿	2017	接驳共享汽车出行的步行、自行车、电助动车的比例分别为59%、22%、4%	接驳

14.2.2 对私车保有的影响

分时租赁汽车对私家车的影响主要体现在两个方面：一是对私家车市场存量的置换或替代效应，例如出售车辆。相关领域学者曾针对存量置换或替代展开一系列研究，如表14.2-4所示；二是对私家车增量的抑制效应，导致出行用户放弃或延迟购买私家车辆，转而选择分时租赁出行方式，相关研究结论如表14.2-5所示。

私家车存量的置换或替代效应相关研究总结一览表　　表14.2-4

研究者	年份	相关结论	置换或替代
Fan Zhou等	2019	为了政策制定者和运营商更好地应对共享汽车的发展，调查对传统私家车与共享汽车的偏好是否具有异质性，哪些因素导致了异质性	置换
B. Zhou等	2011	低收入人群的车辆拥有者更倾向于使用分时租赁等共享汽车服务	替代
Schoettle，B等	2015	共享汽车减少多达43%的家庭车辆拥有量	置换和替代
T.D. Chen等	2016	每辆共享电动汽车（80英里（约128.7千米）和200英里（约321.9千米）的里程）可以替代3.7辆和5.5辆私家车	置换和替代

私家车增量的抑制效应相关研究总结一览表　　表14.2-5

研究者	年份	相关结论	置换或替代
M. Duncan.	2011	汽车共享计划可以改变过去被认为是固定成本的费用（例如，购买和拥有一辆汽车）可变成本（例如采用分时租赁、拼车等出行方式），从而让客户更好地了解某次出行的实际成本，减少用户开车的冲动	放弃购车
Millard等	2005		放弃购车
Shaheen S等	2012		放弃购车
C. Lane等	2005	每辆共享汽车平均可以抑制23辆私家车的出行	放弃和延迟购车

14.2.3 对能源环境的影响

加州大学伯克利分校就分时租赁对出行行为的影响开展了系列研究，对比旧金山湾区2001~2005年使用分时租赁群体和非分时租赁会员群体的一系列出行特征指标，证明分时租赁对于城市节能减排的重要意义。分时租赁的环境效益主要来自于总/平均行驶里程、燃料消耗量这两个指标的下降。探究这些指标降低的原因，该研究认为是由于参与分时租赁的出行者对于多元出行方式以及多人共乘模式的接受力和倾向更加强烈。

Baptista等以葡萄牙里斯本为例，研究分时租赁系统对于环境的影响，选用WTW（Well-to-Tank-to-Wheel全过程）能源消耗和CO_2排放量两个指标衡量分时租赁的环境效益。基于"里斯本实施分时租赁后，每辆共享车辆将代替6辆私家车辆的保有量增加"的前提，分别考虑BAU（在分时租赁中使用传统车辆）和最大减排潜能情景时，里斯本地区年度轻型车辆的TTW（Tank-to-Wheel）过程能耗分别降低了0.003%和1.28%。如果考虑用混合动力汽车或者电动汽车代替分时租赁系统中传统车辆，对于环境的正向影响将会进一步提升。

Namazu等比较引入分时租赁前后温哥华地区年度CO_2排放量，证明分时租赁对于降低温室气体排放量的重要影响，并从内部剖析影响排放量的四大因素：分时租赁使用了更新的车辆、分时租赁促进了出行行为向公共交通的转变、选择更适合出行需求的车辆、行车整合（减少临时出行）。通过量化排放量发现，运输方式的转变是分时租赁具备减排潜力的最重要因素，可以减少42%~54%的CO_2排放。

Shaheen等人采用平均每辆分时租赁车对应的会员人数这一指标来评价分时租赁的环境效益。指出这一指标随着分时租赁的发展呈现波动上升的状态，表明车辆的使用效率逐渐提高。

14.2.4 对停车需求的影响

随着人们生活水平的提高，私人小汽车保有量不断攀升，大中型城市的停车压力也不断增加。分时租赁的推行能够在一定程度上抑制私人小汽车的保有量增势，打消了一部分人群购置车辆的念头，甚至替代一部分私人车辆。一辆分时租赁车辆可供多人分时段使用，提高了车辆的利用率。理论上来说，一辆分时租赁车辆能够替代多辆私人小汽车出行，从而能够缓解都市停车压力不断增加的难题。

同时，分时租赁的消费结构不同于传统私家车，其固定成本非常低，但可变成本较高。这意味着不使用分时租赁时，不需要付出维护、清理等成本。对于不经常用车出行的家庭来说，分时租赁出行方式能够大大降低出行成本。此外，单次通过分时租赁的方式出行的成本稍高于私家车，在一定的程度上可以抑制分时租赁用户的出行意愿，缓解交通压力和停车压力。

目前，停车位收费不断增加，车位难找的问题同时也反过来促进分时租赁业态的发展。一方面分时租赁不需要停车费用，不用因为担心停车费而影响出行体验；另一方面，软件自动导航附近车位，不用担心到达目的地而找不到停车位。

14.3 拼车合乘对城市与交通发展的影响

拼车是指相同路线的几个人乘坐同一辆车上下班、上下学、长途旅游等，车费由乘客平均分摊的出行方式。根据拼车过程的营利性质、供需匹配方式、拼车对象等，可以将拼车进行进一步细化分类，如图14.3-1所示。

14.3.1 发展回顾

拼车合乘始于20世纪初的北美地区，主要用于为老年人和残疾人提供更强的出行机动性。到20世纪90年代初，欧洲的拼车合乘开始利用先进的信息和电信技术，并根据用户的

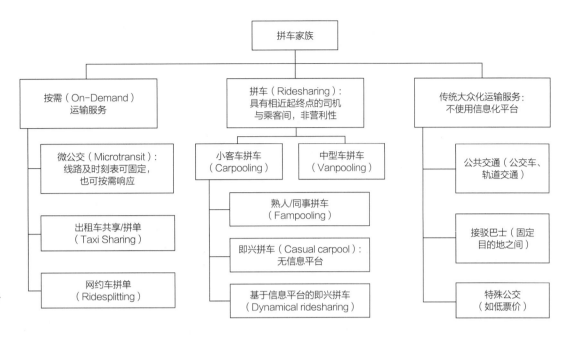

图14.3-1 拼车方式分类图

需求制定灵活的路线和时间表。这为新运输服务的使用铺平了道路，并加强了地理信息系统和信息管理系统等技术的应用。可将拼车合乘分为以下五个阶段：

（1）阶段一：第二次世界大战时期的拼车合乘（1942~1945年）。该时期的拼车合乘通过工作场所发布公告的方式来匹配供需双方，其最核心的关注点在于为战争节约资源（皮革、燃料、钢材等）。

（2）阶段二：面向能源危机的响应（1960~1980年）。该时期的拼车合乘表现为雇主、政府倡导发起的拼车及示范项目，最核心的关注点在于节约能源。

（3）阶段三：早期有组织的拼车（1980~1997年）。该阶段的拼车合乘是基于雇主的交通需求管理，基于电话手段匹配供需双方，最关注的核心问题是降低交通拥堵、改善空气质量。

（4）阶段四：更可靠的拼车（1999~2004年）。该时期开始依靠相对更先进和系统化的方式进行供需匹配：基于在线的网站、出行者信息服务系统（如"511"）匹配供需。最核心的关注点是降低交通拥堵、保持关键通行能力。

（5）阶段五：现代技术下的拼车（2004年至今）。该阶段的拼车合乘基于ICT进行实时供需匹配，最关心的核心问题是应对气候变化、能源依赖，降低交通拥堵。

14.3.2 对交通运行的影响

拼车合乘目前已经成为许多出行服务平台提供的标志性服务，不论是"顺风车"还是"拼单"都受到了用户的关注。不少研究认为，拼车出行有利于优化交通运行，减少交通拥堵。其对交通运行的影响可分为直接影响和间接影响。直接影响指其由于提高了车辆利用率等相关指标，从而改善了交通状况；而间接影响则是指拼车出行的出现，使得出行者多了一种选择，驾驶员也有了降低成本的方案，可导致车辆保有率的变化，从而影响到交通运行。

Bekka等和Mohamed等均对Uber的拼车服务影响居民购车或售车的行为进行了研究。Bekka等进行了问卷调查，并结合2010年全球交通调查的数据进行了多元回归分析。李克特量表结果显示，Uber拼车对车主选择报废或出售私家车没有独立影响，而Uber的可用性和其他因素共同对此产生了一些影响。而Mohamed等同样进行了相关的问卷调查，并对问卷调查结果进行了统计分析，结果显示Uber拼车是影响居民购买车辆的重要因素。两者分别针对巴黎和伦敦的用户进行调查，产生了有所差异的调查结果。综合来看，拼车确实对用户购车、售车有着或多或少的影响。同时，两个研究的对比也说明问卷设计、受访群体等方面的差异可能对评价结果造成较大的影响。

也有一些研究基于交通运行状态的指标进行计算或建模，进而对拼车的社会影响进行评价。Hong等人使用美国城市交通报告中的城市交通和拥堵统计数据，选择指标建立回归模型，比较Uber拼车对于拥堵指标的影响，其选择的指标包括延误成本、延误时长、出行时间指数（TTI）、通勤压力指数（CSI）等。实验结果指出，Uber进入市场有效减少了交通拥堵。Hong等的研究中虽然加入了控制变量，但难以完全避免未知因素给交通拥堵指标造成的影响，因此可能无法准确判断是否由于拼车的出现而造成变化。

Li等使用滴滴出行的开源数据，提出了一套拼单轨迹重建的方法，并基于此对成都市拼车行为产生的出行延误和绕行距离进行了估算。研究指出拼车使得VHT（车行驶小时）减少了22%，能够在高峰时间提高交通效率。

综合来看，拼车出行有利于提升交通效率、减少交通拥堵。且结合以上评价方法来看，利用客观评价指标来进行评估，相对于问卷调查来说能够得到更客观有效的结果。

14.3.3 对能源环境的影响

拼车的环境影响主要是由于拼车模式带来出行方式的改变，从而产生的环境效益。评估指标通常用车辆能耗、排放的CO_2、$PM2.5$、SO_2、NO_x等指标进行衡量。

Yu等主要从交通方式的替代（燃料的生命周期分析）以及汽车拥有量的潜在变化（环境投入产出（IO）分析）来评估点对点拼车合乘出行的环境影响。使用的是滴滴出行的拼车订单数据+问卷调查数据（替代性出行方式的选择+购车行为的选择）。指出拼车合乘一年可分别减少能源消耗2.66万吨标准煤，减少排放$CO_2$46.2万吨、NO_x235.7吨。

Cai等利用出租车车辆轨迹数据研究了拼车共享部分的车辆行驶里程所节约的能源，提出了一个可识别共享旅程的框架。研究指出拼车合乘每年可节省2830万加仑汽油，并减少186吨VOC、199吨NO_x、53吨PM10、25吨PM2.5和2392吨CO排放。

上述研究结果都表明拼车对于环境的改善有着至关重要的作用，但是由于定量的方法以及数据的年代不同，改善效果相差较大。

14.3.4 对公共安全的影响

随着拼车数量的猛增和覆盖时段、区域的增加，公共安全问题逐渐涌现。拼车对于安全的影响可以分为两个方面：①乘客的生命财产安全。包括强奸、抢劫、杀人、故意伤害等暴力犯罪事件以及恐吓、辱骂、殴打乘客、侵犯乘客隐私权等违法行为威胁着乘客的生命财产安全。②交通安全事故。一方面，对于司机的过往经历、身份信息、交通违法情况、犯罪记录等出现审查纰漏或者审查形式主义。过低的门槛与审查模糊导致网约车司机素质参差不齐，交通事故率居高不下；另一方面，在决定是否酒后驾车时，人们会权衡酒后驾车的潜在成本（即酒后驾车导致的撞车或因酒后驾车被捕）与替代交通工具的便利程度和经济成本。拼车被宣传为比出租车更便宜、更容易到达的选择，而较低的感知（或实际)便利和经济成本可能导致更少的酒后驾驶,因此更少的酒后交通事故。

Dills和Mulholland研究发现,美国155个市县的Uber业务与较少的总体死亡人数和因酒后驾驶而被捕有关,但与酒后车祸死亡人数无关。Greenwood和Wattal估计,UberX(Uber最便宜的变种)将加州城镇中涉及酒精的车祸死亡率降低了3.6%~5.6%,但Brazil和Kirk发现,在美国100个人口稠密的县,无论Uber是否开展业务,致命车祸的发生率都没有差别。

本章参考文献

[1] Ma, S., Y. Zheng and O. Wolfson. Real-Time City-Scale Taxi Ridesharing. IEEE Transactions on Knowledge and Data Engineering, 2015, 27(7): 1782-1795.

[2] Contreras, S.D. and A. Paz. The effects of ride-hailing companies on the taxicab industry in Las Vegas, Nevada. Transportation Research Part A: Policy and Practice, 2018, 115: 63-70.

[3] Henao, A. and W.E. Marshall. The impact of ride-hailing on vehicle miles traveled. Transportation, 2019, 46(6): 2173-2194.

[4] Ferguson, E.. The influence of employer ridesharing programs on employee mode choice. Transportation, 1990, 17(2): 179-207.

[5] 王涛. C市网约车冲击下的巡游出租汽车管理研究[D]. 成都:西南交通大学,2018.

[6] 傅碧天. 城市共享交通行为的公众偏好、影响因素及碳减排潜力研究[D]. 上海:华东师范大学,2018.

[7] 王倩. 传统出租车与网约车行业利益主体间的博弈分析研究[D]. 昆明:云南大学,2017.

[8] 高永,安健,全宇翔. 网络约租车对出行方式选择及交通运行的影响[J]. 城市交通,2016,14(005):1-8.

[9] 焦玉洁等. 网约车对城市居民出行行为的影响分析[J]. 汽车实用技术,2017(10):248-251.

[10] 沈琼,苏丹. 网约车对传统出租车行业冲击的实证分析——以滴滴打车为例[J]. 河南工业大学学报(社会科学版),2017.13(02):26-30.

[11] 杨浩雄,张丁,孙丽君. 网约车对交通拥堵的影响研究——基于复杂系统视角[J]. 系统工程,2020:1-8.

[12] 崔航,李书峰,王维才. 网约车需求对城镇居民出行的影响研究——以北京市为例[J]. 城市发展研究,2017,24(05):1-4.

[13] Martin, E. W., & Shaheen, S. A.Greenhouse gas emission impacts of carsharing in North America[J]. IEEE Transactions on Intelligent Transportation Systems, 2011, 12(4): 1074-1086.

[14] 陈小鸿. 共享汽车用户及出行时空特征分析[J]. 同济大学学报(自然科学版),2018,46(06):796-803.

[15] 邵丹. 上海新能源汽车分时租赁——多样化的出行方式选择[J]. 交通与港航,2017,4(6):26-31.

[16] Hu S, et al. Promoting carsharing attractiveness and efficiency: An exploratory analysis[J]. Transportation Research Part D: Transport and Environment, 2018, 65: 229-243.

[17] De Lorimier A, et al. Understanding the Factors Affecting Vehicle Usage and Availability in Carsharing Networks: A Case Study of Communauto Carsharing System from Montréal, Canada[J]. International Journal of Sustainable Transportation, 2013, 7(1): 35-51.

[18] Kim K. Can carsharing meet the mobility needs for the low-income neighborhoods? Lessons from carsharing usage patterns in New York City[J]. Transportation Research Part A: Policy and Practice, 2015, 77: 249-260.

[19] Awasthi A, et al. A Multicriteria Decision Making Approach for Carsharing Stations Selection[J]. Journal of Decision Systems, 2007, 16(1): 57-78.

［20］Becker H, et al. Modeling free-floating car-sharing use in Switzerland: A spatial regression and conditional logit approach［J］. Transportation Research Part C: Emerging Technologies, 2017, 81(8): 286-299.

［21］Yu A, et al. A user study on station-based EV car sharing in Shanghai［C］. Montreal: 29th World Electric Vehicle Symposium and Exhibition, 2016.

［22］E, Fan Zhou A, et al. Preference heterogeneity in mode choice for car-sharing and shared automated vehicles［J］. Transportation Research Part A: Policy and Practice, 2020, 132: 633-650.

［23］Zhou B, et al. Opportunities for and impacts of carsharing: a survey of the austin, texas market［J］. International Journal of Sustainable Transportation, 2011, 5(3): 135-152.

［24］Schoettle B, et al. Potential impact of self-driving vehicles on household vehicle demand and usage［R］. 2015.

［25］Chen T D, et al. Operations of a shared, autonomous, electric vehicle fleet: Implications of vehicle & charging infrastructure decisions［J］. Transportation Research Part A Policy and Practice, 2016, 94: 243-254.

［26］Duncan M.The cost saving potential of carsharing in a us context［J］. Transportation, 2011, 38(2): 363-382.

［27］Millard Ball A, et al. Car-Sharing: where and how it succeeds［R］, 2005.

［28］Shaheen S, et al. Public Bikesharing in North America: Early Operator and User Understanding［R］, 2012.

［29］Lane C. PhillyCarShare: First-Year Social and Mobility Impacts of Carsharing in Philadelphia, Pennsylvania［R］. Transportation Research Record, 2005.

［30］Cervero R, et al. City CarShare: Longer-Term Travel Demand and Car Ownership Impacts［R］. Transportation Research Record, 2007.

［31］Baptista P, et al. Energy, Environmental and Mobility Impacts of Car-sharing Systems［J］. Empirical Results from Lisbon, Portugal. Procedia - Social and Behavioral Sciences, 2014, 111: 28-37.

［32］Namazu M. Characterizing the GHG emission impacts of carsharing: a case of Vancouver［J］. Environmental Research Letters, 2015, 10(12): 124017.

［33］Shaheen S A, et al. Growth in Worldwide Carsharing: An International Comparison［R］. Transportation Research Record, 2007.

［34］百度百科. 拼车（时尚网络新词）［2020-8-22］. https：//baike.baidu.com/item/%E6%8B%BC%E8%BD%A6/5116889.

［35］Chan N D, Shaheen S A. Ridesharing in North America: Past, Present, and Future［J］. Transport Reviews: A Transnational Transdiplinary Journal, 2012, 32(1): 93-112.

［36］Li Z, Hong Y, Zhang Z. An Empirical Analysis of On-demand Ride-sharing and Traffic Congestion［C］//Hawaii International Conference on System Sciences, 2017.

［37］Nielsen, Claus, Jensen, Jesper, Ove Andersen. App-Based, On-Demand Ride Services: Comparing Taxi and Ridesourcing Trips and User Characteristics in San Francisco［C］//Transportation Research Board Annual Meeting, 2014.

［38］A. Bekka, N. Louvet, F. Adoue. Impact of a ridesourcing service on car ownership and resulting effects on vehicle kilometers travelled in the paris region［J］. Case Studies on Transport Policy, 2020.

［39］M.J. Mohamed, T. Rye & A. Fonzone. The utilisation and user characteristics of Uber services in London［J］. Transportation Planning and Technology, 2020, 43(4): 424-441.

［40］Li W, Pu Z, Li Y, et al. Characterization of ridesplitting based on observed data: A case study of Chengdu, China［J］. Transportation Research, 2019, 100(MAR.): 330-353.

［41］Caulfield B. Estimating the environmental benefits of ride-sharing: a case study of Dublin［J］. Transport Research Part D: Transport Environment, 2009, 14: 527–31.

［42］Biying, Yu, Ye, et al. Environmental benefits from ridesharing: A case of Beijing［J］. Applied Energy, 2017, 191: 141-152.

[43] Hua, Cai, et al. Environmental benefits of taxi ride sharing in Beijing [J]. Energy, 2019, 174: 503-508.

[44] 李渊. 网约车安全风险分析及规避 [J]. 湖北科技学院学报，2016，36（08）：10-14.

[45] Christopher, N, Morrison, et al. Ridesharing and Motor Vehicle Crashes in 4 US Cities: An Interrupted Time-Series Analysis [J]. American Journal of Epidemiology, 2017, 187(2): 224-232.

[46] Dills A K, Mulholland S E. Ride-Sharing, Fatal Crashes, and Crime [J]. Southern Economic Journal, 2016, 84(4): 965-991.

[47] Greenwood B N, Wattal S. Show Me the Way to Go Home: An Empirical Investigation of Ride Sharing and Alcohol Related Motor Vehicle Homicide [J]. Social ence Electronic Publishing, 2015, 41(1): 163-188.

[48] Brazil N, Kirk DS. Uber and metropolitan traffic fatalities in the United States [J]. Am J Epidemiol. 2016, 184(3): 192–198.

[49] Kamar, Ece & Horvitz, Eric. Collaboration and Shared Plans in the Open World: Studies of Ridesharing [C] //IJCAI International Joint Conference on Artificial Intelligence, 2009.

[50] Ma, Shuo & Wolfson, Ouri. Analysis and evaluation of the slugging form of ridesharing [C] //GIS: Proceedings of the ACM International Symposium on Advances in Geographic Information Systems, 2019.

[51] Xu H, Ordonez F, Dessouky M. A traffic assignment model for a ridesharing transportation market [J]. Journal of Advanced Transportation, 2015, 49(7): 793-816.

[52] Morency C. The ambivalence of ridesharing [J]. Transportation, 2007, 34(2): 239-253.

[53] Furuhata M, Dessouky M, Ordóñz, Fernando, et al. Ridesharing: The state-of-the-art and future directions [J]. Transportation Research Part B Methodological, 2013, 57: 28-46.

[54] Amirkiaee S Y, Evangelopoulos N. Why do people rideshare? An experimental study [J]. Transportation Research Part F: Traffic Psychology and Behaviour, 2018, 55: 9-24.

[55] Barna Bakó a, Zombor Berezvai et al. Does Uber affect bicycle-sharing usage? Evidence from a natural experiment in Budapest [J]. Transportation Research Part a-policy and Practice, 2020, 57: 28-46.

[56] Cetin T, Deakin E. Regulation of taxis and the rise of ridesharing [J]. Transport Policy, 2019, 76: 149-158.

[57] 杜敏. 拼车模式的行业价值、发展困境及解决对策 [J]. 城市，2016（10）：53-57.

第15章 定制公交

定制公交作为多元化公共交通的重要组成部分，是指通过集合个体出行需求，为出行起讫点、出行时间、服务水平需求相似的人群提供量身定制的公共交通服务方式。定制公交为其客户群定制公交服务的车站、线路走向、线路换乘点、线路网络，其票价往往高于常规公交或轨道交通票价，但低于自驾车或出租汽车的出行费用，通常情况下乘客需要签订以月或周为单位的乘车合同并提前支付乘车费用。

狭义上定制公交多指商务班车，主要瞄准上下班通勤班车市场，是从小区到单位，从单位到小区的一站直达式班车。而广义上的定制公交则拥有更大的用户群体，准确地讲，定制公交更类似一种辅助公交系统，是一种介于私家车和传统公共交通之间的交通服务，商务班车只是其中的一种方式。

15.1 发展回顾

20世纪70年代，定制公交相继出现在美国及欧洲国家，主要在中心城区和郊区社区之间提供通勤服务，吸引了较多自驾车通勤者。相较于美国、新加坡等发达国家早在20世纪70年代就开通了定制公交服务，我国定制公交的发展才刚刚起步，目前，北京、天津、济南、青岛等多个城市陆续开通了定制公交服务。根据网络数据统计，在2013~2017年5年时间内，我国开展网约定制公交服务的城市已超过30个（图15.1-1）。为响应国家"互联网+"战略，各地对网约定制公交的尝试正在快速普及。这其中，除了北京、深圳等城市初步实现规模化运营之外，大部分城市还处于小规模试验阶段。

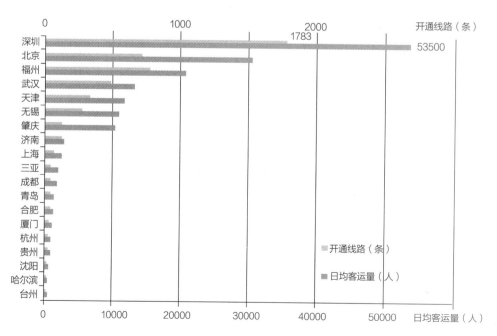

图15.1-1 截至2017年开通网约定制公交的城市客运量与线路对比

图片来源：赵雪钢，张守军，孔国强，贾涛.网约定制公交对城市交通治理的价值思考——以"深圳e巴士"品质公交服务为例。

15.2 服务特征

定制公交服务是一种直达、便捷、舒适的高品质公交服务模式，通常具有"定人、定点、定时、定价、定车"的特点，其服务要素在于运营单位或中介服务机构通过网络、电话、短信、微信，或定点调查收集个人出行需求和联络信息，以确定定制公交服务的乘客单元、线路发车时间、线路走向、车站、换乘枢纽的位置。定制公交包括以下服务要素：

乘客单元。定制公交的乘客通常以单一运营车辆为单元，组合线网运营模式的乘客单元可以是单一运营车辆，也可以是运营车队。定制公交的乘客需要承诺一定的服务期限，通常不少于1个月，也可以季度、6个月或年度为服务合同期，合同期长有利于定制服务线路组织架构的稳定性。定制服务可在合约期内变更乘车者。

服务定制系统。定制公交服务需建立功能齐全的服务定制系统，充分利用固定网点、网络、电话、短信、微信等平台，为市民提供方便的查询、定制、付费、订单修改等服务，便于不同类型的人群（如消费习惯不同）预约定制服务。

线路和车站。车站的位置按照乘客需求预先定制，为方便乘客，车站位置尽量靠近乘客单元大多数人的出行起讫点。车站既可以设置为独立的定制公交专用车站，也可以利用现有的公共汽车站。定制公交行驶路径既可以采用固定线路，也可根据道路交通状况灵活选择并适时调整，但要确保车站的覆盖范围满足乘客需求。

时刻表。定制公交在每个车站的发车时间是在定制服务时预先确定的，通常根据到达目的地的期望时间和沿途交通状况推算发车时间。

票制票价。为维持定制公交客户群的稳定性，通常采取月票、周票或固定乘车日期等票制。乘客在签订服务合同时需预付合约期的费用。

车辆。根据乘客规模和票价水平综合确定车辆类型，在运营初期一般采用40座以上的客车，随着定制公交服务网络化的发展，也可采用7~19座的小型客车。由于采用一人一座的运营方式，车内尽可能布置较多座位，一般采用"2+2"座位布局形式，车辆配置和内饰注重乘车的舒适性和实用性，如增加USB充电插口、放置电脑的小桌板等人性化服务设施。

路权。定制公交对道路条件没有特殊要求，具备客车通行条件的道路均可通行定制公交。为鼓励发展定制公交及确保其运营速度和稳定性，经交通管理部门允许后也可在公交专用车道内行驶。

运营管理。运营商在客流市场调研的基础上，制定初步的运营计划，并根据服务预定情况编制具体的车辆运营调度方案。根据客流市场的变化，运营商可定期对运营计划进行调整。

市场监管。定制公交服务由国营或私营运营商经营，并纳入城市公共交通体系，由城市公共交通行业主管部门按照有关政策、规范、规定和标准进行监管。

客服体系。定制公交配备单独的客服平台，承担业务咨询、投诉、续订、线路调整等相关乘客服务功能。

15.3 交通与社会效益

15.3.1 填补轨道交通、常规公交服务盲区

发展定制公交的初衷是弥补常规公交服务的不足和盲区，通过差异化的定价政策，为对舒适性要求较高的通勤人群提供较高品质的共享式交通出行服务。在一些轨道客流比较密集的走廊，开行公交大站快车，可以缓解客流压力。同时，在轨道交通无法覆盖的地方，开行微循环公交，解决市民出行"最后一公里"问题。

高德地图交通大数据研究团队撰写的《中国城市交通分析报告》指出，在早晚出行高峰中，分别有58.6%和58.4%的人为通勤乘客。以成都为例，在通勤乘客中，10.2%的乘客需要换乘2次。定制公交可以分担常规公交流量，缓解早晚高峰公交拥挤状况，并通过设置和优化停靠站，减少周转时间，实现通勤乘客的快速通勤需求。根据高德出行大数据对大城市的统计，居住地距最近地铁站1千米以上的通勤乘客中，近50%的通勤乘客没有直达的地铁接驳线路。

有学者以深圳为例进行研究，统计718条定制公交线路的起讫点，若用起讫点间使用常规公交通勤，则约有42%的出行需要换乘2次，约35%的出行需要换乘3次，交通极不方便，而定制公交线路为这些中长距离的出行提供直达的便捷性服务（图15.3-1）。

15.3.2 有利发展多元多模式公交

交通运输部2016年发布的《城市公共交通十三五规划纲要》指出：不断推进城市公共交通供给侧改革，丰富城市公交服务形式，鼓励开行大站快车、区间车等多种运营组织形式，积极发展商务班车、定制公交、社区公交、旅游专线等多种形式的特色服务，更好满足上班、上学、就医、旅游、购物等多样化出行需求。

深圳定制公交发展迅速，由深圳巴士集团和东部公交公司运营的定制公交线路，2016年全年合计开通427条。截至2018年5月，深圳市共有普通公交线路1009条，另外，优点巴士累计开通1200余个班次，除此之外，嗒嗒巴士、嘟嘟巴士、小猪巴士等互联网公司也在深圳市运行一站直达模式的定制公交。深圳定制公交线路占城市总公交线路约62%，成为深圳多模式公交系统不可或缺的重要组成部分。

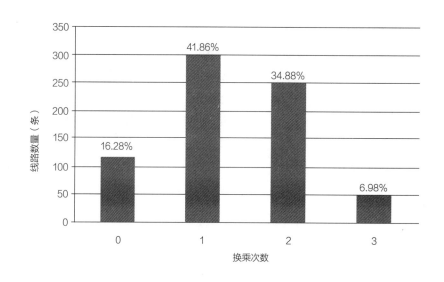

图15.3-1 深圳定制公交线路中乘坐常规公交需换乘次数

图片来源：本章参考文献[17]

15.3.3 提高公交吸引力,促进小汽车用户向公交转移

定制公交的服务模式介于常规公交和出租车之间,根据乘客预约信息灵活调整服务线路和站点,同时具有常规公交集约化出行和出租车高灵活度等特点,能够满足居民个性化、多样化的出行需求,有效减少私家车在高峰时段的使用,进而提高公共交通分担率。

根据在2018年初深圳定制公交的抽样调查,"e巴士"乘客中,12%的乘客转移自个体交通使用者,同期,轨道和常规公交的数据分别为4.7%和2.1%(表15.3-1)。乘坐"e巴士"的乘客中,近期有购车打算的占23.9%,轨道和常规公交的数据分别为59.57%和51.1%(图15.3-2)。"e巴士"乘客中,超过50%的用户认为"e巴士"服务缓和其购车意愿,而轨道和常规公交乘客中,抑制其购车的第一原因均是限牌,公交服务因素几乎可以忽略不计。

深圳"e巴士"与其他公交方式客流构成对比 表15.3-1

来源	出行方式		
	地铁	常规公交	定制公交
私家车	4.7%	2.1%	12.0%
地铁	—	3.7%	35.1%
常规公交	56.0%	—	44.6%

数据来源:本章参考文献[16]。

2016年8月北京市实行单双号限行措施整一周时间,期间,公交日均发车16.3万余车次,日均运送乘客近1200万人次,比限行前增加9.22%。值得注意的是,受限行政策影响,公交定制商务班车和快速直达专线成为不少通勤族的"新宠",累计运送乘客4万余人次。日均运送乘客达到了8000余人次,比限行前增加30%。2018年北京共有378条"多样化公交"各类型线路每天运送乘客3.7万余人次,其中有1万多名是私家车主放弃了自驾,这相当于北京路面上每天减少了1万多辆机动车,不仅缓解了道路拥堵,而且减少了尾气排放。

2012年10月在对天通苑社区定制公交的调查中,有效样本174人中有131人拥有机动车

图15.3-2 深圳各种交通方式出行者购车计划调查
图片来源:本章参考文献[16]

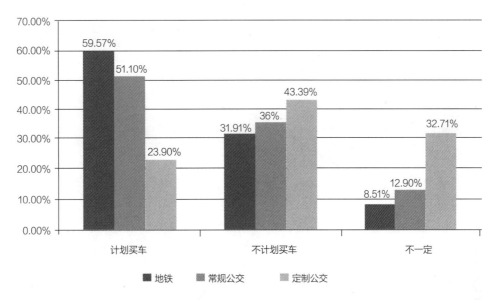

驾驶证，占比75.3%；107人拥有私家车，占全部的61.5%。在有私家车107人中，有55人以前采用自驾车通勤，比例为51.4%；在没有私家车的乘客中，91%以前采用公共交通通勤，另外9%则是采用拼车通勤。

15.3.4 降低个人和社会出行成本

定制公交为出行计划相对固定、对出行舒适性和时效性要求较高的人群提供服务，具有准确的市场定位。对乘客而言，能够以远低于出租汽车和私人小汽车的出行成本享受近似门到门的交通服务；对运营商而言，一方面能够确保车辆具有稳定的高上座率，另一方面由于服务时间和线路预先已经确定，可以提前制定经济可行的运营计划，提高车辆和工作人员的使用效率；从社会角度考虑，定制公交是一种优化客运交通服务的手段，能提高客运交通的运转效率。此外，除购置车辆外不需要投入大量资金用于基础设施建设和购置设备。

个人和社会出行成本的节约还体现在出行者时间节约。据调研，深圳常规公交高峰时段的平均时速仅为10公里/小时。基于定制公交站点较少，一般为起讫点周边站点，行程中不停靠的特点以及深圳定制公交线路数据，对比定制公交与常规公交线路的各行驶里程的时间差异（图15.3-3），可以看出在一定行驶里程范围内，线路每增长10公里，定制公交相比常规公交节省的时间越多，超出一定行驶里程的范围，定制公交相比常规公交节省的时间趋于稳定。

国外的定制公交发展同样验证了这一点。C. Mccall分析了在美国加利福尼亚州洛杉矶等地区开通的47条通勤定制公交线路。这些定制公交线路由私人组织经营，没有政府补贴，实际运营中，乘客在出行时间上虽然比私家车出行多一点，但是出行成本远低于私家车。当时美国大部分常规公共交通系统需要高额补贴才能正常运营，该地区的成功运营案例对定制公交的发展显得尤为重要。

15.3.5 提高道路资源利用率

定制公交具有常规公交集约化的特点，可以提高交通工具的使用效率，属于一种高效

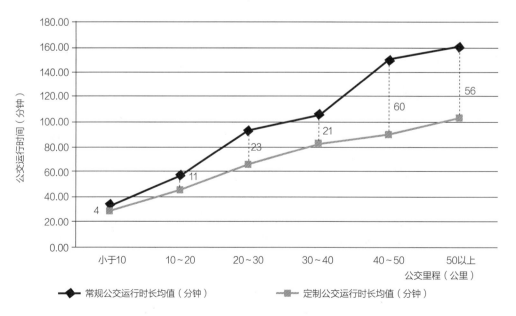

图15.3-3 深圳定制公交与常规公交不同里程段运行时间差异

来源：本章参考文献[17]

率利用道路资源的出行方式。此外，由于运营组织模式灵活，定制公交可避让拥堵路段甚至拥堵时段，实现错峰出行，有利于缓解高峰期交通拥堵。

据北京公交集团测算，一辆商务班车的开通可以替代20~30辆私家车的使用。而在实际在乘坐定制商务班车的乘客中，有私家车的乘客超过5成，而其中放弃自驾改坐公交出行的乘客比例达6成。其中，回龙观流星花园三区至中关村的商务班车线路乘客自驾比例最高，达到75%。北京公交集团前期预备定制公交共119辆，总座位数4170个，按70%的满座率测算，全部投入运营时载客量约2900余人次。若按有私家车的乘客中60%放弃自驾出行计算，则单日可能减少870辆小汽车出行量。

15.3.6 推动节能减排，改善环境质量

定制公交在环境方面的影响机理主要通过三个方面来体现：一是影响出行结构，吸引部分小汽车出行者转向公共交通，降低小汽车出行比重；二是影响私车购买和保有意向，减少私车保有量；三是定制公交车辆采用低碳环保车型，从而降低对环境污染的影响。

以上海为例，有学者对上海市定制班车进行了节能减排测算。2014年上海市约有3000~5000辆企业班车，按4000辆"定制班车"进行测算。根据"直通吧"网站的用户调查，52%的用户是自驾族，7%为拼车族。因此，"定制班车"对减少通勤小汽车出行（特别是高峰时段）、缓解道路拥堵、促进交通方面的节能减排都有积极作用。按日均4000辆"定制班车"规模、每辆班车33座计算，平均满载率70%，每日早高峰坐班车出行人次约为9.24万人次，全天（早晚各一次）为18.48万人次，小汽车的载客率1.5人/车。在上述给定条件下，"定制班车"模式较小汽车或出租车模式，每日高峰可减少5.4万标准小汽车（即一辆33座"定制班车"可替代15~22辆小汽车），每日节约能源折合标准煤338吨，减少碳排放673吨。

Diana M研究了需求响应式公交对环境的影响，在传统公交和需求响应公交之间进行比较，在不同的道路网络、服务质量水平和需求密度等情景下，定制公交采用小型的车型对环境可能更友好。

15.4 问题与发展趋势

15.4.1 面临的主要问题

定制公交在发展过程中也存在一系列问题，主要包括以下几点：

（1）服务水平待提高，例如停靠候车点混乱，因道路拥堵、车辆故障引起的准点率较低问题等。

（2）线路设计欠合理，部分城市定制公交线路重叠较为严重，定制公交企业在开通线路、追求各自企业盈利的时候并没有相互协调，不同企业的某些线路在起讫点一致的同时，发车时间也十分接近，线路同质化明显，导致线路上座率低，浪费资源，还会加剧拥堵。

（3）运营监管须规范，定制巴士缺少明确的管理意见，缺乏统一监管机构。公交行业属于政府特许经营行业，价格政策和线路规划均由政府管控，定价（含补贴）是否可经营、线路审批流程是否通畅、迅速等问题，均对定制公交服务的发展构成直接影响。公交企业参与定制公交的运营，其公益性和营利性的平衡也为定制公交定价是否过高带来一系列争议。

（4）定制公交主体单一、出行需求空间上过于分散，信息收集处理难度大、前期客流

培育难度较大、企业经营亏损严重等问题也不容忽视。

15.4.2 发展趋势

加强路权保障提升服务质量。定制公交线路布设方式不同于常规公交，对站场和路权有特殊要求，在公共交通配套设施规划中应予专门考虑。一是充分利用路内既有停车空间，为定制公交设置专用的首末发车位，同时增加全市公交首末站供应，重点提升主要就业片区公交首末站的规模和密度，允许定制公交通过合作协商等方式，使用部分常规公交首末站；二是考虑定制公交密集设站和停车候客需求，为定制公交设置专用停靠站点，避免占用常规公交车站停车候客，影响常规公交线路正常运行；三是结合快速公交走廊规划及HOV车道网规划，形成覆盖主要高、快速路的路中公交路权优先体系，允许定制公交使用快速公交车道、HOV车道，进一步提高定制公交运送速度，拓宽有效服务时间。定制公交既有传统公交的公共性，也有私人交通的异质性。定制公交的线路是基于乘客需求的相对固定的线路，但对于个体而言，会存在个别特殊需求。对此，定制公交应有一定的弹性，例如，可在站点设置上较为灵活，在设定线路上尽可能满足乘客需求；也可对司机赋予一定自由权限，根据线路实际路况以及乘客实际需求进行线路的微调整。

协调政府管理与市场运行。目前，国内大部分定制公交线路是由当地公交集团开设，由于种种原因，民营企业的介入还不多。一些定制公交线路由于忽视乘客体验，运作机制相对僵化，运营效果并不理想。考虑到这些情况，公交主管部门应该强化管理者和监督者的责任，一方面充分利用已有资源进行整合，避免线路重复和车辆浪费，为定制公交市场的良性竞争提供广阔平台；另一方面需要出台规范定制公交的法律法规，创造良好的市场环境，更好地规范市场行为。由于定制公交的开通时间较短，居民对其接纳程度相对不高，因此需要政府加强对定制公交的宣传，通过开展系列活动提高居民对定制公交的认知度。

平衡定制公交的公益性和经济性。对政府而言，公共交通不仅是解决城市拥堵，减少污染的重要方式，同时也是提高社会效益，解决出行不公平性的一种体现。因此，在实现经济性的同时，也要兼顾公益性。经济性主要体现在对票价的调整上，可通过开源节流的方式，寻求多方资助，定制公交在运行时经过城市不同的功能区，串联了地铁站、中心服务商业街以及停车区等客流吸引点。定制公交为这些地区带来了客流，可考虑吸引沿线的商家和一些机构联合赞助，从而降低票价。公益性的实现则体现在对定制公交的扩大应用上，除了传统的出行班车，还应该为城市的弱势群体设计一些辅助公交，如残疾人预约出行、老年人就医、中小学及幼儿园校车、连接公租房、廉租房小区与市中心的低价公交等服务。这些和已有的定制公交共同构成城市公交的辅助系统，拓展公共交通服务的类型，也为政府更好地提供公益性交通服务创造条件。

（本章撰稿人：惠英、叶建红等）

本章参考文献

[1] 徐康明，李佳玲，冯浚等. 定制公交服务初探[J]. 城市交通，2013（5）：24-27.
[2] 潘述亮，俞洁，卢小林等. 灵活型公交服务系统及其研究进展综述[J]. 城市交通，2014（02）：62-68.

[3] 交通运输部. 城市公共交通"十三五"发展纲要［R］. 2016.
[4] 郝偲成，吴兵. 灵活式公共交通研究综述［J］. 综合运输，2020（3）：9-15.
[5] 黄迪，顾宇，黄凯等. 需求响应型定制公交研究综述与发展对策［C］//交叉创新与转型重构——2017年中国城市交通规划年会论文集，2017.
[6] 詹海林，董景舜. 青岛在全国首次开通"定制公交"交运集团（青岛）开通"定制公交"，真的会成为公交车史上一次革命性创新吗？［J］. 运输经理世界，2013（09）：20-23.
[7] 赛文交通网. 上座率最高的定制公交是如何打造的？［R］，2018.
[8] 王俊培. 大城市定制公交服务体系研究［D］. 西安：长安大学，2015.
[9] Liu T, Ceder A. Analysis of a new public-transport-service concept: Customized bus in China［J］. Transport Policy, 2015, 39：63-76.
[10] 林青. 定制公交服务的评价指标及模型研究——以北京市为例［J］. 调研世界，2016（02）：46-49.
[11] 张清辉，厦门公交：探索个性化服务的微循环网约小巴模式［J］. 人民公交，2019（10）：64-67.
[12] 赵雪钢，张守军，孔国强，贾涛. 网约定制公交对城市交通治理的价值思考——以"深圳e巴士"品质公交服务为例［J］. 城市公共交通，2018（07）：42-47.
[13] 万逸飞. 北京公交集团创新构建多样化公共出行服务体系［J］. 城市公共交通，2018（12）：8-9.
[14] 蒋蕊，卓健. 定制公交竞争力分析与规划应对［J］. 规划师，2018（80）：113-119.
[15] 江宇婷. 深圳市定制公交特征解析与思考［D］. 深圳：深圳大学，2018.
[16] 张露，城市通勤商务班车运营模式研究［D］. 西安：长安大学，2014.
[17] 李飘燕，江宇婷. 定制公交线路特征解析与优化建议——以深圳市为例［C］//活力城乡 美好人居——2019中国城市规划年会论文集，2019.
[18] 周洋岑，郭轩，姚梓阳. 从规划到定制：城市多样化出行的新方式——对北京定制公交的解读［C］//城乡治理与规划改革——2014中国城市规划年会论文集，2014.
[19] 张宁宁. 定制公交线路规划研究［D］. 北京：北京交通大学，2019.
[20] 吴聪. 引导"定制班车"发展的初步探讨——以上海市为例［J］. 交通与港航，2014（12）：30-33.
[21] Diana M, Quadrifoglio L, Pronello C. Emissions of demand responsive services as an alternative to conventional transit systems［J］. Transportation Research Part D: Transport and Environment, 2007, 12(3): 183-188.
[22] 邓涛涛，闫昱霖. 上海发展定制公交的思路与方向［J］. 科学发展，2016（97）：96-101.
[23] 江捷，孙劲宇. 深圳市定制公交经营模式与发展路径［C］//交叉创新与转型重构——2017年中国城市交通规划年会论文集，2017.

第16章 共享停车

随着机动车保有量的剧增，一方面，原有城市停车位规划不足、停车设施配建标准偏低的问题凸显，停车难已成为城市交通发展的重要矛盾。另一方面，车位使用率普遍不高，一定程度上反映了现状的停车矛盾，是因为停车管理水平不高导致的停车资源利用不均衡、停车设施利用率低的结果。

16.1 基本概念与发展现状

为了解决当前的停车供给不足与使用效率低的困境（图16.1-1，图16.1-2），"共享停车"这一概念被提出，共享停车是通过共享停车位，让停车位的使用和管理变得更加有效的一种管理策略的总称。最简单的共享停车方式是允许非租户（不住在建筑物内或不在建筑物内工作的人）每月租用建筑物车库中指定的车位。更复杂的系统包括在一天中的不同时间或一周中的不同时间，让需要停车的用户之间共享未分配的车位。

用户在居住地拥有停车位的所有权或使用权，在工作地拥有停车位的使用权，或者付费获得停车场内某停车位一段时间的使用权，这种模式是传统停车模式。传统停车位较为固定，造价也较高。相较传统停车模式，共享停车可以提升泊位的周转次数，缓解停车供

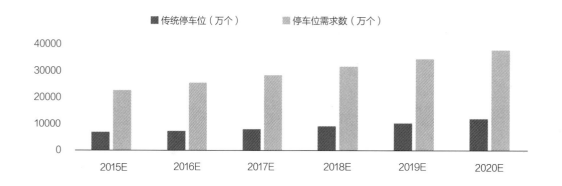

图16.1-1 2015~2020年中国传统停车位数量与车位需求量预测

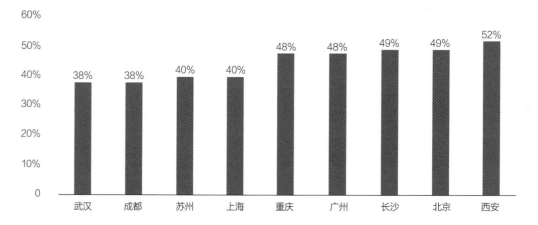

图16.1-2 2017年8月核心城市车位使用率

需矛盾；节约土地资源；减少路边停车，优化步行环境；缓解拥堵，改善空气质量。但共享停车的管理成本较大，用户转变观念需要时间；利益方牵扯较多，不容易达成共识。

16.2 交通与社会效益

16.2.1 评价指标

对停车设施进行社会效益评价的目的，是要在城市及交通总体规划的基础上，对停车设施规划设计方案作分析，计算和评判项目的经济效益和社会效益。通过多方面比较，为项目的科学决策提供依据。针对传统停车设施，利用停车效率来反映停车设施的实际使用率，通过社会评价来反映停车设施建设对各项社会发展目标所做的贡献及影响，根据经营收入评估停车设施的资金运营情况和盈利能力。从以上三个方面出发，可建立如图16.2-1所示的停车设施社会效益评价指标体系。

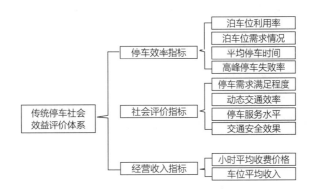

图16.2-1 停车设施社会效益评价指标体系

1. 停车效率

停车效率评价指标体现了停车场的整体运行效率，主要指标包括小时利用率、小时周转率、小时平均停车时间和停车时间分布比例等。

（1）小时利用率。在单位小时里停车场所有泊位的利用情况，表征车位是否有车辆占用以及被占用时长。停车场该小时的利用率O计算方法如下：

$$O = \sum_{j=1}^{N} \frac{t_j}{1 \times C} \times 100\% \quad (16-1)$$

式中 t_j——车辆j总停车时间；
　　　N——进入停车场总车辆数；
　　　C——该停车场的停车泊位数。

（2）小时周转率。单位小时里停车场每个泊位的平均停车次数，表征了停车场的车辆周转情况。停车场小时的周转率R计算方法如下：

$$R = \frac{n}{C} \times 100\% \quad (16-2)$$

式中 n——在单位时间驶入停车场的车辆数；
　　　C——该停车场的停车泊位数。

（3）小时平均停车时间。单位小时里驶入停车场的车辆平均停车时间，表征了车辆的停车时长情况。则小时平均停车时间t计算方法如下：

$$t = \sum_{j=1}^{N} \frac{t_i^*}{n} \times 100\% \qquad (16\text{-}3)$$

式中 t_i^*——第i辆的停车时间；

n——在单位小时里驶入停车场的车辆数。

（4）停车时长分布比例。停车时长分布在各个区间的比例，其可以说明大部分车辆的停车时长。停车时长的区间可以划分为小于15分钟，15～30分钟，30～60分钟，1～2小时，2～3小时，3～6小时以及6小时以上等。则在这个区间的停车时长分布比例k_i计算方法如下：

$$K_i = \frac{n_i}{\sum n_i} \qquad (16\text{-}4)$$

式中 n_i——在1天里停车时长在以上i个区间的停车次数；

$\sum n_i$——每个区间的停车次数总和。

（5）停车高峰时长。停车高峰时长定义为1天中停车场的小时利用率大于85%的时间总和，表明了1天当中停车需求最大的时间段及时长。停车高峰时长越大，表示对停车需求越大，供求矛盾越大。

2. 社会评价

停车场的社会评价反映的是停车场项目的建设对各项社会发展目标所做的贡献和影响，包括有利影响与不利影响。

（1）停车需求满足程度。停车需求满足程度指标S计算方法如下：

$$S = \frac{P_t}{Q_t} \qquad (16\text{-}5)$$

式中 t——停车场规划设计使用年限；

P_t——t年停车能力（辆）；

Q_t——分配停车需求（辆）。

当$S=1$时，供需平等，当供不应求或供大于求时都会使S偏离1。

（2）动态交通效率。这项指标评价停车场项目的建设对区域交通网络系统的整体影响。动态交通效率E计算方法如下：

$$E = \frac{c}{I} \qquad (16\text{-}6)$$

式中 E——区域运网效率提高效果；

c——有项目区域运网总交通运输费用；

I——本项目总投资。

该项目在计算过程中会存在较大的困难，可采用定性方法开展分析评价。第一，该停车场位置是否与服务范围内停车者停车意向相一致；第二，停车场设置是否会引起附近路网交通堵塞；第三，按照城市综合交通治理需求，评估其对城市现状停车难的改善程度；第四，评估其对城市交通安全、快速、舒适服务所改善的程度；第五，优质服务质量水准。

（3）停车服务水平。停车服务水平是指停车者从停车设施、停车状态、停车方式等方面所能得到的服务程度。停车服务水平可用以下列指标来反映：①停车服务所需时间；②停车场的使用率，即吸引停车量与停车场容量之比；③停车场的服务情况，反映停车场为舒适服务所采取的措施；④停车收费水平。在得出上述各方面情况后，再根据情况进行评价，得出一个最终评价值（得分）。也可对停车者进行调查，以调查评分为停车服务水平的评价值。

（4）交通安全效果。从路网交通事故降低率的角度反映区域交通状况得到改善和交通事故的减少。交通事故降低率D计算方法如下：

$$D = \frac{r_1 - r_0}{r_0} \times 100\% \quad （16\text{-}7）$$

式中　D——交通事故降低率；
　　　r_1——有项目交通事故率；
　　　r_0——无项目交通事故率。

3. 经营收入

商业类停车场主要以盈利为主，为了体现停车场的经营收入情况，以停车场的小时平均收费价格以及车位平均收入两个指标来衡量停车场的经营收入情况。

（1）小时平均收费价格。单个车辆在停车场停车1小时的平均费用，表征了停车场的收费价格水平。小时平均收费价格P_h计算方法如下：

$$P_h = \frac{M}{T_M} \times 100\% \quad （16\text{-}8）$$

式中　M——在单位时间里停车场的总收入；
　　　T_M——该时段进入停车场的所有车辆的停车总时长。

（2）车位平均收入。在单位时间内平均每个停车位的收入情况，表征了单个车位的平均营业值。车位平均收入P_C的计算公式为：

$$P_C = \frac{M}{C_M} \times 100\% \quad （16\text{-}9）$$

式中　M——在单位时间内停车场的总收入；
　　　C_M——在单位时间里停车场的总成本。

考虑到共享停车的特点，对图16.2-1所示的传统停车评价指标进一步扩展和丰富，主要考虑以下几方面：

1）对于停车效率指标，共享停车还关注停车距离；
2）对于社会影响评价指标，关注共享停车的外部性：土地使用、拥堵、环境污染；
3）对于收益指标，关注共享停车的内部性：考虑多方的收益以及分配情况（是否公平）。

因此，建立面向共享停车的社会效益评价指标体系如图16.2-2所示。新的评价体系与传统停车评价主要有三个方面的不同：第一，在考虑传统停车效率指标的基础上，增加了对平均停车距离的评价，这是共享停车带来的一大便利：充分利用闲置车位，使得停车搜寻距离减少；第二，对内部收益，主要考量共享停车带来的成本节约以及收益在各参与方分配的情况；第三，对外部影响，主要考量共享停车是否减少了对泊车位土地的需求，是否有效缓解了交通拥堵、交通违章以及是否带来了环境的改善。

16.2.2　交通及社会效益评价结果

采取文献检索的分析方法，总结共享停车的社会效益影响研究，包括纯理论分析、数据量化回归分析以及仿真分析。

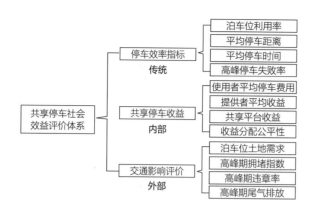

图16.2-2 停车设施社会效益评价指标体系

1. 理论分析

陈永茂等人总结了国内外共享停车业态，综合分析了国内外停车共享理论，从可行性、形式、优越性等角度剖析了共享停车，通过停车场供给、停车效率、停车直接收益三个指标进行评价，得出了共享停车可以使得停车场供给能力提升、停车空间减小、停车收益提升的结论；Xiao等针对共享车位的价格问题，设计了两种基于拍卖的共享车位定价策略，分析其对于用户和平台带来的不同收益，考虑了平台和使用者的经济效用两个指标，通过四个例子，得出了两个主要结论：①DPS在停车平台收益方面优于UPS，而UPS在参与者效用方面优于DPS；②停车平台的收益越大，参与者所获得的收益越多，所享受的效用越少。

2. 数据量化回归分析

有些学者对共享停车进行了理论建模和实例分析相结合的研究。比如陈峻等人以共享服务能力为出发点，建立双层预测模型，以泊位共享效率、停车失败率、泊位占用率为指标，同时体现共享停车的内部性与外部性，对泊位共享效果进行评价。并且从南京医科大学和周边居住区停车场获取数据，对高校停车场与居住区停车场做出实例评价，得出以下结论：不同建筑的配建停车场有不同的共享停车特性；共享停车有利于减小停车场饱和率；有利于提高泊位利用率；减少停车失败率和违章数，达到"削峰填谷"的作用。段满珍等人设计了共享泊位评价指标，分析高校和社会配建停车泊位共享前后的实施效果。以共享服务能力为目标函数，建立基于毗邻地块车位利用日变规律与时间窗求解最优化模型，最后进行实例分析。确定了共享服务能力等量化指标，以及城市占道停车数量、出入口排队数量、沿线行车速度、交通堵塞程度等非量化指标。然后从唐山市新华南里小区236个泊位与毗邻的妇幼医院停车场获取数据，最终得到如下结论：居住区共享车位可以为毗邻地块提供自身55%的共享车位，可以解决城市交通中占道停车问题，缓解出入口附近排队，缓解沿线交通行车缓慢，缓解交通阻塞等问题。秦延平从交通组织的角度出发，探究共享泊位设立与否对地区主干道交叉口高峰小时交通量的影响情况，以周边路段高峰小时交通量、拥堵指数为指标，通过调研获得某主干道交叉口周边地块停车及交通运行情况的数据进行研究，得出泊位共享有利于解决区域交通拥堵问题的主要结论。Hao等人基于停车人的行为选择偏好，以提高车位的占用率和利用率为目标，建立数学模型研究共享停车浮动定价方法，以确定共享停车的内部效益。以车位空间占用率和车位利用率为指标，通过旧金山停车项目SP调查获得数据，通过实例分析，得出以下结论：共享停车有利于停车占用率和利用率，有助于缓解城市机动车停车资源不足的问题；同时，相较于固定定价，共享停车位在高峰期浮动收费可以提高占用率。Xie等从居民区车位共享的风险出发，通过影响力分析和问卷调查探究共享停车的利益相关者接受度的影响因素，以及其未在国内普及的原因。停车位提供方的指标主要是共享停车收益和风险以及提供意愿；停车管理方的指标主要是共享停车收益和风险以及管理意愿。并且在宁波12个不同住宅区进行问卷调查获取数据，得到以下结论：①风险和收益仍然是实践中的最大难题；②对于停车管理者而言，管理压力最大限度地影响了管理者打算使用共享停车位的意愿，其次是收益；③对于停车提供者而言，意图最大限度地影响了提供者打算使用共享停车位的意愿，其次是收益。Krishnamurthy等研究了智能停车系统对交通外部性成本以及公共交通客流量的影响。以公交客流量、车道占用率和车辆数量为指标，通过旧金山市SFpark试点项目的部分数据；每日交通量数据，车道占用率和车辆数量；公交客流量等数据进行研究，得到以下结论：①SFpark显著增加了公交客流量，减少了交通流量；②智能停车计划可以帮助避免污染和减少交通堵塞，缓解许多与交通相关的外部性，产生显著的经济效益。

3. 仿真分析

仿真分析的文献，都是在建立了相关停车共享分配模型的基础上，采取仿真的方法，用各项评价指标来分析共享停车的效益，不同的是这些文献的关注点不同。关注点主要是在两个方面：内部效益和外部效益。对内部效益，具体来说，Xu等发现共享停车在大城市和人群业态聚集区中会带来显著的社会福利，共享停车在某些情况下可以节省60%的成本，并使50%的代理人完全受益。杨博发现当供给小于需求时，模型分配能明显提高运营收益，时间利用率也能进一步提升，而林小围等、段满珍等、Shao等都发现共享停车有效地利用了私人资源，提高了车位的利用率，缓解了停车压力。

另外也有一些学者不仅仅关注了共享停车带来的内部收益，还进一步地考虑了共享停车可能带来的外部社会效益：交通拥堵指数下降、高峰时段违章率降低、泊车位土地规划需求减少。张文会等发现居住区停车场利用自身泊位的闲置时间可以有效缓解周边建筑的停车吸引，减少局部停车拥挤，一定程度上缓解了停车难问题。Zhang等分析结果显示共享停车可以减少交通拥堵、废气污染和因停车困难而造成的时间浪费，而成本几乎为零。冉江宇等提出了国内大城市内混合开发用地（群）在共享条件下停车泊位总需求的分析模型和分析步骤，当应用于南京市江宁区的拟开发区域时，发现共享配置下的泊位总需求可减少25.7%。冉江宇等还构建了一个共享停车的双层辅助决策模型，发现在双层模型下，在泊车位占有率和共享方案实施的可行性约束下，共享停车不仅能提高停车满意率，还能降低高峰时段违章率。

可以看到，不同的研究从不同的视角出发，对共享停车的社会效益进行了描述。为更加直观地展示目前研究的焦点，汇总相关文献的研究方法、聚焦点、指标、数据来源、主要结论，整理得到最终的文献检索分析结果，如表16.2-1所示。

共享停车社会效益文献荟萃分析一览表　　　　　　　表16.2-1

研究方法	理论建模+实例分析
	理论研究
	理论研究+仿真分析

	续表
聚焦点	建立共享停车的分配模型
	评估共享停车对使用者/提供者的内部影响（减少停车距离、停车寻找时间、私人收益——平台和使用者）
	评估共享停车带来的外部性（提高泊车位的使用效率、减少交通拥堵、提高公共交通使用、降低高峰期间违章率、经济效益）
指标	内部：泊位共享效率、停车时间和距离、停车失败率、泊位占用率、停车平均费用、停车者平均满意度
	外部：周边路段高峰期间交通量、拥堵指数、高峰期间区域违章率
数据来源	理论算例、SP调查、仿真数据
主要结论	共享停车可以为参与方带来经济收益； 有效提高泊车位的利用效率； 减少停车的距离和停车时间； 缓解交通拥堵，减少环境污染； 减少停车失败率和违章率

16.3 挑战与发展趋势

16.3.1 共享停车治理问题

根据"米切尔分类法"对城市共享停车的利益相关者进行分类，并分析利益相关者的角色定位和功能，如表16.3-1所示。

共享停车利益相关者分类　　　　　　　表16.3-1

利益相关者	合法性	权力性	紧急性	角色定位	权利	利益	当前策略
（1）确定型利益相关者							
政府职能部门	高	高	高	管理者	政策指导、行政准入、交通规划	偏好提升城市交通的运行效率	出台相关政策，鼓励泊位供给者开放共享
车位供给方	高	高	高	供给者	提供共享车位	偏好提升自身经济收入	泊位共享积极性不高
车位需求方	高	高	高	使用者	使用共享车位	偏好提升停车效率	通过网络渠道寻找泊位，租赁泊位
（2）预期型利益相关者							
软件平台	高	中	高	协调者	完成车位需求与供给的匹配	偏好提升企业经营利润	构建泊位共享平台
社区物业	高	中	高	协调者	协助共享停车业务日常管理	偏好维护管辖范围内的停车秩序和安全	对停车共享持负面态度，不主张开放内部泊位共享
（3）潜在型利益相关者							
媒体	低	中	低	监督者	提供信息传播和宣传引导	偏好营造良好的舆论氛围	宣传政府政策，反馈各方诉求
科研机构	低	低	低	理论指导者	提供理论支持和技术指导	偏好提升社会服务能力	积极开展学术探究

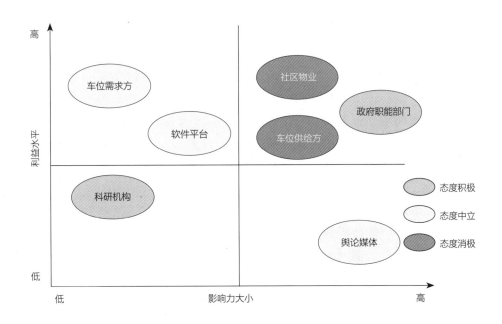

图16.3-1 共享停车利益相关者"利益—影响"矩阵

采用"利益—影响"矩阵分析各利益相关者在停车共享中的角色,如图16.3-1所示,各类利益相关者的群体的需求和影响能力并不一致。

政府职能部门、车位供给方和社区物业都具有较高的利益需求和较大的影响力,他们对于停车共享的态度对停车共享的实施和发展产生决定性的影响。当前,政府部门愿意推动停车共享,业务推广主要取决于激励和引导车位供给方和社区物业的行为决策。车位需求方对共享停车有较高的利益诉求但影响力不足,只能采取与其他有影响力的利益相关者合作的方式来满足自身的需求。软件平台有推进停车共享的意愿,其利益取决于停车共享市场的发展,现阶段市场发展处于早期阶段,该利益相关者处于中立态度。媒体具有影响共享的手段和能力,但是对于停车共享的利益需求比较低。科研机构具有积极的态度,但其影响力大小和利益水平均较低。

车位供给方、社区物业、车位需求方与软件平台态度不积极且利益水平较高,从这几个利益相关者出发分析利益冲突原因。

1. 泊位供需双方的违约行为

车位供给方——停车共享是分时段的泊位出租,在某些情况下泊位需求者可能也在变化,对于泊位供给者来说存在一定的不确定性:超出规定共享时间后,泊位仍被共享车辆所占用,影响泊位所有者自身停车需求。

车位需求方——与泊位供给者一样,相比一般的泊位租赁过程,共享泊位需求方在寻找共享泊位供给者的过程中需要付出更多的成本。同时,当一个区域内的需求逐渐增加,而又在完全竞争的市场环境下,会导致某一片区范围内的泊位供给者提升泊位价格,泊位需求者不得不支付更高的费用。

2. 管理难度与成本不断增大

车位需求方——小区停车共享会增加小区安全隐患并带来噪声、尾气污染等扰民问题,给物业管理增加了难度,且要对现有的门禁识别系统进行改造,物业成本投入与管理投入要大幅增加。同时,车位的业主会以小区安全等理由强力反对给物业施压。

3. 停车共享规模效应难以实现

软件平台——共享达成需要泊位的落地,这需要平台的建设方逐一落实泊位,由于牵涉利益相关者较多，关键利益相关者态度不积极，且受城市区域限制，形成全国性的入口难度较大。

16.3.2 发展趋势

结合上述治理问题分析来看，对于停车效率指标，泊车位使用双方的违约行为可能会造成共享车位使用效率的下降，反而无法实现提高泊车位利用率、停车搜寻时间和距离。对内部收益（共享停车效益），违约行为、管理难度与成本的不断增大，可能使得规模效应难以达成，收益目标无法实现。而对外部收益（交通影响评价），泊位供需双方的违约行为反而会带来更多的拥挤和违规，从而使得降低拥堵指数和违章率的目标无法实现。这些都是共享停车在未来推行中可能会面临的一些挑战，面对这些挑战，需要多方的共同参与和合作来应对挑战（图16.3-2）。政府提供政策指导、规划引领，平台采取智能化管理、多方合作，参与者遵守规则，才能有效应对共享停车业态的治理挑战，充分发挥共享停车业态的优势。政府和平台需要承担的职责包括：

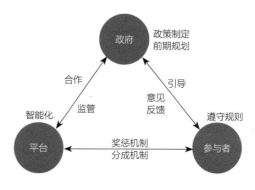

图16.3-2 共享停车多主体协作框架

政府：统筹制定推行方案；公共设施前期规划；多部门合作。

平台：信誉积分奖惩制度（使用者）；合理的分成方案（提供者）；使用智能化系统。

（本章撰稿人：谭丝杨、李良艺、杨雅淇、叶建红）

本章参考文献

[1] 金晶，卞思佳. 基于利益相关者视角的城市共享单车协同治理路径选择——以江苏省南京市为例[J]. 城市发展研究，2018，25（02）：92-99.

[2] Mitchell et al. Toward A Theory of Stakeholder Identification and Salience: Defining the Principle of Who and What Really Counts[J]. Academy of Management Review, 1997, 22(4): 853-886.

[3] 费跃. 利益相关者视角下的城市停车共享实施对策研究[C]//中国城市规划学会城市交通规划学术委员会. 创新驱动与智慧发展——2018年中国城市交通规划年会论文集，2018.

[4] 郑淑鉴，郑喜双，韦清波，招玉华. 停车场运行评价指标体系研究[J]. 交通信息与安全，2014，32（02）：68-71.

[5] 缪立新，刘冰. 评价停车场社会经济效益的指标体系[J]. 城市规划，1997（04）：27-28.

[6] 陈永茂，过秀成，冉江宇. 城市建筑物配建停车设施对外共享的可行性研究[J]. 现代城市研究，2010，25（01）：21-25.

[7] Xiao H, Xu M, Yang H. Pricing strategies for shared parking management with double auction approach: Differential price vs. uniform price[J]. Transportation Research Part E: Logistics and Transportation Review, 2020, 136: 101899.

[8] 陈峻，谢凯. 中心城区高校停车泊位共享的动态分配模型及效果评价[J]. 中国公路学报，2015，28（11）：104-111.

[9] 段满珍，杨兆升，张林，于德新. 居住区泊位对外共享能力评估模型[J]. 交通运输系统工程与信息，2015，15（04）：106-112+117.

[10] 秦延平，刘灿齐，黄鸣. 泊位共享在解决区域交通拥堵中的应用[J]. 城市公用事业，2008（03）：

51-53.

[11] Hao J, Chen J, Chen Q, et al. Floating Charge Method Based on Shared Parking [J]. Sustainability, 2018, 11(1): 72.

[12] Xie J, Ye X, Yang Z, et al. Impact of Risk and Benefit on the Suppliers' and Managers' Intention of Shared Parking in Residential Areas [J]. Sustainability, 2019, 12(1): 268.

[13] Krishnamurthy C K, Ngo N S. The effects of smart-parking on transit and traffic: Evidence from SFpark [J]. Journal of Environmental Economics and Management, 2019, 99: 102273.

[14] Xu S X, Cheng M, Kong X T, et al. Private parking slot sharing [J]. Transportation Research Part B-methodological, 2016, 93: 596-617.

[15] 杨博. 区域多停车场的共享泊位预订分配模型研究 [C] //中国城市规划学会城市交通规划学术委员会. 品质交通与协同共治——2019年中国城市交通规划年会论文集, 2019: 2446-2456.

[16] 林小围, 周晶, 卢珂. 私家车位共享系统的车位动态预约与分配 [J]. 系统工程理论与实践, 2018, 38（11）: 2907-2917.

[17] 段满珍, 杨兆升, 米雪玉, 程泽阳. 基于居住区共享停车的双层规划诱导模型 [J]. 西南交通大学学报, 2016, 51（06）: 1250-1257.

[18] Shao C, Yang H, Zhang Y, et al. A Simple Reservation and Allocation Model of Shared Parking Lots [J]. Transportation Research Part C-emerging Technologies, 2016: 303-312.

[19] 张文会, 苏永民, 戴静, 王连震. 居住区共享停车泊位分配模型 [J]. 交通运输系统工程与信息, 2019, 19（01）: 89-96.

[20] Zhang W, Gao F, Sun S, et al. A Distribution Model for Shared Parking in Residential Zones that Considers the Utilization Rate and the Walking Distance [J]. Journal of advanced transportation, 2020, 2020: 1-11.

[21] 冉江宇, 过秀成. 混合开发用地配建停车泊位共享配置方法研究 [J]. 交通信息与安全, 2014, 32（02）: 34-40.

[22] 冉江宇, 过秀成, 唐亮, 张晔. 基于停车泊位配置仿真的停车共享措施双层决策模型 [J]. 东南大学学报（英文版）, 2011, 27（03）: 322-327.

第 5 篇

城市交通与环境

导读

交通作为地方经济发展的命脉，其建设及相关政策主要考虑的都是成本、安全、效率等问题。尽管交通运输会对大气环境产生不良影响，但总以其微不足道而被忽略。直到雾霾、能源紧缺等诸多问题不断出现并引起公众的强烈关注，才开始更多地关注交通中的环境问题。无论从全球还是全国看来，交通部门的碳排放增速极为迅速，城市面临着诸多的交通问题，低碳发展、低碳城市、低碳交通的实现成为提高提高城市居民生活质量及城市可持续发展能力的关键。如下图所示，现在的中国城市随着居民收入增加、城市化进程的进行，导致了汽车过多使用、城市蔓延以及公共交通缺失，进而出现了拥堵、交通环境恶化、停车困难、城市交通能耗急剧增加等诸多问题。

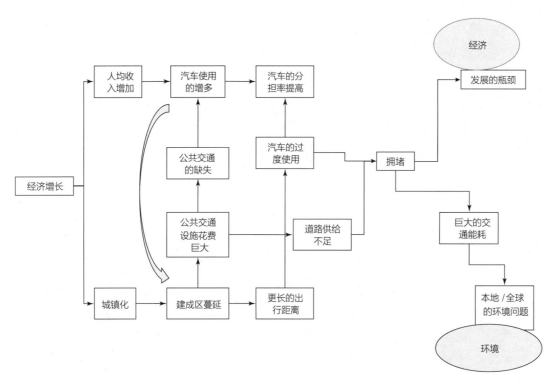

社会发展导致交通经济及环境问题[①]

城市客运交通系统是一个多变量复杂系统，其受到社会经济状况、历史情况、现有交通使用者偏好、土地利用、人口结构、交通基础设施建设、交通供给，以及诸多交通相关政策等诸多因素的影响。由于系统复杂，施策者对系统认识不清晰，在实际交通政策实行中只对局部情况进行分析，而并未对整个城市客运交通系统碳排放进行全面的分析，从而造成交通政策的偏颇，并对城市交通等产生或多或少的负面影响。因此，系统性解析城市

---

① 来自于 Yoshitsugu HAYASHI 教授的演讲。

客运交通系统碳排放的内在机制及政策的关联影响十分必要。

现有研究主要从以下几个方面来描述及刻画城市交通与环境的关系：①大尺度的交通环境分析，主要通过各国的统计年鉴等来搜集各类交通工具保有量，平均行驶公里数及各类交通方式的燃油消耗及排放水平等要素，通过这些要素的组合来形成一个国家的总体交通排放及交通污染水平，多见于国际大尺度的交通减排政策分析等研究；②基于全生命周期理论的交通碳排放分析，这些分析多见于数据基础较好、LCA数据库完善的国家，分析对象多为道路交通系统、电动车、轨道交通系统等。由于全生命周期研究涉及庞大数据库的构建及其标准化，其研究多见于发达的工业化国家，重要的研究范围多为汽车交通系统，尤其是电动车系统的全生命周期，主要用来回答电动汽车是否在全生命周期层面比燃油汽车有更大的环境优势的问题；③汽车电动化及共享化对交通环境的影响，主要是通过电动汽车的渗透率、使用率及电动汽车的共享技术等来研究汽车保有置换及汽车使用共享化对道路交通系统的环境减排影响等，多为针对城市级别的研究。由于全球各国纷纷给出了燃油汽车退出政策时间表，汽车电动化及共享化响应了现行的"新型基础设施建设"的政策导向及交通强国的号召，有很强的现实意义；④新技术在交通环境中的应用分析，新技术在交通流量预测的应用，各类新技术包括设计技术及动力技术等对交通减排的效果，各类新兴技术如自动驾驶等对道路系统排放的影响，及遥感、道路材料技术对城市道路热环境的改善等，这方面的研究取决于研究者自身的学科背景，多为基于本地数据及本地经验的一系列研究，有很强的现实意义和实践价值；⑤各类经济手段对交通环境的影响，由于交通出行行为受到出行者的经济收入等方面的约束，且经济手段隐含着交通污染外部性回收的经济学意义，这方面的研究由来已久，主要研究内容为各类交通收费、拥挤收费等对交通需求的影响，通过各类的政策设计等控制交通需求或调控交通方式的转变，从而达到交通环境改善的目的，重点研究集中在交通拥挤收费等政策上。

尽管交通环境领域学者作了大量工作，但是就交通环境的治理方面，政策及实证研究仍有诸多不足：①城市客运交通碳排放的要素及相关政策整体框架没有形成完备的体系；②城市客运交通系统碳排放要素之间如何关联只有局部性的研究，整体图景及其相互关系的描述和刻画缺乏；③没有将这些因素建立成一个完整的动力学系统进行政策模拟。当下许多客运交通碳排放机理及政策研究只是针对某个时点以及当下情况的分析，缺乏系统性、持续性以及前瞻性。因此，在低碳社会成为政府、公众关注的背景下，以为降低碳排放为目标，定量研究城市客运交通碳排放要素、政策对碳排放的影响以及要素间的互相影响机制，并最终将这些影响机制建成一个完整的系统动力学模型，并可通过不同政策包、政策变量的选取来分析不同交通政策及不同社会经济情景下短、中、长期城市交通碳排放表现，并以此为据优化现有政策体系就十分有现实意义。

本篇的具体内容来自于同济大学城市交通研究院2019~2020年第二学期"居住与交通环境"的课程作业，各小组根据课程作业的最终提炼，形成本篇的五个部分。

第17章进行了大尺度的交通环境分析，分析了全球各国交通领域的排放，我国交通碳排放，同时也分析了全球航空碳减排政策，以及中国、英国、美国及典型城市的交通碳减排政策。

第18章包括三个小节，介绍了全生命周期理论在交通环境评价中的应用，介绍了电动车、轨道交通系统，从交通系统的全生命周期的角度对交通系统进行分析，并提出需要建设完善的LCA标准化数据库等基础研究。

第19章包括三个小节，主要介绍了电动汽车及共享机动性对交通环境的影响，具体阐述了电动汽车重要的技术参数、不同场景的碳减排效果，共享机动性对交通排放的影响。

第20章包括四个小节，第20.1节阐述了新技术在交通流量预测的应用，第20.2节介绍了各类新技术（包括设计技术及动力技术等）对交通减排的效果，第20.3节介绍了各类技术（气象卫星、遥感、道路材料技术）对城市道路热环境的改善。

第21章包括四个小节，阐述了拥挤收费等经济手段在交通减排中的应用。

第17章 大尺度的交通环境分析

17.1 交通碳排放现状分析

17.1.1 全球各交通领域碳排放

根据International Energy Agency（IEA，国际能源署）2019年发布的报告，2018年全球交通碳排放仅增加了0.6%，而过去十年每年约为1.6%。总体上来说，交通领域占所有二氧化碳排放量的近1/4左右，道路交通（包括小汽车、卡车、公共汽车和两轮、三轮车）占交通二氧化碳排放量的近3/4。同时，道路交通、航空和航运业的排放量持续上升，具体趋势如图17.1-1所示。

对于各国各地区的交通碳排放（图17.1-2），总体上欧美和经济合作与发展组织交通污染逐渐下降，而发展中地区交通碳排放快速增长。

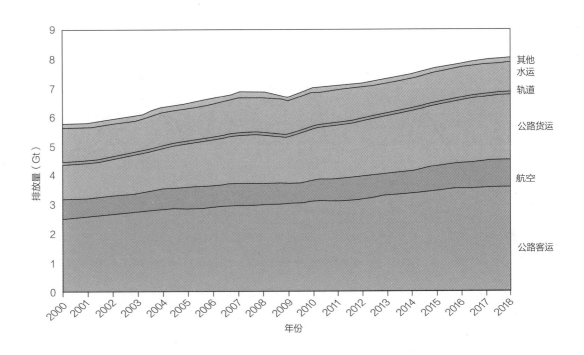

图17.1-1 全球各类交通碳排放量

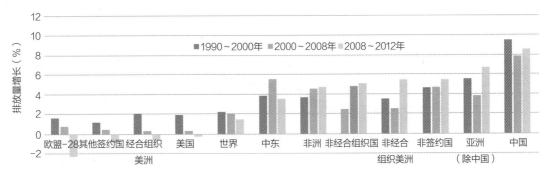

图17.1-2 全球各地区交通碳排放量增长

17.1.2 世界航空和海运排放量

世界各国从1971~2017年的航空CO_2年排放量如图17.1-3所示。其中美国从1970~1980年左右持续增加，然后在60~100百万吨的区间波动；日本在1975左右达到峰值63百万吨左右，然后逐渐下降；中国从2000年开始出现较大的增幅，到2012左右CO_2排放量与美国相当；其余国家航空业的CO_2年排放量少，并且有逐渐下降趋势。

世界各国从1971~2017年的海运CO_2年排放量如图17.1-4所示。其中美国从1985年左右开始出现较大增幅，到2017年海运CO_2年排放量达到73百万吨左右；中国从2000年开始出现较大的增幅，到2017左右CO_2排放量为50百万吨左右；英国从1990~2005年有较大增幅，然后逐渐放缓；其余国家海运CO_2年排放量少，但是有逐渐上升趋势。

世界各大洲从1990~2017年的航空CO_2年排放量如图17.1-5所示。可以看出各大洲航空CO_2年排放量都有逐渐增加，其中G8国在2012年之前一直处于航空CO_2年排放量第一的位置；亚洲出现最大增率，在2017年航空CO_2年排放量达到250百万吨。

世界各大洲从1990~2017年的海运CO_2年排放量如图17.1-6所示。其中亚洲增速最大，并在2017年海运CO_2年排放量达到350百万吨；非洲海运CO_2年排放量在20百万吨间轻微波动；其余大洲有逐渐上升趋势。

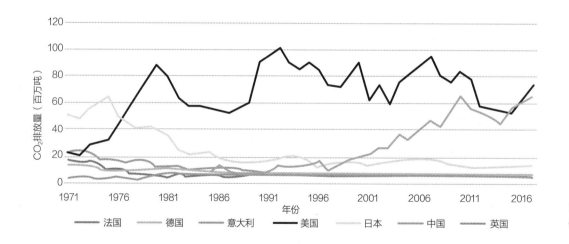

图17.1-3 各国航空CO_2排放量

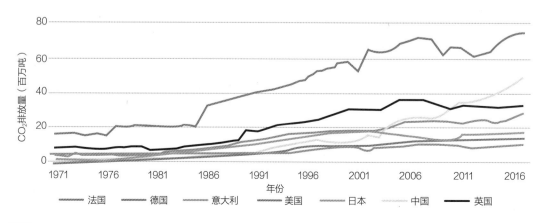

图17.1-4 各国海运CO_2排放量

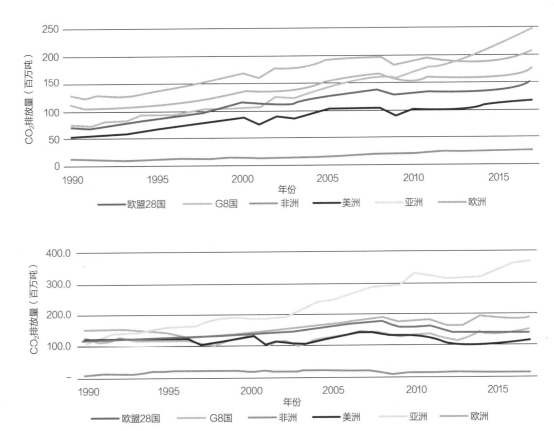

图17.1-5 各大洲航空CO_2排放量

图17.1-6 各大洲海运CO_2排放量

17.1.3 我国交通碳排放现状

随着我国经济的跨越式增长，交通领域的碳排放总体上也呈现出持续增长的趋势，从图17.1-7中可以发现，在整个研究时间段内，二氧化碳排放量增速明显，年均增长率为15.6%。从碳排放增长率的角度看，可以分为两个阶段：1991~2002年碳排放增速较为平稳，从1991年的151.6百万吨提高到2002年的269.8百万吨，年均增长率为6.5%；2003~2009年碳排放增速加快，从2003年的335.7百万吨提高到2009年的602.3百万吨，年均增长率为11.3%。但随着铁路电气化、水路高效化、公路清洁化的发展，交通结构有了明显改善，趋向"低碳化"。

公路承担着绝大多数的中短途运输，是占交通碳排放比重最大的子部门。按统计数据估计，全社会公路碳排放占交通碳排放的70%~80%；铁路承担着中长途的客货运输，铁路部门通过电气化结构调整，碳排放逐年降低；航空碳排放方面，航空业快速增长，碳排放量呈现出上升趋势；水路承担着中国90%以上外贸的货运运输工作，其碳排放总体上呈现上升趋势。在碳排放效率比较方面，碳排放水平较低的交通方式是水运，最高的则是航空（表17.1-1）。

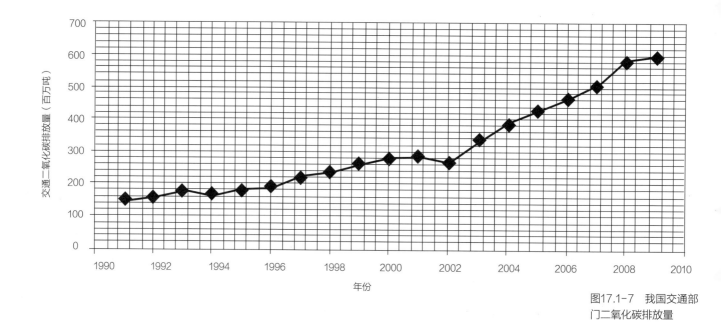

图17.1-7 我国交通部门二氧化碳排放量

各交通方式的碳排放水平比较 [单位：千克/（百吨·公里）]　　　　表17.1-1

交通方式		1991年	1995年	2000年	2001年	2002年	2003年	2004年	2005年	2007年
公路	客运-汽油	19.2	20.1	24.3	36.5	22.1	26.5	26.5	29.1	28.9
	客运-柴油	19.6	23.4	24.5	21.7	27.2	29.9	29.9	31.5	33.2
	货运-汽油	15.2	13.9	15.4	17.6	17.6	17.6	17.6	17.6	18.3
	货运-柴油	12.5	12	13.6	16.3	16.3	16.3	16.3	17.1	17.1
航空		136	134	123	118	113	110	103	104	96
水路		—	—	2.7	2.2	1.8	1.8	1.7	1.9	11

17.2 交通减排政策分析

17.2.1 全球航空碳减排政策

《京都议定书》第2条第2款规定，缔约方应通过国际民用航空组织（ICAO）谋求限制或减少航空燃料产生的温室气体之排放。由于ICAO框架下的国际航空减排议题迟迟未取得预期进展，欧盟2008/101/EC号指令将航空业纳入欧盟碳排放交易机制中，建立欧盟层面航空碳排放的市场措施机制，迈出全球航空业碳减排责任量化第一步。

欧盟碳排放交易机制（EUETS）由欧盟2003/87/EC号指令提出，2005年1月1日正式启动，其规则是在限制温室气体排放总量的基础上，排放单位按照分配或交易的行政许可配额进行排放，分为两个阶段：在第一阶段（2005~2007年），排放单位的温室气体排放量每超过配额1吨，将被处以40欧元的罚款；在第二阶段（2008~2012年），罚款额从每吨40欧元变为每吨100欧元，并且次年排放额度将扣除上一年的超标数量。

欧盟2008/101/EC号指令将航空业纳入上文中的欧盟碳排放交易机制中，其碳减排目标分为两个阶段：第一阶段排放配额总量减少为2004~2006年平均排放额（历史排放）的97%；第二阶段要求每年的排放配额总量为历史排放的95%。在适用范围方面，从2012年起所有飞离或抵达欧盟区域内的航班均纳入EUETS。同时，对于碳排放计算，不仅包括航空器在欧盟区域内的排放,而且将全程航线碳排放均计入排量。航空碳排放配额分配包括免费发放和拍卖两种方式。免费配额的获取根据历史排放的比例确定,各航空营运者通过碳排放量的自我监测、报告提交和数据核证程序,依据其排放量占总排放量的比例,确定其免费配额。在第一阶段,15%的碳排放配额以拍卖方式分配,85%被免费分配给各航空营运者;在第二阶段,免费配额比例降低至82%,另外3%预留给航空市场的新进入者及快速发展者。但是欧盟2008年这个指令遭到美、中、俄、日、印等大国强烈反对,并且从国际公约视角看,其存在较为严重的合法性缺陷。因此,2014年欧盟又提出一条指令,2016年12月31日之前暂停将非欧盟航空公司进出欧盟的航班纳入EUETS框架,2017年又将其他地区期限延长至2023年12月31日。

受欧盟行动的压力,第39届ICAO大会通过了国际航空碳抵消和减排计划,在2020年之前实现国际航空业年平均燃料效率改进2%,2020年后各航空公司国际航线产生碳排放的所有增加部分,均需要从国家碳市场上购买配额,也就是对超额碳排放进行抵消。分三个阶段实施,试行阶段和第一阶段是发达国家率先参与,第二阶段是强制性参与。

17.2.2 我国交通减排政策

低碳交通政策有广义狭义之分。迄今为止,我国尚未出台系统的低碳交通战略,而且也鲜有政策直接是针对道路交通领域二氧化碳减排的,即狭义低碳交通政策发展滞后。但从实践效果来看,我国为缓解城市交通拥堵、改善城市空气质量、保证交通用能安全以及推动交通可持续发展制定的许多相关政策都对我国道路交通领域的碳减排起到非常积极的作用,即我国仍不乏广义的低碳交通政策。表17.2-1为我国交通减排政策的ASI矩阵。

我国交通减排政策的ASI矩阵　　　　　表17.2-1

	减少交通需求	减少交通模式	减少交通污染
技术	—	车用替代燃料相关政策 自动驾驶	—
规章	机动车限购政策 机动车限行措施	公交优先政策	燃油经济性标准 公交优先政策
信息	—	—	道路交通事故快速处理办法、ITS
经济	—	公司交通补贴、公交、地铁低票价制度、燃油税及机动车税费优惠政策等	新能源汽车相关经济激励政策、燃油税及机动车税费优惠政策

从我国的交通减排政策来看,从经济层面实施交通减排措施,是政府控制机动车油耗和碳排放最有效的手段之一,主要是用来限制车辆的最高的碳排放,引导公众选择节能环保车型,提高公众的低碳环保意识;车用替代燃料相关政策方面,这是一系列政策,通过财政补贴以及各种税收优惠政策来鼓励车用替代燃料以及替代燃料汽车发展,例如燃料乙醇等;新能源汽车相关经济激励政策方面,主要从两方面展开,对节能与新能源汽车购买给予财政补贴以及加大对新能源汽车关键技术研发支持;对于燃油税及机动车税费优惠政策,燃油税实际上就是成品油消费税(即购用的汽油、柴油所征收的税),机动车税费优惠政策包含两部分,提高大排量汽车等产品的消费税率以及对小排量汽车实施优惠税率;公交优先政策包括建立BRT快速公交以及快速公交专用道等;而机动车限购政策、机动车

限行措施等则仅在部分城市展开。

17.2.3 美国交通减排政策

1975年，美国颁布《能源政策与节约法》，该法案建立了针对小轿车和轻型卡车的公司平均燃油经济性标准，并通过对达不到标准的汽车生产商或车主进行罚款和征收高油耗税来促使法案得到有效实施。1992年出台《能源政策法案》，这是美国第一次明确鼓励使用E85乙醇燃料，并要求政府公务用车必须购买一定比例的代用燃料车辆。2005年出台《能源政策法案》，该法案规定，除通过税收优惠政策促进新能源交通工具发展外，还应为新型混合动力轻型车提供税收抵免政策。2009年通过《清洁能源与安全法》，该法案是美国第一部温室气体减排法案，提出了低碳燃料标准，并制定了要大力建设插电式汽车基础设施以及大型交通工具电气化的计划；还提出了严格的机动车排放标准，并鼓励实施智能道路交通能效项目。2009年，美国政府发布《电动汽车电池及零部件制造》，来支持制造商生产电动驱动汽车的电池和电动驱动元件。电池制造领域主要集中在电池制造厂、材料和零部件供应商制造厂以及锂离子和其他先进电池的回收厂（包括设施和制造设备），以及电动汽车和微型混合动力车等先进车辆的先进电池。2016年实行低排放或零排放汽车计划——"5339低排放"或零排放竞争项目向国家和地方政府提供资金，用于购买或租赁零排放和低排放的公交车辆，以及购买、建设和租赁所需的配套设施。根据《快速行动法》，在2020财政年度之前，每年可获得5500万美元。2017年颁布《2017～2025 CAFE/GHG Rule》，美国三级标准将于2017～2025年逐步实施，适用于总重达1.4万磅的车辆。一旦全面实施，轻型和中型乘用车的第3级尾气排放标准PM和NO_x+NMOG排放限制将是世界上最严格的。

17.2.4 英国交通减排政策

2015年通过《长期投资于英国的超低排放汽车》，政府将花费超过6亿欧元在2015～2020年支持吸收和生产超低排放车辆在英国。这项投资将减少6500万吨碳排放，有助于为城市空气质量提供长期解决方案。2017年实行《拥堵区部分车辆免收拥挤收费》，所有纯电动汽车、货车和其他车辆目前都免收拥堵费，因为它们的尾气排放为零。纯电动汽车的例子有雷诺ZOE、日产Leaf和大众e-Golf。2018年颁布《超低排放车辆》，该法案为支持向零排放车辆过渡，政府会做出规管以支持更广泛推出充电设施、投资2亿英镑，由私人投资与新的4亿英镑收费投资基础设施基金相匹配。2019年实行"低碳城市"计划，这是运输署低排放车辆办公室的一项计划，该计划旨在为英国地方政府提供资金，鼓励成千上万的人考虑改用电动汽车。反过来，这将支持英国蓬勃发展的绿色汽车行业，改善城市热点地区的空气质量，并帮助政府实现其减排目标。一些城市提交了资金申请，其中可以包括一些创新项目，以鼓励低排放和零排放的车辆。

17.2.5 典型城市交通减排政策

1. 哥本哈根

哥本哈根分别在2009年和2012年通过了《哥本哈根气候计划》和《哥本哈根CHP 2025气候计划》，这两份文件都旨在2025年使哥本哈根城市碳中和。在这一框架下，对减少交通机动化发挥着至关重要的作用，这一点在《哥本哈根CHP 2025气候计划》得到体现。也得到了许多倡议的认同，例如"自行车之城"和"2011~2025年自行车战略"。《哥本哈根CHP 2025气候计划》的最后一个版本（2016年更新）为重点，该计划证实了排放的持续下降趋势：如果2005年的排放量达到大约230亿吨，2015年则下降到大约1.0亿吨。这一目标是可以实现的，这要归功于"绿色交通"倡议，其中四个主要领域应该为总体目标做出贡献，占总比例固定：自行车之城——30%、新燃料——18%、公共交通工具——22%和智能交通控制——30%。骑自行车被认为是减少温室气体排放的最佳措施（与2010年的水平相比，每年减少4万吨）。反过来，这又会导致人们最喜欢的交通方式——汽车的比例从34%下降到25%。电力和氢等替代燃料可能有助于减少排放3万吨。公共交通工具和智能交通控制将分别确保进一步减少排放3万吨和3.5万吨：前者得益于使用量的增长（+20%）和环保技术；后者得益于交通管理、优化交通信号和生态驾驶。

2. 巴塞罗那

巴塞罗那的城市交通计划从2013~2018年有效，可以被认为是一个开创性的经验。实现这一减少交通排放目标的解决方案是实施"超级街区"（定义为重塑典型道路网络的新型交通模式），并遵守欧洲环境质量监管参数。因此，对于这个计划，可持续性的概念涵盖了广泛的定性和定量方面。该计划基于三个方面，它们代表了不同的城市交通策略。第一方面关注的是超级街区的城市形状主题。网格的使用决定了公共交通工具服务的新形式，并在超级街区内产生更多的步行区域，结果是私家车减少了14%。第二方面还介绍了在城市的所有测量站中遵守欧洲空气质量标准的要求。要达到这一标准，必须减少30%的私人车流动。最后，第三方面增加了一个进一步的条件：到2018年，车辆的技术将得到更高的发展，包括这一条件：私人车辆减少温室气体排放的百分比下降到21%，因为这一发展涵盖了补偿作用。

3. 伦敦

伦敦新的交通计划（mobility plan of London）草案发表在2017年夏天，紧随其后的是两个互补性文件为《伦敦交通策略：结果与评估》以及《伦敦交通策略：挑战与机遇》。该计划旨在到2050年实现零排放。因此，它的首要目标是到2041年将交通（包括公路和铁路交通，不包括航空）的温室气体排放与比2013年总体减少72%。为了达到这一目标，该计划首先描述了许多措施，然后考虑到它们的预期贡献，其概念愿景是在健康街道和健康人群的概念下，提出了超低和零排放技术、基础设施和街道改造、零排放公共交通工具、零排放私家车和商用车、大力减少非道路交通源排放和改变公民交通行为等措施，然后将这些措施分门别类，通过定义具体步骤，为到2041年逐步减少碳排放做出具体贡献。这些措施使测量值与定量估计值相匹配。详细地说，第一步代表参考年（2013年）的现状，当时估计公路、铁路和航运产生了7百万吨的产量；第二步，考虑采用投资公共交通，预计减少排放4.5百万吨；第三阶段，英国工党提出了进一步的投资，并通过这些措施将汽车出行方式转变为公共交通、骑自行车和步行，预计每年减少排放3.5百万吨。最后，最后一步是用超低排放和零排放的车辆替代污染车辆，在2041年达到预期的初始目标。

本章参考文献

[1] Greene, D. L., & Plotkin, S. E. Reducing Greenhouse Gas Emissions from U.S. Transportation.

Environmental Policy［R］. 2011.

［2］ IEA, P. Energy technology perspectives 2012: Pathways to a clean energy system［R］. In: International Energy Agency Paris, 2012.

［3］ IEA. Data and statistics［EB/OL］. 2019a［2020-07-01］. https://www.iea.org/data-and-statistics.

［4］ IEA. Policies［EB/OL］. 2019b［2020-07-01］. https://www.iea.org/policies.

［5］ Nocera, S., Dianin, A., & Cavallaro, F. Greenhouse Gas Emissions and Transport Planning: Toward a New Era?［J］. In Advances in Transport Policy and Planning, 2018, 1: 245-280.

［6］ U.S. Environmental Protection Agency［EB/OL］. 2019［2020-07-01］. https://www.epa.gov/transportation-air-pollution-and-climate-change/timeline-major-accomplishments-transportation-air.

［7］ 池熊伟. 中国交通部门碳排放分析［J］. 鄱阳湖学刊, 2012（04）: 56-62.

［8］ 冯相昭, 蔡博峰. 中国道路交通系统的碳减排政策综述［J］. 中国人口·资源与环境, 2012, 22（08）: 10-15.

［9］ 晋海, 颜士鹏. 欧盟航空碳排放权交易机制评析及中国的应对［J］. 江苏大学学报（社会科学版）, 2012, 14（05）: 18-23.

［10］ 刘长松, 沈海滨. 美国交通部门控制温室气体排放政策的演变［J］. 世界环境, 2014（01）: 74-76.

［11］ 赵凤彩, 张卫景, 刘蒙蒙. 全球航空货运碳排放配额分配问题研究［J］. 生态经济, 2015, 31（01）: 60-64.

第18章 全生命周期视角下的交通排放

18.1 全生命周期分析法概述

18.1.1 全生命周期分析法

随着温室效应的不断累积,全球变暖成为人类面临的一大难题,资源与环境问题日益突出。城市是温室气体排放的主要来源,其中交通运输行业在城市二氧化碳总排放中占比较大,研究交通领域的碳排放,对于低碳城市建设和碳减排政策的制定具有重要意义。

生命周期分析方法(Life Cycle Analysis,LCA)是利用生物生命周期的思想,将研究对象的形成到最后消亡看作是一个完整的生命过程,根据其先后表现出的不同价值形态,将生命过程划分为几个不同的阶段。在不同的阶段中,应根据对象的不同特点,采用各自适宜的管理方式和应对措施。LCA被广泛用于政治、经济、环境等多个领域,是一种简单有效,且能观察到每个阶段投入与产出的一种分析方法。在交通领域,LCA常常被用于温室气体排放量的测算,包括传统燃油车、新能源汽车、高铁、地铁等。交通排放的全生命周期分析对象一般是车辆全生命周期的排放和能源消耗、燃料周期等。

根据ISO14000系列标准的定义,LCA是对一个产品或系统的生命周期中输入、输出及潜在环境影响的汇编和评价,如图18.1-1所示,LCA的技术框架为4个阶段:目标和范围的确定、清单分析、影响评价、结果解释。

全生命周期评价方法主要有3类:基于过程的生命周期评价(PLCA)、基于经济投入产出的生命周期评价(EIOLCA)和混合生命周期评价(HLCA)。三者的主要特征如下:

基于过程的生命周期分析方法以产品系统的生命周期流程为基础,根据生命周期分析目的和范围的定义,将生命周期流程进一步细化为若干次一级流程,并具体地研究次一级流程中,每一个阶段的能耗和排放量,最后将各个阶段的能耗和排放量加和,就可以得到产品系统生命周期能耗和排放的总量。

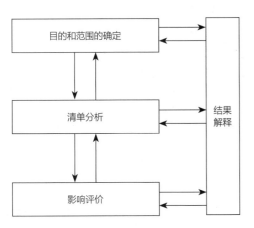

图18.1-1 生命周期评价框架

基于经济投入产出的生命周期评价是经济投入—产出分析方法与生命周期理念在环境影响量化分析过程中的有机结合。

混合生命周期评价充分发挥上述两种生命周期分析方法的优势,并避免其缺陷,将上述两种生命周期分析方法有机结合而形成一种全新的生命周期分析方法。

18.1.2 研究发展脉络

LCA研究开始的标志是1969年由美国中西部资源研究所(MRI)开展的针对可口可乐公司饮料包装瓶的研究。从20世纪70年代中期开始,由于能源危机的爆发,人们开始关注能源生产过程中的污染排放,因此在20世纪70年代中期至80年代末,生命周期方法关注的重点是能源消耗及生产过程中的污染排放问题,生命周期方法的理论体系开始慢慢形成和完善。20世纪80年代末,全球环境问题日益凸显,兴起了大量基于生命周期方法的研究。1990年,国际环境毒理学和化学学会首次提出了生命周期评估的概念,将之前的生命周期方法进一步完善,并举办了首期国际研讨会,成立了LCA顾问组,专门负责LCA理论体系和应用研究。20世纪90年代开始,由于西方国家逐渐认识到交通行业对环境的污染,一些著名汽车集团,如德国大众、美国通用、瑞典沃尔沃等纷纷在ISO14000系列标准的框架下,在汽车生产领域开展LCA,以支持企业的环境管理及生态汽车的开发与设计。经过多年发展,国际标准化组织开始起草ISO14000国际标准,正式将生命周期评价纳入该体系。我国针对该标准采用同等转化的原则,现已颁布了两项国家标准:GB/T 24040、GB/T 24041。

在web of science核心库以"Electric vehicle carbon emission OR Unmanned car carbon emissions OR Plug-in hybrid vehicle emissions OR green transportation OR Sustainable transportation AND traffic environment"为主题词检索,时间跨度为2010~2020年,共有5000多篇文献。这里主要以标签#1生命周期的碳排放作为主要的研究方向。

在生命周期的碳排放研究中可以发现,在2007年研究成果才逐渐涌现,在2011~2014年期间多篇对该领域有影响的文章发表,而近几年缺乏具有影响力的文献。根据citespace中介中心性排序,将该领域内影响力前10名的文献作为评述的重点(表18.1-1)。

重要影响力前10名的文献 表18.1-1

题目	期刊	发表时间
Life Cycle Assessment of Greenhouse Gas Emissions from Plug-in Hybrid Vehicles: Implications for Policy《插电式混合动力汽车温室气体排放的生命舟曲评估对政策的影响》	ENVIRONMENTAL SCIENCE & TECHNOLOGY《环境科学与技术》	2008年
Life Cycle Environmental Assessment of Lithium-Ion and Nickel Metal Hydride Batteries for Plug-In Hybrid and Battery Electric Vehicles《插电式混合动力和纯电动汽车锂离子电池和镍氢电池的生命周期环境评价》	ENVIRONMENTAL SCIENCE & TECHNOLOGY《环境科学与技术》	2011年
Environmental impacts of hybrid and electric vehicles——a review《混合电力和电动汽车的环境影响——综述》	The International Journal of Life Cycle Assessment《生命周期评估国际期刊》	2012年
Comparative Environmental Life Cycle Assessment of Conventional and Electric Vehicles《常规和电动汽车的环境生命周期比较评估》	Journal of Industrial Ecology《工业生态学杂志》	2012年
Environmental impacts of hybrid, plug-In hybrid, and battery electric vehicles——what can we learn from life cycle assessment?《混合动力车、插电式混合动力车和纯电动汽车的环境影响——从生命周期评估中我们能学到什么?》	MODERN INDIVIDUAL MOBILITY	2014年
Spatial and temporal heterogeneity of marginal emissions: Implications for electric cars and other electricity-shiftingpolicies《边际排放的空间和时间异质性:对电动汽车和其他电力转移政策的影响》	Journal of Economic Behavior & Organization《经济行为与组织组学报》	2014年
Preparing a nation for autonomous vehicles: opportunities, barriers and policy recommendations《为自动驾驶汽车的国家做准备:机会、障碍和政策建议》	Transportation Research Part A《交通研究A》	2015年
Conventional, hybrid, plug-in hybrid or electric vehicles? State-based comparative carbon and energy footprint analysis in the United States《传统、混合动力、插电式混合动力还是电动汽车?以美国各州为基础的碳足迹和能源足迹比较分析》	Applied Energy《能源应用》	2017年
Well-to-wheels energy consumption and emissions of electrics: Mid-term implications from real-world features and air pollution control progress《电动汽车的能源消耗和排放:现实世界特征和空气污染控制进展的中期影响》	Applied Energy《能源应用》	2017年
Life cycle greenhouse gas emissions of Electric Vehicles in China: Combining the vehicle cycle and fuel cycle《中国电动汽车全生命周期温室气体排放汽车循环与燃料循环相结合》	Energy《能源》	2019年

18.2 相关研究内容

18.2.1 车辆排放的全生命周期

根据中国汽车工业协会的统计，2019年，我国汽车产销量分别为2572.1万辆和2576.9万辆，增速同比分别下降7.5%和8.2%，全国机动车保有量达3.3亿辆。我国汽车产业的快速发展，导致能源的大量消耗与大气环境严重污染。汽车产业是世界上最大的单一制造业，处在经济、社会、环境耦合系统中，因此，将汽车视为一种产品，识别汽车链在全生命周期中产生的资源环境问题对可持续发展必不可少。现有研究中，很多学者利用LCA法，将汽车的生命周期分为原材料开采运输、原材料加工与运输、汽车制造与运输、汽车使用与维修、汽车报废与回收、道路建设阶段，罗列出各个阶段的资源消耗清单，然后进行污染物排放计算，并就汽车产业对环境影响程度进行评价。

18.2.2 路面排放的全生命周期

公路建设是交通建设事业的重点工程，在我国公路网结构中，各等级公路大多采用沥青路面作为铺设形式。我国"十二五"期间道路建设沥青混合料的年需求量超过1亿吨，二氧化碳年排放量达到450万吨。现阶段，随着公路节能减排工作的不断深入和技术的不断发展，公路建设与运营养护已经不能仅仅将低碳技术的技术性能作为唯一指标，量化路面建设与运营维护中产生的二氧化碳也至关重要。国内外主要采用LCA法开展道路碳排放的量化分析研究，将沥青路面的生命周期分为建设阶段、使用阶段、维修养护阶段，根据沥青路面的建设流程，收集能源消耗与排放过程列出资源消耗清单数据，再根据沥青路面节能减排量化分析体系，构建低碳环保的沥青路面节能减排量化评价系统。

18.2.3 高铁的全生命周期

近年来，我国高速铁路发展迅速，截至2017年年底，高速铁路里程达到2.5万公里，居世界第一。虽然高速铁路被认为是较为低碳的运输工具，但是高速铁路在材料生产、施工建设、运营维护等阶段都消耗了大量的资源，并产生温室气体。在全生命周期视角下，可以将高速铁路分为设计、建设、运营、维护和拆解五个阶段进行能源消耗和碳排放的量化研究，具体如表18.2-1所示。在高速铁路生命周期中，建设阶段和运营阶段的碳排放占据主要比重，运营阶段所用电力的生产结构是影响建设阶段和运营阶段碳排放比例相对大小的重要因素。

高速铁路的生命周期阶段与活动　　　　表18.2-1

生命周期阶段	典型活动
设计阶段	设计单位办公用房的运行； 文件、信息和电子材料消耗
建设阶段	桥涵、隧道和路基等土建设施建设； 无砟或有砟轨道假设； 牵引供电、电力、信号和通信等电气化系统安装； 车站和车辆基地的新建或改造

续表

生命周期阶段	典型活动
运营阶段	高速列车的制造； 高速列车的运行； 高速铁路电气化系统的运行； 车站和车辆基地的运行
维护阶段	土建设施维护； 车辆、电气化系统及轨道维护和更新
拆解阶段	车辆拆解回收； 钢轨等金属材料的拆解回收

18.2.4　电动汽车排放的全生命周期

近年来，为缓解传统汽车对环境造成的污染，清洁化、低碳化、电气化能源结构调整将加速汽车产业向电动化、绿色化方向发展。为解决这一问题，2012年，国务院办公厅发布《节能与新能源汽车产业发展规划（2012~2020年）》，大力推进培育和发展节能汽车与新能源汽车车辆。虽然很多发达国家都纷纷启动了电动汽车的发展战略，但电动汽车是否能够达到减排效果仍存在质疑。国内外一些研究采用LCA法，从宏观经济学的角度，计算投入产出、分析车用替代燃料的节能减排效果。目前国际上对汽车LCA研究过程中常采用"Wheel to Wheel"，即WTW法，包括燃料周期和车辆周期两部分，从而将生命周期的各阶段划分出来，如图18.2-1所示。

Samaras，C.等同样采用多种生命周期评价方法评估多主体的温室气体排放量。同时还关注了温室气体排放与电力结构、燃料利用效率以及生物燃料的使用的相关性，并为公共政策的提出做出指导性意见。采集了包括能源的碳排放强度、电池储能水平、混合动力汽车中靠电力驱动的比例等参数，通过GHG公式进行温室气体排放的计算。得到如下结论：对于不使用电力的高效燃油车辆，用纤维素乙醇代替汽油后，将有效降低温室气体排放。对于PHEV车辆采用低碳的发电方式将更有利于减少温室气体排放量。因此，如果希望通过推广PHEV来大幅度减少温室气体排放，则同步推广低碳发电策略是十分必要的。

Majeau-Bettez和Stromman研究了插电式混合动力和纯电动汽车锂离子电池和镍氢电池的生命周期环境评价，并以组件方式将生命周期清单列出。结果表明，在NiMH，NCM锂电池和LFP锂电池设备的环境效益评价比较中，锂电池的环境效益性能要优于镍氢电池，而LFP锂电池相对于NCM锂电池具有更好的环境优势。汽车电池从镍氢电池向锂离子电池的转变可以被积极看待。这为相关运输政策的制定，以及指导汽车或电池公司将研究放在环境最密集过程和价值链上有着重要意义。

Troy和Gausen对现有电动车生命周期的环境影响进行总结，并比较了电动车和传统汽车对全球变暖的影响差异。研究结果表明，用煤电驱动的电动汽车的全球升温潜能值介于小型和大型常规车辆之间，而用天然气或低碳能源驱动的电

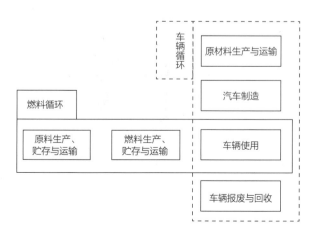

图18.2-1　基于WTW的生命周期阶段划分

动汽车的性能要比最高效的内燃机汽车更好。与ICEV的燃料使用相比，依赖煤电的地区的电动车显示出硫氧化物排放增加的趋势。同时，研究也证实了电车比传统内燃机汽车显示出更低的全球变暖潜力，也指出高效率的内燃机汽车和独立电网的混合动力汽车的性能要优于煤电混合驱动的电车。

Graff Zivin，J等人提出了一种根据电力需求估计CO_2边际排放量的方法，文章使用到两方面的数据，分别是各地区电力和排放方面的数据，以及不同类别车辆的排放率。采用线性回归的方式对各地区的每小时CO_2排放量与电量消耗进行回归。研究结果表明，大部分地区插电式电动汽车可以带来减排效益。同时，考虑到发电造成的CO_2排放比起美国其他任何行业都要多，作者从政策角度指出重点在于改变电力供需格局，一方面可以采用分布式太阳能供电，另一方面实施定价策略，通过价格调节主动转移电力需求。

Hawkins和Majeaubettez等提出一份透明的生命周期清单来评估常规和电车对环境的影响程度。通过与传统柴油或汽油车的比较，发现使用目前欧洲电力组合的电动汽车在全球升温潜能值（GWP）方面比使用寿命为15万千米的传统柴油或汽油车减少10%~24%。而电动车辆具有显著增加人类毒性、淡水生态毒性、淡水富营养化和金属耗竭影响的潜力，而且主要来自车辆供应链。

Nordeloef和Mierlo从79篇相关文献中归纳比对混合动力、插电式混合动力和纯电动汽车在生命周期中对环境的影响。结果表明，电动车的所有碳排放都低于常规汽车，随着汽车电气化水平的提升，温室气体排放也逐步递减。而煤炭密集型电力生产排放量明显高于可再生电力。

Fagnant和Kockelman探索了无人驾驶汽车的可行性研究，通过归纳现有相关文献，总结无人驾驶汽车带来的好处，包括安全性、交通拥堵、出行行为等，但目前实现无人驾驶在大众普及的障碍主要包括造车成本、规范认证、诉讼法律等，针对现有问题提出当前市场规范、市场渗透问题的政策建议。如为解决这些问题，政府应扩大在该领域研究，并建立全国认可的无人驾驶汽车许可框架，确定责任、安全性和数据隐私的适当标准。

Onat，N. C.等对代表不同车辆技术的五种乘用车类型在美国50个州的能耗和温室气体排放量进行了评估，根据评估结果提出了适应不同州的最佳用车类型。同时为解释50个州的发电概况的可变性，还考虑了三种不同的发电方案，不同场景使用的数据源也有差别。作者混合使用了经济投入产出生命周期评估模型和基于过程的生命周期评价方法，前者与普通生命周期评价方法的区别在于无论产品种类如何，产品的环境影响与产品的生产价格成正比。该文章研究表明，从生命周期阶段来看，车辆运行阶段是温室气体排放和能源消耗的最主要阶段。从全国范围内来看混合动力汽车被认为是最好的选择。然而，根据作者提出的三种特定场景来看，情况与全国范围内的研究结果不完全一致，尤其是当100%使用太阳能资源时，电动汽车将成为最佳选择。

He Xiaoyi等基于以往的研究大多是从宏观尺度（全国或区域）进行电动汽车生命周期的环境影响分析，参数引入时的普适性和不确定性有待考证的前提，细化研究尺度，以北京市为例收集有关发电组合、燃油经济性和空气污染物排放等数据，评估包括ICEV（内燃汽车）、HEV（混合动力汽车）、PHEV（插电式混合动力汽车）、BEV（纯电动汽车）在内的多类型车辆的污染物排放状况。此外，通过敏感性分析进一步研究进口电力资源中非化石能源比例对于污染气体排放量的影响。将车辆生命周期分成了Well-To-Tank（WTT）和Tank-To-Wheel（TTW）两个阶段：WTT阶段包括能源的提取和加工、运输和储存以及发电过程；TTW阶段主要是车辆的运营过程。应用GREET模型进行生命周期内的排放物计算，根据计算结果主要进行了两方面的分析，首先通过对2015年与2030年不同类型车辆能源消耗和污染气体排放的对比，证实新技术条件下的车辆，如混合动力汽车、纯电动汽车可以有效减少污染物的排放。此外，通过对非化石能源的使用比例和车辆能源利用效率进行敏感性测试，得到了纯电动汽车对未来能源和环境效益存在较大的影响潜能。

Qinyu Qiao等同样采用基于过程的生命周期评价方法计算电动汽车的温室气体排放量，但是多考虑了电动汽车的回收过程。针对车辆制造和回收阶段，主要根据车辆参数和排放系数对前人提出的模型进行修正；针对车辆使用阶段，采用北京市实际驾驶数据进行分析。文章计算结果表明，WTW阶段是车辆温室气体排放的最大贡献者，但电动汽车WTW阶段的温室气体排放正在迅速减少，而CTG阶段不会以同样的速度得到改善，这可能成为充分利用电动汽车环境效益的障碍。同时，这就是为什么随着清洁电网的完善，电动汽车与内燃机车之间的温室气体排放差距越来越大的原因。此外，在整个生命周期中，除了发展燃料经济性外，还有两个主要的机会可以减少温室气体的排放量：一种是电动汽车回收，可以将CTG阶段的温室气体排放量减少一半左右；另一种是改善清洁电网，进一步降低风电机组阶段的温室气体排放。

18.3 小结

通过文献的检索发现，生命周期视角下对交通领域能源消耗与温室气体排放并不是基于整个交通系统的，而是经历了从燃料逐步扩展到运载工具，然后到基础设施的发展阶段，最终形成对一种交通方式系统性的生命周期分析。国外在针对交通排放的LCA分析上，主要聚焦在车用燃料的寿命周期等方面；国内较多博士论文不光看到了车用燃料、车辆链，还有其他交通设施，如轨道交通、沥青路面等，带来的碳排放、能源消耗问题。在当前的研究中，相关数据的采集是研究中的重点、难点，数据缺失问题导致很多研究无法进行全生命周期的量化分析。但是LCA法在交通领域的应用较有成效，一些国家针对交通排放的LCA开发应用了标准化的软件。未来，如果能建立并完善相关数据库，配合LCA的技术框架，可以更加容易了解交通行业的能源消耗与碳排放问题，这将对交通导向发展（TOD）战略以及低碳城市建设提供参考与指导建议。

对于新技术条件下交通环境改善有如下总结和感悟：首先，根据既有研究，各项新技术条件如混合插电式动力汽车、纯电动汽车等可以有效减少车辆在运行过程中的大气污染物排放，实现较好的减排效益，优化交通环境。但是由于现阶段的发电结构中仍然是化石能源发电占据主导，因此对于部分或全部依靠电力的车辆在运行过程中减少的污染会在电能供应中弥补回来。因此，不能仅片面地考虑车辆运行过程，而需要综合车辆生产、能源提取加工、发电等过程一起考虑，也就是文献综述部分大量使用的生命周期方法。其次，如果希望通过推广各种新技术手段来优化交通环境，从政策层面而言仅加大各种新型减排的汽车的应用和推广是远远不够的，同步实现低碳发电策略以替代碳密集型供电方式是十分必要的。

本章参考文献

[1] Cambero, C., Alexandre, M. H., & Sowlati, T. Life cycle greenhouse gas analysis of bioenergy generation alternatives using forest and wood residues in remote locations: A case study in British Columbia, Canada [J]. Resources Conservation and Recycling, 2015, 105: 59-72.

[2] Fagnant, D. J., & Kockelman, K. Preparing a nation for autonomous vehicles: opportunities, barriers and policy recommendations [J]. Transportation Research Part A: Policy and Practice, 2015, 77: 167-181.

[3] Graff Zivin, J. S., Kotchen, M. J., & Mansur, E. T. Spatial and temporal heterogeneity of marginal emissions: Implications for electric cars and other electricity-shifting policies [J]. Journal of Economic Behavior & Organization, 2014, 107: 248-268.

[4] Hawkins, T. R., Gausen, O. M., & Strømman, A. H. Environmental impacts of hybrid and electric vehicles—a review [J]. The International Journal of Life Cycle Assessment, 2012, 17(8): 997-1014.

[5] Hawkins, T. R., Singh, B., Majeau-Bettez, G., & Strømman, A. H. Comparative Environmental Life Cycle Assessment of Conventional and Electric Vehicles [J]. Journal of Industrial Ecology, 2013, 17(1): 53-64.

[6] Hunt, R. G., Franklin, W. E., & Hunt, R. G. LCA — How it came about [J]. The International Journal of Life Cycle Assessment, 1996, 1(1): 4-7.

[7] Environmental Management e Life Cycle Assessment Principles and Framework. ISO 14040-2006 [S]. International Organization for Standardization, Geneva, 2006.

[8] Ke, W., Zhang, S., He, X., Wu, Y., & Hao, J. Well-to-wheels energy consumption and emissions of electric vehicles: Mid-term implications from real-world features and air pollution control progress [J]. Applied Energy, 2017, 188: 367-377.

[9] Li, Y., He, Q., Luo, X., Zhang, Y., & Dong, L. Calculation of life-cycle greenhouse gas emissions of urban rail transit systems: A case study of Shanghai Metro [J]. Resources Conservation & Recycling, S0921344916300416.

[10] Nordelöf, A., Messagie, M., Tillman, A.-M., Ljunggren Söderman, M., & Van Mierlo, J. Environmental impacts of hybrid, plug-in hybrid, and battery electric vehicles—what can we learn from life cycle assessment [J]. The International Journal of Life Cycle Assessment, 2014, 19(11): 1866-1890.

[11] Majeau-Bettez, G., Hawkins, T. R., & Stromman, A. H. Life cycle environmental assessment of lithium-ion and nickel metal hydride batteries for plug-in hybrid and battery electric vehicles [J]. Environ Sci Technol, 2011, 45(10): 4548-4554. doi: 10.1021/es103607c.

[12] Onat, N. C., Kucukvar, M., & Tatari, O. Conventional, hybrid, plug-in hybrid or electric vehicles? State-based comparative carbon and energy footprint analysis in the United States [J]. Applied Energy, 2015, 150: 36-49.

[13] Qiao, Q., Zhao, F., Liu, Z., He, X., & Hao, H. Life cycle greenhouse gas emissions of Electric Vehicles in China: Combining the vehicle cycle and fuel cycle [J]. Energy, 2019, 177: 222-233.

[14] Samaras, C., & Meisterling, K. W. Life cycle assessment of greenhouse gas emissions from plug-in hybrid vehicles: implications for policy [J]. Environmental Science & Technology, 2008.

[15] 冯超. 基于HLCA的电动汽车规模化发展对能耗及环境影响研究 [D]. 北京: 中国矿业大学, 2017.

[16] 冯旭杰. 基于生命周期的高速铁路能源消耗和碳排放建模方法 [D]. 北京: 北京交通大学, 2014.

[17] 赖鳌, 周清, 张燕. 生命周期评价方法在汽车上的应用 [J]. 西南汽车信息, 2018, 393（12）: 2-6.

[18] 刘懿颉. 中国汽车产业发展环境影响评价与政策模拟研究 [D]. 北京: 清华大学, 2017.

[19] 杨博. 沥青路面节能减排量化分析方法及评价体系研究 [D]. 西安: 长安大学, 2012.

[20] 杨建新, 王如松. 生命周期评价的回顾与展望 [J]. 环境工程学报, 1998, 6（02）: 21-28.

[21] 杨响. 基于LCA的绿色公路低碳技术决策体系研究 [J]. 上海公路, 2017,（3）: 13-16.

[22] 周新军. 低碳环保高速铁路的未来发展潜力预测 [J]. 电力与能源, 2013, 34（5）: 439-444.

[23] 朱晓峰. 生命周期方法论 [J]. 科学学研究, 2004,（6）: 7-12.

第19章
新型交通工具对环境的影响

19.1 电动自行车与共享机动性对交通环境的影响

19.1.1 研究背景

近年来我国机动车辆数量迅速增长，城市交通尾气排放成为城市大气污染的最大污染源，城市污染类型正由煤烟型污染向混合型或机动车型污染转化，不断危害人们的健康，严重影响人们生活。汽车尾气污染加重的原因有两个方面：一是机动车总量的增加，二是拥堵和低速行驶加剧尾气超标排放。但随着科技的进步，电池技术得以发展与进一步改进，电动汽车、混合动力电动车、电动自行车、电动摩托车逐渐在市场上得以普及，其低能耗、无碳排放等优点将逐步替代传统燃油机动车，同时共享机动性的出现也为城市交通治理与排放污染等问题的缓解提供一定的启示。

19.1.2 交通工具及管理手段发展历程

1. 电动自行车政策发展历程

为了更好地推动电动自行车行业发展，我国陆续发布产业政策。2011年2月，中国自行车协会发布《中国自行车行业"十二五"规划》，指出要积极倡导骑行文化，促进产业升级，积极开展自行车骑行环保公益活动，大力宣传自行车、电动自行车低碳、绿色、健康、休闲、时尚的优势，更好地发挥自行车行业在发展低碳经济中的作用，促进产品品质提升，扩大自有品牌知名度，增加中高档产品的市场份额，不断提升国内市场消费水平，提高产业综合实力，推动产业升级。"十二五"期间，要进一步落实扩大内需的各项政策，把电动自行车下乡扩大到全国范围，扩大内需市场。2015年5月，国务院发布《中国制造2025》，明确提出要把可持续发展作为建设制造强国的重要着力点，加强节能环保技术、工艺、装备推广应用，构建绿色制造体系，走生态文明的发展道路。2016年7月修订的《中华人民共和国节约能源法》规定，县级以上地方各级人民政府应当优先发展公共交通，加大对公共交通的投入，完善公共交通服务体系，鼓励利用公共交通工具出行；鼓励使用非机动交通工具出行。2016年8月，工业和信息化部发布的《轻工业发展规划（2016~2020年）》指出，要推动自行车工业向轻量化、多样化、时尚化、智能化方向发展。加快高强度轻型材料、变速器、传动系统、新能源、智能传感技术和物联网技术等研发与应用。重点发展时尚休闲、运动健身、长途越野和高性能折叠等多样化自行车以及符合标准的锂离子电池电动自行车和智能电动自行车。2016年11月，国务院发布《"十三五"国家战略性新兴产业发展规划》，指出要把握全球能源变革发展趋势和我国产业绿色转型发展要求，着眼生态文明建设和应对气候变化，以绿色低碳技术创新和应用为重点，引导绿色消费，推广绿色产品，大幅提升新能源交通工具和新能源的应用比例，全面推进高效节能、先进环保和资源循环利用产业体系建设，推动新能源交通工具、新能源和节能环保等绿色低碳产业成为支柱产业。

受政策利好等因素影响，我国电动自行车产量迅速增长。数据显示，2019年我国电动自行车产量为3609.3万辆，同比增长10.1%。电动自行车新国标实施后，行业由高速发展转向高质量发展。

2. 共享机动性发展历程

共享机动性（shared mobility）是指按照需求共享使用的多种交通方式。更具体地说，它包含了不同类型的服务，如共享出行（驾驶员让其他人搭便车）、共享车辆（个人或组织在他们自己不需要的时候把车给别人），而传统共享机动性的形式有出租车、租车和公共交通（图19.1-1）。目前，"共享经济"的模式和概念正在传播，这些不同形式之间的区别也变得模糊。

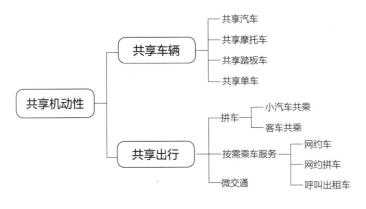

图19.1-1 共享机动性的分类

根据共享的内容将共享机动性进行分类，共享汽车、摩托车、踏板车、单车都属于公用车辆；然而拼车、按需乘车、微交通都是用来共享乘客出行。拼车，包括小汽车共乘和客车共乘，可以让起止点相同的驾驶员和乘客共享出行。传统的拼车出行已经存在了几十年，还有一些基于拼车的移动应用。按需乘车是指通过移动技术，按照乘客的需求调度车辆，包括三种主要类型：网约车占很大部分，是指网约车平台提供提前安排的、按需付费的运输服务，将私人车辆的驾驶员与乘客联系起来，智能手机应用程序促进预订、评级（司机和乘客）和电子支付；而网约拼车是其中的一个变体，它允许路线相似的乘客拼车并分摊费用；呼叫出租车是指配备了移动应用的出租车服务，与网约车不同的是提供的车辆为出租车。很多网约车平台都提供不同类型的服务，如Uber还有Uber POOL，提供网约拼车，Lyft也有Lyft Line，提供拼车服务，滴滴提供专车、拼车以及呼叫出租车服务。微交通是基于移动技术支持的一种私人交通形式，与定制公交类似，可以有固定的路线和时间表，也可以是灵活的路线和按需调度，主要提供通勤服务，车辆一般为货车和公共汽车。

另一种分类方法是从使用者角色和资产供应两个维度进行分类，将传统和新兴的共享机动性整合在一起。将使用者的角色分为主动使用（自己开车）和被动使用（乘车），同时将资产供应分为集中的专业投资和分散的私人投资（表19.1-1）。

共享机动性的分类　　　　表19.1-1

类型		资产供应	
		集中的/专业的/专用使用	分散的/私人的/多元使用
使用者的角色	被动的 随上随下	公交车，班车	拼车
	被动的 专有司机	出租车	网约车
	主动的 共享汽车	新型共享车辆服务	闲置私人小汽车长期交给共享平台管理
	主动的 汽车租赁	传统租车服务	闲置私人小汽车点对点出租

在使用者主动使用的情况下，分为共享汽车和汽车租赁。由于移动信息系统的普及，出现了可以自由借还汽车共享平台，如car2go、icar、神州共享车、EVCARD等，同时也提供了将闲置私人小汽车出租给平台的服务。这些平台允许汽车可以在市中心

或者某些区域的任何地方上下车。而传统的汽车租赁需要在固定的地点借还车辆，如AVIA、神州租车、SIXT、Hertz、Europcar，针对闲置私家车车主和使用者的点对点租车平台也纷纷涌现，如Getaround、RelayRides、tamyca、autonetzer、凹凸租车、PP租车等。

一种情况是使用者处于乘客（被动）角色，他们会单独指定目的地，需要专有的司机，如传统的出租车和新兴的按需移动服务平台（UBER、lyft、滴滴打车）；另一种情况是预先安排线路，如公交车、班车，或是大多数拼车平台（carpooling、UBERPOOLING、顺风车），驾驶员预先发布行程，并确定交汇点和目的地。

资产供应方面，共享汽车、汽车租赁以及公交车和出租车服务依赖于专用资源的集中所有和维护；与之相对的是分散的私家车使用，这种分散的资源更加需要平台来充当驾驶员与乘客之间的中介。

共享机动性的内容丰富、类型多样，共享交通平台也提供多种类型服务，如图19.1-2所示，需要明确不同类型的共享机动性，分别讨论其对交通环境的影响。本节重点讨论分散投资下按需提供服务的共享出行，包括顺风车、网约车、网约拼车，以下简称"共享出行"，以及集中投资下的共享汽车，指可以在任何地方借还的新型共享车辆服务，以下简称"共享汽车"。

图19.1-2 滴滴出行的不同服务类型

19.1.3 过往研究综述

1. 电动自行车研究内容综述

电动自行车的环境影响在很大程度上依赖于它们所取代的模式。如果取代非机动模式（如步行或骑自行车），则会对环境造成净负面的影响。然而，因为电动自行车的重量轻和电力驱动技术通常非常节能，大多数电动自行车的能耗低于2千瓦时/100公里，约为小型电动汽车能耗的1/10，与同样行驶距离的标准汽车相比，产生的二氧化碳比一辆标准汽车行驶同样距离所产生的二氧化碳少大约40%。

Cherry等人对电动自行车在我国的环境影响进行了评估，并将其与其他交通方式进行了比较，包括与汽车生产相关的环境成本。结果表明，以每乘客公里为衡量指标，相比与汽车的使用排放强度，电动自行车提供了相当大的环境改善。此外，与传统车辆相比，排放源通常远离人口中心，因此传统污染对健康的影响甚至比排放因素所显示的还要低。在我国，发电厂排放的废气对健康的影响比同等水平的尾气排放要低5倍。Cherry等人得出的结论是，当电动自行车被用作机动车辆的替代品时，环境会得到改善。即使在电力行业的排放系数最高的地方（如我国和澳大利亚），二氧化碳和其他来自电动自行车的传统污染排放也相对较低。在电动自行车越来越受欢迎的其他国家（如荷兰和德国），电力部门的排放系数约为我国和澳大利亚的一半，其进一步降低了电动自行车的排放率。

据估计，我国95%的电动自行车使用的是铅酸电池，而其他电池近年来也开始进入市场。电动自行车一直是我国铅消费增长的一大驱动因素，以及相关的电池制造、回收和处理等，这些过程被发现是环境污染的主要来源。铅中毒与一系列对人类的不利影响有关，包括发育障碍、智商降低和预期寿命缩短。其中，锂离子电池可以提高汽车和环境性能，这是锂离子电池的未来趋势，同时提高铅工业的环境效率和向不同的电池技术过渡将改善与解决电池源污染带来的问题与挑战。

2. 共享机动性研究内容综述

交通活动是一个复杂的系统，对交通环境的影响也是复杂的，可以分为三部分：交通生成（avid）、模式转换（shift）、技术提升（improve）。

在交通生成方面，"共享出行"因能源效率的提高而降低了出行的边际成本，因此出行的需求以及次数会增加。研究发现，8%的"共享出行"为诱导出行，在另一项研究中，这个数字达到了12%。同时因其经济性会鼓励更多司机加入该行业，利用接送乘客的收入，补贴私家车使用，甚至为此购买私家车。

在模式转换方面，"共享汽车"将私人使用小汽车转换为多人使用小汽车，增加对已有产品的使用，从而减少对新产品的需求。"共享汽车"鼓励消费者使用共享的交通方式，而不是购买私家车，被认为可以减少私家车拥有量。同时有研究表明，"共享汽车"会员在加入组织后，驾车的次数会减少，行车里程减少。由于小汽车保有量和使用量的减少，该用户每年每人排放的二氧化碳量减少了240~390千克。从用户的角度来分析，与拥有一辆私家车相比，"共享汽车"带来不便以及利益：一方面，用户使用车辆需要提前预订，或者到车站寻找是否有可用汽车，但现在这些复杂的过程可以通过手机应用来快速解决；另一方面，共享机动性让用户可以使用汽车但是却没有拥有汽车的缺点，如高昂的维护成本。

"共享出行"与传统出租车出行十分类似，但因其成本更低，未来出租车很有可能被逐步替代。首先是乘客的出行成本更低，定价更合理，以Uber为例，其动态的峰时定价机制，需求高时票价上涨，有效地满足了全天的交通需求波动。其次是搜寻搭车的成本更低，乘客不再需要打电话给出租车调度员，或者站在街上等候出租车，而是可以在任何地方通过移动手机应用预约汽车，还可以看到车辆距离，显著降低了乘客等候的焦虑感。第三是相比于出租车，"共享出行"的行业门槛更低，网约车司机只需要简单的培训甚至只需要驾照和手机就可以上岗。

"共享出行"与出租车一样使用小汽车，但对环境的影响略有差异。研究表明"共享出行"有更高的利用率（利用率为载客里程/总工作里程），Uber里程的利用率（61%）高于出租车（49.1%），而在另一项研究中加入了司机从家到工作地的路程，"共享出行"的利用率也高达59.2%。但"共享出行"由于缺乏监管，其新能源使用率大大低于出租车，如山东省2015年就出台规范要求出租车的清洁能源或新能源的使用比例达到100%，而"共享出行"多为私家车，其新能源使用的比例极低。

"共享出行"与公共交通的差异性较大，"共享出行"作为公共交通的补充，同时相互之间也是竞争的关系。从时间上看，在公共交通频率较低的夜晚和周末，"共享出行"的使用频率最高。从空间上看，"共享出行"能够解决与公共交通连接的"第一公里/最后一公里"的问题，扩展公共交通的辐射范围；在公共交通建设不完善以及出租车服务不足的低收入低密度的地区，"共享出行"可以提高地区的交通可达性。但是依然又很多公共交通转化为了"共享出行",在针对旧金山"共享出行"用户的调查中发现,33%"共享出行"用户原本会选择公共交通出行,而在没有私家车的人群中这一比例高达41%。

在技术提升方面,移动设备和定位功能的发展普及,为共享机动性的发展创造了可能。而近年来交通工具的技术进步也对共享机动性带来了巨大的改变,将在下一章重点讨论。

传统的由化石燃料驱动的汽车(Internal Combustion Engine Vehicle,ICEV),造成了当今许多紧迫的问题,如气候变化、空气污染和资源的过度使用。电动汽车(Electric Vehicle,EV)、自动汽车(Automatic Vehicle,AV)以及共享交通(Ridesharing,RS)是可能影响未来交通系统的三大技术革命。电力替代燃油的使用能够直接降低交通排放;自动驾驶可以显著提高出行的安全性、舒适度以及通行效率;共享交通的方式可以将两者结合,激发最大的效益。如果实施得当,这三场革命的整合有可能将全球二氧化碳排放量减少80%,将能源消耗减少70%,并将运输部门的直接成本减少40%。

近年来越来越多的"共享汽车"运营商将电动汽车纳入车队,推行电动车的共享服务。与私人购买相比,共享使用的车辆年行驶里程要高,购置电动车的成本回收期越短,在其使用周期内的评价也更积极。"共享汽车"一般由站点进行统一管理,相比于私人使用,可以更方便地提供充电服务,但是也增加了运营成本。

随着联网的自动驾驶汽车的出现,车辆的调度会变得更加方便,能够最大限度解决交通低碳问题。Vazifeh M. 通过研究纽约市一年1.5亿人次的出租车数据,认为使用联网的自动驾驶汽车的"共享出行",其车辆的规模可减少30%。但是这种共享自动驾驶汽车(Shared Autonomous Vehicles,SAVs)对环境的影响是不确定的。一方面,通过提高驾驶效率、避免交通拥堵、加快新能源汽车的使用来减少温室气体排放;另一方面,降低了出行的时间成本并允许没有驾照的人可以开车出行,从而诱导了更多出行。但研究表明,共享自动驾驶汽车的使用依然会降低总体的成本以及排放。

总体来说,电动车以及自动驾驶汽车的加入能够进一步减少共享机动性对交通环境的影响,同时共享机动性也促进了两种新技术的应用,三者相辅相成相互促进,共同组成未来交通系统的发展方向。

19.2 电动汽车的减排效果

19.2.1 研究背景

随着化石能源枯竭和生态环境问题日益突出,人们开始在各个领域开展节能减排研究,交通行业作为能源消耗和空气污染的重点行业,一直在积极探索更清洁环保的可持续发展道路,其中利用电动汽车取代燃料汽车便是积极探索之一。

电动汽车的发展主要经历了三个阶段:①20世纪30年代~21世纪电动汽车兴起,对比于内燃机,电动汽车的车辆运行和维护简单、无污染且无噪声,得到公众认可;②20世纪80年代,内燃机已成为主流,随着内燃机技术不断提高,续航里程高于电动汽车,速度快、购买价格低,汽车市场逐步被内燃机取代;③20世纪90年代以来,电动汽车复苏,全球能源危机、环境污染严重,电动汽车的研究与开发再次备受各大车企关注。

电动汽车是全部或部分由电能驱动电机作为动力系统的汽车,按目前技术和车辆驱动原理的不同,一般将电动汽车划分为纯电动汽车(Battery Electric Vehicle,BEV)、混合动力汽车（Hybrid Electric Vehicle，HEV）和燃料电池汽车（Fuel Cell Ve-hicle，FCV）3 种类型。纯电动汽车是指完全由可充电电池（铅酸电池、镍铬电池、锂离子电池等）提供动力源的汽车，不需要离合器以及变速器，车速由控制器通过调速系统改变电动机的转速实现。纯电动汽车具有无尾气排放、电动机发展成熟的优点，但续航里程短、电池成本过高、充电时间长是其无法回避的不足。混合动力汽车是指采用常规燃料，同时配备蓄电池和电动机来改善其动力和排放的车型。可主动进行能量回收，将制动产生的机械能转变为电能储存在电池中。按照动力系统结构又可分为串联式混合动力汽车（SHEV）、并联式混合动力汽车（PHEV）以及混联式混合动力汽车（CHEV）。相比纯电动汽车，混合动力汽车无需担心里程不足，但其结构复杂，并且存在尾气排放。燃料电池汽车是指以氢气、甲醇等为燃料，通过化学反应产生电流，依靠电机驱动的汽车。燃料电池的化学反应过程不会产生有害物，不会污染环境，不需要消耗能源。尽管起步较晚、技术不成熟，但仍然是未来电动汽车发展的潜力方向。燃料电池汽车具有燃料来源广泛，能量转化率高的优点。此外，氢燃料电池燃烧产物为水，是最为理想清洁的能源，但其也存在技术不成熟、成本高，氢能源不便储存等缺点。

近年来，国内外进行了大量电动汽车的研发并出台了电动汽车相关政策。电动汽车的研究和开发成为美国、日本和欧洲等发达国家发展绿色汽车的主流。美国政府早在2009年便投资24亿美元推动电动汽车发展。欧盟2013年提出电动汽车的发展计划，朝着更加"绿色"的知识经济体迈进。2013 年 9 月，我国有关部门出台了《关于继续开展新能源汽车推广应用工作的通知》，2016年，我国的电动汽车销售量跃居世界第一。2020年，全国两会政府工作报告也明确提出"建设充电桩，推广新能源汽车"。

综上所述，电动汽车历经了几十年的发展，技术层面达到了相对成熟的状态。在全球能源危机与环境污染严重的现代背景下，无论国内还是国外，发展电动汽车似乎已是"大势所趋"。然而，电动汽车的发展一定能改善交通环境吗？许多研究给出的答案并非如此。那么，如何提升电动汽车相关的技术，制定相应的政策，才能使得电动汽车的环保效益最大化？本节试图从现有文献的研究结果中寻找这些问题的答案。

19.2.2 电动汽车与交通环境：矛盾与挑战

电动汽车因为在使用阶段碳排放量显著小于传统燃油汽车而被认为"清洁环保"，其发展得到了各国政府的支持。但是，众多电动汽车全生命周期视角的研究表明，"一刀切"地发展电动汽车的并不能对交通环境带来改善。

首先，电动汽车生产过程中会带来一系列的污染，如：来自软水站的污水排放、焊装车间闭式循环水系统排放的污水等，以及生产电池过程中产生的气体和电池污染等。这些污染对环境的影响远大于内燃机生产过程中对环境的影响。

其次，电动汽车在全生命周期中的碳排放不容忽视，即电动汽车运行所依赖的电能来源决定了其是否环保。若在电网碳强度高的地区发展电动汽车，不但不会减小碳排放，反而会出现适得其反的效果。

此外，电动汽车本身的发展面临着以下技术挑战：

首先是续航问题。由于电池技术限制，目前的电动汽车续航里程与内燃汽车相比没有竞争力。混合动力汽车虽然解决了续航问题，但增加了碳排放，违背电动汽车节能减排初衷，普遍被认为只是目前采取的妥协措施。

其次是成本问题。电动汽车售价普遍高于同类型燃油车，电池使用寿命短、更换价格昂贵严重限制了电动汽车的普及。电动汽车需要低成本、能量密度高的电池，才能满足客户需求，提升市场份额，大面积代替传统内燃机汽车，达到改善交通环境的目的。

另外，电动汽车的商业模式一直以来都面临"鸡生蛋，蛋生鸡"的困境。由于电动汽车行驶里程较小，很多情况下，尤其是长距离出行，电动汽车在行驶过程中需要充电，其中大部分是通过充电桩充电。充电站布局过少，则用户因为担心充电不方便而不选择购买电动车。此外，过少的充电站会导致电动汽车用户绕行，增加出行时间，加剧交通拥堵，间接带来更多的排放。充电站布局过多，则会给企业带来效益的问题。因此，到底应该先制定激励政策推动电动汽车的购买，还是先大力发展电动汽车基础设施建设仍是一个值得探讨的问题，这也间接影响了发展电动汽车对于交通环境的改善程度。

最后，电动汽车相关技术标准与政策的制定涉及交通、电力、环境、工商等多个部门。如何协调多主体利益，推动相关政策制定，实现经济、技术、环境层面的均衡也是一个挑战。

19.2.3 电动汽车使用阶段与交通环境

在使用阶段，电动汽车不直接产生尾气污染，且电动汽车单位里程的碳排放与耗能远远低于燃油车。国内外学者对电动汽车使用阶段的节能减排效应进行了大量研究，普遍认为，电动汽车在使用阶段确实比内燃机汽车更加环保。

Teixeira和Sodré研究了将巴西Sete Lagoas市所有燃油汽车替换为燃油汽车时，对于环境造成的影响。他们根据官方给出的两车车辆质量、尺寸、发动机参数等数据，使用AVL巡航软件模拟在新标欧洲循环测试（NEDC）下运行的电动汽车和燃油汽车，结合巴西电网发电组成计算两车能耗，结果如图19.2-1所示。可以看到，电动汽车累计能耗仅为传统燃油车的1/8。此外，作者的模拟结果还得出，即使在最坏的情况下，水力发电基本上被火力发电所取代，在15年的时间里，电动汽车的二氧化碳排放量至少要低10倍。

施晓清等应用燃料生命周期的理论，以纯电动汽车为例，采用改进的燃料碳排放模型分析6种情境对电动汽车减排潜力的影响。选取已于2011年投入北京市延庆区运营的北

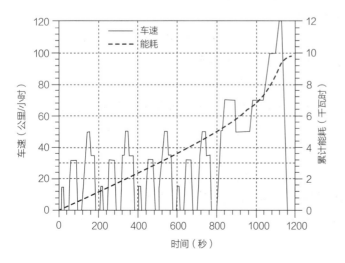
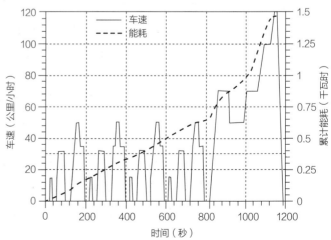

图19.2-1　电动汽车与燃油汽车运行能耗对比

汽迷迪纯电动出租车为研究对象，选取《北京市"十一五"时期电力发展规划》《北京市"十二五"时期能源发展建设规划》中的数据。试验结果表明，在目前拥堵的交通状况下，推广电动汽车对节能减排实现低碳交通目标具有重要的现实意义。由于电动汽车使用阶段碳排放主要来自电能的消耗，其环境影响集中在发电阶段，因此发电能源结构和煤电技术供电路线对电动汽车生命周期的碳减排空间起决定性作用，其减排空间分别可达78.1%、81.2%。

任梦磊等基于改进的电动汽车排放指数模型，采用2017年的电网统计数据和气候统计数据，测算出我国31个省市的电动汽车碳排量和燃油汽车碳排量。研究表明，不考虑气候因素的影响时，天津、上海、北京、山东、江苏等这些火力发电占比高达90%以上的省市，电动汽车的碳排量高于燃油车的碳排量。将研究对象细分到省域尺度后，得到使用电动汽车所产生的碳排量呈现明显的空间变化。对于全年温度变化范围宽的省市，在研究电动汽车的碳排放时，气候因素尤为关键。

齐兴达等基于成本有效性分析的视角，根据日产骐达轿车和启辰晨风纯电动汽车来设定传统汽车和电动汽车的参数，综合分析纯电动汽车的温室气体减排特性和成本特性，对电池成本、电能生产碳强度等影响纯电动汽车减排成本的关键因素进行敏感性分析，得出以下结论：电动汽车具有温室气体减排效果，在现有的技术条件下其减排成本在万元每吨数量级上，属于成本较高的减排手段；电动汽车减排成本随着电动汽车电池容量的加大上升；当电池成本下降到2000元/千瓦时以下或汽油价格高于11元/升时，电动汽车的减排成本为负，发展电动汽车是极具竞争力的减排手段。

Ma等通过交通网络建模的方法，研究了Sioux-Falls网络中，车辆全部为燃油车、80%为燃油车、20%为燃油车情况下，电动汽车与燃油汽车混行且存在拥挤效应时的碳排放。研究假设司机遵循SUE，广义成本由时间成本与环保成本两部分组成。将结果按降序排列，如图19.2-2所示。结果表明：电动汽车存在影响驾驶员的路径选择行为；电动汽车与燃油汽车混行条件下，两者的效益都比单独燃油汽车行驶条件下要高；大量的电动汽车、驾驶人员良好的环保意识以及低污染的电动汽车可帮助降低交通路网层面的环境成本。因此，政府在推广电动汽车时应注意提高人们的环保意识，并减少电动汽车的污染；电动汽车制造商应设计出环境成本更低、更迎合用户需求的产品。

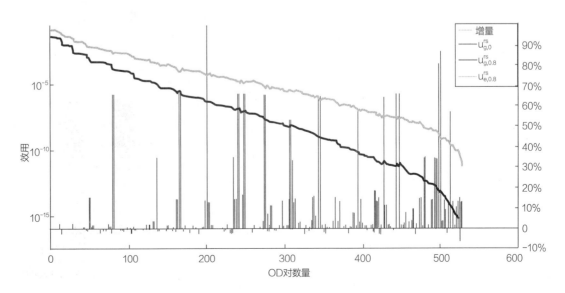

图19.2-2 Sioux-Falls网络测试结果——效益增加量降序排列

19.2.4 电动汽车全生命周期与交通环境

尽管在使用阶段电动汽车相对于传统燃油车的节能减排效果明显，但更多的学者认为应该探讨电动汽车全生命周期的节能减排效益，即：原材料获取—生产—使用—报废全过程。

陈轶嵩等采用LCA方法（图19.2-3），基于GaBi平台建立了某燃油车车型改进而来的纯电动汽车的动力系统的全生命周期环境影响评价模型，将动力系统分为动力电池、驱动电机、控制装置和减速器4个关键部件进行清单分析，分别从原材料获取、生产制造、运行使用和报废回收生命周期4个阶段进行节能减排绩效评价计算。评价结果如图19.2-4、图19.2-5所示。可以看到，在全生命周期的4个阶段内，原材料获取阶段的矿产和化石能源消耗最多，使用阶段的环境影响值最大，其中以全球变暖潜值（GWP）影响最为显著；报废回收阶段则在矿产资源的消耗、化石能源的消耗以及环境排放方面均产生了一定正效益。基于分析结果，提出了当前应采用优化电网结构、加大动力系统零部件回收等措施来降低纯电动汽车对生态环境的影响。

Hawkins et al.通过全生命周期排放清单分析的方法，对电动汽车与燃油汽车的全生命周期环境影响进行了比较研究。研究对象为6种类型的汽车，包括4种电动汽车：EV Li-NCM Euro，EV Li-FePO4 Euro，EV Li-NCM NG，EV Li-NCM C，以及2种内燃机汽车：ICEV D和ICEV G。探究了全球变暖（GWP）、陆地酸化（TAP）、颗粒物形成（PMFP）、

图19.2-3 纯电动汽车动力系统生命周期评价系统边界

图19.2-4 动力系统不同生命周期阶段化石能源和矿产资源消耗

图19.2-5 动力系统生命周期五种环境影响综合值

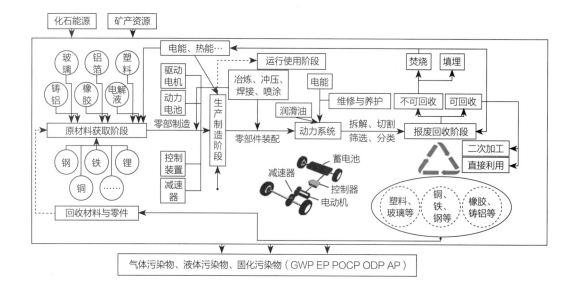

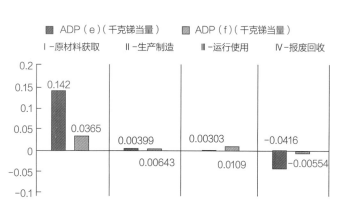

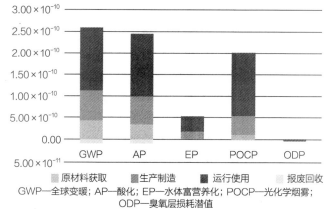

光化学氧化形成（POFP）、人类毒性（HTP）、淡水生态毒性（FETP）、陆地生态毒性（TETP）、淡水富营养化（FEP）、矿产资源枯竭（MDP）以及化石燃料枯竭（FDP）十种环境影响。试验结果如图19.2-6所示。可以看到，电动汽车生产阶段产生的温室气体排放约为传统汽车的两倍。事实证明，电动汽车的生产阶段对环境的影响更大。除了陆地酸化潜力（TAP）以外，所有影响类别的电动汽车生产阶段都比内燃机车对环境影响大。其中，动力总成和牵引电池生产中涉及的供应链大大增加了车辆生产对环境的影响。尽管如此，相对于可比的内燃机车，使用适当能源驱动的EV可以实现温室气体等方面环境影响的全面提升。对于某些环境影响类别，在使用阶段的较低排放可以补偿电动汽车生产阶段所造成的额外负担，具体取决于电力结构。然而，这并非总是如此。在依赖石油、煤炭和褐煤燃烧产生电力的地区推广电动汽车会适得其反。报废处理在所有影响类别中仅增加了很小的贡献。这启示我们：在考虑电动汽车交通政策制定时，必须将汽车生产过程对环境的影响考虑在内。电动汽车治理需交通部门与电力、电子和金属工业部门通力合作，以使电动汽车为减轻污染做出积极贡献。

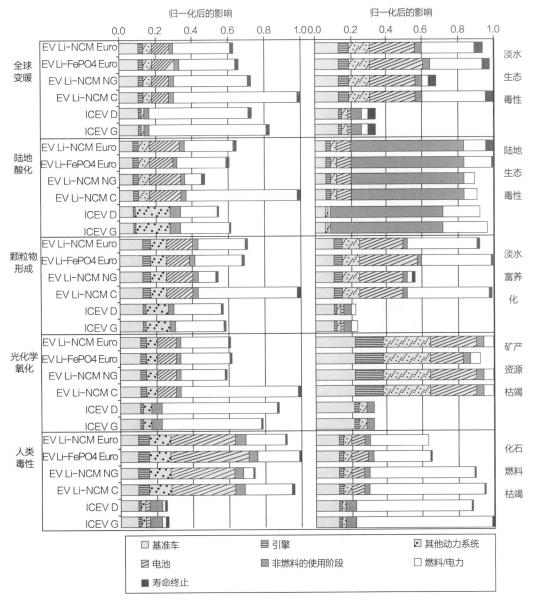

图19.2-6 电动汽车与燃油汽车全生命周期对于环境的10种影响

施晓清等对北京电动出租车与燃油出租车生命周期环境影响进行比较研究。运用生命周期评价方法，基于GaBi 4.4软件，选用CML 2001和EI 99影响评价模型对两款车的生产、使用和报废回收全生命周期过程的环境影响进行了定量评价。使用的数据包括通过企业调研、文献调研、行业报告等收集汽车及主要部件在生命周期各个阶段的输入和输出数据、电动汽车使用阶段能源数据（《2011北京能源发展报告》的数据），以及电动汽车生产阶段能源数据（《2011中国电力年鉴》的数据），结果如图19.2-7～图19.2-9所示。得出以下结论：从整个生命周期来看，迷迪电动车推广具有明显改善ADP、GWP、ODP三类环境影响的潜力。尤其对碳减排将起积极的促进作用，相对现代燃油车，单位里程碳排放量可降低约一半左右。使用阶段的电力生产及生产阶段的动力系统生产是控制迷迪电动车生态环境隐患的关键过程。随着报废里程的增加，迷迪电动汽车单位里程碳排放呈现大幅降低及碳减排效益呈现逐渐增大的规律，可为电动车报废管理提供参考。提高发电的清洁能源

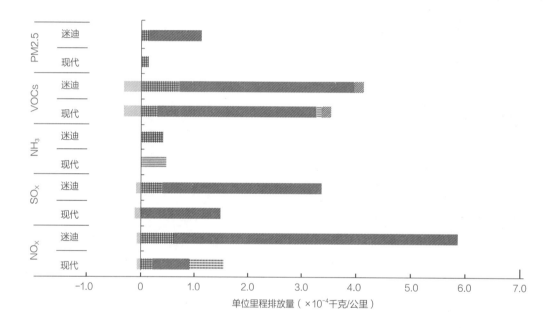

图19.2-7 迷迪电动汽车和现代燃油车全生命周期致霾污染物排放

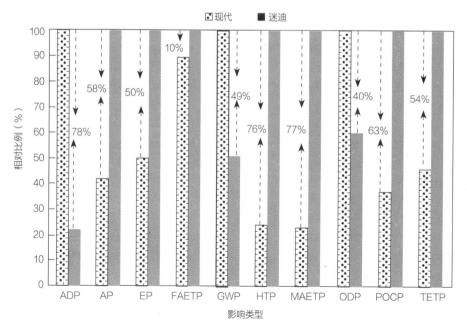

图19.2-8 迷迪电动汽车和现代燃油车全生命周期特征化结果比较

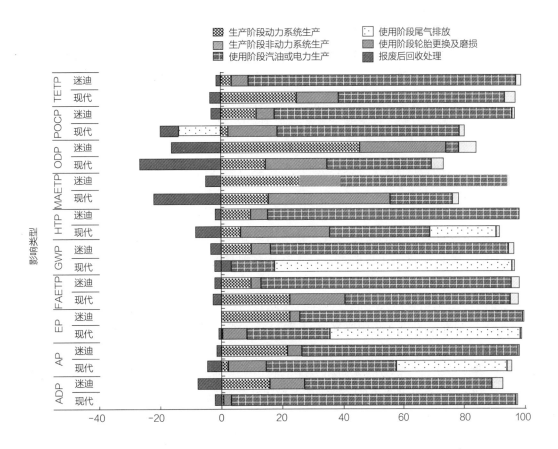

图19.2-9 不同关键过程对迷迪电动汽车和现代燃油车全生命周期影响的贡献

比例将有助于控制车辆全生命周期致霾因子的排放。清洁的发电能源组合、节能的电力驱动、清洁的动力系统生产是保障电动车转型取得良好生态环境效益的关键。

徐建全、杨沿平在轻量化设计阶段协同考虑轻量化后的全生命周期能耗、环境排放和成本变化，并进行轻量化全生命周期多目标优化研究，结果见表19.2-1。汽车轻量化虽然在使用阶段节能减排，但如果没有考虑材料获取阶段、加工制造阶段和回收利用阶段的能耗、排放和成本的影响，势必夸大节能减排效果，甚至全生命周期不节能减排。

汽车轻量化全生命周期多目标优化结果（单位：%） 表19.2-1

项目	纯电动汽车	传统汽油车
钢质量减少	6.44	6.41
铝质量增加	1	1
镁质量增加	0.44	0.41
能耗变化	-3.2	-3.21
GWP变化	-2.84	-2.88
生产成本变化	0	0

Cox等基于蒙特卡罗分析与驾驶周期仿真相结合的方法，探究了从2017~2040年各个场景下电动汽车全生命周期碳排放。不同的是，该文章考虑了网联汽车和自动驾驶汽车对能源需求产生的影响，以及能源系统的变化，使得整个电动汽车生产链与所使用的特定发电场景保持一致。他们将电动车、内燃机车、插电式电动车的有关参数输入于牛津大学的OVEM仿真平台，计算累积碳排放（克CO_2/公里），输出了多个场景EV2017-2040

全生命周期碳排放（千克CO_2/公里），结果如图19.2-10所示。结果表明：在计算电动汽车生产的上游影响时，若忽略未来电力系统的改善，会使结果产生的二氧化碳当量改变23～52克/公里，高估了75%。因此，尤其将来使用可再生电力为电动汽车充电的情况下，考虑电力行业的发展极为重要。考虑未来电力行业的改进，未来电动汽车对环境的影响相比现在降低30%～70%。这是制定政策时必须考虑的一个重要结论，否则，使用当前的一些分析结果作为未来技术指标将具有严重的误导性。将以后自动驾驶汽车和网联汽车的节能潜力纳入到新模型，发现这些新技术可以节约大约10%的能源，理想情况甚至可高达30%。

Doucette and Mcculloch基于牛津大学的OVEM仿真平台，通过比较纯电动车、传统机动车以及混合电动车在不同发电构成下的累积碳排放，研究了插电式混动车汽车对于碳排放的影响，结果如图19.2-11所示，三张图从左到右电网碳排放强度依次增加。结果表明，在像法国这样的国家，由于电力系统中的二氧化碳排放强度低，因此纯电动汽车是减少交通出行二氧化碳排放的最佳选择。在像美国这样具有中等二氧化碳排放强度的国家，PHEV在纯电动模式下的排放量比EV少3～6 克CO_2/公里。然而，电动汽车似乎仍然是减少整个行驶里程内的汽车二氧化碳排放量的最可靠选择。在我国这样的高度二氧化碳密集型发电国家，与类似的电动和传统车辆相比，插电式混合动力汽车在整个范围内产生的二氧化碳排放量可能更低。这表明，PHEV不仅是弥补EV当前行驶里程不足的权宜之计。

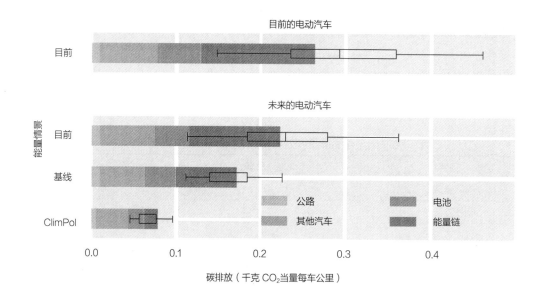

图19.2-10 三种场景下的电动车碳排放

图19.2-11 不同发电构成下的累积碳排放

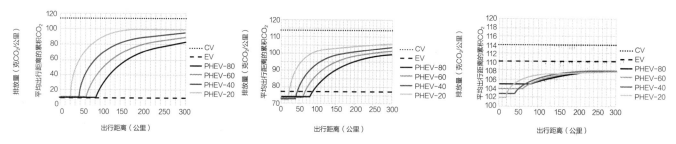

19.2.5 电动汽车里程与交通环境

在19.2.3节中提到,电动汽车的发展面临着"鸡生蛋,蛋生鸡"的困境。限制电动汽车发展的一个关键因素是电动汽车的里程问题。从用户角度而言,提升电动汽车里程能给驾驶员带来更好的出行体验。然而,研究表明,从环保的角度来看,电动汽车的里程并非越大越好。

Meinrenken和Lackner从车队视角,通过全生命周期碳排放的计算方法与美国乘客出行模式,研究了部分电气化对于温室气体排放的影响。其结果如图19.2-12所示。结果表明,从车队的角度考虑,电动汽车对减少温室气体排放的潜力并没有前人研究的那么大。由图可见,随着电动汽车里程的增加,温室气体的排放呈现先减小后增加的趋势,这意味着从环保的角度而言,电动汽车的行驶里程并非越大越好。此外,电动汽车最佳行驶里程不仅因PHV和BEV有所不同,还取决于电网的发电组成,即碳强度。因此,最佳行驶里程随国家、地区而异。并且,电能源组成碳强度越低,电动汽车最佳行驶里程越高,比如风能电力下的电动汽车行驶里程大于现有美国发电组成下的最佳行驶里程。风能电力系统下的纯电动车车队带来的温室气体减少更显著。

在上文研究的基础上,Meinrenken等进一步将人的行为、用户类型与充电技术考虑在内,使用密歇根安娜堡384869次出行GPS数据重新标定全生命周期碳排放模型,专门对电动汽车最佳行驶里程进行研究。他们的实验一共考虑了108种场景(9种用户类型×6种充电技术×2种动力系统)

从实验结果可以看到,电动汽车能减少29%~46%的温室气体排放。以减少温室气体排放为目标,电动汽车最佳行驶里程不仅随动力系统架构和充电技术而变化,也与用户的类型有关。在研究的108个场景中,产生最低温室气体的范围从65公里(55岁以上的驾驶员,超快充电,插电式混合动力)到158公里(16~34岁的驾驶员,通宵充电,仅电池)。将电动汽车的行驶里程与驾驶员的常用出行距离,充电技术和动力系统相匹配是电动汽车发挥最大潜力以减少交通部门温室气体排放的先决条件。

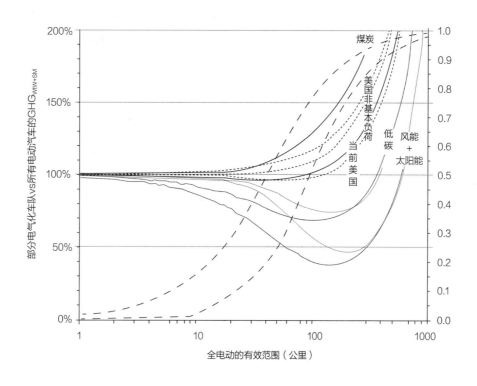

图19.2-12 不同电力结构下的温室气体排放与最佳行驶里程

19.3 小结

本章以交通环境影响为视角，分别明确了电动自行车与环境相关的发展及研究现状，同时还阐述了共享机动性的概念、类型、影响机制以及共享机动性的新技术前景。本章的主要结论归纳为以下几个方面：

电动车的投入，将会极大改善因碳排放所带来的环境污染问题，但在实证方面的研究仍然较少。电动自行车的环境影响在很大程度上依赖于它们所取代的模式，取代完全非机动模式（如步行或骑自行车）的电动自行车对环境造成负面影响。同时，对新交通工具的环境影响研究，大量文献都聚焦于交通工具之间的排放量对比，仅仅关注直接影响。对新交通工具而言，造成的环境影响更多的是次生影响，比如发电厂、制造厂、电池污染等，较少文献考虑此类次生污染。

近年来"共享机动性"这个名词逐渐进入大众的视线，但其类型多种多样，对环境的影响也不能一概而论，不能将"共享"等同于"绿色"。

共享机动性的"绿色"主要源于更高的效率，如"共享出行"的空车率更低、"共享汽车"的闲置率更低；更低的交通排放，如新技术、新能源的使用、拼车带来的行程减少。其"非绿色"主要源于经济上的低成本和便利性引发了更多出行，如更多人成为"共享出行"司机，没有车的人也可以自由使用小汽车；将传统公共交通转化为共享交通，增加了对小汽车的依赖；高效率难以实现，如前期投入大需要很长的成本回收期，参与人群少难以实现规模效益。

特别是近年来新兴的互联网公司纷纷涌现，其作为"共享机动性"运转的重要平台，无节制的大量投入，以占有市场，造成了大量的资源浪费，违背了其"绿色"的初衷，变成了"资本游戏"。"共享机动性"对司机以及乘客，甚至对整个社会都是有利的，政府应该参与管控，让其回归"绿色"的道路。

电动汽车历经了几十年的发展，技术层面达到了相对成熟的状态。由于电动汽车相比于传统燃油汽车具有巨大的节能减排潜力，近年来，推广电动汽车已成为大势所趋。然而，考虑到现有发电组成与电动汽车结构，并非所有国家与地区都适合直接发展电动汽车。

一系列学者的研究表明，若只考虑电动汽车的使用阶段，其相比于内燃机汽车的确更加节省燃料和减少排放。但是，如果给全生命周期考虑在内，答案却并非如此。具体而言，电动汽车在生产环节对环境的影响（如污水、有害气体等）远大于内燃机汽车。此外，电动汽车的电力来源决定了电动汽车是否环保。在推广电动汽车之前优化电力系统的能源结构十分重要，若在火力发电地区推广电动汽车很可能出现适得其反的效果。换而言之，在使用阶段，电动汽车减少的碳排放能否弥补其在生产阶段对环境造成的影响与当地电力系统组成结构有关。但从长远看来，若考虑电力行业的发电技术的进步，发展电动车利大于弊。若将未来的车联网、无人驾驶考虑在内，电动汽车的节能减排优势则将更好地得到体现。

此外，混合电动汽车（PHEV）一直因为需要部分耗油而广受诟病，被认为与节能减排"背道而驰"，只是弥补传统电动汽车里程不足的"权宜之计"。但是，研究表明，混合电动汽车在碳排放密集的国家所带来的能源消耗比纯电动车以及内燃机汽车都要小。比如在我国，由于电力系统产生的CO_2密度大，发展混合电动汽车比纯电动车更环保。

最后，从减少碳排放的角度而言，电动汽车的行驶里程并非越大越好。汽车制造商若能根据驾驶者类型及其所在地区的电网碳强度为其定制相应里程，则电动汽车能更大限度地减少碳排放，而这种精细程度会给其效益带来一定程度的折损，因此需要一定的政策支持，这值得未来进一步研究。

电动汽车给交通行业带来的既是机遇也是挑战。研究表明，电动汽车新技术下的环境治理、政策制定与技术发展，使得交通部门与电力、电子和金属工业技术部门通力合作，以使电动汽车为减轻污染做出积极贡献。若希望电动车能取得良好的生态环境效益，不同国家与地区应视其实际情况，改善发电能源组合，开发节能的电力驱动与清洁的动力生产系统以及制定有力的政策。

本章参考文献

[1] Anderson D. Not just a taxi? For-profit ridesharing, driver strategies, and VMT [J]. Transportation, 2014, 41(5): 1099-1117.

[2] Cherry C, Cervero R. Use characteristics and mode choice behavior of electric bike users in China [J]. Transport Policy, 2007, 14(3): 247-257.

[3] Cherry C, Weinert J X, Xinmiao Y. Comparative environmental impacts of electric bikes in China [J]. Transportation Research Part D Transport S Environment, 2009, 14(5): 281-290.

[4] Cox B, Mutel C, Bauer C, Mendoza BeltranA, Van Vuuren. The uncertain environmental footprint of current and future battery electric vehicles [J]. Environmental Science and Technology, 2018.

[5] Cramer J, Krueger A. Disruptive change in the taxi business: The case of Uber [J]. American Economic Review, 2016, 106(5): 177-182.

[6] Doucette R, Mcculloch M. Modeling the prospects of plug-in hybrid electric vehicles to reduce CO_2 emissions [J]. Energy, 2011, 88(7): 2315-2323.

[7] Edelman B, Geradin D. Efficiencies and regulatory shortcuts: How should we regulate companies like Airbnb and Uber [M]. Social ence Electronic Publishing, 2015.

[8] Feigon S, Murphy C. Shared mobility and the transformation of public transit [R], 2016.

[9] Hawkins T, Singh B, Majeau-Bettez G, Strømman A. Comparative Environmental Life Cycle Assessment of Conventional and Electric Vehicles [J]. Journal of Industrial Ecology, 2013, 17(1): 53-64.

[10] Henao A. Impacts of Ridesourcing-Lyft and Uber-on Transportation Including VMT, Mode Replacement, Parking, and Travel Behavior: University of Colorado at Denver [D]. University of Colora do at Denver, 2017.

[11] Hinkeldein D, Schoenduwe R, Graff A, Hoffmann C. Who would use integrated sustainable mobility services–and why [M]. Emerald Group Publishing Limited, 2015.

[12] IEA. Energy technology perspectives 2012: Pathways to a clean energy system [R]. International Energy Agency Paris, 2012.

[13] Ji S. Electric Vehicles in China: Emissions, Health Impacts, and Equity [J]. Environmental ence and Technology, 2012, 46(4): 2018-2024.

[14] Luo X, Dong L, Dou Y, Li Y, Liu K, Ren J. Factor decomposition analysis and causal mechanism investigation on urban transport CO_2 emissions: Comparative study on Shanghai and Tokyo [J]. Energy Policy, 2017, 107: 658-668.

[15] Ma J, Cheng L, Li D, Tu Q. Stochastic Electric Vehicle Network Considering Environmental Costs [J]. Sustainability, 2018, 10(8).

[16] Martin E, Shaheen S, Lidicker. Impact of carsharing on household vehicle holdings: Results from North American shared-use vehicle survey [J]. SAGE Journals, 2010, 2143(1): 150-158.

[17] Meinrenken C, Lackner K. Fleet view of electrified transportation reveals smaller potential to reduce GHG

emissions [J]. Energy, 2015, 138: 393-403.
[18] Meinrenken C., Shou Z, Di X. Using GPS-data to determine optimum electric vehicle ranges: A Michigan case study [J]. Transportation Research Part D: Transport and Environment, 2020: 78.
[19] Meyer G, Shaheen S. Disrupting Mobility [M]. Springer, 2017.
[20] Plötz P, Schneider U, Globisch J, Dütschke. Who will buy electric vehicles? Identifying early adopters in Germany [J]. Transportation Research Part A: Policy and Practice, 2014, 67: 96-109.
[21] Rayle L, Dai D, Chan N, Cervero R, Shaheen S. Just a better taxi? A survey-based comparison of taxis, transit, and ridesourcing services in San Francisco [J]. Transport Policy, 2016, 45: 168-178.
[22] Sanders T, Liu Y, Buchner V, Tchounwou P. Neurotoxic effects and biomarkers of lead exposure: a review [J]. Rev Environ Health, 2009, 24(1): 15-46.
[23] Shaheen S, Cohen A, Roberts J. Carsharing in North America: Market growth, current developments, and future potential [J]. Transportation Research Record Journal of the Transportation, 2006, 1986(1): 116-124.
[24] Shaheen S, Cohen A, Zohdy I. Shared mobility: current practices and guiding principles [M]. Washington: U.S. Department of Transportation, 2016.
[25] Shaheen S. Mobility and the sharing economy [J]. Transport Policy, 2016, 51: 141-142.
[26] Sorrell S. Jevons' Paradox revisited: The evidence for backfire from improved energy efficiency [J]. Energy Policy, 2009, 37(4): 1456-1469.
[27] Teixeira A, Sodré J. Impacts of replacement of engine powered vehicles by electric vehicles on energy consumption and CO_2 emissions [J]. Transportation Research Part D Transport & Environment, 2018, 59: 375-384.
[28] Teubner T, Flath C. The economics of multi-hop ride sharing [J]. Engineering, 2015, 57(5): 311-324.
[29] Van der Kuijp T, Huang L, Cherry C. Health hazards of China's lead-acid battery industry: a review of its market drivers, production processes, and health impacts [J]. Environ Health, 2013, 12(1): 61.
[30] Vazifeh M, Santi P, Resta G, Strogatz S, Ratti C. Addressing the minimum fleet problem in on-demand urban mobility [J]. Nature, 2018, 557(7706): 534.
[31] 陈轶嵩，马金秋，丁振森，陈昊．纯电动汽车动力系统全生命周期节能减排绩效评价研究［J］．机械与电子，2018，36（11）：20-23.
[32] 胡珊湫，谭泽富，邱刚，王欣煜，邓明．电动汽车发展综述［J］．电气应用，2018，37（20）：79-85.
[33] 齐兴达，李显君，章博文．中国温室气体减排成本有效性分析——以纯电动汽车为例［J］．技术经济，2017，36（4）：72-78.
[34] 任梦磊，杨斌，李珺．考虑能源结构和气候因素的电动汽车温室气体影响［J］．环境科学学报，2019，39（7）：2434-2441.
[35] 施晓清，孙赵鑫，李笑诺，李金香，杨建新．北京电动出租车与燃油出租车生命周期环境影响比较研究［J］．环境科学，2015，（3）：1105-1116.
[36] 文亦骁，宋春华．电动汽车发展研究综述［J］．汽车零部件，2015，（6）：56-58，78.
[37] 徐建全，杨沿平．纯电动汽车与传统汽车轻量化全生命周期多目标优化研究［J］．汽车工程，2019，41（8）：885-891，914.

第20章
新技术在交通环境中的应用

20.1 新技术在交通流量预测的应用

20.1.1 研究背景

随着智能交通系统（Intelligent Transportation Systems）的发展，对轨道交通站点客流量的预测研究越来越受到关注，有效的客流预测不仅能够预测各站点的客流变化，还有利于实现轨道交通网络的动态监控和管理，如实时向乘客或司机通报交通状况、紧急状态下提供有效的客流疏散策略、结合客流分布情况改进车站管理模式。结合当前轨道交通站点客流量预测的相关研究，本节将从数据类型、预测模型类型两个方面介绍相关研究进展。

20.1.2 数据类型

从相关研究中所利用的数据特征来看，主要分为四类：用户使用数据、轨道交通站点建设数据、轨道交通运营管理数据和外部环境数据。

1. 用户使用数据

用户使用数据主要是围绕个体用户对某系统或应用的使用情况所采集到的相关数据。其中应用较为广泛的是公共交通系统中的自动售检票系统数据（Automatic Fare Collection Data，以下简称"AFC数据"），其采集信息主要包含了乘客的交通卡编号、进站时间、进站站点名称、出站时间、出站站点名称、刷卡类型信息。值得注意的是，轨道交通系统中的自动售检票机最初是为方便计费而设计的，受售检票机位置分布的影响，采集到的时间数据主要是指对应乘客在车站入口、出口刷卡的时间点，并不能反映乘客的上车、下车时间，因此相关研究中主要依靠AFC数据推测乘客的乘车路径、换乘站点。如Jiang等结合2009年上海市轨道交通网络的AFC数据及线路网络设置情况，计算出乘客出行的OD路径，即对应选择概率。Tang等基于2013年深圳市轨道交通网络的AFC数据，提取出乘客出行的OD分布特征、耗时情况，并进一步结合其他数据构建了站点客流预测模型。

此外，社交媒体数据也被应用到轨道交通网络的客流预测中，指乘客在使用社交类应用程序时，发布的个人活动信息，并且在信息发布时，用户可选定特定活动标签并上传位置信息，如微博签到数据、推特发帖数据等。研究者根据标签、位置数据即可展开与轨道交通网络客流分布的相关性分析，并构建预测模型将其应用于客流预测中。Ni等基于推特发帖数据，筛选出纽约市2014年4月～10月的推文数据，利用推文数量与同时期内的AFC数据进行相关性分析，发现二者存在正相关关系，并进一步基于推文所携带的标签、发帖时间、发帖位置、各时段发帖数量对其进行筛选，获取与重大体育赛事相关的数据信息，并将其应用到特定站点的客流预测中，结果发现在重大活动开始前1小时的推文发布情况最适于预测相关站点的客流量，研究证实了社交媒体数据应用于地铁站点客流预测的有效性。

2. 轨道交通站点建设数据

轨道交通站点建设数据反映的是地铁线网及站点的空间建设特征，包括地铁线路网络布局情况、车站内进出站口及站台的位置分布、进出候车区楼梯位置分布、车站及站台容量等信息。地铁线路网络布局信息的利用多与AFC数据相结合，用于推测乘客出行的地铁线路选择、换乘站点信息，进出站口位置及站台的位置分布，多用于计算乘客自刷卡进站到进入候车区的耗费时间，结合列车运行时刻表，还能进一步计算出乘客的候车时间、下车至出站的耗费时间等。进出候车区楼梯位置分布情况可用于模拟候车区乘客的在站台的分布情况，如Sun等结合北京西单站候车区的设计情况，模拟了火灾情况下人流疏散的特征。站台容量能够反映出最大可承载的乘客数量，结合AFC数据、出站口及站台位置分布情况，有助于推算站台上的候车人数情况。

总体而言，地铁站点客流量不仅与某一站的客运量有关，还关系到整个地铁网络的建设情况，基于乘客出发、到达站点、移动路径等空间特征的客流量预测能够提高预测的准确度。

3. 轨道交通运营管理数据

轨道交通运营管理数据不同于站点建设数据，后者侧重于空间布局及建设特征，建成后即成为定局，而前者是在空间特征的基础上，由管理层制定的运行策略和管理机制，具备可调控的特征，如列车运行时刻表、延误情况下的恢复机制、列车编组特征、列车容量等。Jiang等在上海市地铁线路运行时刻表、延迟恢复策略和列车容量数据的基础上，结合AFC数据、轨道交通站点建设数据，推导出站台候车人数、列车载客人数、站台上下车乘客人数等系列信息的运算方法，并将其应用到乘客延误情况的仿真模型中。Yang等运用列车运行时刻表、乘客分布数据、站台建设情况数据构建了站台乘客分布模型。

4. 外部环境数据

外部环境数据主要指与乘客自身、地铁线路网的建设和管理无关的一些数据。如Tang等在构建地铁站点客流量预测模型时，除了利用AFC数据、地铁线路网布局数据以外，还引入了天气数据，说明了天气情况等外部环境因素对地铁站客流预测的准确性是存在积极作用的，多元外部数据的引入有助于提高地铁站点客流预测的精度。

20.1.3 预测模型类型

由于轨道交通站点客流量预测所涉及的数据类型丰富，不同数据所体现的特征也有较大差异，针对研究者利用数据集的不同，在预测模型的选择上也十分丰富，并且可以在不同预测环节选择不同模型，如逐级推演法、Logit选择模型、时间序列模型（以下简称"ARIMA模型"）、多元线性回归模型（以下简称"LR模型"）、支持向量回归模型（以下简称"SVR模型"）、卡尔曼滤波模型、社会力模型（以下简称"SFM模型"）、蚁群算法、非参数回归模型等。

Xu等综合了AFC数据、轨道交通站点建设数据和运营管理数据，在运用Logit模型得出乘客出行线路选择偏好的基础上，利用逐级推演法，计算地铁站自早晨开通时的各站进站人数、始发列车各站载客人数、后续发车列车的到站乘客数量等系列数据，对北京地铁线路上各站乘客的OD分布情况、列车上车率、载客量、乘客延误系数等情况进行预测，最终确定了列车和站台容量与客流量之间的关系，为地铁站客流量预测提供了一种简单易懂的预测策略。

Jiang等综合AFC数据、轨道交通站点建设数据及运营管理数据，构建了城市轨道交通乘客延误仿真系统（URT-PDSS），该系统在构建轨道交通实体网络和运营网络的基础上，实现正常和延误条件下的动态客流分布、计算、仿真和统计分析，并得出了在列车发生延误时，对乘客及后续列车的影响情况。

Yang等基于蚁群算法对地铁站乘客分布情况进行了建模和预测，在模型的构建过程中，还运用SFM模型修正了乘客焦虑因子对步行速度、方向及站台候车位置的影响。结果发现，蚁群算法为地铁站台候车区乘客的动态预测提供了一种可行的建模方法。

除了使用单一的预测模型，为了提高预测的准确度及验证模型的适用性，针对相同数据，研究人员也使用了不同的方法对其进行预测并相互比较，以得出较为有效的地铁站点客流预测模型。此外，将多种模型相融合构建集成模型的预测策略也是一种提高模型预测准确度的有效策略。

Sun等引入了在汽车交通状况中被广泛应用的非参数回归模型预测北京市西单换乘枢纽的候车乘客量，并将其预测效果与卡尔曼滤波模型、SVR模型相比较，发现非参数回归模型在步行群体交通流量的预测中同样具有适用性，并且比卡尔曼滤波模型和SVR模型预测的准确性和误差的稳定性更高。

Tang等运用深圳市的AFC数据、地铁线路网设置情况、天气数据以预测地铁站交通流量情况，运用ARIMA模型、LR模型、SVR模型分别预测地铁站点的客流量，发现在数据选择不同时，对应的最优模型也有差异，但总体而言SVR模型优于LR模型和ARIMA模型。

Ni等基于社交媒体数据和AFC数据，运用线性回归模型和季节时间序列（SARIMA）模型分别预测了纽约市皇后区威利点站（Mets-Willets Point）及沿线的客流量，并在模型比较的基础上将它们融合在目标函数中构建了混合损失函数模型。进一步将混合损失函数模型与SVR模型、K近邻模型相比较，之后又将所用应用的模型再次融合形成一个集成模型，发现混合模型能够有效发挥各个模型所具有的优势，较使用单一模型而言能够提高预测的准确度。

20.1.4 相关研究内容

智能交通在我国尚处于起步阶段，其发展速度和方向与交通设施的建设情况密切相关。北京、上海等经济发达城市智能交通建设已初具规模，中西部地区的智能交通主要集中在高速路收费系统。交通流预测是智能交通的重要组成部分，其主要应用场景有如下几个方面：

1. **基于交通流预测的红绿灯控制**

在交通系统中，可以根据交通流预测数据，建立信号控制延误估计模型，以交叉口总延误最小为优化目标，选取多功能车道流向，根据每相位最大排队长度逐步优化绿灯时长并实施信号控制，以达到增加道路利用率、减少车辆排队时间和缓解交通拥堵的目的。

2. **基于交通流预测的城市道路系统规划**

为了平衡城市道路的供需关系，在城市道路系统规划前，一般使用交通流预测方法对城市区域进行交通流量建模，并用交通需求管理技术的观点，提出城市道路系统的道路网络容量限制供需协调预测分析方法，为城市道路建设提供理论依据，随后根据供需关系，规划应该新建的城市道路系统。

3. 基于交通流预测的导航应用

基于交通流预测的动态路径规划导航系统作为智能交通系统中面向出行者的重要应用子系统，对于均衡路网交通流量、缓解拥堵具有积极作用，而动态交通信息的采集、处理以及发布是导航系的基础功能。我国的地图导航软件也纷纷上线了类似导航功能，通过该功能不仅能节约用户的通勤时间，也能在一定程度上缓解交通压力，尽快疏导拥堵。

20.2 交通环境分析中的新技术

20.2.1 研究背景

2018年提出"21工程愿景"：星球生命的延续，让我们的世界更可持续、更安全、更健康和更快乐。《联合国2030可持续发展议程》提出要兼顾经济、社会环境开展可持续发展行动，并提出多个发展目标，其中多个目标涉及环境问题。新城市议程中提出：要在城市和区域规划中充分布置交通规划，关注公共交通和慢行交通、TOD、交通—土地利用规划、城市货运规划和物流等方面，鼓励共享进行综合交通系统和技术创新。

在生态文明建设思想不断丰富和完善过程中，要探索以"生态优先、绿色发展"为导向的高质量发展新路子。并且以国土空间规划为依据，把城镇、农业、生态空间和生态保护红线作为调整经济结构、规划产业发展、推进城镇化不可逾越的红线。

《2019年国务院政府工作报告》的下一阶段的目标、政策取向以及任务等方面涉及交通与环境内容，因此关注交通环境是社会建设、国家发展过程中的必然行动。

综合考虑交通环境承载交通功能以及参与者的特性，交通环境包括道路和道路上的附属交通设施等"物"的一面，还有人文和社会性交通环境"非物"的一面。在一定程度上，对交通环境的探索指的是以人为主体性的对道路交通环境内涵的探索。

城市社会经济的快速发展，引发一系列城市交通问题，其中环境问题最为严重，交通与环境的关系是多维的，网络、交通和方式以及交通运输系统的经济工业过程均有相应的交通环境效益。

20.2.2 相关研究内容

1. Avoid

ASI矩阵中"A"是指Avoid，在处理交通与环境的关系时是从源头上避免问题的发生。"Avoid"的主要技术方法是通过以公交为导向的城市开发（TOD）等城市规划手段，建造紧凑型城市，以此控制出行需求，进而避免交通运行对环境的不良影响。

为了有针对性地研究和实施"Avoid"相关的方法和技术，需要对城市形态结构与交通环境的关系有一个清楚的认识。朴珠希基于二氧化氮等排放物数据、城市规模及密度等社会经济属性统计数据，利用变式基尼系数对紧凑城市形态对交通能耗及大气污染的影响进行了研究，指出在适宜的范围内提高城市紧凑程度有利于减少交通能耗，且对于拥有公交优先交通结构的城市能更高效的减少交通能耗，改善职住分离问题也能够有效控制交通需求。由此可知，建造紧凑型城市与TOD确实是控制出行需求，避免交通对环境不良影响的有效技术手段。

TOD模式是以公共交通为导向的开发，是规划一个居民或者商业区时，使公共交通的使用最大化的一种非汽车化的规划设计方式。为了更好地基于TOD模式进行城市规划，一些学者针对TOD开发程度、效果的评价设计出了相应的技术方法。

Lyu等人和Singh等人均在研究中提出了TOD模式的评价方法，前者利用分层聚类分析的方法对北京市6个地铁站周边的TOD规划效果进行评价，后者则确定系列评价指标，利用SMCA平台设计潜在TOD指数计算方法并对荷兰地区的潜在TOD指数进行了计算和分析。他们在研究中提供了评价TOD模式不同的方法，并且其实例分析验证了方法的可操作性。利用这些评价方法对城市或地区TOD模式进行评价，可以更好地完善和优化城市开发模式和规划思路，进而减少汽车出行，控制不必要或可替代的出行，避免交通运行对环境的破坏。

在ASI中，"Avoid"中控制出行需求，避免环境污染较多的依赖于TDM、燃油税等管理手段、经济手段，而建造紧凑型城市和TOD模式开发等则是和技术手段关系最紧密的方法，目前已有许多学者对紧凑型城市、TOD模式和交通能耗、排放之间的关系进行了研究，也提出了许多提升紧凑型城市规划和TOD模式实施技术和思路，为更好地实现"避免"政策提供了依据和手段。

2. Shift

ASI矩阵中"S"是指Shift，通过引导和鼓励居民转换出行方式，更多地使用公共交通和非机动方式出行，或引导居民在出行中转换固有的出行决策观念，做出更环保的选择。"Shift"的主要技术方法包括优化公共交通系统、改善步行基础设施等方法。

为了解释居民出行交通方式的转换是否真的能够带来减排节能效益，许多学者已经展开了研究，探究不同出行方式之间碳排放的差异。Wang等人基于官方统计数据和问卷调查数据，建立不同出行方式（汽车、轨道交通、出租车和公共汽车）的碳排放模型，对北京的客运碳排放进行了计算。研究结果显示，汽车或出租车出行的碳排放达到公交出行的5倍以上，通过减少汽车出行，增加公交出行，可以在2020年实现碳减排的目标。王杰利用车辆使用寿命、使用次数等统计数据，基于生命周期构建共享单车的低碳效益模型，他在研究中发现，使用共享单车替代小汽车、出租车等交通方式有明显的低碳效益，且共享单车的日均周转次数越多，低碳效益越明显。

这些学者在研究中建立的计算模型、提供的分析方法为分析不同交通方式与环境之间的关系提供了新的技术手段，且他们的研究结论均指出引导和鼓励居民从汽车或出租车出行转换为公交出行和非机动化出行能够有效降低碳排放。

为了有效实现出行上的"转换"，一些学者研究出了相应的技术手段和方法。荣博盛利用碳排放数据、交通统计数据，以用户出行成本最低和汽车CO排放量最少为目标，考虑用户差异性和车型不同，采用连续型建模方法，该模型是继承了Hamilton-Jacobi（HJ）模型和双曲型守恒律方程发的连续型交通流分配模型，他的研究结果可应用于城市交通诱导，引导居民出行时道路的选择，从而减少交通拥堵和CO排放。

Errampalli等人通过定性和定量调查以及收集专家意见，利用多标准分析的方法对公交一体化的可持续程度进行评价。其研究结论指出，增加地铁周边公交发车频率的策略调整使可持续指标增加最多，其次是调整公交站位置至地铁站周边，最后是实行地铁公交通用卡。该研究不仅为分析公交一体化与环境的关系提供了评价和分析方法，而且指出了有效完善公交一体化的技术方法。

Simon等人引入飞轮、双动力系统、变速传动等设计概念，利用二元优势矩阵对电动自行车各部件进行细致的分析优化。试验结果显示，在相同的距离下，传统车辆的行驶时间几乎是新设计电动自行车的两倍。Simon等人对电动自行车优化的研究有利于提高自行车、电动自行车的出行体验和安全，能够吸引居民选择非机动化的出行方式。

吴泽宇从人本视角下分析墨尔本中心区可步行空间街道营造的经验，为我国城市步行空间构建提供了一些启示。他在研究中指出，街道空间设计应做到"慢行优先"理念主导的多系统协同建设，重视"自下而上"对街道空间的利好改变（图20.2-1）。这种人本视角的可步行街道设计，充分考虑居民步行的体验和安全性，为我国人本视角的可步行街道设计提出了指导建议和参考，有利于建设更利于步行的街道，吸引居民转换出行方式为步行出行。

学者们在"Shift"方面所提供的技术主要应用于引导人们转换出行决策的方法，有些是在出行过程中诱导居民选择更有利于系统减排的路线，有些是在出行前引导人们选择绿色出行的交通方式。前者主要是算法方面的设计，后者则主要是对公共交通系统的优化、服务水平的提高，优化非机动化出行的使用体验，从而吸引更多的居民选择绿色出行方式。"Shift"方向上的新技术较丰富，覆盖面较广，为实现居民出行决策观念转换，改变出行方式打下了坚实基础。

3. Improve

ASI矩阵中"I"是指Improve，在处理交通与环境的关系时是发展绿色交通的技术、建立绿色出行理念，从技术方面和理念方面推动绿色出行与可持续交通系统的建设。"Improve"的技术有方面包括提高汽车能效，推行新能源汽车等（图20.2-2）。

新能源汽车已经是交通运输节能减排的重要发展方向之一，在此背景下，不少研究者围绕交通运输燃料方面进行了研究。Sathi等人对交通运输替代燃料进行了研究，结果表明液化石油气优于柴油，而电动力和混合动力车优于汽油和柴油车。由此可知，新能源车辆的发展确实能够促进交通运输的节能减排，从而提高交通环境质量。

在能源方面，Chang研究了城市发展对公共交通能耗的影响，并对氢燃料电池汽车替代品进行分析。其研究结果表明，城市发展对公交能耗的影响更大，而优化城市的空间结构可以大大减少公共交通的能耗；氢燃料电池公交车和传统车辆均会受到城市发展的影响，但其对氢燃料电池车辆的影响更弱。另外，其研究也表示氢燃料电池汽车的节能技术仍有较大发展空间，交通节能减排的研究空间巨大。

在提高交通运输能效方面，有研究针对公交运行效率进行了探讨。为了提高乘客出

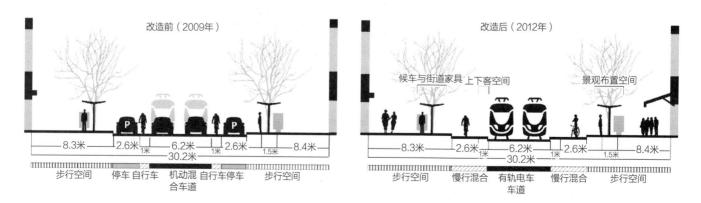

图20.2-1 街道改造对比

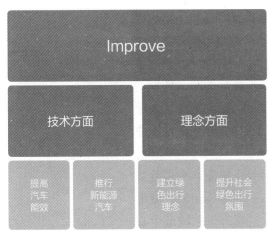

图20.2-2 Improve

行效益、减少公交排放量,韩笑宓构建了全程车、区间车与大站快车的组合调度模型,以减少公交车尾气排放作为优化目标,采用遗传算法求解,经过验证表明其提出的组合调度优化模型均能实现公交系统总效益的提升,最终实现减少公交车尾气排放的目标。在相同的研究目标导向下,鞠敏基于碳排放对公交信号的优先控制进行探讨,通过Trans Modeler进行仿真,结果表明交叉口的污染物排放与信号配时存在一定的关系,并且能够通过调整公交信号减少交叉口的排放,提高交叉口服务水平。

在该方面的研究中,两位学者采用的方法虽然不相同,前者构建了公交组合调度模型,后者采用公交信号优先控制的仿真模型,但其结果均表示提出的技术方法均能实现系统效益的提升,从而实现交通环境的节能减排。

20.2.3 ASI技术总结

ASI技术总结如表20.2-1所示。

ASI技术总结　　　　　表20.2-1

战略	逻辑关系	技术方法	文献涉及
Avoid	从源头上避免问题的发生	通过以公交为导向的城市开发(简称TOD)等城市规划手段,建造紧凑型城市,减少居民出行距离与次数,尤其是尽量避免小汽车出行的产生,并消除或减少非必要的出行需求	交通排放与城市形态的关系研究分析;TOD开发效果评价技术
Shift	引导和鼓励居民转换出行方式,更多地使用公共交通和非机动方式出行,或引导居民在出行中转换固有的出行决策观念,做出更环保的选择	优化公共交通系统、改善步行基础设施	不同交通方式的碳排放差异;绿色出行方式优化设计和设施优化
Improve	发展绿色交通的技术,促使汽车产业的发展和升级	提高汽车能效,推行新能源汽车、自动驾驶等新技术	公交减排技术;交通+新能源

20.2.4 相关研究的不足

相关研究的不足之处如表20.2-2所示。

相关研究的不足　　　　　表20.2-2

战略	文献涉及	不足
Avoid	交通排放与城市形态的关系研究分析;TOD开发效果评价技术	考虑因素不全面,指标选择主观性强
Shift	不同交通方式的碳排放差异;绿色出行方式优化设计和设施优化	自行车、步行等非机动化出行的碳排放相关数据难以获取,且往往考虑单一的交通场景没有区分通勤、游憩等不同的出行目的的差异性;交通工具优化设计的人本化考虑不足
Improve	公交减排技术	场景考虑单一

20.3 新技术对城市道路热环境的改善

20.3.1 研究背景

随着城镇化、工业化、城市扩张、人口迁入等，热岛效应在城市中逐渐加剧，导致了经济、环境、社会、能源等多方面损失。城市道路占城市建成面积的30%甚至更高，大量高吸热、密实不透水的传统路面材料的使用，改变了地表原有下垫面的结构与热力学性质，加剧了城市热岛效应。

加速的城市化、工业化、城市扩张已经极大地改变了城市的用地及下垫面。在多类型因素的共同作用下，城市逐渐变暖，产生了城市热岛现象UHI（Urban Heat Island）。城市热岛现象的主要表现是城市中心气温明显高于城市周边郊区气温，呈现出一个城市中心高、周边低的热岛。

利用知网检索，热岛效应的相关研究论文从1990年开始逐渐起步，一直在迅速增长，知网中共有相关论文6969篇，其中2019年占693篇。仅有关上海热岛效应研究的文章就有482篇。利用Web of Science检索UHI等相关词汇，共有2306篇有关热岛效应的论文，每年发表的数量仍在稳定增长。

陈隆勋等人在《中国近90年来气候变化特征及其形成机制》中指出，20世纪40年代后，人类活动逐渐活跃，经济活动增加，城市热岛效应加大。

邱国玉、张晓楠统计了国内多个城市的热岛效应相关研究，1984年杭州市城市热岛总面积仅2747.52公顷，到2010年增加到26529.16公顷，26年间杭州市的城市热岛面积增加了8.66倍。其中，1995～2000年杭州城市热岛面积的年增长幅度高达24.9%。2004～2015年武汉市热岛面积平均年增长23.72平方公里。南京市自1985年以来热岛效应面积共增加了107.88平方公里。

Abbas Mohajerani等总结了城市热岛效应的主要影响。

（1）增加建筑等制冷能源消耗以及相关成本；
（2）极大地提高了城市能源峰值需求和供给负担；
（3）高温促进了空气污染物的大量形成，使得城市空气质量下降；
（4）增加了城市居民的热压力，生活环境热舒适性降低；
（5）增加了由于高温导致的发病率和死亡率；
（6）严重影响了城市的生态系统；
（7）高温使得城市路面更容易产生车辙等相关高温病害。

凉爽路面能够缓解城市热岛效应带来的不良影响。在路面温度降低研究的基础上，凉爽路面有利于城市交通基础设施可持续发展的长远规划，产生经济、宜居城市、居民健康、生态环境、能源节约等多方面的效益。

20.3.2 利用气象观测数据研究城市热岛

1971年，Oke提出了热岛中心气温（高峰）与同时间、同高度附近郊区气温的差值来代表城市热岛的强度。而当时在国内外城市中为了研究城市气候而设置的气象站点不多，也不可能每天进行流动观测，所以往往会选取城区某一个或者几个具有代表性的观测站与郊区另一具有代表性的观测站的气温资料进行对比，以此来表示热岛强度的变化。

到了20世纪80年代初期，我国有关热岛效应的研究逐步开始，主要是利用气象观测的数据，不同的研究者通过对比分析城市与周围乡村地区气象站获得的历年气象数据，得到城市热岛的动态、现状、分布和强度。从人口规模、时间的变换等分别得出了最初步的我国城市热岛效应结论：①热岛的强度在晚间达到最大值；②城市的热岛强度随城市人口规模的增加而增加；③热岛强度在夏天或每年的暖季中最大；④城市热岛强度日变化和季节变化明显，秋冬季节较强，夏季较弱。

气象观测数据研究城市热岛主要分为两个研究的方法与过程：

第一，利用地面气象观测资料研究城市热岛效应。在20世纪80年代后期，这类方法已经趋于成熟，并且经过多年的发展，在一定程度上已经能够进行比较大的区域的探索与发现。但由于气象站点有限，这种方式只能获取个别点信息，不能完全掌握城市热岛的空间分布信息。另外，这样的方式在研究城区与郊区热岛分布时，需要保证在城区站点具有城市的典型特征，郊区的站点要靠近城市，以此来保证两类站点的气候等特征达到一致，减小误差。

第二，许多研究者已经开始通过在汽车、飞机上安装对应的传感器对城市、郊区等进行空气温度或地温的情况进行检测。对于这类方式，测量的数据更加精准，因为高空不用考虑地表的温度辐射等，然而这样的数据缺少时间的完整性，并且获取的数据的尺度也比较小，在实验设计时，也需要仔细考虑当时的天气状况，设计合理的流动路线。

1964年7月至1966年12月，纽约市通过在一架直升机上安装对应的传感器获取了周围最低700米大气温度场的差异。从获取的数据来看，城市地表温度反演的强度和频率均低于周边非城市地区。城市热岛的平均强度，在接近地表时达到最大值，并在300米处降至零。

研究显示，在20世纪60年代末至70年初期，国外已经通过传感器对城市热岛进行研究，由于国内传感器等技术的限制，我国的城市热岛研究在20世纪80年代之后才开始发展。随着遥感和传感技术的不断发展中，在21世纪前我国已经跟上了热岛研究潮流。

20.3.3 利用遥感技术研究城市热岛

图20.3-1 全球第一个传感器

基于气象站点研究城市热岛的方式由于气象站点有限，只能获取个别点信息，不能完全掌握城市热岛的空间分布信息等缺点基本上被淘汰了，与此同时，传感器的发展也为新的方法的产生提供了技术的支持，图20.3-1所示为全球第一个传感器，20世纪70年代，集成的温度传感器AD 590在欧美已经产生了；20世纪80年代已经出现了智能传感器，并且在20世纪初我国的遥感卫星也得到了极大的发展。

第一个研究遥感技术的人是Rao，他与其研究团队证实了可以通过分析卫星热红外遥感数据区分出城市，并使用卫星数据制作了美国大西洋中部沿海城市的地面热场分布图。随着航空及卫星遥感技术的不断进步，应用遥感与GIS、GPS等技术结合的手段来监测和研究城市热岛效应的时空变化成为城市热岛效应最有效和最直观的方法。本节主要介绍两种比较常见的基于遥感技术的研究城市热岛的方法：基于温度的监测方法；基于植被指数的监测方法。

1. 基于温度的监测方法

亮度温度，假定温度之一，简称"亮温"。同一波长下，若实际物体与黑体（用于热辐射研究的，不依赖具体物性的假想标准物体）的光谱辐射强度相等，则此时黑体的温度被称为实际物体在该波长下的亮度温度。

地表温度，就是地面的温度。太阳的热能到达地面后，一部分被反射，一部分被地面吸收，使地面升温，对地面的温度进行测量后得到的温度就是地表温度。地表温度还会由于所处环境而有所不同。

遥感红外传感器探测到的是目标物（包括辐射路径上的大气）的辐射能量。遥感获取的辐射能量与温度有着根本不同。可以经过一定处理之后转换成地温或者亮温。热岛的本质含义是地表的温度差值，研究热岛效应离不开地表温度，研究者们在热岛效应方面基于地表温度算法，以城市热环境模型建设与热岛相关监视测量为两个切入点，进行了较为全面、详细的探讨。而遥感理论基础的进一步发展与探测技术的完善，为诸多地表温度反演算法，如单通道算法、分裂窗算法、多角度法算法等提供了发展的基础。

对于这两种方式，基于地温的反演情况，虽然尽可能地考虑大气和辐射面的多重影响，但是由于城市下垫面异常复杂，以及获取大气参数与卫星遥感的同步的观测数据非常困难，使得地表温度的精确反演存在巨大困难。

在同一时刻的反演情况，并不能包含所有的区域，当然，如果假设接受在一定时刻内的误差范围，将数据获取的时间窗变大，是可以得到所有区域的热岛情况的。亮温反演情况：由于地表热辐射在其传导过程中受到大气和辐射面的多重影响，亮温同地表真实温度往往相差很大。

2. 基于植被指数的监测方法

Gallo K P等人指出植被指数与城乡气温之间存在明显的线性关系，基于植被指数的检测方式在解释平均最低气温的空间变化方面更为有利，如图20.3-2所示。

另外，张伟等人的研究表明，随着城市化进程的加剧，成都市热岛的扩张趋势明显加强，成都向东北（新都）、东南（龙泉驿）、西南（双流、民航国际机场）及西北（郫县）方向放射状扩张现象明显，各区县的热场已不再孤立。2004年的高温极值点主要出现在成都火车东（货运）站、热电厂、无缝钢管厂、红牌楼和金花镇附近。

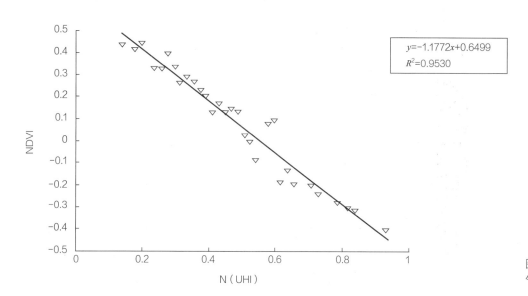

图20.3-2 植被指数与气温的线性关系

但是，该方法在冬季基本无绿色植被的区域无法适用，干旱气候条件下的城市地区无法适用。所以在分析城市热岛效应时，无法做到区域、时间的完全覆盖。

20.3.4 热岛效应与道路的关系

城市热岛效应受多种因素影响。在城市化、城市扩张等过程中，土地用于建筑及道路产生的下垫面硬化在不断增加，土壤、绿地、水体不断减少，城市下垫面物理性质发生巨大变化，极大地影响着城市的微气候与环境，道路路面的特点加剧了城市热岛效应。

1. 道路面积占比大

城市道路面积率是指道路的用地面积占城市建设用地面积的比例，在《城市综合交通体系规划标准》GB 50220—2018中明确规定，规划人口200万人以上的大城市，城市道路用地面积率宜为15%~20%。截至2018年年底，我国城市常住人口超过500万人就有25个城市，这些城市中的道路面积率大都超过了20%。在世界上其他某些城市和地区，道路面积率甚至会达到30%~40%。

同时，路网分布在城市的各处，并且具有城市中心路网密集、城市边缘路网较稀疏的分布特点，这与城市热岛的强度分布规律是一致的。同时，广泛分布的路网吸收热辐射后，会给城市各个区域普遍增加温度。

但是随着更大程度的城市化、人口迁入、城市扩张等，城市道路的面积很难减少，反而会逐渐增加。

2. 反射率低

深色的路面反射率在8%左右，大量的热辐射被道路吸收并向下传递到基层、底基层，只有少部分的热辐射被反射回大气当中。

3. 储热量高

道路材料包含沥青、混凝土、碎石、砾石、砂砾等，这些材料相对于土壤来说具有更高的热容，这意味着从路面吸收的热量会不断被存储到下面的路面结构中，使得路面的温度相对较高而不能将热量传递给土壤散热。同时在热辐射减少后，热量会从道路结构中逐渐释放出来，延长了高温的时间。

4. 高导热性

Qin y. 研究了道路材料的热力学特性。不同道路材料相对于土壤等来说有较高的导热性和较小的热惯性，温度随外界条件变化较快。在大多数研究中沥青路面最高温度能达到50~60摄氏度，远高于气温，高温路面的热量会传递给空气。

5. 增加地表径流，减少地下水补充及水分蒸发

地表硬化后，在降雨期间，地表径流会由于路面硬化无法下渗，浅层地下水不能得到及时补充，这导致不能通过水分蒸发吸热而降温，加剧了热岛效应。

20.3.5 凉爽路面

传统路面，尤其是黑色沥青路面，由于建设和养护的便利性及行车舒适性等原因，是目前城市道路、公路等道路设施的主要路面类型，占90%以上。但由于高吸热性，其夏季路表温度可达70摄氏度甚至更高，对城市环境、人体健康、路面寿命等造成不利影响。

考虑气候变暖和极端天气的增多，其潜在影响则更为严重。在构建宜居城市和可持续发展的大背景下，现代绿色交通对道路生态功能化的要求日益增加。实现路面的功能

化，尤其是提高道路基础设施的可持续性及气候弹韧性，对构建安全、舒适、环保的路面环境十分重要。2008年，美国环境保护署（USEPA）首次定义了凉爽路面（Cool Pavement）为一系列作为减缓城市热岛效应的技术和手段，要求其能够反射更多太阳辐射，具有更大的蒸发量，或者通过其他方式来达到降温的目的。

反射型路面材料作为新一代生态功能性路面的重要技术手段之一，属于凉爽路面（Cool Pavement）中一种行之有效的技术类型，主要通过提高路表反射率来有效降低路面温度，对于提高城市宜居性、缓解热岛效应、改善人体热舒适度及健康、主动控温降低路面材料老化和车辙风险、提升路面可持续性等具有重要意义。

目前国内外有关凉爽路面的研究主要集中在反射路面、透水路面以及保水路面等方面，同时也有添加相变材料的路面、铺设导热管路面、添加钢纤维的导热路面等相关研究。

1. 反射路面

反射路面是通过涂抹涂层或加铺浅色集料沥青，使路面颜色变浅，表面反射率增大，从而降低路面温度，削弱热岛效应，目前国内外研究较为成熟，涂层施工较为可行（图20.3-3）。

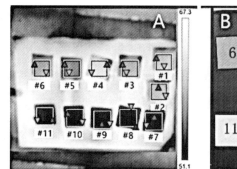
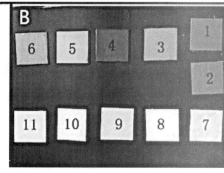

图20.3-3 反射涂层的试验效果

2. 透水路面和保水路面

透水路面和保水路面都是通过增大路面结构中的空隙率，使得降雨能够通过路面保存在路面下部结构或土壤当中，当温度升高时，这些水分能够通过蒸发的方式降低路面温度，从而削弱热岛效应（图20.3-4）。

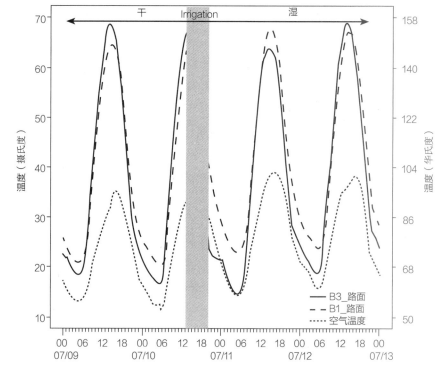

图20.3-4 透水路面的降温效果

3. 通风廊道降温

蒋理、刘超在上海的热岛效应研究中将已有的通风廊道宽度扩大，研究其对于上海热岛效应的缓解作用，结果表明通风廊道宽度达到5千米时效果显著。

20.4 小结

《信息产业科技发展"十一五"规划和2020年中长期规划纲要》将智能交通系统作为交通领域优先发展的产业之一。国家的大力支持和推广引来了无数研究者的热烈支持与反应，而作为智能交通系统基础之一的交通流量预测更是受到研究者青睐。当前，通过大数据、深度学习等先进的计算机技术，已经能够非常精确地预测下一时刻的交通状态，但交通系统的复杂性、混沌性等内在因素，使得交通流预测只能局限在小范围的短时预测。此外，所有预测方法的主要问题是精度和计算量不可兼得，精度高的预测方法一般计算量大，计算量小的预测方法精度不高。如何在计算量和精度之间取得平衡是未来的一个研究方向。而在未来，随着智能交通系统和各学科理论的不断发展，更多预测效果和实时性更好的预测方法也将会应用到交通流量预测中来，促进这一领域关键技术和应用的不断发展。

而在轨道交通站点客流量预测中，既涉及了与乘客直接相关的使用情况数据，又与地铁线路网、站点建设的空间情况相关，并且受到列车运行时刻表、运营管理策略的制约，还与天气等外部环境数据相关。由于数据的类型各有不同，导致研究者们在预测模型的选择和构建策略上也呈现出差异，既可以运用较为直接的逐级推演法，也可以融合多种不同模型或算法构建集合模型，其目的都是为了能够提高模型预测的准确度。

总体而言，在选择预测模型时，应当考虑自变量的特征，并运用多种模型相互比较和验证，必要时可以考虑将多种模型相互融合，各取所长。

道路是城市发展中的重要交通基础设施，在便利交通的同时也对城市环境产生了一定破坏，加剧了热岛效应。若对其产生的效应置之不理，那么该影响是长久且不可逆的。要通过改变路面的一些热学性质降低热岛效应，研究凉爽路面，才能够解决这个顽固问题，这将有利于城市交通基础设施可持续发展，产生经济、宜居城市、居民健康、生态环境、能源节约等多方面的效益。

本章参考文献

[1] Chang X, Ma T, Wu R. Impact of urban development on residents' public transportation travel energy consumption in china: an analysis of hydrogen fuel cell vehicles alternatives [J]. International Journal of Hydrogen Energy, 2018, 10.

[2] Errampalli M, Patil K, Prasad C. Evaluation of integration between public transportation modes by developing sustainability index for indian cities [J]. Case Studies on Transport Policy, 2018, 9.

[3] Fujiyama Taku, Chen Feng, Wang Zijia. Carbonemission from urban passenger transportation in beijing [J]. Transportation Research Part D Transport & Environment, 2015, 41(DEC): 217-227.

[4] Jiang Z, Li F, Xu R, Gao P. A simulation model for estimating train and passenger delays in large-scale rail transit networks [J]. Journal of Central South University, 2012, 19(12): 3603-3613.

[5] Lyu G, Bertolini L, Pfeffer K. Developing a tod typology for beijing metro station areas [J]. Journal of Transport Geography, 2016, 55: 40-50.

[6] Mukherjee, Sathi. Selection of alternative fuels for sustainable urban transportation under multi-criteria intuitionistic fuzzy environment [J]. Fuzzy Information & Engineering, 2017, 9(1): 117-135.

[7] Ni M, He Q, Gao J. Forecasting the Subway Passenger Flow Under Event Occurrences With Social Media [J]. IEEE Transactions on Intelligent Transportation Systems, 2016: 1-10.

[8] Simon Chinguwa, Wilson R. Nyemba, Emmanuel Ngondo, Charles Mbohwa. Development of an electric drive train for cycles as a sustainable means of transportation for a green environment [J]. Procedia Manufacturing, 2019, 33: 91-98.

[9] Singh Y, Fard P, Zuidgeest M, Brussel M, Maarseveen M. Measuring transit oriented development: a spatial multi criteria assessment approach for the City Region Arnhem and Nijmegen [J]. Journal of

Transport Geography, 2014, 35: 130-143.

[10] Sun Y, Zhang G, Yin H. Passenger Flow Prediction of Subway Transfer Stations Based on Nonparametric Regression Model [J]. Discrete Dynamics in Nature and Society, 2014: 1-8.

[11] Tang L, Zhao Y, Cabrera J, Ma J, Tsui K. Forecasting Short-Term Passenger Flow: An Empirical Study on Shenzhen Metro [J]. IEEE Transactions on Intelligent Transportation Systems, 2019, 20(10): 3613-3622.

[12] Xu J, Wu Y, Jia L, Qin Y. A reckoning algorithm for the prediction of arriving passengers for subway station networks [J]. Journal of Ambient Intelligence and Humanized Computing, 2019, 11(2): 845-864.

[13] Yang X, Dong H, Yao X. Passenger distribution modelling at the subway platform based on ant colony optimization algorithm [J]. Simulation Modelling Practice and Theory, 2017, 77: 228-244.

[14] 朴珠希. 紧凑城市形态对交通能耗及大气污染的影响——以韩国主要城市实证研究为例 [J]. 城市与区域规划研究, 2016, 008（001）: 50-67.

[15] 王杰. 共享单车对交通领域碳排放的影响及对策研究 [D]. 北京：北京建筑大学, 2019.

[16] 荣博盛. 考虑碳排放的连续型动态交通流分配模型及算法研究 [D]. 北京：北京交通大学, 2019.

[17] 吴泽宇. 人本视角下墨尔本中心区可步行街道空间营造经验与启示 [J]. 上海城市规划, 2020, 01: 99-104.

[18] 韩笑宓. 考虑公交车尾气排放的常规公交组合调度优化研究 [D]. 北京：北京交通大学, 2019.

[19] 鞠敏. 基于排放的公交信号优先控制研究 [D]. 北京：北京交通大学, 2019.

第21章 经济手段在交通减排中的应用

21.1 研究背景

随着我国经济的快速发展，城市车辆保有量也迅猛增加，交通拥挤在城市持续发展中日趋凸显。利用经济手段推行交通需求管理是缓解交通拥挤的有效途径，道路拥挤收费作为一项重要的交通需求管理措施，对路中拥挤路段的使用者收费来引导和调节交通需求，缓解交通拥挤的同时提高道路利用率和效益。道路拥挤收费政策在伦敦、新加坡以及斯德哥尔摩等地的实施中取得了显著效果。

结合我国的具体国情和国外城市的成功经验，在一些大中城市中实施道路拥挤收费具有现实意义。合理实施拥挤收费措施可以有效缓解城市中心的交通拥挤、提高交通有序度、增加交通安全性，进而改善拥挤区内的交通环境；有效的拥挤收费可以提高区域交通流速度，进而降低交通污染，减少能源消耗。而不合理的交通拥挤收费对缓解交通拥挤贡献很小，反而会增加绕行距离，进一步扩大拥挤区域，增加出行成本。拥挤收费需要考虑收费定价额度、社会公平性、公众接受程度等多方面因素。

本章从四个方面介绍了经典的交通需求管控措施——拥挤收费政策所带来的影响。第一部分介绍了交通拥挤产生的机理与影响，并进一步引出了交通拥挤收费这一经典的治理措施。第二部分从内涵经济学原理、发展历程与影响等方面，详细阐述了拥挤收费的作用机理。第三部分对拥挤收费政策中多利益主体的影响进行逐个分析，分别从市中心居民私家车通勤用户、公共交通、通勤用户、非通勤出行四个门类来分别综述。第四部分对于已经实行拥挤收费的国家或地区进行统计与整理，包括伦敦、纽约与新加坡。

21.2 交通拥挤概述

21.2.1 交通拥挤的含义

交通拥挤是由于交通需求和供应不平衡所造成的一种状态，两者不平衡关系越大，则越容易发生交通拥挤。交通拥挤具体是指在一定的时间和空间范围里，道路交通需求超过道路承载能力的车辆滞留在道路上的交通现象，其发生地点和拥挤程度是由人们工作、购物和居住地点的变换以及出行行为特性决定的。拥挤最直观的反映就是出行时间超出了出行者可接受的范围，或者是出行者不能接受的延误增长。

21.2.2 交通拥挤的标准

每个国家依照自身的交通流特点面向交通拥挤给出了相异的解释，通用的解释为：一旦道路交通需求大于对应瓶颈路段的交通容量，源于瓶颈路段上部的交通需求内大于承载量的车辆不能顺利通过，并于瓶颈处出现排队现象，此类现象也就是拥挤。

美国芝加哥把30%和超过这一数据的车道占有率连续5小时的交通情况划分到交通拥挤状态的范畴。

日本道路公团面向城市快速车道对应的交通拥挤给予阐述，指出处于快速车道内按照低于40公里/小时的速度行使或者持续停车、启动的队伍超过1公里同时连续高于15分钟的情况称为交通拥挤。

美国的德克萨斯运输组织通过出行时长以规定拥挤，一旦处于出行时长高于交通流量或是自由流的状态中，正常的出行发生显著的延迟叫作交通拥挤，如果上述延误高过人们认知中能够承受的范围，那么对应叫作不可接受的交通拥挤。

除此以外，我国公安部在2002年出台的《城市交通管理评价指标体系》规定，实施城市大型线路中的机动车行速平均值来反馈道路拥挤状况的办法：

畅通：城市主干道中机动车的平均行速超过30公里/小时；

轻度拥挤：交通要道中机动车平均行速未达到30公里/小时，而又超过20公里/小时；

拥挤：交通要道中机动车的平均行速未达到20公里/小时，而超过10公里/小时；

严重拥挤：交通要道中机动车的平均行速未达到10公里/小时。

因为交通拥挤归类于某一感知量的范畴，不仅取决于路上车辆的数目，同时被大众心理承受水平所左右。面向同样时间段等级一致的道路中相同的交通流量，每一城市的出行人员体验到的感受千差万别，每个城市的交通管理组织同样将通过各类手段加以调控。从不同国家对交通拥挤的定义来看，由出行延误方面面向交通拥挤加以阐释是相对科学的，可以相对完整地反馈交通拥挤的综合性。尤其是面向不可接受的交通拥挤的解释，相对更全面地展示交通设施类型、出行方式、地理方位、时期还有大众心理承受状况等内容的不同之处。

21.2.3 拥挤带来的影响

城市道路交通拥挤给整个社会带来的影响是巨大的，主要体现在以下几方面：

（1）拥挤将造成运输资源的浪费和服务水平的降低。大量的运输资源（包括道路设施和运输工具等）在拥挤时间内很难得到高效率的利用，运输服务水平也因为拥挤而大打折扣。

（2）拥挤将增加城市生产生活成本。由于拥挤使得旅行时间增加，从而增加生产生活的机会成本。

（3）拥挤将增加能源消耗。处于拥挤状态下的车辆较非拥挤状态的车辆要消耗更多的燃料。

（4）拥挤将增加交通安全事故的发生。拥挤状态下的车辆和出行者在面对高密度车流和不断低速、变速的行驶过程时，较易发生安全事故。

（5）拥挤将增加交通对环境的污染。拥挤会造成空气污染程度和噪声水平的提高，破坏城市环境。

（6）拥挤将增加整个社会的经济负担。拥挤路段破坏了整个运输系统的功能，一方面造成外部不经济，另一方面导致运输投资增加，加重了政府的财政负担。

（7）拥挤将影响社会资源的公平分配。一般税收所建造的城市道路的大部分面积被私人小轿车占用，乘坐公共交通的低收入者占用较少，造成低收入者补贴高收入者的不公平现象。

21.3 拥挤收费

21.3.1 拥挤收费的含义

广义的交通拥挤收费：为缓解严重的城市交通拥挤，对道路使用者从车辆拥有到道路使用的全过程进行收费，包括道路使用费用、拥挤收费、车辆购置税、燃油税、车辆配额和拥车证制度等多种不同形式收费。

狭义的拥挤收费：特定时段内在交通拥挤严重的区域或路段上，对小汽车使用者征收一定费用，将小汽车使用的边际个人成本提高到边际社会成本水平，通过提高小汽车出行成本，促使小汽车使用者调整其出行行为，进而达到需求控制和缓解拥挤的目的。

21.3.2 拥挤收费经济学原理

道路交通资源属于准公共物品的范畴，具有有限非排他性和有限非竞争性，该特性导致了交通参与者对道路交通资源的过度利用以及城市交通问题的产生。交通出行活动具有显著外部性，道路交通资源的过度利用导致了交通拥挤、能源消耗及环境污染等社会问题。依据经济学原理引入价格机制，让价格反映道路交通资源的稀缺程度，是交通需求管理措施的有效途径。外部性是指某个经济主体的活动对其他经济主体的效益产生影响，这种影响不能通过市场价格机制体现。外部性分为正外部性和负外部性，正外部性是指造成其他经济主体受益而无法索取费用，负外部性是指造成他经济主体利益受损而没有补偿。交通出行活动的正外部性表现为：给城市发展和社会经济带来的效益远超过人们对交通出行活动直接或间接支付的费用。但同时交通出行活动也造成环境污染、能源消耗、交通事故、交通拥挤等一系列负外部性影响。交通出行活动外部性的存在导致道路交通资源配置效率低下，拥挤收费措施利用价格机制把交通出行活动的外部性内部化，理论基础是经济学的边际成本理论。

运用供需平衡原理和边际成本理论可以清晰阐述拥挤收费措施的经济学原理，出行过程中道路使用者感知和支付的仅是个人成本，个人成本主要包括：燃油消耗成本、车辆维修保养成本、时间成本、停车费用等，然而交通出行的社会成本还包括由于个人出行给其他交通参与者带来的一系列影响，包括：出行时间延长、低速油耗增加、环境污染及交通事故成本等。由于交通参与者在出行过程中承担的个人成本远低于其出行的实际社会成本，交通出行造成社会福利损失，导致道路交通资源不能得到有效配置，因此借助经济杠杆进行调节，使交通参与者承受交通出行的真实社会成本，拥挤收费值应为边际社会成本与边际用户成本的差值。

21.3.3 拥挤收费研究历程

1. 20世纪60~80年代——理论基础形成时期

拥挤收费理论基础包括静态模型和动态模型。

Vickrey提出了瓶颈收费模型，以拥挤收费水平代替排队时间所产生的费用是平衡条件的前提，提出了动态收费理论模型。Henderson对Vickrey的动态模型进行修改，综合了出行者属性不同，让模型能更好地表现出行者出行意愿。虽然两类模型都有各自的缺陷，但为研究拥挤收费问题提供了基本的思路和方法。

2. 20世纪90年代——理论发展时期

这个时期，国外专家学者主要在上述理论的基础上进行收费政策和影响的研究以及收费模型的改进。

Arnott等提出了出发时间选择的模型，把出行者的旅行时间、理想到达时间和预计延误费用综合考虑，把出行者的属性差异和路径决策结合起来考察。Hau研究了静态拥挤收费对社会福利的影响和对不同人群的利益影响。Verhoef等利用次优收费思想（Second-best congestion pricing）仅对部分路段或路径收费来实现系统优化的目标。这些研究极大地丰富了拥挤收费基础理论，并进一步拓展了拥挤收费的研究领域，为拥挤收费问题的深入研究提供了更多的方法。

3. 理论成熟时期

进入21世纪以来，对拥挤收费理论的研究越来越深入，主要集中在模型的进一步改进、拥挤收费政策的制定及影响、拥挤收费理论与其他领域知识的结合。

拥挤定价模型的改进：由于基础理论只是提供了研究方法和基本模型，面对具体城市交通网络的复杂情况，还需要建立大量的可操作性强的收费模型。Palma等将出发时间选择等作为内生变量模拟了包含放射线路和环路的城市网络，分析不同收费方案的不同影响。

对于次优定价理论，Verhoef进一步提出综合考虑城市人口密度和劳动供给的单中心次优收费模型，同时双层规划方法也被广泛应用。拥挤收费的影响研究：拥挤收费的影响一般包括对交通流的影响和对公众的影响两大部分。Parry和Bento对城市道路拥挤带来的其他道路拥挤、事故外部成本、油耗与污染等改变程度给出了衡量模型。Saleh等人、Beevers等人分别研究了时变拥挤收费对出行时间选择的高峰分布的影响、拥挤收费对车辆排放的影响等。Eliasson等人设计了定量评价模型，对斯德哥尔摩拥挤收费方案的公平性影响进行了分析，发现对拥挤收费影响最大的因素是最初交通方式的选择和拥挤收费收入的使用。拥挤收费策略的制定：拥挤收费策略是拥挤收费理论与实践的结合点。Kockelman研究了基于贷记的拥挤收费制度，即对所有合法驾驶者进行补贴，出行者决定是否使用补贴在拥挤道路行驶。拥挤费收入的分配是拥挤定价政策能否获得公众支持的关键因素之一。许多学者致力于寻找合适的拥挤费收入再分配方案，Séona用MNL模型进行了分析。

拥挤收费理论与其他领域知识的结合：Levinson利用博弈论研究拥挤的发生和拥挤收费的作用，从微观的角度发展了拥挤理论和拥挤收费理论。通过博弈发现，拥挤的发生由相关参与者先到达、后到达和行程延误评估决定，拥挤收费可被看作一种最小化总成本的合作机制。

21.3.4 拥挤收费的影响

1. 社会公平

（1）模型假设。居民的出行费用包含出行时间费用和货币费用。对于驾驶员来说，货币费用包括汽油费、车损费、收费道路上的过路费等；对于公交车乘客来说，货币费用为车票。

（2）研究方法。建立交通模型，分析拥挤收费对社会各阶层的公平性影响。出行者的时间价值（VOT）服从连续性分布。在一个简单的路网上，建立交通均衡模型，分析出行者根据自己的VOT选择出行方式和行驶路径的行为。分析拥挤收费对不同VOT居民的出行方式、路径选择和费用变化影响。

（3）研究结论。拥挤收费对不同居民的影响是不一致的，且大多数出行者的行程时间和总体出行费用都呈下降趋势。公务车辆、广大VOT较低的公交乘客和VOT较高的驾车族从拥挤收费中获益，只有少量VOT较低的驾车族在拥挤收费中受损。

（4）研究的不足。模型有待进一步深化；未使用实际数据进行验证。

2. 居民出行

（1）数据来源。通过路边问卷调查以及电子邮件调查的方法共发出调查问卷900份，收回746份，有效调查问卷712份。月收入水平在3000~8000元之间的有557人，利用这557个样本数据来对模型进行分析，两种出行方式的分担率分别为和33.4%和67.6%。

（2）研究方法。假设每个行为决策者在每次选择中都会选择效用最大的选择枝；对于不同的行为决策者来说，每个选择枝的效用是由个人自身的特性和选择枝的共有特性共同决定的。在此假设的基础上构建居民出行的MNL模型。

（3）研究结论。当收取交通拥挤费用，使得小汽车的出行费用增加时，会有部分居民放弃小汽车出行，而转向公共交通工具出行。收取不同的交通拥挤费用，其对应的小汽车出行方式的分担率与转移比例是不一样的。当交通拥挤费用为5元时，小汽车的出行分担率为27%，其向公共交通工具转移的比例为5.2%，而当交通拥挤费用金额达到50元时，小汽车出行方式的分担率仅为30%，转向公共交通工具的比例为30.2%。此时收取交通拥挤费用通过影响居民出行方式选择进而缓解交通拥挤的作用已接近最大化。

（4）研究的不足。居民出行的影响仅考虑出行时间和出行费用；居民出行方式仅考虑小汽车和公共交通。

3. 交通

（1）数据来源。新加坡1975年、伦敦2003年实施拥挤收费后的官方统计数据。

（2）研究方法。比较拥挤收费前后的官方统计数据。

（3）研究结论。新加坡：通过公交车上班出行增加了近50%，占上班总出行的46%；高峰时间机动车出行量比拥挤收费前减少了24700辆。伦敦："交通拥挤水平"减少了26%，同时平均时速增加至大约16~17公里/小时。由整年数据来看，收费范围的总体交通拥挤状况大致减少了30%。

（4）研究的不足。未定量研究拥挤收费对各交通量的影响；比较城市有限，只能定性地反映拥挤收费带来的影响。

21.3.5 拥挤收费政策对多利益主体的影响

1. 市中心居民

（1）数据来源。美国纽约市政府和州政府所考虑的两个相互竞争的拥挤收费方案Fix NYC和Move NY，其中比较了拥挤收费政策所带来的成本和对居民的健康效益。主要利用从区域规划协会、Balanced Transportation Analyzer和科学文献中获得的数据。

（2）研究方法。使用传统的随机时变马尔可夫链模型，使用TreeAge Pro 2016进行模拟。该模型包括上述两种拥挤收费方案，以及它们各自的成本和对纽约居民身体健康的益处。

（3）研究结论：

1）市中心的居民可以享受到部分费用减免，并鼓励车辆运营商使用替代燃料，因此出行成本下降。

2）市中心居民的身体健康程度获得了提高，并且出行方式发生了改变。

3）拥挤收费这一收入再分配方式会对居民的身体健康产生积极影响。

（4）研究的不足。Fix NYC允许在拥挤收费设计上进行实验性的改变，Move NY则没有。这种调整能够带来影响，例如市中心居民的出行费用或某些地区的定价变化，从而进一步研究其对经济与环境所带来的影响。

2. 私家车用户

（1）数据来源。该研究选址于南京市著名商业中心新街口。选择这一地区作为收费区，是因为它在交通高峰期因持续的高交通量而严重拥挤。以897名私家车用户为样本进行了测试。

（2）研究方法。整合调查数据并进行分析，根据计划行为理论和规范激活理论，结合评价指标，提出了一个层次结构模型来分析可接受性的决定因素。

（3）研究结论：

1）感知的公平性和自由性似乎是决定汽车用户拥挤收费可接受性的重要因素。

2）个人规范和感知行为控制被证明是可接受性的额外直接预测因子。与以往的研究相比，感知有效性与公平性没有显著相关。

3）社会人口统计学变量与拥挤收费可接受性的关联度较低。

（4）研究的不足：

1）本研究并未调查所有可能影响拥挤收费接受度的因素，如个人结果预期、对收费的了解或达成的重要目标。

2）没有一个大都市地区被调查过。

3. 公共交通用户

（1）研究数据。新加坡乌节路市中心基于cordon的电子道路定价（ERP）系统的公路网改进版数据。

（2）研究方法。建立了一个双层优化模型，以优化城市交通网络中的汽车拥挤收费警戒线价格，确定汽车交通的最优区域定价方案，以激励公交作为一种阻止交通拥挤机制的扩大使用，以及由此产生的社会成本。

（3）研究结论：

1）合理的拥挤收费政策可以降低高峰时进入收费区的交通量，提升平均车速，并且汽车合乘比例也大大提高。

2）有实证研究证实了公共交通在缓解拥挤方面的效益。合理的拥挤收费定价有利于公共交通的发展，以及对替代交通形式的投资。

3）人们对等待时间的重视程度不通，因此一些私家车用户也会被抑制向公交转变。

（4）研究的不足。研究并未将社会人群属性进行进一步细分，收入异质性可能会导致对公交系统的更大投资，获取更大的公共交通发展机会。

4. 非通勤出行

（1）研究数据。主要是针对拥挤收费对居民内外非通勤出行的影响，选择了北京这个经济文化中心城市，具体的调查办法是通过发放问卷以及网上调查。本次调查内外非通勤出行有效样本量为68。

（2）研究方法。首先通过意向调查了解拥挤收费对北京内外非通勤出行的影响，再利用MNL模型探索出行选择的关键因子，最后通过拥挤收费与开车付费的关系图确定最优的拥挤收费定价。

（3）研究结论：

1）越年轻的出行者选择开车付费的概率越大。

2）有交通补贴的出行者选择开车付费的概率比没有交通补贴者大。

3）停车费用越低则内外非通勤类出行者选择开车付费的可能性越大。

4）拥挤费用越少，内外非通勤类出行开车付费的可能性越大。

（4）研究的不足：

1）样本数据量有限，结果可信度有限。

2）北京尚未实施拥挤收费，因此结果较为主观。

3）影响因素归纳欠全面。

21.3.6 已经实行拥挤收费的国家或地区

1. 伦敦

（1）数据来源。伦敦市实施拥挤收费政策之前（2003年之前）与实施拥挤收费之后各方面数据对比，包括：

1）交通运行数据：高峰时段交通密度、流量，平均车速，因拥挤造成的成本损失。

2）空气质量数据：PM10、PM2.5浓度。

3）交通事故数据：交通事故人员伤亡统计数据。

（2）研究方法。数据的对比分析与可视化，着重辨识拥挤收费的敏感人群，凸显该政策带来的交通量变化。

（3）研究结论：

1）伦敦高峰期平均速度提高20%，日均进出拥挤收费区域的车流总量下降14%，出行中小汽车分担率由9.83%降至6.14%。

2）出行中公共交通方式分担率由86.05%提高到88.95%。

3）进入收费区域的车辆中95%以上满足相应的排放要求，伦敦市空气质量检测中颗粒物（PM）浓度下降3.07%。

（4）研究的不足：

1）该政策在经济方面带来的变化涉及内容较少。

2）对整个城市运行与社会生活方面涉及内容较少。

2. 纽约

（1）数据来源。纽约市实施拥挤收费政策之前（2007年之前）与实施拥挤收费之后各方面数据对比，包括：

1）经济数据：因拥挤造成的成本损失。

2）基础设施数据：因拥挤带来的基础设施老化情况。

3）人口数据：稠密的人口造成道路资源的愈发紧张。

（2）研究方法。从政策分析入手，辨识受益人群，数据对比分析政策带来的城市整体情况的变化与发展。

（3）研究结论：

1）政策使汽车总收入增加7.05亿美元，使商业车辆总收入增加1.05亿美元，总额为8.1亿美元。

2）该方案预计减少早上6：00到晚上8：00进入CBD的人数约13%，平均车速提高9%所带来的经济效益将有助于减轻这项计划给司机带来的新成本。

3）为纽约每年带来约10亿美元的收入，其中80%用于改善纽约市内公交和地铁系统，剩余20%平均分配给长岛和北部的铁路建设。

（4）研究的不足：

1）更偏向于政策的经济效益分析。

2）数据缺乏客观性全面性。

3. 新加坡

（1）研究数据。新加坡实施拥挤收费政策之前（1998年之前）与实施拥挤收费之后各方面数据对比，包括：

1）交通运行数据：高峰时段交通密度、流量，平均车速，因拥挤造成的成本损失。

2）人口数据：稠密的人口造成了道路资源的愈发紧张。

3）空气质量数据：PM10、PM2.5浓度。

（2）研究方法。从政策分析入手，着重关注人群的出行行为变化，数据对比分析政策带来的城市整体情况的变化与发展。

（3）研究结论：

1）政策有效缓解交通拥挤，改善公共交通以提升新加坡城市景观。

2）高峰时段进入收费区交通量下降了45%（其中70%以上为单独驾车），平均车速从18公里/小时增加到35公里/小时，通过公交车上班的出行增加了近50%，达到上班总出行的46%，并且汽车合乘比例也大大提高。

3）二氧化碳和温室气体排放量降低了10%～15%。

（4）研究的不足。可以进一步对比新加坡不同时期实行的不同交通需求管控政策的效益。

21.4 小结

拥挤收费本质上是一种交通需求管理的经济手段，目的是利用价格机制来限制城市道路高峰期的车流密度、控制交通出行需求、调整出行路径、调节交通量的时空分布、减少繁忙时段和繁忙路段道路上的交通负荷，提高道路设施的通行速度，满足道路使用者对时间和经济效益的要求。通过道路拥挤收费还可以有效促进交通方式向高容量的公交系统转移，抑制小汽车交通量的增加，并且有助于引导市民科学出行和实现低碳交通。

在接下来的研究中，可以根据小汽车的不同碳排放水平实施拥挤收费政策。这样，城市人口的过快增长不但可以得到有效的抑制，也可以明显提高城市公共交通的服务水平。对于缓解交通拥挤和改善城市空气质量都会有积极作用。

本章参考文献

[1] Arnott R, A. D. Palma, Lindsey. Departure time and route choice for the morning commute [J]. Transportation Research Part B Methodological, 1990, 24：209-228.

[2] Beevers S, Carslaw. The impact of congestion charging on vehicle emissions in London. 2005, 39：1-5.

[3] Eliasson J. Equity effects of congestion pricing [J]. Mattsson & Practice, 2006, 40.

[4] Farrell S, Saleh. Road-user charging and the modelling of revenue allocation [J]. Transport Policy, 2005, 12: 0-442.

[5] Hau T. Economic Fundamentals of Road Pricing: A Diagrammatic Analysis [J]. World Bank Policy Research Working Paper Series, 1992.

[6] Henderson J. Road congestion: A reconsideration of pricing theory [J]. Journal of Urban Economics, 1974, 1: 0-365.

[7] Kim K, Hwang. An application of road pricing schemes to urban expressways in Seoul [J]. Cities, 2005, 22: 43-53.

[8] Kockelman K, Kalmanje. Credit-based congestion pricing: a policy proposal and the public's response [J]. Transportation Research Part A, 2005, 39A: 671-690.

[9] Levinson D, Practice. Micro-foundations of congestion and pricing: A game theory perspective [J]. Transportation Research Part A, 2005, 39A: 691-704.

[10] Li Y, Y Guo, J Lu, S Peeta. Impacts of congestion pricing and reward strategies on automobile travelers' morning commute mode shift decisions [J]. Transportation Research Part A: Policy and Practice, 2019, 125: 72-88.

[11] Lynch P. Political obstacles to adopting congestion pricing in New York City [M]. Massachusetts Institute of Technology, 2010.

[12] Nozick Linda, Chen R. Integrating congestion pricing and transit investment planning [J]. Policy & Practice, 2016.

[13] Palma A, M. Kilani. Congestion pricing on a road network: A study using the dynamic equilibrium simulator METROPOLIS [J]. Lindsey & Practice, 2005, 39A: 588-611.

[14] Parry I, A. Bento. Estimating the Welfare effect of Congestion Taxes: The Critical Importance of other Distortions within the Transportation System [J]. Journal of Urban Economics, 2002.

[15] Saleh W. Implications of congestion charging for departure time choice: Work and non-work schedule flexibility [J]. Farrell & Practice, 2005, 39A: 773-791.

[16] Verhoef E. Speed-flow relations and cost functions for congested traffic: Theory and empirical analysis [J]. Elsevier, 2005, 39: 792-812.

[17] Vickrey W. Congestion theory and transportation investment [J]. American Economic Review, 1969, 59(2): 251-260.

[18] Yu W, D Suh, S Song, B Jiao, L Zhang, P Muennig The cost-effectiveness of competing congestion pricing plans in New York city [J]. Journal of Transport & Health, 2019, 14.

[19] 车国鹏. 拥挤收费政策对通勤者出行行为影响研究 [D]. 成都：西南交通大学，2018.

[20] 东方，阴炳成，魏星. 国外城市道路拥挤收费与公共交通发展关系研究 [C] //天津市城市交通发展战略论坛，2019.

[21] 隽志才，罗清玉，傅忠宁. 拥挤收费对城市道路资源配置公平性的影响研究 [J]. 交通运输系统工程与信息，2008，008：74-79.

[22] 李斌，黄海军. 新加坡道路收费系统的实践和经验 [J]. 公路交通科技，2000，17：59-62.

[23] 李罗明. 武汉市交通拥堵问题研究 [D]. 武汉：武汉理工大学，2005.

[24] 王鹏，郑长江，王晨. 拥挤收费对居民非通勤出行的影响分析 [J]. 贵州大学学报（自然版），2015，032：137-140.

[25] 王倩. 交通拥堵收费对居民出行方式选择的影响研究 [D]. 北京：北京交通大学，2012.

[26] 薛伟. 道路拥挤的定价研究 [D]. 北京：北方交通大学，2001.

[27] 张小宁，曹津. 交通拥挤收费的社会公平性分析 [J]. 同济大学学报，2011，38：1605-1609.

第 **6** 篇

未来城市交通洞见

导读

大数据、人工智能、5G通信等技术的蓬勃发展，使以万物互联、自动驾驶、交通运输网联化等为特征的未来交通情景离我们越来越近；能源革命也将使低污染、低排放的城市交通成为现实。在此背景下，未来的城市交通是怎样的一幅景象？技术系统和社会系统如何协同发展？产业及行业发展政策如何与社会治理政策耦合共生，推动技术迭代与社会发展共同进步？本篇较为系统地梳理了国内外著名机构的研究成果和一些国家对交通相关产业、基础设施及城市交通发展等的规划和政策，回顾了城镇化走过的历程，并给出了我们如何面对未来，迎接新一轮科技革命带来变化的建议。相信本篇内容可以为未来城市交通发展的预判提供参考。

第22章综述了奥雅纳（Arup）、德勤（Deloitte）和理特（ADLittle）三个国际知名咨询机构对未来城市交通的愿景和解决方案；介绍了英国、美国、日本从国家层面推动未来交通发展的产业规划和政策；借助技术成熟度曲线分析技术生命周期特征通过多层视角理论解释社会—技术系统的动态、非线性演变规律；最后指出了无节制的"技术主导"模式将可能存在损害公平性和社会利益的风险。

第23章从"回到过去"的角度，介绍了日本全国国土计划、首都圈规划和东京都2040规划及日本城镇化的经验；从现代交通规划起源、空间规划体系演进过程和大伦敦市长交通战略（2018）三方面回顾了英国城镇化的历程和交通规划及政策变化过程；提出我国应重点关注英、日两国城镇化发展目标和战略的变化，借鉴经验教训，明晰后城镇化阶段可持续发展的内涵与任务，认识城镇化进程"由无到有、由有到精致、由精致到卓越"三个阶段的差异化挑战，走出独特的"新型城镇化"中国路径。

第24章以"预测—规划—情景—愿景—批判—变革"方法体系框架，讨论了未来城市交通的发展情景和如何应对未来发展不确定性的挑战；提出借鉴欧盟可持续移动性规划等的成功经验，构建我国未来城市交通的可持续移动性规划架构，确定城市创新驱动、绿色发展、美丽宜居、特色彰显、包容共享等发展目标；实现由过去的"工程型范式"到近期"社会—技术型范式"，再到未来"社会—技术—政策型范式"的转变。

第22章 可持续发展主导的未来

22.1 国际咨询机构解决方案

22.1.1 奥雅纳

奥雅纳解决方案关注未来道路、未来铁路、未来车站和未来思考。

1. 未来道路

未来城市具有高度城市化、科技改变连通、人口增长并老龄化、气候环境改变、能源资源紧缺、行为改变并流行共享经济、交通智慧化一体化的特点。22项潜在道路技术应用包括：云信息管理、无人机监测预测维护、大运量货运穿梭系统、自然街道照明、步行骑行专用道、城市绿道、拥挤收费区、自加热道路路面、独立自行车高速路、V2V车间通信、可循环材料路面、夜间可发光式道路标识、地下停车设施、全协调交通信号、电动车辆无线充电、太阳能路面生成能源动力、自行车后架整合公交车、公交车透明LCD信息、智慧票务无票化出行、智慧人行过街、地面道路行驶自动驾驶车辆和地下道路行驶非自动驾驶车辆（图22.1-1）。

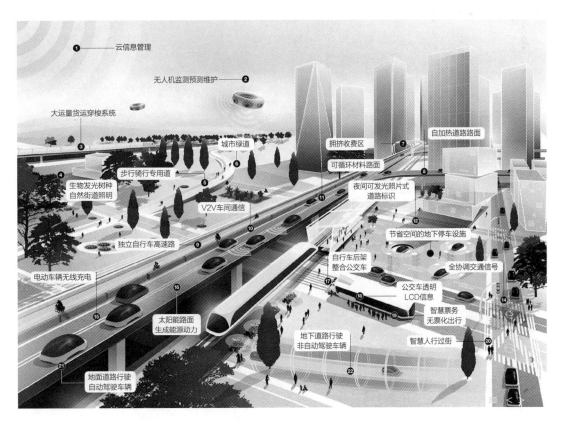

图22.1-1 未来道路系统潜在技术示意图

2. 未来铁路

17项潜在铁路技术应用包括：整合商务休闲与交流的交通与生活枢纽、无人机监测预测维护并提高安全保障、少票化安检技术消除车站集聚风险、虚拟购物墙提供便捷体验、智能机器人修复维护基础设施、能源地板产生电能、清洁能源驱动的无人驾驶舱、地下货运管道、货物电子标签实现可靠追踪并减少延误、铁路岔口自动判断变道、智能机器人装卸货物、自动货运列车模块化拆分、氢动力/核能/空气推进/磁悬浮等新型可替代能源、智慧车窗控制、按需灵活内饰、自动客运列车优化运行时间与可靠性和实时旅客信息实现无缝出行规划（图22.1-2）。

3. 未来车站

未来宜居车站可能包括市民活动中心、支撑包容增长和健康社区核心三种方式，具有9个要点（图22.1-3）：

（1）更多的个性化出行。虚拟一票通、数字信息平台、忠诚用户计划与出行预约、整合人工智能数据收集和个性化出行服务。

（2）更多更好的选择。具有适时换乘与个性化时刻表的多模式枢纽、客运枢纽兼容货运集散、与站点一体化的无人机空港和交通服务与共享工作空间等服务相结合的会员制选择。

（3）合作与协同。站点及其周边一体化开发的关键合作伙伴、利益相关者之间风险与未来收益共担、协作方法强化用户体验和共享资源与能力打造更好的本地化成果。

（4）混合利用场所核心。创新治理结构促进包容性增长、编制综合发展战略、紧密联系职住、降低小汽车依赖性和设置车站改善区。

（5）融入包容性社区生活。结合知识中心与孵化空间、实现远程学习、通过教育联系创收、为当地社区提供更多机遇和紧密联系商务、商业与创新。

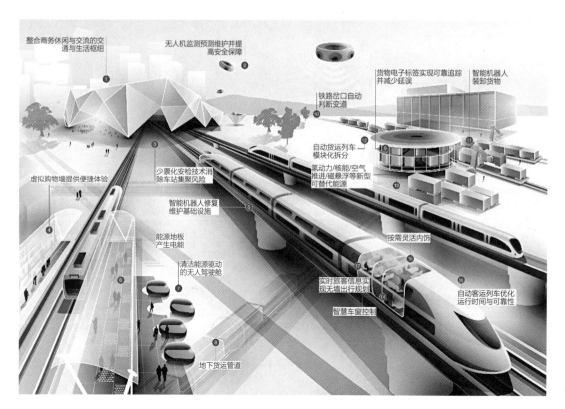

图22.1-2 未来铁路系统潜在技术示意图

（6）满足不断发展的包容性邻里要求。形成技能与交流中心点、支持全龄技能发展、创造机遇和与地方服务部门建立新合作关系。

（7）形成站点公共空间健康网络。扩大并改善车站周边公共空间、新增步行与自行车基础设施，并更多地联系绿色基础设施。

（8）融入站点健康场所。愈发增强的场所自豪感、场所内营造抵达感、增加本地零售合作机遇，并形成社区福祉关注点。

（9）不断发展的健康社区要求。提供全龄友好型无障碍设施、提供综合技能与培训、与教育机构广泛合作，并鼓励社区参与。

4. 未来思考

塑造未来城市交通需要重新思考城市出行，回答3个问题，形成7个政策建议和9个解决措施。

（1）3个问题：塑造改变时城市应扮演何种角色（脱欧抉择、创新率、气候变化、能源安全、交通变迁、需求增加），需求响应交通如何影响城市系统（商业模型、自动驾驶成熟化倒计时、政策、补贴水平、包容性、连通性）和交通系统的经济基础是否还能自圆其说（地缘政治不确定性、科技活力、数字安全、权力下放、技能与教育、消费行为）。

（2）7个政策建议：政策与权力、无缝出行、共享自动化出行、数据与分析、健康与幸福感、货运和税收与激励。

（3）9个解决措施：出行即服务、新型交通方式、自动驾驶交通工具、实时开放数据、

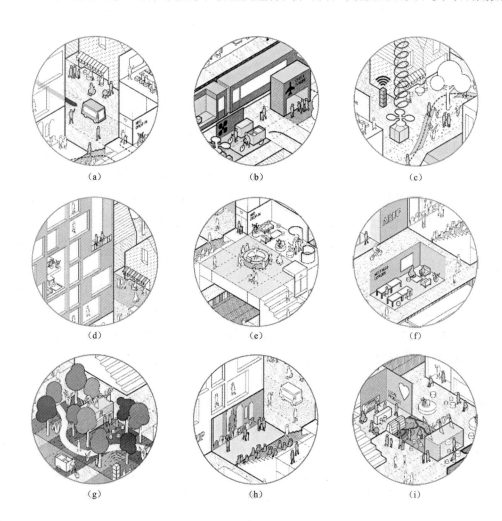

图22.1-3 奥雅纳明日宜居车站解决方案示意图
(a) 个性化出行；(b) 更多更好的选择；(c) 合作与协同；(d) 混合利用；(e) 融入社区；(f) 包容性邻里；(g) 公共空间健康网络；(h) 健康场所；(i) 健康社区

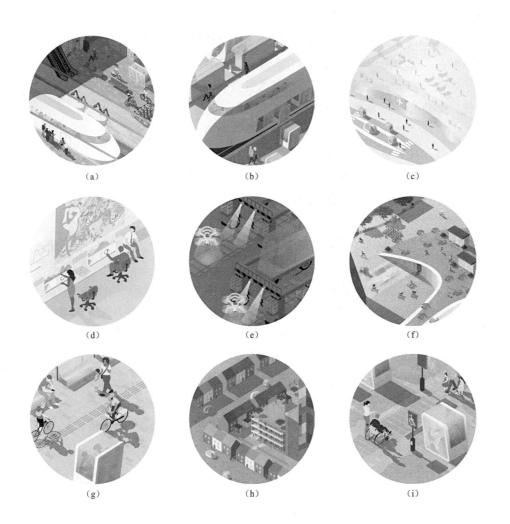

图22.1-4 奥雅纳未来城市交通解决方案示意图
(a) 出行即服务;(b) 新型交通方式;(c) 自动驾驶交通工具;(d) 实时开放数据;(e) 机器人与无人机;(f) 货运物流;(g) 步行与自行车;(h) 需求响应型交通;(i) 包容设计

机器人与无人机、货运物流、步行与自行车、需求响应型交通和包容设计（图22.1-4）。

22.1.2 德勤

德勤解决方案指出促进更快速、更绿色、更廉价的交通选择，应将合乘出行、自行车通勤、共享汽车、需求响应服务作为出行生态系统的新要素（图22.1-5）。

（1）鼓励合乘出行（Ridesharing）的8个措施包括：利用税务激励手段、提升匹配平台用户体验、投资基础设施强化支撑、强化关键客流通道、借助可信渠道招募参与者、定位年轻通勤群体、成立公私合作PPP关系改善出行和政策宣传引导。

（2）加快完善自行车通勤（Bike commuting）的9个措施包括：投资自行车基础设施、建设智慧自行车设施、鼓励公共自行车项目、借助公私合作PPP机制资助设施改善、优化设施选址发挥最大影响、编制区域自行车规划、整合联系自行车通勤与公共健康、借助大数据挖掘通勤特征和利用税务激励手段。

（3）加快推动共享汽车（Carsharing）的5个措施包括：补助服务提供商启动资金、形成共享用车替代拥车的意识、为共享汽车提供公共停车位、考虑支持共享汽车的开发要求和通过商业车队共享加以支持。

（4）增加需求响应服务（On-demand ride services）公共价值的7个措施包括：确保政府数据搜集可反映按需服务特征、鼓励在线发布出行与费用数据、支持政府机构与服务商间的试验合作、资助研究与实验以确定最优定位、征集私人合作伙伴实现目标、合同约束确

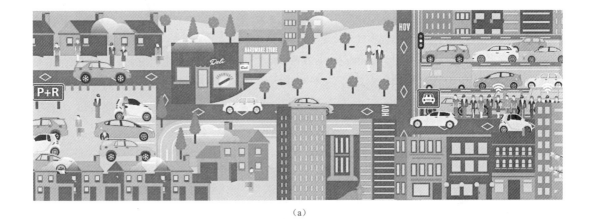

(a)

(b)

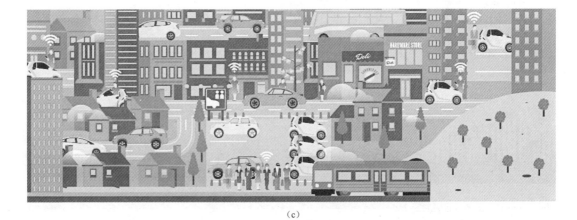

(c)

(d)

图22.1-5 智慧出行生态系统四要素示意图
(a) 鼓励合乘出行；(b) 加快完善自行车通勤；(c) 加快推动共享汽车；(d) 增加需求响应服务公共价值

保有效服务和制定周密法规鼓励服务推广。

德勤进一步指出，形成未来出行战略应评估潜在影响、确定生态系统角色定位、评估未来要求与当下能力是否匹配、评价竞争强度明确竞争对手和形成能力路线图（图22.1-6），并提出无缝一体化出行系统SIMSystem的十项基本原则（图22.1-7），以用户为中心、设计适应、开放标准与协议、公私协作、参与和价值、灵活治理、资金金融、性能测度、学习提高与规模增长。

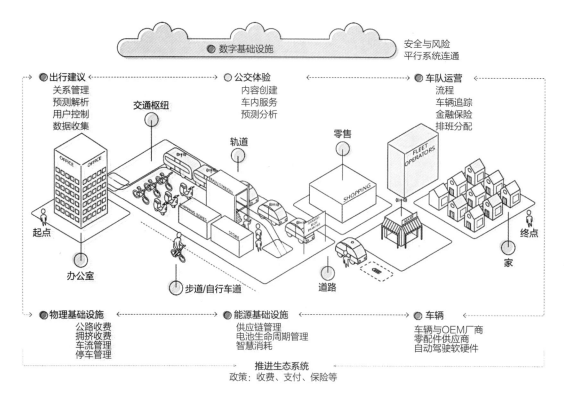

图22.1-6　未来出行生态系统关键能力示意图

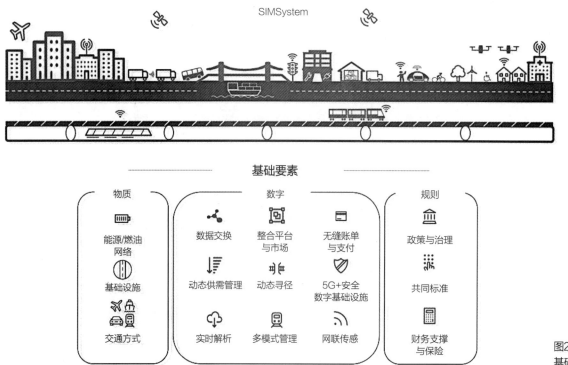

图22.1-7　SIMSyetem基础要素示意图

SIMSystem由交互操作性技术扫描框架（Interoperability Technology Scan Framework）支撑。核心层为基本技术，邻近层为非关键但重要技术，间接层为非必须技术（图22.1-8）。在技术功能方面，主要依靠"学习（Learn）→部署（Deploy）→分析（Analyze）→传播（Disseminate）→创造（Create）"五步流程。

德勤还设想通过数字化出行运营系统形成交通通用语言。该系统由基础平台、功能模块（包含出行市场优化、基础设施管理和出行管理三个维度）和市民参与三部分组成，向上执行城市管理与政策（如道路使用收费、绿色出行激励和实时交通管理等），向下与出行需求、设施与服务供给形成闭合循环（图22.1-9）。

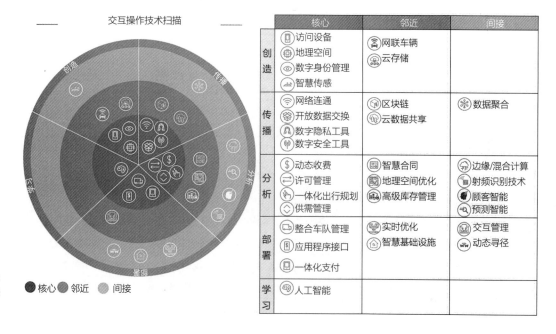

图22.1-8 SIMSyetem交互操作技术扫描示意图

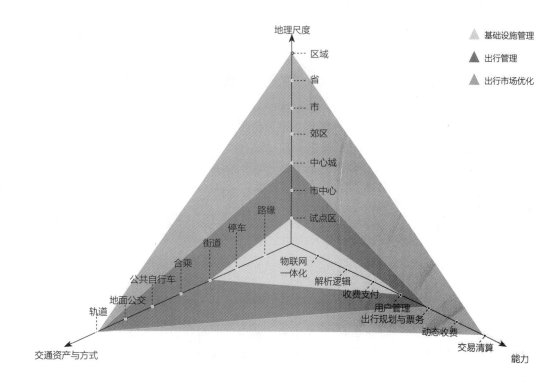

图22.1-9 数字化出行运营系统成熟度模型示意图

此外，德勤还通过15类统计指标72个子指标对全球城市的交通系统进行评估，指标分为性能与韧性、愿景与领导、服务与包容三类（表22.1-1）。

德勤评价指标汇总表　　　　　　　表22.1-1

主题	关键指标	子指标
性能与韧性（21）	拥堵	高峰拥堵时长、市中心驾车时间、拥堵水平、公交专用道里程
	公共交通可靠性	轨道/铁路延误比例、地面公交延误比例、公共交通平均等候时间
	公交安全性	道路质量、可步行性分数、万人交通伤亡率
	一体化与共享交通	交通开放数据与API、公交票务整合、共享汽车、公共自行车、出行即服务、私人小汽车依赖性
	空气质量	年度$PM_{2.5}$和PM_{10}平均浓度、二氧化碳排放、空气质量指数
愿景与领导（22）	愿景与战略	城市创新与未来交通战略、政府及私人部门与学界间的监管协作和联合举措
	投资	交通预算比例、交通投资水平
	创新	电动车辆比例、智慧城市排名、出行即服务、交通开放数据与API、城市创新与未来交通战略、相关加速器/风投/初创企业情况
	规章环境	合乘公司运营、监察机构数量、城市创新与未来交通战略、自动驾驶车辆支持、政府及私人部门与学界合作的评估
	环境可持续举措	交通可持续性分数、可持续规划分数、自行车道里程、电动车辆激励、燃油车辆置换清洁能源车辆比例、公交专用道里程、环境友好出行分担率
服务与包容（29）	公共交通供给	轨道交通里程、轻轨站数、自行车道里程、公交专用道里程、轨道交通平均高峰频次、公共交通平均等候时间
	交通可负担性	月公共交通支出、燃油价格、平均停车价格、平均出租车费用、居民最低收入、分方式出行费用
	多种形式	轨道、市郊铁路、有轨电车、网约车、共享汽车、合乘服务、公共自行车、小汽车依赖性
	用户满意度	公共交通满意度、道路质量、拥堵水平、公共交通平均等候时间
	可达性	交通可达性分数、地面公交无障碍服务比例、轨道与铁路无障碍服务比例、可步行性分数

22.1.3　理特

理特解决方案由迈向2050年网络化多模式城市、塑造明日可拓展出行生态系统和颠覆与创新时代的出行再造三部分组成。

理特认为，塑造未来的核心在于关键的创新赋能与城市管理的战略要务。关键的创新赋能指的是：建立合作平台、形成并执行愿景、发现并响应客户需求和发起竞争。城市管理的战略要务指的是：交通系统网络化、重新思考系统发展路径和确定可持续发展内核。

理特指出，颠覆与创新时代"交通解决方案供应商"的5个战略方向和12项技术举措。5个战略方向是：使命感驱动独特服务、顾客体验增加吸引力、卓越运营扩大竞争优势、面向出行即服务MaaS的生态系统一体化和成功管理转变。12项战略举措则主要面向解决方案供应商。

理特定义了可持续交通系统的4个维度和25项关键举措。

1. 愿景战略与生态系统维度

愿景与目标。为公共交通建立一个透明、可行和稳定的监管框架，整合国家和区域交通权力，确保角色和责任的明确分配；统筹公共交通专业化运营商与运营机制正规化；基于利益相关者的战略一致性，制定政治愿景和城市交通目标。

战略与总体规划。制定有远见的城市交通战略和总体规划，确保在伸展性和可实现性之间保持适当平衡。

城市政策整合。确保交通政策与其他城市政策的协调；制定交通政策和其他城市政策的综合方法，从孤立的决策转向综合的城市管理。

公平竞争领域。在运输方式和商业模式之间展开公平竞争。

2. 关注解决方案与生活方式的交通供给维度

核心产品。投资建立一个可持续的交通产品，不重复发达国家错误；通过引入创新的商业模式和合作伙伴关系，从"交通供应商"发展为"解决方案供应商"，提高公共交通的竞争地位促进可持续交通。

产品特征。将公共交通运营商文化从"车队经理"思维模式转变为"以客户为中心"思维模式，在改善客户体验同时逐步提高服务质量。

增值服务。通过与第三方建立合作伙伴关系和联盟，借助商业产品扩展增加客户体验。

一体化出行。鼓励交互可操作性并开发多模式应用包，通过开发集成出行平台整合交通价值链。

3. 交通需求管理维度

创造意识。与市民、企业接触，鼓励务实、知情、可持续的日常出行与企业选址。

需求管理手段影响个体行为。引入交通稳静化措施，优化街道使用条件，提高居民和企业的生活生产质量；引入定价收费措施，通过经济激励手段引导出行需求，更好地实现供需匹配；引入和实施停车政策作为引导出行选择的关键工具，同时逐步提高收费和执法力度。

需求管理手段影响商业行为。定义合适的用地政策以影响长期交通格局，鼓励TOD发展模式；鼓励企业制定积极的企业交通策略，提高个人和商品的运输能力，同时将运输成本降至最低。

4. 公共交通财政维度

票务收入。逐步提高服务质量，确保票价调整透明度，增加公共交通客流量，实现票价收入最大化。

额外收入。通过差异化价格为不同客户群体提供多种个性化服务；借助第三方服务评估利用公交资产获得额外收入的可能。

公共资助。将公共资金优先用于可靠项目以印证效益和可行性。

专用收费。探索从公共交通间接受益者进行收费的可能。

私人资助。推动与私人投资者的合作，注重在短期融资上保持商业模式的稳固性。

此外，理特还以评价指标百分制形式对未来交通成熟度、性能和创新性进行评估。

2011年发布的1.0版指标为成熟度与性能2类11个指标，包括绿色出行分担率、交通战略与愿景、共享汽车性能、公共自行车数量、一卡通市场占有率、交通相关事故率、交通相关二氧化碳排放、人均拥车率、平均出行速度、交通满意度和平均通勤出行时间。

2014年发布的2.0版指标调整为2类19个指标，包括公共交通财务吸引力、绿色出行分担率、零排方式分担率、路网密度、自行车网密度、城市聚集密度、一卡通市场占有率、公共自行车性能、共享汽车性能、公共交通服务频次、政府部门举措、交通相关二氧化碳排放、二氧化氮排放、PM10浓度、交通相关事故数量、公共交通分担率增量、零排方式分担率增量、平均通勤出行时间和地区注册机动车强度。

2018年发布的3.0版指标调整为3类27个指标，补充出行平台、P2P汽车共享平台、网约车平台与服务、合成平台、自动驾驶汽车、其他智慧出行举措和机动化水平指标。

22.2 英、美、日三国产业政策

22.2.1 英国未来产业战略

英国财政部于2017年发布白皮书《产业战略：创建适合未来的英国》，提出理念、人员、基础设施、商业环境和场所5个实现经济转型愿景的生产力基础。理念上要实现全球最创新的经济，人员上要所有人都优质就业收入提高，基础设施上要进行大规模设施更新，商业环境上要营造创业与发展商业的最佳地点，场所上要在全国实现繁荣社区。

为了推动生产力快速有效转换，保持未来产业的前沿地位，英国组织了"大挑战（Grand Challenge）"活动，针对人工智能与数据经济、清洁增长、老龄社会和未来交通广泛征求创新理念与务实建议，并分别确定优先发展方向。

1. 人工智能与数据经济

打造人工智能与数据驱动创新的全球中心；支持各部门通过人工智能与数据分析技术提高生产力；在数据与人工智能的安全使用与道德规范上世界领先，让市民与企业更有信心；使就业者获取未来技能。

2. 清洁增长

研发智慧系统，实现动力、热能、运输中的便宜清洁能源；大幅转变建造技术改善效率；让高耗能产业在清洁经济中具有竞争力；使高效农业处于全球前沿；成为清洁增长的全球金融标准制定者。

3. 老龄社会

为日益增长的全球老龄化人口提供全新产品与服务，满足重要社会需求并实现商业机遇；支持各部门适应不断变化与老龄化的劳动力；利用康体数据改善健康结果并保持在生命科学领域的领先地位；支持医务人员调整业务模式以适应不断变化的需求，鼓励新型医护模式发展壮大。

4. 未来交通

建立灵活的监管框架，鼓励全新交通方式与商业模式；抓住机遇，迎接从燃油车辆向零排放车辆转变的挑战；为未来全新交通服务做好准备，增加自动化程度，鼓励出行共享，在私人与公共交通间做好界限区分；探索数据使用方式，加速全新服务的发展，为交通系统赋能实现更高效运营。

英国交通部于2019年发布《未来交通：城市策略》，提出在科技社会变革的关键时期，要紧抓多个机遇，实现交通运输六大目标：支撑创造更强大、更清洁、更有生产力的经济；让出行便捷、现代、可靠；确保交通运输安全、安心、可持续；平衡投资、连接人与场所；倡导高效率文化；在交通系统技术进步与繁荣未来中保持竞争力（图22.2-1）。

城市策略中共设置9项原则方法以促进城市客货运交通与服务的创新：

（1）新式交通方式与出行服务必须设计得安全、安心；

（2）交通创新的收益必须被各地与所有人享有；

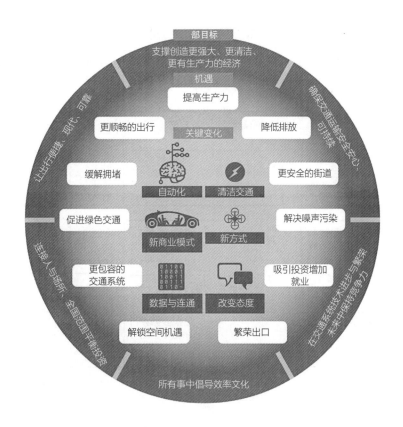

图22.2-1 技术与态度变化带来新机遇满足交通系统目标示意图

（3）步行与自行车出行必须是短距离出行的最佳选择；
（4）大容量公共交通必须是交通系统的有效基石；
（5）新式出行服务必须率先过渡为零排放；
（6）交通创新必须通过更有效地利用有限道路空间实现缓解拥堵；
（7）交通市场必须开放化以刺激创新并为消费者提供最佳服务；
（8）新式出行服务必须设计为一体化交通系统的一部分；
（9）新式出行服务数据必须共享以提升交通系统的选择与运营。

22.2.2 美国交通运输政策

美国交通运输部自2006年起以近中期5年规划形式滚动编制3版计划。2006年发布《交通路上国家层面的新理念》，战略目标为安全、缓解拥堵、全球连通、环境管理、安全保障与准备响应和卓越组织。2012年发布《新一代交通运输》，战略目标为安全、良好维护、经济竞争力、依据社区和环境可持续性。2018年发布《安全、设施、创新、责任》，战略目标为安全、设施、创新和责任。

美国交通运输部于2017年发布《超越交通2045》，认为塑造未来交通要在变动时代中作出智慧精明的抉择，为了避免最糟情景"从交通大拥堵到无解僵局"（From gridlock to deadlock）的出现，需要政府在客运、货运、适应性、品质和公平性五方面的交通政策上做出改变以应对挑战（图22.2-2）。

1. 客运政策

提高基础设施承载能力，新建道路、桥梁与其他设施，高效维护现有设施，通过更好的设计与技术等组合方法有效利用现有设施。通过用地优化、远程办公与弹性工作、小型自动化车辆、收费等手段缓解交通拥堵。倡导公共交通、骑行与步行等绿色出行方式。

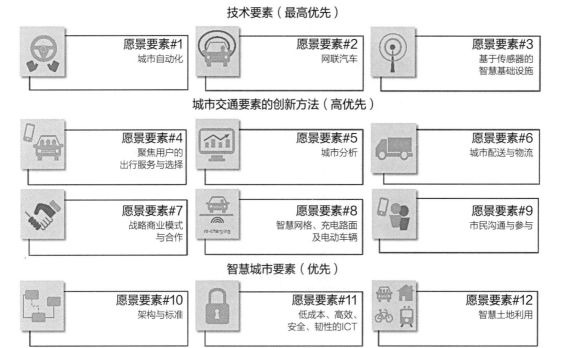

图22.2-2 超越2045关键技术要素示意图
资料来源：https://www.transportation.gov/smartcity

2. 货运政策

提高国家、地区与地方各级间规划与协调，制定有效政策与投资计划解决货运拥堵问题，鼓励创新措施解决最后一公里货运配送问题。

3. 适应性政策

提高燃油效率，增加替代燃料，生产更清洁燃料实现运输减排。调整成本与激励措施鼓励新发展模式，研究节能减排新技术。设计建设更有韧性的基础设施以适应气候变化影响。避免在脆弱地点进行开发。

4. 品质政策

突破新技术、流程的规章制度障碍，研发制定支持新技术应用的基础设施与标准。收集管理数据，逐渐过渡为保护隐私的数据驱动型投资系统。支持技术开发与应用相关的研究。高度重视新技术安全性。

5. 公平性政策

优先考虑具有紧迫需求的社区进行交通投资，确保地方社区可从中受益。协调交通与土地利用政策。为所有人提供可负担的交通服务。

自2015年起，美国交通运输部逐渐将政策重心聚焦至自动驾驶车辆的技术发展与未来前景上。

《联邦自动驾驶车辆政策：加速路面安全的下一代革命》

美国交通运输部与国家道路交通安全管理局于2016年发布《联邦自动驾驶车辆政策：加速路面安全的下一代革命》（AV1.0指南），包括高度自动驾驶车辆性能、各州政策模拟、道路交通安全规章工具和新型工具与管理机构四部分。

《自动驾驶系统2.0：安全愿景》

美国交通运输部与国家道路交通安全管理局于2017年发布《自动驾驶系统2.0：安全愿景》（AV2.0指南），包括安全要素、自愿性安全评估和各州技术协助三部分。

《为交通运输的未来做好准备：自动驾驶车辆3.0》

美国交通运输部于2018年发布《为交通运输的未来做好准备：自动驾驶车辆3.0》（AV3.0指南），包括部指导原则、联邦政府角色、州市郡各级政府角色、私人厂商角色、自动化实施策略、安全风险管理和前行期望七部分。其中，部指导原则作为技术发展的前提最为关键，明确要求：确保安全第一、保持技术中立、规章制度现代化、鼓励规章与运营环境同步一致、为实现自动化积极准备和保护并加强全体国人的自由权益。

《确保美国的技术领先地位：自动驾驶车辆4.0》

美国交通运输部于2020年在白宫办公厅的支持下将自动驾驶技术研发应用确定为国家战略，联合国家科学技术委员会发布《确保美国的技术领先地位：自动驾驶车辆4.0》，（AV4.0指南）包括技术潜在收益、联邦政府指导原则、对技术增长与领先的管理支撑、联邦政府事务与公私合作机遇四个部分。其中，联邦政府指导原则是国家战略实施的前提，明确要求：通过确保安全第一、强调安全保障与数字安全、确保隐私与数据安全、加强交通能力与无障碍水平来保护使用者与社区；通过保持技术中立、保护美国人创新力与创造力、规章制度现代化来促进高效的市场；通过促进一致的标准与政策、确保一致的联邦方法、提升交通运输系统层面效能来促协调效果。

22.2.3 日本超智能社会政策

日本内阁于2016年颁布第5期《科学技术基本计划（2016～2020年）》，提出引导日本成为"世界上最适合创新的国家"的目标。要求在推进科学技术革新政策实施以实现国家战略目标的同时，应高度重视大变革时代的先见性主动预见未来与战略性（战略性采取措施）和多样性与柔软性（具备正确应对任何变化的能力），并确定未来产业创造与社会变革、应对经济社会型问题、强化基础研究力量和构建人才、知识、资金的良性循环系统四大主题。

未来产业创造与社会变革主题的核心是，最大限度灵活使用信息通信技术，将虚拟网络空间与真实物质空间高度融合在一起，推动生产、流通、销售、交通、健康、医疗、金融、公共服务等广泛领域的产业结构变革，在世界范围内率先实现以人为中心的"超智能社会"（Society 5.0）。

超智能社会是继狩猎社会（Society1.0）、农耕社会（Society2.0）、工业社会（Society3.0）、信息社会（Society4.0）之后的未来社会形态。在这一社会中，物联网将所有的人与物连接起来，共享各种知识与信息，人工智能技术推动社会变革，创造出全新价值，不再出现信息社会中跨领域合作不足、知识信息孤岛、个人能力有限、思想行动制约等问题。

超智能社会将以每个人为中心，与联合国"可持续发展"目标相匹配，同时确保不被人工智能和机器人支配与监视。先进技术引入全体产业与社会生活中，从创新中创造新价值，释放生产力，解放劳动力，率先实现所有人都可享受舒适、充满活力的高品质生活（图22.2-3）。

日本首相官邸于2019年颁布《成长战略实行计划》与《成长战略行动跟踪》，从数字市场规则整备、金融市场、交通出行、企业治理、智能公共服务、下一代基础设施、脱碳型社会、创新生态系统、人才培养、海外成长市场和外国人才共11个方面出台指导意见推进超智能社会的实现。

交通出行方面。推进日本版出行即服务MaaS的应用，加速自动驾驶车辆的社会试验

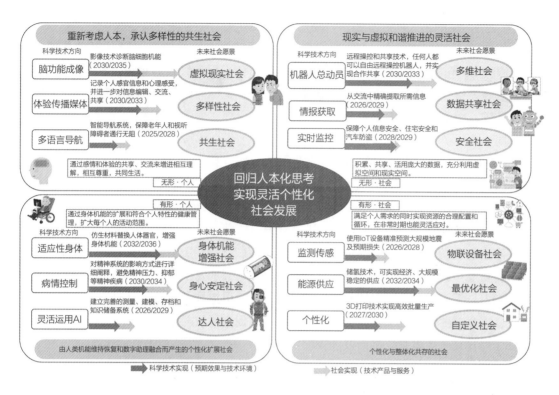

图22.2-3 日本文部科学省超智能社会愿景示意图

与实施，陆海空推进客货交通改革（构建低空交通系统、推动陆路客货交通改革、开发海上新系统），降低交通事故实现安心道路出行。KPI指标为：自2020年开始在公路上实行限定地区的自动驾驶出行服务，到2030年在全国100余个地区开展限定地区的自动驾驶出行服务。

22.3 社会—技术系统动态变迁

22.3.1 技术成熟度曲线

无论是国际知名咨询机构的未来城市交通解决方案还是各国推动未来交通发展的产业规划和政策，都紧密围绕着技术创新这一关键生产力与驱动力。技术成熟度曲线（Gartner Hype Cycle，GHC）可作为技术分析与管理决策工具，反映技术创新从诞生到逐渐成熟的动态过程，评估预测新技术发展周期。其产生源自社会本性与技术创新本质的相互作用。社会本性会对某项技术创新产生过高期望，而创新实际创造出价值回报的速度却是由创新本质来驱动的，后者发展相对缓慢。社会对新技术的期望很快上升到最大值，此时往往还未等创新出现价值回报就要面临期望破灭，二者常难以同步。

技术成熟度曲线将新技术发展周期分为5个阶段（图22.3-1）：

1. 技术触发期（Technology trigger）

新技术初创阶段引起大范围关注，随着媒体报道，该技术声名鹊起，但并未生产实质性产品或产生显著的社会效益，技术曲线快速上扬。

2. 预期膨胀期（Peak of inflated expectations）

早期过分关注会导致部分企业纷纷开展研发、创新，希望成为行业内领跑者，同时也有跟风效仿者，技术创新被推向膨胀的峰值。该阶段内会出现部分初步成功者，但大部分

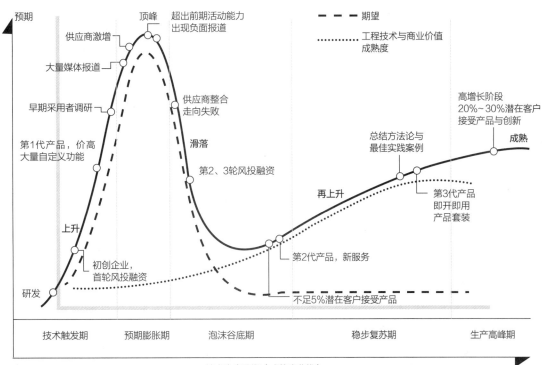

图22.3-1　GHC技术成熟度曲线示意图

企业则消极观望。

3. 泡沫谷底期（Through of disillusionment）

随着具体试验和实际应用的失败，业界和公众对新技术的兴趣和关注度下降，技术泡沫逐渐破灭，没有得到利益回报的企业停滞不前甚至退出，少数成功企业也只是重复地生产，技术曲线快速下降直至谷底。

4. 稳步复苏期（Slope of enlightenment）

新技术商业可行性开始明确，坚持下来的企业在创新中获益，重新增加投入。同时业界和媒体也重新关注，公众再次广泛接受。随后，有更多的企业开始革新技术产品，新技术逐渐走向成熟。

5. 生产高峰期（Plateau of productivity）

在众多企业重新进入该技术领域之后，技术采用者逐渐获得创新带来的收益。在该阶段，新技术被市场实际接受，并被广泛采用，技术创新进入相对成熟的阶段，技术曲线逐步上扬，并达到稳定。

22.3.2　多层视角理论

以英国未来产业战略、美国自动驾驶技术研发应用和日本超智能社会为代表的"技术创新+社会变革"模式，定位为关乎经济繁荣发展与社会安全稳定的国家战略。其借助各种新型信息通信技术创新社会服务管理，改变生产关系、升级生产要素、提高生产力以驱动经济增长，重塑生活方式、重视服务感受、提升价值理念以再造社会形态，拓展智慧场景应用为智慧城市发展，实现由信息社会向智慧社会的转变。

由信息社会向智慧社会的转变需遵从社会—技术系统变迁规律，探索"牛顿定律"技术系统与"默顿定律"社会系统间的动态演化机理，理解"命题改变行为，意念干涉现实，进而成真"（A statement could alter actions and therefore come true）的发展主观能动性。

"牛顿定律"技术系统给定当前系统状态与控制条件，理论上可通过求解模型准确计算系统下一步状态，有可能精确预测系统行为。"默顿定律"社会系统即使给定当前系统状态与控制条件，也难以计算系统下一步状态，无法精确预测系统行为。社会系统是典型的"默顿系统"，多数社会行为变化并非单纯通过技术创新中的因果关系所驱动，而是因为技术创新引发个体在心理选择上的改变与重构，众多个体的选择结果交互影响，聚合而成最终的社会变革。

多层视角理论MLP（Multi-Level Perspective）可有效解释社会—技术系统的动态、非线性变迁规律。社会—技术系统有3个功能层级构成：微观缝隙创新（Niche）、中观结构制度（Regime）和宏观目标图景（Landscape）（图22.3-2）。

微观缝隙创新包括技术、商业模式、行为方式等市场偏好要素，在现状主导结构制度的外围或外部运作，由众多小组织网络或个体行动网络组成。

中观结构制度包括科学、产业、文化、政策、标准等社会偏好要素，制度主体掌握主要资源与能力，由于受到现行规则与结构的制约，只能通过渐进式改变缓慢优化系统，行为模式的锁定常导致技术与社会发展上的路径依赖。

宏观目标图景包括经济、生态、政治、社会等外生变化要素，为中观结构制度提供物质基础设施、社会价值观、宏观经济趋势和长期地缘政治动态等背景环境。

社会—技术系统变迁机理可分为以下3个过程（图22.3-3）：

（1）图景发展变化将对现状制度产生压力，为缝隙创新的进入创造机遇窗口，图景中的外部因素通过发展预期及实施网络间接影响缝隙创新。

（2）结构制度在产业、政策、科技、文化、科学与市场偏好维度保持变迁过程中的动态稳定，缝隙创新则按照预期与愿景稳步发展，各维度均通过反复试错迭代完成自我进化，创新网络要素之间的联系得以加强。

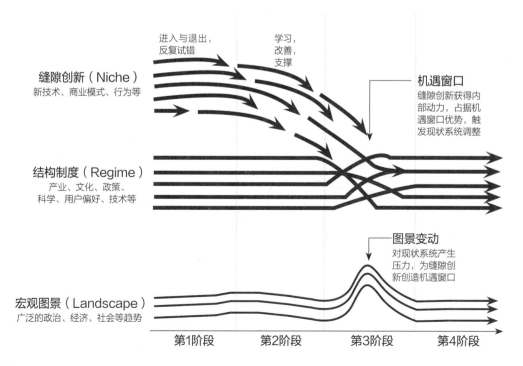

图22.3-2 社会—技术系统功能层级示意图

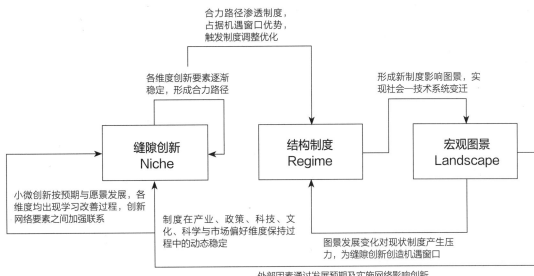

图22.3-3 社会—技术系统变迁机理示意图

（3）伴随各维度要素逐渐稳定，缝隙创新将形成合力路径并针对性地渗透结构制度，占据机遇窗口优势，触发结构制度调整适应，最终实现社会—技术系统的缓慢平滑式变迁。

22.4 可持续性与智慧性

未来城市治理体系将依托由城市战略、空间规划、公共政策、智慧交通和治理机制构建的"五位一体"框架推动政府、企业、社会的服务转型、服务协同与价值重塑。以智慧交通作为未来城市交通问题的综合解决方案亟需实现智慧化、精准化、合作化、一体化的精明治理，整个治理过程应避免"后知后觉"弥补制度、政策、市场、资本的设计缺陷，应"先知先觉"深刻理解未来交通中可持续性与智慧性间的关系（图22.4-1）。

关系1：现实共生。可持续性与智慧性不是对立的范式，但也未能在所有方面均实现和谐。

关系2：理想最优或最劣。可持续性就是智慧性，智慧性就是可持续性。最优情况为

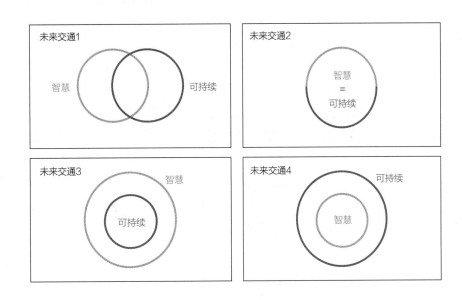

图22.4-1 未来交通可持续—智慧关系维恩图

既智慧又可持续，最劣情况为既不那么智慧又不那么可持续。

关系3：智慧技术主导。智慧性占主导地位，导致可持续性削减，尽管部分智慧性要素与结果有助于可持续性提升。

关系4：可持续发展主导。智慧性服从于可持续性，可持续性对智慧性提出限定要求，未来交通治理水平进一步提升。

企业、社会、政府均应坚持可持续发展主导性，探索可持续性与智慧性的二分性风险与互补机制，理解"缺乏监管框架，智慧交通将与可持续、易达与社会平等的理想预期背道而驰"的政策干预必要性。

以出行即服务、智慧基础设施、新能源载运工具和自动驾驶汽车为代表的创新技术，不应将远期有效方案包装成近期可行方案，不应将资本垄断行为过度外溢到公共空间，不应技术作恶导致数据信息、责任义务不对称，不应将资本逐利伎俩迭代为有失道德、公平与包容的商业模式。

任由创新技术在任意场景、空间中无节制应用的"技术主导"（Technology-led）模式将损害社会利益，导致社会—技术系统快速倒退式发展。缺乏对创新技术的管控与引导，放纵、默许其推广应用的"技术辅助"（Technology-fed）模式将引发社会—技术系统振荡波动式发展。

未来城市交通要依靠精明治理手段形成"政策监管引导技术"的发展模式，社会需求上审慎包容、技术价值上步进试验、合作治理上规制边界、政策引导上传递监督，塑造出一种螺旋前进的、健康的、有序的、可持续的螺线式发展格局。

可持续发展主导下的未来城市交通要识别各类技术的局限与危险，定位技术影响的社会决定因素，明确新技术应用的社会支持，区分必要性创新与创新必要性的差异，应将保证宜居城市、公正城市、责任城市、创新城市的发展作为根本任务，并清醒地认识到：

（1）技术要解决的是复杂问题，而不是人工可解决的简单问题。复杂问题多是棘手问题，考虑不周的解决方案往往会带来更多的新问题。技术总是试图将复杂社会问题包装为简单科技问题，并为其提供名义上的价值中立与社会最优的解决方案。这种将复杂问题简单处理的方式，在本质上是不惜社会代价换取如期有效实施效率提高，极大地忽视广泛、潜在、连锁的社会影响。

（2）技术的使用是为了满足社会需求和推进政策，而不是调整政策目标与价值观以适应技术本身。未来交通的战略应与未来城市的战略相一致，具有明确的政策目标，通过长期、动态的规划与实施来实现。在此期间，技术更多发挥的是工具角色，提升的是工具效率与社会价值。

（3）政策与行动改革要优先于技术创新。技术创新可以令改革更有效，但无法成为改革的原动力与驱动力。技术体系迭代与能力增强，只是创新的一种形式，借助简单技术得以推进实施的正确政策与行动，要远好于借助尖端技术炫技却成效甚微的错误政策与行动。

（4）应确保适度为宜的新技术应用，明确可持续发展为第一优先事项，理解、掌握并利用新技术，关注真正的问题与问题的本质，不盲目追求构建新技术应用场景，不成为技术解决方案的牺牲品，以史为鉴，避免落入未来主义陷阱。

本章参考文献

[1] Deloitte. Digital-Age Transportation: The Future of Urban Mobility[R]. Deloitte University Press, 2012.
[2] Deloitte. Smart Mobility: Reducing Congestion and Fostering Faster, Greener, and Cheaper Transportation Options[R]. Deloitte University Press, 2015.
[3] Deloitte. The Future of Mobility: What's Next, Tomorrow's Mobility Ecosystem-and How to Succeed in it[R]. Deloitte University Press, 2016.
[4] WEF & Deloitte. Designing a Seamless Integrated Mobility System, SIMSystem: A Manifesto for Transforming Passenger and Goods Mobility[R]. Word Economic Forum, Deloitte, 2018.
[5] Deloitte. Toward a Mobility Operating System: Establishing a Lingua Franca for Urban Transportation[R]. Deloitte Insights, 2019.
[6] Deloitte. The 2019 Deloitte City Mobility Index: Gauging Global Readiness for the Future of Mobility[R]. Deloitte Insights, 2019.
[7] ARUP. Future of Highways[R]. 2014.
[8] ARUP. Future of Rail 2050[R]. 2019.
[9] ARUP. Tomorrow's Living Station[R]. 2019.
[10] ARUP. Rethinking Urban Mobility: Three Questions That Will Shape the Future of Transport in Cities[R]. ARUP, London Transport Museum, Thales, Gowling WLG, 2018.
[11] ADLittle. The Future of Urban Mobility: Towards Networked, Multimodal Cities of 2050[R]. Arthur D. Little, Future Lab, 2011.
[12] ADLittle & UITP. The Future of Mobility 3.0: Reinventing Mobility in the Era of Disruption and Creativity[R]. Arthur D. Little, International Association of Public Transport, 2018.
[13] ADLittle & UITP. The Future of Urban Mobility 2.0: Imperatives to Shape Extended Mobility Ecosystems of Tomorrow[R]. Arthur D. Little, International Association of Public Transport, 2014.
[14] HM Government. Industrial Strategy: Building a Britain Fit for the Future[R]. Secretary of State for Business, Energy and Industrial Strategy, Command of Her Majesty, 2017.
[15] UKDOT. Future of Mobility: Urban Strategy[R]. U.K. Department for Transport, Industrial Strategy, 2019.
[16] USDOT. Strategic Plan for Fiscal Years 2006-2011: New Ideas for a Nation on the Move[R]. U.S. Department of Transportation, 2006.
[17] USDOT. Strategic Plan for Fiscal Years 2012-2016: Transportation for a New Generation[R]. U.S. Department of Transportation, 2012.
[18] USDOT. Strategic Plan for Fiscal Years 2018-2022[R]. U.S. Department of Transportation, 2018.
[19] USDOT. Beyond Traffic 2045[R]. U.S. Department of Transportation, 2017.
[20] USDOT & NHTSA. Federal Automated Vehicles Policy: Accelerating the Next Revolution in Roadway Safety[R]. U.S. Department of Transportation, National Highway Traffic Safety Administration, 2016.
[21] USDOT & NHTSA. Automated Driving Systems 2.0: A Vision for Safety[R]. U.S. Department of Transportation, National Highway Traffic Safety Administration, 2017.
[22] USDOT. Preparing for the Future of Transportation: Automated Vehicles 3.0[R]. U.S. Department of Transportation, 2018.
[23] NSTC & USDOT. Ensuring American Leadership in Automated Vehicle Technologies: Automated Vehicles 4.0[R]. National Science & Technology Council, U.S. Department of Transportation, 2020.
[24] 日本内阁. 科学技术基本计画[R]. 2016.
[25] 日本文部科学省. 科学技术白书[R]. 2020.
[26] 日本首相官邸. 成长战略实行计画[R]. 2019.
[27] 日本首相官邸. 成长戦略フォローアップ[R]. 2019.
[28] Gartner. Understanding Gartner's Hype Cycles[R]. 2018.

[29] 张学义，范阿翔. 基于技术成熟度曲线的人工智能审视[J]. 科学技术哲学研究，2019，36（2）：14-19.

[30] 王飞跃，王晓，袁勇，王涛，林懿伦. 社会计算与计算社会：智慧社会的基础与必然[J]. 科学通报，2015，60（5-6）：460-469.

[31] Geels F. W.. Technological Transitions as Evolutionary Reconfiguration Processes: A Multi-Level Perspective and A Case Study[J]. Research Policy, 2002, 31（8-9）: 1257-1274.

[32] Geels F. W., Sovacool B. K., Schwanen T., Sorrel S.. Socialtechnical Transitions for Deep Decarbonization[J]. Science, 2017, 357（6357）: 1242-1244.

[33] Geels F. W., Schot J.. Typology of Sociotechnical Transition Pathways[J]. Research Policy, 2007, 36（3）: 399-417.

[34] 张晓春，邵源，孙超. 面向未来城市的智慧交通整体构思[J]. 城市交通，2018，16（5）：1-7.

[35] 汪光焘. 城市交通治理的内涵和目标研究[J]. 城市交通，2018，16（1）：1-6.

[36] Lyons G.. Getting Smart About Urban Mobility—Aligning the Paradigms of Smart and Sustainable[J]. Transportation Research Part A: Policy and Practice, 2018, 115: 4-14.

[37] Sadik-Khan J., Solomonow S.. Streetfight Handbook for an Urban Revolution[M]. New York: Penguin Publishing Group, 2016.

[38] Green B.. The Smart Enough City: Putting Technology in Its Place to Reclaim Our Urban Future[M]. Boston: The MIT Press, 2019.

第23章
回到过去的洞察

23.1 新型城镇化的中国路径

迄今为止,全球城市已经历过三次具有重大影响力的城镇化浪潮。

(1)第一次城镇化浪潮始于第一次工业革命(蒸汽机时代,1760~1840年),以英国为代表,标志着人类由农耕文明向工业文明的过渡。

(2)第二次城镇化浪潮始于第二次工业革命(电气化时代,1860~1950年),以美国为代表,电力、钢铁、铁路、化工、汽车等重工业兴起,石油成为主要能源,环境问题突出,交通迅速发展推动世界交流更为频繁,初步形成世界政治经济格局。

(3)第三次城镇化浪潮始于第三次工业革命(信息化时代,1950年至今),以英、美、日三国为代表,伴随机动化发展,全球信息与资源交流更为迅速,气候、生态与公平性问题逐渐得到重视,大多数国家与地区被卷入全球化进程,世界政治经济格局得以确立。我国于这一浪潮中期开始快速追赶,从1978年开始,预计2050年完成。

三次城镇化浪潮为城市发展带来机遇与挑战,也揭示出城市发展的客观规律。城市发展的历史是人类社会的文明史,城市发展速度与技术进步正相关,城市发展的质量与创新密切相关,城市发展问题在高度发达的工业文明时期不可避免地显现,城市发展在生态文明时期回归本源。

对比全球典型国家城镇化水平变化情况,我国城镇化水平于2014年达到全球平均水平,相当于日本1950年水平,正式进入城镇化下半场。城镇化率将在2030年超过70%,将在2050年达到80%,相当于英国1950年水平,略高于日本1975年水平(图23.1-1)。

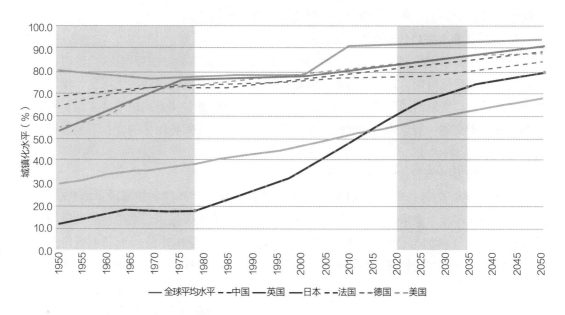

图23.1-1 全球典型国家城镇化水平变化示意图(1950~2050年)
资料来源:https://population.un.org/wup

我国应重点关注英国、日本城镇化历程，借鉴经验教训，明晰后城镇化阶段可持续发展的内涵与任务，掌握城镇化速度放缓时人民对美好生活向往的诉求剧增及国际形势错综变化的应对策略，深刻认识城镇化进程"由无到有、由有到精致、由精致到卓越"三个阶段的差异化挑战，走出独特的"新型城镇化"中国路径。

"新型城镇化"的中国路径应是以民生、可持续发展和质量为内涵，以追求平等、幸福、转型、绿色、健康和集约为核心目标，以实现区域统筹与协调一体、产业升级与低碳转型、生态文明和集约高效、制度改革和体制创新为重点内容的崭新的城镇化过程。

23.2 近中期审视以日本为鉴

23.2.1 国土计划推动城镇化发展

日本自20世纪60年代开始已实施七次全国国土计划以推动城镇化发展。

1. 全国综合开发计划（一全综）

颁布于1962年10月，期限为1970年，发展目标为"区域间均衡发展"。此时，正值经济高速增长过渡时期，要解决大城市蔓延、收入差距扩大等问题，提出太平洋地带构想，计划收入倍增。提出"组团开发"构想，工业需要分散布局，在东京等既有大城市基础上配置开发组团，通过交通及通信设施将其有机联系，结合周边地区特征进行连锁反应式开发，实现区域间均衡发展。

2. 新全国综合开发计划（新全综）

颁布于1969年5月，期限为1985年，发展目标为"创造丰富环境"。此时，正值经济高速增长时期，人口、产业大规模向大城市集聚，信息化、国际化势头强劲，技术革新有力发展。提出"大规模开发"构想，大规模推进项目建设，完善新干线、高速公路等交通网络，修正国土利用上的偏差，消除过密过疏、地域差别等问题。

3. 第三次全国综合开发计划（三全综）

颁布于1977年11月，期限为1987年，发展目标为"人居综合环境整备"。此时，正值经济稳定增长时期，人口、产业出现向地方分散的征兆，国土资源与能源有限性等问题开始显现。提出"地方定居"构想，抑制人口与产业集中到大城市，振兴地方，应对过密过疏问题，谋求全国土地利用平衡发展并打造人居综合环境。

4. 第四次全国综合开发计划（四全综）

颁布于1987年6月，期限为2000年，发展目标为"构建多极分散型国土"。此时，正值产业结构急速变化时期，人口、功能向东京一极集中，地方就业问题严重恶化，国际化趋势显现。提出"交流网络"构想，发挥地区特色，结合创意与努力推进地区建设，在全国范围推进骨干交通、信息体系的建设，通过国家、地方、民间各团体的合作形成多种交流机会。

5. 21世纪国土宏伟设计

颁布于1998年3月，期限为2010～2015年，发展目标为"构建多轴型国土的基础"。此时，正值步入环境、竞争、亚太交流的全球化时代，面临人口减少、老龄化、高度信息化等问题。提出"参加与合作"构想，多个主体与地域共同合作建设国土，创造自然居住区，推进大城市空间的修复、更新和有效利用，形成地域合作轴与广域国际交流圈。

6. 国土形成计划（全国计划）

颁布于2008年7月，期限为2018年，发展目标为"构建多样广域独立发展、美丽宜居国土"。此时，正值经济社会形式大转变时期，出现"一极一轴"国土构造倾向。提出"极轴"构想，促进交流合作，形成可持续地区，形成抗灾韧性国土，管理与继承国土，以全新公私合作为轴推动地区建设。

7. 第二次国土形成计划（全国计划）

颁布于2015年8月，期限为2025年，发展目标为"形成对流促进型国土"。此时，正值国民价值观进一步变化，出现回归田园意识时期，面临人口衰减、少子化、老龄化、设施老化和灾害等紧迫问题，国土空间进一步变化，出现房屋空置，土地利用率低等问题。提出"对流促进型国土"构想（图23.2-1），支持打造具有地方特色、面向全球竞争的国土，支持安全、安心、促进经济增长的国土管理，支持合作式国土开发以建设互助型社会。

在《第二次国土形成计划（全国计划）》中，日本国土交通省将发展"多层化、韧性化、小型化、网络化"的"对流促进型国土"确定为10年期国土空间规划目标（图23.2-1）。这一目标源于2014年的《国土宏伟设计2050：形成对流促进型国土》，为应对人口减少、少子化、高龄化、城市竞争激化、基础设施老化、环境资源制约、灾害不确定性和信息通信技术进步革新等重大问题，其基于"多样性、连接性、韧性"理念，提出城镇结构、场所价值、陆海连接、观光生活、韧性抗灾、智慧设施、技术革新、环境可持续方面的12项基本战略。

到2050年，伴随信息通信技术的全面集成式发展，社会经济活动便利性将大幅提升，"网络化+小型化"城镇模式将多样化主体连接起来，形成多层重叠式的对流促进型国土，即物质空间与知识、信息空间的三维融合。

传统国土空间是在二维物质空间进行规划设计，依托交通技术革命带来的巨大变化。而面向2050年的国土空间规划，借助信息技术革命的新动力，将超越二维空间的知识、信息空间与物质空间相融合、连接。这些紧凑的、多样性的组团通过物质与虚拟网络联系起来，彼此间产生活跃动态的沟通对流，发挥地区特点，促进发展进化，形成覆盖全日本的三维国土空间。

图23.2-1 对流促进型国土概念示意图

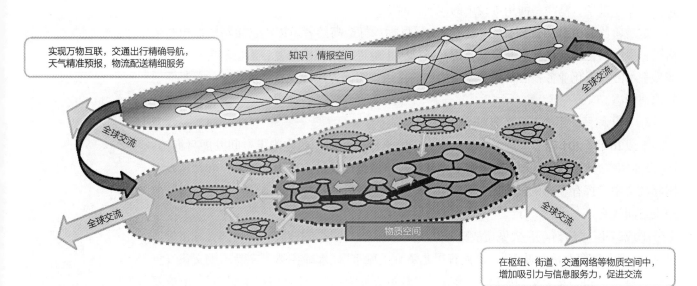

23.2.2 首都圈规划引领时代进步

日本首都圈规划与全国国土计划同期颁布，至今已形成七个阶段。

1. 第一阶段，昭和33年（1958年）

执行《首都圈整备法》，制定第一次首都圈基本计划，时效10年。提出绿带构想，开发卫星城。

2. 第二阶段，昭和43年（1968年）

应对经济高速增长，制定第二次首都圈基本计划，时效10年。对人口、产业进行集中控制，在市区大规模开发住宅，鼓励与绿地空间和谐共存，编制近郊城区规划。

3. 第三阶段，昭和51年（1976年）

制定第三次首都圈基本计划，时效10年。形成具有地域中心性的多个核心都市。

4. 第四阶段，昭和61年（1986年）

为了纠正东京都地区的超级单中心空间结构，制定第四次首都圈基本计划，时效15年。在整个都市圈以核心都市为中心形成自立都市圈，重构多核多圈层区域空间结构，补充就业、教育、文化等功能，鼓励以自立都市圈为中心集聚各种功能，强化地区间相互合作，提高地区自立性。昭和63年（1988年），日本颁布《多极分散型国土形成促进法》，推动核心都市整备、国家行政机关由区部迁移等政策实施。

5. 第五阶段，平成11年（1999年）

为应对东京中心地区依旧强势的单中心空间结构，制定第五次首都圈基本计划，时效5年。首都圈各地区以核心都市为中心形成高自立性地区，分担职能、增强联系，形成"分散式网络"结构，发展首都圈以外关东北部地区的核心都市为"广域联合中心"。平成14年（2002年），废除《首都圈建成区限制工业等的相关法律》（1959年）中的在人口、产业集中地区限制工业发展政策。

6. 第六阶段，平成18年（2006年）

平成17年（2005年），《首都圈整备法》修订，国土交通大臣制定新的整备计划体系，与国土形成计划保持协调，取消《首都圈事业计划》，合并《首都圈基本计划》与《首都圈整备计划》，形成由基本篇与整备篇两部分构成的《首都圈整备计划》，关注人口规模、土地利用和区域发展政策。基本篇描绘首都圈未来发展愿景，时效10年；整备篇构想道路、铁路、机场、港湾、河川等设施的规划，时效5年。

这一阶段的首都圈规划确定以下6项发展目标：打造高龄者可以丰富生活的城市与生活圈；保护再生区域性绿地与自然资源；对郊区土地进行大范围修复；形成具有活力的区域型都市圈；强化业务核心都市等生活中心的作用；明确人口减少、老龄化下的首都圈空间构造形态。

7. 第七阶段，平成28年（2016年）

平成26年（2014年），日本内阁会议决定国土形成计划，确定国土空间发展目标为："建设能切实感受到安全、富裕的国家""建设经济持续增长的有活力的国家"和"建设在国际社会中发挥存在感的国家"，并形成"对流促进型国土"与"多层韧性紧凑网络"的国土空间战略。

平成27年（2015年），大城市战略研究委员会制定"大城市战略"，明确四大城市发展目标为："全球商业活动城市""老人宜居儿童宜生城市""水绿盎然、充满历史文化气息的魅力城市"和"安全安心城市"，形成三大政策方针为："加速城市再生循环""形成紧凑网络城市"和"构筑防灾城市"。

这一阶段的首都圈规划着力解决以下7方面问题：人口减少、少子化和劳动力不足；异次元老龄化；巨大灾害迫近；国际竞争环境变化；扩大多样化旅游；食品、水、能源制约与环境问题；积极利用信息技术推进巨大进步。

首都圈规划对塑造东京的城市空间结构与交通形态起到决定性的作用，并最终形成了由点状、到带状、到环状、再到圈层状的演化过程。

（1）多中心城市

第四阶段（1982~1999年）的"多中心城市"空间结构依靠发达的轨道交通网络和放射型高速公路系统，试图纠正过去第一至三阶段（1958~1981年）的"单中心城市"空间结构，将商业产业功能向副都心及多摩地区等多中心分散，构建职住平衡的城市空间结构。

尽管东京在建设"多中心城市"过程中付出长期不懈的努力，也实现了多中心空间布局结构，但就交通特性而言，其由轨道方式主要承担的空间联系结构仍是彻底的单中心，仍是以都心三区为中心的单中心城市。

（2）环状大型城市群

第五至六阶段（2000~2016年）的"环状大型城市群"空间结构依靠逐渐完善的三环状道路承担首都圈运输功能，打造多功能集约型城市群，通过强化环状方向的区域交通基础设施，实现城市建设由需求满足型向政策引导型的转变。

三环状道路在这个阶段对重新塑造城市空间结构发挥重要作用，轨道交通联系职住线性空间，环路放射高速道路网将中心核心区、水景与绿化创生环、东京湾滨水城市轴和核心城市群合作轴多种非线性资源与要素紧密地联系起来。至此，东京实现了由上个阶段的通勤需求满足型发展模式向区域融合发展模式转变，由传统生产型产业主导向创新科技产业和宜居品质生活主导转变。

（3）交流、合作、挑战型都市圈

第七阶段（2017年至今）的"交流、合作、挑战型都市圈"空间结构以环状大型城市群结构为骨架，依托自然与交通资源形成框架性城市空间基础，强调轨道交通线网与干线道路网络并重，实现人、物、信息的自由移动和交流。

尽管面临着人口老龄化和少子化危机，东京仍将坚持轨道交通导向的多中心集约式发展模式，引导居住组团向轨道车站周边地区聚集，形成步行生活圈创建"步行生活城市"，形成轨道出行轴创建"轨道上的东京"，地区中心和附近的生活中心则通过提供需求响应型出行服务和快速公交线路强调出行自由度与强化出行联络。

23.2.3 东京发展宏伟设计2040

东京都于2017年发布《东京2040：城市发展宏伟设计》，在人口减少、少子、高龄、技术革新、新基础设施建设背景下设定构建"交流、合作、挑战型城市"，打造"安全城市、多彩城市、时髦城市、智慧城市"的城市愿景，从可持续活力、自由交通、防灾环境、生活场所、多彩社区、青山绿水和魅力文化方面提出7项战略、8个核心指标、30条政策方针和139项要点。

交通战略的主题为"实现人、物、信息的自由交流"，涵盖航空、海河、公路、道路、铁路、轨道、物流、智慧等多领域7项政策17条方案措施，并以各种形式影响其他战略的

图23.2-2 国际商贸活动中心未来意象示意图

方案措施,体现出"交通无处不在""交通与空间融合"和"空间活动、城市生活"的发展理念(图23.2-2)。

强化机场作用是为了国内外交流,消除道路和电车的拥堵是为了人和物的自由出行,重塑道路和车站空间是为了社会的舒适与繁荣,交通的所有政策均是为了城市功能的实现。交通离不开城市,城市是交通的本源也是空间的载体,交通是联系城市各类社会经济活动的重要纽带。只有城市土地使用和城市交通两个系统相互协调发展,才能保障城市高效地组织和实现各类社会经济活动,促进城市的健康、韧性、舒适、繁荣(表23.2-1)。

东京2040交通战略-目标-政策-指标汇总表　　表23.2-1

战略	目标	政策
实现人、物、信息的自由交流 指标1:消除道路与铁路高峰时期过拥堵与过饱和 指标2:消除公共交通服务空白区域 指标3:清除地面电线杆,实现东京都道路内无地面电线杆	强化机场功能,支持国内外人、物的活跃交流	支持不断增加的国内外航空需求
		提高首都圈西部地区的航空便利性
		支持岛民稳定生活与自主发展
	消除道路拥堵,人、物可以顺利移动	形成公路网,提高出行选择自由度
		通过多种措施,使道路交通更顺畅
	重建道路空间,实现宽松与繁荣	活用公路网建设效果,重建道路空间
		将区域内道路活用为宽松与繁荣的场所
	解决铁路满员问题,任何人都可以轻松地出行	通过多种方式消除铁路混杂
		创建可以放心、舒适地选择铁路的环境

续表

战略	目标	政策
实现人、物、信息的自由交流 指标1：消除道路与铁路高峰时期过拥堵与过饱和 指标2：消除公共交通服务空白区域 指标3：清除地面电线杆，实现东京都道路内无地面电线杆	以铁路储备为基础，创建任何人都可以出行的城市	以地铁站为中心，创建城市形象
		创建成为街道中心的、任何人都容易利用的交通枢纽
		利用多种交通模式，实现自由出行
	形成高度合作的高效物流网络	形成支持大范围物流的基础设施网络
		结合城市建设，提高地区物流效率
		确保交通不方便地区的物流功能
	活用最尖端技术，创造城市信息空间	向每个人提供数据
		活用信息通信技术，进行交通疏导、灾害对策与基础设施管理

在智慧交通方面，东京都将通过智慧技术创造信息化城市，结合不断发展的物联网技术、信息通信技术，开放数据，搭建最尖端的信息平台，实现城市活动便利性和安全性的本质提升，创新信息化城市空间。

（1）利用基础设施收集整合信息数据。最大限度将公共空间等信息转化成数据。促进多种主体合作，创建任何地点都可互联互通的信息环境，建设社会化信息技术驱动的基础设施。推进多部门合作，在羽田机场周边地区设置供自动驾驶系统实用化和普及化的社会实验场地。

（2）面向设施管理的智慧交通。采用信号控制与探测器技术缓解拥堵，采用ETC2.0技术改善公路收费实现根据拥堵情况差别化收费，采用自动驾驶技术提高交通速达性与安全性，采用货源远程传感技术提升物流基础设施管理效率。

（3）面向出行服务的智慧交通。向各个群体提供符合定制化需求的出行信息，向乘客提供换乘向导和周边信息，向驾驶员提供躲避拥堵和安全驾驶的线路，向外国游客提供多语言向导，展示城市魅力。

（4）面向灾害应对的智慧交通。先进技术应对地震多发情况，分析灾害预兆并实现需求响应，探索制定发生大规模灾害时的紧急运输路线。

23.3 中长期审视以英国为鉴

23.3.1 《城镇交通》的辩证思考

英国交通部于1963年发布《城镇交通：关于城市地区长期交通问题的研究》（布坎南报告），从社会—技术视角探索有别于美国的城镇化重建路径，标志着英国规划由技术工具型（Planning as a craft）向社会科学型（Planning as a social science）的转变。该报告有力推动了土地利用规划与交通规划的一体化融合进程，将交通研究提升到学术、政策与政治三重属性的全新高度，是交通学科思想发展的重要里程碑，标志着现代交通研究的诞生。

布坎南报告开创性地探索了城市地区道路与交通的长期发展及其对环境的影响，探讨如何与机动车这一"至爱怪兽"（monster we love most dearly）和谐共存。其以环境分区与道路网的关系及街道环境承载力为切入点,以布坎南环境哲学观为理论基础,通过解析4个不同尺度的本土案例以及欧美实践经验教训,就空间结构、城市形态、历史文化保护、综合再开发、停车政策、干路网规模和投资保障等方面创造性地提出25条建议。

布坎南环境哲学观探讨的是需要何种城市形态、交通模式以及如何实现,并试图将其核心"将就原则"(Rough and ready law)应用于现实。"将就原则"由机动车可达性、人居环境标准与物理改造投资成本三个指标组成。

可达性指标代表机动车使用程度的承载水平,包含车辆安全、流线布置、停放分布和布局形式四种权重;人居环境标准指标度量交通负外部性影响的承载水平,包含安全、舒适、便捷和外观四种权重。两者相互作用形成环境承载力,与考虑道路容量、停车容量的物理设施基本承载力共同构成街道环境承载力。

任何地区都要有一个满足一定环境标准的交通承载力上限。环境标准决定可达性,可达性根据物理改造资金相应调整。地区所承载的交通量及特征要与优质的环境品质相一致,当出现反环境效应或面对历史文化保护、公共健康提升和基本住房保障等重大民生决策时,对三者的取舍应由社会民主决定。

布坎南环境哲学观在一定程度上被误解或被有意曲解。其提出的基于人车分离与综合再开发理念形成的多层立体交通系统(图23.3-1),被媒体称为"激进的城市外科手术"。然而,其本意只是描述一种开放性选择,列举出解决交通问题从无所作为至做到极致的优缺点。布坎南本人一直坚持的是城市环境品质,公共空间才是城市文明的真正宝藏。

在对道路网规划的技术思考中,报告认为"大规模修建环路更多的是靠直觉,而不是基于对交通流的深入研究"。"环路+放射"奴性思维化的标准格局方案,即便建成后的OD调查可以印证环路承担足够多的交通量,规划设计方案足够合理,也只是等同在浸透水的地区增设排水沟,排水沟内的水必然一直源源不断。道路网规划应尽可能地摆脱先入为主的惯性思维,因地制宜、因时制宜、因势制宜。也许经过充分论证后,仍旧形成了"环路+放射"的格局,但其是自然生成的,不是直觉、经验和标准所规定的。

图23.3-1 布坎南报告多层立体交通系统插图

在对策略措施的政策思考中，报告认为"交通问题不存在明确、最优的解决方案，不是一个问题对应一个方案，而是在一段时期内对偶尔出现的事件用政策去耐心处理"。"新建道路、拓展公共交通、拥车用车停车限制"三大对策互相依赖、互相影响，决不能随意使用，需要对实施机构、外界刺激和时间节点进行严谨论证，综合研判复杂性。如果选择与机动车和平共处，就应重建一个不同的城市；如果无法承受大规模重建和环境品质破坏，亦应限制机动车交通。

在对未来方向的行动思考中，报告认为"在面对机动化浪潮的严峻挑战时，若要取得比蒸汽时代更大的成就，必须果断面对，不再困惑于目的，不再胆怯于手段，事不宜迟"。研究者要拓展视野，多专业合作，多领域协同。城市形态、量化预测、路网格局、环境管理、综合开发保障、成本收益分析、新式客货运输7个问题有待深入研究。全社会要建立一种"机动化责任"的第六感，公众要对机动车的文明使用做出英雄般的自律。

23.3.2 空间规划体系的演进过程

《布坎南报告》作为空间政策型交通规划的起源，在整个英国空间规划体系近120年进程中起到了至关重要的作用，以其为转折点作用于《城乡规划法1968》，前后各影响20年。

在《布坎南报告》出现之前，英国的法定发展规划是基于《城乡规划法1947》的一级形态规划体系，尚未考虑交通发展的巨大影响。《布坎南报告》认为大型城市法定发展规划应增设交通规划作为强制内容，这一建议被《城乡规划法1968》所采纳。

《布坎南报告》还认为交通规划对应着长期发展问题，解决现状问题与近期冲突还需要实施规划。这一建议被住房和地方政府部成立的规划咨询组所采纳，其将土地利用—交通整合规划与布坎南环境哲学观相结合形成结构规划，将实施规划与地方发展规划相结合，形成地方详细规划。

英国空间规划体系的演进过程如图23.3-2所示。

《城乡规划法1968》之后的英国空间规划体系发展共经历了四个阶段。

（1）第一阶段，1968～1984年的二级结构规划体系。由结构规划和地方详细规划共同构成二级结构规划体系，既有宏观引导又有土地利用控制，标志着英国规划体系由传统蓝图型规划向政策导向型、协商选择型规划的转变，是空间规划体系的雏形。

（2）第二阶段，1985～2003年的双轨制规划体系。受市场化挑战及"撒切尔主义"影响，《地方政府法案》于1985年颁布，要求撤销都市郡级政府，规划权限下放。《规划政策指引》于1988年颁布，标志着国家层面空间规划的开端，要求大都市区政府和伦敦自治区政府编制集结构规划与地方规划为一体的单元发展规划。

（3）第三阶段，2004～2010年的三级空间规划体系。《规划与强制购买法案》于2004年颁布，要求废除结构规划与单一发展规划，注重开放性和弹性发展，确定区域规划法定化，以规划政策文件取代规划政策指引，以区域空间战略取代区域规划指引，将地方规划升级为地方发展框架，空间规划思想首次进入国家立法层面。

（4）第四阶段，2011至今的二级空间规划体系。《地方主义法案》于2011年颁布，推行"地方主义"分权改革推动经济复兴，简化原有繁琐复杂的规划政策文件，以强原则性、弱干预性的规划政策框架作为国家层面纲领性文件，推出国家规划政策框架

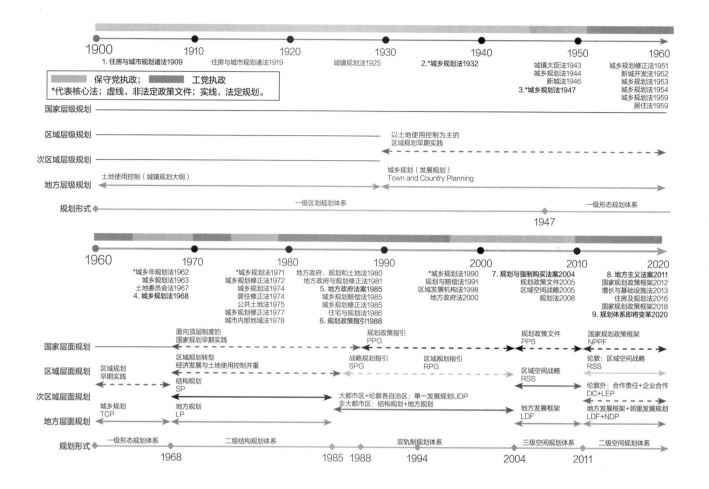

图23.3-2 英国空间规划体系演进过程示意图（1900~2020年）

代替规划政策文件，伦敦都市区以外废除区域空间战略，建立地方合作责任制与地方企业团体，要求地方发展框架中应包含邻里发展规划，空间规划体系进入全新一轮调整期。

伴随英国空间规划体系的演进，其交通行业频繁改革，交通规划方向摇摆不定，直到20世纪90年代才明确可持续发展规划方向，并于2000年确定为5年一阶段的法定规划。

1968年《运输法案》试图将铁路的负债服务进行商业化运营补贴，释放道路货运管控。

1969年大伦敦议会与撒切尔政府保守政府冲突加剧，矛盾重重，推崇社会地方自治论调。

1969~1972年6个主要都市区相继成立乘客运输署。

1971年《民航法案》成立民航局，逐步引入航线牌照竞争。

1974年成立大都市区郡议会，行使地区的道路与交通管理、战略规划管理和客运交通管理事务。

1979年保守党执政，撒切尔主义意识形态回归，交通领域试点去规制、商业化、私有化。

1980年《运输法案》解除长途客车运输服务规制。

1982年国家货运公司完成出售，公路货运行业私有化。

1983年提出解散大伦敦议会建议。

1985年《运输法案》要求伦敦以外城市地面公交去规制，出售国家公共交通公司。

1986年解散大伦敦议会。

1989年发布《修建道路繁荣经济》白皮书。

1991年发布《交通新现实》研究，认为如果供给无法匹配需求，就让需求匹配供给。

1993年伦敦地面公交完成私有化改革，《铁路法案》批准英国铁路拆分、私有化，成立交通部伦敦政府办公室协调中央部门在伦敦具体权力的实施。

1994年设立伦敦部长和伦敦交通部长。

1996年发布《交通前行之路》绿皮书，确定未来道路投资关注现状道路维护和服务管理，新建道路只适用于选择性改善的基本方针。

1998年工党发布《交通新政》，对客运、机动车、商务和所有市民关注的问题，如拥堵、安全和更好的环境实施激进的改善。

1998年工党发布执政白皮书组建伦敦新政府，成立伦敦交通局继承伦敦事务国家办公室权力，出台具有法律约束力的交通战略。

1999年《大伦敦政府法案》批准大伦敦政府成立，要求市长制定交通发展战略支撑经济发展、社会发展和环境改善。

2000年《运输法案》确定地方交通规划的法定地位，每个地方交通机构必须制定覆盖全域的交通政策，鼓励推动安全、整合、高效、经济的交通设施与服务，并履行职能实施政策。

23.3.3 大伦敦市长交通战略2018

大伦敦于2018年发布《市长交通战略2018》，指出街道与小汽车、公共交通与生活品质、未来发展与不确定性变化的严峻挑战，设定人口持续增长、住房可负担、健康宜居的发展目标，提出改变交通混合、转变交通系统、加强对外联系与共同营城的交通愿景，从健康街道健康市民、良好公共交通体验和新职住3个方面提出26条政策和108项措施。

交通战略强调，交通场所是空间活动场所、鼓励场所营造和宜居生活、抑制机动化出行、移除不合理机动化设施、强化城市更新、强化公共空间、强化公众健康等创新融合视角，是城市生活与空间品质主导的人本位战略。

未来交通方面，努力保证信息系统和支付平台随着技术进步不断完善，继续满足人们需要；探索并监督路缘空间与各类小汽车使用需求之间的关系，评估应如何逐步发展需求管理措施；探索并试行需求响应型公交服务，补充传统公共交通服务，考虑通过试运行来满足外伦敦其他方式难以服务的地区；参与新汽车技术的试运行，坚持安全第一，考虑通过应用新汽车技术来支持健康街道方案的实现（图23.3-3）；与国家机构及各参与方合作，采取适当的政策和法规，保证网联汽车和自动驾驶汽车的开发和应用符合交通战略的政策与建议。

此外，应遵循下列原则探索、影响、管理新交通服务，确保以下服务可为健康街道方案的实施做出贡献：

（1）支持从小汽车出行转向其他模式的出行。新服务不应该鼓励小汽车出行，尤其是在有良好的步行、骑行或公共交通选择的地方。

（2）完善公共交通系统。新服务应有助于更多小汽车使用者使用公共交通，同时不影

图23.3-3 健康街道方法意象示意图

响步行或骑行往返于公交车站。这些服务还应为公共交通连通性较差的地区（特别是外伦敦区）提供出行方式。

（3）面向所有人的开放出行。所有市民都应享受到新服务，这些新服务不应造成社会、经济或数字鸿沟，不应造成出行不平等。

（4）净化空气，减少碳排放量。新服务应该达到最优排放标准，减少二氧化碳、碳氧化物和颗粒物排放，更快地转向清洁技术。

（5）创造安全宜人的街道环境。新服务和技术应有助于营造更安全、更具吸引力的街道环境，使步行或骑行更具吸引力，不应鼓励通过非绿色出行方式替代现有的绿色出行方式。必须始终重视乘客、行人和骑行者以及其他道路使用者的安全。在涉及将新技术直接应用于街道的情况下，应该以协调一致的方式进行，增强街道的整体特征，减少混乱，并且不影响将来可能重新分配的步行、骑行和公共交通空间。

（6）有效利用空间。新服务必须有效利用道路和路缘空间，适应运营区域的调整，支持重新分配步行、骑行和公共交通空间的机遇。

（7）共享数据和知识。在可能的情况下，交通局应与大伦敦政府共享数据和知识，改善对交通网络的监督、运营和规划。

大伦敦2041交通战略—目标—政策—指标如表23.3-1所示。

大伦敦2041交通战略-目标-政策-指标汇总表　　　　　　　　　　　　　　　　　　表23.3-1

目标	政策	指标
核心指标：2041年步行、骑行或乘坐公共交通工具分担率达到80%		
步行与骑行	改善地方步行路线、改造牛津街与议会广场、实现战略骑行网络全覆盖、保护改进推广漫步伦敦网、发展支持公共自行车、支持鼓励步骑通学通勤、改善步骑导向标识系统、改善出行规划信息服务、健康街道增设可达包容	70%伦敦市民每天进行2次步行或骑行，每次10分钟； 70%伦敦市民生活在战略骑行网络400米范围内； 2022年街道伤亡率减少65%，2030年减少70%； 2030年地面公交实现零伤亡； 步骑安全感比重超过75%； 小汽车出行总量至少下降300万次，保有量减少25万辆； 2026年中心区早高峰货运量减少10%； 小汽车使用量下降，货运效率提高，整体交通量减少10%～15%； 2050年公路铁路实现零排放； 地面公交周转量增加55%； 轨道交通周转量增加100%； 铁路总客运量增长90%； 地面公交车速提高5%～15%； 轨道交通拥挤减少10%～20%； 760万人生活在距离中心区45分钟可达地区，工作岗位45分钟覆盖率增加70%； 向心铁路线路载客量增加80%； CrossIRail2增加各20万套住房与岗位； 贝克路线增加2.5万套住房与0.5万个岗位； 泰晤士米德线增加1.7万套住房与0.3万个岗位
零伤亡愿景解决道路危险	鼓励安全道路使用行为，提高车辆安全性，实现零伤亡愿景	
安全性	改善街道人身安全保障，确保公共交通网络安全	
高效街道	鼓励货运融合、减少货运次数、重新安排货运时间与模式、制定交通量减少策略、增强与街道使用者的沟通	
空气质量	清洁公交车辆、减少货运车队排放量、清洁出租车辆、设置超低排放区、强化重型车辆低排放区标准	
零碳排放	设置零排放区、激励措施鼓励超低排放车辆、优化铁路能效、增加低碳能源供应、减少非道路移动源排放、减少交通建设与运营排放、减少河运排放、确保电动车辆充电基础设施到位	
地方环境	实现街道生态排水、增加行道树数量、减少降雨导致的铁路停运	
气候变化	制定气候变化应对计划、开展气候复原工作、减少铁路噪声与振动影响	
安全公共交通	消除公共交通服务造成的伤亡	
可负担性	确保公共交通票价人人可负担	
乘客体验	改进信息提供和技术应用	
可达性	铁路车站/地铁站/公交站点/出租车停靠站无障碍改造、服务车辆无障碍改造、推出辅助公交一站式服务站台	
公交服务	重新设计公交网络适应现状及未来需要，构建公交优先网络	
铁路服务	交付多条线路、交通部进一步下放市郊铁路服务权力、增加铁路/地铁客流、铁路车站容量升级、升级货运铁路线路、优化出行信息服务	
河运服务	成立大伦敦港口管理局并发布相关战略、调研河道延伸服务、鼓励利用河道进行货运	
区域交通服务	提供更多高铁服务、交付新线、建设新客运枢纽	
夜间交通服务	扩展夜间地铁服务、推出夜间地上铁/轻轨服务	
出租车服务	高效透明的监管与执法提高巡游车与网约车运营安全标准	
良性发展	研究交通改善发展可行性、拓展延伸轨道/铁路服务、机遇区试行公交网络化服务、建设步行和骑行走廊、推动发展基金精明使用	
机场	交付希斯罗机场新通道	

23.4　城市与交通的使命

通过英国、日本两国城市与交通发展历程梳理及规划愿景目标解读，可以发现社会、经济与环境三个维度上的共性特征。社会特征中，侧重宜居、就业、健康、幸福感等方向；经济特征中，侧重活力、创新、就业、竞争力等方向；环境特征中，侧重空气质量、可持续、生态、韧性等方向。融入全球分工协作体系、实现城市的国际化发展已成为各大城市的共同追求,强调链接全球、创新驱动、绿色发展、美丽宜居、特色彰显、包容共享等目标是城市追求高质量发展的基本诉求。

在追求高质量发展的过程中,要理性对待交通问题、高效利用存量资源、公平配置增量资源,更要清晰地认识到技术改变对交通的影响。技术改变可以影响出行行为与态度、提供全新管理工具、调整职住形态与格局、影响干预措施效果、提升物质虚拟网络承载能力(表23.4-1)。

技术改变对交通的潜在影响汇总表　　表23.4-1

	技术改变	普适计算	普适感知	万物连通	认知计算（人工智能机器学习）	机器人自动化	高级材料
交通	自动驾驶		●	●	●	●	
	出行即服务	●		●			
	无人机		●			●	
	超级高铁						●
	地下物流系统					●	
	智慧道路收费	●	●	●			
	动态道路管理		●				●
非交通	虚拟存在	●	●	●		●	
	远程服务	●	●	●		●	
	3D打印					●	●
	区块链	●	●	●			
	新能源系统						●
	共享经济	●		●			

但归根结底,技术本身属于微观缝隙创新,只有当宏观目标图景在战略政策上有意打开中观结构制度的机遇窗口,反复迭代逐渐成熟的技术才有可能触发结构制度调整适应,实现社会—技术系统的缓慢平滑式变迁,最终推动社会发展与人类文明进步。大伦敦可持续交通近25年发展的关键因素分析可以有力地印证并支撑上述判断(图23.4-1)。

当前阶段,可持续城市、数字城市、生态城市与智慧城市等概念已形成基本共识,而宜居城市、韧性城市与健康城市等概念正逐渐进入政策视野(表23.4-2)。决策者应重视未来城市的科学性,借助系统性思维思考城市未来及其潜力,为处理复杂问题提供全新实践工具与解析模型。

与此同时,决策者还应清晰地认识到,城市本体及其社会、经济与环境的发展是多变的,单一目标与路径方式无法适用多样性的城市。关于未来城市,尚未形成既定、权威的概念定义,当下对发展目标与路径的选择往往处于审美偏好与政治选择,而并非透彻地把握理念与内涵(图23.4-2)。

		1995~2000年	2001~2005年	2006~2010年	2011~2015年	2015~2020年
供给因素	公交承载能力	缓慢增长	地面公交承载能力大规模提升	地铁网络加强	伦敦奥运会进一步加强	缓慢增长
	道路承载能力	稳定	略有减少	大幅减少，尤其中心地区		进一步减少
	公交出行成本	票价高但逐渐下降	稳定	票价成本逐渐增加		冻结票价
	小汽车出行成本	出行成本高燃油价格上升	引入拥挤收费	波动	减少	总体降低，2017年燃油价格上升
	公交品质	稳定	改善，乘客满意度增加		乘客满意度高	资金压力
结构性因素	人口增长与稠化	人口每年增加2.5%			每年增加1.4%	增长平缓
	人口结构年龄分布移民	非英国出生人口增加，拥车可能降低，更可能使用公共交通				欧盟移民年轻人比例下降
	出行行为	出行率稳定	出行率波动公交需求总体增加			出行率下降公交需求降低
经济因素	生活成本	可支配收入缓慢增长，住房成本上升	金融危机收入下降	工资紧缩信贷支出增加		高成本导致年轻人外迁
	就业经济	就业增长失业下降	就业缓慢增长失业维持平稳	就业更强增长失业下降		经济不确定性
政策因素	空间战略政策	政府未成立无相关政策	第1版大伦敦规划公共交通导向发展，设置停车配建上限	第2版大伦敦规划政府宽松停车政策		第3版大伦敦规划待发布更为雄心壮志

图例	消极效果 不利于绿色可持续发展	总体上效果中立	积极效果 有利于绿色可持续发展

图23.4-1 1995~2020年大伦敦可持续交通发展关键影响因素示意图

未来城市可用概念汇总表 表23.4-2

社会	环境	经济	治理
参与城市	花园城市	创业城市	管理城市
步行城市	可持续城市	竞争城市	智能城市
融合城市	生态城市	生产性城市	
包容城市	绿色城市	创新城市	效率城市
公正城市	紧凑城市	商业友好城市	良好运营领导城市
开放城市	智慧城市	全球城市	智慧城市
宜居城市	韧性城市		未来城市

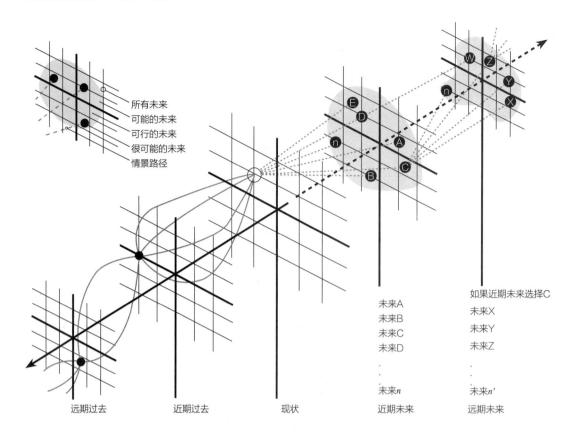

图23.4-2 未来城市发展不确定性示意图

面向未来城市，需要借助多种战略手段加以应对，如使用多种可验证未来的方法应对不确定性并对战略进行压力测试，借助预测工具开展取证分析，对系统开展关键性分析，设定清晰定义的愿景，采用可测度愿景实施进展的指标，审视管理干预手段，分阶段研究技术进步对愿景实现的贡献，提防炒作和政策企业化、产业化，实践新兴技术的预期治理，考虑试验措施和打造包容规划环境。

但至关重要的是，要始终牢记城市与交通的使命。

《东京2040：城市发展宏伟设计》在篇首序言中指出："我们有责任与义务面向光明的未来提高城市活力，创建任何人都可以发挥能力、积极生活的优秀城市，并将其确实地移交给下一代！"

尽管无法确定到2040年这20年间，伴随国际环境演变、社会发展变化、科学技术创新和规划认识重塑，是否会出现全新的城市空间格局和首都圈规划第八、第九阶段。但能确定的是，东京都及其首都圈规划中的愿景，是对城市美好未来发展的不懈坚持，是对安全、多彩、时髦、智慧城市的无尽向往，是对上一代人的关怀祝福，是对当代人奋斗的认可鼓励，是对一代又一代子孙的殷切期待。

《城镇交通：关于城市地区长期交通问题的研究》在末章结语中指出："以朝气活力、宜居宜业之方式重建城市环境，定是最为重要之事，借此英国将成为全世界最激动人心的国家，其幸福安宁与繁荣富强不可估量！"

实现这一目标需要广阔的政策—社会—技术融合视野。谈及交通工程，交通规划的共识是关键；谈及应用技术，社会公众的支持是前提；谈及改善策略，上位政策的呼应是基础；谈及措施实施，体制机制的缺陷是瓶颈；谈及重大决策，政治政体的规则是桎梏。无论交通规划与政策发展的路线如何曲折与不确定，都有着唯一的确定，即对美好愿景的执着追求，交通本身仅是实现这一愿景的手段与方式，有悖初衷者定被历史前进的车轮所淘汰。

本章参考文献

[1] 汪光焘. 城市：40年回顾与新时代愿景[J]. 城市规划学刊, 2018（6）：7-19.
[2] 单卓然, 黄亚平. "新型城镇化"概念内涵、目标内容、规划策略及认知误区解析[J]. 城市规划学刊, 2013（2）：16-22.
[3] 白石秀俊. 「国土のグランドデザイン2050」を踏まえた「国土形成計画（全国計画）」～国土計画が描く未来像～[R]. 国土交通省, 2016.
[4] 国土交通省. 国土のグランドデザイン2050—対流促進型国土の形成[R]. 国土交通省, 2014.
[5] 東京都. 都市づくりのグランドデザイン[R]. 東京都都市整備局, 東京, 2017.
[6] Buchanan C. D.. Traffic in Towns: A Study of the Long Term Problems of Traffic in Urban Area[R]. HMSO, Her Majesty' Stationery Office, London, 1963.
[7] Batty M.. Models, Methods and Rationality in Urban and Regional Planning: Developments since 1960[J]. Area, 1976, 8(2): 93-97.
[8] Dudley G., Preston J.. Historical Narrative and the Evolution of Academic Transport Studies in the UK[J]. Transport Reviews, 2013, 33(2): 131-147.
[9] Buchanan C.. Traffic in Towns: An Assessment After Twenty Years[J]. Build Environment, 1983, 9(2): 93-98.
[10] The Guardian. Sir Colin Buchanan: Pioneering Town Planner Whose Landmark Report Sparked the Great Debate about Cars in Cities[EB/OL]. https://www.theguardian.com/news/2001/dec/10/guardianobituaries.engineering.
[11] 魏贺. 《城镇交通：关于城市地区长期交通问题的研究》解读[J]. 城市交通, 2019, 17（3）：132-134.
[12] Delafons J.. Reforming the British Planning System 1964-5: The Planning Advisory Group and the Genesis of the Planning Act of 1968[J]. Planning Perspectives, 1998, 13（4）：373-387.
[13] 唐子来. 英国的城市规划体系[J]. 城市规划, 1999, 23（8）：38-42.
[14] 孙施文. 英国城市规划近年来的发展动态[J]. 国外城市规划, 2005, 20（6）：11-15.
[15] 张险峰. 英国国家规划政策指南—引导可持续发展的规划调控手段[J]. 城市规划, 2006, 30（6）：48-53+64.
[16] 吴晓松, 张莹, 吴虑. 20世纪以来英格兰城市规划体系的发展演变[J]. 国际城市规划, 2009, 24（5）：45-50.
[17] 徐瑾, 顾朝林. 英格兰城市规划体系改革新动态[J]. 国际城市规划, 2015, 30（3）：78-83.
[18] 杨东峰. 重构可持续的空间规划体系—2010以来英国规划创新与争议[J]. 城市规划, 2016, 40（8）：91-99.
[19] 罗超, 王国恩, 孙靓雯. 从土地利用规划到空间规划：英国规划体系的演进[J]. 国际城市规划, 2017, 32（4）：90-97.
[20] 王伊倜, 胡若函, 王雅雯. 英国地方发展规划的梳理与启示[J]. 规划师, 2018, 34（2）：128-133.
[21] Mayor of London. Mayor's Transport Strategy 2018[R]. Mayor of London, Transport for London, 2018.
[22] CREATE. Deliverable 6.2: Potential Impacts of Technological and Other Changes[R]. CREATE, Congestion Reduction in Europe-Advancing Transport Efficiency, 2018.
[23] TFL. Travel in London 12[R]. Transport for London, 2019.
[24] GOS. What Are Future Cities? Origins, Meanings and Uses[R]. Foresight, Government Office for Science, Catapult Future Cities, 2014.
[25] Shearer A. W.. Approaching Scenario-Based Studies: Three Perceptions About the Future and Considerations for Landscape Planning[J]. Environment and Planning B: Planning and Design, 2005, 32(1): 67-87.
[26] CREATE. Deliverable 6.4: Developing Strategy—Working with Uncertainty and an Emerging "Stage 4"[R]. CREATE, Congestion Reduction in Europe-Advancing Transport Efficiency, 2018.

第24章 走向未来的远见

24.1 应对未来发展不确定性

24.1.1 兰德美英未来出行

兰德咨询于2013年发布《未来出行：美国2030年情景》，设定"没有免费的午餐"（No free lunch）和"燃油消耗随心所欲"（Fueled and freewheeling）两个情景（图24.1-1）。

1. "没有免费的午餐"情景

驱动因素为气候变化趋势和高昂燃油价格，主要反应是态度转向制定规章制度、政策转向设立温室排放减少分区和建成环境与技术均发生改变。

2. "燃油消耗随心所欲"情景

驱动因素为大量廉价的能源与低燃油价格和缺乏基础设施稳定持续投资，主要反应是保持高比例机动车使用于郊区化和交通拥堵显著增加。

之后，在2016年《英国2035出行：未来出行与技术创新影响》中，其设定驾车前行（Driving ahead）、本地生活（Live local）和数字分裂（Digital divide）3个情景（表24.1-1）。

1. 驾车出行情景

GDP与人均出行受自动驾驶车辆等技术刺激超预期持续增长，医疗与零售等领域相继

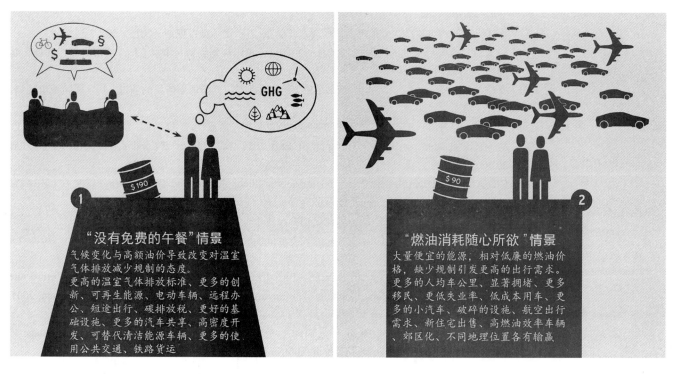

图24.1-1 美国2030未来出行情景示意图

情景分析潜在技术汇总表　　　　表24.1-1

车辆技术	基础设施技术	非交通方向技术
自动驾驶车辆* 电动/混合动力车辆 一体化车辆健康管理 车载传感器与调节器 V2V与V2I通信* 个人快速公交 飞艇、近地飞行器 悬浮列车 超级高铁* 真空/低气压列车 群集技术 流体动力学优化 噪声污染降低*	感应收费 道路加热元件* 自愈路面* 嵌入式传感器* 自动/机器人桥梁* 可编程车道 智能街道照明 个人数字化寻路* 用户APP与软件* 数字支付系统 多模式出行与优化 识别与控制算法 创新停车技术 自动起重/进港/报关* 离岸深水码头	远程医疗、办公* 高级制造、高级农业* 创新材料、纳米技术 创新动力源、机器人 人工合成环境 增强现实、人机交互 人脸、声音识别、气象预报 生物统计、生物黑客 下一代信息连通* 大数据、人工智能* 量子计算 物联网、物流实物互联网* 智慧城市、模块城市* 标准化、开放架构*

*为近中期关键技术。

发生变化。共享汽车进入生活，降低无车家庭成本，车辆的便捷使用导致机动化出行与拥堵的增加，堵车不再简单意味着是糟糕的事情。独居老龄人口具有更高的就医等出行灵活性，货运与零售业主更多地使用自动驾驶车辆进行长距离运输与配送。

2. 本地生活情景

更多的数字化替代技术应用在出行中导致更低的人均出行，2035年将开发出更有力的ICT、用户APP与物联网技术，并因远程呈现技术的应用对出行需求产生巨大改变。由于"本地生活"运动逐渐改变人们对出行的态度，反对过量出行，职与住进一步去中心化。此外，自动驾驶车辆未能广泛推广，道路收费则更为先进、复杂和有效。

3. 数字分裂情景

经济与人口低于预期值增长，收入不平等问题加剧。高级技术商业化应用，但价格超出大部分人承受范围。由于更低的GDP增长率和增加的出行成本，导致更少的人均出行。高级信息通信技术助推商业搬离中心城市或城市中心，但成本仍很高昂。自动驾驶车辆与3D打印技术在货运、仓储等行业广泛使用。由于人们无法负担高价的新商品，更为丰富的人对人交易与共享经济模式出现。

24.1.2　NCHRP远见750系列

2008年美国公路及运输协会AASHTO成立NCHRP Project 20-83项目，通过情景规划建立缓慢上升（Momentum）、全球混乱（Global chaos）、技术胜利（Tech triumph）和柔和足迹（Gentle footprint）四类情景，研究全球与美国的长期性交通运输战略问题及其对交通运输部的政策研判启示（表24.1-2）。

自2013年起，项目发布750系列远见（Foresight）报告，包括货运（货运交通基础设施投资的情景规划）、气候变化（气候变化、极端天气事件与公路系统）、技术（加速未来科技强化交通运输系统性能）、可持续性（可持续性作为交通运输机构的组织原则）、能源与燃油（为州交通运输机构准备不确定的能源未来）、人口统计（未来出行需求的社会—人口统计影响）和道路基础设施（公路基础设施的养护、维护与更新）共7个专题。

情景框架：关键因素与指标汇总表　　　　　　表24.1-2

因素	缓慢上升	全球混乱	技术胜利	柔和足迹
经济增长 人均收入 就业率	适当经济增长 就业与收入无增长	频繁自然灾害 伤亡、饥荒、战争 经济负增长 失业率居高不下	科技推动经济增长 就业率高 少数精英收入增加	代际环保精神控制 燃料使用与排放政策 新型产业，新职业 多样化经济
移民政策 移民率 人口增长	合法非法移民增加 人口增加超亿	高失业率 岗位稀缺 生活恐惧 边境实行严格封锁	新增合法移民作为 技术工人补充岗位	能源使用与经济活动 削减导致移民降低
人口趋势 年龄分布 性别角色 死亡率 家庭结构	人口老龄化 平均寿命达到高峰 退休年龄延迟 就业性别差异消失	预期寿命下降 反人口老龄化 失业率在未受 教育男性中最高	死亡率大幅下降	环境伦理导致少育 转移到健康生活方式 更多的锻炼 更多的本地食材 更高生活水平
能源供需 价格 燃油类型 环境态度	能源价格缓慢上涨 周期性上涨后下降	能源供需中断 物价不稳定或上涨	新能源技术发展 物价稳定或下降	高碳税与市场政策 导致能源价格昂贵 转向无碳燃料 能源更安全 重要性减弱
科技进步 ICT技术 车辆技术	ICT改变工作娱乐 方式和地点 缓慢转向电动汽车 SUV/皮卡使用强劲 智能车辆驾驶更安全	技术进步缓慢停滞	虚拟生活成为现实 人工智能全面接管 商业与政府事务 机器人系统处理 交通运输需求	车辆小型化、高效化 转向清洁燃料 铁路与其他形式 投资加快 高铁取代大部分航空
政府角色 收费 供给	联邦政府角色减弱 各州权力增强 公路增量少、维护难 燃油税低，道路收费	新增产能或维修 投入少，拥堵减少 对公共交通、航空 投资减少	私营企业负责 交通基础设施投资	联邦政府角色增强 优先考虑绿色方式与 高效环保机动化 道路建设零投资
城市化 用地政策 开放空间 区域转移	人口转移城市地区 高需求促使填充式、 TOD发展	食品价格高企 农业部门受到干扰 形成小农场式低技 术合作 市中心与近郊 贫民窟化	整个国家互联互通 经济活动从中心扩散 人们在期望地点进行 工作生活并虚拟重现	用地政策有力促进 填充式开发 强调步行距离内 满足大多数需求 郊区更为高密度

1. 缓慢上升情景

社会—人口将在年龄与种族等各方面发生变化，人口缓慢增加，经济适度增长，劳动力参与降低，世界贸易仍是开放并充满活力的。技术进步令机动车更安全、更节能，燃油税低于其他国家，车公里缓慢增长，各州可为其他交通需求提供更多资助。人口集中于大型城市地区，这些地区内的低密度郊区仍在增长，公共交通引导发展的TOD模式需求增加。可能的启示包括：适度的出行增长，重点关注问题仍是机动化安全性与可靠性，联邦资金减少，州政府与地方机构在交通运输决策中的话语权增加。

2. 全球混乱情景

全球人口减少，平均寿命速断，金融动荡加剧，大萧条导致经济负增长。暴风雨、洪水和干旱等恶劣天气事件逐渐增加并带来明显影响。长期的全球冲突导致就业减少与原油短缺。可能的启示包括：由于经济危机出行需求减少，交通拥堵缓解，无法维持交通收入来源可持续性，燃料价格上涨，基础设施投资极少，交通系统恶化。

3. 技术胜利情景

技术从根本上改变人们对交通的看法,自动驾驶车辆、无线通信等技术极大地改变了出行格局,推动经济蓬勃发展。美国将在能源、农业与制造业方面更加独立自主,通过创新中心可以生产高度定制化的商品。由于经济繁荣与寿命延长,人口增长迅速,经济活动从人口中心扩散,人们选择在期望的地点进行工作生活并实现虚拟重现,进一步刺激更低密度开发。可能的启示包括:安全性大大提高,交通运输碳足迹更小,经济增长与自动驾驶车辆联网技术的提高将增加对新型交通基础设施的需求。

4. 柔和足迹情景

越来越多的公众与政治共识达成对低影响生活的选择。高碳排放税导致能源消耗减少。大量的规章制度形成对社会与经济更强的控制。个人发展目标与抱负要在让社会更加绿色与可持续的框架下。可能的启示包括:高速铁路、公共交通、自行车与步行网络将得到扩展以替代增加公路承载能力,用地规划将重新定义交通投资模式。

24.1.3 未来椎体与情景规划

应对未来发展不确定性,可通过未来椎体分类法来界定未来视角。未来椎体分类法将由当前至远期的未来分为潜在(Potential)、预计(Projected)、很可能(Probable)、可行(Plausible)、可能(Possible)、愿意(Preferable)与荒唐(Preposterous)7种类型。这7类未来类型均基于当前对未来发展的主观判断,同一类型的认知与判断伴随时间推移可以发生明显改变(图24.1-2)。

(1)潜在的未来。超越当前的每种事物均是一种潜在的未来可能。作为未来研究的基本公理,其假设未来是开放的、不确定、不固定的、非必然的。

(2)预计的未来。基于当前认知,通过线性趋势外推获得,认为是最优可能的未来,但往往以为会发生却常因不确定性常而不发生。

(3)很可能的未来。基于当前认知,认为是确定性强、有希望发生的未来。

(4)可行的未来。基于当前认知,认为是能发生的未来,可挑选备选方案。

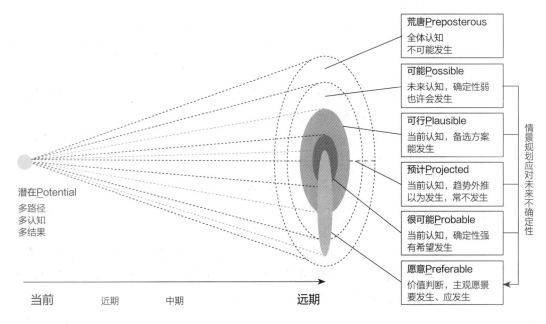

图24.1-2 未来椎体分类示意图

（5）可能的未来。基于尚未完全掌握但终将掌握的未来认知，认为是确定性弱、也许会发生的未来。

（6）愿意的未来。基于规范价值判断，而不是当前认知，认为是需要发生、应该发生的未来。

（7）荒唐的未来。基于当前认知，认为是荒谬的、不可能的、永远不会发生的未来。

荒唐的未来与可能的未来之间的边界被称为"克拉克—达拖不连续"（Clarke-Dator discontinuity），代表着超越当前认识进行前瞻性思考的外延范畴。

达拖未来第二定律认为，任何关于未来的、有用的思考，都应显得荒唐；克拉克第二定律认为，找到可能极限的唯一方法就是超越可能、进入不可能。

不确定性在本质上是对决定论（Determinism）与完全未知论（Total ignorance）中尺度的选择。决定论意味着要准确地洞察一切，是一种不可能达到或者动态接近的理想状态；完全未知论意味着对事物未知，甚至不知道未知。

由确定性到深度不确定性，可划分为4个级别（表24.1-3）：

不确定性从决定论到完全未知论转变特点汇总表　　　表24.1-3

属性	1级	2级	3级	4级
	情景规划：确定性→深度不确定性			
设想				
认识	足够清晰的未来	一定概率可替代的未来	多样可行的未来	未知的未来 不知道未知
模型	单一系统模型	概率参数化单一系统模型	不同结构多种系统模型	未知模型
结果	点估计结果 单一置信区间	点估计结果集 多置信区间	已知结果范围	未知结果
权重	单一估计权重	概率权重集	已知权重范围	未知权重

（1）1级不确定性可用统计术语充分描述，常以基于线性趋势外推的单一预测与置信区间进行表达，难以利用数据精准测度真实值。

（2）2级不确定性意味着系统模型具有概率参数化特点，常以基于线性趋势外推的多个关联预测与置信区间进行表达，依据驱动力进行可替代方案比选。

（3）3级不确定性代表着功能关系与机制的深度不确定，既不清楚定量函数关系，也不了解统计特征，还不具备充分的科学依据，常借助多个可行情景（特征相近、相反或完全无关）进行定性表达。

（4）4级不确定性是最深层次的不确定，唯一确定的就是不确定，唯一知道的就是不知道，超出常规范畴的"黑天鹅"事件频繁发生，人们逐步认知到对世界本质与未来发展的无知与无奈，只能进行回顾解释，难以进行前瞻预测。

24.2 未来洞见方法体系框架

24.2.1 英国科学办公室的研究

英国科学办公室于2014年发布《未来城市系列研究》（Future of Cities），提出高科技主导下的超移动生活城市（High-tech city）、机器与人类融合的数字城市（Digital city）、与现有系统方向相反的低能耗宜居城市（Liveable city）和充斥着城市堡垒、野生地带与入侵物种的破败、荒凉、不幸的要塞城市（Fortress city）4个未来城市情景，并从城市类型、基础设施、出行格局、能源系统、空间活动和理想价值6个方面进行设想（图24.2-1）。

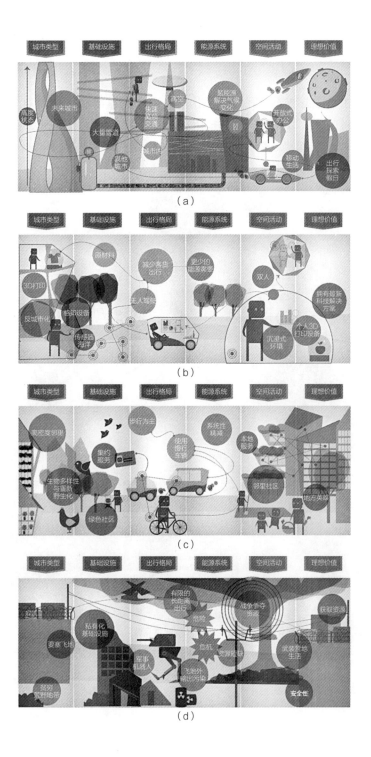

图24.2-1 未来城市情景示意图

（a）高科技城市：实现地空立体交通；（b）数字城市：物理出行被多种形式的数字沟通与体验广泛替代；（c）宜居城市：低碳城市，追求就近沟通与小户型、少开车的幸福观；（d）要塞城市：全球贫困，富裕群体以飞地形式脱离，频繁战争争夺资源

之后，在2019年的《未来交通系列研究》（Future of Mobility）中，其提出趋势未变（Trends unmodified）、个体自由（Individual freedoms）、绿色社区（Greener communities）和科技释放（Technology unleashed）4个未来交通情景，并从历史回顾、交通治理、发展趋势、人本交通、未来设想和地理特征6个方面提出政策启示（图24.2-2、图24.2-3）。

1. 趋势未变情景

基于现状趋势，英国政府被动应对交通变化，缺少从新技术中获得收益的直接方法。数据与新技术的使用参差不齐；共享交通主要限定于年轻城市居民；交通运输脱碳差强人意；创新是市场主导与渐进式的，政府应避免错误支持而导致损失；在吸引和培养全球投资者上不太成功；实现自动化但仅能服务1/3客运周转量；网约车服务减少公共交通使用；更高的小汽车依赖性与有限的步行与自行车出行导致健康问题；自动驾驶重型货车是家庭型小微货运企业的投资障碍，却为大型公司提供竞争优势，进而导致行业整合。

2. 个体自由情景

公众要求自由，独立控制自己的交通出行，关注数据隐私。公司对个人数据的收集、使用与交易被严格监管，以保护隐私与自由；非数据驱动的技术得到发展；除了固定的工

图24.2-2 未来交通情景示意图

图24.2-3 未来交通情景概念示意图
（a）趋势未变；（b）个体自由；（c）绿色社区；（d）科技释放

(a)　　　　　　　　(b)　　　　　　　　(c)　　　　　　　　(d)

作、朋友与家庭群体，不存在主要共享交通关系；自由且无法被追踪的步行与自行车出行增加，提高可持续性与交通健康；安全问题阻止3级以下自动驾驶车辆技术的发展；货运整合配送中心缓解最后一公里压力；由于私家车使用与有限的自动化，交通拥堵恶化；伴随车型增加与充电设施完善，私人电动车的使用也在增加。

3. 绿色社区情景

社会更为少物质化，面对新技术与个体选择时优先考虑社会与环境影响。数据共享与新技术仅限用于具有明确社会与环境收益的情况；私人小汽车拥车水平下降，私人自动驾驶车辆使用受限，共享交通普遍存在；交通运输基本脱碳；出于就业与道德考量，智能自动化和与安全、增效有关的技术仅有限应用；出行即服务在各类人群中成功推广应用；高能源价格与苛刻环境法规减缓生产力增长，贸易逆差扩大；道路收费导致共享交通增加，拥堵缓解；步行与自行车出行显著增长，改善空气质量，获得健康收益。

4. 科技释放情景

交通及相关产业去规制，科技快速发展，由私营企业主导。数据广泛共享，推动新交通技术发展，却忽视社会、环境与隐私问题。共享交通应用极少，仅在替代方案更为昂贵或耗时时才被考虑；私人小汽车主导客运交通，并迅速被自动驾驶车辆替代；社会公平面临挑战，为新技术所带来的优势付出巨大代价；政府试图借助技术手段解决社会与环境问题，但收效甚微；步行与自行车出行大幅减少，电动自行车出行增长；自动驾驶车辆提高的生产时间导致长距离通勤和蔓延扩张；科技提升货运效率，导致失业率提高，员工缺乏新岗位所需的技能。

未来交通政策启示如表24.2-1所示。

未来交通政策启示汇总表 表24.2-1

主题	政策启示
交通系统发展历史	交通持续发展将为经济与社会提供关键赋能； 方式与地区的割裂是实现一体化交通的典型障碍
交通系统的治理	制定清晰的目标与明确的长期国家愿景，将有助于主动塑造未来交通趋势与方式，而不是被动应对； 进行干预时调整政策杠杆可改善结果，实现经济价值，并将降低复杂治理格局所带来的负担； 使用全系统方法，而不是细分方式，可实现总体目标，得到更广泛收益； 地区及区域交通规划应量身定制，确保可充分解决跨区域所带来的挑战
交通系统的趋势	预计2040年，自动驾驶租赁车与出租车和需求响应型交通将成为道路公共交通的未来； 货车与轻型货车将是最大的交通增长点，在塑造交通行为和缓解环境影响方面发挥重要作用，应提升对其角色定位的认知； 交通部门内外部的技术变革程度决定了在预测未来交通需求时的固有不确定性与难度； 决策者应考虑使用基于情景的方法，通过偏好情景为潜在挑战的深入证据确定并建立指标与警示
人与交通系统	技术与行为干预可以管理并塑造出行行为； 大量的工具可用于需求管理； 决策者应判断交通政策与资金应聚焦何种出行； 旅客的出行选择并未被充分了解； 共享汽车可以降低出行距离，有可能减少拥车水平； 关注人而不是车，设计好空间，是在科技影响不可知情况下稳妥的方法
交通系统的未来	自动化很可能提高效率，令人激动，但也可能带来意想不到的社会影响； 单就市场而言，新型交通服务供给或商业模式，无论在社会上还是地理上都可能是不公平的； 政策制定者应考虑政府目标可借助新技术更有效地实现； 通过数据使用会出现更多的机遇来提高效率并改善交通一体化； 货运碳排放很可能下降，即使没有政策干预，但整个过程会很缓慢； 政府支持货运产业发展所带来的新机遇； 货运部门强烈需要自动化

主题	政策启示
交通系统的地理特征	在城市、郊区与乡村地区，有效的用地规划对整合客货交通及住房、经济等优先事项至关重要； 乡村地区交通规划挑战巨大，但也为老年人与孤立群体提供了健康与可持续的全新机遇； 城市地区普及推广步行与自行车，需要对硬设施与软措施进行投资； 城市物流配送应使用更清洁的交通方式； 出行即服务等新服务模式可能在大城市增加，私营企业对此更有兴趣； 区域间通用数据标准将简化商业模式的迭代； 尽管新型交通不断增多，可达性仍是解决城市外围地区问题的关键政策

24.2.2 欧盟Mobility4EU研究

欧盟地平线2020项目《欧洲出行》（H2020-Mobility4EU）从趋势、驱动力、技术和特征四个层次对2030交通路线进行设想（图24.2-4）。

底层趋势层从长期问题角度提出构成影响因素并塑造未来情景的8个趋势，包括财富分配与劳动力市场发展，包容性社会、个性化与无障碍，城市化与智慧城市，气候变化、污染、资源与能源效率等环境保护事项，数字社会与物联网，全新商业模式，交通技术创新，交通安全安心和立法框架。

顶层特征层为城市交通未来愿景，包括一体化、多模式、无缝高效、无障碍的出行，

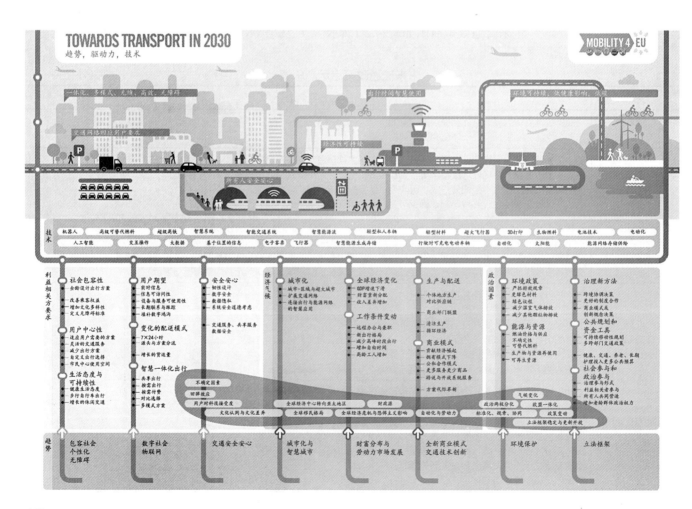

图24.2-4 Mobility4EU项目2030交通路线图

交通网络可及时回应用户要求，交通服务可保证所有人安全、安心，出行时间可以更加智慧的合理利用，在经济性上更可持续，在环境上更可持续实现低碳、低健康影响。

Mobility4EU提出交通愿景图，关注包容、可持续与无缝出行三个愿景（图24.2-5）。

1. 包容出行愿景

通过城市设计鼓励步行与自行车方式，减少出行要求，在规划全流程系统性地开展公众参与；借助个性化导航系统，通过手机应用与信息点服务，在室内与户外根据用户具体需求提供最佳路线；推动通用设计赋能车辆、基础设施、服务，实现其被所有人使用，解决各类限制，通过辅助体与辅助技术为脆弱人群提供自由选择与灵活性；构建连续、安全的无障碍路径，确保步行者与骑行者、脆弱人群和公共交通使用者的优先权。

2. 可持续出行愿景

推动电动共享汽车的应用，确保高度安全，实现道路交通完全自动化运行，广泛发挥自动化特点，实现电动穿梭车在指定城市情景的自动化运营；确保出行服务可提供可靠的连通，为中心城、城乡、乡村地区提供足够频次的服务，推动按需出行选择服务由共享模式拓展至公共交通服务中；激励出行选择与载运工具转型为最可持续方式，提倡步行与自行车生活方式，鼓励使用公共交通、可替代燃料车辆、电动化和低碳足迹载运工具；实现共享出行便捷换乘公共交通，完善个体支付、实时信息、信息安全枢纽等关键技术，逐步实现城市环境中共享出行优于个体拥车出行，多模式公共交通通勤优于小汽车通勤。

图24.2-5 Mobility4EU项目2030交通愿景示意图
资料来源：https://www.mobility4eu.eu

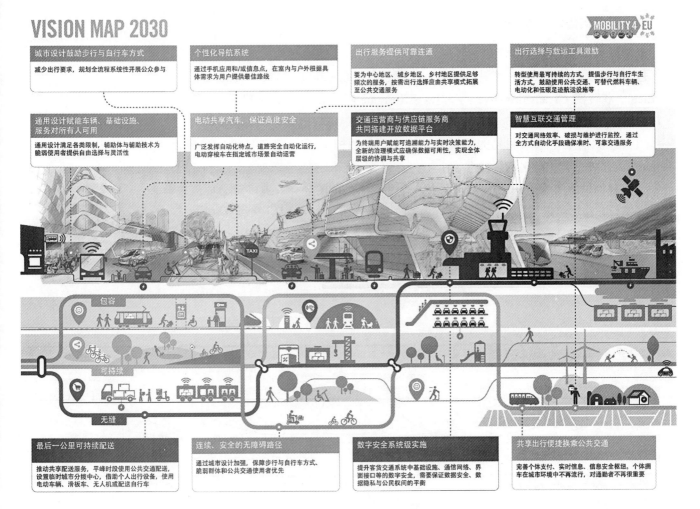

3. 无缝出行愿景

推动交通运营商与供应链服务商共同搭建开放数据平台，为终端客户赋能可追溯能力与实时决策能力，通过全新的治理模式确保数据可用性，实现在全体层级上的协调与共享；通过智慧互联交通管理，对交通网络的效率、破损与维护进行监测，通过自动化手段实现全体出行方式可准时、可靠地提供交通服务；实现最后一公里可持续配送，推动共享配送服务，鼓励平峰时段使用公共交通配送，设置临时城市整合配送中心，借助个人出行设备、电动车辆、滑板车、无人机、自行车等多种工具进行配送；完善数字安全系统级实施，提升客货交通系统中基础设施、通信网络、界面接口的数字安全，保障数据安全、数据隐私与公民权达到平衡。

Mobility4EU还指出实现未来交通三大目标所需的十个支柱及其对应关系（图24.2-6）。

三大目标包括：支持社会、经济与环境的可持续发展，在全方式中使用零排工具实现去碳化，为所有需求量身定做出行方案。

十个支柱包括：借助数字化与自动化优化交通设施承载力与交通服务效率，推进多模式交通与同步模式交通发展，建设互联交通系统，实现交通服务协调化、标准化与可交互操作化，对创新出行解决方案更加包容审慎并进一步简化测试、认证和授权等流程，制定激励措施与有效政策，通过城市设计手段鼓励步行与自行车方式出行并进一步减少机动化出行需求，推广应用通用设计方法，鼓励市民参与和共同营造，推动客货交通的共享化与个性化。

24.2.3 愿景情景衔接的框架

未来洞见方法可通过由感知不可预测性水平、追求改变水平构成的二维体系进行划分，包含预测（Predictive）、规划（Planning）、情景（Scenario）、愿景（Visionary）、批判（Critical）和转变（Transformative）六类框架（Frame）（图24.2-7）。感知不可预测性的水平越高则系统开放性越高，追求改变的水平越高则形成标准规范型影响的程度越大。

（1）预测框架是未来洞见的基础表达，通过启发式计算、趋势外推、预测建模、Delphi咨询来评估未来结果的可能性。

（2）规划框架是未来洞见的规范表达，通过系统、正式、合理地确定必要流程与步骤、方式与方法、政策与措施、行动与方案，改变（近期）未来，达成既定结果。

（3）情景框架是未来洞见的不确定性表达，通过情景规划系统性地研判不确定性中的确定性或确定性中的不确定性。

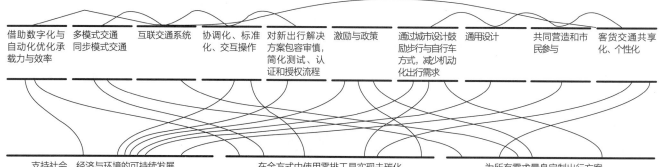

图24.2-6 未来交通系统支柱示意图
资料来源：https://www.mobility4eu.eu

(4)愿景框架是未来洞见的目标表达,可持续目标与政策目标决定规划终点,多元路径发展、非依赖型路径与参与式路径回溯决定规划途径,预测框架与情景框架决定规划起点(图24.2-8)。

(5)批判框架是未来洞见的问题表达,多与情景框架相结合,通过公众参与、专家咨询解释给定未来关键问题,深化对假设、机遇与因果关系的理解。

(6)转变框架是未来洞见的实施表达,多作为规划框架的近期计划或社会实验,在未定义未来结果的前提下,通过形成创新路径扩展可能性范围,达成非既定结果。

交通领域思考未来的常用方法为预测、愿景和批判解释。但无论使用何种方法,均要谨记并贯彻城市愿景下的3V基本原理,经济能力(Viability)、社会与文化活力(Vibrancy)和环境与健康生命力(Vitality)。

(1)预测方法以现状为起点,包括无干扰趋势外推(Do-minimum forecast)和有政策干预趋势外推(Do-something forecast),多通过计算建模手段实现。

(2)愿景方法以未来为起点,定义所期望未来的图景,通过回溯构建达到愿景的多条路径,多通过政策研讨、公众参与、学术研究等手段实现。

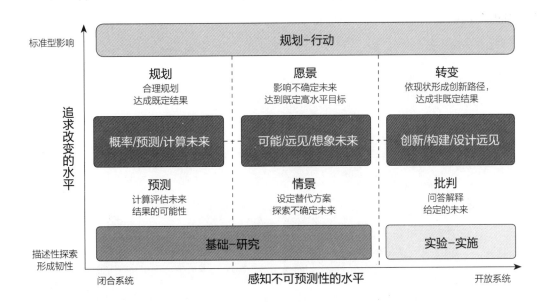

图24.2-7 未来洞见方法框架示意图

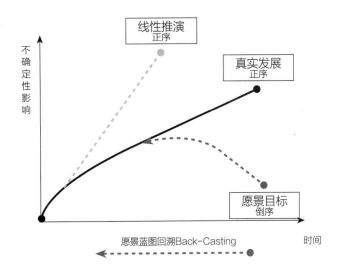

图24.2-8 未来洞见愿景回溯示意图

（3）批判解释方法以未来为起点，构建多个期望或失望的未来情景集，通过情景规划得到避免失控的关键因素，多通过战略思考、远见讨论、学术研究等手段实现。

24.3 可持续未来城市交通

24.3.1 融入全球语境履行国家承诺

《变革我们的世界：2030年可持续发展议程》是当前国际可持续发展领域的纲领性文件，核心内容覆盖经济、社会、环境三大领域的17项目标和169项具体目标。我国于2016年9月发布《中国落实2030年可持续发展议程国别方案》，方案承诺"加快完善安全高效、智能绿色、互联互通的现代基础设施网络；实施公共交通优先发展战略，完善公共交通工具无障碍功能，推动可持续城市交通体系建设"。

2018年世界银行联合国际组织"所有人的可持续交通"（Sustainable Mobility for All, Sum4All）成立可持续交通指导委员会，从可达、效率、绿色、安全四个维度提出对应联合国可持续发展目标的20个发展目标（图24.3-1）。2019年发布《迈向可持续交通：全球行动路线图》，形成规划制度、工程技术、经济财务、沟通交流5个领域22个热点方向182项措施的专属政策工具箱（表24.3-1）。

图24.3-1 可持续交通与联合国可持续发展目标对应关系示意图

世界银行可持续交通政策工具箱典型措施汇总表　　表24.3-1

工具箱	工具	典型措施
规章制度（71）	规划战略（10）	编制国家/省域战略、多层次城乡联系、TOD规划、一体化多模式交通网、安全系统方法等
	制度设计（4）	跨部门协同规划、明确部门权责、成立城市交通治理机构等
	国际协议（7）	移除关税壁垒、制定国际公约、实施碳排放要求、实施能源效率框架等
	运输服务（9）	一致性竞争政策、规制货车运输、移除多模式壁垒、规制共享服务与网约车等
	车辆使用（19）	实施限速与低排放区、限制停车供应/牌照发放/二手车交易、设定排污标准等
	数据利用（4）	制定数据保护规章、要求服务商提供标准格式数据、编制数据责任与收集指南等
	采购合同（7）	制定公共采购规则、支持循环经济与车辆电化、组建技术财务专家库等
	加强能力（11）	确定并授权可持续交通支持者、加强部门间与国际共建、创建指导行动等
工程技术（66）	技术标准（13）	确定技术/设计/建设标准、确保安全道路设计/枢纽互联、协调新式交通与通信设施等
	资产建设（17）	建设拓展多模式设施、推进设备电子化、改善最后一公里设施、重新分配道路空间等
	服务部署（15）	提高公共交通品质、推进共享出行、实施ITS和MaaS服务、整合新方案等
	行动部署（13）	确定风险脆弱性、推动驾驶辅助技术、支撑数据共享、提供出行替代选择等
	资产管理（4）	制定资产管理标准与方案、设置建设设计与安全性设计等
	保障（4）	确保搬迁公平安置、消除生态及生物多样性负面影响等
经济财务（30）	项目周期（6）	评估长期需要、使用稳健框架、确立性能检测评估、实施影响评价等
	资金分配（3）	满足成本效益要求、分配交通安全干预资金、实施绿色投资国际分类等
	财务手段（7）	税收债务增加收入、使用者付费加快设施融资、调动公私资本融资、使用土地价值捕获等
	收费手段（8）	实施燃油税/拥挤收费/车辆购置税、市场导向停车收费、公交费用可承担、整合收费模式等
	创新手段（6）	监管/财务激励支持创新、优化车辆电池生命周期、确定需求驱动研究框架等
沟通交流（15）	咨询参与（5）	全周期咨询、倡导参与式规划、鼓励新式交通公众研讨、确保通信技术中立性等
	宣传引导（8）	制定改变行为意识对策、强化道路安全意识、信息公开、培育公交安全文化等
	知识管理（2）	分享成功实践经验、告知使用者新式交通

我国未来城市交通应尽快融入全球语境，将国家庄严承诺逐级传递至区省市、街道乃至社区，将国际共识贯彻于各级、各层次交通规划中。同时，应积极对接联合国可持续交通发展目标，主动展现良好健康与幸福感、性别平等、可负担与清洁能源、工业创新与基础设施、可持续城市与组织、负责任消费生产、气候行动、共同合作视角下的中国经验。

24.3.2 构建移动性规划五层架构

借鉴欧盟可持续移动性规划（SUMP）的成功经验，我国未来城市交通亟需构建本土化的可持续移动性规划架构，这个体系将实现由过去"工程型范式"到近期"社会—技术型范式"再到未来"社会—技术—政策型范式"的转变，很可能由交通（Traffic）、运输（Transport）、出行（Travel）、沟通（Communication）和移动（Mobility）五个不同层次与含义的"交通"构成（图24.3-2）。

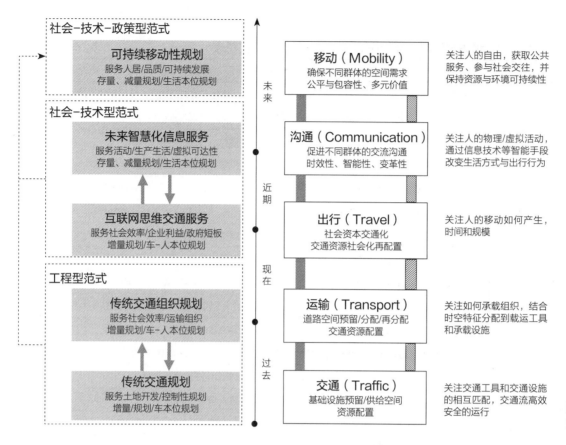

图24.3-2 移动性规划五层体系示意图

1. 底层：交通（Traffic）

关注交通工具与交通设施的供需相互匹配和交通流高效安全的运行，对应服务于土地开发的控制性详细规划，是面向基础设施预留及空间资源配置的传统交通规划。

2. 中下层：运输（Transport）

关注结合供需时空特征对载运工具及承载设施进行运行组织，对应服务于社会效率的运输运营规划，是面向交通资源配置及道路空间预留/分配/再分配的传统交通组织规划。

3. 中层：出行（Travel）

关注人的移动需求、移动时间和规模效益，对应服务于社会效率、企业利益和补足政府短板的新型交通规划，是面向社会资本交通规划和交通资源社会化再配置的互联网思维交通服务。

4. 中上层：沟通（Communication）

关注人的实体活动与虚拟活动，可通过信息技术等智能手段逐渐直接或间接改变人的生活方式与出行行为，对应服务于空间活动、生产生活和虚拟可达性的新型服务规划，是促进不同群体交流沟通，具有时效性、智能性与变革性的未来智慧化信息服务。

5. 顶层：移动（Mobility）

关注人的移动需求及获取公共服务、参与社会交往的自由程度和自然资源与生活环境的可持续性，对应服务于人居和可持续发展的生活本位式交通规划，是面向不同群体空间活动需求，追求公平性、包容性和多元融合发展的可持续移动性规划。

可持续移动性规划五层架构要求规划者与决策者在应对未来交通不确定挑战时，应具有敏锐洞察力和清晰指引力，能利用愿景回溯、情景规划和战略评估研判未来交通的社会性与技术性，能借助"空间—社会—信息"三元可达性框架将不确定性转换为塑造未来的机遇，强化综合决策的灵活性和韧性。

三元可达性框架由物理移动性、空间接近性和数字连通性组成，三要素交互作用共同形成社会交流需求、基础设施规划和信息通信等数字技术发展约束下的物理可达性与虚拟可达性，规划者与决策者要判断两种可达性在不同时期、群体、情境、目的、方式的相对平衡点。

三元可达性框架还要求规划者与决策者挑战自我并重新审视认知，须摆脱"预测+供给"路径依赖，探索"决策+政策"及"愿景+验证"的全新路径。前者认为不确定性是静态不变的，结合既有认知和线性趋势推动政策制定；后者则认为不确定性是动态变化的，需结合既有认知、愿景诉求和非线性趋势拉动政策制定。

24.3.3 形成方法体系实现多元路径

我国城市交通已基本形成"绿色交通是中国语境下的可持续交通"的理论共识和"政策行动既有深思熟虑又倾向随势涌现"的治理范式。

学术层面历经"理念引入→定义解读→深化审视→转型变革"的过程，广义内涵扩展为实现高水平可达性、改善公共健康与安全、促进经济高效增长、增加城市财富提升竞争力、减少自然资源消耗、降低环境污染。

政策层面历经"畅通工程/绿色交通示范城市→公交优先/无车日活动→公交都市/步行和自行车示范项目→交通强国/国土空间规划"的过程，政策执行实现在深思熟虑（Deliberate）的长期战略选择前提下，应对阶段性现实问题调整战术行动，进而随势涌现（Emergent）。

我国未来城市交通应尽快形成符合国情、发展阶段、制度设计的"社会—技术"可持续变迁方法体系，实现"承诺→愿景→路径→手段→结果"的内涵传递，"信念→目标→模式→措施→指标"的实施落实和"结果→手段→路径"的效果反馈（图24.3-3）。

可持续的未来城市交通必是简单措施或单一路径难以解决的复杂问题，其在本质上是一种棘手问题（Wicked Problem），这类问题不存在终止规则、难以判断绝对是非，需要以组合政策形势精心设计精准的政策包与工具箱。组合政策全流程设计包括解析背景、明确目标、设计政策、形成措施、评估调整、实施反馈和监测评价，主政策以有效性绩效直接对应政策目标，辅政策以实施性绩效降低执行阻碍与意外影响，两者形成政策合力，提高政策效率与效能，强化政策合法性与可行性。

因此，决策者还需清醒地认识到其是对"满足人民日益增长的美好生活需要"要求下

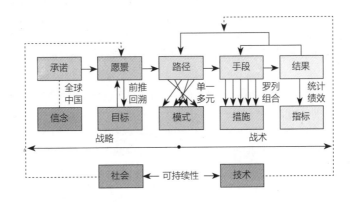

图24.3-3 "社会—技术"可持续变迁方法体系示意图

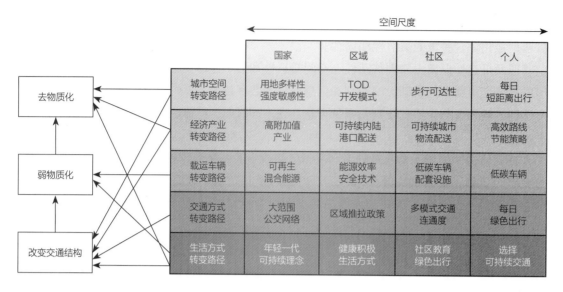

图24.3-4 组合措施实现多元转变路径示意图

公共政策体系与治理能力的考验与检验，唯有理论可靠、实践可行、技术合理、社会认同，才能达到有效、高效、可实施的治理预期。

在挑选具体措施、组成政策组合、形成路径合力的过程中仍需提高对可持续交通治理手段及内涵的认识。以多元转变路径为例，改变交通结构这类表象问题可通过多种路径转变实现，如交通规划、布局优化和出行需求管理；削减单位交通量对环境、经济与社会的影响这类弱物质化（De-materialization）折中问题主要依靠载运车辆转变路径，如运输规划和工程技术优化；而降低单位产出交通量这类去物质化（Im-materialization）本质问题更多依靠城市空间与经济产业转变路径，如城市总体规划、国土空间规划和综合交通体系规划（图24.3-4）。

本章参考文献

[1] Zmud J., Ecola L., Phleps P., Feige I.. The Future of Mobility: Scenarios for the United States in 2030 [R]. Rand Corporation, Institute for Mobility Research, 2013.

[2] Rohr C., Ecola L., Zmud J., Dunkerley F., Black J., Baker E.. Travel in Britain in 2035: Future Scenarios and Their Implications for Technology Innovation [R]. Rand Corporation, Innovate UK, 2016.

[3] Caplice C., Phadnis S.. Volume 1: Scenario Planning for Freight Transportation Infrastructure Investment [R]. NCHRP Report 750: Strategic Issues Facing Transportation, Transportation Research Board, 2013.

[4] Meyer M., Flood M., Keller J., Lennon J., McVoy G., Dorney C., Leonard K., Hyman R., Smith J.. Volume 2: Climate Change, Extreme Weather Events, and the Highway System: Practitioner's Guide and Research Report [R]. NCHRP Report 750: Strategic Issues Facing Transportation, Transportation Research Board, 2014.

[5] Popper S. W., Kalra N., Siberglitt R., Molina-Perez E., Ryu Y., Scarpati.. Volume 3: Expediting Future Technologies for Enhancing Transportation System Performance [R]. NCHRP Report 750: Strategic Issues Facing Transportation, Transportation Research Board, 2013.

[6] Hamliton B. A.. Volume 4: Sustainability as an Organizing Principle for Transport Agencies [R]. NCHRP Report 750: Strategic Issues Facing Transportation, Transportation Research Board, 2014.

[7] Sorensen P., Light T., Samaras C., Ecola L., Daehner E. M., Ortiz D.S., Wachs M., Enarson-Hering E., Pickrell S.. Volume 5: Preparing State Transportation Agencies for an Uncertain Energy Future [R]. NCHRP Report 750: Strategic Issues Facing Transportation, Transportation Research Board, 2014.

[8] Zmud J. P., Barabba V. P., Bradley M., Kuzmyak J. R., Zmud M., Orrel D.. Volume 6: The Effects of Socio-Demographics on Future Travel Demand [R]. NCHRP Report 750: Strategic Issues Facing Transportation, Transportation Research Board, 2014.

[9] Mallela J., Sadasivam S., Giordano R., Kassoff H., Lockwood S.. Volume 7: Preservation, Maintenance, and Renewal of Highway Infrastructure [R]. NCHRP Report 750: Strategic Issues Facing Transportation, Transportation Research Board, 2020.

[10] Hancock T., Bezold C.. Possible Futures, Preferable Futures [J]. Healthcare Forum Journal, 1994, 37(2): 23-29.

[11] Voros J.. A Generic Foresight Process Framework [J]. Foresight, 2003, 5(3): 10-21.

[12] Walker W. E., Marchau V. A. W. J., Swanson D.. Addressing Deep Uncertainty Using Adaptive Policies: Introduction to Section 2 [J]. Technological Forecasting & Social Change, 2010, 77(6): 917-923.

[13] GOS. Living in the City [R]. Foresight, Government Office for Science, Future of Cities: Working Paper, 2014.

[14] GOS. A Time of Unprecedented Change in the Transport System [R]. Foresight, Government Office for Science, The Future of Mobility, 2019.

[15] Mobility4EU. Deliverable 2.2—Story Map 1: Requirements and Challenges on Transport [R]. Horizon 2020-Coordination and Support Action, Action Plan for the Future Mobility in Europe, 2018.

[16] Minkkinen M., Auffermann B., Ahokas I.. Six Foresight Frames: Classifying Policy Foresight Processes in Foresight Systems According to Perceived Unpredictability and Pursued Change [J]. Technological Forecasting & Social Change, 2019, 149: 119753.

[17] Banister D., Hickman R.. Transport Futures: Thinking the Unthinkable [J]. Transport Policy, 2013, 29: 283-293.

[18] 中华人民共和国外交部. 变革我们的世界：2030年可持续发展议程 [EB/OL]. http://infogate.fmprc.gov.cn/web/ziliao_674904/zt_674979/dnzt_674981/qtzt/2030kcxfzyc_686343/t1331382.shtml.

[19] 中国落实2030年可持续发展议程国别方案 [R]. 2016.

[20] SUM4ALL. Global Roadmap of Action: Towards Sustainable Mobility [R]. Sustainable Mobility for All, World Bank Group, German Cooperation, 2019.

[21] SUM4ALL. Implementing the SDGs [EB/OL]. http://sum4all.org/implementing-sdgs.

[22] Lyons G., Davidson C.. Guidance for Transport Planning and Policymaking in the Face of an Uncertain Future [J]. Transportation Research Part A: Policy and Practice, 2016, 88: 104-116.

[23] 赵鹏军. 土地集约利用对可持续城市交通的作用：基于国际文献理论分析 [J]. 城市发展研究，2018，25（9）：108-116.

[24] Mintzberg H., Waters J. A.. Of Strategies, Deliberate and Emergent [J]. Strategic Management Journal, 1985, 6（3）：257-272.

[25] 魏贺，盖春英. 中国城市绿色交通规划回顾与展望 [J]. 规划师，2020（1）：5-12.

[26] Ramani T. L., Zietsman J.. Sustainable Transportation-Alternative Perspectives and Enduring Challenges [J]. International Journal of Urban Sciences, 2016, 20(3): 318-333.

[27] Givoni M.. Addressing Transport Policy Challenges Through Policy-Packaging [J]. Transportation Research Part A, 2014, 60: 1-8.

[28] Loo B. P. Y., Tsoi K. H.. The Sustainable Transport Pathway: A Holistic Strategy of Five Transformations [J]. The Journal of Transport and Land Use, 2018, 11(1): 961-980.